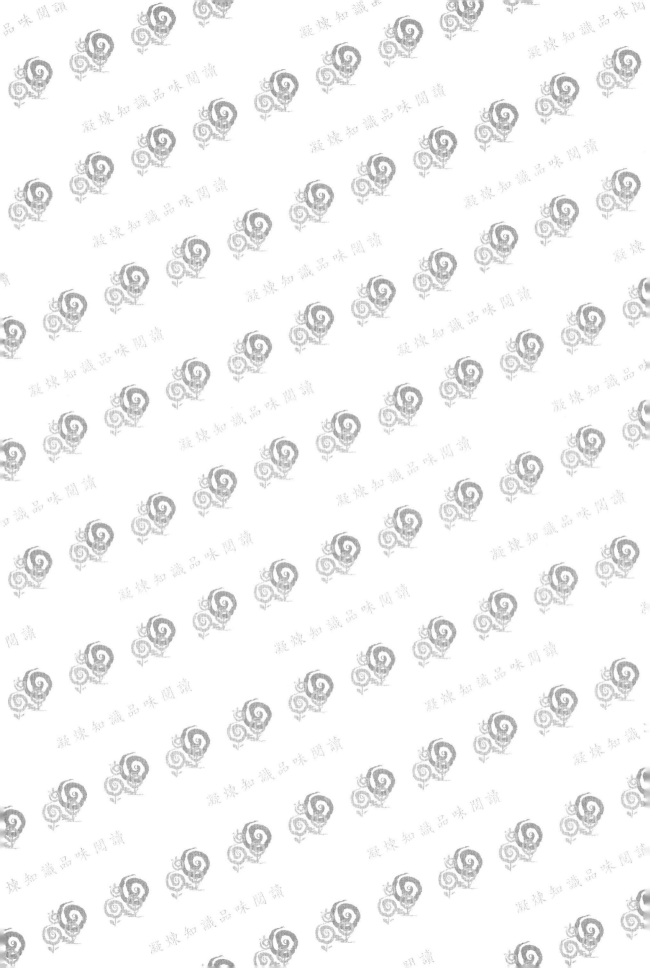

數學這樣教
國小數學感教育

李源順　著

五南圖書出版公司 印行

初版推薦序一

數學感是數學物件心像與結構的整合

　　70 年代開始，數學教育引進心理學，探討學生的數學認識論。在 70 年代初，什麼是數學了解，是個極待釐清的話題。英國數學教育理論學家 Richard Skemp，在 1976 年發表其著名論文〈關係性了解與工具性了解〉，「關係性了解」指的是理解解題方式之原因與脈絡而進行解題，「工具性了解」則是不懂解題方式之原因與脈絡、單純用背誦的公式進行解題。在關係性了解下學到的是，是較有數學感的關係性數學，工具性了解學習到的是，無數學感的工具性數學。Skemp 在文中引進「搭配」的概念，來詮釋教室內的教學與學習現象；也就是說，若老師用關係性數學教，但學生想學的是工具性數學，則兩者不搭，無法達成學習的良性溝通，造成學生學習困難。

　　在 Skemp 發表這篇論文後，得到一筆研究經費，研究英國的學校中，有多少學生是用關係性了解學數學、又有多少是用工具性了解。當時他的研究助理 Susan Pirie 發現，學生學到關係性了解，或工具性了解，不是固定的現象，可能會轉變；她在訪談中發現，學生在學分數的除法時，剛開始判斷其學習類型是關係性數學，兩個月後，卻變成把直接除數倒過來相乘的工具性數學，無論如何詢問，都無法回復當初關係性的脈絡。因此，Pirie 認為不能單一地把學習方式區分為「關係性了解」或「工具性了解」，學習是動態的、變動的，需建立一個「短時間內了解的學習模式」才有意義。

　　直至 1989 年於巴黎舉辦的 PME 研討會，Pirie 跟加拿大的 Tom Kieren 共同發表了一篇〈動態可折回的數學了解模型〉，其中的模型，普遍稱為「數學了解的洋蔥模型」。如洋蔥一般，最核心的是學習者的「預備知識」，其次，每個學習的步驟包圍核心，層層向外發展；第一到第三層次分別是「起始操作」（Primitive doing）、「心像製造」（Image making）及「心像形成」（Image having），這三層次所建立的心像，就是數學感的基礎，有此基礎後，在任何情境下遇到該數學物件，就有心像可以投射。一旦基礎穩固，後面第四到第七的層次「性質關注」（Property noticing）、「形式化」（Formulating）、「觀察」（Observing）、「結構化」（Structuring），就會形成進階的數學感。有心像當基礎、再有結構的數學感，學習就有第八層次「創造」（Inventing）的功能，成為洋蔥模型的最外層。

　　觀察臺灣的數學教學現場，基礎心像的建立、學習機會往往過於倉促，往往在數學

感的基礎還不穩固時，學生就被推進到四到八的層次。勉強學習後，因無法協調基礎數學感跟進階數學感，學生在數學的創造表現就相對減弱。此外，更習於東方由教師主控整個教室，偶爾才有分組學習的模式，忽略學生數學感的發展。李源順的這本《數學這樣教：國小數學感教育》，即從臺灣的數學教育出發，提供做出讓學生有感的數學教育之思考途徑。對於想成為數學老師的人，是一本值得參考的著作！

國立臺灣師範大學數學系教授

林福來

初版推薦序二

　　國小教學的教與學容易上手嗎？怎樣才是有意義、有感覺、有成效的教學？也許各人的見解不一致，有人認為多做熟練可促進學童的學習成果，有人重視啟蒙和迷思概念的教學，有人兼顧概念啟發和熟練練習的教學。不論教師的教學信念為何？以現今數學教育的趨勢是強調建構導向和認知發展的學習理論，所以探究教學、討論教學、建模教學……等都被大力提倡；而這些教學背後有其共同的數學教育理念。

　　國小教師大多以包班制擔任級任導師，進行國語文、數學為主的教學。如果老師照本宣科地布題、解題、練習來進行數學教學，學童學到的大都是形式上的知識，只知其然、不知其所以然；可能程序知識還可以，但是概念理解、綜合解題的認知能力有所不足。擔任國小數學教學，只在職前階段上過普通教學，國小數學教材和教法各 2 學分是不夠的，教師必須充實與國小數學課程內容有關的數學知識外，尚需加強數學教學知識、學童數學認知發展知識……等。

　　這本《數學這樣教：國小數學感教育》可以提供有關國小數學課程與教學的相關知識。作者李源順教授現職臺北市立大學數學系，從事數學教育相關研究和實務工作已有十多年。李教授出版此書，意圖從數學宏觀結構、教學與學習評量的理論基礎、數學教與學的相關概念、多元優選的理論來介紹高觀點的數學感；同時，從全數、分數、小數、量與測量、幾何、統計、代數等內容描述其數學概念、運算與性質、相關教學問題。本人受李教授之邀為本書寫推薦序，深感榮幸也肯定此書可協助國小教師充實其數學教學知能。

國立臺北教育大學教授

初版推薦序三

　　國小數學教學是一件複雜的工作，既要了解數學不同主題，如：數、量、形的數學知識，還要考量學生的不同學習特性，如：中、低年級學生的具體運思期的學習特性就不同於高年級逐漸進入形式運思期的學生的學習特性，也要考量不同國家的不同數學教學目標，因此要找到一本貼近臺灣數學課程目標、數學教學現場樣貌的國小數學教材教法的書並不容易。欣聞學弟李源順教授願意花費心力，將他這十多年來對數學教育理論的了解與結合編輯／輔導／研究國小數學教學實務經驗的累積付諸文字，為臺灣寫一本國小數學科教材教法的書。

　　源順多年教科書的編輯經驗，讓本書內容更貼近現行國中、小九年一貫數學領域課程綱要；多年與國小數學科輔導團員、在職教師、實習教師的對話，讓源順看到許多教學現場的數學教學問題，這些問題都呈現在本書中並獲得解答；源順多年研究國小數學教學的經驗及對數學教育理論的了解，讓本書呈現豐富的學生解題表現，讓教師透過本書可以更了解學生對某特定數學主題的學習順序、學習困難或解題策略。這些內容能幫助國小教師對數學知識、數學課程綱要有更深入的了解，能讓教師釐清數學教學問題，將數學教得更好。

國立臺北教育大學教授

再版序

作者於 1984 年進入師大數學系碩士班，接受陳梅生教授的啓蒙，踏入數學教育領域，探討美國國家數學教育成就評量。1993 年受僑生大學先修班校長的抬愛，同意到師大數學系攻讀博士班，主要探討數學教師的專業發展。授業於林福來教授，其間並與眾多數學教育界先進，例如：張英傑、鍾靜、呂玉琴、譚寧君……等等一同閱讀數學教育重要文獻，打下數學教育理論的基礎。

蒙臺北市立師範學院師長的愛護，於 2000 年進入該校服務，開啓了我融合數學教育理論與實務的大門。從 2000 年至今約 18 個年頭，我努力申請科技部計畫，建置數學教師知識庫，把數學教學影片數位化，切割成案例並與理論相對應，並且到國小現場進行教師數學教學專業成長研究；到康軒、南一參與教科書編著，到輔導團與團員進行數學教學對話，到國小輔導實習教師並與在職教師對話。

一切的努力，讓我幾乎碰過國小數學教學的所有問題，讓我思考應該如何進行國小的數學教學是比較好的，也讓我很自豪的說：我應該已經感受到國小的數學教與學之感覺與美學。因爲和老師們的對話，讓我了解到有一些待釐清的問題，因此也把這些問題羅列出來，讓大家更清楚應該如何教學（原來如此）。

在此，感謝所有照顧我的師長，補助我經費的科技部，同意我拍攝教學的所有老師（他們非常偉大），與我對話和質疑過我的老師和團員，以及數學教育業界的夥伴。

作者謹將多年來的學習心得，試著把它文字化，希望能試著把我對數學的感覺、數學教與學的感覺、感受到的數學之美以及可能碰到的問題表達出來，與學者、教師、家長分享。希望我們的下一代更能接受到有感覺的數學教育，因此我使用了「數學感教育」的語詞。數學感教育是以數學感內容理論爲知識系統，以一個起動機制、五個核心內涵爲教與學策略、多元優選的教學；從學習的根本著手，改變學生記憶公式、規則的學習習慣，變成會思考的有意義學習習慣，扎根並提升學生數學學習認知與情意。

本書是上一版次的大幅修正版，除了把一個起動機制、五個核心內涵的教與學策略納入本書之外，也把整個內容寫得更有脈絡、更有數學感。本書可以作爲國小數學科教材教法、教師教學與相關問題了解，以及學生家長了解數學脈絡與相關問題的參考用書。

目 錄

第 3 章　分數（Fraction）　265

第 6 章 量與測量（Measurement） 383

第 9 章　關係與代數（Algebric）　535

圖表目次

第**1**章　數學感教育的理論

　　國際教育成就評鑑協會（International Association for the Evaluation of Education Achievement, IEA）所主導的國際數學與科學教育成就趨勢調查（Trends in International Mathematics and Science Study, TIMSS），在 2015 年測試全世界 39 和 49 個國家的國小四年級和國中八年級學生，發現臺灣的數學成績分別是第 4 和第 3 名，但是在學習興趣與自信心卻是倒數第 2 至第 6 名。2015 年波仕特線上市調網針對 1,531 位 13-65 歲受訪者詢問「請問您還在求學時，最討厭下列哪一個科目？」調查也發現數學是受訪者最討厭的科目（28.9%），其次是英文（22.9%）。同時，只要大家稍微回想一下小學、國中、高中的成績，會發現平均來說數學是大家學得最不好的科目。因此如何提升學生的學習興趣、自信心與成就是一個值得大家深思的問題。

　　作者進行國小數學教育研究多年，發現老師想要把數學教好，學生要把數學既學好又有興趣，都應該要**有系統性（有規律、有脈絡）的了解數學內容發展脈絡，同時也要有良好的教與學策略與教學方法**，才能見樹又見林，才可以真正對數學學習產生感覺，欣賞數學的美，因此提出數學感教育（Mathematics Sense Education, MSE）[1] 理論。雖然作者主要以小學的脈絡進行闡述，但也利用此一理論檢視自己在國中、高中、大學的數學教學與學習歷程，發現這個理論也可以運用到國中、高中，甚至大學的數學教與學，以及應用到將來的職業上。

　　作者的研究與實務經驗發現，要幫助學生學好數學可以有很多路徑，而不是只有唯一一條路而已。例如：數學奠基活動就是奠定學生學好數學的基礎，讓學生在活動、

---

[1]　對比數感的英文 number sense，number 是名詞，因此數學感的數學也使用名詞 mathematics。

遊戲的過程中引發學生的學習興趣；遊戲融入教學、魔術融入教學、資訊科技融入教學……都可以幫助學生學習，而且也容易引發學生的學習興趣。數學感教育則從數學內容著手，希望扎根地幫助學生學習數學，**宏觀的了解數學到底在學些什麼，再微觀的了解每個單元、每個概念、活動、問題在談些什麼**；讓學生真正了解數學在學習什麼、有什麼用，最後才因為對數學的了解而產生興趣、有感覺、有更好的成就。因此作者稱**數學感教育是一種扎根的理論，需要老師和學生扎根的教與學，是一種扎根的功夫，是一條正確的路**。

數學感教育所使用的內涵是大家耳熟能詳，同時大部分是我們的老祖宗早就在使用的內涵；也就是說這些內涵來自 1913 年誕生的行為主義（Behaviorism），以及在 1950 年代興起的認知主義（Cognitivism），再加上作者個人的一些見解。作者認為教育先賢所發展的內涵有它的時代脈絡、歷史意義與重要性；這些內涵是先賢智慧結晶，是大家熟知的，因此我們應該使用它。作者相信這樣的內涵一定能夠更快引起大眾共鳴。也就是說作者所建構出來的數學感，是從整個歷史背景中建構出來，是站在巨人的肩上建構出來，是經得起時間的考驗。

以下作者先論述數學感和營造數學感的定義，之後再從數學感的內容理論、數學感的教與學策略、多元優選教學理念，以及相關理論來描述。

第 1 節 ▶ 數學感和營造數學感的定義

美國國家數學教師協會（National Council of Teachers of Mathematics [NCTM], 1989）的《學校數學課程和評量標準》（*Curriculum and Evaluation Standards for School Mathematics*）認為數感（number sense）就是能從各種數的意義中抽取出有關數的直觀。Resnick（1989）認為數感是一種高層次的思維，它的思維網路連結得很快，傾向複雜而沒有一定的運算規則，它也包含多種解答方式、不同規準的應用；它能對結果的合理性做敏銳的判斷和詮釋，同時能在思考過程中自我調整。李源順與林福來（1998）擴展 NCTM（1989）和 Resnick（1989）對數感的定義，認為所謂數學感（Mathematics Sense）就是人們能從數學材料中抽取其直觀意義的高層次思維；作者以此為本書數學感的定義。這種抽取直觀的高層次思維讓學習者的思維網路可以連結得很快，因此傾向複雜、沒有一定的運算規則，包含多種解答方式、不同規準的應用，能對結果的合理性做敏銳的判斷和詮釋，同時能在思維過程中自我調整與監控。

我國數學課程綱要也強調數學感的教與學。教育部（2008）97 年《九年一貫課程

綱要》指出「數學能力是指對數學掌握的綜合性能力以及<u>對數學有整體性的感覺</u>。在學習數學時，除了重視觀念和演算之外，學生<u>數學經驗（或數學感覺）的培養卻是同等重要</u>。要確保學生能學好新數學題材的要素之一，就在引導並利用學生的前置經驗（或者感覺），這種數學的經驗（或者感覺）就是數學的直覺或直觀。學生數學能力的深化，<u>奠基在揉合舊有的直觀和新的觀念或題材，進而擴展成一種新的直觀</u>。在認知能力上，直觀是思維流暢的具體展現；在能力培養上，直觀讓學生能從根本上，擺脫數學形式規則的束縛，豐富學生在抽象層次上的想像力與觀察力，這二者是學生數學智能發展的重要指標。」（教育部 2008，頁 2）《十二年國民基本教育課程綱要國民中小學暨普通型高級中等學校－數學領域》（教育部，2018）呼應《十二年國民基本教育課程綱要總綱》，本於全人教育的精神，以「自發」、「互動」及「共好」為理念，以「成就每一個孩子──適性揚才、終身學習」的願景，認為數學是一種語言、規律科學，也是從人文素養出發，因此課程設計應提供<u>每位學生有感的學習機會</u>，培養學生正確使用數學工具的素養。

　　作者從文獻中探討如何營造學生的數學感。李源順與林福來（1998）指出，營造數學感就是數學教師在教學時要能強調直觀，養成學生對所學的數學做合理的判斷與連結，便能進一步培養學生的數學感。所謂合理判斷，就是對數學性質和問題能適時的提問合理的結果是什麼，以及結果為什麼是合理的。當學生對數學能做合理判斷時，他才能在思維過程中，對問題的合理性有感覺，並適時調整解題策略。所謂連結，就是要能將數學概念與自然現象、生活經驗及過去所學概念連結。此時學生的數學知識網路才會寬廣，才能對所學的數學有強烈的感覺。

　　NCTM（2009）在《聚焦在高中數學：推理和營造感覺》（*Focus in high school mathematics: Reasoning and sense making*）一書中指出，營造感覺（sense making）是一種對於情境、脈絡或概念連結現存知識的發展性理解。在實作的過程中，推理和營造感覺連續相互交織在一起，且是從非形式觀察（informal observations）連續的跨越到形式演繹（formal deductions），如圖 1-1。NCTM（2009）指出 NCTM（2000）《學校數學的原則與標準》（*Principles and standards for school mathematics*）一書中的數學過程目標（解題、推理和證明、連結、溝通和表徵）是營造數學感覺和推理的行為表現。解題和證明的過程中不可能沒有推理，兩者都是學生發展數學推理和營造感覺不可或缺的途徑。學生所選擇的溝通、連結和表徵都必須用來支持推理和營造感覺，而且在做出選擇的決定時必須依賴推理。因此推理與營造感覺必須是數學課堂的重要部分，不僅是它們本身就是重要的學習目標，而且是真正的數學能力的基礎。推理和營造感覺不能只納入單獨的經驗，教師必須持續支持和鼓勵學生走向更複雜的推理層級。

圖 1-1　推理和營造感覺的關係圖

　　美國國家教育進展評量（National Assessment of Educational Progress, NAEP）
（NAGB, 2002）提出的數學能力，包含概念性了解、程序性知識和解題三個因子。學
生要能夠展現他的數學能力，需要先了解數學內容的概念（觀念），然後將這些概念內
化為程序性知識（能順利運算的過程），之後才能解決一些學生平常沒有看過的問題
（也就是解題能力）。此外 NAEP（NAGB, 2002）的評量架構也提出重要的推理、連
結、溝通等數學威力。

　　作者依據上面的文獻以及研究經驗，定義營造數學感（Making Mathematics Sense,
MMS），就是學生在利用**表徵**進行**溝通**的脈絡中，對所學的數學有**概念性的了解**，內
化為**程序性知識**，使程序性知識變得有意義；再進行**解題**、**連結**、**推理**，以及**後設認知**
的學習；最後達到能從數學材料中抽取其直觀意義的高層次思維。

　　作者之所以納入後設認知（Metacognition），主是因為 Resnick（1989）強調能在
思考過程中自我調整與監控的後設認知，游自達（2013）也認為感覺要融合後設認知
而後發展出直覺；同時在國際評量名列前茅的新加坡（Singapore Ministry of Education,
2012）課程綱要中明列後設認知是數學解題的重要面向之一。作者在研究過程中也發
現到後設認知能力的養成，讓作者察覺到許多先前沒有察覺到的知識，讓作者對數學更
有感覺，因此作者特地將後設認知納入營造數學感的重要內容。

　　鍾聖校（1990）將認知區分為狹義與廣義兩種定義。狹義的認知是認識或者知道；
廣義的認知則是所有形式的認識作用，而認識作用包含了知覺、記憶、推論、決定、
計畫、注意、問題解決以及思想的溝通等等。後設認知的定義則是認知的認知，張春
興（1992）認為當個體面對某種訊息，如果在認知上超過知其然，而達到知其所以然
的地步，即稱為後設認知（metacognition），也就是個體對自己的認知歷程能掌握、控
制、支配、監控、評鑑的高層次認知。

張春興（1996）認為後設認知包括兩種層面：其一是後設認知知識（metacognition knowledge）；其二是後設認知技能（metacognition skill）。後設認知知識是指個人對自己所學知識的了解，個人不但了解自己所學知識的性質與內容，而且也知道知識中所蘊含的意義及原理原則。舉例而言，學生在做異分母分數的加法（小明吃了 $\frac{1}{2}$ 個蛋糕，小華吃了 $\frac{1}{3}$ 個，兩人共吃了多少個？）時，能夠算對（$\frac{1}{2} + \frac{1}{3} = \frac{3}{6} + \frac{2}{6} = \frac{5}{6}$），知道要先通分才可以相加（機械性了解），此時學生已有了認知；當學生了解為什麼分母相同才可以相加的意義與原理原則，也就是了解它的概念性解釋（關係性了解）（因為 $\frac{1}{2}$ 個蛋糕的一份和 $\frac{1}{3}$ 個蛋糕的一份是不一樣大的，分數要能計數是因為每一份都一樣大，因此要先把它們再切成一樣大，所以 2 份中的一份要再切成 6 小份中的 3 小份；3 份中的一份要再切成 6 小份中的 2 小份，因此合成來是一個蛋糕切成 6 小份中的 5 小份，因此對一個蛋糕來說是吃了 $\frac{5}{6}$ 個），那麼學生就了解其原理、原則，就有了認知的認知，也就是學生有了後設認知知識。有些人可能認為這種關係性了解不是後設認知，作者認為它也可以說是處於認知與後設認知的交集地帶，因為關係性了解就是知識中所蘊含的意義及原理原則，已有後設認知的味道在裡面了。假如學生還了解它是運用什麼知識，那麼它就可以真正說是有後設認知了。

後設認知技能是指個人對自己行動適當監控的心理歷程。它不只是在解題過程的監控，它也可以是對部分學習或者整個學習的監控。舉例而言，學生能統整整個數學學習的歷程，發現整數的學習除了整數概念之外，還有四則運算，整數的四則運算都是利用整數的位值概念來解釋；此時，學生已經能夠對自己的學習行動進行適當的監控，學生有了後設認知技能。再例如：上面分數加法的例子，學生知道分數的加法是運用分數（基本）概念——平分、單位量、部分—全體，那麼他就是有後設認知技能。

作者發現，有些學者認為知道知識中所蘊含的意義及原理原則只是一種認知；此時，學者的認知偏向廣義的定義，而後設認知為狹義的定義，示意如下圖 1-2 左方。若依張春興（1996）的定義，即認知偏向狹義的定義，而後設認知為廣義的定義，示意如下圖 1-2 右方。或許我們也可以將後設認知知識當作認知與後設認知的交集部分，即認知與後設認知都為廣義的定義，示意如下圖 1-2 中間。

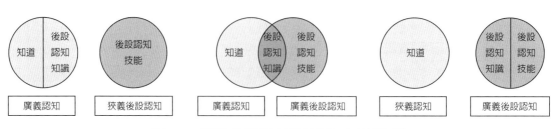

圖 1-2　三種不同認知與後設認知定義示意圖

　　下文是作者近幾十年來在數學的學習、教學與研究心得所整理成的數學感教育理論。在此拿出來與大眾分享，希望能拋磚引玉，獲得更好的回響。也歡迎大家對我的見解提出疑問與呼應，使我國的數學教育能更往前邁進，學生能獲得更佳的學習機會。

　　為營造學生的數學感，首先一定要談數學感的內容理論。各位試想，想要談如何教數學或者學數學，而沒有數學的內容理論，那麼如何才能、怎麼知道把數學的感覺教出來了呢？又怎麼知道學生已經學到數學的感覺了呢？因此，談任何學科的教與學，一定要有該學科的內容理論。

第 2 節 ▶ 數學感的內容理論

　　數學感的內容理論可以分成三個向度：數學的發展來自解決生活問題的需求，因而在數學內部生成與繁衍，之後又回來解決人類碰到的問題，促進人類發展。下面我們僅舉少數例子讓大家了解，更多的例子請參見後面各單元的內容。

壹　數學的發展來自解決生活問題的需求

　　因為數學的發展是為了解決生活問題的需求，而生活問題的影響因素非常複雜，因此數學需要把生活觀念理想化、抽象化才能處理；同時數學觀念都有它的啟蒙脈絡。

一、許多數學觀念來自生活觀念的理想化與抽象化

　　小學的數學觀念很多都是來自生活的需要。例如：

　　1. 學生為了了解他所擁有多少的事物（例如：多少個彈珠、多少張卡片），而需要使用自然數來表示，以及需要使用數數的概念來計數。

　　2. 學生為了了解兄弟兩人全部的錢有多少，或者哥哥花掉一些錢後還剩下多少

錢，而需要使用加法和減法的概念。

　　3. 學生爲了快速計算全班買作業簿所需要的費用，而需要使用乘法概念；全班出去遊玩的費用需要大家平分，而需要除法的概念。

　　4. 學生爲了描述日常生活中事物的形狀，而需要幾何學的觀念。

　　5. 學生爲了了解班上各有多少人支持某三位同學當班長，因此需要統計的觀念。

　　數學的觀念是生活觀念的理想化。例如：

　　1. 在生活中，我們計數個物時，可以不理會個物是否一樣大，是否爲相同的個物。例如：在生活中「家裡有 10 個蘋果，吃掉 3 個以後，剩下多少個蘋果？」10 個蘋果可以不一樣大。「家裡的水果有 3 顆蘋果和 5 顆橘子，家裡共有多少顆水果？」水果可以包括蘋果和橘子，甚至單位不同的幾根香蕉，也沒有關係。在數學上，我們是把它理想化，看成是相同而且一樣大的物件，不理會（或者不考慮）它有沒有壞掉、是在哪邊生產的、有沒有農藥殘留……等的問題，要不然沒有辦法處理進一步的問題。例如：「小明有 5 顆蘋果，小華有 3 顆蘋果，誰的蘋果比較多？」或者「小明吃了 $\frac{1}{8}$ 個蛋糕，小華吃了 $\frac{1}{12}$ 個蛋糕，誰吃得比較多？」此時的蘋果、蛋糕要理想化它是完全相同的；否則考慮大小不同、口味不同、是否損壞……的蘋果、蛋糕便無法比較，便不知道誰比較多、誰吃得比較多了。例如：小明的蘋果有 3 顆因爲放太久壞掉了或者小明的蘋果很小顆、蛋糕很小，而小華的蘋果很大顆、蛋糕很大，這時候可以說小華比較多嗎？即使相同大小但口味不同的草莓蛋糕和金箔巧克力蛋糕，價錢也可能不一樣，又怎麼比較？因此在數學上，當我們把它理想化成相同的個物以後，就知道小明的 5 顆蘋果比小華的 3 顆蘋果多，知道小明吃的 $\frac{1}{8}$ 個蛋糕比小華吃的 $\frac{1}{12}$ 個蛋糕多，而且知道多多少。

　　2. 在生活上，蛋糕不是眞的圓形，也會放置一些水果等等，因此我們很難把蛋糕平分；數學上，我們把它理想化成圓、不理會放置的水果……，把它理想化成可以平分，同時把被切割的每一份看成完全相同。

　　3. 在生活中，一瓶 1 公升的牛奶不會剛剛好等於 1 公升，它會有一些誤差值；在數學上，我們會把它理想化成剛好是 1 公升。

　　數學觀念也來自生活觀念的抽象化。例如：

　　1. 人類早期，爲了記錄他飼養多少隻羊、牛、馬，都用畫線的方式記錄；小學教材上，則用積木或者畫圓圈圈來代替有多少個蘋果、多少個人、多少張椅子……。最後再把它抽象化爲數的概念。也就是說數是量的抽象化。

2. 在生活中的線段只要把它畫出來，它就會有寬度；但是在數學上，我們把它抽象化爲沒有寬度，因此線段的面積是 0 平方公分。

3. 在生活中的正方形，不管它有沒有包含內部，不管它有沒有邊（框），邊（框）有多粗或多細，甚至頂點處是圓弧形，我們都會說它是正方形；但是在數學上，我們定義的正方形 [2] 是四個邊（直線段）等長、四個直角、四個頂點的四邊形，它是沒有內部的（因此我們說正方形的面積，在數學上指定的是正方形所包圍區域的面積）。

因爲數學觀念來自生活觀念的理想化與抽象化，有時候生活和數學會使用同一個名詞，但意義不一樣，因此生活觀念與數學觀念的異同（包括概念、名詞用語）便要非常小心，否則會變成學生學習時的迷思概念。例如：

1. 在生活上，100 元以上或者 100 元以下，可能包括 100 元，也可能不包括 100 元。例如：老師爲了了解有多少學生考試及格、不及格，會說考 60 分以上的坐下，考 60 分以下的站著；這時候，60 分以上是包括 60 分，60 分以下卻不包括 60 分。在數學上，現在的共識是界定爲一定包括 100 元。不包括 100 元時會用「超過」或者「未滿」100 元來表示它，但是在生活上仍然不清楚。因爲以上、以下在生活中的定義不明確，所以數學上會用大於、小於的詞來明確區分。

2. 在生活上，「中午」可能是包括一段時間（例如：中午 11 點到下午 1 點，或者中午吃飯時間）。在數學上，它僅是 12 點整一刹那的時刻而已。

3. 在生活上，邊不一定是直線，可以是彎曲的，例如：圓桌的邊。在數學上，有時候邊已被狹義的界定爲直線段，因此正方形才會有四個邊。

4. 在生活上，角的邊不一定是直線邊，也可以是曲線邊；角的頂點不一定是直線的交點，也可以是曲線的連結點。在數學上，角的邊一定是直線邊，不可以是曲線邊；角的頂點一定是直線的交點，如下圖：

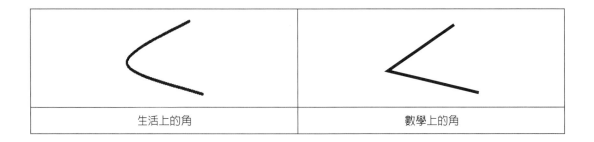

生活上的角	數學上的角

2　課本在正方形的表徵上，有時候內部會塗顏色，有時候是空白的。此時就是有一點點遊走在數學觀念與生活觀念之間，但它不影響學生的學習。當學生有疑問時，老師再澄清即可。

5. 在生活上，一個沒有蓋子的圓柱形油桶，我們也可能稱它為圓柱。在數學上圓柱被界定為有上、下底面（是圓形）的柱體。

6. 在生活上，我們會同時用一部、一輛來稱呼汽車，用一盒、一個、一塊、一片來稱呼蛋糕或者披薩，且個人的習慣可能不同。在數學上，當一個問題 **3** 是用「一部」來稱呼汽車，用「一個」來稱呼完整的蛋糕時，在解答這個問題的過程中學生就不能用其他的單位來稱呼汽車或這個完整的蛋糕。

7. 在生活上，小明的 5 顆小蘋果不一定比小華的 3 顆大蘋果多（「多」的意義可能指數量或者體積）；在生活上，$\frac{1}{12}$ 個大蛋糕不見得比 $\frac{1}{8}$ 個小蛋糕小。在數學上，5 一定大於 3，$\frac{1}{12} < \frac{1}{8}$。因此在教數學觀念時，通常假設蘋果、蛋糕完全相同；當蘋果、蛋糕不相同時，題目要特別強調。

8. 在生活上，大家會說緞帶、鐵絲、紙條是線；在教學上，我們也會用緞帶來表示線段，但是緞帶是有寬度的。在數學上，線是沒有寬度的。若學生不能區別清楚，他便會以為線段有面積，或者誤以為狹長的長方形沒有面積，只有長度。

9. 我們的生活是彩色的，是多采多姿的，但是數學上沒有色彩，只有點、線、面、體。因此我們在生活中可能會問捷克的國旗 ▶ 是不是對稱圖形的問題。這時候，色彩不相同的部分到底要不要算對稱呢？我們的研究發現，在生活中，見人見智；也就是說在生活上，有些人認為它是對稱的，但是有些人認為它不是對稱的。在數學上，我們不應該用有色彩的問題來問學生，我們應該只用理想化的點、線、面的圖形來問學生，否則會變得各說各話。

我們為了讓學生學習數學觀念，有時候會故意用生活中不常用的語詞來教學。例如：

1. 在生活中，我們會說 3 顆雞蛋，我們不會說 $\frac{3}{10}$ 盒雞蛋；在數學上，為了讓學生將整數概念與分數概念做連結，會故意說 $\frac{3}{10}$ 盒雞蛋。

2. 在生活中，我們很少說一瓶飲料可以裝 $4\frac{3}{5}$ 杯或者 4.6 杯，我們會說「將近 5 杯」（或者說六分滿，不會說 $\frac{3}{5}$），但數學上我們會用分數來說。因為我們需要讓學

---

3 在數學上，同一個問題內要用相同的單位名稱稱呼：不是同一問題時，則可以用不同單位名稱，也可以用相同單位名稱稱呼另一個物品。

生熟悉分數和小數。

在數學上，我們對一個概念進行命名時，會盡可能的符合中文的原始意義，因此老師教學時，假如**時常提醒學生它的中文本意是什麼，時常讓學生顧名思義，利用專有名詞的中文字語意去了解、會意、猜測數學名詞的觀念**，長久下來，相信學生對所學的數學會更有感覺。例如：

1. 因數的因，原意有原故，原由，事物發生前已具備的條件；有因子、因素、成分的意思，因此 2 是 6 的成分（6 可以拆成 2×3）才會定義為 2 是 6 的因數。倍數也是取其整數倍的意思。

2. 0.3 的 3 是十分位，是取其十等份、占其中的 3 份之意。

老師們可以試著想一想還有哪些例子是「數學觀念是生活觀念的理想化、抽象化？」還有哪些例子的「數學觀念、數學用語不一樣？」「數學用語的中文語意是什麼？」老師也可以從後面章節中找尋相關的例子。

二、數學觀念的學習有它的啓蒙脈絡

每一個數學觀念都有它的啓蒙脈絡、啓蒙情境或者啓蒙例。因為啓蒙例是學生最先學習的例子，所以大部分的學生都會記得，因此我們除了可以從學理方面了解數學觀念的啓蒙脈絡之外，也可以試著問學生相關的問題（例如：請學生舉一個相關的例子），然後從大多數學生都會回答的相同類型中，整理出數學概念的啓蒙脈絡或者啓蒙例。例如：

1. 自然數的啓蒙脈絡來自我們要計數離散量的個物。離散量是指在自然界中通常是一個一個獨立存在在那邊的事物，例如：蘋果、人、彈珠……。連續量是指在自然界中通常是一整個沒有切割的東西，例如：重量、體積……，它是相對於離散量的名詞。一般而言，要學生說生活中有關 5 的事物，學生比較不會主動說出有 5 公升的水，重 5 公斤……等等連續量，而比較容易說出桌上有 5 顆蘋果，操場上有 5 個人在玩。

2. 整數加法和減法的啓蒙情境來自離散量的計數過程中，由部分產生全體，或者由全體拿走部分。因此加法運算和減法運算來自改變型[4]（可再分成添加型「家裡有 3 個蘋果，媽媽又買了 5 個蘋果回來，問家裡現在有多少個蘋果？」和拿走型「家裡有 8 個蘋果，吃掉 5 個蘋果，問家裡現在有多少個蘋果？」）和合併型（可再分成併加型「我

---

[4] 改變型的語意就是某量再加入或拿走一量後，原來的量已經改變了。以下的名詞請老師自行會意。

右手有 3 顆彈珠，左手有 5 顆彈珠，問我雙手有幾顆彈珠？」和併減型「我雙手有 8 顆彈珠，左手有 5 顆彈珠，問我右手有幾顆彈珠？」）的問題；它們是由二個部分合併成一個全體的概念，或者一個全體分成二個部分的概念。當我們要求學生舉一個加、減法的例子，大多數的學生都會舉類似上述的例子；學生比較不會舉出「8 公升水，喝掉 5 公升，剩下幾公升？」的連續量改變型問題。

3. 整數乘法的啟蒙情境來自累加相同的個物，也就是加法的簡寫或者上位概念，因此也是部分累積爲全體的概念。例如：累加型（等組、等量型）問題「一瓶飲料 12 元，3 瓶共要多少錢？」和矩陣型問題（一排有 12 元，3 排有幾元？）就是把 12 元累加 3 次，記成 12×3。

4. 整數除法的啟蒙情境來自把多個離散的個物，每固定個數分一堆，也就是累減的簡寫或者減法的上位概念，因此也是把全體累減部分的概念。例如：「12 個蘋果，每 3 個分一堆，可以分成幾堆？」（我們把它稱爲包含除，取其 3 個是包含在 12 個內之意）。

5. 分數概念的啟蒙脈絡來自要把一個東西分給多數的人，不夠分才要切，因此它的啟蒙情境來自連續量，再將原本連續的個物切開來計數。例如：「一個蛋糕要平給 8 個人，先把一個蛋糕平分成 8 份，每個人得到其中 1 份，得到的是 $\frac{1}{8}$ 個蛋糕。」因爲分數的啟蒙脈絡和自然數的啟蒙脈絡不相同，分別是連續量和離散量，因此在教學時老師要特別留意，在自然數是否有出現連續量的情境，在分數是否有出現離散量的情境，以提供學生豐富的學習情境。

6. 在小學階段，我們可以把（有限）小數 [5]「看成」是分數概念的特例，當我們把一個連續量平分成十份、百份、千份……時，就可以用小數來表示。因此，小數概念或者四則運算的啟蒙脈絡和分數一樣，來自連續量的平分。例如：「一杯水平分成十份，其中一份，就是 0.1 杯水。」

老師也可以思考一下，本章中沒有提及的數學觀念，它們的啟蒙脈絡、啟蒙情境、啟蒙例還有什麼？老師也可以從本書後面章節中找尋。

---

[5] 嚴格來說，在小學階段只學習「有限小數」；正如同整數一樣，在小學只學習「非負整數──0 或自然數」。若在小學的教學出現有限小數或者非負整數的用語，學生一定不懂，因此才僅使用小數和整數的用語。

貳 在數學內部生成與繁衍

為了解決生活問題，數學需要在內部生成、繁衍，形成一個系統性的學問。

一、數學觀念包括概念、運算和性質

我們所學的**數學觀念可以分成概念、運算和性質**三種。當我們教給學生「一個新的概念之後，會定義它的運算，並討論相關的性質。」在小學，學習的數概念主要有全數[6]（自然數和零的集合）、（非負）分數和（非負、有限）小數；運算則是它們的加、減、乘、除四則運算；性質則是交換律、結合律、分配律等等一般化的概念（到了國中、高中，性質有時候會被說成定理）。

例如：一開始我們先教全數，學全數的四則運算，再學全數的性質（交換律、結合律、分配律等性質）。在學習部分的全數概念、運算、性質之後，再學分數、小數，再學分數、小數的四則運算和運算的性質。到了國中和高中，再學整數、無理數、實數、複數、指數和對數、三角函數……，之後都會探討它們的運算和性質[7]。

因為數學有概念、運算、性質的脈絡，因此**運算的概念性解釋，通常可以利用它的基本概念來合理解釋**。也就是整數、分數、小數的四則運算，都可以用整數、分數、小數的基本概念來解釋。例如：$23 + 45 = 68$，我們就是利用數的位值概念 23 代表 2 個十，3 個一；45 代表 4 個十，5 個一，加起來便有 6 個十，8 個一，所以是 68。或者從量的位值概念：23 代表 2 個十元，3 個一元；45 代表 4 個十元，5 個一元，加起來便有 6 個十元，8 個一元，所以是 68 元。至於整數、分數、小數四則運算的概念性解釋，請參見相關章節。

性質則是對運算做探討的，例如：一個加法就有交換律（$a + b = b + a$）；二個加法就有結合律（$(a + b) + c = a + (b + c)$）；乘法對加法（或減法）有分配律（$a \times (b + c) = a \times b + a \times c$）。當我們要對性質做解釋時，也可以從基本概念來解釋。例如：乘法交換律（$3 \times 4 = 4 \times 3$；一顆水餃 3 元，4 顆水餃幾元？）就是回到矩陣型的概念來解釋（我們除了算 4 個 3 元相加之外，也可以先算每一顆的第一元有 4 元，再算每一顆的第二元有 4 元，再算每一顆的第三元有 4 元，所以有 3 個 4 元相加，即 $3 + 3 + 3 + 3 = 4 + 4 +$

---

[6] 在小學會用整數來稱呼所學的自然數或零，即非負整數；在數學教育上，會用全數來稱呼自然數或零。

[7] 請注意，運算也有它的概念性知識，運算後來也可能變成概念，再定義它的運算和探究運算的性質。例如指數是特定的乘法運算（連乘），它變成概念以後，再定義指數的運算。

4，3×4 = 4×3）。

　　到了國中、高中，當我們學到的運算、性質愈來愈多時，有時候不會回到最初始的概念來解釋（或者證明），我們會利用先前所學到的運算、性質（或者定理）來解釋（或證明）；當我們發現不行時再回到基本概念來解釋。作者試著把它用圖形表示出來，如圖 1-3。全部圓形從左到右，愈右邊表示愈慢學到。我們剛學習一個新概念 1（可能之後再學習概念 2──因為我們使用螺旋式教學），再學習運算 1、運算 2，運算 1 可以用基本概念來解釋，運算 2 可以用運算 1 來解釋，也可以直接回到概念 1 來解釋；然後再學習性質 1、性質 2。此時的性質 2 可能回到性質 1 解釋即可，不必回到概念 1；因為回去太多層，會把性質的解釋變得更複雜。

　　因為性質的發展可能不是一直線，因此可能會從運算 3、運算 4 發展性質 3。同時，有時候運算 3 可能要用到其他的概念，例如：概念 2，來解釋。因為性質 3 是在性質 2 之後學，學生可能發現不能用性質 2 解釋，此時，必須回到運算 4 或者運算 3，甚至概念 1 來解釋。

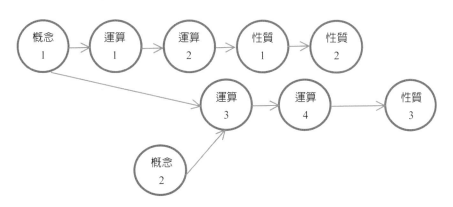

圖 1-3　數學觀念的概念性解釋示意圖

　　例如：如下圖（2016 年 8 月南一版數學六上，頁 23），分數除法的概念性解釋是用了等值分數（擴分）和單位轉換（$\frac{3}{6}$ 公升的單位轉換成杯的單位）；假如答案不是整數，就再加上兩個整數相除結果是分數的概念，如圖 1-4。

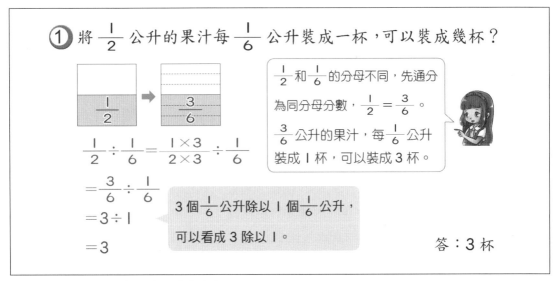

資料來源：南一書局（2016）。數學六上，p.23。

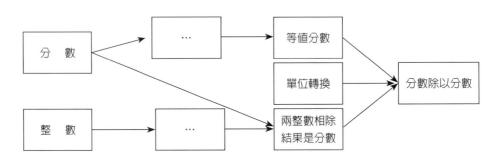

圖 1-4　分數除以分數的概念性解釋示意圖

　　各位老師，你什麼時候才了解這個數學觀念的分類和學習脈絡呢？假如你了解了數學的分類與學習脈絡，你會不會覺得可以把數學學得更好呢？我們的小孩子知道嗎？你覺得我們的孩子了解數學的分類和學習脈絡重不重要？對他的數學學習有沒有幫助？要不要問我們的孩子看看？假如我們的孩子了解這個學習的脈絡，他自己就會主動利用先前所學的概念、運算自行去檢驗性質。當無法利用前一個性質來解釋後來的性質時，他便知道要回到更先前的概念或運算來解釋。此時我們的孩子會自己主動思考、學到老師還沒教的概念，學生會發展出他的能力，他會更有數學感。

二、數學觀念時常在進行推廣

　　數學觀念的學習時常在進行概念推廣，這是作者發現數學學習過程中非常重要的理

論。例如：數概念之間時常在進行推廣，自然數推廣到全數（0, 1, 2, 3, 4... 的數），再推廣到整數，再推廣到分數和小數。

1. 在整數的概念中，計數個物時我們會用 1, 2, 3, 4... 的自然數在計數。沒有東西時，本來沒有計數的必要，但是在數的概念上為了表示沒有東西，我們會用 0 表示。

2. 整數則包括全數和負整數，它是為了表示賺錢和賠錢，而從全數的概念推廣而來。例如：賺 50 元用 +50 元表示，賠 50 元就用 −50 元表示。

3. 分數和小數則是因為我們要計數不到一整數個物的連續量時，而推廣出來的概念。以前水是一杯一杯的數，後來水可以 $\frac{1}{2}$、$\frac{1}{10}$、0.1 杯來計數，以前蘋果是一盒一盒數，後來蘋果可以 $\frac{1}{2}$、$\frac{1}{10}$、0.1 盒來計數。

概念之間會概念推廣，運算內也會進行概念推廣。運算內的推廣，基本上它的圖示表徵與啟蒙脈絡的表徵方式不同，它的解釋方式需要進行「語意轉換」或者「換句話說」。例如：

1. 本來全數加法和減法的啟蒙概念是解決部分—全體的改變型或合併型問題。比較型（「小明有 8 顆彈珠，小華有 5 顆彈珠，小明比小華多幾顆彈珠？」）和平衡型（「小明有 8 顆彈珠，小華有 5 顆彈珠，小華再多幾顆彈珠就和小明一樣多？」）問題則不是部分—全體的概念，它是加法和減法概念的推廣，它的圖示表徵已經不是從全體中扣掉部分的概念，而是利用一對一的圖示表徵，將小華的彈珠一個一個對應小明的 5 顆彈珠，8 − 5 是語意轉換（或者換句話說）成「小明有的 8 顆扣掉（他自己）和小華一樣多的 5 顆彈珠後，剩下的彈珠，就是小明多的彈珠，或者是小華少的彈珠。」

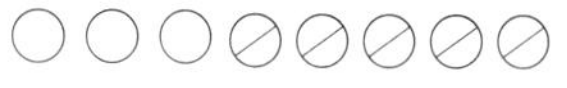

○○○○○⊘⊘⊘	○○○○○○○○ ｜｜｜｜｜ ○○○○○
減法 （拿走型） 的啟蒙圖形表徵	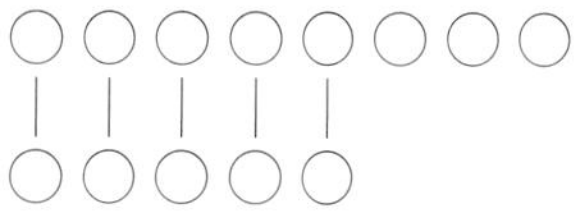 減法 （比較型） 的概念推廣圖形表徵

2. 乘法概念也在進行推廣。面積型（「長 5 公分，寬 3 公分的長方形面積是多少？」）和笛卡爾積型（又稱組合型、外積）（「上衣有 5 件，褲子有 3 件，1 件上衣和 1 件褲子配成 1 套套裝，問可以配成多少套裝？」）問題是乘法概念的推廣。因為面積型問題在概念上不是把 5 公分重複累加 3 次，或者不是畫 3 個 5 公分；而是我們先定義一個邊長 1 公分的正方形面積是 1 平方公分。此時長 5 公分，寬 3 公分的長方形面積是語意轉換（換句話說）成「因為一排有 5 個 1 平方公分的正方形，總共有 3 排，所以

有 15 個 1 平方公分，是 15 平方公分。」或者畫出三排每排有 5 個一平分公分。笛卡爾積型問題也不是 5 件上衣連加 3 次，而是語意轉換（換句話說）成「一件褲子和 5 件上衣配出 5 套套裝，因此 3 件褲子和 5 件上衣可以配出 5 + 5 + 5 套套裝。」（它的圖形表徵也和啓蒙脈絡不同。）

　　3. 除法的概念，等分除[8]在利用加、減法解釋時需要做語意的轉換，因此是包含除概念的推廣。因為包含除問題是累減的概念。「12 個蘋果，每 3 個分一堆，可以分成幾堆？」的 12 − 3 = 9 直接就是 12 個蘋果減去其中的 3 個蘋果，因此可以用 12÷3 = 4 表示。而等分除的問題「12 個蘋果，平分成 3 堆，一堆有多少個蘋果？」它使用減法做運算時需要做語意的轉換；因為 12 − 3 = 9，9 − 3 = 6，6 − 3 = 3，3 − 3 = 0，當中 12 − 3 不是 12 個蘋果減去 3 堆，而是 12 個蘋果減去「每堆每次分一個，所以減去分掉的 3 個蘋果」。因此，從這個角度出發 12÷3 = 4 的 3，不是 3 堆，而是每次分掉 3 個，分了 4 次，所以每堆分到 4 個。所以等分除是包含除概念的推廣。但它有一個比較弔詭的地方是初學除法概念時，包含除比較簡單，但後來大部分的學生較容易記得等分除的例子。作者的研究發現，教科書在整數除法的教學時，時常從包含除的例子引入，因為它不需要做語意的轉換。但是當我們要求學生舉一個整數除法的例子，學生時常舉等分除的例子，這或許是因為後來的數學問題時常出現「平分」給多少人的例子所致。因此對已經學過除法一段時間的學生而言，大部分學生記得的整數除法例子與啓蒙時所學的例子不同。

　　此外，運算間也有概念推廣。乘法概念也可以說是加法運算的推廣，除法概念是減法運算的推廣。因為我們要累加相同的個物許多次，在書寫上很麻煩，所以用乘法來簡化累加的概念。因為我們要累減相同的個物許多次，所以用除法來簡化減法的概念。

　　到了國中，我們會把乘法概念推廣到指數、對數；數概念推廣到代數概念；一維推廣到二維、到三維，甚至到 N 維。因此數學觀念的推廣在數學上是非常重要的脈絡。當然，多項式（$2x^2 + 3x + 4$）可以看成是數的十進位的推廣（$234 = 2 \times 10^2 + 3 \times 10 + 4$）……。

　　因為分數和小數來自自然數概念的推廣，因此分數和小數的加減乘除四則運算與性質的概念也是來自自然數四則運算與性質的推廣。例如：

　　1. 在整數的加法，「小明吃了 2 塊蛋糕，小華吃了 3 塊蛋糕，兩人共吃了幾塊蛋糕？」推廣到分數時，變成「一個蛋糕平分成 12 塊，小明吃了 $\frac{2}{12}$ 個蛋糕，小華吃了

---

8 等分除的語意是取其「平分」、等分成若干份的意思。

$\frac{3}{12}$ 個，兩人共吃了幾個蛋糕？」

2. 在整數的乘法，「一杯水 4 公升，2 杯水是幾公升？」推廣到分數時，「一杯水 $\frac{4}{5}$ 公升，$\frac{2}{3}$ 杯水是幾公升？」

3. 在整數的除法，「（包含除）一杯水是 4 公升，2 公升是幾杯？」「（等分除）4 杯水是 2 公升，一杯水是幾公升？」推廣到分數時，「（包含除的推廣）一杯水是 $\frac{4}{5}$ 公升，$\frac{2}{12}$ 公升是幾杯？」「（等分除的推廣）$\frac{4}{5}$ 杯水是 $\frac{2}{12}$ 公升，一杯水是幾公升？」

4. 有趣的是，我們在舉例時，自然數的除法或者分數（小數）除以整數的例子時常舉等分除的例子（20 公升的水，平分成 5 杯，一杯是幾公升？），但是在舉分數除以分數，或者小數除以小數時，多數的學生卻時常先舉包含除的例子（一杯水是 $\frac{4}{5}$ 公升，$\frac{2}{12}$ 公升是幾杯？）。

5. 分數、小數的性質，例如：分數、小數的交換律、結合律、分配律也可以說是整數交換律、結合律、分配律的概念推廣。

在概念推廣的過程中，有些運算仍然存在，有些運算則不見了，或者新增了。例如：

1. 在全數的乘法中有笛卡爾積（或者組合原理、外積、乘法原理）的概念（從甲地到乙地有 3 條路可以走，從乙地到丙地有 4 條路可以走，則從甲地經乙地，到丙地，有多少條路可以走？），可是當全數推廣到分數、小數時，笛卡爾積（或者組合原理、外積、乘法原理）的概念消失了。

2. 全數乘法概念，推廣到指數概念時，乘法和除法公式仍然存在。可是指數概念的加法和減法的公式不見了，乘（$3^5 \times 3^6 = 3^{11}$）、除（$3^{15} \div 3^6 = 3^9$）仍然存在，同時新增了合成函數的概念，也就是 $(2^3)^4 = 2^{3 \times 4}$。

在概念推廣的過程中，有些性質仍然會對，有些性質變了。例如：

1. 乘法概念從自然數推廣到分數時，交換律、結合律仍然成立。

2. 自然數的乘法會愈乘愈大或相等的性質，推廣到分數和小數的乘法時卻變了。分數或小數乘以真分數和純小數時，就變成愈乘愈小；分數或小數乘以帶分數或帶小數時，愈乘愈大。

3. 在平面上，兩直線的關係是平行、交於一點、重疊；當它推廣到空間中，兩直線的關係除了平行、交於一點、重疊之外，還增加了歪斜的情形。

　　老師也可以思考還有哪些數學觀念是哪一個數學觀念的概念推廣。同時我們要留意孩子在概念推廣的過程中是否注意到哪些運算、性質仍然成立，哪些運算、性質起了變化。當學生知道數學概念一直在推廣，運算和性質有可能變了，學生自己就有可能去推廣所學的概念，自己去檢視原來的運算和性質是否還成立。學生就有可能在老師還沒有教之前，先想到我們要教的內容。你看，學生是不是有可能變得更聰明、更有智慧，學生是不是有可能變得更喜歡數學，更能體會數學的美呢？

　　事實上生活當中也時常在進行概念推廣，因此它非常重要。例如：我們將原來單純的講電話的電話機和電腦結合在一起，便形成現在的智慧型手機了，而且智慧型手機的功能一直在添加、在推廣（如加上拍照功能、加上即時影像辨識功能……）。

三、數學觀念來源不同卻會合流

　　有時候數學的觀念起源不同，最後卻會合而為一。例如：

　　1. 除法和分數的觀念來源不同，但它最後結合成相等的概念。例如：整數除法來自多個離散量的個物平分少數幾個人（例如：$12 \div 3$，大部分的孩子會說 12 個東西平分給 3 個人），後來推廣到少數的個物也可以分平給多個人（例如：$2 \div 3$，大部分的孩子會說 2 個東西平分給 3 個人）。分數來自多數的人要分少數連續量的個物（例如：$\frac{2}{3}$，大部分的孩子會說一個披薩平分成 3 塊其中的 2 塊）。它們的起源不同，到了小學高年級，兩者的概念合在一起了。「2 個披薩平分給 3 個人，每個人分幾個？」計算方法是 $2 \div 3 = \frac{2}{3}$。有些不明白整數除法和分數概念已經合流的孩子，會因為學過整數除以整數，商為小數概念，而算成 $2 \div 3 = 0.667$，但這在數學上是不對的，因為只是近似值，兩者不相等。

　　2. 分數也和比率、比值連結在一起。例如：全班有 20 人，其中男生 11 人，女生 9 人，則男生的比率是 $\frac{11}{20}$，它其實也是 20 人中的 11 人之分數概念（部分－全體）。再者長和寬是 16：9 的螢幕，它的比值 9 是 $\frac{16}{9}$ 也是分數的概念（不是部分－全體）。

　　3. 體積與容量原來是不一樣的概念，到了高年級會融合在一起，就可以用容量來算體積。

　　4. 幾何和代數（或數）原本沒有關係，到了中學，直線可以用二元一次方程式表示，反之亦同。到了較高等的數學，有些幾何的問題會用代數的方法來解答，有些代數

9　以前的教材或者大陸的教材會這樣寫，16：9 $= \frac{16}{9}$。

的問題會用幾何的方法來解答。

也請老師思考一下，還有哪些觀念的來源不同，但後來整合在一起了？

四、探討數學觀念之間的關係

當我們學到的數學觀念愈來愈多時，我們也會去探討一個觀念內、兩個（或多個）觀念之間的關係。例如：

1. 當我們學了自然數以及它的運算以後，我們就想利用運算去了解自然數有什麼特性，因此定義出所謂的質數、合數、正方形數（1, 4, 9, 16）……等特別的數。再從兩個數之間去了解它們有什麼關係，而發展出因數、倍數、公因數、公倍數……等整數之間的關係。從某一角度說，質數、合數、因數、倍數等概念是由思考自然數、整數之間的關係所拓展出來的概念。

2. 我們學到直線，就會去思考兩條直線會有什麼關係，而發現平面上，兩條直線的關係可能是平行、相交，或者重疊；也就是沒有交點、交於一點，或者交於兩點以上。

3. 我們再學到圓，就會思考，圓和直線有什麼關係，而了解直線與圓相離、相切與相交的關係與性質。

4. 我們學到幾何圖形，又學到代數，就會去思考它們到底有沒有關係？而發現直線就是二元一次方程式，圓和拋物線等等就是二元二次方程式。

也請老師思考一下，上面沒有提及的數學觀念，它們之間有沒有關係？有什麼關係？

五、數學觀念應該考慮它的逆觀念

在數學上，一個觀念的相反觀念，也就是逆觀念。逆概念、逆運算與逆性質也可以形成新的概念、運算與性質，它是學生形成嚴密的邏輯推理過程中非常重要的概念。例如：

1. 負整數概念可以當成是自然數概念的逆概念。

2. 數數可以正數，倒數就是正數的逆概念（1, 2, 3, 4, 5...；和 10, 9, 8, 7...）。

3. 減法運算是加法運算的逆運算，除法運算是乘法運算的逆運算。因此「家裡有一些蘋果，媽媽又買了 8 個蘋果回來，家裡現在有 10 個蘋果，問家裡原來有多少個蘋果？」或者「家裡有 2 個蘋果，媽媽又買了一些蘋果回來，家裡現在有 10 個蘋果，問媽媽買了多少個蘋果？」都可以算是「家裡有 2 個蘋果，媽媽又買了 8 個蘋果回來，問家裡現在有多少個蘋果？」的逆概念。當我們在回答前面二個問題時，都要進行「語意

轉換」，也就是所謂的「換句話說」。把前者換句話說成「把家裡現在有的 10 顆扣掉媽媽買的 8 個，就是家裡有的蘋果。」把第二個問題換句話說成「把家裡現在有的 10 顆扣掉家裡原來有的 2 個，就是媽媽買的蘋果。」

4. 對數概念是指數概念的逆概念。

5. 對射函數和其反函數也是一種逆概念。

運算所具有的性質，對逆運算的性質有時候會對，有時候就會錯。例如：

1. 加法和乘法有交換律，但它們的逆運算 —— 減法和除法沒有交換律。

2. 乘法對加法、減法有分配律，但加法對乘法沒有分配律。

3.「分數可以化成小數」，但是「小數不一定可以化成分數」。

把「若 p 則 q」與「若 q 則 p」兩者當作互逆的性質。此時，可能兩者同時成立，也可能只有一個成立，另一個不成立。例如：

1. 若四邊形是長方形，則兩對角線等長且互相平分。反過來，若四邊形的兩對角線等長且互相平分，則此四邊形是長方形。

2.「若四邊形是一個正方形，則它的四邊會等長」這句話是對的，即「正方形的四邊會等長」。但是「若四邊形的四邊等長，則它是一個正方形」這句話是錯的，即「四邊等長的四邊形不一定是正方形」。

請老師思考一下，還有哪些觀念之間也是一種正、逆概念？

六、數學觀念的學習愈來愈精準、多元、抽象

學生在學習數學觀念時，觀念的建構是愈來愈精準的。例如：

1. 剛學除法（大約二、三年級）的時候，「一個瓶子可以裝 3 公升，13 公升的水要用多少個瓶子來裝？」的問題，我們還會繼續問「剩下多少公升？」這時候，學生用的是整數的除法。可是到了五年級左右，同樣的問題，我們只是問「每 3 公升裝一瓶，13 公升的水可以裝幾個瓶子？」這時候學生要用分數（或小數）來精準的回答可以裝幾個瓶子。

2. 三角形的性質，我們在小學只學到「任兩邊之和大於第三邊」、「三個內角和等於 180 度」、「大角對大邊」等性質。到了國中，我們會再精準的學到「直角三角形時，兩股的平方和等於斜邊的平方」、「銳角三角形時，兩股的平方和大於斜邊的平方」、「鈍角三角形時，兩股的平方和小於斜邊的平方」。到了高中，我們更進一步精準的回答任一個三角形三個邊和三個角的關係是 $\frac{\sin A}{a} = \frac{\sin B}{b} = \frac{\sin C}{c}$（正弦定理）或者

$a^2 = b^2 + c^2 - 2bc \times \cos A$（餘弦定理）。

在日常事物的處理上也是一樣。當我們要求愈嚴格或者愈嚴謹時，我們就需要愈精準，或者愈高深的數學。例如：

1. 剛開始量長度時，可能只要求到公分（cm），可是後來會要求量到毫米（mm）。現在的智慧型手機厚度都用零點幾毫米（例如：8.5mm）來量測；手機的處理器是用奈米（10^{-9}m = 10^{-6}mm）製程來製造。

2. 當我們要知道旗竿大約有多長時，本來只能用尺實際來量它的長度，後來可以利用三角函數來測量。

數學的學習過程中，作者也發現我們學會的解法愈來愈多元，可以連結、思考的方向也愈來愈多元。例如：

1. 在小學，學生學會了利用「$\frac{1}{2} \times 底 \times 高$」來計算三角形面積。到了中學，我們又學會了海龍公式（$\sqrt{S(S-a)(S-b)(S-c)}$）來求三角形面積，又學會 $\frac{1}{2} ab \times \sin C$，利用平面座標的行列式等方式來計算三角形面積。再如，求最大值或者最小值，我們一開始可能只學會配方法，後來又陸續學會使用算幾不等式（$\sqrt{ab} \leq \frac{a+b}{2}$，$a, b > 0$）、柯西不等式、微分的方法來求最大值或者最小值。

2. 以前，我們可能只會用幾何的方法來解答幾何的問題，用代數的方法來解答代數的問題；後來，當我們了解幾何與代數之間的關係以後，我們可以用代數的方法來解答幾何的問題，用幾何的方法來解答代數的問題。

我們的數學學習也愈來愈抽象，離生活概念愈來愈遠。例如：

1. 從量的概念抽象化爲數的概念，再抽象化（一般化）爲代數的概念，後來更抽象化爲群、環、體等抽象代數的概念。

2. 原來，我們的學習都是在有限的概念中學習（比如，數的四則運算），後來抽象到無限的概念（比如，極限的四則運算）。比如，原來有限集合中對射函數概念，抽象爲無限以後，對射函數的概念就以它的性質（一對一且映成）作爲定義，而產生了自然數（N）和整數（Z），以及有理數（Q）的個數一樣多（n(N) = n(Z) = n(Q)）的無窮概念。

參 解決人類碰到的問題，促進人類發展

人類因為生活上的需要，把一些事物理想化、抽象化之後，建立了整數、分數、小數、指數、對數等數概念；在數概念上定義了加、減、乘、除等等運算；再探討運算的性質，於是建立了完整的數學概念體系。

之後，人類再運用這些數學概念體系幫助我們解決一些實際碰到的問題，這也就是現今所強調的數學素養。例如：我們買一些物品，需要使用到加法或者乘法來了解總共花了多少錢；要做品質穩定的糕點，糕餅師父把需要的材料加以定量化，因而需要比例等相關概念。有關數學素養的問題，在此省略不談，作者另外撰書發表。

有時候，我們所要解決的實際問題可能太過複雜，導致我們無法真正解決它。此時，我們可能適度的將它簡化、理想化（或者稱作變因控制、減少變因），這樣我們至少可以解決某個程度的問題。例如：製作糕點，除了配料之外，還有涉及燒烤或者烹飪的時間、天氣、溼度、配料的品質問題等等。因此，要製作出完全一樣的糕點難度相當高。因此，我們只能控制配料的重量、燒烤的時間、溫度等等可以控制的變因，其他像配料的品質、眾人的口味不同等等變因，可能因為影響有限，所以暫不考慮。例如：影響人造衛星送到外太空的因素非常複雜，包括地心引力、地球自轉、氣候、燃料重量、大氣層等等，因此要能夠真正把所有問題都考慮進去是不太可能的，因此科技人員為了能順利把人造衛星送到外太空，僅能考慮有限因素（有限變因）。所以有時候人造衛星升空會失敗的原因，是因為有某些影響因素科技人員無法掌控所致。當然，要把人造衛星送上外太空，讓它順利運轉，就需要更高深的數學知識。

由於數學知識的發展，也帶動了人類文明、科技的進步。飛機能在天空飛、衛星導航系統能把我們所在的地方定位出來，無一不是因為數學知識的應用。

我們今天隨時都離不開的電腦、手機、平板電腦，它的基本原理就是二進位制。二進位就是小學學習日、時、分、秒的互換，24、60進位制互換方法的推廣（一般化）。

各位老師，你是否也有許多數學用來解決生活中碰到問題的例子？請多思考一些，因為更多的例子可以讓學生覺得數學更有用、更願意去學。

第3節 數學感的教與學策略

因為數學感內容理論是作者匯整十幾年數學教育研究的心得，發現要讓一般的老師能體會數學感的內容理論，也應有容易操作的教學策略才行。作者為了讓老師們容易營

造數學感的教與學，綜合自己的研究經驗，加上數學教育專家學者的建議，提出一個起動 [10] 機制、五個核心內涵的教與學策略。

壹　一個起動機制

　　一個起動機制（One Starting Mechanism）就是「讓學生說」（Let students say）。讓學生說來自溝通（NAGB, 2002；NCTM, 2000；教育部，2008）的理論。傳統的教學偏向老師講述（陳舜芬、丁志仁、洪儷瑜，1996），作者的實務經驗也發現，有些老師仍然習慣於使用講述的方式教數學，老師的理由是數學教學有進度的壓力、時間的壓力。現今的教育理念強調老師與學生的溝通、學生與學生的溝通；同時大多數老師們都有的經驗是初為人師時的教學，很多時候是辭不達意、自我感覺數學的深度了解不夠。可是隨著教學時口述的時間增長，老師更清楚的知道數學內涵、能把數學概念說得更清楚。這一切都來自於老師的「說」，以及在說的同時，把相關的內涵統整到自己的腦中。

　　作者提出一個起動機制，提醒老師要讓學生說。但是這樣仍然不能去除老師對進度與時間壓力的問題，因此，「讓學生說」應該有多元優選的理念。意思是至少重要的概念、關鍵的概念要讓學生說，因為重要的概念讓學生說出來，我們便了解學生已內化此重要概念，將來能運用出來的機率增高許多。例如：分數的四則運算都可以用分數的基本概念來解釋，因此分數的基本概念（$\frac{3}{8}$：一盒蛋糕平分成 8 份中的 3 份；3 個 $\frac{1}{8}$ 盒；一盒的 $\frac{3}{8}$；以及大、小二個單位）是重要的概念，一定要讓所有的學生都能說得出來，當他能說得出來，他便有機會利用此基本概念去解釋分數的加、減法，甚至乘法、除法；此時，分數的四則運算對學生而言，便能夠有概念性的了解進而內化為程序性知識。

　　因為一個班的學生眾多，因此讓哪位學生說也要有多元優選的理念，最好是讓不同程度的學生都能夠說，因此可以先讓高成就的學生會說，再來中、低成就。讓學生說，最好是學生能完整的說出整個概念，當低成就的學生無法說出來時，老師可以先幫學生

---

[10] 康熙字典（http://kangxi.adcs.org.tw/kangxizidian/）的註說明「起，猶行也」。同時「啓」來自启，「開也」。教育部國語辭典（http://dict.revised.moe.edu.tw/cbdic/）說明起動有動用、藉由電動機發動的意思；啓動有發動機器的意思。同時啓動、起動都有人用，意義幾乎相同。研究者認為起動學生的數學感需要多次的行動，而啓比較有第一次的感覺，例如啓蒙。因此，研究者傾向使用「起動」一詞，意謂應時常讓學生說的意思。

口述前面的部分，讓學生有機會接著下去說（例如：老師先說「把一盒蛋糕」再等學生接話；假如學生仍無法接話，老師再說「平分成」，再等學生接話……　）。也就是先讓低成就學生說一個詞、一句話，再慢慢的拓展到能說一段話。

同時下面的五個核心內涵都要讓學生有機會、時常的說（當老師已確定學生能真的了解以後，便不需要再讓學生說相同的概念），此時才能起動學生對數學的感覺，才是一種營造數學感的機制。

貳　五個核心內涵

五個核心內涵（Five Core Connotations）分別是舉例（give an example）、簡化（simplifying）、畫圖（drawing）、問「為什麼」（ask why）、回想（rethinking）（或者連結、課程統整、後設認知、……一樣……不一樣），分別說明如下。

一、舉例

我們學習許多事物，很多時候都是先從例子去了解，再慢慢抽象化為形式定義。例如：自然數，我們大概只能說：「像 1, 2, 3, 4... 的數稱為自然數（我們若用正整數去定義自然數，就會被問什麼是整數）。」也就是用舉例的方式來回答。小學教科書都是說：「像 $\frac{1}{2}$, $\frac{2}{3}$, $\frac{3}{8}$ ... 的數稱為分數。」到中學最後再慢慢到轉成 $\left\{\frac{p}{q} \mid p, q \in Z, q \neq 0\right\}$ 的形式定義。因此，對任何數學概念、運算、性質都能舉例，是讓學生有感覺的重要內涵。假如學生對任何數學概念、運算、性質都能舉例，所有的數學觀念對學生而言都是有意義的，都是有感覺的。

舉例的理論可以說來自 example-rule（Commonwealth of learning, 2005），也可以來自擬題（problem posing）（Silver, Mamona-Downs, S., Kenny, 1996），但舉例的意義比擬題的內涵更廣泛，意思是對任何概念、運算、性質，我們都希望學生心中有具體的實例，這樣學生會慢慢發現原來相同的運算也有不同的意義。例如：學生會發現 5×4，有一種例子是「一條黃色積木長 5 公分，4 條接起來長多少公分？」的 5 公分連加 4 次；另一種例子是「長 5 公分、寬 4 公分的長方形面積是多少？」的不再是 5 公分連加 4 次，而是要轉成長 5 公分即一排可以排 5 個一平方公分，寬 4 公分即可以排 4 排的「5 平方公分連加 4 次」的概念推廣問題。

另外，作者請二年級學生舉有情境的文字題或者應用問題，它是用 $8 \times 6 = ($　　$)$ 來計算的。調查發現：(1) 有些學生的概念非常清楚，舉的例子故意把數字顛倒（媽媽買

了 6 盒蛋糕，每盒有 8 個，媽媽共買了幾個蛋糕？）；(2) 有些學生舉的例子則是標準的離散量問題（一盒蘋果有 8 顆，爸爸買了 6 盒，共買了幾顆？）；(3) 有些學生使用的單位則不是生活中常見的恰當單位（一箱雞蛋有 8 顆，6 箱雞蛋有幾顆？）；(4) 有些學生則沒有寫出提問（一盒蘋果有 8 顆，爸爸買了 6 盒）；(5) 有些學生則使用了不同的單位（一顆西瓜有 8 個，6 箱有幾個？）；(6) 有些學生則無法舉出恰當的例子（媽媽給哥哥四十幾元，可是媽媽給哥哥的錢個位數字是 8，那是幾元？請用乘法算式做做看；它是乘法算式）。作者建議老師面對這麼多樣的舉例時，可以依據自己對全班學生的了解，而選擇適當的教學方法。例如：第一次的舉例教學，只讓正確的學生分享（讓學生自己說），同時也要把舉出不同語意結構、運算結構的問題，提出來學生知道；讓這些學生獲得正向肯定，同時也發現到相同的算式也有不同的問題。也可以讓沒有提問的學生知道應該進一步提問，要不然有些題目就不知道要問什麼問題，例如：小明有 8 顆彈珠，小華有 6 顆彈珠，若沒進一步提問，就不知道要問它們的和或者相差。第二次的舉例教學，則再增加使用的單位不是生活中常見的單位，並讓他了解他使用的單位在生活中的量大約是多少（例如：生活中常見的一箱雞蛋顆數比較多，有 100 顆以上），他可以把它改成什麼樣的單位；也就是讓學生知道錯在哪裡，什麼是正確的。也可以讓使用單位不一致的學生了解應使用一致的單位。第三次則可以再增加，讓舉例錯誤的學生知道我們要他舉例的意思是什麼（在題目中出現 8 和 6，同時是用乘法來計算兩者的結果），假如他不知道，他可以參考同學舉的例子，也可以參考教科書上的例子。這樣做的目的是讓低學習成就的學生有觀摩的機會，減少他們的挫折。等到剩下少部分的學生不會時，老師可以讓學生在有壓力但又有學習機會的前提下，故意先分享舉例錯誤的學生，再利用舉例正確的學生範例，讓他了解他哪裡錯了，正確的例子應該是怎樣。

二、簡化

　　簡化的理論來自數學學習時常在概念推廣，或者在解題與找尋規律時有時候需要先簡化來了解探究其規律，再解決或者證明它；簡化也可以說是 Mason、Burton 與 Stracy（臺北市立建國高級中學 49 屆 314 班全體同學譯，1998）所談的，在數學解題過程中，將問題特殊化來處理問題。

　　因為分數、小數是整數的概念推廣，分數四則運算也是整數四則運算的概念推廣。**假如中、低學習成就學生，在解決分數、小數的四則運算時對題意不了解，他能暫時性的將數字簡化成較小的整數，他便能了解題意，便能順利列式**。因為將分數、小數簡化成較小的整數是有學理依據，因此它不是投機取巧；它可以幫助中、低學習成就學生順利解答抽象、難懂的分數及小數應用問題，讓學生更有成就感，進而不會討厭數

學。例如：一瓶水 4 公升，$\frac{2}{3}$ 瓶是幾公升？有一種解釋方式是把 3 瓶改稱爲 4 公升的 3 倍；2 瓶改稱爲 4 公升的 2 倍；所以 $\frac{2}{3}$ 瓶改稱爲 4 公升的 $\frac{2}{3}$ 倍。因爲是倍數問題，所以用乘的。這種說法其實也和概念推廣的意義相同，當它是 3 瓶時，是 4 公升連加 3 次；2 瓶時，是 4 公升連加 2 次；1 瓶時，雖然不能連加一次，但在數學上也可以寫成 4×1；0 瓶時，雖然不能連加零次，但在數學上也可以寫成 4×0，所以 $\frac{2}{3}$ 瓶時，也可以用乘法 4×$\frac{2}{3}$ 來表示它[11]。因此，當學生碰到分數、小數的多步驟問題，或者不了解類似 $\frac{2}{3}$ 桶水是 4 公升，一桶是幾公升？或者一公升是幾桶？是要如何列式時，只要他能彈性的變換較小的整數，例如：2 桶水是 6 公升，或者 6 桶水是 2 公升時，他便能了解一桶是幾公升或者一公升是幾桶的問題，應該使用哪個運算來列式（只要學生對基本整數乘、除法有概念性的了解便可以解答）。

　　高年級老師進行低成就學生的補救教學時，先簡化問題，再連結回原來要解決的問題，是補救教學的有效方法。有一些學者的說法是高年級學生只有中年級學生的程度，在做補救教學時，應補救中年級他不會的概念。這種策略雖說可行，但是小學數學的學習是螺旋式，是在進行概念推廣，因此作者覺得更有效的策略是，中、高年級學生面對現在所學而不會的概念、運算、性質時，都可以先簡化、退回到學生已會的相關概念，再從學生已會的相關概念協助其了解現在所學的概念。即使退回到更先前的概念學生不懂，但因爲他已更增長幾歲了，因此更容易懂得此一簡化的概念，等學生了解此一簡化後的先前概念，此時再讓學生了解概念推廣的原因，相信只要學生一弄懂了，就全部都懂了，相信這是最有效的補救教學策略。

三、畫圖

　　數學的學習是要讓學生在心中感覺到具體，也就是在學生心中有心像（mental image）、能夠想像，畫圖的的目是在建立學生的心像或者檢驗學生是否有心像。畫圖的理論依據來自表徵理論（Lesh, Post, Behr, 1987），它是將具體操作表徵過渡到抽象的文字、符號表徵的重要中介。因爲數學的學習不能永遠停留在具體操作，假如學生一直都需要具體操作，那麼學生在短時間內很難學習、無法負荷更大範圍的整數或者抽

---

[11] 在數學上，當概念推廣以後，需要重新下定義。例如：指數律的指數從自然數推廣到整數、分數時，需要重新下定義。當三角函數從直角三角形的銳角定義推廣到任何實數角度時，也要重新下定義。因此，從數學學習的角度，乘法也應重新下定義，但小學沒有這樣做。

象的分數、小數概念。例如：小學一、二、三年級分別學習 100、1000、10000 以內的數，到四年級便學習一億內的數，甚至更大的數，學生在四、五年級便要了解整個整數，假如他還要藉具體操作物來學習，他如何能快速的推廣到大數呢？此外有些數學概念的了解必須藉助圖形表徵，使學生能有更具體的感覺。例如：我們在解釋分數乘法和除法時，若能藉助圖形表徵，學生才能感覺具體，才能了解為什麼分數乘法是分母乘以分母，分子乘以分子。假如我們在教時間的概念時，能讓學生畫時針和分針表示 8：50，了解時針和分針連動的感覺，學生便不會犯了它是 9：50 的迷思概念。假如我們在教（被）加（減、乘、除）數未知的問題時，能利用圖形幫助學生進行語意轉換，學生便能學習初步的推理，有助於將來的邏輯推理論證能力。

到了國中、高中，我們在解答幾何問題，或者高中、大學學習微積分的極限、連續、可微、積分等概念時，也時常要利用圖形表徵來具體化，此時學生才能了解涉及無窮的抽象數學概念。

四、問為什麼

數學是培養學生邏輯推理論證能力最重要的學科，**問學生為什麼或者讓學生問為什麼就是要培養學生邏輯推理論證能力**；當然也可以培養學生學習數學時，進行概念性了解再內化為程序性知識的有意義學習。在小學的教科書中，時常用「你是怎麼知道的」來提問。例如：為什麼分數加、減法是分母相同時，分子相加減（或者為什麼 $\frac{2}{8}$ + $\frac{3}{8}$ 的答案是 $\frac{5}{8}$ ？）；為什麼分數乘法時又變成分母乘以分母，分子乘以分子。作者要提醒老師，在小學教學時，老師要注意有二個地方需要去問為什麼，一個是為什麼要用某一個運算（或者為什麼先做 A 運算再做 B 運算），例如：「一瓶水 4 公升，$\frac{2}{3}$ 瓶是幾公升？」為什麼是用乘法來計算？另一個是問為什麼算出來的結果是某某，例如：上面的例子為什麼算出來的答案是 $\frac{8}{3}$ 公升。

此外，問為什麼可以培養學生真正了解應該使用哪些四則運算進行解題的能力，不再是利用關鍵字解題，例如：「小明有 5 顆彈珠，小明比小華少 3 顆，問小華有幾顆？」的問題為什麼是用 5 + 3 來計算。學生要能說明小明比小華少就是小華比小明多，因此小華比小明的 5 顆還多 3 顆。

五、回想（或者連結、課程統整、後設認知、……一樣……不一樣）

回想（或者連結、課程統整、後設認知、……一樣……不一樣）的學理依據有美國

NCTM（2000）和我國教育部（2000，2008）課程綱要都強調連結與課程統整的重要性，以及後設認知（Schoenfeld, 1992）理論。假如我們想讓學生的學習不是點的學習，而是線、面的學習，我們要讓學生時常去回想、連結、課程統整以前所學的數學。例如：多位數的四則運算，它的概念性解釋和二位數是完全相同的，只是數字變大，變得比較不容易講而已；因此老師在教多位數的四則運算，時常要學生回想以前的二位數四則運算的概念性知識，讓學生了解「概念完全相同，只數字變大而已」，此時，只要低成就學生在某個時間點了解概念性知識，所有的整數四則運算也都有了概念性的了解。此時，學生的學習不再是和以前的學習無關，而是把現在概念奠基在以前的學習上。例如：學生時常進行課程統整，他便會發現不管整數、分數、小數都有它的相關概念，都有相同的四則運算，都有相同的交換律、結合律等性質。他便會發現，以前乘以大於 1 的整數時，乘積會比被乘數大，可是到了分數、小數，它的乘積不一定比被乘數大。學生會了解概念推廣以後，需要留意本來的運算、性質是否仍然成立，或者是否新增（指數律少了加、減法的公式，多了合成函數 $(a^m)^n$ 的運算公式）。

　　後設認知也可以讓學生統整所學的知識，了解有什麼方法可以解題。例如：當學生看不懂題目時，他了解可以試著把問題簡化或者畫圖來幫助他了解，學生的學習便有了退路，他便不再茫然無助，而有了替代的方法可以學習。

參 一個起動機制、五個核心內涵可以營造學生的數學感

　　假如學生能舉例、畫圖、問為什麼，學生便能在利用表徵進行溝通的脈絡中對所學的數學有概念性的了解（有例子、知道為什麼），再內化為程序性知識，使得程序性知識有意義、有感覺，不再死背。假如學生能說，以及畫圖、問為什麼、舉例、簡化，他便能進行解題、推理的學習（知道為什麼、有什麼方法可以進行解題、推理）。假如學生能從回想、簡化的過程中，將所學的數學形成一個整體，也能達到後設認知的學習（有系統性的宏觀和微觀的了解數學，知道學習的方法），他便能進一步的達到從數學材料中抽取其直觀意義的高層次思維。

　　作者所提的一個起動機制、五個核心內涵教與學策略是在教學過程中很容易操作、可以具體操作的策略。在教學過程中，例如：發現學生某個概念不懂時，老師可以直接跟學生說「舉一個例子給我」，我們便知道學生是否了解啟蒙例、啟蒙情境、脈絡，是否具備基礎的感覺；可以直接跟學生說「把問題中的數字簡化成一位整數看看」，學生便很容易了解題意在說什麼；老師可以直接問學生「為什麼」，讓學生去思考問題的原理、原則；可以跟學生說「畫一個圖」讓我們看，我們便知道學生是否真的

懂；可以時常問學生「現在學的和以前哪個概念一樣或不一樣」，讓學生知道去回想以前學生學過的概念，並進行比較。因此，建議老師在教學時，都聚焦在這一個起動機制、五個核心內涵的行動策略上，幫助學生營造數學感。

　　在學生學習的過程中，假如學生已學會如何進行一個起動機制的「說」，和五個核心內涵的使用，<u>當他碰到不會、未知的概念或者問題，他會有具體可操作的策略可以使用，進而解決他不會、未知的概念或者問題</u>。例如：學生只學會整數和四則運算、分數概念和加減運算；若他有宏觀的數學理論，他便知道未來要學習分數的乘法、分數除法。若他想進一步了解分數乘法的意義，他知道可以簡化成整數乘法，或者將整數乘法概念推廣到分數乘法。他會自己舉例出分數乘法的例子「一杯水 $\frac{4}{5}$ 公升，$\frac{2}{3}$ 杯水是幾公升？」並且自己提問爲什麼它還是可以用乘法，再和簡化爲整數的「一杯水 4 公升，2 杯水是幾公升？1 杯水是幾公升？0 杯水是幾公升？」相連結、對比（回想、……一樣……不一樣），了解乘法的意義已被概念推廣；學生會利用整數乘法的圖形結合分數概念的圖形來了解爲什麼上述例子的答案是 $\frac{8}{15}$ 公升。此時學生已能主動利用已學過的概念，主動學習未來要學習的概念，學生已比別人更有數學感。

　　因此建議老師在教學過程中，**把「舉一個例子看看」、「把它簡化看看」、「畫一個圖看看」、「告訴大家爲什麼」、「現在學的和以前……一樣……不一樣」，或者「現在學的就用以前……的概念」變成老師教學的口頭禪，時常掛在嘴邊，變成一種自動化的動作，以培養學生能自動化的使用五個核心內涵**。

　　作者建議老師在教學過程中，可以明白的讓學生聽到，我們要培養他五個核心內涵的學習策略。然後再依老師自己的教學進程，有系統性的讓學生實作。例如：**每個星期，或者每個單元都要求學生舉某個概念的例子**（例如：舉例說明生活中使用到 100 以內的數的情境；舉一個生活中用 100 – 59 來計算的例子；舉一個生活中使用一億以上的數的例子；舉例什麼叫整數、分數、小數、三位數……）。碰到比較大的數字或者分數、小數，學生讀不懂題意、不知道怎麼列式時，設法讓學生能自動使用簡化數字的方法來了解題意，以養成學生不用簡化便可以了解題意的能力。一開始教每個單元的新概念時，**碰到適合畫圖的部分，老師先畫給學生看、教學生應該怎麼畫圖，之後再讓學生畫看看**，只要有一定百分比的學生會畫或者畫一、二次以後，就可以不用再讓學生畫。在概念性的教學上，老師**可以先說明爲什麼**，讓學生有概念性的了解，之後再請學**生說明爲什麼，以培養學生的語意轉換、邏輯推理能力**。時常**把現在教的概念和以前相關的概念做連結**，並且在一個單元總結時，幫學生或者讓學生自行進行課程統整概念、過程、結果，使學生能見樹又見林。

因為每位老師新接一個班，會有一年到二年的時間來培養學生的一個起動機制和五個核心內涵，因此老師只要有自己的進程即可，不必急於一時想要馬上讓所有的學生學會，**只要老師記得隨時進行即時評量，感受大約哪些學生或者多少人會了，還有哪些學生或者多少人不會（了解的方法：老師可以請每位學生實作，然後兩兩一組互相批改，再統計，也可以請特定程度的學生回答，再合理推論）**，然後有計畫性的培養那些不會的學生（例如：兩兩一組，一個人先做給另一個看；再變換角色）。作者相信每個學生都可以把數學學得比以前更好。

肆 一個起動機制、五個核心內涵在生活中也非常有用

一個起動機制、五個核心內涵也時常被應用在日常生活中。溝通表達的能力（陳書涵，2016）對於現代人而言是不可或缺的技能，假如你有良好的溝通表達能力，你便能夠把想說的完整地說出來，讓聽眾聽到你想說的，進而感動聽眾、產生共鳴。各位老師不妨留意一下，許多有名的人物的溝通能力是不是非常好，很容易吸引眾人的目光？

在日常生活中，我們也時常會用舉例的方式，來說明一件事情。例如：數學繪本《我不敢說，我怕被罵》（謝靜雯譯，2014）利用一個故事，向父母親述說假如一昧的打、罵小孩，日後孩子做錯事或有心事時會不敢說出來給父母知道，原因很簡單，就是怕挨罵或挨打。假如這樣下去，孩子碰到大事卻悶不吭聲，可能會發生很嚴重後果。

在日常生活中，我們也時常利用一些簡化的平均數……等等數據來表達一件事情。例如：今日新聞國際中心（2016）報導美國紐約大學醫學院針對29萬人進行研究，研究發現睡眠時間介於7到8小時之間，能夠預防中風機率；如果睡超過8小時，中風機率提高146%；睡不滿7小時，中風機率也增加22%。研究人員也進一步對睡眠時間跟運動量做調查，發現每週運動3到6次，每次30分鐘至1小時，最能有效預防罹患中風。事實上7到8小時的睡眠、每週3到6次的運動，只是簡化的數據，它對每個人不是都對，它可能只適合大多數人而已。再如，我們有時候也會用簡化的平均數表示一個班的數學考試成績，以便和其他班級做比較。

我們也時常利用圖片來敘說一件事情。例如：ETtoday 國際新聞（2013）利用美國太空總署（NASA）在2013年8月和2012年8月的衛星照片（圖1-5），來說明2013年8月的北極冰層擴大了，和去年同期相比，大幅增加了6成。

當我們想要說服別人時，時常要說明原因（即為什麼）。例如：我們想要讓大眾知道喝咖啡的好處跟壞處（江協艾，2015），就要說明咖啡為什麼可以提神，譬如美國麻省理工學院的神經內分泌學家理查渥特曼和他的同事指出，咖啡可以提神，是在於

圖 1-5　2012 年和 2013 年 8 月美國太空總署（NASA）所拍的北極圈衛星照片

它能抑制令人精神不振的某種腦部化學物質；但是飲用過多的咖啡，也會導致鈣質的流失，對於年長者，尤其是中老年婦女，更是骨質疏鬆的一大威脅。每天兩杯或兩杯以上的咖啡，會增加約 50% 的骨折機率，令人怵目驚心；專家認為年長者喝咖啡，一天一杯最安全。

　　我們也時常會去回想（統整、連結、後設認知、……一樣……不一樣）以前的經驗，作為未來處事的借鏡。例如：有些政治評論家（胡忠信，2015）時常引用學者的話或者歷史事件來敘說他想表達的看法；或者我們想要買一些科技產品時，也時常去比較 Asus 和 Acer 的筆電有哪些地方一樣，哪些地方不一樣，以便做適當的決定。

第 4 節　多元優選理念

　　多元優選理念是本人進行數學教育研究多年來所體會與提倡的理念。其理念基礎是學生的學習有其時間差與路徑差，也就是「一樣米養百樣人」，每個學生都有其獨特性。若要在有限的教學時間內，進行因材施教，讓學生的學習獲得最大的效率，我們不能只用一套理論、內容、教學順序、教學方法來教學，必須考慮到不同的時空背景，採用適切的內容和教學方法來幫助學生的學習。因此我們對數學內容的取捨，對教學方法的採用都必須多元，而且優選。

　　在此我們必須事先聲明，我們沒有辦法讓每個學生的數學都都考 100 分。假如我

們想讓每一個學生的數學都考 100 分，那又違反學生多元發展的理念；但是我們可以期望讓每個學生都變得比以前更優，比以前更了解數學、喜歡數學，對數學更有自信心。當然這種比以前更優，不只是單純的因為學生的年齡增長而了解以前的數學，而變得更優；我們期望這種比以前更優是因為加入了更重要的元素——老師有意圖、有能力的、多元優選的讓學生變得比以前更優、更喜歡數學。

在談多元優選的教學方法之前，我們先談幾個重要的想法。

壹　情意重於教學

老師的情意相當重要，可以說是不可少的教學元素。福祿貝爾的名言：「教育無他，唯愛與榜樣而已。」意思是說，雖然有時候老師會有不知道要怎麼教、教學不夠好的時候，但是只要老師讓學生感受老師對他的關懷、熱忱、期望、鼓勵、支持，學生也會被老師對他的關懷所感動，而認真的學習。當然，學生也會因為老師的冷漠、無情，對學生的不關心，使得即使老師教得再好，學生也無心於學習，使學生的數學愈來愈退步。因此老師應該保有永不放棄學生的心；對學生的品德教育永不放棄；讓學生了解什麼是對的，什麼是錯的；對學生的學習永不灰心，隨時關懷學生的課業表現情形；從正向的角度看學生的學習，鼓勵他又多學會了什麼；向全班訴說學生的優點，學生的缺點私下告訴他；讓學生了解有什麼方法可以改進他的缺點，同時最好是有階段性的漸進改善，必要時由教師或者父母、同學協助他改善；讓學生了解合作學習的優點，鼓勵合作學習。當然，老師也要把老師對學生的關懷行動，設法讓學生感受到，此時學生才會銘記在心。這種關懷，有時候需要說出來給學生聽到，有時候是不用說出來而是要讓學生自己感受。

貳　教學的變因愈少愈好

影響教學的因素很多很多，有教學技術上的問題，有班級經營上的問題，有教學內涵上的問題。例如：老師說話的聲音不夠清楚、不夠大聲，學生聽起來就有困難，那他就會不想聽、不想學，教學效果就會變差。例如：老師的板書很亂，沒有規律，學生一不留意，不知道老師講哪裡時，找不到老師剛才上的東西，他的學習效果就會變差。例如：老師一進教室，就愁眉苦臉，感覺在生氣的樣子，學生看到老師在生氣，心中感覺害怕，自然不敢問問題，怕稍微因為不當的舉動就被處罰而無法專心在課程內容上的學

習。例如：老師在教學前沒有事先和學生約法三章，導致學生違反了老師的班級規約，這時候老師可能就要停下來處理偶發的事件，而導致教學中斷。

像這些教學技術和班級經營上的問題，老師平常就要想辦法變成習慣，讓它自動化，才可以把精神聚焦在課程內容的教學，才有可能把課程內容教得更深入，教得更好。

教學技術和班級經營上的問題。例如：老師看到學生有危險動作應適時阻止；一發現學生有不良的言行，就要馬上給予機會教育；教學時說話的聲音清楚、速度適中；眼睛隨時觀看四面八方，了解學生的反應；板書要整潔，小學老師的筆順要正確；黑板版面要規劃，使之井然有序；碰到教學重點時，想辦法讓學生清楚接受到（例如：板書、要學生複述）；當學生在進行小組討論或個別練習與實作時，老師要到行間巡視了解學生的學習；時常給予學生正向的鼓勵……等等，都應該設法讓它自動化。

老師若要使用爬格子、貼獎勵卡等鼓勵措施，應想辦法讓它自動化，以免學生因為他該得到鼓勵而未得到鼓勵，而一直聚焦在看老師怎麼還不給他爬格子或貼獎勵卡而不專心於內容的學習。

參 合理推論

我們在教學時，有時候無法隨時檢測所有學生是否了解所學的概念，或者有多少學生懂了、精熟了，因為它需要花很多的時間，也增加了教師教學的變因，使教學更加困難。但是教師可以做教學推理，可以做下列的合理推論，適時的在教學過程中，使用簡單、易行的檢測方式，推論學生的學習情況，然後適時的調整自己的教學策略。

一、老師真的懂了嗎？

在正常情況下，老師不知道怎麼說出數學概念、不知道怎麼做數學題目，這時候老師不可能教會一般學生知道怎麼說出數學概念、會做數學題目。當然，也有可能老師不知道怎麼說出數學概念、不知道怎麼做數學題目，但是學生知道怎麼說出數學概念、會做數學題目。這時候，學生的會不是老師教給他的，而是學生自己聰明，是學生運用本身的能力學會的。這時候老師沒有充分發揮應盡的義務。

二、哪個程度的學生會了？

我們可以很合理的推論，**中等程度的學生不會的概念，其他程度中等、中下、下的學生，不會的機率很高**。但是我們沒有辦法推論程度中上、上的學生是不是會了這個

概念，除非我們往上檢驗。反之，假如程度中等的學生能說出某一概念，表示程度中等、中上、上的學生已具備此一數學概念的機率很高。相同的，我們沒有辦法推論程度中下、下的學生是不是會了這個概念，除非我們往下檢驗。因此，當我們檢測發現中等程度的學生不會時，我們可以往上檢測更高程度的學生會不會。假如大部分的學生都不會，教師可能要考慮重新教學；假如我們發現大部分的學生都會了，我們可能要考慮適時照顧程度較差的學生，可以進行加深、加廣，或新概念的教學。

三、溝通良好嗎？

在全班溝通討論時，當學生不知道怎麼表達他的想法，這時候他不知道如何在小組討論時表達他的想法的機率也很高；此時小組討論的成效有待考驗。例如：作者在教學現場看到學生小組在解答問題時，都是直接在做計算或者直接告訴同學計算的程序而沒有討論為什麼要用這個運算。因此，老師若要進行小組合作學習，至少應該先讓幾個程度好的學生，或者善於表達的學生知道老師要的概念性知識是什麼，如何表達，此時，小組合作學習時，他們才能帶領其他同學，小組合作學習才有效率，才能發揮小組合作學習的功用。

作者有時候也發現全班或者小組的溝通是不佳的、沒有互動。例如：老師要求學生討論如何舉例時，某位學生舉一個例子，另一位學生又舉另一個例子，而不對前面的例子表示任何意見。當同學們在舉例時，最好能先對前一位同學的舉例提出自己的見解，再提出自己的例子，才是良好的溝通。例如：老師要求學生對 5 + 3 舉例時，第一位學生舉例「家裡有 5 顆蘋果，3 顆橘子，家裡有幾顆？」下一位學生應做補充說明，說「是幾顆什麼？是蘋果？或是水果？」或者最好說成「家裡有 5 顆蘋果，再買了 3 顆蘋果，家裡有幾顆蘋果？」然後再舉不同語意結構或運算結構的問題「家裡有一些蘋果，吃掉 5 顆蘋果，剩下 3 顆，問家裡原來有幾顆蘋果？」

肆　為何要溝通

老師或許有這種經驗，我們可以很合理的把學生的學習分成幾個層次。

聽不懂：一個學生上課時都聽不懂，那他學習的效果一定最差，不是不會做任何相關問題，就是要花更多的時間再來學習。

聽懂但不會做：一個學生上課聽得懂，不代表他回去就會做題目了。他可能只對老師上課講過的相類似的題型有印象，所以利用模仿的方式進行解答。對於稍微變化的題目，他又不會做了。

　　會做但不會良好溝通（概念性知識的溝通，不是程序性知識的溝通）：一個學生可能上課聽得懂，可能只記得程序性的知識或者記得公式，或者回去對各類型的題目也都會做，但是要學生把他會的東西表達出來給老師或同學聽，他可能說得不清不楚。我想，這件事對老師一定最有感覺。當老師初為人師時，發現「這個問題，我會做，但是講給學生聽時，發現自己講得不是很清楚，自己也可以感覺學生似懂非懂。此時老師問學生聽懂了沒有，學生好像不好意思傷老師的心而昧著良心說：『懂』，其實他似懂非懂。」

　　能良好溝通：學習的最高境界是，學生可以很清楚的告訴老師或學生問題的解答關鍵概念（這就是 NAEP 為何強調溝通——良好的溝通、概念性的溝通——的理由）。這件事，老師也可以發現：「資深的我，因為「教過、講過」很多遍了，所以體會也更深入了，也更了解關鍵概念在哪裡，也可以知道學生可能在哪些地方出問題。因此，我可以在那些地方考一考學生，讓學生掉入陷阱，讓他更了解關鍵的概念點。」

　　要注意的是，溝通不是一定要用嘴巴說出來。舉凡可以用口語、文字符號、圖形表徵或具體操作，任何一種可以讓他人看得懂的方式，都可以說是溝通。我們當然期望數學好的學生能夠用口語來進行溝通，因為它是最有效率的溝通方式，我們可以很快速的了解他的想法，可以一下子溝通很多事情；但是有些學生先天口語溝通能力較弱，此時，我們可以先以他能使用的文字或符號表徵來鼓勵他的數學能力，之後再試著慢慢強化他的口語溝通能力，讓他了解口語溝通只是把他寫的說出來而已；此時，才不會因為一昧的要求他的口語溝通能力，而損害了他的數學興趣與能力。同樣的有些人的口語溝通能力比較好但書寫能力不好，此時可以讓他留意，文字符號的溝通只是把它講的話寫下來而已；如此，他在書寫上的能力才能慢慢被培養起來。

伍　教學與解題

　　雖然我們在教學時，要依據教學的內容、學生的認知特性，選擇適當的教學方法進行教學，它不是一成不變的，但是它仍然有一個大原則。那就是在正常的教學情況下，我們會先給小一、小二的學生具體操作物，讓學生在具體操作的過程中建立數學概念；之後再使用圖形表徵來進行教學，期望學生能內化到可以用半抽象的圖形表徵來學習；最後再使用抽象的文字符號和口語表徵來進行教學，期望他能使用完全抽象的文字符號，甚至口語表徵來學習。也就是**在正常的教學時是從具體到抽象：先具體操作→圖形表徵→文字符號**。當然到了五、六年級，學生能利用圖形表徵來學習，這時候教師可以一開始便利用圖形表徵來教學，再適時的變成文字符號表徵的教學，也就是圖形表徵→

文字符號。我們期望學生到了國中、高中能順利的使用符號表徵來學習，因為這是最有效率，也是最抽象的方法。

　　至於學生**在解題時**，它卻是與教學方法的方向相反，也就是我們給學生抽象的文字符號表徵，期望學生能直接使用抽象的文字符號表徵來解題（只要學生對所學的數學概念有心像、感覺具體，學生是可以直接使用抽象的文字符號的），但是當學生有困難時，他要能夠退回到圖形表徵，利用圖形表徵來解題；當學生還是無法順利使用圖形表徵來解題時，學生應該了解他可以再退回到利用具體操作物來解題。也就是**文字符號→圖形表徵→具體操作**。

　　因此到了教學的末端，我們在進行單元內容的總結時，不一定要具體操作→圖形表徵→文字符號；應該思考利用文字符號→圖形表徵→具體操作的方式進行內容的複習，讓學生有機會學習解題的表徵策略。

陸　多元優選

一、有許多種教學方法

　　教學方法有許多，每一種都有它的優點和缺點，沒有一種教學方法是最好的教學方法。例如：

（一）個別實作

　　個別實作就是老師在教學過程中，利用讓班上的每個學生獨自操作教具、獨自解題等方式進行教學。它的優點是老師可以在教學過程中隨時了解學生的學習狀況；培養學生獨立解答問題的能力；適應個別差異，使學生能按照其能力學習。缺點是程度好的學生很快做完，程度差的學生等著要答案、不想學。

　　它的使用時機是，當老師在課堂上想進行即時的評量，想要了解有多少學生會，學生有什麼特別的解法時，都可以利用個別實作的方式教學。個別評量可以是新概念教學前，了解學生是否具備舊經驗的安置性評量；可以是教學過程中診斷學生可能的迷思概念的診斷性評量；也可以是探究學生是否學會新概念的形成性評量。解題方法有多樣性時也適合使用個別實作的方式讓學生進行解題。

　　它應該注意的地方是老師應該下去巡堂，適度了解學生的學習情形以及教學效果，必要時對全班或個人進行補救教學。同時，有些老師會出好幾個題目，讓不同程度的學生都有挑戰性（差異化評量）；有些老師出的題目比較少，且會要求已經做完、學

習狀況較佳的學生，幫忙學習狀況較差的學生，但不是告訴他答案，而是設法釐清概念。

假如絕大多數學生的解答都正確且一致，此時老師只要在巡堂的過程中專注於對少數學生的輔導，最後再進行同學解題過程的確認即可（例如：向全班詢問有沒有不同的做法）。假如同學們的解法很多元，此時老師可以請不同解法的同學把解法拿上臺進行全班的溝通討論，讓大家除了了解自己的正確解法之外，也能欣賞別人的做法，了解不同做法間的異同。

假如發現有少數的同學有迷思概念，老師來不及一一解答時，可以請旁邊的同學互相對答案，並進行必要的指導，或者進行全班溝通討論，使全班聚焦在關鍵概念。假如老師發現在個別實作的過程中絕大部分的學生都做錯時，老師可以立即請學生進行分組討論，使同學能在充分討論的過程中探究出解題的方法。假如老師發現絕大部分的學生都能正確解題，但不確定學生是否充分理解相關的概念，此時老師可以利用全班溝通討論使全班聚焦於解題的概念。

老師在進行個別輔導時，應該試著了解學生的問題出現在哪裡，並且給予適度的提示。對於不理解題意的學生，老師可以和學生溝通字面上的意思。例如：「小明和小華在同一地點反向而行」的「反向而行」的意思是什麼？對於解題觀念有迷思概念的學生，則聚焦在解題概念的建構。例如：「$\frac{3}{4}$ 公尺的鐵重 $\frac{4}{5}$ 公斤，一公斤的鐵長幾公尺？」學生覺得答案要變大，因此就用乘的。對於這些學生，老師可以提示同學把題意用畫圖的方式表示，或者把問題簡化。例如：把上面的問題簡化成「6 公尺的鐵重 2 公斤，一公斤的鐵長幾公尺？」使學生能連結回先前的概念，了解問題應如何解答。

（二）全班溝通討論

全班溝通討論是老師在班上讓一位學生發表他的想法，全班其他學生一起聽的方式。它的優點是全班都聚焦在同一件事情上，缺點是同一時間，只有一位學生發言而已。它的使用時機是，當老師想要讓全班同學都聚焦在某一概念之上，引導同學在溝通討論的過程中澄清概念的時候；想要引導學生如何進行溝通討論的時候；甚至有意圖的點特定的學生，利用合理推論的方式評量班上有多少百分比的學生已具備先備知識、了解概念或有已有解題能力。

在教學時，應該注意的地方是，在溝通時一開始應注意概念上的了解而非記憶規則，直到一定百分比的學生可以依據老師的要求使用概念進行回答時，才慢慢導入數學規則，也就是概念性了解內化為程序性知識的意思。

在全班溝通時，老師和學生都應聆聽發言的同學的想法，不要急於告訴結果或者插嘴。不要有人身攻擊的情事發生；要培養理性溝通，尊重他人意見的情操。當有人身攻擊情事發生時，老師應適時處理，讓同學了解在溝通時，主要的目的在幫助同學的學習，同時也可以間接幫助同學在進行小組合作學習時的理性討論。

盡可能不要漫無目的的讓學生發言，也要思考問題的難易度和學生程度的差異問題。例如：很簡單的問題，可以讓學習狀況落後太多的學生回答；很難的問題，可以讓學習狀況很好的學生發言。

（三）小組合作學習

小組合作學習是指老師將全班學生分組，讓每一組的同學共同討論、合作、實作來學習。它的優點是同一時間可以讓比較多的學生勇於溝通表達，大家培養更好的情誼，了解共同合作比一個人獨立思考來得有效。它的缺點是可能產生領導者，永遠獨占學習的機會，學習不佳的學生無法融入小組，獨自在旁邊玩。它的使用時機是，當老師要培養學生的溝通能力，彼此互助合作進行學習；所布的問題對大部分的人有挑戰性，而且經由同學的互動可以解決的問題，都適合小組合作學習。全班同學都會，或者很難經由同學的互動而引發的概念則不適合。此方法通常會輔以全班溝通討論，並進行方法間的連結，除非每組學生的解答一致。

假如老師想要評量學生的學習成就時，除非老師出的問題對絕大部分的學生都很困難，否則就不適合運用小組合作學習。

小組合作學習時，小組內的每個成員若能真正的合作學習，例如：不會的同學敢表達他的想法，會的同學能詳細解說其中的概念，而不是只告知不會同學公式或方法或要求強記，那這種教學方法將能使同學的學習獲得最大的效益。假如小組內的運作不是很好，例如：永遠都是成績好的在主導，成績差的永遠被冷漠，那對這些學生而言是在浪費他們寶貴的時間。因為成績好的學生可能早就會了，不會的學生還是不會。

應該注意的是，老師可以先培養良好的全班溝通的常規，在全班性的溝通討論過程中，讓程度好的學生知道在進行溝通討論時，應該說出概念性知識，而不是程序性知識；之後，再把它縮小化到小組合作學習。也可以指定每一個人都有其任務，且角色適時調換，讓小組的每一個人都適得其所。

老師應隨時留意每一組全部同學的互動情形，必要時進行適時的介入。當某些同學沒有辦法融入小組的討論時，老師可以在旁適度的引導他提問不會的地方，再請會的同學盡可能的解釋給他聽，同時注意學生所用的語言，不會有歧視的情形出現。

（四）講述教學

　　講述教學是指老師獨自把數學概念或者做法說出來，學生在講臺下專心聽老師的講解。它的優點是，老師可以很有效率，很快速的把要傳達的概念說給學生聽。它的缺點是學生在短時間內要吸收很多概念，很多時候沒有經過充分的思考，導致學生不是真的了解。若時間拉長，學生便無法持續那麼專心，導致學習沒有成效。它的使用時機是，當數學概念或解法是學生很難自發性的發展出來，或者剩下的教學時間不夠充裕，老師只是想要清楚的歸結先前所學的概念時，可以運用講述教學的方法。

　　當學生不知道如何清楚的陳述老師想要學生陳述的想法時，老師也可以使用講述的方式示範給學生了解如何清楚的說出他的想法。

　　應該注意的事項是老師要給學生了解的概念，要清楚的、有結構的呈現。語調可以適時的變化，以掌握學生的注意力。說明時，眼睛要注意每位同學是否專心在聽，是否失神，是否在打瞌睡。概念不要講太多，給學生反思的機會，以免學生無法即時吸收；最好搭配其他教學方法進行教學。

二、教學多元優選

　　教學要多元優選，一定要考慮我現在要布什麼題目給學生學？為什麼要布這個題目呢？這個題目對學生來講難不難？學生會怎麼想，怎麼做？為什麼他會這樣想，這樣做呢？我該用什麼方法幫他學習？為什麼要用這個方法呢？

　　最好是依題目對學生的難易程度，以及學生的學習需求，使用學生最容易懂、最容易學習的方法進行教學，例如：使用 Cabri 3D 的動態數學軟體輔助高年級學生學習立體形體。其次是依據題目的難易度、學生的學習狀況，選擇老師精熟的教學方法進行教學，例如：老師不熟悉 cabri 3D 時，可以運用具體物來建構高年級學生的概念。

　　所以老師在教學時，一方面要運用自己最熟悉的教學方法進行教學，一方面要了解、學習哪一種教學方法學生最容易學習，以增進自己的教學知能，朝真正的多元優選邁進。

　　在學習新概念時，我們應視題目對學生的難易程度、學生是否能連結舊知識進行解題，或者可能有多少學生能夠自行解題，或者想要培養學生的獨自解題能力或溝通表達能力而適時運用個別實作，或者小組合作學習或有意圖點特定學生的全班性溝通討論方式進行教學。

　　碰到關鍵概念的地方（學生很容易弄錯，或者它對後面的學習很重要），我們應多花一點時間，讓合適的學生說說看。

當老師不知道怎麼教，不知道教科書為什麼這樣編，為什麼教學順序是這樣子的時候，老師最好按照教科書來教，至少編教科書的人比較有經驗。

三、教學的重要順序

（一）情意重於教學

當你不知道怎麼教，教學不夠特殊時：表現你對學生關懷的熱誠；隨時關心學生的生活、情緒、學習。此時學生會因為教師對學生的關懷而發揮自己的能力，認真、向上學習。因此無論如何要想辦法讓學生感受到教師對學生的關懷，這種關懷是真心的、是言行一致的、是隨時隨地的。

（二）先把教學的變數減少到最低，讓教學的常數愈來愈多

一位老師在教學時要注意教學技術上的問題，也要注意學生學習內容的知能。假如一位老師在教學時，要注意自己講的話是否不夠大聲、板書是否有條理、學生是否在玩……，這時候老師便不可能專注在學生學習內容的知能。因此影響教學的因素非常多，老師應該把教學技術上的問題自動化、形成常規。例如：注意安全學習的周遭環境，看到學生有危險動作應適時阻止；學生有不良的言行，適時給予機會教育；注意自己的品行，作為學生學習的榜樣；注意自己的言行，說話大聲有力、清楚、速度適中；穿著整潔（不要太髒，太花俏）；養成隨時觀看學生反應的習慣；寫字要工整；黑板版面要規劃、有序；碰到教學重點時，想辦法讓學生清楚接受到（例如：板書、要學生複述）。這時候影響老師教學的變因變少了，老師便可以聚焦在教學內容的舖陳、了解學生的想法、思考運用哪一種教學方法來幫助學生學習。這時候，才能使所有的學生都聚焦在數學內容的學習。

（三）數學知識→學生認知→教學方法

我們談數學教與學，假如對數學內容不夠深入了解，如何談學生學得完整、有感覺的數學呢？因此先深度的了解數學內容是非常重要的事，同時老師也會因為對數學內容的深度了解，很容易去臆測學生可能的想法、錯誤類型、迷思概念；很容易去思考運用何種方法幫助學生學得概念。

先清楚了解數學內容知識（教什麼東西）：了解教學目標（包括先備知識、新概念與未來要學的概念）；了解教學順序；了解關鍵概念、正例、反例；了解概念間的關係；了解如何連結、溝通、表徵、解題；了解生活概念與數學概念。

　　再了解學生認知（學生怎麼學）：學生會犯什麼樣的錯誤；學生犯錯的原因是什麼（它和學生的先備知識有關）；對學生而言，什麼問題比較簡單，什麼問題比較難（微觀認知）；學生是怎麼學的。

　　運用多元優選的教學策略（用什麼方法教）：思考兩種以上的教學策略，哪一種較好；自己熟悉、熟練的教學策略；最適合學生學習的教學策略。

（四）具體操作→圖形表徵→文字符號 vs. 文字符號→圖形表徵→具體操作

　　當教師在一開始的教學應考慮具體操作→圖形表徵→文字符號的內化順序；當教師在複習或者讓學生解題時，應該思考利用文字符號→圖形表徵→具體操作的返回具體的順序。

（五）教學的重點

　　若想要讓學生能關係性的理解，便要選擇啟蒙例、簡單易懂的文字題入手，進行概念性知識的教學，然後注意學生將概念性知識內化成程序性知識的時機。要進行程序性知識的教學時，老師也要跟學生強調程序性知識的「條件、前提」是什麼，之後再進行解題性知識的教學。

　　解題性知識的教學，是基於各種情境結構、語意結構、運算結構，適時出現多步驟、數字大、學生不熟悉的非例行性問題，或者資訊多餘、資訊不足、資訊矛盾的問題讓學生判斷、學習。

　　當老師在進行解題性知識的教學時，重點應放在語意的了解，以及要怎麼列式、為什麼要這樣列式，列式之後的程序性計算的概念不一定要再讓學生說明，否則學生的學習負荷會大增。當然學習成就好的學生，老師也可以讓他說明程序性知識的概念，以訓練學生一次說明多個變因的能力。

　　老師也應思考如何融入五個核心的教學策略，幫助學生學習。例如：啟蒙的教學時，重點在利用較小的數字或者問題，利用畫圖讓學生了解運算的概念性知識（為什麼算出來的答案是這個）；等學生內化運算的概念性知識之後，可再運用非例行性問題讓學生解題，此時聚焦在利用簡化、畫圖讓學生了解為什麼會列成這個算式。之後可以讓學生舉例，看學生是否能列出、比較、分析出不同情境結構、語意結構、運算結構的問題。最後再進行課程統整，讓學生了解這個單元的學習內容、學習的方法。

　　同時在教學過程中不要忘了時常說：現在的問題和以前……一樣，只是……不一樣；現在的問題用到以前什麼觀念？我們有什麼方法（畫圖、簡化）可以來了解題意、如何列式、為什麼這樣計算？舉一個例子看看。

（六）教學的步驟

　　在每一個單元的教學時，可以思考準備活動、發展活動、綜合活動（或者複習舊概念、學習新概念、鞏固新概念）的教學步驟。在教學觀摩時，則在一堂課的教學要有準備活動、發展活動、綜合活動三個步驟。

　　在準備活動時，最好能夠複習直接相關的先備知識，設法引起學生的學習興趣與動機，甚至引動學生的學習需求。例如：在教一位小數的啓蒙概念時，可以複習分數基本概念，可以問學生在生活中是否看過小數，或者拿出有小數的飲料瓶，問學生這是什麼意思？（如下圖）以引起學生的學習動機、學習需求，甚至引動學生留意生活中的相關數學脈絡。也可以請學生舉例（最高境界 —— 學生隨時可以自己舉例 —— 第一核心），以了解學生是否具備先備概念。

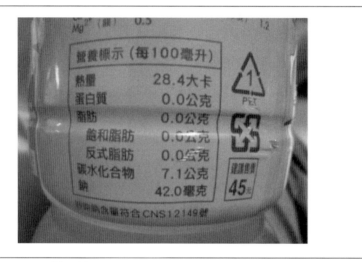

資料來源：http://blog.yam.com/blueshk

　　在發展活動時，則要先考慮概念性的理解，再視學生的學習情況（有多少百分比的學生已經了解了），適時的內化爲程序性知識，最後再進行解題性知識的學習。在概念性知識的學習，應注留表徵間的轉換（畫圖 —— 第三個核心）或者說、讀、聽、寫、做的問題；也時常問學生爲什麼（最高境界是學生自己問爲什麼 —— 第四個核心），跟學生說（最高境界 —— 學生發現、或說）現在所學的知識用到以前的什麼概念（第五個核心）。在解題性知識的學習則要進行不同語意結構、運算結構、多步驟問題、資料多餘或不足……等非例行性問題的布題與解題，必要時可以試著讓學生利用簡化（第二個核心）來了解題意。

　　在綜合活動時，則應適時幫助學生複習本單元的重要內容，甚至有規律進行複習單元內容。必要時，可以統整性的複習相關內容，讓學生能進行後設認知的學習，或者了解數學的高觀點知識。

　　有時候也可以在複習舊概念時，先幫學生統整性的複習以前學過的概念（第五個核心），使學生能了解未來的學習脈絡也和舊概念的架構相同，使學生對數學有後設認知的了解或者了解高觀點的數學知識結構。當然複習時，也不見得都是老師講給學生聽，老師可以視學生的程度，適時讓學生說、讓不同學習程度的學生說。

　　作者在教學、研究的過程中時常被問到「數學有什麼用？」同時現今的教育理念強調數學素養，因此建議老師們少和以前的教學（一直讓學生解決數學內的純數學問題）一樣，儘量有機會讓學生將（現在或者將來）生活上可能碰到的眞實脈絡「形成數學問題」，或者運用所學的知識問題解決（現在或者將來）生活上可能碰到的眞實問題，甚至讓學生比較眞實生活的答案與數學化得的答案的異同，讓學生了解數學的有用性或侷限性。

（七）學會連結先前所學

　　讓學生學會主動察覺得到他可退回到基本概念去想如何解釋的問題（這就是學科內的連結），他有退回到整數概念去想如何正確列式或解題的能力，同時也可以利用圖形表徵幫助他們把抽象的問題變得具體一點（這是利用表徵進行溝通）。

（八）特定單元一般化到其他單元的教學

　　教師可以先把一個特定單元的數學知識、學生認知、教學方法練習得很熟，使得能夠多元優選的依據學生的認知能力，選用適當的內容與教學方法幫助學生學習。當教師能夠在某一單元進行多元優選的教學時，應該更容易把教學的概念一般化到其他的單元教學上。

（九）備課、觀課、議課

　　現今的教育改革已傾向老師不是閉門造車，而是和同事一起備課、觀課、議課。作者認爲一堂課的備課、觀課、議課的重點都一樣，都要考慮二個向度：**第一個向度是班級經營、教學內容、學生認知、教學方法、教學評量**。班級經營良好，學生能認眞於學習，老師能聚焦於教學，整個教學效果就會增加許多；因此老師一定要先把班級經營做好，使教學的變因減少；這也是老師們在備課、觀課、議課時，第一個要討論、考慮的面向。第二個要考慮、討論的面向是這堂課或者這個單元的內容，學生的先備知識、認

知與迷思，以及使用的教學方法。第三個要考慮的面向是教學的即時評量；在教學過程中的即時評量，才是最有效的評量。**第二個向度是準備活動、發展活動、綜合活動**。準備活動主要是引起學生的學習動機、學習需求、複習與本節課或本單元最相關的先備知識，或者是評量學生是否已經準備學習新概念。發展活動則要讓學生聚焦在新概念的學習，建議老師要聚焦在上述向度的內容思考如何進行有數學感、能見樹又見林、有脈絡的教與學。綜合活動則是老師可以評量本節課或本單元有多少學生懂了，或者是進行課程統整使學生不僅回想學習到的內容，更重要的是學習的方法，因為學習的方法才是學生帶得走的能力，這個方法，學生可以運用到未來要學習的單元。

1. 備課

對所要教學單元的內容，要深度的了解，有深度的了解，才知道要教什麼內涵，才會有感覺。

對所要教學單元的前、後脈絡也要了解。前面的脈絡就是學生的先備知識。不了解學生的先備知識，就有可能用到後面的知識來教前面的概念。試想，若用後面的知識教前面的概念，不懂的學生能聽懂嗎？後面的脈絡，讓老師知道有哪些資優的學生跑得比現在快，我們可以正向的讚美他（他已經知道、學會、想到那個階段／年級要學的內容），但不見得要教。如此可以無形中鼓勵學生對整個脈絡的了解。

可以思考學生可能的錯誤類型，以及迷思概念。了解學生的迷思概念，才能對症下藥，教學才真正有效。試想若學生喊痛，就給他吃止痛藥，一定有效嗎？

從教學多元優選的角度思考，要先布什麼樣的問題、學生可能有什麼反應、老師要用什麼教學方法、媒材來教。不要相信一種教學方法可以適用所有的情形；正如沒有一種方法可以解所有的數學問題一樣。

同時老師也可以思考要用什麼方法來評量學生的學習成效。例如：教完一個概念之後，再出一題類似題讓全班學生練習，以形成性的評量學生是否學會了剛才的概念；或者點特定學生來回答，再依此學生的程度來合理判斷大約有多少百分比的學生已達成今天的教學目標。或者**老師也可以養成猜測大約有多少百分比的學生可以達成教學目標，準備用什麼方法來判斷有多少學生已達成教學目標。相信這樣的習慣會使老師更精準的了解、判斷學生的學習。**

2. 教課與觀課

要相信教學是一種藝術，不會有絕對的好或者不好。一堂課只有 40-50 分鐘，不可能包山包海。同時影響教學的變因太多了，因此絕不可能教得完美無缺，也不能毫無價值。

知道自己在教什麼，為什麼要教這些；學生有什麼反應，我為什麼會這樣處理；我用了什麼教學方法、媒材，為什麼要用這樣教等等，就已經非常優秀了。教學時，若能

把握最關鍵處，已經非常優秀了。

雖然 40-50 分鐘的教學，時間不長，但是內容太過豐富，變因太多，因此在觀課時，不可能鉅細靡遺的全數記得。因此在觀課時，可以聚焦在教學中最關鍵處，只要抓到最關鍵處，效果已八九不離十了。

若想觀察得更細微、更有數學感，可以分工或分階段記錄。例如：聚焦在班級經營上、聚焦在數學內容、聚焦在學生的反應以及教學評量、聚焦在教學方法。同時**每位觀課的老師也可以猜測大約有多少百分比的學生可以達成教學目標，再和教學的老師相比對，並提出老師們猜測的依據**，使我們可以更精準的了解、判斷學生的學習。

3. **議課、評課**

因為一堂課太過複雜，不可能說得一清二楚。同時一堂課也不能包山包海。因此老師只要能說出學生先前學過什麼，我教了什麼，什麼沒有教到，學生為什麼會有這樣的反應，我又為什麼會這樣處理，從這堂課的教學中我覺得有多少學生懂了什麼。這樣的議課已經非常了不起了。

要評課，也是一樣，能把教學重點評論出來已經非常不錯了。若要深入評課，在評論時，也可以分工、分階段，從班級經營、教學內容、學生認知、教學方法、教學評量來評論（它們會相關，但要能聚焦）。先分析老師如何進行班級經營、老師教了哪些內容，為什麼教這些內容；學生有什麼反應（全班、小組、個人），為什麼有這些反應；老師用了哪些教學方法，為什麼用這些教學方法。**再思考老師和學生是否達成教學目標，大約有多少百分比的學生已達成教學目標？判斷的依據是什麼？**也可以思考，有哪些地方教得很好，可以學習的；有哪些地方可以改進或加強的？理由呢？也可以反思自己的教學經驗、同學的回饋，和自己的經驗對比。

第 5 節 ▶ 數學感教育的相關理論

前面作者所提的數學感理論或者如何營造學生的數學感都有理論根據，現在把相關的理論做一說明，使老師了解古聖先賢的理論，知道作者的理論來源。

壹 NAEP 的架構 —— 數學能力、數學威力

作者從碩士畢業時，就研究美國數學教育成就評量（National Assessment of Educational Progress, NAEP）（NAGB, 2002）所提出的數學內容和數學能力雙向的

評量架構，其中數學能力就是概念性知識、程序性知識和解題的評量理論。1996 年到 2003 年，NAEP（NAGB, 2002）又將評量理論擴充爲數學內容（Content Strands）、數學能力（Mathematical Abilities）和數學威力（Mathematical Power）三個向度的評量架構。

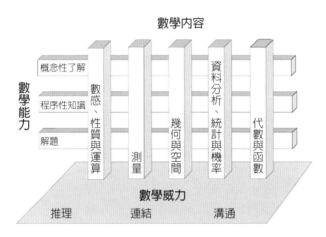

圖 1-6　美國 NAEP 的數學評量架構圖

資料來源：National Assessment Governing Board (NAGB) (2002).

　　作者的研究與實務經驗發現，這三個向度非常適合作爲數學的教學、學習與評量的理論基礎。因爲我們教學生什麼東西，學生會去學這些東西，當然評量也要評量這些內容，同時我國大學入學考試（朱惠文，2000）將測驗目標分爲概念性知識、程序性知識與解題能力；臺北市的國民小學基本學力檢測（康宗虎，2011）將數學能力的向度分爲概念性了解、程序性知識與應用解題。國際數學與科學教育成就趨勢調查（Trends International Mathematics and Science Study, TIMSS）（Mullis, Martin, Ruddock, O'Sullivan, & Preuschoff, 2009）2007 年的評量架構，認知領域分爲知道、應用以及推理三個面向，與 NAEP 評量架構的數學能力向度非常相像。此外，溝通的面向比較難以評量，但在教學過程中非常重要；推理與連結在教學中也非常重要，在評量時與解題面向較爲相近。因此，作者極力推薦將它作爲數學的教學、學習與評量的理論。

　　簡單的講，數學內容就是我們要學生學的題材、我們要教給學生的題材；數學能力就是我們希望學生所學會並且應用出來的能力；數學威力是幫助學生**學會數學能力**的方法與**展現數學能力**的 power。底下我們對這三個向度一一作說明。

　　NAEP 後來的評量架構有所改變，作者認爲很可能是因爲數學威力的評量不容易，

尤其是溝通的評量，但是它卻是教學過程中要培養學生的重要威力，因此作者才把它拿來作為教學、學習與評量的架構。

一、數學內容

　　數學內容知識就是**我們所要教與學的主要內容**，沒有它，我們便談不上數學的教與學了。對於數學所要教學的內容，不同國家或者不同年代可能有不同的分類方式。1999-2003 年 NAEP（NAGB, 2002）將數學內容分成數感、性質與運算、測量、幾何與空間、資料分析、統計與機率，以及代數與函數等。TIMSS（Mullis, Martin, Ruddock, O'Sullivan, & Preuschoff, 2009）將 2007 和 2011 年測驗的四年級的內容分為數、幾何圖形與測量、資料呈現等三個主題。我國九年一貫能力指標（教育部，2008）的數學內容則分為數與量、幾何、統計與機率、代數等四大主題。

　　雖然它們的分類方式不太一樣，但主要的內容大致相同，只是強調的面向不一樣而已。例如：NAEP 把學生對數的感覺（數感）強調出來，這不代表我國九年一貫的主題數與量不強調數的感覺和量的感覺。事實上數的感覺（數感）、量的感覺（量感）、幾何的感覺（幾何感）在數學教與學上一直都是非常重要的。

　　我國九年一貫能力指標的數與量。數，就是我們所熟悉的 1, 2, 3...0.1, 0.2...$\frac{1}{2}$, $\frac{2}{3}$ 等等的整數、小數和分數，以及它們的加、減、乘、除四則運算和應用。量，就是 1 個人，2 個蘋果，3 公升，0.1 公分，0.2 公斤等等的概念。數的了解通常藉由量的抽象化來了解，沒有量的概念，便無法形成數的概念。因此我國把它合在一起成為一大主題。量的範疇包括長度、面積、體積、重量、容量、時間、角度和速度，以及它們的四則運算。

　　幾何主題，就是三角形、正方形、長方體等等的平面圖形與空間形體的構成要素與性質（把構成要素——線、面、體等量化以後成為長度、面積、體積，便可以比較、運算成為性質）。平面圖形（例如：正方形、長方形等）的面積和立體形體（例如：正立方體、長方體、圓柱等）的體積則可以歸類到幾何（例如：因為它是正方形），也可以歸類到量（例如：因為它的面積是 16 平方公分），因此有人稱它為幾何量。所以有些機構會把數與量放在一起，有些則把幾何與測量（量的測量）放在一起。我國九年一貫能力指標則把幾何量同時放在數與量，以及幾何兩大主題之中。

　　代數主題主要是包含有 x, y, z 等未知數的數學內容（代數和數的觀念很像，又有點不同，是用一個符號來代替數）。在小學，學生會學到數的交換律、結合律、分配律等運算性質，雖然與代數無關，但我國仍然它把放到代數主題之中，主要是因為當我們把

這些概念一般化之後，便是代數的主要內涵，這些概念是代數概念的前置經驗。

　　至於統計和機率主題，我們日常看到的長條圖、折線圖等等則是屬於統計的範疇；氣象臺報導的每天下雨的機率、擲一個銅板出現正面的機率等等，則屬於機率的範疇。因為機率和統計非常相關，因此，兩者時常被歸類在一起。

　　臺灣小學階段，數與量的學習內容占這四大主題一半以上的分量，數的部分又可分成全數（自然數或零）、分數和小數三大部分。

　　作者不知道老師在什麼時候了解小學的數學學習可以分成數與量、幾何、代數、統計？知道幾何的名稱包含什麼內容？了解這些名稱與所包含的大致內容，對數學學習、數學感有沒有幫助？假如老師覺得它對學生的數學學習有幫助，或者想要實驗一下這些名稱與內容對學生的數學學習、數學感是否有幫助，作者建議在教學的某個時間點，讓學生聽到、了解、發現這些學習內容的名稱與分類。

二、數學能力

　　數學能力（NAGB, 2002）可以看成是學生在特定的數學知識內展現出來的能力，數學能力包含概念性了解（conceptual understanding）、程序性知識（procedural knowledge）和解題（problem solving）三個因子。學生要能夠展現他的數學能力，需要先了解數學內容的概念，然後將這些概念內化為程序性知識（能順利運算的過程），之後才能解決一些平常沒有看到、非例行性的問題（也就是解題能力）。在這邊要強調的是，了解數學概念之後，再將概念內化為程序性知識，這種程序性知識才會讓學生變得非常有感覺、有意義的程序，而不是死背、死記的程序。如此才能減輕學生的數學記憶，最後才能用他學會的概念與程序性知識解決沒見過的問題，我們把它稱為非例行性的問題，就是解題能力。

　　因為非例行性的問題非常的多，學生不可能全部都做過；學生碰到做過的問題才會，碰到沒做過的問題就不會，不是我們所樂見。因此概念的了解，再變成有意義的步驟化程序，最後利用它們來解決一些非例行性的問題，以展現學生學數學的能力，就是數學能力的主要內涵，也是作者用它來作為教與學主要數學能力的原因。

（一）概念性了解

　　依據 1999-2003 年 NAEP（NAGB, 2002）的定義，概念性的了解是指學生能夠做下列的事情：

1. 能辨識某概念的正、反例

例如：（圖）灰色的部分是 $\frac{1}{2}$ 個圓，正例。（圖）灰色的部分，不是 $\frac{1}{2}$ 個圓，是 $\frac{1}{2}$ 個圓的反例。

2. 能利用模型、圖形和符號表達某概念

例如：學生能用（圖）、$\frac{1}{2}$ 等圖形表徵或者符號表徵，表示把一個蛋糕平分成二份，其中一份是幾個蛋糕的概念。

3. 能辨認原理（在某些條件下，概念關係的一般性敘述）

例如：了解「若 $a = b$，則 $a + c = b + c$」是所謂的等量公理；了解「因爲 $x + 0.3 = 4.5$，所以 $x + 0.3 - 0.3 = 4.5 - 0.3$，所以 $x = 4.2$」是使用等量公理得到的結果。

4. 能知道定義的條件或性質

例如：了解長方形的定義只是四個直角的四邊形即可；兩雙對邊等長，則是可以由定義推導出來的性質。（老師們，你相信嗎？試著證明看看吧！）

5. 能連結某概念的不同表現形式

例如：表示把一個蛋糕平分成二份，其中一份是幾個蛋糕的概念，可以用圖形表徵（圖）；符號表徵 $\frac{1}{2}$；口語表徵「二分之一」；或者拿出實物，把它平分成二份，取其中一份等不同形式表現，並且相互轉換。

6. 能整合各種概念間的關係

例如：除法本來是許多東西平分給較少數的人的概念，如 12 顆蘋果平分給 3 個人，每人得幾顆？後來推廣到 1 顆蘋果平分給 6 個人，也可以用除法 $1 \div 6$ 來表示。分數本來是少數個東西平分成幾份，其中的若干份又稱爲幾個。後來，我們將兩個概念整合在一起，變成用分數來表示兩數相除的結果，如 $1 \div 6 = \frac{1}{6}$。

7. 能從不同情境中，辨識與解釋符號所表達的概念

例如：以 1 個積木□代表 1 時，一條積木 ▭▭▭▭▭▭▭▭▭▭ 代表 10。但是當用一張百格板（圖）代表 1 時，一條積木 ▭▭▭▭▭▭▭▭▭▭ 不再代表 10，而是代表 0.1。

▭▭▭▭▭▭▭▭▭▭ 在不同的情境中，它表示的概念不同，學生要能夠清楚辨識它所表達的概念。再如 2023 的左邊第一個 2 代表 2 個一千或者 2000，而右邊的第二個 2 代表 2 個十，或者 20。同樣一個 2，當它擺在不同的位置時，它表示的位值不同。再如，在

平面上 (12, 18) 代表一個點，可是當我們要學生求 (12, 18) 時，它代表著我們要學生求出 (12, 18) 的最大公因數。

8. 能解釋問題中的條件所涉及的概念

例如：學生在解答 $\frac{3}{8} + \frac{4}{8}$ 時，能了解 $\frac{3}{8}$ 所涉及的概念是 3 個 $\frac{1}{8}$、$\frac{4}{8}$ 是 4 個 $\frac{1}{8}$，所以 $\frac{3}{8} + \frac{4}{8}$ 是有 7 個 $\frac{1}{8}$，亦即 $\frac{3}{8} + \frac{4}{8} = \frac{7}{8}$。

9. 能診斷概念的迷思

例如：四年級教師問：$\frac{1}{6}$ 和 $\frac{1}{8}$ 比較，$\frac{1}{6}$ 比較大？還是 $\frac{1}{8}$ 比較大？學生回答：$\frac{1}{6}$ 和 $\frac{1}{8}$ 一樣大，因為假如是一盒水果，一盒有 6 顆，其中一顆是 $\frac{1}{6}$；另一盒有 8 顆，其中一顆是 $\frac{1}{8}$，所以都是 1 顆，所以一樣大。

從學生的回答來看，$\frac{1}{6}$ 和 $\frac{1}{8}$ 的舉例說明分別是正確的，也就是說該生可以舉適當的例子來說明單位分數概念。但學生沒有注意到當題目沒有特別說明二個分數的單位量，而直接要比較二個分數的大小時，隱含著這二個分數的單位量是一樣的，因此，要比較 $\frac{1}{6}$ 和 $\frac{1}{8}$ 的大小時，就不可以 $\frac{1}{6}$ 和 $\frac{1}{8}$ 採取不同的單位量來說明，而必須用相同的單位量。例如：一箱有 24 瓶飲料，$\frac{1}{6}$ 箱是 4 瓶；$\frac{1}{8}$ 箱是 3 瓶，4 瓶比 3 瓶多，所以 $\frac{1}{6}$ 比 $\frac{1}{8}$ 大。假如學生說 $\frac{1}{6}$ 和 $\frac{1}{8}$ 一樣大，表示學生對比較二個分數的大小，隱含這二個分數的單位量要相同的概念不了解，也就是因為缺乏概念性的了解，而產生迷思概念。

（二）程序性知識

程序性知識（NAGB, 2002）是指學生利用他所熟知的數或者符號等運算來解答問題。這個程序性知識應該是學生將上述相關的概念充分了解（關係性了解）後，再內化為程序性的知識，而不是毫無了解、記憶式的步驟（機械性了解）。我國學生有時候無法了解程序性知識的概念，便使用記憶的方式學習四則運算等程序性知識來計算，導致漸漸的不喜歡數學。

1. 能操作數與符號的運算及估算

例如：學生能正確的算出 $\frac{3}{10} + \frac{4}{10} = \frac{7}{10}$ 或者 $\frac{3}{4} \times \frac{5}{7} = \frac{15}{28}$，表示學生有程序性知識。作者建議學生在計算能力上應該是充分了解在做分數加法時，為什麼分母相同時，分子才可以相加；為什麼分數相乘時分母乘以分母，分子乘以分子，而不是不了解的記

憶。因為這些運算的規則會隨著脈絡的不同，而有不同的規則，因此學生背多了，最後會亂掉，會誤用公式。即使要記憶，也要特別去留意公式可以用的假設條件或者前提，例如：分母相同時（假設條件），分子才可以相加。

此外，假如學生不用紙筆而能在心中估算 699 + 799 大約是 1500，表示他有進行估算的程序性的能力。

2. 能正確選擇適當的程序

例如：學生知道 $\frac{3}{8} \times 5$ 時，是分子乘以整數；在 $\frac{3}{8}$ 的擴分時，知道要分子和分母同時乘以某一個自然數；兩者的計算不會混淆。

3. 能讀圖、查表、製作圖表

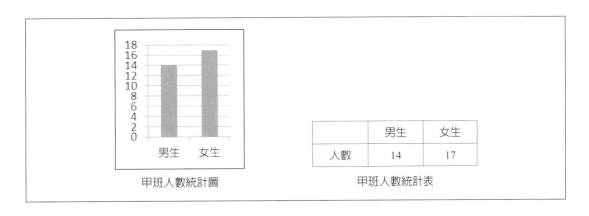

例如：對於上方的統計圖或者統計表，學生能夠知道它是甲班男、女生人數的統計圖或者統計表，也能了解女生有 17 人，甚至學生能利用統計表製作統計圖，或者利用一週中午 12 點的溫度數據製作統計表、統計圖。

（三）能檢驗所用的程序無誤

例如：對於有餘數的除法問題 113 ÷ 4 = 28...1，學生知道利用除數乘以商再加餘數，4 × 28 + 1 = 113，來檢驗剛才的程序是否正確。對於加法的計算 $\frac{1}{2} + \frac{1}{3} = \frac{3}{6} + \frac{2}{6} = \frac{5}{6}$，學生能正確的檢驗所用的擴分是否正確。

（四）解題

解題是指學生能利用他所學會的概念性了解和程序性知識，來解答一些非例行性的問題，這才是作者所談的有數學感的解題能力。

1. 能從情境中辨識數學元素並形成問題

它的意思是會解題性知識的學生能夠從問題的情境或者生活情境當中，辨識與數學相關的元素，並且形成數學的問題。例如：週日爸爸帶小英到兒童樂園玩，他們想要玩咖啡杯，小英發現排隊的人很多。這時候爸爸問小英大概需要排多久才能上去玩？在這個情境中，和數學相關的元素有在排隊的人數、等候的時間、咖啡杯遊玩的時間、上下客人的時間。可以形成數學的問題有小英會在第幾次才能玩到？大概需要再等多久才能玩到？

這個問題我們可以假設爸爸問完小英問題的時候咖啡杯剛啟動，大約排了 65 人，小英和爸爸大約排在第 59、60 位，一次大約上去 24 個人，玩一次大約 5 分鐘，上下客人一次大約 1 分鐘。那小英要等多久才能上去玩？

到目前為止，作者發現老師請學生「從情境中辨識數學元素並形成問題」的教學或者評量非常的少，但它是讓學生聽到、了解、發現數學在生活中有用的重要元素。因此，作者建議老師在一學期的教學中，一定要有幾次提供學生從生活情境中發現數學元素、形成數學問題的學習機會。這個機會也是數學素養（數學學習要回來解決人類碰到的問題）強調的面向，老師們也可以把它當作核心內涵「舉例」。

2. 能了解條件的充分性與一致性

這個意思是說學生能了解要解決一個問題時，條件是否充分，而且條件間的資訊是否一致、是否出現矛盾。例如：小英想要了解大概還要等多久才能上去玩咖啡杯，她需要了解的條件有「她和爸爸排在第幾位」、「咖啡杯一次可以玩幾個人」、「咖啡杯玩一次要多少時間」、「上下客人一次大概多少時間」、「現在正在運作的咖啡杯已經玩了多久」。這個問題，我們不需要了解全部有多少人在排隊，只要了解小英和爸爸排在第幾個即可；後面的人，我們可以不用理他。

有時候題目所給的條件是會互相矛盾的（在數學教育上會使用資訊不足的問題、資訊多餘的問題、資訊矛盾的問題來評量學生）。例如：我有 5 顆巧克力，3 顆牛奶糖，我吃了 4 顆牛奶糖，問我還有多少顆巧克力和牛奶糖？此時，學生應該能了解題目本身就沒有一致，是一個互相矛盾的問題。

3. 能應用適當的定義、定理或性質

學生在解答問題時，要能夠思考哪一個定義、定理或者性質可以來解答問題，並且應用它來解答問題。例如：玩咖啡杯的問題，除了能利用整數除法、加法、減法，甚至乘法來做運算之外，還需要利用到無條件進位的概念，也就是小英和爸爸排在第 60 位除以 24 人，是 2 餘 12 人，所以要第三次才能上去玩。

4. 能使用相關的數學知識或策略轉換問題

有時候要解答一個問題，可能無法馬上求得解答，而需要先將要求解的問題，利用數學知識或者一些策略，知道只要先解決某一問題時，就可以求得最後的答案。例如：咖啡杯的問題是問需要再等多久？這時候，我們只要先把問題轉成要第幾次才能上去玩，就可以再求得還要多久時間就能上去玩；而不是直接將等候的位置除以一次玩的人數，再乘以玩的時間（$60 \div 24 \times 5 = 12.5$ 分鐘）。

5. 能使用、修改或推廣程序

當在使用程序進行解答問題的過程中，有時候我們會發現用錯了程序。例如：咖啡杯的問題，我們誤用了 $60 \div 24 \times 5 = 12.5$ 分鐘的方法，這時候，我們必須要有能力去修改我們所用的程序。

有時候我們解答完一個問題之後，我們應試著將這個解答問題的程序做一些推廣。例如：減法的概念，原先是在解答改變型（車上原來有 9 個人，這一站下去 5 個人，現在車上共有多少人？）或者合併型（我雙手有 9 個積木，右手有 5 個積木，那我左手有幾個積木？）的問題。這些問題的本質是部分—全體（5 個人是 9 個人的一部分；5 個積木是 9 個積木的一部分）的概念。後來我們會把減法的概念推廣到不是部分—全體的概念的問題之中。例如：比較型問題（我有 9 個彈珠，你有 5 個彈珠，我比你多幾個？），它本質上是兩個不同的集合，不可以把一個集合的東西，扣掉另一個集合的東西。因此，在概念上必須做推廣，把我 9 個彈珠中和你一樣多的 5 個扣掉，剩下的 4 個就是比你多的 4 個。

6. 能運用推理能力

在數學的學習上，小學階段「時常」用歸納（歸納推理）的方法來學習數學概念與程序，到了中學以上，卻變成時常用邏輯推理的方法來學習。因此想要讓學生能順利從小學過渡到中學，老師在教學時，應該慢慢的或者有意無意的強調邏輯推理能力的培養。推理能力的培養，最簡單的說法可以當作是問學生「為什麼」。例如：一、二年級時，我們會問「我手上原有一些錢，用掉 8 元以後，剩下 5 元，問我手上原有多少錢？」的問題，當學生會用 $8 + 5 = 13$ 來計算時，我們問學生「為什麼可以用 $8 + 5$？」學生假如能夠將語意做轉換，說「把我用掉的錢加上剩下的錢，就是原來的錢。」這時候，我們可以看成學生已經學會推理了，已經有推理能力了。

7. 能檢驗結果的合理性與正確性

當學生將問題解答出來以後，能檢驗答案的合理性與正確性也是很重要的問題。例如：咖啡杯的問題，它是生活中的問題，但是它有一些影響的因素存在。例如：我們不是很精確的算小英排在第幾位，只是概略的算；我們可能用「每個咖啡杯可以坐 4 個

（最多的人數，不是實際坐上去的人數）」來算一次可以上去幾個人；因此我們計算出來的答案（例如：會是第幾趟上去玩咖啡杯）是不是正確，就必須做一些合理的檢驗。假如，我們差不多排在上面所說的第 60 位，餘數大約在中間，那答案正確的機會蠻高的；假如小英是排在 70 位左右，那「實際上」小英就有可能第三趟或第四趟才上去玩。

　　當然，有時候數學上會把實際問題理想化，變成：「一個咖啡杯一次上去 24 個人，第 70 個人是第幾次上去玩？」這時候，排在第 70 位的人就會在第三趟便上去了。我們覺得有時候沒有把要學生解答的問題到底是「實際生活問題」，或是「理想化的數學問題」跟學生說清楚，導致學生做了錯誤的解答。

　　到目前為止，作者發現老師在解答完一個數學問題時，有時會請學生檢驗答案是否正確。但是將此一數學問題的解答與真實生活情形連結，或者檢驗它在真實生活的合理性的教學或者評量並不多。因為數學問題是生活問題的理想化、簡化，假如老師想要讓學生了解數學在生活中的有用性，讓學生有機會將解答的結果對照真實生活的合理性就有必要。這也是數學素養所強調的面向，將解決問題的結果回來檢驗真實生活的合理性。

8. 能使用數學語言表達解題過程

　　例如：學生在解答「小明吃了 $\frac{1}{2}$ 條巧克力，小英吃了 $\frac{1}{3}$ 條巧克力，小明和小英誰吃得多？多多少？」的問題。五、六年級學生能運用擴分觀念：

$$\frac{1}{2}=\frac{1\times3}{2\times3}=\frac{3}{6}，\frac{1}{3}=\frac{1\times2}{3\times2}=\frac{2}{6}，\frac{1}{2}-\frac{1}{3}=\frac{3}{6}-\frac{2}{6}=\frac{1}{6}$$

得知小明吃得比小英多，多吃了 $\frac{1}{6}$ 條巧克力。

　　此時表示學生能使用數學語言表達（口語或者書寫）他的解題過程。

　　作者認為學生的數學能力培養不是短暫時間內可以達成，它需要持久的進行。同時，最好也能在班級的數學教學過程中持續進行，而不能獨立於正規的數學內容教學之外進行。

三、數學威力

　　現今數學教育的理念是要培養學生的數學威力，希望學生有全面性的能力能結合和使用數學知識去進行探究、臆測、邏輯推理、解決非例行性的問題；能在數學脈絡之內，或其他的學科脈絡進行連結；以及能進行數學的溝通。因此，數學威力（NAGB，2002）是由推理（reasoning）、連結（connections）和溝通（communication）三個因子組成。

（一）推理

推理是指學生能認知數學的基本內容；能進行探究與數學臆測；能發展對數學論證的評價；能選擇使用不同的推理和證明方法。例如：

我們在導出平行四邊形的面積公式時，從平行四邊形的一個頂點到一邊做高（如下圖的左圖），所形成的三角形搬到另一邊（如下圖的右圖）時，有人會直觀的認為四邊形 CEFD 是一個長方形。若我們問他「為什麼」時，學生能夠說因為四邊形 ABCD 是平行四邊形，$\overline{BC} = \overline{AD}$，所以 C 和 D、B 和 A 會重疊在一起；又∠ CBA ＋∠ EAD ＝ 180°，∠ DAF ＝∠ CBA，所以搬過去以後∠ DAF ＋∠ EAD ＝ 180°，所以 $\overline{EA}$ 和 $\overline{AF}$ 會在同一直線上，又∠ DCE ＝∠ CEA ＝∠ AFD ＝ 90°，所以四邊形 CEFD 是一個長方形。此時學生便是在進行數學推理。

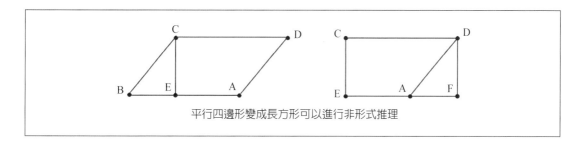

平行四邊形變成長方形可以進行非形式推理

（二）連結

連結是指學生能理解並進行數學概念間的連結；能了解數學概念是環環相扣的體系（稱為數學內部連結）；能在數學外的領域（包括在其他學科以及職業、日常生活之中）辨認和使用數學（稱為數學外部連結）。連結和現今強調的數學素養習習相關。

以分數概念和其他數學概念間的連結為例，分數的分母為 10 時，可以和小數連結，例如：$\frac{3}{10} = 0.3$；當分數的分母為 100 時，分數可以和百分率相連結，例如：$\frac{3}{100} = 3\%$；分數可以看成是二個整數相除的結果，例如：$2 \div 5 = \frac{2}{5}$；分數也可以看成是二個整數相比的結果，例如：$2 : 5 = \frac{2}{5}$。亦即分數和小數、百分率、除法、比等數學概念間是互相有關聯的，可以彼此連結的。

此外，連結也可以包括數學與生活間的連結。例如：要到阿里山旅行時，查看火車及客運的時刻表是生活與一維或二維統計表的連結。日常生活中使用的秒與分則是一種六十進位制的數學概念，它是學生拓展常見的十進位制概念的重要內容。

（三）溝通

溝通是指學生能透過討論強化其數學思維；能和同學、老師及他人表達他們的數學思維；能分析和評估他人的數學思維和策略；能使用數學語言表達他的數學概念。

例如：二年級教師在課堂上問為什麼 23 + 45 = 68？

甲說：因為 2 + 4 = 6，3 + 5 = 8，所以 23 + 45 = 68。

乙說：因為 23 = 20 + 3，45 = 40 + 5；20 + 40 = 60，3 + 5 = 8，所以 23 + 45 = 68。

丙說：因為 23 是 2 個十，3 個一的意思；所以 2 個十加 4 個十等於 6 個十，3 個一加 5 個一等於 8 個一；所以是 6 個十，8 個一，是 68。

透過學生的語言表達，我們知道甲生只是用公式或者口訣方式來回答，甲生並沒有把數學的思維給表達出來。乙生和丙生則是使用位值概念來回答他們對整數加法的了解，也就是有進行溝通的能力。又如，學生能說出因為 2÷3 是二個蘋果平分給三個人，每個人都得到 $\frac{2}{3}$ 個蘋果，所以 2÷3 = $\frac{2}{3}$，也是一種溝通的表現。

要注意的是這裡所指的溝通，不一定要用口語來表達，只要是能使用數學相關的符號、文字、語言，使他人了解所要表達的概念，都算是在進行溝通。因此，我把想要表達的概念寫出來，或者利用圖形表徵表達出來，只要他人可以理解，都是在進行溝通。

本書認為培養學生的推理、連結和溝通能力不是短暫時間內可以達成的，它需要持久的進行。同時，最好也能在班級的數學教學過程中持續進行，而不是獨立於正規的數學教學之外進行。

貳 數學教與學的相關概念

在數學教與學的過程中，還有相關的理論可以讓我們把數學教得更好，把數學學習得更好。這些理論，例如：表徵、診斷教學法，以及數的內容結構等。

一、表徵

82 年版國民小學數學課程標準（教育部，1993）將「培養以數學語言溝通、討論、講道理和批判事物的精神」訂為國民小學數學教育總目標中的一項。89、92、97 年版（教育部，2000，2003，2008）的能力指標也強調學生的溝通能力。廣義來說，培養溝通能力或者討論、說明理由所使用的語言，並不限定於使用口語，它所談的是一種可以表達學生內在思維的「表徵」。

（一）意義

「表徵」（representation）（張春興，1989）是認知學派的重要概念。認知心理學認為，將現實世界的事物以另一種較為抽象或符號化的形式（文字、語言是抽象的，只是人們賦與意義後我們經歷長久的學習而感覺具體）來代表的歷程，便是表徵。

Lesh, Post, & Behr（1987）從溝通的觀點，區分表徵為真實腳本（real scripts）（作者認為也可以是實物或者實際情境）、操作模型（manipulative models）（作者認為也可以是具體操作物）、靜態圖片（static pictures）或者圖形、口說語言（spoken language）以及書寫符號（written symbols）。本書認為表徵的應用應該著重在概念上的溝通，同時實物（真實腳本）、具體操作物、圖形、語言、符號這五類表徵非常適合作為小學的數學教與學的溝通工具。

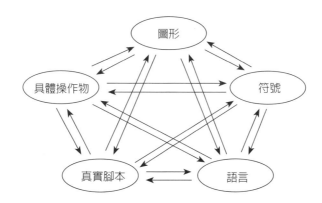

圖 1-7　表徵關係圖（譯自 Lesh, Post & Behr, 1987, p.34）

真實腳本（實物）表徵：日常生活中實際的物件或者實際情境。我們也會布一個實際情境的問題，例如：教師指著操場的學生說，操場上現在有 5 個人，那再來幾個人就會有 13 個人？此時，作者把它稱為真實腳本（實物）。有時候，例如：實際拿出 1 包糖果，要學生說出這包糖果有多少顆。其中的 1 包糖果也是真實腳本（實物），12 顆糖果為實際表徵物。有時候，我們會拿出一包有 12 顆糖果的實物圖像，我們也可以稱它是實物表徵，因為學生看到實物圖像就好像看到真的東西。

具體操作物表徵：像積木、花片等讓學生用來具體操作相關概念的物件。分數板就是分數教學時常用的具體操作物；在離散量情境時，也可以使用花片或積木。例如：拿出 10 個花片，代表 10 顆糖果；拿出 12 個積木代表 12 個人，此處 10 個花片、12 個積木就是具體操作物。具體操作物的使用可以說是將實物、真實腳本做進一步的抽象化，例如：我們可以使用一個積木代表一個人、一顆蘋果，代表一個任何實物。

圖形表徵：靜態的圖像。例如：⑩和①的圖形讓我們用來代替金錢、糖果等等的事物的圖形，我們稱為圖形表徵。例如：我們會以 代表一盒有 4 個月餅。再如畫⑩⑩①①①代表 23 個人。圖形表徵也是實物的抽象化，只是它無法隨意移動，因此有時候稱它是半具體物。

　　語言表徵：日常生活中常用的口語符號。例如：用口語說出的「二十三」代表 23。

　　符號表徵：我們把概念書寫出來的文字或符號。例如：23 就是數字的符號表徵。語言表徵和符號表徵是把實物（情境）更進一步抽象化，方便人們有效率的溝通。

（二）說、讀、聽、寫、做

　　表徵與教育上常說的說、讀、聽、寫、做其實有異曲同工之處。我們要有機會讓學生用口語表徵「說」出他所知道的概念；讓學生「聽」別人用口語表徵所表達的概念；讓學生「讀」出教材上用實物情境和符號表徵、圖形表徵所要傳達的概念；讓學生用符號表徵「寫」出他所了解的概念；讓學生用實物表徵、具體操作物表徵、圖形表徵「做」出他所了解的概念。

二、診斷教學

　　營造學生的數學感是最有效的教學，但因為學生的學有時間差和路徑差，而且影響教學的變因很多，因此老師的教學不可能讓所有學生都有數學感，學生難免也會出現迷思概念，此時診斷教學就是破除學生迷思最有效的教學策略。診斷教學理論的承襲可以回溯到所謂的新式 Piaget 教學法（Bell, Costello & Kuchemann, 1983）。Piaget 認知發展理論的要點是人們處理資訊的容量會隨年齡增加而增大，Case（1978）據此提出假設「當學習者所處的學習環境，所需要的資訊量超過他的能力時，就趨向發展出合理但過於簡化的解題策略。」就是所謂的學童法。面對學生法的錯誤，在教學設計時務須使用診斷教學策略，使學生有機會主動察覺自己錯了，造成認知上的不平衡，進而產生認知調整的需求。診斷教學法（Bell, 1992）的理論特性如下：

1. 呈現的問題活動，要和學生以前的學習經驗相連結。
2. 選擇的問題，要涵蓋關鍵的概念和可能的錯誤概念。
3. 設計的活動，要能引起有錯誤概念的學生的認知衝突。
4. 提供學生正確性的回饋。
5. 針對所要化解的衝突澈底討論，並且形成新的整合性知識結構。
6. 在所討論的課題內形成關鍵性原則，利用進一步的問題做回饋，以鞏固學生的

概念。

7. 利用彈性的問題，確保不同初始概念了解層次的學生都有適當的挑戰性。

8. 在未來的學習過程中，適時重返相同的概念點（包括利用不同的脈絡），直到產生持久且可遷移的了解。

林福來（1999）所主持的教學思維討論小組更進一步將診斷教學理論的實行，分為三個步驟：學生所犯錯誤的呈現、針對學生的錯誤進行認知衝突，以及調整學生認知的教學。教師對這三個步驟的表現方式又可細分如下：

（一）錯誤概念

依教師對於學生的錯誤所表現的行動，分成四類：(1) 教師採取忽視的行動；(2) 教師理會學生所犯的錯誤；(3) 教師直接告知學生會犯的錯誤；(4) 教師能診斷學生的錯誤。

（二）認知衝突

依教師對學生所犯的錯誤，是否有認知衝突的意圖，分為三類：(1) 沒有意圖；(2) 教師雖然有意圖，但未能對學生形成認知衝突；(3) 已造成學生的認知衝突。

（三）調整教學

依教師對學生的錯誤所做的教學行動，分為下列四類：(1) 教師對學生的錯誤沒有處理；(2) 教師僅進行程序性的教學；(3) 教師能針對關鍵概念進行教學；(4) 教師能利用有效教學策略使學生的認知再度平衡。

依據這三個步驟，所謂的診斷教學就是教師要能診斷學生容易犯的錯誤，設法利用認知衝突造成學生認知上的不平衡，之後再利用有效的教學策略使學生的認知再度平衡。

三、數單元的內容結構

為了方便老師了解與記憶整數、分數、小數四則運算的一步驟問題類型，作者將其分為情境結構、語意結構、運算結構；這三種結構分類以及內涵分類都有它的意義。

（一）情境結構

在數學教育上，全數的問題情境可以分成一維連續量、二維連續量、離散量等情境。

離散量是在日常生活中，時常以離散的方式出現，同時人們比較不會特意去切割它

的物件。例如：人、馬、蘋果、糖果……等物件，因為這些物件習慣上以整體的方式呈現，不會特意去切割它，因此我們稱它為離散量。

連續量是在日常生活中，時常以一個整體的方式出現的物件。例如：繩子、緞帶、蛋糕、披薩……等，在日常生活中，時常是完整出現。因為繩子、緞帶……等在日常生活中是一長條的形狀，我們表徵它時，常用線狀的方式呈現，因此我們稱它為一維連續量。因為蛋糕、披薩……等個物，雖然是立體的個物，可是我們在表徵它時，常用二維平面的方式表徵它，而不用三維立體的方式表徵它，因此我們稱它為二維連續量。

在學習上，有時候我們會把蛋糕、緞帶等連續量進行切割，此時，有學者稱它為連續量離散化。

離散量是學生學習整數與整數四則運算的合理情境；連續量（離散化）情境則是學生學習分數、小數概念的合理情境。一般分數概念都會先從二維連續量入手，一維連續量又可以連結到數線概念。再者整數除法和分數概念的啟蒙不同，後來結合在一起，即分數表示整數相除的意涵，因此不管我們在學習整數或者分數、小數概念時都要出現離散量和連續量的問題情境，使學生日後能順利將整數概念與分數相關概念相連結。因此，離散量、一維連續量、二維連續量的情境結構，在整數、分數、小數概念及它們的四則概念的布題上有其重要性。

（二）語意結構

關於數的四則運算為什麼要區分成語意結構，主要的原因是上面（第 2 節／貳／二、數學觀念時常在進行推廣）所談的概念推廣的問題，也就是說我們學到某個概念的啟蒙，之後會將此一概念推廣到某一層面上，此時兩者的語意便不一樣，因此我們有必要加以區分，使教師、學生了解某一概念的語意已經被推廣到另一個層面的語意上。若學生了解此一概念推廣的重要意義，他說不定也會自行推廣到新的語意問題上，此時學生已有很好的創造力。

以下就加（減）法、乘法、除法的語意結構簡要說明。

全數、分數和小數的加法和減法主要是要解決部分─全體的改變型或合併型問題，其中合併型又是學習交換律的最佳啟蒙情境；至於比較型和平衡型（等化型）問題則是部分─全體的概念推廣問題。因此加、減法問題的語意結構可以分為改變型、合併型、比較型和平衡型問題。

1. **合併型**（Combine）：兩量同時併存於語意之中。例如：小明有 7 顆糖果，小華有 8 顆糖果，請問兩人合起來共有幾顆糖果？

2. **改變型**（Change）：已有一量，再加入（或拿走）一量的語意問題。例如：小

明原有 5 顆糖果，小華給了他 3 顆糖果後，小明現在有幾顆糖果？

3. **比較型**（**Compare**）：兩量比較的語意問題。例如：小華有 3 顆糖果，小明比小華多 6 顆糖果，請問小明有幾顆糖果？

4. **平衡型（等化型）**（**Equalize**）：已有甲量，乙量再加入或拿走一量後，甲乙兩量相等的語意問題。例如：小明有 7 顆糖果，小華有 8 顆糖果，小明再多幾顆糖果就和小華一樣多了？

整數的乘法概念主要是解決部分—全體的等組型（或者等量型）、矩陣型（或者陣列型）的問題，其中矩陣型是學習乘法交換律的最佳啓蒙情境；至於倍數型、比例型、面積型和笛卡爾積型（又稱外積、乘法原理）問題是乘法概念的推廣。但是分數和小數則不會出現笛卡爾積型問題。

1. **等組型（或者等量型）**：每組內的數量一樣多，求出總量的語意結構。例如：一個盤子裝 3 顆蘋果，5 個盤子可以裝多少顆蘋果？

2. **矩陣型（或者陣列型）**：一組數量有規律的排列形成矩形的形狀。例如：一排有 6 張桌子，5 排有幾張桌子？

3. **倍數型**：以一數量爲基準量，求出此數量的幾倍問題的語意。例如：哥哥有 350 元，妹妹的錢是哥哥的 $\frac{1}{5}$（倍），請問妹妹有多少錢？

4. **面積型**：在二維連續量的情境中，已知長方形的邊長，求面積。例如：一個長方形的長是 3 公尺，寬是 $2\frac{1}{4}$ 公尺，問這個長方形的面積是多少平方公尺？

5. **比例型**：東西互換或者兩組數量成同一倍數關係的問題情境。例如：一個獎卡可以用 5 個獎章來換，4 個獎卡要用幾個獎章來換？

6. **笛卡爾積型**：由兩個集合 A 和 B 所形成有序的元素對之問題。例如：一件上衣配一件褲子變成一套套裝，問不同上衣有 4 件，不同褲子有 5 件，可以配成幾套套裝？

除法則主要分爲等分除與包含除的語意結構。有些學者把特定的分數等分除或包含除問題，稱作當量除 [12]。作者認爲既然概念推廣的概念那麼重要，因此還是以等分除與

---

[12] 有些學者認爲（國家教育研究院籌備處，2007）當包含除問題的商數不是整數時（使用全部分完的語詞來溝通），日常生活中就不易找到這類情境，以問題「14.4 元，每人分 3.2 元，全部分完，可以分給多少人？」爲例，這個問題是不容易被接受的，因爲在全部分完的限制下，答案是可以分給 4.5 人，而人是不可以被分割的。爲了要擴張包含除問題的範圍，82 年版將這種問題視爲當量除問題，透過「相當於」的語言，將上述問題改寫成「14.4 元，每人分 3.2 元，全部分完，相當於可以分給多少人？」改寫過的問題是一個較容易被接受的問題。

包含除來稱呼分數、小數的語意結構，只是它被概念推廣了。主要理由是數學是被理想化、抽象化，且許多的連續量，例如：杯子、蘋果等等在學習分數時，早就被離散化，因此在數學的概念上，類似人、人的胃（吃八分飽）、車子等連續量，在理想上也可以被離散化。此外在數學的學習上，若不統一將它稱作概念推廣而允許學生利用它來學數學，那老師可能很難區分什麼情況是當量除、什麼情況不是當量除。有人會說看有沒有出現「相當於」來區別，但那是老師看到的題目，若老師自己要命題時，什麼時候要用「相當於」、什麼時候不需要用「相當於」有可能有困難。假如有人同意「一個人一天喝 2 公升的水，5 公升的水相當於一天幾個人喝？」因為人一定整數個，那麼作者想要說的是「5 公升的水，每 2 公升裝一杯，可以裝幾杯？」的問題是不是也要改成「5 公升的水，每 2 公升裝一杯，相當於可以裝幾杯？」因為在自然界杯子也是一杯一杯存在的不會把它割成 $\frac{1}{2}$ 杯。事實上這是因為我們為了要學習分數，故意把裝了一半的杯子稱做 $\frac{1}{2}$ 杯（或者說是理想化、抽象化）；那麼人是不是也可以被理想化或者抽象化為 $\frac{1}{2}$ 個人？在生活中有時候我們也會用「（女婿是）半子」、「100 萬的車子，若我只有 50 萬，我們也會說我只能買半部車子」。因此作者建議整數和小數（分數）的問題，可以從問題中來認知即可。例如：「5 公升的水，每 2 公升裝一杯，可以裝幾杯？剩下幾公升？」「5 公升的水，每 2 公升裝一杯，可以裝幾杯？」便可以區分兩個問題中的杯是要整數杯或者分數（小數）杯了。不用特意使用當量詞的用語。

（三）運算結構

　　運算的結構可以區分為所要求解的數為加（減、乘、除）數未知，被加（減、乘、除）數未知，或者和（差、積、商）數未知；也就是說以學生依題意順序列式時，未知數所在位置來區分運算的結構。例如：「小明有一些錢，他花 15 元買鉛筆，剩下 28 元，問小明原來有多少錢？」它的列式是：

（　　）－ 15 ＝ 28

當等分除問題的除數不是整數時，日常生活中就不易找到這類情境，以問題「14.8 元，平分給 3.2 人，每一人可以分得多少元？剩下多少元？」為例，這個問題是不容易被接受的，因為無法將錢平分給不是整數個人。為了要擴張等分除問題的範圍，82 年版將這種問題視為當量除問題，透過「相當於」的語言，將上述問題改寫成「14.8 元，相當於是 3.2 人份的錢，每一人份是多少元？」改寫過的問題是一個可以被接受的問題。請注意，除數不是整數的等分除問題是不會有餘數的。

　　這是一個被減數未知的問題。

　　我們之所以要區分運算結構的問題，主要理由是加（減、乘、除）數或者被加（減、乘、除）數未知的問題，學生需要進行語意的轉換（變成把剩下的錢加上花掉的錢，就是原來有的錢）才能解題，它是學生學習數學推理的前置經驗，因此相當重要。但是有些學生無法一開始便能順利進行語意轉換，因此在數學學習上有時候會用所謂的算式填充題、線段圖等方式協助學生學習。

　　假如老師在教過加法和減法之後，教過乘法和除法之後，會出三個問題，例如：

　　1. 小明有 2 張卡片，他又拿到 3 張卡片，問小明現有多少張卡片？

　　2. 小明有一些卡片，他又拿到 3 張卡片，小明現有 5 張卡片，問小明原來有多少張？

　　3. 小明有 2 張卡片，他又拿到一些卡片，小明現有 5 張卡片，問小明又拿到多少張？

　　或者：

　　1. 小明有 5 張卡片，小英有 3 張卡片，問小明比小英多幾張卡片？

　　2. 小明有 5 張卡片，小英有 3 張卡片，問小英比小明少幾張卡片？

　　3. 小明有一些卡片，小英有 3 張卡片，小明比小英多 2 張卡片，問小明有多少張卡片？

　　4. 小明有一些卡片，小英有 3 張卡片，小英比小明少 2 張卡片，問小明有多少張卡片？

　　5. 小明有 5 張卡片，小英有一些卡片，小明比小英多 2 張卡片，問小英有多少張卡片？

　　6. 小明有 5 張卡片，小英有一些卡片，小英比小明少 2 張卡片，問小英有多少張卡片？

讓學生比較、察覺、發現它們之間的異同，作者相信一旦學生發現了其間的關係，學生會把數學學得更好、更有感覺。

　　至於它們的詳細例子，請參見後面相關章節。同時二步驟以上的四則運算則是上述三結構的合成，也就是說先乘後加的問題，是在某個情境結構下，乘法的語意或運算結構再加上加法的語意或者運算結構。例如：「一顆蘋果 85 元，一個禮盒 20 元，小明買了 6 顆蘋果用一個禮盒包裝要送給朋友，問小明要付多少元？」的問題就是乘法等組型問題和加法合併型問題的合成。

參 數學素養

　　數學感的內容理論強調數學觀念的發展是可以解決碰到的問題或者促進人類發展。因此，我們應該強調數學在真實生活中的應用。此外，《十二年國民基本教育數學領域課程綱要》（教育部，2018）呼應《總綱》所談的核心素養，認為核心素養是指一個人為適應現在生活及面對未來挑戰，所應具備的知識、能力與態度。依循《總綱》各教育階段核心素養在數學領域應彰顯數學素養培養的理念，也就是強調數學在真實生活中的應用。

　　作者認同 PISA 2012（臺灣 PISA 國家研究中心，2012）將數學素養定義為「在不同情境脈絡中，個人能辨識、做及運用數學的能力，以及藉由描述、建模、解釋與預測不同現象，來了解數學在世界上所扮演的角色之能力。數學素養是連續的，即數學素養愈高的人，愈能善用數學工具做出有根據的判斷，這也正是具建設性、投入性及反思能力的公民所需具備的。」

　　PISA 2012（OECD, 2013）將數學素養評量架構主要分為三個面向（如圖1-8）：數學歷程（mathematical processes）、內容領域（content categories）和脈絡（context categories）。此外，個人要能夠運用基本的數學力（fundamental mathematical capabilities），也就是運用數學概念、知識和技能解決真實世界脈絡的挑戰。

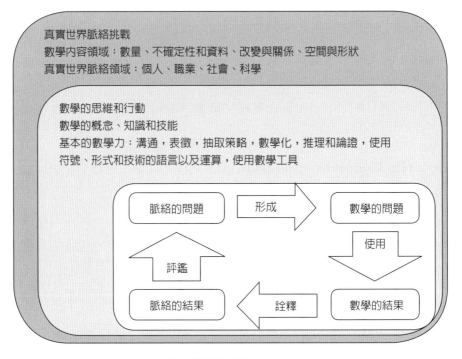

圖 1-8　在實務中的數學素養模型（OECD, 2013, p.26）

一、數學歷程

在數學歷程面向，分爲形成數學情境（formulating situations mathematically），使用數學概念、事實、過程和推理（employing mathematical concepts, facts, procedures, and reasoning），以及詮釋、應用和評鑑數學結果（interpreting, applying, and evaluating mathematical outcomes）。作者發現以前的數學學習都比較偏向使用數學概念、事實、過程和推理，認爲**我們也應該重視形成數學情境以及詮釋、應用和評鑑數學結果兩個面向**，使學生能自己形成數學問題（舉例），以及對答案進行解釋並且與眞實問題進行對比，了解其間的異同（爲什麼、回想）。

（一）形成數學情境

在數學素養的定義中，「形成」一詞是指個人能夠認知和辨識使用數學的時機，在某種脈絡情境內對呈現的問題提出數學化的結構。在「形成數學情境」的歷程中，個人需要決定抽取哪些數學去分析、建立以及解決問題。他們將問題從現實世界中轉換到數學領域，並且提出具有數學結構、能表徵眞實世界的問題。同時學生能在具限制與假設的問題內進行推理與了解問題（OECD, 2013, p.28-30）。

（二）應用數學概念、事實、程序與推理

在數學素養的定義中，「應用」一詞是指個人能夠應用數學概念、事實、程序與推理去解決數學形式的問題以獲得數學結果。在應用數學概念、事實、程序與推理去解決問題的過程中，個人需要執行獲得結果所需要的數學程序（例如：執行算術運算、解方程式、從數學假設中進行邏輯演繹、執行符號操弄、從圖表中提取訊息、表徵與操弄空間中的圖形，以及數據分析），並且找出數學的答案。他們在問題情境的模式中工作，建立規律，在數學內進行連結，並且創造數學論證（OECD, 2013, p.28-30）。

（三）詮釋、應用與評鑑數學結果

在數學素養的定義中，「詮釋」一詞著重在個人有能力去反思數學解法、結果或者結論，並且在眞實生活的情境中進行詮釋。它的內涵包括轉化數學解法或推理回到原來眞實問題的脈絡之中，並且確認結果在眞實問題情境中是否合理或者有意義。因爲許多的數學化問題是被理想化、抽象化或者減少變因的，因此往往所解答的數學問題，和眞實情形會有一些落差。這個數學的歷程包括圖 1-8 在實務中的數學素養模型中的「詮釋」（interpret）和「評鑑」（evaluate）兩個箭頭方向。在這個歷程中，個人可能被

要求在問題脈絡中建構和溝通其說明與論證，反思其建模歷程與結果（OECD, 2013, p.28-30）。

二、內容領域

在內容面向，分爲改變與關係（change and relationships）、空間與形狀（space and shape）、數量（quantity）、不確定性和資料（uncertainty and data）等四個數學內容知識。這四個數學內容，和九年一貫課程四大主題：數與量、幾何、代數、統計與機率的分類，概念是相同的。PISA（OECD, 2013, p.33-35；臺灣 PISA 國家研究中心，2012，頁 4-5）的定義如下。

（一）改變與關係

在自然和設計的世界中，物件和環境之間呈現許多暫時和永久性的關係。在一個系統內的物件或者環境的元素發生改變，便會影響另一個。在許多情況下，這些變化隨著時間而變化；在其他情況下，一個物件或者數量改變會影響另一個相關的改變。這些情況涉及離散的變化，某些是連續的變化；某些關係則是持續的或不變的、自然的。有素養的人對改變和關係能了解改變的基本形態和再認它們的發生，也可以使用適當的數學模式去描述或預測改變。模式化改變關係的數學意義是使用適當的函數和方程式，以及在符號和圖形表徵之間創造、詮釋和轉換關係。

（二）空間與形狀

空間與形狀包括我們視覺和實體世界到處可遇的廣泛現象：樣式、物件的性質、位置與方位、物件的表徵、視覺資訊的編碼與解碼、真實形狀和表徵的導航和動態互動。幾何是空間和形狀的基礎，但是在內容、意義和方法上是超越傳統的幾何，它可以是從其他數學領域像空間視覺、測量和代數提取元素。例如：可變的形狀，和沿著軌道移動的點，因此需要函數概念。測量公式是這個領域的中心，從動態幾何軟體到全球定位系統（GPS）軟體的工具環境中的形狀操作和詮釋，都包括在這個內容領域。

（三）數量

數量是指在我們的世界中所從事的最普遍和最基本的數學面向。在世界中物件、關係、情境和實體特徵的量化，都包含其中；同時了解這些量化的不同表徵，以及基於這些數量進行詮釋和論述。從事世界的量化包括了解測量、計數、震幅、單位、指數、相對大小和數字的趨勢與樣式；數量的推理，例如：合理結果的數感、數字的多元表徵、

計算、心算、估計和評估，都是關於數量的數學素養的基礎。

（四）不確定性和資料

在科學、科技和日常生活中，不確定性是一直存在的；因此一個現象的不確定性，是許多問題情境數學分析的核心，它包含機率、統計以及應用它所建立的資料表徵與描述的理論。不確定性和資料的內容包括再認在過程中的變異的位置、變數量化的感覺、知道在測量中的不確定性和錯誤，以及知道機率。它也包括在以不確定性為中心的情境形成、詮釋和評鑑結論。資料的呈現和詮釋則是這個領域的關鍵概念。

在科學預測、選舉結果、天氣預測、經濟模型中有不確定性；在製造過程、測驗分數和調查結果，以及機率內的變異是個體參與許多活動的基礎。傳統機率和統計的課程提供形式意義的描述、模式化，以及詮釋某類的不確定性現象。此外，數的知識以及圖形和符號表徵的代數範疇，在這個領域內對問題的處理是有利的貢獻。

三、脈絡

PISA（OECD, 2013）數學素養的評量架構與其他數學成就評量不同之處，主要在於 PISA 提出的脈絡面向。脈絡是指個體所處的世界上的問題面向。適當的數學策略和表徵的選擇通常與所提出問題的脈絡相關。因為個人在不同情境脈絡中，能辨識、做及運用數學的能力，以及藉由描述、建模、解釋與預測不同現象，需要強調的就是不同的情境脈絡。PISA2012（臺灣 PISA 國家研究中心，2012a，頁 8）認為最接近學生的情境脈絡為個人生活，接著是學校生活、工作以及休閒，然後是日常生活中會碰到的社區及社會，最後是科學情境。因此 PISA 所界定和使用的四個情境脈絡問題分別為：個人（personal）、職業（occupational）、社會（societal），以及科學（scientific）問題。PISA（OECD, 2013, p.37）對四個脈絡的定義如下。

（一）個人

個人的脈絡問題聚焦在與學生本身、學生的家庭或者同儕群體有關的活動。這類的脈絡是考慮個人的（但沒那麼侷限）包括食物準備、購物、遊戲、個人健康、個人交通、運動、旅遊、個人日程安排和個人財務。

（二）職業

職業的脈絡問題是以實際工作的情境為中心。被歸類到職業的題目可能包括（但沒那麼侷限）測量、建築材料的成本和訂購、工資／會計、品質控制、調度／庫存和工作

相關的決策。職業的脈絡可能和員工的層級相關，從非技術性的工作到高技術性的專業工作。

（三）社會

社會脈絡的問題聚焦在個人的社會（無論本地、國家或全球）。它可能包括（但沒那麼侷限）選舉制度、公共交通、政府、公共政策、人口統計學、廣告、國家統計和經濟。雖然個人是身處這些事情之中，社會脈絡領域聚焦的問題在社會的觀點。

（四）科學

科學領域的問題是關於從數學的應用到自然世界，以及關於科學和科技的議題和主題。特定的脈絡可能包括（但沒那麼侷限）天氣或氣候、生態學、醫學、太空科學、遺傳學、測量以及數學本身的世界。

四、基本的數學力

PISA2012 認為需要辨識一般的數學力去補充特定數學脈絡知識的數學學習。PISA2012（OECD, 2013, p.30-31）提出七個數學力，分別為溝通（communication），數學化（mathematising），表徵（representation），推理和論證（reasoning and argument），為解決問題抽取策略（devising strategies for solving problems），使用符號、形式和技術的語言以及運算（using symbolic, formal and language and operations），以及使用數學工具（using mathematical tools）。這七個數學力和前面所談的理論非相近，因此不再說明。

五、數學素養問題的相關書籍和網站

作者曾出版有關數學素養的專書，也在期刊發表相關文章，有興趣的老師可以參考專書《認識 PISA 與培養我們的素養》（李源順、吳正新、林吟霞、李哲迪，2014），或者〈生活中的數學〉（李源順，2012），或者作者的網站：數學教師知識庫 [13]。林福來（2011）曾邀集學者和教師共同開發兩本的《臺灣 2011 數學素養評量樣本試題》[14]，許志農的網站 [15] 也放置了許多數學素養的問題，有興趣的老師們可以學習、參考。

---

[13] http://www.mtedu.utaipei.edu.tw/forum.php?mod=forumdisplay&fid=176

[14] http://pisa.nutn.edu.tw/download/sample_papers/other/Taiwan2011MathLiteracyPDF.rar

[15] http://www.math.ntnu.edu.tw/museum/

　　作者想要強調的地方是，數學之所以有用是因爲把眞實情境問題理想化、抽象化，使得我們可以運作它、利用它。例如：颱風侵襲臺灣的速度不可能隨時固定，但是我們必須把它理想化、簡化成一個數值，人們才可以理解，也才能預測大約在幾點鐘接觸臺灣陸地，幾點鐘離開臺灣陸地。因此，我們解決的不是眞實的颱風來襲問題，而是把變因減少、把它理想化、簡化的問題，所以颱風眞正接觸陸地的地點、時間會有誤差，會有估不準的情形。優秀的氣象學者便是要多考慮幾個變因，使得我們可以估計颱風的路徑、登陸時間更準確一點。

　　因此利用數學來解決的眞實生活問題，並不是眞眞實實的問題，而是經過簡化、理想化的問題，因此數學也不是萬能的解決世界上所有的問題。但是假如我們在解決眞實問題的過程中多考慮一些變因，它便會解決愈接近眞實生活的問題。不管如何，因爲數學的使用使我們面對颱風來襲時不再是無知，而是已經能稍微失準的預測它，使人們更加有自信、勇敢的面對自然天災的問題。

第 6 節　本書呼應教育理念與課綱

　　從上述本章所談的數學感教育，可以呼應現今的教育哲學思潮、教育理念與我國課程內容。

壹　教育哲學

　　從古到今有許多的教育哲學觀，例如：經驗主義（Empiricism）主要以 Bacon、Locke、Hume 爲代表，它強調所有知識的起源來自經驗，眞理的源頭是生活與感官經驗。理性主義（Rationalism）主要以 Socrates、Plato、Aristotle 與 Descartes 爲代表，它強調知識是人類理性的產物，知識可以經由啓發人的理性去獲得。

　　建構主義起源於 Piaget，他關注的是個體認知發展過程的進化，認爲認知的過程即是一種適應（adaption）的過程，適應則經由同化（assimilation）與調適（accommodation）兩種形式來完成。傳統建構主義認爲知識的形成是認知主體主動建構而成，不是被動的接受或吸收；而根本建構主義（Radical Constructivism），強調人經由主體經驗來建構外在世界的知識，這些知識是當前比較具存活能力（viability），但並非眞理（truth），只是主體對其經驗的理解及意義化（make sense）而已。社會建構主義（Social Constructivism），強調人們的知識建構是互爲主觀的，並與他人進行

社會互動，而且經協商達成共識。

擬經驗主義（Quasi-empiricism）以 Lakatos 爲代表，他認爲歐氏理論的事實特徵是公理流向，由上而下涵蓋整個體系；擬經驗理論是事實流向，是從基本的敘述向上轉移到公理。1975 年 Putnam 定義了數學擬經驗主義的觀點，認爲數學知識就像經驗知識一樣——這也就是說，數學就像物理學一樣，數學知識是可以被修正而且不是絕對的。

數學感教育的哲學觀是經驗主義和理性主義的融合體，也就是學生一開始的學習幾乎都是來自於自己的經驗，可是隨著學習的增廣，合理論證的能力增加，學生的學習變成經驗與理性同樣重要，再慢慢的形成理性重於經驗。例如：涉及極限的微積分概念就必須更有理性才能了解。

數學感教育的哲學觀認同社會建構主義和擬經驗主義的觀點，認爲學生的學習也必須和同學互動溝通，同時學生的數學觀念是可以被修正的，而不是一成不變的。例如：學生一開始學習自然數的加法，學生會感覺愈來愈大，但到了國中，他要修正爲整數的加法不見得愈加愈大；本來學生認爲整數的個數比自然數的個數多，可是極限、無窮的概念進來以後，他要修正爲兩者一樣多。

貳 呼應現今教育理念

教育的根本需要思辨「什麼是知識和能力？」「人類是如何學到知識和能力的？」經過多年來的發展，社會建構主義的教育理念，是現今教育理念的顯學。

建構主義的基本理念認爲知識是人們所建構出來的，強調個體在既有的知識、信念和理論基礎上，主觀地建構新的知識，此一建構過程有可能是擴展個體新的知識體系，也有可能是修正或精鍊既有的知識架構。

建構主義有許多不同的派別，大致包括個人建構主義、根本建構主義、社會建構主義等。張靜嚳（1995）分析社會建構主義的三個基本原理：(1) 知識是認知個體主動的建構，不是被動的接受或吸收；(2) 認知功能在適應，是用來組織經驗的世界，不是用來發現本體的現實；(3) 知識是個人與別人經由磋商與和解的社會建構。

其中第一個基本原理就是個人建構主義的觀點；加入第二個基本原理以後是根本建議主義的觀點；後來又增加第三個基本原理來拓展根本建構主義的觀點成爲社會建構主義的觀點。社會建構主義強調學習者所建構的知識是主觀的，因此需要個人在社會中與他人互動，經由彼此間的磋商與和解慢慢形成大家所共同認可、較爲客觀的知識。

建構主義認爲學生的數學學習過程不應是被動接受教師所傳遞的知識，應該是學生以既有的知識和經驗爲基礎，在數學活動中主動建構知識（鄭毓信，1998）。假如我

們的學生了解本書所談的數學感內容理論的宏觀結構，他便了解小學數學觀念是生活觀念的理想化，注意它的啓蒙脈絡，在現有的基礎上推行推廣，探究運算與性質，慢慢了解到不同概念間的連結。相信學生對所學的數學會愈來愈有感覺，他愈能在既有知識和經驗的基礎上，主動建構自己的知識，培養自動學習數學的能力。

社會建構主義的教學理念，強調學生和教師及同學的互動，期望互動的過程中建構出大家都認同的客觀知識。本文所提出來的教育理論——尤其是一個起動機制「讓學生說」，也強調學生和教師及同學的溝通。希望教師教學時，能適時的讓學生與同學或教師互動、溝通，進而建構自己的知識和能力。

參 呼應九年一貫與十二年國教課程綱要

教育部（2000, 2003, 2008）《九年一貫數學學習領域課程綱要》的基本理念說明數學是人類最重要的資產之一、數學是一種語言、數學是人類天賦本能的延伸。《數學領域課程綱要》（教育部，2018）呼應《十二年國民基本教育課程綱要總綱》的理念與願景，認爲數學是一種語言、一種實用的規律科學，也是一種人文素養，課程設計和這些特質密切搭配，應提供每位學生有感的學習機會，培養學生正確使用工具的素養。本文所談數學觀念來自生活的理想化，說明數學的發展是爲了解決基本的生活問題，因此每個數學觀念都會有它的啓蒙脈絡，同時這些數學觀念會有它的基本概念，定義它的運算並討論它的性質，使數學觀念得以發展，使數學變成一種世界通用的語言。

十二年國教（國家教育研究院，2016）定義核心素養是指一個人爲適應現在生活及未來挑戰，所應具備的知識、能力與態度。它強調數學與情境結合並在生活中能夠實踐力行的特質；強調「終身學習」的意涵，注重學習歷程、方法及策略；認爲十二年課綱是每一位接受十二年國民基本教育的學生，所應具備的基本且共同的素養，各級學校的學生所應培養的最低共同要求。從十二年國教核心素養的定義，小學數學內容全部都是一個人爲適應現在生活及未來挑戰所應具備的知識，同時它強調與生活情境結合。這些都符合作者的數學感教育。因爲數學觀念的發展，讓我們察覺到數學觀念來自生活觀念，因此本身就是一種語言、一種來自生活的問題；因爲數學觀念一直在推廣，可以考慮同一個數學概念內或者不同數學概念之間的關係，慢慢的，一個觀念可能需要考慮它的逆概念，不同觀念間也被發現它們之間有一些共通的觀念可以整合在一起，而形成一種規律的科學，它又回來解決生活的問題，因此是實用的科學，使人類天賦的本能得以充分發揮。

因為數學觀念的推廣，使得數學觀念愈來愈複雜，愈來愈精細，因此得以更精準、更多元的方式解決數學問題，也回頭解決一些從前未能解答的問題，甚至促進生活科技的發展與進步；數學從此變成人類重要的資產。

第 7 節 相關問題

壹 知識和能力

一、什麼是知識？什麼是能力？

以作者的見解，知識就是一些社會上大家有共同認知的抽象概念；它是我們學到的內容，是一種靜態的概念。例如：了解 23 就是代表 2 個十和 3 個一的概念，知道 26 + 49 = 75。或者也可以說，知道別人教給他的數學上的概念性知識或者程序性知識，或者解答一些問題，只要是別人教他的，都是知識。因為它是我們學到的內容，因此是一靜態的概念。

能夠把一些學到的知識運用出來解決一些我們沒有碰過的問題，或者能夠創造出新的知識出來，就叫做能力；它是我們能夠將學到的內容用出來，是一種動態的概念。例如：別人沒有教他，他可以把學到的概念自行（或者利用小組合作）推廣到其他的概念，或者變成程序性知識，或者解答他們未知的問題，都代表學生已具備了數學上想要學生學到的能力。因為這表示我們能夠將所學的內容應用出來，因此是一種動態的概念。

二、如何讓學生學到知識和能力？

依作者的研究心得，用一句最簡單的話來說，就是要讓學生能夠學會很有彈性、自主的使用一個起動機制、五個核心內涵去學習。例如：時常問學生「為什麼？」問學生為什麼的目的是要學生去思考一個問題的概念性知識，去思考上面所談的整個數學發展脈絡，去思考可以把概念推廣到哪些地方（和……一樣，……不一樣）。例如：問學生「為什麼 28 + 45 = 73？」「為什麼上衣 3 件，褲子 4 件，可以配成 12 套服裝？」

我們問學生為什麼是要學生用數學的內涵來回答、用精準的語言來回答，不是用公式或者抽象的話來回答。例如：要回答 28 + 45 = 73，要用量的概念或者數的概念來回答。因為 8 元 + 5 元 = 13 元，20 元 + 40 元 = 60 元；13 元 + 60 元 = 73 元，所以 28 +

45 = 73。或者因為 2 個十加 4 個十等於 6 個十，8 個一加 5 個一等於 13 個一，等於 1 個十 3 個一；6 個十加 1 個十 3 個一等於 7 個十 3 個一，所以 28 + 45 = 73。或者其他類似的數學內涵來回答。我們不是要學生用公式：8 + 5 = 13，寫 3 進 1；2 + 4 = 6，6 + 1 = 7；所以是 73。或者用「老師教的」、「一看就知道」、「直覺」等用語來回答。

　　老師問學生為什麼時，一定要讓學生了解我們要他回答什麼樣的內涵，使學生知道我們的目的是什麼，知道要回答什麼。

　　當然也不是一直在問為什麼。當老師確認個別的學生懂了，就不要再問他。當全班性的教學中，全班達到老師想讓學生懂為什麼的百分比之後，也不見得要再問為什麼。例如：已有 80% 的學生懂得為什麼，但不是 80% 的學生都能說出來，可能是 50% 能說出來，30% 能了解，這時候老師可以視自己的意圖，開始做適度的練習。因為老師問學生為什麼，不是只有在這個地方問而已，每個地方都可以問，同時循環式的課程設計，再過一陣子又會回到相關的概念，只是加深、加廣而已。因此老師有太多的時間訓練學生回答為什麼，不必急於一時，不必一次就要讓所有的學生都會回答為什麼。因此，老師的「意圖」非常重要，對於學理的應用稍微中庸一點，不見得一次就要完成。

　　問為什麼的目的是希望後來學生會主動問為什麼。這時候，對老師挑戰性就很高了，因為老師要知道如何回答學生問的為什麼。最後的目的是希望學生會主動問為什麼之外，還能依據上面所講的脈絡，自行（或者小組合作）解答他自己問的為什麼。

三、歸納與演繹

　　推理可以分成歸納推理和演繹推理。也就是我們學習數學觀念時，可以分成利用多個例子歸納出數學觀念，或者利用邏輯演繹得到數學觀念。在小學的數學學習很多時候是利用多個例子歸納出數學觀念。例如：我們想要了解所有三角形的三內角和時，可能讓學生測量有限個各式各樣的三角形三內角和，或者把有限個各式各樣的三角形的三個角拼在一起，然後說它的結果是 180 度或者可以拼成一平角，便得到此一性質。例如：我們在了解圓周率、圓面積也都是利用有限多圓讓學生感受到周長除以直徑會接近 3.14，把圓切割成愈細的扇形，可以拼出愈接近長方形的形狀，因此得出圓周率和圓形面積公式。老師可以去思考，還有哪些地方都是利用歸納得到數學觀念的。

　　因為歸納得出的數學結果不一定正確，因此在數學上需要利用演繹推理的方式學得數學觀念。因為國中的數學大多是使用演繹推理的方式來學習，因此到了高年級，學生需要慢慢學會利用一些已經知道的概念或性質來演繹推得結果。例如：一個正方形的一角剪去一個小正方形，如下圖，它們的周長為什麼會一樣？在小學我們同意學生說，我把正方形和另一個圖形的周長用尺量一量再分別算出它們的周長，發現都一樣長；但是

我們更希望學生用演繹的方式回答說，剪去的小正方形四邊都一樣長，同時剪去小正方形的圖形因為少掉二個小正方形的邊，又多了二個小正方形的邊，所以一樣長；或者說把剪去小正方形的二小段分別往右移、往上移，發現還是一個正方形，因此它們的周長相同。

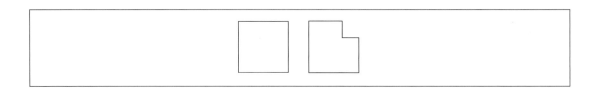

上面兩種方法前一種可以說是用歸納的方法，它只適用這兩個圖形；但後面是演繹的方法，它適用所有相同的情形。這是歸納和演繹最大的差別。

貳　數學感內容理論

一、來自生活的需求

（一）引起學生學習動機或學習需求

因為小學的數學內容幾乎和生活相關，來自生活的需要，因此建議老師在每個單元開始進行教學時，盡可能的引起學生學習數學內容的動機或者需求，讓學生知道、發現數學和生活習習相關，讓學生養成察覺生活中的數學、隨時留意生活周遭事物的習慣。例如：在教十以內的數單元，教師可以問學生你到動物園知不知道有幾隻猴子？讓我們來數一數；在學習一百以內的數時，教師可以問一箱蘋果有多少顆？你知道有哪些計數的方法嗎？

因為一個班級的老師至少會一年、二年的教導學生，而且有教學時間的限制，因此老師不太可能每一節課都去引起學生的學習動機或者學習需求，所以作者才建議每一單元的起頭去思考本單元和生活的相關性，利用生活中會碰到的事物引起學生的學習動機。假如老師能在每個單元都利用生活情境引起學生的學習動機，學生便會發現數學在生活中的有用性，也會養成觀察周遭事物的習慣與敏銳性。

作者也建議老師在進行教學觀摩時，一開始的教學要思考利用生活情境，引起學生學習教學觀摩內容的學習動機或者學習需求。因為教學觀摩和一般的教學有些不同，但也有其共同處。不同之處是一個是長期的教學，另一個是一節課的教學，但教學觀摩可

以視爲一個單元教學或者老師教學理念的精髓呈現，因此相同之處應有一個單元應該做的引起學生的學習動機（準備活動），再進行新概念的教學（發展活動），最後再進行課程統整（綜合活動）。

（二）留意生活用語和數學用語的異同

在國小的數學教學上，時常會利用生活上的用語來教數學概念，因此難免產生一些問題，這些生活用語包括：之間、以上、以下、幾百，以及 2 點、2 小時……。相對的數學用語有（開、閉）區間、大於（或等於）、小於（或等於）、概數，以及 2 時。其內容解釋，請參見後文。因此，當我們在學習數學時，若生活用語和數學用語不同，老師應慢慢的要求學生使用數學用語來回答，此時會比較精準。例如：2011 年有一則新聞「曾經紅極一時、今年百歲的豆花伯，生意一度可達日賣 200 碗，但現在卻面臨一天賣不到 20 碗的困境，和去年相比整整差了 10 倍以上。」這則新聞，我想大家都懂得它的意思；但是從數學用語的角度發現有一些問題存在，一個是以誰當基準的問題，另一個是倍的語言的問題。當我們說甲和乙比的時候，數學上要以乙當基準量，因此今年（20 碗）和去年（200 碗）比是 $\frac{1}{10}$ 倍，是今年和去年比相差 $\frac{9}{10}$ 倍。但是在生活上若說相差 $\frac{9}{10}$ 倍，給人的感覺沒有差多少；若改成以今年當基準，說相差十倍感覺就會差很多，若說相差九倍又太吹毛求疵了。同樣的 2017 年的一則新聞「諾貝爾評審委員會說：……LIGO 計畫利用一對巨大的雷射干涉儀，在重力波通過地球時，測量比原子核小上數千倍的變化。」也是有一樣的問題，重力波比原子核，在數學上是要以原子核當基準，可是生活上卻以重力波當基準，才會「小上數千倍」。

有時候數學用語是藉生活用語來學習新概念，此時老師要留意學生的概念是停留在生活概念或者已了解其數學概念。例如：生活概念的角或是數學概念的角，生活概念的中午或是數學概念的中午。

（三）注意量的教學再形式化到數的概念，必要時再回到量的概念

因爲小學的教學都是從生活中引入，再抽象化爲數的概念，所以在所有數的教學，若用量的內容來說明，學生會比較清楚，若光用數的概念來說明，學生會聽不懂。例如：$\frac{2}{3} \times \frac{4}{5}$，老師若用數的概念來說明，學生不容易了解，但是若用量的概念來教學：「一瓶水有 $\frac{2}{3}$ 公升，$\frac{4}{5}$ 瓶是幾公升？」的問題，學生就比較容易了解，尤其是再加上圖形表徵。當此分數乘法用抽象的數概念來說，就會變成說是 $\frac{2}{3}$ 的 $\frac{4}{5}$ 是把 $\frac{2}{3}$ 平

成 5 份取其中的 4 份，變成 15 份中的 8 份。此時，它有二個 1（單位）是不一樣的 1（單位），一個是 $\frac{2}{3}$ 的 1（單位），一個是以 $\frac{2}{3}$ 當做一（單位）的 1。

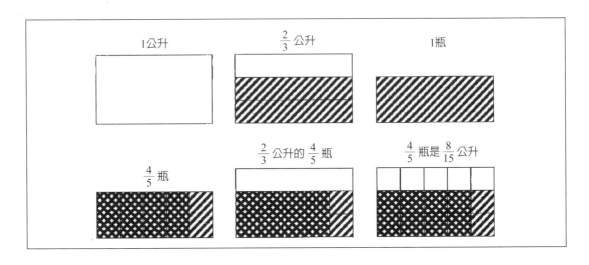

　　其他數學內容也有類似的問題，因此教學時盡可能從量的概念抽象化到數的概念，但是到了中學可能都從抽象的數概念學習，因此在小學低年級或許可以一直停留在具體的量概念；到了中、高年級一定要抽象化為數概念，讓學生能在量概念和數概念之間來來回回的轉換。當老師覺得絕大部分學生已可以抽象思考，或許可以先從數概念來解釋，等學生有困難時，再回到量的概念。

二、在內部生成繁衍

（一）留意共同的前提（定義域）是不是相同，前提是不是有誤？

　　作者發現有時候老師在溝通數學問題時，大家意見不一致，或者學生的回答和我們不相同時，可能發生的問題，就是在大家對問題的假設條件不一樣所導致的；因此必要時，要先釐清大家所談問題的前提（定義域、假設條件、基底、共識）是否一樣。例如：在幾何學習時我們所談的邊是直線段，因為四邊形有四個邊；但在生活上，邊的概念不一定是直線邊。因此有老師問「圓柱有沒有邊？」有人說有二個邊，此時他指的是曲線邊；有人說沒有邊，此時他講的是直線邊。所以大家要先釐清到底談是直線段的邊或者是曲線的邊。有了共識，大家的認知就一致了，也不用再爭執了。再如有人問現在是 8 點鐘，再往後 2 小時是幾點鐘？再往前 2 小時是幾點鐘？好像都有人指 10 點鐘。這時候，先確認一下，時鐘向前的意思是什麼？因為向前是一種生活用語，不是很明確。

作者曾經和學者討論一個問題：「二個全等的直角三角形『可能』拼出什麼樣的四邊形？」在這句話中用了「可能」的生活用語，有些學者認為「可能」拼出正方形，當它是等腰直角三角形的時候，此時學者的可能是聚焦在直角形三角形有很多，等腰直角三角形是其中之一。但是作者認為，對數學而言，當數學上談直角三角形的意思應是所有的直角三角形而言，因此「可能」的意思是聚焦在平行四邊形、長方形、鳶形的可能。因此當數學問題中使用了生活用語而出現不一致的答案時，一定要先溝通清楚大家的前提是否一致。或許有老師認為將這句話改成「二個全等的直角三角形『可以』拼出什麼樣的四邊形？」就可以避開此問題；假如可以，那是最好的，但是若有老師還是認為可以是正方形，此時，還是先溝通清楚大家的前提是否相同比較重要。

（二）數學内容的脈絡 —— 單位與未知數

在數學上，有一個非常重要的學習脈絡是老師應該讓學生發現或者告訴學生的。那就是當一個問題已使用特定的未知數或單位 [16] 時，在這個問題的學習或者解答過程中，相同的內涵就必須使用已訂下的未知數或單位；當另一個問題沒有宣告特定的未知數或單位，或者學生自己舉例時，學生就可以使用自己喜歡或者習慣的未知數或者單位。例如：問題「一個蛋糕平分成八份其中的三份，是……」此時我們對完整的蛋糕就要用「個」來稱呼它，不可以使用「一盒蛋糕、一塊蛋糕」的單位名稱，也不可以把「份」換成「片、塊」等單位。問題「阿郎買了 99 朵玫瑰花，其中有 66 朵紅玫瑰，b 朵白玫瑰，問如何列式？」此時學生只能用 b 來代表白玫瑰，不可以用其他的未知數。當學生自己舉例，例如：「一盒蛋糕平分成八塊其中的三塊，是 $\frac{3}{8}$ 盒」，或者換另外一個問題「阿郎買了 66 朵紅玫瑰，其他是白玫瑰，總共買了 99 朵玫瑰花，問白玫瑰有幾朵？請列式，再解題」時，學生可以是用自己習慣的 x 來代表白玫瑰，但是要定義清楚，例如：「設有 x 朵白玫瑰，因此 $66 + x = 99$，……」。

（三）單位（量）轉換是數學教與學的重點之一

全數與分數（或小數）的學習都要從量進入再抽象化為數的概念，單位（量）轉換可以說是數學教與學的重點之一。例如：在全數單元位值概念，就是在進行一個十換成 10 個一、一個百換成 10 個十、100 個一……（或者反過來——它的逆概念）；到了

---

[16] 作者發現「單位」的意義有二個。我們在生活中通常會說公斤、公克、公分、公尺是「單位」。問題是公斤 ≠ 1000 公克，應該是 1 公斤 = 1000 公克；所以作者比較建議把 1 公斤、1 公克……稱作量的單位，單位之間才能夠做換算。在數學上，則稱 1 是數的單位。

分數、小數就是把小單位量轉成大單位量來說，例如：「一個蛋糕平分成 8 份（或 10 份），3 份是幾個蛋糕？」可以看成份與個之間的轉換，也就是把原來說成 3 份的量，現在以個來稱呼變成 $\frac{3}{8}$ 個（或 0.3 個），就變成分數（小數）概念。

　　加法和減法的學習則是同一單位（量）的計數。例如：在低年級我們說 3 顆蘋果和 2 顆蘋果合起來是幾顆蘋果？2 杯水和 3 杯水合起來是幾杯水？到了中年級變成一盒裝 10 顆，或者 8 杯水合起來是一公升，就變成 0.3 盒蘋果和 0.2 盒蘋果合起來是幾顆蘋果？$\frac{2}{8}$ 公升的水和 $\frac{3}{8}$ 公升的水合起來是幾公升？我們只是用不同的單位來學習全數、分數、小數。同樣的，假如單位（量）不同的加減法就要轉換成同單位（量）才可以加減。例如：$\frac{3}{4}$ 公升的水和 $\frac{2}{5}$ 公升的水合起來是幾公升？因為一個的單位分量是 $\frac{1}{4}$ 公升，另一個是 $\frac{1}{5}$ 公升，兩者不相同，因此需要轉成相同的單位分量 $\frac{1}{20}$ 公升才可以計數，這就是我們所說的通分概念。其實在整數的加減法也一樣，只是我們幾乎不會這樣問學生。例如：「一盒蘋果有 6 顆，家裡有 3 顆蘋果，媽媽又買了一盒回來，問現在家長有多少顆蘋果？」此時，要先把一盒轉成 6 顆，才能相加。

　　全數乘法是大單位（量）轉換成小單位（量）。例如：「一盤有 4 顆蘋果，3 盤蘋果有幾顆？」就是把「3 盤蘋果」改換成「12 顆蘋果」來說。除法是乘法的逆概念，是把小單位（量）轉換成大單位（量）。例如：「一盤有 4 顆蘋果，12 顆蘋果是幾盤？」就是把「12 顆蘋果」改換成 3 盤蘋果」來說。分數、小數的乘法「一瓶水有 $\frac{2}{3}$ 公升 [17]，$\frac{4}{5}$ 瓶水是幾公升？」好像要把「$\frac{4}{5}$ 瓶的水」換成「$\frac{8}{15}$ 公升」來說，除法則反之。

　　瓶是生活中使用的單位，它沒有一定的標準（非標準單位），但它還是一種單位，因此，「一瓶水有 $\frac{2}{3}$ 公升」的意思也可以是原來我們用非標準單位「瓶」來量那杯水，現在改用標準單位「公升」來量，發現它是一瓶水剛好是 $\frac{2}{3}$ 公升。所以，在這個問題的情境下，我們也可以這樣寫 **1 瓶 = $\frac{2}{3}$ 公升**。作者發現從小學到大學的數學學習，很多時候都有相類似的情形。例如：π 弧度 = 180° 的換算；令 $\overline{AB} = 2$，$\overline{BC} = 3\overline{AB}$，求

---

[17] 當 1 瓶 = $\frac{2}{3}$ 公升時，因為 1 瓶比 1 公升少，因此我們或許可以說分數乘法是把小單位量轉成大單位量；但若 1 瓶 = $\frac{4}{3}$ 公升時，因為 1 瓶比 1 公升多，這時要說成分數乘法是是把大單位量轉成小單位量。

$\overline{BC}$ 等等；**只要數學上寫等號左右兩邊就可以隨意換來換去**，最後求得我們想要解的問題。也就是要讓學生知道一開始用標準單位來表示時，它是 2 個單位；$\overline{BC}$ 用 $\overline{AB}$ 來表示時，它有 3 個 $\overline{AB}$，現在題目的意思是，要問 $\overline{BC}$ 有多少個標準單位；此時，因為 $\overline{AB}$ 和 2 一樣，所以可以把 $\overline{BC} = 3\overline{AB}$ 中的 $\overline{AB}$ 用 2 替換，只是替換時，要留意 $3\overline{AB}$ 的意思是 $3 \times \overline{AB}$，所以 $\overline{BC} = 3\overline{AB} = 3 \times \overline{AB} = 3 \times 2 = 6$。作者發現這件事情非常重要，因此老師一定要讓學生聽到、了解、發現。

（四）數學用語、生活用語的精準性問題

在學習數學時，通常我們希望學生使用精準的用語或者概念（內涵……）來回答。例如：面對一個正方形，我們希望學生回答正方形，而不希望學生回答長方形，甚至回答四邊形。請老師留意，從邏輯的角度，一個正方形圖形，我們回答長方形、四邊形是都沒有錯的，因為正方形也是長方形，也是四邊形。但是假如學生知道這個邏輯，以後在考試的時候，故意用更一般的用語來回答，那便會產生不知道學生的概念是否精準的問題。例如：不管題目上畫了什麼樣的四邊形（正方形、長方形、平行四邊形、梯形……），然後要學生填空，這是＿＿＿形。學生都可以回答四邊形，這時候我們便不知道它是否真的能區分各種四邊形；因為不同四邊形的性質不同，若學生不能加以區分，將來利用不同四邊形的性質來解題時，便容易出現迷思。

因此，建議老師讓學生了解，我們任何的提問都是希望學生用最精準的用語、概念、內涵來回答，這樣才不會出現問題。例如：圖形上畫了一個正方形，學生要回答正方形，而不可以回答長方形。例如：問學生哪個數加 3 等於 7，學生要回答 4，而不可以回答 1 或 2 或 3 或 4……（甚至回答是整數）。

但是有時候，我們也會使用不精準的用語、概念回來答，此時，請老師自行留意。例如：當我們在整數的前提下，問三十幾（假設包含 30）加四十幾是多少時，我們希望學生回答是七十幾或八十幾。事實上這樣的回答不精準，因為 30, 31...39 加上 40, 41... 49 時，得到 70, 71...88，並沒有包含 89。因此最精準的回答是從 70 到 88。

（五）留意不精準的數學名詞對學生將來學習的影響

在小學的數學學習，有時候教書（或者課綱）會使用較一般的名詞，（在邏輯上）它沒有錯，但是老師要留意將來對學生學習的影響。例如：小學會用整數來表示自然數或 0（即全數），此時學生可能會誤以為整數愈加愈大；到了國中，真正學到含有負整數的整數概念時，以為仍然愈加愈大，導致有些學生產生學習真正整數加法上的困難。

例如：在小學使用小數來學習有限小數，此時學生可能以為所有的小數可以化成分

數，但是有些分數不能化成小數。它和真正的小數剛好顛倒，也就是分數一定可以化成小數，小數不一定可以化成分數。學生也有可能造成學習的困擾。

例如：小學使用柱體和錐體的名詞，但事實上只教正角柱或直角柱、正角錐；此時學生可能以為所有的角柱的側面都會和底面垂直，所有角柱的側面都是長方形，所以角錐的側面都是全等的三角形。學生對真正的角柱、角錐概念存在著迷思。

因為在小學使用整數、分數、小數表示非負整數、非負分數、非負小數……的概念行之有年，要改變它並不容易。因此作者也同意整數不一定要改成全數，除非也使用另一個用語來表示非負分數、非負小數。不管如何，老師留意不精準的用語會不會造成學生日後學習數學上的迷思最重要，只要出現迷思，適時的跟學生說清楚最重要。

（六）選擇題、填充題、問答題的差異為何？

在試題設計時，選擇題（單選題或複選題）、填充題、計算題或問答題各有它的目的。選擇題的目的是它有多個選項（通常 4-5 個）讓學生參考，看哪個選項是正確的。在日常生活中，有時候也會有幾個選項讓我們選擇，例如：早餐想喝的飲料可能是牛奶、咖啡、茶、果汁等。回答選擇題的方法，除了使用正規的做法之外，可以把選項代回去問題，看是否符合問題的條件；可以用刪除法去除不可能的答案（但是數學感要好一點）；可以用判斷的方式去判斷哪個答案合理（但是數學感要好）。至少學生也可以猜測它的答案，它也有被猜測的機率；4 個選項的單選問題，被猜對的機率是 $\frac{1}{4}$；5 個選項的問題，被猜對的機率是 $\frac{1}{5}$。假如選擇題是複選題（多選題，或者多個是非題），因為它是每個選項都要檢查是否是我們要的答案，因此它被猜對的機率就大幅減小；4 個選項的問題，被猜對的機率是 $\frac{1}{15}$；5 個選項的問題，被猜對的機率是 $\frac{1}{31}$。

填充題和選擇題不一樣，它沒有參考選項，學生必須自己把答案算出來或者理由寫出來，因此它的做法通常是正規的解答方式。因為填充題也只看答案對不對，不管學生的計算過程；因此，對於一般化問題的答案，學生也可以代入特定的數值進去，找出答案（但它不一定對，學生可以自己留意，在什麼情形可能會對）。

至於計算題，它可以區分為要求計算過程和不要求計算過程兩種。作者建議，假如計算題要求計算過程，就要明白告訴學生（正面表列的意思）。例如：請用直式算出 267＋896＝(　)，這時候學生就要乖乖的用直式來計算，方便老師了解他哪裡算錯了。此時，給分是否因為只有一點小錯誤而給一半的分數，老師可以自行決定。假如老師沒有任何要求，學生可以用任何他會的方法把答案算出來，只要最後的答案對即可。

例如：上述問題，學生可以用心算直接給出答案，可以用直式來計算，也可以把它變成 (200 + 800) + (60 + 90) + (7 + 6) 來計算。

　　文字題、情境題或者問答題，和選擇題、填充題的目的不同。問答題通常要求學生寫出他的了解歷程（解題的歷程），而不是看答案是否對或錯。因此，對於問答題，學生不能只寫出答案，這樣通常不會得到滿分；老師也不能只看答案是對或錯，而要看學生的了解歷程是否正確。問答題強調的是過程比結果重要；學生要寫出他了解的歷程（解題的歷程）；老師若看到學生書寫的過程，學生使用了正確的概念，就應該給部分分數，而且愈是關鍵概念，給的分數應該愈高。因此，問答題的分數不應該只有對或錯兩種分數；至少要有 3 種以上的分數（全對、部分對、全錯）。同時，若試卷上沒有要求特定的算式或者解法，只要求學生能夠算出正確答案，且過程合理，老師都要給分。

　　就老師出題目來說，要能命出好的選擇題，對老師而言，難度較高；因為老師命題的選項，除了正確答案之外，其他的答案要有誘答性；也就是老師要知道學生可能的迷思概念是什麼，才能把它放入選項，把有迷思概念的學生診斷出來。填充題、計算題，或者問答題，對老師而言就比較好命題；因為老師不需要考慮誘答性，只要所命的問題有意義，考到想考的概念即可。

　　就老師改試題而言，選擇題就比較容易，可以由電腦來評閱。填充題，除非像大學入學考試指定科目數學試題一樣，把每個填充題變成 0-9 的數字，才可以由電腦來評閱；否則現在大部分的填充題，還是需要人工閱卷；但它大部分都有標準答案，因此閱卷難度不高，只要注意是否有不同表徵方式的相同答案即可。計算題或者問答題的評閱，對老師而言難度最高，因為老師不能只有給對或錯，還要給部分分數。部分分數的給定，對學生解題歷程愈了解、對解試題關鍵概念愈了解的老師，評分愈客觀；相對的，老師在改計算題或者問答題時，也可以了解學生的迷思概念、解題歷程，對老師的專業成長非常有幫助。

（七）解題思維與書寫順序的差異

　　作者先舉個例子來說，假如我們想搭車到某個鄉下，我們一定會先了解有什麼交通工具（例如：客運、鐵路、船……　）可以到鄉下，然後再去思考我們身處的地方，有沒有這種交通工具。假如我們只一昧的從我們身處的地方有什麼交通工具思考，因為所有的交通工具有很多，到達某特定地方的交通工具反而很少，因此這種思考方式比較沒有效率，同時萬一需要在中途轉車的時候，就找不到方法了。把這種情形類比到數學解題，也就是問「小明有 5 顆彈珠，小華有 7 顆彈珠，小英比小明多 3 顆彈珠。」光知道這樣的已知條件，我們無法知道要解答什麼樣的問題；所以在解題時，**了解所要求的問**

題，**非常重要**。例如：問題是「問三人總共有多少顆彈珠。」此時，我們才會去從已知條件思考如何算出三人的總和？發現需要先算出小英有多少顆彈珠，再把三人的彈珠加起來。假如問題改爲「問小華比小明多幾顆彈珠？」此時第三個數據便成爲多餘資訊，不用去管它。因此在數學解題時，了解題目要解答的問題非常重要，從所解答的問題中，再從已知條件中找尋適合解答此一問題的數據。

因此對於數學問題的解題思維，通常是從已知條件和所要解答的問題雙向思考，然後在中間碰面。**在了解要使用何種解題方法之後**，再從已知條件開始，書寫到最後想要解答的問題。因此數學解題思維的順序和書寫順序是有差異的，老師和學生不可以不知道。例如：問題「50 公尺寬的馬路上，電線杆樹立在它的兩旁，如下圖，馬路上方的編號是奇數，馬路下方的編號是偶數。同一邊相鄰兩根的間隔都是 100 公尺，上面和下面的電線杆則等距穿插；例如：編號 1 和編號 3 間隔 100 公尺，編號 3 和編號 5 間隔 100 公尺；編號 2 的電線杆垂直到上方 2' 時，2' 會和編號 1、編號 3 都間隔 50 公尺。問電線杆第 50 根到第 60 根的間隔是多少公尺？」

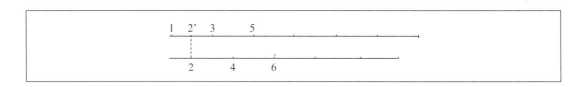

已知條件是馬路兩旁電線杆的編號是分奇、偶數，且同一邊相鄰兩根間隔是 100 公尺，兩旁是等距間隔，知道這些條件，我們可以算很多問題。例如：第 11 根到第 51 根有多少根電線杆？從第 2 根到第 10 根，相距多少公尺？從第 50 根到第 60 根有多少根電線杆？有多少間隔？上方第 1 根到第 60 根相距多少公尺？可不可以算？（有些問題小學生可以解答，有些問題小學生還無法解答）……所以我們還不知道如何下手，需要看我們所要解答的問題：要問第 50 根到第 60 根的間隔是多少公尺？發現，我們需要知道第 50 根到第 60 根有多少根電線杆？有多少間隔？因此我們才選擇一條路，要思考第 50 根到第 60 根有幾根電線杆？有幾個間隔？等問題，發現我們只需要知道有幾個間隔即可。因此，我們可以用數的 50, 52, 54, 56, 58, 60 知道有 5 個間隔（假如數字大一點就不是用數的，可能需要其他能力或知識），因此答案是 $100 \times 5 = 500$ 公尺。數學解題思維的順序和書寫順序表徵如下圖。老師也要特別注意，假如今天要問的問題改變，例如：問 1000 公尺長的馬路上最多有幾根電線桿，這時候我們的計算、解題過程就跟著改變。

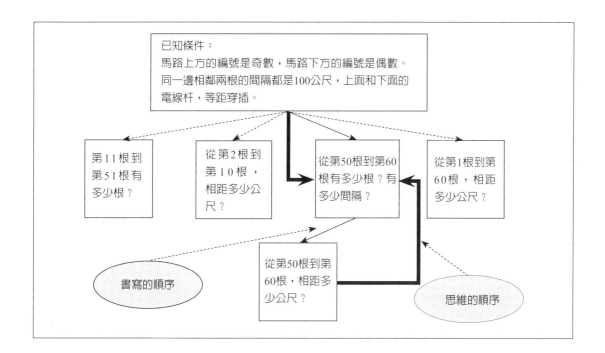

　　因此先把題目有感覺、有心像的讀一遍（**老師留意一下自己在讀一個沒有碰過的題目時，是不是先不去管數字或者簡化數字？**），**而且先了解我知道什麼已經知道的條件，我們要解答的問題是什麼**，從什麼條件可以得到要解答的問題，再思考從已知是否可以得到上述的條件。像這種類似三明治的夾擊，是所有學生應該聽到、了解、發現的解題思維方式。

三、促進人類的進步

（一）數學素養的教學

　　作者發現以前的數學教學，學生有太多的時間都在解決數學內部的問題，它的確可以培養學生的邏輯推理能力，但因為很少利用所學數學解決真實生活的問題，再加上數學是理想化、抽象化的概念，導致學生不覺得數學和生活有關。

　　在強調數學素養的今日，我們應該思考是否仍然像以前一樣一直讓學生學習解決純數學內部的問題，或者應該慢慢強調、多一點解決數學素養的問題。作者建議，老師的教學、評量應該慢慢的改變，先減少一點點數學內部的問題解決，多一、兩題生活問題的解決。

（二）數學素養問題是否能否定前提？

　　一般而言，數學問題的解答要能夠有共識，必須在問題所規定的前提下進行解題，任何人不能隨意否定前提，否則它的答案便無法取得共識。例如：一部計程車坐 4 個人，從車站到某校車資 200 元，一支球隊 23 個人搭計程車從車站到某校打球需要多少車資？這時候，我們一定要在一部計程車只能坐 4 個人與車資 200 元的前提下進行解答，同時不可以 3 人搭一部計程車只給 $\frac{3}{4}$ 的車資，因此所需的車資是 23 ÷ 4 = 5 … 3，200 × (5 + 1) = 1200 元。假如我們可以隨便否定前提，那麼這 23 個人很可能每 3 個人搭一部計程車，也可以 5 個人擠一部計程車，也可能跟司機的公司要求打折……。這時候我們便不知車資是多少錢。

　　假如這是一個真實生活的問題，這一支球隊的負責人想要準備計程車的車資，他就不能真的只準備 1200 元，這也就是為什麼數學素養的數學歷程需要詮釋、應用與評鑑數學結果的原因。

　　所以從數學素養的角度，因為我們所要解答的問題是真實生活情境的問題，因此學生是可以否定前提，然後再進行解答；但這樣又會得到許多不同的結果，假如這是一個數學評量就沒有標準答案。為了解決是否能否定前提的兩難情況，作者建議，在一般的數學問題，即使是數學素養的評量問題，在問題沒有特別說明的前提下，為了要有標準答案，我們必須遵守前提且不能自行加入任何條件，這樣學生才能解題。假如評量的問題想要讓學生可以否定前提來解答，那麼可以把情境變得更模糊一點，或者清楚的說明請學生自行假設所需要的前提[18]（假設條件）。例如：「有一支 23 人的球隊想要從車站搭計程車到某校比賽，這支球隊需要準備多少車資？要解答這個問題所需要的條件，請自行假設。」這時候問題的解答，只要學生的假設是合理且計算過程正確，我們就要認同、給分。

　　因為數學問題是已經被理想化、抽象化的問題，它與真實生活已有一些差距，因此若想要讓學生了解所解決的問題與真實的差距，讓學生可以否定前提的教與學也很重要。此外作者也發現很多創新的來源是把前提給否定掉，就可以創造出的局面。例如：智慧型手機之所以會出現，可以看成是否定手機只能打電話的前提而思考可以加入什麼功能；歐氏幾何的第五公設等同於「平面上過直線外一點只能做出唯一一條平行線。」把這個公設否定掉，改成「平面上過直線外一點能做出二條以上的平行線。」就創造出

---

18 通常數學建模的問題，就是要學生自行假設所需要的條件，因為假設的條件愈多、愈接近真實，所求得的結果就會更貼近真實情況。

橢圓幾何的新概念。

作者建議老師除了讓學生了解上述的脈絡之外，不妨也可以在教學過程中，先讓學生解決理想化的問題之後，**再進一步提問，假如前提可以被更改、變動、添加，這個問題的結果又會如何？**例如：上述的問題「一部計程車坐 4 個人，從車站到某校車資 200 元，一支球隊 23 個人搭計程車從車站到某校打球需要多少車資？」讓學生解答之後，老師可以進一步提問「真實情形真的會是 1200 元嗎？為什麼？」或者「真實情形不一定是每部車坐 4 個人，從車站到某校的車資不一定是 200 元，那你要怎麼解答？」

（三）數學和自然學科的性質差異

數學上的性質和自然科學界所談的性質不一樣，老師要特別注意。數學的性質是「完整性」，自然科學的性質是「存在性」。意思是說，數學上的對，是在前提的條件下，對所有的結果都要對，才算對。例如：我們說三角形三內角和是 180 度，不是只要幾個三角形的三內角和等於 180 度即可，需要所有的三角形，它的三個內角和都等於 180 度才可以，不能有一個例外。同時，它是限制在三角形之中，不去談其他的形體。自然科學的對，只是要能夠做出一件出來，就算對了。例如：生物科學說已經知道如何無性生殖了，這不表示可以隨時進行無性生殖，僅代表他們成功完成一件無性生殖的實驗而已。在自然科學界，只要你能做出一件，代表你可以複製它成無窮多件。

（四）數學證明的奧妙

在數學上，所謂的證明是在問題（或者性質、定理）所列的前提（已知條件）下，它的結果永遠都會是對的。同時數學上的問題（或者性質、定理）很多時候都是有無限多種可能性，因此如何證明這無限多種情形況永遠都對，在數學上承認的證明方法就有很大的玄機在裡面。以三角形三內角和是 180 度為例，它的前提是用量角器、把角撕下來拼成平角，都不是數學上承認的證明方法，因為它有誤差，同時我們也只是做了有限多次而已，所以這種得到三角形三內角和是 180 度的做法，在數學上是歸納出來的結果。在數學上承認的證明方法是：

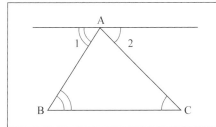

給任意一個三角形，如左圖：對點 A 做 $\overline{BC}$ 的平行線
因為 ∠1 = ∠B，∠2 = ∠C（內錯角相等）
又 ∠1 + ∠A + ∠2 = 180°（平角）
所以 ∠B + ∠A + ∠C = 180°

　　雖然它只是寫了幾個理由，但在數學上認為它已經把所有的情況都證明了。主要的原因是，它寫了「給任意一個三角形」，這表示不管給哪一個三角形，我都可以這樣做，用同樣的理由、同樣的寫法來證明它。因此這樣的寫法表示已經把所有的三角形都證明完畢。

　　或許老師們會記得有些問題的證明需要分成不同的情況（例如：銳角、鈍角、直角三角形），那是因為在不同的情況下，它們的證明方法有些地方不一樣，所以需要分成不同的情況來討論、證明。

參 起動機制與核心內涵

一、要溝通什麼？

　　要學生學會溝通是一件教學的藝術。最重要的是，老師要了解學生是否真正了解概念性知識、內化為程序性知識，以及了解解題性知識。因此，老師一定要有機會讓學生把話「完整、全部」的說出來。例如：能完整的說出「一個蛋糕」平分成八份，其中的三份是八分之三「個蛋糕」。因為作者在教學現場時常聽到學生只說八份中的三份、八分之三等局部的語言。因此，在重要時刻，必要的時刻，要讓特定的學生有機會把話完整的說出來。

　　當然，老師也要有機會讓低學習成就的學生有機會完整的說出來，因為它對學生的了解、學習非常重要。為了幫助低學習成就的學生能完整的說來，老師在教學時應有進階性。先鼓勵他敢說、願意說，再讓他說出一句短的話語（例如：八分之三），再讓他說長一點，最後再完整的說出來。這樣的過程，老師不需要急於一時，可以分多次培養他，只要他肯說，老師應即時加以鼓勵，引動他的動機。

二、多步驟問題只是多個一步驟問題的合成

　　作者發現要學生不懼怕數學，一定要讓學生了解數學學習的律則，那就是二步驟問題是二個一步驟問題合起來的；三步驟問題是三個一步驟問題合起來的；二位數的加法運算就是二次的一位數加法運算合起來的，只是多加了十位數的概念而已；多位數的四則運算就是多次的一位數四則運算合起來的，只是多加了位值概念而已。因為步驟數多了，容易做錯，容易被迷惑而已。因此只要學生先把一位數、一步驟的問題學清楚、真正了解，再來只要細心一點，便比較不會做錯、不會再被迷惑。假如多步驟問題、多位數問題不了解，就要先簡化、退回到一步驟、一位數問題，概念自然清楚。

　　例如：一年級在錢幣的單元，我們會先教學生一個一數、五個一數、十個一數，然後教學生十個一數再五個一數，甚至再一個一數的混合多種計數策略。這時候，因為是二種、三種不同計數策略的使用，對部分學生會產生轉換上的困難，此時建議老師告知學生（或者讓學生比較、自行發現）混合多種計數策略只是先前所學三種不同計數策略的組合而已，只是以前可能從 1, 5, 10 開始數，現在需要從特定的數往上計數（如 10, 20, 30, 40, 45, 50...）。從特定的數往上計數，其實先前也已經學過，也就是往上數的策略（6 + 3, 6 放心裡, 7, 8, 9）。

三、畫圖的目的之一是了解學生是否有心像

　　假如學生學習數學時，對任何數學觀念都很能舉例、畫圖，那麼即使是抽象的數學觀念，在學生的心中也是具體的，彷彿任何數學觀念在學生心中有了心像。畫圖是檢驗學生有沒有心像的方法之一。因為有時候我們問學生你有沒有感覺？你的心裡有看到時鐘嗎？有柱體的樣子嗎？學生都可能不管有沒有先點點頭或者說有，同時我們也不太清楚學生的心像是否正確；因此，為了真正檢核學生是否有所學概念的心像，讓學生畫出來是一種檢核的方式。當然讓學生把心裡想的心像畫出來是有一定的難度（它是最難也是最高的層次），因此老師要視情況、持久、多元優選的讓學生畫圖以表達心中的心像。

四、問為什麼

（一）問「為什麼」與畫圖的不同意義

　　在教學時至少有**兩個地方要「問為什麼」：一是這個題目為什麼要用那一個運算或者為什麼要先算這個再算那個，二是運算的結果為什麼是這個答案**。例如：「小明喝 1 公升的水，小明比小華多喝 0.2 公升，問小華喝了幾公升？」的問題，一是要問這個題目為什麼要用減的，二是為什麼 1 – 0.2 的答案是 0.8 公升？

　　現今課本在四則運算的教學，上面兩個「問為什麼」通常會分開處理。一開始會先用一步驟的啟蒙情境問題（學生很容易了解為什麼是使用那一個運算）讓學生聚焦在回答為什麼是四則運算的結果，即<u>四則運算的概念性了解</u>。等學生懂了四則運算的概念性解釋之後，再變化語意結構、運算結構、多步驟問題，此時會聚焦在<u>為什麼是用某一四則運算，或者為什麼要先用那一個運算、再用那一個運算</u>。

　　在畫圖表徵方面，也有二個目的：一是了解四則運算的結果，二是了解為什麼是用那一個四則運算。一、二年級<u>畫圓圈圈或者畫錢幣表徵的圖形，主要目的是在啟蒙情境</u>

布題時，為了幫助學生了解四則運算的結果。例如：「我有 37 元，媽媽又給我 15 元，我現在有多少元？」因為這個問題是啓蒙情境問題，絕大部分的學生都知道是加法，是把 37 元和 15 元合起來，因此便會畫出⑩ ⑩ ⑩ ① ① ① ① ① ① ①再畫出⑩ ① ① ① ① ①，然後計算（或者點算）發現共有 52 元。因此聚焦在四則運算的結果（它也有表示加法的意義）：

　　相對的，我們要學生畫線段圖，它的目的則是為了回答為什麼是用那一個運算；這些問題是需要進行語意轉換的概念推廣問題，同時線段圖只用一段表示一下題目的量。例如：「我有一些錢，用掉 15 元，剩下 37 元，問我原來有多少元？」假如學生用上面的錢幣表徵，表示學生已知道用加法，目的在告訴我們答案是 52 元。相對的，我們畫線段圖時，是按「題目的陳述順序」，先畫一段表示原來有的錢，再畫一段用掉的 15 元（因為是用掉，所會畫在原來線段的一小段表示用掉），再把剩下的那一段表示 37 元。如下圖：

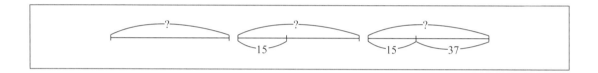

　　老師可以留意一下，課本上幾乎一開始都會有四則運算的概念性了解的教學，但礙於頁數的限制，因此可能只處理一個問題。因此老師在教學時，要特別留意，一個問題的概念性了解問題教完之後，到底有多少學生懂了？假如懂的學生不多，老師應該繼續教相同的語意問題，只是變換數字，讓還不太懂的學生有機會解釋、說明，等到一定比例的學生懂了以後再讓學生進行程序性的運算。不要跟著課本，教一題概念之後，便讓學生練習好幾題程序，此時學生已全然忘了先前講的概念，而只記得程序性知識而已（公式）。同時，課本在處理時，有時候會分得很細，例如：不進位、一次個位進位、一次十位進位、二次進位……。其實它們的概念性解釋、說明都使用相同的基本概念，因此，老師可以在第一題時，讓大部分學生懂得，之後再讓學生了解後面的問題，解釋的概念都和第一題一樣（第五核心）只是要進位而已。相信當學生發現此事以後，概念性了解會加速，會學得有意義、有感覺，至於那些練習題，老師可以很快速的讓學生練習。這樣的教學安排，相信老師的教學時間足夠完成概念性了解內化爲程序性知識。同時之後的解題，老師便不用聚焦在運算的概念性了解了。

　　老師在教學過程中也要時常問自己爲什麼，之後問學生爲什麼；因爲學生不會回答時，老師要能夠回答得出來。例如：異分母相加時，爲什麼要先化成同分母呢？爲什麼

整數加減法要分成合併、改變、比較、平衡型呢？為什麼要教語意結構？為什麼要有算式填充題？為什麼要教線段圖？為什麼異分母加減學生會用分母相加減、分子相加減來算？

例如：為什麼學生會這樣算 $\frac{7}{8} - \frac{5}{8} = \frac{2}{0}$？為什麼學生會這樣算 $\frac{7}{8} - \frac{5}{8} = 2$？為什麼學生會這樣想呢？

例如：為什麼我要教這個問題？有沒有達到教學目標？為什麼我要用講述教學法？為什麼我要做全班性的溝通討論？我叫學生回答時為什麼要叫高學習成就的學生呢？

老師先自己問為什麼？再想辦法讓學生也學會問自己為什麼？對於為什麼的答案老師若無法自行解答，可以藉由外界的資源來回答，最後期望老師能自行解答問題。相同的，當我們引發學生問為什麼之後，當學生無法自行解答，可以藉由外界的資源（包括問老師、問同學、找資料）來回答，最後期望學生能自行解答問題。如此學生的「能力」便日益增強。

（二）回答為什麼有不同的層次

以前作者曾經問學生為什麼 $\frac{2}{8} + \frac{3}{8} = \frac{5}{8}$。有些學生回答：老師教的、一看就知道；作者認為學生答錯了。有些學生回答：因為分母相同，所以分子相加；作者認為學生使用程序性的觀點來回答。

後來作者發現有時候我們在生活中回答問題時，也會說老師教的。因此作者認同回答：老師教的、分母相同分子相加，或者概念性的回答，學生都是很認真的回答，只是用不同層次在回答問題。第一個層次是表象的層次，例如：老師教的；第二個層次是程序的層次，例如：分母相同分子相加；第三個層次是概念的層次，例如：2 個 $\frac{1}{8}$ 加 3 個 $\frac{1}{8}$ 是 5 個 $\frac{1}{8}$，所以是 $\frac{5}{8}$。

當然，當我們問學生為什麼時，主要是希望學生從概念的層次來回答。

（三）學生讀不懂題意與看到數字就計算

作者時常聽到老師說學生讀不懂題意。作者同意老師的說法，數學也是利用中文來描述，因此中文的了解會影響學生是否讀懂數學題意；但是中文的了解應該靠語文的學習才合理。此外要讓學生更容易讀懂題意：(1) 數學有一些專有名詞，有時候學生不是真的了解其意義，作者建議學生養成顧名思義及舉例的習慣，這樣可以更容易了解這些專有名詞，而不是用背的。(2) 數學的題目是會用逆概念來命題的，例如：正方形邊長、

周長、面積，我們會給其中一個，請學生算出另外二個，因此不能死背公式，要真的了解如何解答問題。(3) 數學的題目會出現很大的數字、分數、小數，在讀題意時，不要去管那些數字，忽略它或者用比較小的數字去替換它，相信題目更易讀懂了。(4) 建議學生不要用關鍵字來了解題意，完整的了解題目要我們算什麼，有哪些條件和要解答的問題有關才是比較重要的。(5) 若題意不太容易了解，可以試著畫圖、分段來讀題，難度會再降低一點。(6) 數學題目有多步驟問題，學生要了解它就是多個一步驟問題組合而成，因此要了解先算什麼再算什麼；這也是在培養學生的推理能力。

老師也常說，有些學生看到數字就拿來做計算。建議老師讓學生養成習慣：(1) 先了解解答問題的思考最為重要；(2) 在書寫時，問問自己：我為什麼要把這兩個數拿來乘，也是就培養學生在計算每一個步驟時都知道它的意義的習慣；(3) **思考我的計算是否和要解答的問題有關，而不是在看我的計算和別人的計算有什麼不同。**例如：下圖中的問題，老師可以提問學生「21÷7」「丙÷2 = 6」「6×7」的意思是什麼？「要計算丙的面積要怎麼算？」讓學生發現要計算丙的面積需要知道丙的長和寬，而 21÷7 是要先知道乙的寬，丙÷2 = 6 是學生以為丙的面積是甲的兩倍，但題目並沒有這樣的條件（學生不能直觀的從圖形上來回答問題而不使用題目上的數據），6×7 的 6 是甲的面積、7 是乙的長，都不是丙的長或寬。

福德國小推動小田園計畫，將一塊正方形空地切割成甲、乙、丙、丁四個長方形（如下圖），想要種植不同的蔬菜。甲的面積是 6 平方公尺，乙的面積是 21 平方公尺，並量出乙的長邊是 7 公尺。求丙、丁的面積分別是多少平方公尺？ 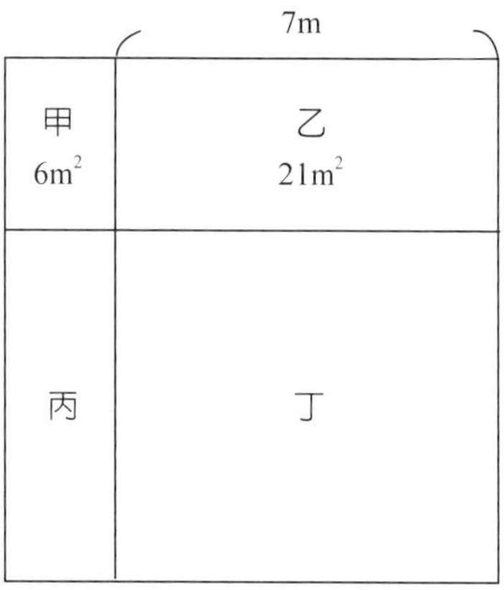	學生的解答
引自 2018 年臺北市輔導團公開課	學生的解答

作者相信假如學生養成上述的習慣，他便可以更容易了解題意，更清楚知道自己為什麼要這樣算。

當然，有時候題目的意思表達得不是很清楚或者學生不知道題意想要表達的意思是什麼，所以老師也要站在學生的角度想一想，學生為什麼會這樣想，為什麼會這樣算；必要時，把題目溝通清楚或者把題意修改得更貼切一點。例如：作者曾問二年級學生「124 的意思是 1、2 和 4 合起來的。」居然有 236 位學生中的 25% 回答是對的；有老師幫學生解釋說這些學生其實沒有錯，124 是 1 和 2 和 4 合起來的。作者認同老師的說法，但學生對 124 的意思明顯和我們想談的 1 個百、2 個十和 4 個一的意義不合，因此要讓這些學生了解我們命題的意思是什麼，要和大家的共識、規約相同才可以。再如臺北市輔導團討論過的一個問題「瓜農今年收成的西瓜重量用無條件進位法取概數是 9 萬公斤……」這個題目的命題老師認為 9 萬公斤的概數就是要取到萬位的意思，可是在數學上 9 萬公斤的概數也有可能是取到千位進位來的；因此題目是有瑕疵的，老師應再修改題目。

五、後設認知的教學

（一）有規律、有系統的思考

在學生學得知識與能力的過程中，有時候培養學生後設認知的能力也非常重要。所謂後設認知就是學生知道自己在學什麼、自己知道用什麼方法在解答問題。例如：學生知道當學過整數的概念，便會學習它的四則運算，再來學習它的性質；學習分數、小數時也一樣。再如學習平面幾何時，了解一個三角形、四邊形……都有邊、角、點；因此都可以問有幾個邊、幾個角、幾個頂點；可以從邊來命名，可以從角來命名，可以從邊和角來命名；可以問邊有什麼關係（性質），角有什麼關係，邊和角有什麼關係。等學到長度和面積之後，又可以進一步問周長、面積是否有公式，或者怎麼算。到了立體形體的學習，可以比照辦理，可以問有幾個頂點、邊、面，邊、面有什麼關係（性質），以及總周長、表面積、體積。

此時學生就會發現 N 邊形邊的關係（例如：四邊形中任三邊之和一定大於第四邊，或者三短邊之和一定大於最長邊），以及角的關係（例如：五邊形的面積是 180 度的 3 倍）；發現教科書沒有要學生算五邊形的周長和面積，但它只要給了適當的數據或者用尺去量，仍然可以算得出來。學生會發現，他們有學柱體的體積公式，沒有學錐體的體積公式，會問錐體的體積公式是什麼？

作者認為後設認知的學習有助於學生膠囊化他所學的概念，了解他是如何在學習

的。當他在思考內容知識時，可以有規律的了解他所學的內容；當他在解答問題時，可以了解他有不同的方法來解題。這樣學生將能更容易的運用他所學到的知識，有規律的思考可能的解答方法。

（二）……一樣……不一樣

後設認知還有一個目的是要讓學生進行課程統整，了解現在學的和以前學的有哪些地方一樣或不一樣。例如：讓學生發現不管數字大或小，全數的加、減、乘、除四則運算都是使用位值概念來解釋四則運算的結果。只是二位數的加減法用了「二次」一位數加法的概念（加上位值概念）而已；三位數的加減法用了「三次」一位數加法的概念（加上位值概念）而已；三位數乘以一位數只是用了「三次」一位數乘以一位數的概念（加上位值概念）而已。因此大數字的運算在解釋上比較麻煩而已，因為解釋比較多次又加上位值概念所以比較容易做錯而已。因此，只要學生小心一點，運算上錯誤的機會就會少一點。

當學生發現全數四則運算的結果都是使用全數基本概念來解釋，相信學生一定會想，那麼分數的四則運算結果是不是也都是使用分數基本概念來解釋呢？小數的四則運算結果是不是也都是使用小數基本概念來解釋呢？四則運算的解釋概念是否都相同？此時學生的數學能力已能快速前進。

當學生在學習幾何時，也要讓學生養成思考現在學的和以前學的有沒有一樣或不一樣的地方？例如：長方形和缺一角的長方形，面積和周長的關係，有哪個地方一樣、不一樣。例如：下圖 A 和 B 的周長相同，但面積不同；B 和 C 的周長不同但面積相同；A 和 C 的面積不同，周長也不同。

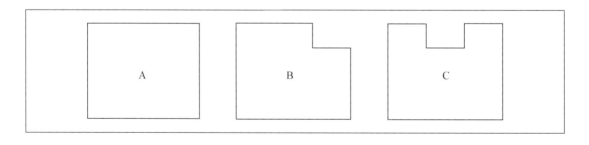

下圖（假設三個大立方體一樣大，E 和 F 挖掉一樣大的小立方體）中，D 和 E 的總邊長不一樣長、表面積一樣大、體積不一樣大；E 和 F 的總邊長不一樣長、表面積不一樣大、體積一樣大；D 和 F 的總邊長不一樣長、表面積不一樣大、體積不一樣大。同時 D、E、F 的表面積關係和 A、B、C 的周長關係相同；D、E、F 的體積關係和 A、B、

C 的面積關係相同。

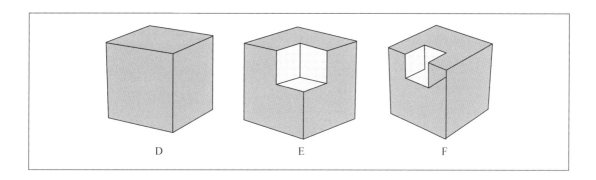

（三）複習舊概念與課程統整

在每單元教學之前，在正常的情形下，作者建議老師可以複習和這個單元最為相關的觀念（也就是安置性評量的概念），讓學生有機會站在先前的學習基礎上學習新的概念。例如：在教二位整數加法之前，先複習整數的位值概念，之後再讓學生了解十位數的加法和個位數的加法一樣有不進位、進位，同時也是使用 9 加 9 以內的心算，只是變成 6 個十加 7 個十是 13 個十（或 60 + 70 = 130）的概念而已。在教三角形的命名前，先複習三角形有三個邊、三個角、三個頂點，再問三個邊會不會一樣長？三個角可能有什麼情形（銳角、直角、鈍角）？再從邊來命名、從角來命名、從邊和角來命名。在進行三角形的性質時，先複習三角形有三個邊、三個角、三個頂點，再問三個邊會有什麼關係？三個角可能有什麼關係呢？（甚至再問邊和角又有什麼關係呢？）

在每個單元教學結束前，作者建議可以讓學生對本單元所學的內容進行課程統整，讓學生有一個完整的心像或概念。在進行課程統整時，盡可能不要只複習這個單元學過什麼內容，最好也要複習內容的概念性知識、解題內容的差異，甚至了解概念、解題的方法。因為概念性知識、解題方法都可以應用到後面的單元學習。例如：(1) 這個單元學到二位數加、減二位數，二位數的加減法可以分成不進位（不退位）、一次進位（退位）、二次進位（退位）。(2) 二位數的加、減法是用到位值概念來解釋的，可以用畫錢幣的圖形來解釋，它和一位數加、減法一樣，只是單位不一樣（一位數加法是幾個一相加，二位數是多了幾個十相加、減）。(3) 二位數加、減法問題有改變型（或者加進去、拿走－吃掉）、比較型（你和我的相比），它們畫圖的表徵（或樣子）不一樣；要解釋比較型為什麼用加或減需要語意轉換（或換句話說）。(4) 我們在解釋為什麼用加法或減法，加或減的結果是為什麼時，都可以用口語或者畫圖來解釋。此外，例如：這個單元學到三角形：(1) 三個邊的性質（關係）是任兩邊之和大於第三邊，也就

是兩短邊的和大於最長邊。(2) 它可以想成是從甲地（直）走到丙地，一定比從甲地先（直）走到乙地，再從乙地（直）走到丙地來得短（乙地不在甲、丙地的直線路上）。(3) 三個角的性質（關係）是三個角的和一定是 180 度。(4) 它可以用量角器來量看看，也可以把角剪下來再拼拼看來了解。(5) 不管是邊的性質（關係）、角的性質（關係），對大的三角形、小的三角形或銳角三角形、直角三角形、鈍角三角形都會對。

肆　多元優選

一、學生要能夠接受規約，又有彈性

作者的經驗發現，我們的學生太常接受規約，太沒有彈性了。例如：考試的時候，老師沒有在試題上寫用直式計算，學生很不放心，都會問老師，要不要用直式計算。

我們希望我們的學生能接受規約又有彈性。例如：當老師在這一大題上宣告，用直式算算式，學生就要乖乖的用直式來計算。當下一大題，老師說把答案算出來，沒有要求用任何方法，此時學生可以使用任何他會的方法來把答案算出來。例如：當老師問「周長是幾公分」時，學生就要用公分當單位來回答，因此只要回答數字就可以了，題目上有說明是用公分來回答，因此答案不見得要有公分（當然有寫公分也對，但換成公尺就不對）；當老師問「周長是多少」時，學生可以使用公分當單位，也可以使用公尺當單位來回答，此時學生要清楚的回答是多少公分或者公少公尺，單位一定要寫。

能接受規約，大家才有共識；大家都認同一起約定的規約，才能進行有效率的溝通。有彈性使得學生也能思考，才能站在他會的基礎上學習更有效率、教學上希望他學到的解題方法；同時他也才能去了解為什麼要有這些規約，這些規約好不好？可不可以換成另一個方式？這些規約可不可以用到其他地方去？此時，學生才會有創造的能力。例如：大家熟知的雞兔同籠問題，只要老師沒有要求要用邏輯推理的方法來解答，學生也可以用有規律的嘗試錯誤的方法把答案找出來；但我們也希望學生從他會的嘗試錯誤的方法上，連結到邏輯推理的方法，更進一步提升他的解題知能。

二、老師的意圖非常重要

在教學的過程中，我們發現老師的意圖非常重要，假如老師在教學過程中沒有意圖，便不知道現在要教給學生什麼，不知道要把學生帶到哪裡去。老師有教學的意圖不代表是以教師為中心，而是可以以學生為中心的意圖。

例如：老師要時常問自己，這一堂課的教學目標是什麼？我布第一個問題是不是概

念啓蒙的好例子？我再布第二個類似題的目的是什麼？什麼時候我可以進行概念推廣的教學？

例如：在複習舊概念，老師叫低學習成就學生來回答的目的是什麼？叫高學習成就學生來回答的目的是什麼？這個問題很簡單，老師叫低學習成就學生來回答的目的是什麼？叫中學習成就學生來回答的目的是什麼？

在教學過程中，老師爲什麼在這個地方要快速帶過？爲什麼在這個地方要多花一點時間讓學生討論？老師在這個地方爲什麼要用講述教學法？在這個地方爲什麼要用小組合作學習？

當然，老師的意圖應該是讓全班的學生都有公平的學習機會，讓學生有效率的學習，讓學生都學得愉快。

三、時常將五個核心內涵掛在嘴邊

問爲什麼、回答爲什麼、思考爲什麼是培養學生邏輯思考、邏輯推理、理性溝通、合理批判的重要內涵。假如每個國民碰到任何一件事，都習慣於思考爲什麼會這樣、他爲什麼會這樣做，作者相信整個社會會變成是一個講理重於情、法的社會，社會的紛爭會因此少很多。因此建議老師，在教學過程中時常問學生爲什麼，讓學生回答爲什麼，讓學生問老師和同學爲什麼。

數學的學習是螺旋式，數學觀念時常在推廣、需要探討觀念間的關係，以及數學觀念會整合在一起。因爲數學是一種奠基的學習，前面的觀念不懂會影響後面的學習，因此建議老師時常說現在學的內容是用到前面的什麼觀念，和前面什麼觀念相同。作者相信學生會慢慢養成思考現在所學與先前觀念的異同，對所學的內容會形成一個完整的數學結構，會了解不同觀念間的異同，迷思概念因此也會減少，會更有數學感。

因此建議老師時常將「舉個例子」、「爲什麼」、「把問題簡化」、「畫個圖看看」、「這個內容和……一樣、不一樣」掛在嘴邊。當發現學生某個概念或者運算不懂時，時常問他們「可以舉個例子嗎？」「把問題簡化來想看看」「畫個圖告訴我它的意思是什麼？」「爲什麼是用這個運算？」在教學過程中，也時常告訴學生、讓學生了解、發現「現在學的和以前……一樣……不一樣，或者現在學的就用以前……的概念」，以培養學生能自動化的使用五個核心內涵。

四、教學方法可以分老師講、學生討論、學生自己發現與能主動使用

教學方法可以用很多種方式區分，但都要多元優選。例如：可以區分爲老師講、學生討論、學生自己發現。在教學時間有限的情況下，作者建議老師開始讓學生了解數學

內容的關鍵概念、數學內容理論、五個核心的使用時，可以老師先示範給學生聽，讓學生了解如何運用五個核心（可以一個核心一個核心分別教）來了解問題、如何計算、進行統整。過一陣子，部分學生（至少每一組有一位）已了解之後，再讓學生進行溝通、討論，學習口述如何運用該核心內涵，因為讓學生口述才能真正進到學生的心中。最後再讓每個學生有機會自己使用，或者從五個核心的使用中發現他所沒學過的觀念。

　　學生從聽到、了解五個核心內涵，到會用五個核心內涵，到碰到問題時能主動想到、適時的使用五個核心內涵去發現他以前不知道的概念都需要時間。同時，愈低學習成就的學生所需要的時間愈長，因此老師更要有意圖的讓低學習成就的學生從會使用、到能自己主動使用五個核心內涵。

　　老師講、學生討論、學生自己發現的教學方法不是一成不變的，作者建議剛開始老師可以先講述關鍵概念、數學內容理論或者五個核心內涵的使用；後面則一定要有機會讓學生討論、自己發現關鍵概念、數學內容理論或者五個核心內涵的使用。可是當學生仍然無法自己發現時，老師要退回去讓學生討論，甚至沒時間時也可以老師講述。這就是多元優選的理論，但最終的目的是要讓學生可以自己發現。

　　因為學生即使聽到了也不見得了解，同時學生的自行發現是最高的層次，因此在後面一定的章節中，作者會以讓學生聽到、了解、發現，來替代老師應多元優選的考慮數學內容的難易、學生的認知程度，以及彈性的選擇恰當的教學方法進行教學。

五、評量學生的了解可以分成老師的看法、學生展現的觀點

　　在評量學生的數學能力時，有時候可以做不同層次的區分。例如：有些時候老師會認為學生能夠寫出 $\frac{3}{10}$ 的等值分數（例如：$\frac{6}{20}$），這時候老師可能認為學生已有等值分數的概念性了解。從作者的角度，作者認為學生也有可能背下來，因為老師說要找等值分數只要把分子和分母同乘某一個整數就好了；當然也有可能學生真的有等值分數的概念性了解。但不管如何，我們沒有真正評量出來。

　　因此，評量學生的方法可以分成老師的看法，或者學生展現的觀點。作者建議從學生展現的觀點來評量學生。例如：我們也可以用問答題的方法讓學生主動展現等值分數的概念性了解。例如：「(1) 請找出 $\frac{3}{10}$ 的等值分數；(2) 用圖形或者文字說明的方式，說明你的答案為什麼是 $\frac{3}{10}$ 的等值分數。」

　　但是學生即使有概念性的了解，他仍然有可能講不出來，或者不知道要講的是概念性的了解，因此我們也可以利用選擇題的方式，將概念性了解的內容讓學生判斷。例

如：「下列哪一個是 $\frac{3}{10}$ 的等值分數和其原理：(A) $\frac{6}{10}$，因爲等值分數就是把三份的每一份再平分成二小份，變成 6 小份；(B) $\frac{6}{10}$，因爲等值分數就是把分子乘以一個整數；(C) $\frac{6}{20}$，因爲等值分數就是把每一份再平分成二小份，變成 20 小份中的 6 小份；(D) $\frac{6}{20}$，因爲等值分數就是把分子和分母同時乘以一個整數。」

　　因爲讓學生主動展現概念性了解的方式，對學生有一定的難度，因此作者建議在教學過程中，應適時進行教學，培養學生的表達能力（包括講或者寫）；在紙筆評量，學生便是要將他在課堂上講的內容用文字或圖形寫下來而已。同時這種概念性了解的問題也不能一次做過度的評量，以免造成低成就學生的學習困擾。

六、老師幫學生搭鷹架的方法不同

　　老師想要營造學生的數學感，需要宏觀的了解數學感教育理論，也需要了解如何微觀的進行有數學感的教學。因爲在教學過程中，有太多的因素影響老師的教學。例如：老師的教學時間有限，不可能一直讓學生說；每位老師的特質（教學習慣）不一樣，因此擅長的教學方法不同；每個班、每位學生的表達能力不一樣，每位學生有學習的時間差、路徑差，每個問題對學生的難易度不一。因此最重要的地方就是，老師面對不同的學生，需要幫學生搭鷹架的方法、方式不同。

　　老師在什麼樣的前提下，用什麼教學內容、教學方法，如何運用數學感教育理論與一個起動機制、五個核心內涵，如何多元優選的幫助學生搭鷹架，讓學生學得有數學感，這是老師在備課、觀課、議課時的重要議題。只要老師說得有道理，都是最好的教學。

　　只要老師先把學生學習的**最終目的了解清楚。例如：最後希望學生能隨時、主動的利用五個核心內涵來和老師、同學溝通，最後希望學生能有系統的了解數學脈絡**（例如：數學有概念、運算、性質；有正例、反例；時常在推廣；要探討觀念間的關係）。只要老師說得清楚是在什麼條件下，在什麼位階幫助學生往更高層次發展，相信都是最棒的老師。

　　至於教學的位階，可以從不同的面向來思考。例如：五個核心內涵的教學策略和數學感內容理論是交互在發展、相輔相成的，<u>學生了解（知道）←→學會使用←→變成能力（隨時可以主動拿出來用）</u>；老師講述某一觀念←→師生討論某一觀念←→學生們討論某一觀念←→學生獨自發現某一觀念；直接告訴學生←→讓學生說幾個字←→讓學生說一段←→讓學生說完整一句；讓學生說一個概念 vs. 讓學生說全部的概念；有足夠時

間的教學 vs. 沒有太多時間的教學。這些都是老師要了解，是站在哪個位階上幫助學生搭鷹架的重要面向。

七、老師應該當作自己不會，再放大、聆聽自己的思維

不要忘了每一位老師在當老師之前有很長時間的數學學習經驗，老師在解答數學問題時，很多時候比一般學生來得好。因此，作者建議每一位老師在教學時，應該當作自己不會，再放大、聆聽自己的思維。老師發現這個觀念自己需要特別去注意，相信這個觀念對一般學生就會有困難；老師發現這個觀念自己會特別去注意某個點，相信那個點就是最關鍵的地方，學生需要特別去注意的地方。老師發現自己是怎麼想問題、想解題的策略或過程而順利解答的，相信老師的想法和過程，就是學生應該學的想法和過程；假如老師仍無法解決問題（或者老師發現這個地方是以前自己的學習困難），相信它對學生便有很大的困難。此時老師需要去了解思考過程中沒有注意到哪個關鍵概念、關鍵步驟，然後特別強調此一關鍵概念、關鍵步驟。

此外，老師在放大自己的思維時，是否會發現我們在了解一個題目的題意時，似乎把那些「數字」都忽略不看，而不是聚焦在它有多大。因此老師在教導學生了解題意時，不要學生把關鍵字、詞圈起來，因為學生在圈的時候會聚焦在那些數據上，反而弱化了對題意的了解。

八、多元優選教學就是若 p 則 q 的實際運用

多元優選教學，就是老師在教學過程中，需要考慮問題的難易程度、學生的認知能力，優選的使用恰當的教學方法來進行教學。這個意思就是老師在教學過程中時常要想到數學上的「若 p 則 q」的意義，也就是說在什麼條件下、什麼情況下，老師為什麼要布這個問題？學生為什麼會這樣想？老師為什麼要用這種教學方法進行教學。

假如一位老師在備課、議課時有上述的想法，能把他的教學前提與為什麼如預期的進行教學，並說得清楚，作者相信他一定是一位非常優秀的老師。

伍 其他教學問題

一、教學從嚴，評量（考試）從寬 —— 養成學生良好的習慣

養成學生良好的習慣也是非常重要的一件事。例如：數字寫得端正，直式計算位值要對齊，算式從上到下、從左到右且對齊的寫，左右兩欄之間畫一條直線將它區隔出來

或者中間的空白大一點，<u>用編號表示第幾個答案的計算過程……。這些良好的習慣有助</u>
<u>於他碰到困難的問題、複雜的問題能看得清楚、不會看錯</u>，因此老師教學時可以嚴格要
求學生有良好的學習、書寫習慣，最好是利用認知衝突的方式讓學生發現良好習慣的重
要性（例如：某學生因為字寫得不端正，因此把 0 看成 6 而做錯）。因為學生良好習慣
的養成要一段時間，因此建議老師慢慢來，以養成學生自我監控的能力，讓自己隨時監
控自己。但同時分數也影響學生的學習興趣，因此作者也建議老師考試時，不要因為他
算式寫得亂七八糟的就打叉，只要學生的答案是對的，就給他對；錯了再扣他分數，培
養他的警覺性。

作者發現有些小學老師要求學生在文字題的最後一定要寫答，可是國中以後一般老
師都不會要求，國中老師反而比較要求學生要有規律的寫——<u>從上到下、從左到右、在</u>
<u>把是題目要求的答案處做個記號（或者用編號表示第幾個答案的計算過程）</u>。事實上養
成良好習慣的書寫方式才是比較重要的，因此建議小學老師也可以強調國中老師的要求
之處。

二、學生有補習怎麼辦？

作者時常聽到老師的反應，老師認同概念性知識重要，因此在課堂上無法給學生太
多練習的時間；家長卻覺得熟練非常重要，所以會把學生送到補習班或者安親班。補習
班或者安親班為了符應家長的需求，會給學生很多的練習，要求學生進行程序性知識的
學習，有時候也只要學生記憶公式與快速解法，不求真正了解解題的意涵。因為學生在
補習班或安親班做了許多的練習，甚至超前學習，導致他覺得班上老師教的他都會，有
時候便在班上造成困擾。例如：他搶著把答案說出來，或者出現「這麼簡單也不會」的
聲音，導致老師教學產生了該如何教導的困擾？因為老師也需要照顧那些沒有補習的學
生，這時候有補習的學生便會造成班級經營的困擾。

作者的建議，老師們不必把補習班或安親班的教學當成教學的困擾，而應設法讓阻
力為助力。也就是老師可以了解安親班或者補習班教導了學生什麼樣的內容，假如安親
班只教學生程序性知識、記憶公式與熟練計算。老師在上課時，上安親班的學生馬上說
出答案，老師可以適時的反問他「為什麼」會算出這個答案，或者為什麼可以這樣算？
也就是迫使學生去思考概念性知識。例如：學生的回答是公式或者規則（因為分數乘法
是分母乘以分母，分子乘以分子），教師應再進一步詢問公式或者規則是為什麼（為什
麼分數乘法是分母乘以分母，分子乘以分子），甚至舉反例來迫使他思考（那分數加法
是不是分母加分母，分子加分子）。假如學生一再反駁老師的話語，不認同概念性知識
的重要性，老師應設法讓學生了解只記憶公式或者規則，最後會亂掉、會誤用公式或者

規則（若老師能留意有補習的學生在那次的考試誤用了公式或者規則，老師可以註記，作為反駁他的想法的證據）。同時也要讓學生感受到概念性知識學習的重要性，可以讓他減少記憶負荷，創造新的知識，使他的學習有發展性，有感覺（例如：同分母分數的加、減和異分母分數的加、減法概念相同；分數加減和乘除的概念都可以用分數基本概念來解釋），使學生了解概念性知識的重要性，進而在班上願意聽老師上課，甚至把概念性知識的重要性帶回安親班或者補習班，使安親班或補習班也慢慢強調概念性知識的學習。

假如補習的學生能說出概念性知識，那很好。因為他已真正了解他所學的數學，補習班或安親班已幫我們照顧一部分學生。因此，老師可以利用這些尖兵，利用小組合作學習方式或者全班溝通討論的方式，讓他把概念性知識說給其他學生聽。讓這些概念、程序性知識都會的學生進一步培養他的溝通能力（依作者的研究經驗，許多學生的溝通能力不佳，是需要培養的，高學習成就的學生亦然），同時也讓其他不懂概念性知識的學生了解概念性知識，讓不同的學生各取所需。

當然，老師也可以給高成就的學生一種觀念：老師不能只照顧他的學習，老師是要照顧所有學生的學習，因此，當老師在教他會的問題時，請他先聽其他同學說；若其他同學不會說，老師會叫他說，讓他更有成就感；若其他同學也會了，老師就可以加快速度，教導大家較不會的問題。作者期望，老師在情意上的輔導，能慢慢讓高學習成就的學生也能有同理心，也能把學習機會讓給其他學生，在必要時老師會讓他好好表現他的學習力，培養他的溝通能力。

有時候，老師和學生家長溝通時，也要讓家長知道適度的練習是需要的，但不需要過度的練習，反而是概念性的了解更重要。老師可以使用段考的試題跟家長分析，試題中沒有需要重複性練習的問題（答案或者計算過程通常不會很複雜），補習班或安親班不可能教過所有的題目，所以要讓學生有思考如何解決未見過問題的時間。也就是老師要讓家長了解學校的教學也有其重要性。

三、學生學習進展落後很多怎麼辦？

有些老師反應，愈高年級的學生，有時候他落後的概念已經很多了，例如：六年級的學生可能九九乘法還不會。因此，有時候老師想要幫助他，也不知道要如何幫助起。作者認同這是一個相當困擾的問題。

這是作者為什麼期望低年級的老師在教導學生的時候，多注意學習落後學生的重要原因。假如，低年級的老師能讓學習落後的學生跟上來，或者不要落後太多，到了中年級、高年級，老師要進行補救就不會太過吃力。

　　同時，因為國小課程是一種螺旋式的課程，因此到了高一個年級，學生還是會碰到上一個年級相關的概念，只是數字變大了，或者推廣了而已。因此，老師對於落後不是太多的學生，一定要設法讓他把先前的概念補起來（例如：利用較小的數字，或者把分數、小數簡化成整數，或畫圖幫助他了解）。作者相信，老師有機會把先前的「概念性知識」補起來，對於學生未來的學習有很大的助益。他有機會因為前面的地方懂了，也連帶的懂現在在教的內容，也學會了利用回到先前概念與畫圖來了解的策略。

　　對於學習真的落後很多的學生，作者建議還是要設法彌補先前沒有學會的內容，不要強迫他記憶現在的內容，因為作者相信，過些日子，學生還是會忘光光。作者建議，此時需要和家長溝通，讓家長具體的、清楚的了解他的孩子不會哪些地方。不要只跟家長說，他的孩子成績很差，落後別人很多，因為這種話語太抽象，家長不知道如何幫助他的孩子。老師要具體的告訴家長他的孩子同分母真分數的加法概念不懂，也不知道怎麼算。當老師很具體的告訴家長他的孩子哪個地方出現問題時，家長才有辦法幫助他的孩子，不管是自己教，或者請安親班教都可以。當然，有上安親班的學生，老師也可以和安親班老師具體的溝通。

　　作者認為，孩子學習不是只有老師的責任，家長也應負一部分的責任。當孩子不會時，老師把問題簡化教他，他若還不會，此時，家長也應該出來幫助他的孩子。假如老師能盡到可行的方法，以及和家長溝通，老師已經非常盡責了，已經可以成為人師了。

　　還有，老師不要期望把所有學生的數學都教得很好，老師要了解學生有多元的智能，不是每個人對數學都有興趣，都能夠把數學學好。因此，只要老師能把數學教得更有感覺一點，讓「有更多的」學生更懂得數學，更喜歡數學，讓學生比以前更進步，那麼作者相信老師已經是非常優秀的老師了。

四、專有名詞要不要教學生？

　　作者時常被老師問到，教科書上沒有定義的專有名詞要不要教給學生？例如：等分除、包含除。因為這些專有名詞教科書沒有定義，因此理應不會影響學生的學習。但是專有名詞的作用是方便溝通，而且它的命名通常會符合中文的原意，因此假如在教學過程中，老師覺得它在溝通上時常用到，且時常提醒學生顧名思義、學生已了解概念因此不會造成認知負荷的情形下，作者建議老師可以教給學生。例如：位數的概念（例如：567 這個數有三位，所以是 3 位數），教科書沒有明確定義，老師可以教。十進位的專有名詞在教科書中沒有出現，但要讓學生了解數的唱數、計數，有時候使用它來說明不管是一個一數、十個一數、百個一數，都是 9 之後變成 0 且左邊加 1，因此稱作十進位，老師也可以視學生的了解而彈性的進行教學。整數、自然數、幾何（試問老師，你

什麼時候才知道幾何包含哪些內容）的名詞偶爾會在教科書上出現，老師可以考量是否進行教學。

　　請老師記得，在小學教專有名詞時幾乎都是用舉例（舉許多例子）的方式來讓學生了解專有名詞的意思。若老師要給形式的定義就要小心一點，留意是否符合數學教育界的定義。例如：像三角形、四邊形、柱體、錐體、球體的內容稱為幾何。

參考文獻

中文部分

ETtoday 國際新聞（2013）。**全球暖化？不！「全球冷化」致北極冰層年增 6 成**。臺北市。2017.01.14 檢自 http://www.ettoday.net/news/20130909/267684.htm#ixzz40hFalQRQ。

今日新聞國際中心（2016）。**還在賴床？睡眠超過 8 小時 中風機率增**。臺北市。2017.01.14 檢自 http://www.nownews.com/n/2016/02/20/2001459。

臺北市立建國高級中學 49 屆 314 班全體同學（譯）（1998）。**數學思考**（原作者：J. Mason、L. Burton、K. Stacey）。臺北市：九章出版社。

江協艾（2015）。**喝咖啡的好處跟壞處**。臺北市。2017.01.14 檢自 http://ccigf07.blogspot.tw/2010/07/blog-post_4170.html。

朱惠文（2000）。99 學年度學科能力測驗試題分析：**數學考科**。臺北市：大學入學考試中心。

李源順（2012）。生活中的數學。**教師天地，176**，16-23。

李源順（2013）。**數學這樣教：國小數學感教育**。臺北市：五南出版社。

李源順（2015）。國小學生了解分數、小數乘除問題的多元途徑。**國教新知，62**（3），3-11。

李源順、林福來（1998）。校內數學教師專業發展的互動模式。**師大學報，科學教育類，43**（2），1-23。

李源順、林福來（2000）。數學教師的專業成長：教學多元化。**師大學報，科學教育類。45**（1），1-25。

李源順、林福來（2003）。實習教師的學習：動機、身分與反思互動下的成長。**科學教育學刊，11**（1），1-25。

李源順、吳正新、林吟霞、李啓迪（2014）。**認識 PISA 與培養我們的素養**。臺北市：五南出版社。

林福來（1997）。**教學思維的發展：整合數學教學知識的教材教法（1/3）**。行政院國家科學委員會專題研究計劃成果報告。

林福來（1999）。**教學思維的發展：整合數學教學知識的教材教法（3/3）**。行政院國家科學委員會專題研究計劃成果報告。未發表。

胡忠信（2015）。**12032015 新聞追追追**。臺北市。2017.01.14 檢自 https://www.facebook.com/houzc/。

國家教育研究院籌備處（2007）。**小數課程編輯理念：小數的除法**。引自 http://203.71.239.23/naerre-source/study/216/book4/2-12-3.htm。

康宗虎（2011）。**臺北市國民小學 99 年度基本學力檢測計畫成果報告書**。臺北市：臺北市大龍國民小學。

張春興（1989）。**張氏心理學辭典**。臺北市：東華書局。

張靜嚳（1995）。何謂建構主義？**建構與教學，3**，1-4。

教育部（1993）。**國民小學課程標準**。臺北市：臺捷文化。

教育部（2000）。**89 年國民中小學九年一貫課程暫行綱要：數學領域**。臺北市：教育部。

教育部（2003）。**92 年國民中小學九年一貫課程綱要：數學領域**。臺北市：教育部。

教育部（2008）。**97 年國民中小學九年一貫課程綱要：數學領域**。臺北市：教育部。

教育部（2018）。十二年國民基本教育課程綱要國民中小學暨普通型高級中等學校─數學領域。臺北市：教育部。

陳書涵（2016）。「能言善道」其實不是天生的！這 6 招讓你一起感動觀衆。2017.01.14 檢自 http://www.mbatics.com/2016/04/6.html。

陳舜芬、丁志仁、洪儷瑜（1996）。**師資培育與教師進修制度的檢討**。臺北市：行政院教育改革審議委員會。

臺灣 PISA 國家研究中心（2012）。**臺灣 pisa 國家研究中心**。2012 年 12 月 07 日檢自 http://pisa.nutn.edu.tw/。

鄭毓信（1998）。**數學教育哲學**。臺北市：九章出版社。

謝靜雯（譯）（2014）。**我不敢說，我怕被罵**（原作者：P. V. Hest）。臺北市：大穎文化。

鍾聖校（1990）。**認知心理學**。臺北市：心理出版社。

英文部分

Bell, A. W. (1992). Diagnostic teaching. Selected Lectures from *the 7th International Congress on Mathematical Education.* pp.19-34.

Bell, A. W., Costello, J. & Kuchemann, D. (1983). *Research on learning and teaching,* N.F.E.R. - Nelson.

Boufi, A. (1994). A case study of a teacher's chance in teaching mathematics. *Proceeding 18th Conference of the International. Group for the Psychology of Mathematics Education* (Vol. 2, 120-127). Portugal: PME.

Brown, C. A. & Borko, H. (1992). Becoming a mathematics teacher. In D. A. Grouws (Ed.), *Handbook of research on mathematics teaching and learning* (pp.209-242). New York: National Council of Teachers of Mathematics, Macmillan Publishing Company.

Case, R. (1978). The developmentally based theory and technology of instruction. *Review of Educational Research, 48(3).* pp.439-463.

Commonwealth of learning (2005). *Creating learning materials for open and distance learning: A handbook for authors and instructional designers.* Vancouver, Canada Commonwealth of Learning.

Cooney, T. J. & Shealy, B. E. (1994). Conceptualizing teacher as field of inquiry: Theoretical and practical implications. *Proceeding 18th Conference of the International. Group for the Psychology of Mathematics Education* (Vol. 2, 225-232). Portugal: PME.

Even, R., Tirosh, D. & Markovits, Z. (1996). Teacher subject matter knowledge and pedagogical content knowledge: Research and development. *Proceeding 20th Conference of the International. Group for the Psychology of Mathematics Education* (Vol. 1, 119-134). Spain: PME.

Kieran, C. (1994). Doing and seeing things differently: A 25-year retrospective of mathematics education research on learning. *Journal for Research in Mathematics Education, 25(6),* pp.583-607.

Lesh, R., Post, T. & Behr, M. (1987). Representations and translation among representation in mathematics learning and problem solving. In C. Janvier. (Eds.), *Problem of representation in teaching and learning of mathematics* (p.33-40). Hillsdale, NJ: Erlbaum.

Mullis, I. V. S., Martin, M.O., Ruddock, G.J., O'Sullivan, C.Y. & Preuscho, C. (2009). *TIMSS 2011 Assessment Frameworks.* the International Association for the Evaluation of Educational Achievement (IEA), Amsterdam, the Netherlands.

National Assessment Governing Board (NAGB) (2002). *Mathematics framework for the 2003 national assessment of educational progress.* National Assessment Governing Board U.S. Department of Education.

NCTM (1989). *Curriculum and evaluation standards for school mathematics.* National Council of Teachers of Mathematics, Reston, VA：Author.

NCTM (2000). Principles and standards for school mathematics. Reston, VA: National Council of Teachers of Mathematics.

OECD (2013). *Pisa 2012 assessment and analytical framework: Mathematics, reading, science, problem solving and financial literacy.* Paris, France: Organisation for Economic Cooperation and Development.

Resnick, L. B. (1989). Defining, assessing, and teaching number sense. In J. T. Sowder & B. P. Schappelle (Eds.) *Establishing foundations for research on number sense and related topics*: *Report of a Conference* (pp.35-39.). San Diego State University Center for Research in Mathematics and Science Education.

Schoenfeld, A. H. (1992). Learning to think mathematically: Problem solving, metacognition, and sense-making in mathematics. In D. Grouws (Ed.), *Handbook for research on mathematics teaching and learning* (Vol., pp.334-370). New York: MacMillan.

Silver, E. A., Mamona-Downs, J., Leung, S. S., & Kenny, P. A. (1996). Posing mathematical problems in a complex task environment: An exploratory study. *Journal for Research in Mathematics Education, 27*(3), 293-309.

Sowder, J. (1994). Estimation and number sense. In D.A. Grouws (ed.) (1992). *Handbook of research on mathematics teaching and learning* (pp.371-389). National Council of Teachers of Mathematics, Macmillan Publishing Company, New York.

第 **2** 章　全數（Whole Number）

在我國小學階段，主要學習的數概念是全數（非負整數，也就是自然數或零）、非負分數，以及非負小數。在此，我們稱為全數（有時候會稱為整數）、分數和小數。

當我們學了一個新的概念（例如：全數的概念），我們會對它定義四則運算（全數的加、減、乘、除等四則運算）。有了運算之後，我們會思考運算所具備的性質。因此，我們分概念、運算和性質來討論。

第 1 節　全數概念的知識

下面作者把國小常用到的相關語詞做一解釋與釐清。

壹　全數概念

一、數碼、數字、數詞、數辭

甯自強（1992）把 0, 1, 2...9 這 10 個符號，稱為阿拉伯數碼，簡稱數碼；0, 1, 2...10, 11...123, 124... 則稱為數字；數的語音，例如：我們聽到的「ㄕㄨˇ」，稱作「數詞」；我們的傳統寫法，例如：「十五」，稱之為「數辭」。

作者也發現在大陸或者日常生活中，會稱 0, 1, 2...9 這 10 個符號為數字；0, 1, 2...10, 11...123, 124... 則稱為數。例如：2017 年 12 生肖[1]的幸運數字分別是 4、9；3、8；

1　資料來源：http://jerry-huang.net/6747/ 十二生肖幸運顏色數字吉凶財位參考 .html。

3、7；1、8；0、5；2、9；3、9；4、8；6、7、8；2、6；1、3、5；4、9。

因為有些人對「數字」的意義認知不同，因此在溝通時要留意大家是否對數字的意義有共識，若沒有共識就先說清楚數字代表的意思是指 0 到 9，還是所有的數。同時不管是數或數字的書寫符號、口語表徵，因為它是古聖先賢留下來的智慧，早已被定義下來而且大家都已習慣使用，只能遵守它、記下它，不能更改它。因此在教學過程中讓學生探究數字的表示法可以怎麼寫、怎麼讀的意義不大，因為探究的結果若和現在的約定不同，學生還是要使用現在的約定，不能使用學生探究的符號。探究的結果和現在的約定相同，那學生真的能自己想到而不是因為已經看過、學過這些符號了嗎？

二、數與量、單位與單位量

（一）概念

「數」和「量」兩詞應一起討論。「量」指的是 5 輛車、3 隻貓、2 顆蘋果、4 枝鉛筆、3 杯水、20 西西（cc.）、300 毫升（ml）、100 克（g）、4 公斤（kg）……等自然或人為定義的物件。1 杯水、1 顆蘋果、1 公升……等 1 個基本的量，則稱為單位量，1 稱為單位。後來，單位量的概念會被推廣到使用任何「一個固定量」去計數時，此一固定量稱為單位量。例如：一桶 5 公升，一盒十顆蘋果。因為我們把這個固定量當作計數單位，所以也稱一桶、5 公升，一盒、十顆為單位量，因此它也可以說是 1 杯水、1 顆蘋果、1 公升……等單位量的概念推廣。

對於數（全數）概念的界定，Gauss（1800，引自甯自強，1997）認為「數是用來界定某物件的量與一單位量的關係。」Gauss 的意思，就是說 5 輛車、3 隻貓、10 公升等等物件的量，與它的單位量 1 輛車、1 隻貓、1 公升的關係，分別就是 5、3、10。因此這裡的 5、3、10 就是數的概念。

Russel（1903，引自甯自強，1997）則認為「數是相似的類所構成的集合，是由各種物件中抽象而得。」Russel 的意思是說所有 5 輛車、5 隻貓、5 公升……等相似的類（所有 5 個量的物件所成的集合）所構成的集合，我們用 5 表示之：所有 8 輛車、8 隻貓、8 公升……等相似的類（所有 8 個的物件所成的集合）所構成的集合，我們用 8 表示之。

Russel 對數概念的定義較符合數學教學的概念。這個意思是說，數概念的建立都是先從具體的量開始，例如：有 5 顆蘋果、有 5 個人……。一開始，我們會用 5 顆蘋果、5 個人等實際表徵物（具體圖像）或是實物，來教 5 顆蘋果、5 個人。之後慢慢轉變為 5 個花片、積木、吸管……等具體表徵物，以及 5 個圓圈圈、小正方形……等圖像表徵

物，來替代 5 顆蘋果、5 個人。之後才轉變爲 5 的抽象數學概念。這樣的教學方式就是符合 Russel 認爲的「數是相似的類所構成的集合，是由各種物件中抽象而得」的概念（這是我們所稱的關鍵概念，數是量的抽象化）。

作者認同 Russel 的數概念，但它是集合的概念，對剛開始學整數的學生而言不可能了解，因此老師在進行概念性的教學時，一定要以相同的個物且理想化成完全相同，再進行大小比較或者四則運算，否則學生的數概念會產生混淆。例如：當我們問學生 2 + 2 等於多少時，假如老師或者學生舉的例子是 2 雙襪子和 2 雙鞋子，共幾雙時，因爲個物不相同，就不知道該說是 4 雙……或 2 雙……。假如我們舉的例子是 2 元臺幣加 2 元美金時，這時候就不知道是 4 元臺幣或美金了。

當我們的數學愈學愈多，我們可以把（整數）「十」、「百」、「千」，甚至（小數）「0.1」、「0.01」、（分數）「$\frac{1}{5}$」、「$\frac{1}{8}$」……等當作單位。此時單位的概念已被推廣。同時在數學的學習上就在學習**單位之間的轉換**（請老師參閱本書第 1 章的說明）。

（二）問題

1. 蘋果、蛋糕一樣大嗎？

作者以前小學在看數學課本時，時常在想一個問題，同時會也詢問老師這個問題，那就是爲什麼課本上的蘋果都一樣大呢？這個問題，有些老師回答：因爲印刷方便。這樣的回答沒有錯，但作者發現在數學上、在不是特別的情況下，要把它理想化成一樣大、理想化成完全相同，此時在進行大小比較、四則運算才不會出現不必要的困擾。例如：一盒 5 顆大蘋果和一袋 6 顆小蘋果，若問一盒比較多或一袋比較多時，便會出現到底是問 5 顆大蘋果的數量和一袋 6 顆小蘋果的數量誰比較多，還是問 5 顆大蘋果的總重量（體積）和一袋 6 顆小蘋果的總重量（體積）誰比較多的疑問。當然，我們可以說問誰比較多時，是問數目的多寡而不是問體積、重量的多寡。但是有時候我們問「誰比較多」時，不一定代表數目的多寡而已。例如：一個十元和十個一元誰比較多？它的比較多代表的是「值」的意義。

因此生活上，我們在計數個物時，個物可以不一樣大，甚至可以是不同個物，我們還是可以去計數它，例如：3 個男生和 4 個女生，共 7 個人。但是在數學上，同一個問題，所有的個物最好都理想化成一樣（至少當碰到學生有疑慮時，要用澄清、理想化成完全相同、一樣大小的個物），否則日後會出現不必要的麻煩。例如：在比較 3 和 4 誰比較大時，假如是舉小明有 3 個大蛋糕，小華有 4 個小蛋糕，假如不假設蛋糕完全一

樣，要比較誰比較多時就無法判斷，學生更會不知道哪一個數比較大。

2. 生活中和數學上的單位

作者發現「單位」的意義有二個。我們在生活上通常會說公斤、公克、公分、公尺是「單位」。問題是公斤 ≠ 1000 公克，應該是 1 公斤 = 1000 公克；所以作者比較建議在數學上把 1 公斤、1 公克……等稱作單位量（或量的單位），單位量之間才能夠做換算。在數學上，則稱 1 是單位（或數的單位），以後也會把十、百……等稱作單位。

三、唱數（counting words）和計數（counting）

唱數是指學生跟著大人學習全數的順序讀法：1, 2, 3, 4, 5...。唱數時，一開始數的語音、順序對學生而言是沒有任何意義的，學生只是模仿大人的聲音跟著數而已，所以唱數又被稱為「背誦計數」（rote counting）。唱數有困難的學生，在唱數的過程中，可能會重複數了，例如：1, 2, 3, 4, 4, 5...，或者少數了某幾個數 1, 2, 3, 6, 7...。有些學生可能較小的數不會重複數，但大一點的數可能會重複數，例如：唱數到 78, 79 再來就變成 60...（關鍵概念）。

在唱數、計數的過程中，老師應該讓學生發現十進位的規律。例如：一個一數時，9 之後再來是 10；19 之後再來是 20；29 之後再來是 30…，也就是右邊的數（個位數）是 9 再多 1 時，9 會回到 0，同時它左邊的數（十位數）會多 1。因為這個十進位的規律，將來要概念推廣到十個一數、百個一數……（第五個核心內涵）。

計數是指學生能將唱數的數與被數的物件做連結。在計數的過程中，每一個物件僅能和一個數字連在一起，意思是說每個數字都有一個指定的物件，而且數字與物件的對應是藉由指定的活動來完成（Fuson & Hall, 1983）。

四、計數

學生能唱數不代表就能正確地計數。例如：幼兒經常能唱數到 100，卻無法正確地計數 20 件東西。對幼兒來說，唱數只是一組無意義的口頭背誦，內容是強記的，幼兒一開始並不了解其所代表的意義。計數才使得每一個數字有了意義。

（一）計數的原則

Gelman & Gallistel（1978）認為學生要學會計數，需要具備下列五個概念（關鍵概念）：

1. 固定順序原則（the stable-order principle）

固定順序原則是指用來計數集合體的數必須要遵循一定的順序，比如是 1, 2, 3...，

或者 One, two, three...，亦即一致的唱數的順序是計數的必要條件。在固定順序的指導下，學生需要利用約定成俗的數字順序 1, 2, 3, 4... 來計數。無法模仿此一順序的學生便會因此重複數數或者漏數某些數。

2. 一對一原則（the one-one principle）

一對一原則是指被計數的每一個物件，都必須和所唱數的每一個數做一個標記，此標記可以是任意的，且每個物件只能被標示一個記號。例如：被計數的集合中第一個物件被標記為 1，第二個物件被標記為 2……。每一個物件只能和唱數的數一個對應一個，不能一個物件被唱數二次，也不能二個物件被唱數同一個數。這種一對一的原則，是一種真正地數出物件數目的基礎。

3. 基數原則（the cardinality principle）

基數原則是指在一個集合體中數到最後一個物件時的記號，即為該集合體的數量。例如：一個集合有 5 個物件，它的最後一個個物被唱數到最後是 5，就表示這個集合總共有 5 個物件。它有一個非常重要的概念，就是我們是用基數（1, 2, 3...）在唱數，但手指的卻是序數（指著第一個，第二個，第三個……物件），唱數到最後的數（第 5 個數，序數）就是基數，即所有的個數（關鍵概念）。用圖形表示如下：

4. 抽象原則（the abstraction principle）

抽象原則指的是不管是任何物件，只要是可分開的物件都可以數，像有生命或無生命的具體實物，或者像事情、聲音、心靈等抽象的事情，只要可以分開，都可以數。例如：我有二個想法。

5. 順序無關原則（the order-irrelevance principle）

順序無關原則是指在點數物件時，每個物件被點到的順序，無論從哪一個開始數起，都不會影響總數。例如：排成一排的玩具熊，無論從左邊數起，還是從右邊數起，或從其中任何一個玩具熊開始數起，其總數都會相同。

（二）計數個物的難易

被計數的個物可以分成是否有規律的排列，以及可不可以移動。因此：(1) 個物排成直線又可以移動的計數最簡單；(2) 個物排成直線但不可以移動的計數；或者 (3) 個

物排列雜散但可以移動的計數次之；(4) 個物雜散又不可以移動的計數最為困難。雜散又不可以移動的個物的計數，學生需要利用做記號的方式協助記錄已計數的個物。

　　至於排成圓形，不可移動的個物的計數，對某些學生也蠻困難的，原因在於學生會忘了從哪一個個物開始計數。如下圖：

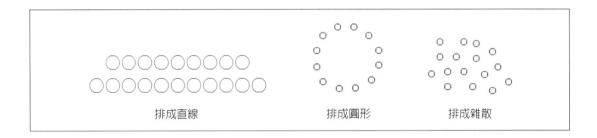

排成直線　　　　　　排成圓形　　　　排成雜散

　　在進行個物排列雜散但可以移動的計數時，建議老師可以利用較多的個物讓學生計**數，讓學生了解十個排一排，或者五個排一排的計數優點，以鼓勵學生十個一排或者五個一排來計數。**在進行排列雜散且不可以移動的個物的計數，或者排列整齊且不可以移動的個物的計數時，除了一個一個做計數過的記號之外，教師也可以適時讓學生將先前學會十個一排的概念拓展到此一情境，而將每十個圈起來，以減低記憶負荷。

五、基數和序數

（一）概念

　　基數（cardinal number）是指一堆物件中的總數，例如：操場有 5 個小朋友。基數也叫勢（cardinality），即集合中包含的元素的「個數」。有限集合的基數，例如：{a,b,c} 的基數是 3。因為兩個集合 A = {a, b, c} 和 B = {1, 2, 3, 4} 分別有 3 和 4 個元素，所以 A 集合的個數比 B 集合少，也可以說是 3 比 4 小。

　　序數（orderal number）是指一個物件在一堆有序的物件中的位置。例如：一列隊伍中的第 5 個人。序數是用來表示有序序列中位置的數，基數是用來表示「有多少數量」的數。在英語中，one, two, three 是基數，而 first, second, third 則是序數。在說明序數時，有時候需要說明序數的方向。例如：上面所說的一列隊伍中的第 5 個人，它的隱性知識（我們的共識、默契）是從前面數。在教學上最好先溝通清楚，是從前面或者後面數。意思是說序數的問題應說明起頭的位置和第幾個（關鍵概念）。

（二）問題

1. 為什麼學生會把基數和序數弄混了？

因爲我們在計數的時候，會利用一對一原則來計數個物，把最後數到的 5（其實是指著第 5 個——序數原則）變成所有的個物有 5 個（基數原則）。因爲我們在計數時指著第一個個物不說第一個，而說一；指著第二個個物，不說第二個而說二……。因此，學生在學習基數和序數的概念時，若不了解是把最後數到的第五個（口中說「五」），變成全部有五個，這時候，部分學生可能以爲第五個就是五（指著第五個，口說五），因此要學生畫 5 個圈，他可能畫第 5 個。

此外，在日常生活中，我們會因爲脈絡的不同而出現用基數的唸法和寫法，但是它是序數的概念，因此我們必須從脈絡中才能解析。例如：ipad 2，這個 2 其實應是序數的 2，但我們唸 two（2），不唸 second（第 2）。高鐵車票寫著：車箱 / car 5（5 車），它其實第 5 車箱，而非有 5 個車箱。書本的頁碼「21」，也是序數的概念，卻不是寫「第 21 頁」。郵遞區號 10456，它也是序數的概念，但我們不會寫或者說成第 10456。

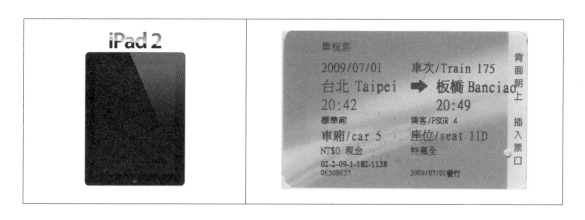

從上面的例子，我們大致上可以看到一個規律，假如數是代表序數，通常數會寫在名稱的後面。假如寫在名稱的前面或者加上生活中的單位（部、輛），大多代表基數的概念，例如：3 cars 或者 3 部車。

因爲我們在教學時明確的使用幾和第幾，例如：5 和第 5，來區分基數和序數，但是在生活中看到的 5 不是一定代表基數，所以學生不明白這個現象，便會產生迷思概念。

2. 100 到 200 之間有幾個數？

「之間」是生活用語。在生活上，我們會說「這是你和我之間的事」，表示所談只有你和我。因此有些人可能認爲 100 和 200 之間包括 100 和 200，有些人可能認爲不包

括 100 和 200。在數學上,會用「大於」、「大於等於」、「小於」、「小於等於」來明確區分是否包括端點,或者用開區間、閉區間的概念來表示。

3. 5 以上(或者超過 5)有沒有包括 5?

「5 以上」,有沒有包括 5?「超過 5」,有沒有包括 5?作者發現,在生活中,有些人認為 5 以上是不包括 5,有些人認為有包括 5。因此,許多法律條文上,只要寫到「以上」、「以下」都要括號附加「含」。

在數學上,「以上」以及「以下」已經被定義為包括該數,也就是「5 以上」包括 5;「5 以下」也包括 5。它和數學上的用語「大於或者等於」以及「小於或者等於」的意思相同。

至於「超過 5」以及「未滿 5」,在生活上比較傾向不包括 5;在數學上,也是定義不包括 5,因此它與數學用語的「大於」以及「小於」的意思相同。

六、0 的意義

因為東西沒有了,所以我們用 0 來表示它。0 的出現,一開始是這個意思沒有錯,後來 0 是表示那個位值沒有數的概念;假如學生不清楚,以為 0 就是沒有,就會產生一些迷思概念。例如:32 可以被 4 整除,學生就會說 32 被 4 除「沒有」餘數,精確的說,它的餘數應說是 0。有些學生會說 0.8 = 0.08,因為 0 是沒有的意思,或者把 832÷4 寫成 28,因為中間沒有。

七、正數和倒數(逆概念)

學生在唱數時,從小到大的數(ㄕㄨˇ)稱為正數(ㄕㄨˇ),例如:1, 2, 3, 4, 5...。從大到小的數稱為倒數,例如:10, 9, 8, 7...。正數是加法的前置經驗,倒數則是減法的前置經驗。

倒數也可以說是正數逆概念,倒數的經驗對學生也很重要。尤其是整十、整百、整千數減去 5 以內的數時,此時往下數可以很快得到答案。例如:2001 − 4 時,可以往下數 2000, 1999, 1998, 1997,得到 1997。

八、幾個一數、偶數、奇數

(一)概念

幾個一數是學生學習數學規律的啟蒙。一般而言,我們希望學生學會的有二個一數、五個一數、十個一數、百個一數、千個一數等。

老師要讓學生知道二個一數的方法，還是來自一個一數，只是把每次數的第一個小聲數（或者默數），把第二次數的大聲數出來（或者做記號），就可以發現。例如：1（小聲），2（大聲），3（小聲），4（大聲），5（小聲），6（大聲），7（小聲），8（大聲）……，或者 1，②（做記號），3，④，5，⑥，7，⑧…就會找到它的數。相同的五個一數、十個一數也一樣，甚至四個一數也相同。要是學生不相信的話，可以用同樣的方法來檢驗（第五個核心內涵）。

個位數是 0, 2, 4, 6, 8 的整數，稱為偶數，又稱做雙數；個位數是 1, 3, 5, 7, 9 的整數，稱為奇數，又稱做單數。

偶數可以有另一個定義，就是能被 2 整除的整數；被 2 除，餘 1 的整數，或者不能被 2 整除的整數，則稱為奇數。

（二）問題：0 是不是偶數？–2 是不是偶數？$\frac{1}{2}$ 是偶數或奇數？

按照偶數的定義：個位是 0, 2, 4, 6, 8 的整數，或者能被 2 整除的整數，是偶數，所以 0 是偶數，–2 也是偶數。

有些學生在問，$\frac{1}{2}$ 是偶數還是奇數？認為是偶數的學生說，因為它是把一個蛋糕平分成兩份，有「兩份」，所以是偶數；有些學生則說，因為它雖然平分成兩份，但是取其中「一份」，所以是奇數。事實上，一個定義的定義域非常重要，因為偶數和奇數是定義在整數之中，所以 $\frac{1}{2}$ 不談它是偶數還是奇數的問題。

作者要提醒老師，當定義有一個前提（定義域）時，這個前提一定要特別注意，否則會產生迷思概念。

九、數量保留（守恒）概念

（一）概念

數量保留概念（或者守恒概念）是指學生不會因為某集合的量所擺放的位置不同或者移動，而改變量的總數（不加入或者拿走物件）。這個意思是說，我們把 10 個彈珠排成一列，讓學生計數，當學生知道有 10 個以後，我們在學生面前把這 10 個彈珠重排，重排得間隔小一點，或者間隔大一點，甚至沒有秩序的排。有數量保留概念的學生不需要重數就知道它還是 10 個；沒有數量保留概念的學生則需要重數，才知道它有 10 個。

（二）問題

1. 沒有數量保留概念的學生有什麼反應？

有些沒有數量概念保留（守恆）的學生，很容易從生活經驗，誤以為所占空間大的動物比較多，或者比較擠的動物比較多。因此下面的問題，有些學生會說左圖的魚比較多，因為去搭公車時，人多占的空間就大；有些學生會說右圖的比較多，因為爸媽曾帶他去搭公車，發現人很多。

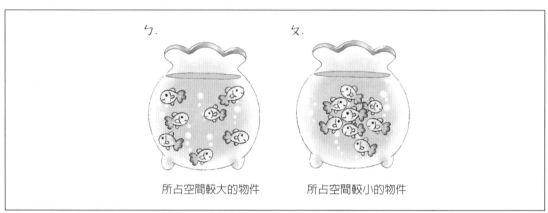

所占空間較大的物件　　　　　所占空間較小的物件

資料來源：南一書局（2010a）。數學一上。

2. 為什麼有些學生會認為一個十元和十個一元不相等？

「一個十元和十個一元相不相等？」或者「一個十元和十個一元一不一樣多？」這一句話，對剛學數學的學生而言，他不明白老師問的到底是量的相等或者質（值）的相等，或者學生不知道我們所說的一不一樣多指的是價值（可以購買的物品）的一不一樣多，以為是個數（或者量）的一不一樣多。以為在問量是否相等的學生，有人會說一個十元比較大，因為十元銅板比較大；有人會說十個一元比較多，因為它有十個。事實上我們要問的是質（值）的相等，因為它都代表有十元。

在數學的具體物表徵或圖形表徵，積木、吸管是量的相等，錢幣則是質（值）的相等。學生從量的相等轉成質（值）的相等時，有時候會出現困難。

貳 全數的結構

一、十進位概念

十進位系統的意思是每逢十個物件，就會用另一個特別的表徵或符號來表示十

個物件的概念。例如：我們用 A 代表 1，用 B 代表 10，用 C 代表 100，用 D 代表 1000……。那麼 CCCAAAAAAA 就代表阿拉伯數字的 307，DDCBBBBBBAAA，就代表阿拉伯數字的 2163。這種創出來的十進位系統，因為 1、10、100、1000 所用的符號不一樣，因此，它是可以隨便調換置的。例如：AACAAAAACC 也是 307。

我國也是較早採用十進制記數的國家（袁小明，1992）。早在三、四千年前，我們的祖先已經發明了在龜甲或獸骨上刻寫的數字，並且採用十進位制記數。甲骨文數碼共有九個，如下圖：

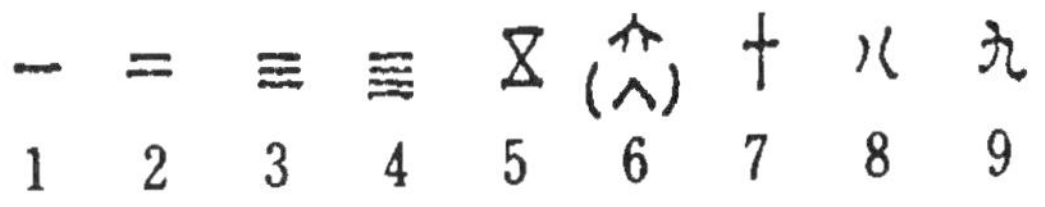

另有四個表示十、百、千、萬的特別符號，如下圖：

記數的時候，只要將數碼與位值符號互相配合就可以了。例如：2326 在甲骨文中寫作  。

在做數的過程中，老師要讓學生了解最好是五個一排、十個一排，這樣比較不會做錯。因為一般的人一隻手都有五個手指頭、二隻手是十個手指頭，因此大多數的人類才會發展出十進位的概念。我們所熟知的數字系統也是十進位，是由 0, 1, 2, 3, 4, 5, 6, 7, 8, 9 等十個數字組成。

二、位值概念

（一）概念

位值概念的意思是同一個數碼在數字的不同位置，它的意義不同。例如：十進位的數 222，雖然數碼都是 2，但是因為在數字的位置不同，所以每個 2 代表的意義不同。最左邊的 2 的位值是 200，或者 2 個百；中間的 2 的位值是 20，或者 2 個十；最右邊的 2 的位值是 2，或者 2 個一。因為它在的位置不同，意義就不同，因此有位值概念的

數是不能隨便對調位置的。有人認為最左邊的 2 是 2 個百；中間的 2 是 2 個十；最右邊的 2 是 2 個一，才是真正的位值概念。作者認同，因為我們只看到 2 而已。當我們利用真正的位值概念來解釋全數加、減法時還蠻容易的，但是用它來解釋全數乘、除法時，對學生而言困難許多，例如：4 個千乘以 6 個千等於 24 個幾？因此作者認為學生也要了解利用 200，20，2 的位值概念，此時上面的問題學生便可以轉成 4000×6000 = 24000000（概念性知識內化而來的程序性知識），再轉成 24 個百萬（後四位一節是萬，有二個零是百，因此是 24 個百萬）。

我們在上面十進位概念中所談的中國古時候的數字系統，例如：𐋡𐋡𐋡𐋡，若是沒有位值概念的十進位系統，理論上它也可以寫成 𐋡𐋡𐋡𐋡。阿拉伯數字是十進位，且有位值概念的數字系統。電腦上使用的二進位、八進位、十六進位系統都有位值概念，但不是十進位系統。因為 111（二進位）的第一個（最左邊）1 代表 $2^2 = 4$（十進位），第二個 1 代表 $2^1 = 2$（十進位），第三個 1 代表 $2^0 = 1$（十進位）。因為羅馬數字的 1，10，100，1000 分別用不同的符號 I，X，C，M 表示；5，50，500 用 V，L，D 表示，5 是 V，4 用 IV 表示，6 用 VI 表示，9 用 IX 表示，11 用 XI 表示，因此精確的講，羅馬數字是部分位值概念的非十進位制數字系統。

（二）問題

1. 有無位值概念的差別是什麼？

有位值概念的數字系統，同一個符號不可隨便放在不同的位置（關鍵概念），意思是阿拉伯數字中的 23 和 32 代表不同意義的數，前者是 2 個十（或者 20），3 個一；後者代表 3 個十（或者 30），2 個一。因此 2 和 3 不能隨便調換。

當我們用一枝吸管，一捆十枝吸管……或者一個白色積木，一條十個積木……，或者①，⑩來表示 1 和 10。因為表示 1 和 10 所用的實物或圖像不同，所以它們是十進位，但沒有位值概念，沒有位值概念的表示法的位置是可以調換的（關鍵概念），同時也不會因此而產生迷思概念。例如：23，我們不一定要用⑩⑩①①①來表示，我們也可以用①⑩①①⑩來表示。

2. 為什麼學生會把二十三寫成 203？

因為我們的數字符號表徵（書寫系統）有位值概念，而口語表徵沒有位值概念，所以符號 23，我們會唸成二十三；245 會唸成二百四十五。因此剛開始學數字的學生，若不了解符號表徵有位值概念，他就會把二十三寫成 203，也就是學生的符號系統是沒有位值概念的系統。學生十進位與位值概念的發展可以從數學史的發展看出來，十進位

是比較早發展的，位值概念則是後來才被發展出來。

　　我們也可以留意圖形表徵，無論錢幣或者積木，它們都有十進位的概念，但是沒有位值概念。

三、定位板

　　定位板是位值概念的表徵物，它和具體物與圖畫表徵的功能不同。具體物或者圖畫表徵，一般都是用來表徵「一」的表徵物。例如：35 顆蘋果，我們會用 35 個 1 顆蘋果的圖來呈現；但是在定位板中，我們會呈現一個 3 在十位處，一個 5 在個位處，用以表徵 35。如下圖：

萬位	千位	百位	十位	個位
			3	5

　　定位板扮演著協助學生掌握位值概念的重要角色。隨著學生的理解，我們便把定位板省略，變成真正有位值概念的數系。

　　蔣治邦（1994）認為定位板的使用功能，如同具體物與圖畫表徵，有四種功能：協助溝通教師問題的情境、提供學生運思的材料、協助溝通解題過程，以及作為說理的工具或學習新表徵型的媒介。

四、全數的化聚 —— 單位（量）轉換

（一）概念

　　化的意思是把大的單位（量）化成較小的單位（量）。聚的意思是把小的單位（量）聚成大的單位（量）。例如：10 個一（元）可以聚成 1 個十（元），10 個十（元）可以聚成 1 個百（元）；而 1 個百（元）可以化成 10 個十（元）；1 個十（元）可以化成 10 個一（元）。數的化聚可以說是數學教與學過程中重要的概念 —— 單位轉換 —— 把一聚成十、百、千，把千化成一、十、百……。

　　利用圖形表徵來說 10 個①可以聚成 1 個⑩；1 個⑩可以化成 10 個①。全數的化聚是學生了解全數的加、減法運算時進、退位的基石。

　　老師要留意的是⑩⑩⑩①①的錢幣表徵是沒有位值概念的十進位表徵，因此它也可以寫成⑩①①⑩⑩，只是平常比較不會這樣畫。

　　數的化聚是兩個互逆的概念。例如：45 是 45 個一的意思，所以把 45 聚作 4 個十和五 5 個一；反之把 4 個十和 5 個一化成 45 個一，也就是 45。因為學生在做整數四則運算時，也需要做數的化聚，例如：把 7 個十加 8 個十變成 15 個十，再變成 1 個百 5 個十。因此作者建議老師要讓學生聽到、了解、發現 3456 是 3 個千、4 個百、5 個十、6 個一合起來；也是 34 個百、5 個十、6 個一合起來；也是 34 個百、56 個一合起來，以及它的逆概念（化）。或者 3456 = 3000 + 400 + 50 + 6 = 6 + 50 + 400 + 3000 = 3400 + 50 + 6 = 3400 + 56 = …的各種不同單位的聚，以及它的逆概念（化）。

（二）問題

1. 123 變成 1 個百、2 個十和 3 個一是化，還是聚？

　　大家同意，化的意思是把大的單位，化成較小的單位。聚的意思是把小的單位，聚成大的單位。

　　有些人認為把 123 變成 1 個百、2 個十和 3 個一是化，把 1 個百、2 個十和 3 個一變成 123 是聚，其實這種說法不符合數學教育的「化」與「聚」的意思。因為在數學教育上 123 被看作 123 個一，而不是把 123 看成一個整體。所以認為把 123 變成 1 個百、2 個十和 3 個一是化的人，以為 123 是一個整體。事實上，它在數學教育上是被看成 123 個一，因為在生活上比較不會有一個物件或教具是把 123 做成一個整體的。因此正確的說，把 123 變成 1 個百、2 個十和 3 個一是聚，把 1 個百、2 個十和 3 個一變成 123 是化。

2. 定位板內可不可以放積木或錢幣表徵？

　　有些教材會把積木或者錢幣表徵放到定位板中。例如：345，會用下列的方式表徵，把沒有位值概念的積木或者錢幣表徵和有位值概念的數字表徵都放到定位板內。如下圖：

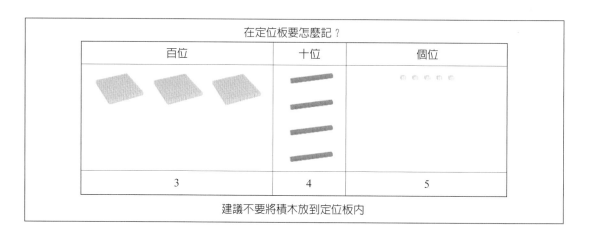

在定位板要怎麼記？		
百位	十位	個位
3	4	5
建議不要將積木放到定位板內		

研究者認為這樣的表徵方式有待商榷。因為十位的地方被擺了 4 個十，和下面的 4 明顯不一致。

因此建議用下列的方式表徵，把沒有位值概念的錢幣表徵放在定位板的上方，讓學生正確的認知十位的 4 是表徵 4 個十的意義。如下圖：

100 100 100	⑩ ⑩ ⑩ ⑩	① ① ① ① ①
百位	十位	個位
3	4	5
建議將積木或錢幣表徵放到定位板外		

五、位名的規律

（一）概念

在中文的全數的數字系統中，從最「右」邊開始，每一個數代表的是「個位」，「十位」，「百位」，「千位」，「萬位」，「十萬位」，「百萬位」，「千萬位」，「億位」，「十億位」，「百億位」，「千億位」……。其中「個位」，「十位」，「百位」，「千位」稱為位名。這些位名有它的規律，也就是每四位一節（每四位換另一個詞）。

至於「位名略讀」的問題，有兩種規則。第一種：(1) 當多位數中某一「非 0」位數的右邊各數均為「0」，該「非 0」位數之後的位值名稱略去不讀，例如：中文的「2600」可讀作「二千六百」；(2) 當兩個「非 0」數字間夾擠著一個以上的「0」時，這些連續的「0」只需要被讀一次「零」即可，例如：「2006」讀作「二千零六」，「100000001000」讀作「一千億零一千」。

第二種規則是以四位一節當報讀單位，再按下列規則報讀：(1) 四位一節中右邊的 0 不讀出；(2) 四位一節中左邊的 0 或者中間的 0，只讀一次「零」；(3) 四位一節全部是 0，也不讀出。例如：「203 1001」讀作「貳佰零參萬壹仟零壹」，「200 1001」讀作「貳佰萬壹仟零壹」，「1000 0000 1000」讀作「一千億一千」。第二種讀法存在微軟的軟體 Excel 中。

作者覺得位名略讀的重點在於大家是否都能夠懂。本人發現兩種讀法，都不會弄混淆，因此兩種讀法都可以接受。

在英文的全數系統中，位名則是 one（個）、ten（十）、hundred（百）、thousand

（千）、ten thousand（十千即萬）、hundred thousand（百千即十萬）、million（百萬）、ten million（十個百萬即千萬）、hundred million（百個百萬即億）。它們的位名也是有規律的，都是三位一節。因為歐美國家的經濟幾乎掌控全世界，因此世界通用的會計系統也是三位一逗號。這也是為什麼國際量的標準單位幾乎是三進位的原因（1000g = 1kg、1000kg = 1t、1000ml = 1l……）。

（二）問題

1. 大數可不可以每四位一逗號？

我國的位值唸法有一獨特性，就是每四位一個循環，也就是個、十、百、千，再來（個）萬、十萬、百萬、千萬、（個）億、十億、百億、千億、（個）兆……。為了幫助學生報讀大數，例如：987654321，我們可不可以從個位（右邊）開始每四位用一逗號，把大數分開來？也就是變成 9,8765,4321。

因為我國四位一節的規律與英語的規律不同。英語的規律是三位一節。1, 10, 100, 1000, 10000, 100000, 1000000，分別表示 one, ten, hundred, thousand, ten thousand, hundred thousand, million。同時各國銀行所用的數字表示法是採用美國的位數系統，所以是以每三位用一個逗號分開來。例如：1,234,500 表示一百二十三萬四千五百。

為了讓學生容易讀出大數，又不與英語系統相混（作者曾看到有人因為四位一節和三位一節的問題，導致在計算金錢時弄錯了，而導致財產的損失），建議教師在進行大數的教學時，不要用「逗號」來區隔，而改用其他方式來表徵，例如：23 5003 2087，或者 23 ｜ 5003 ｜ 2087（但要留意直豎要畫長一點，以免學生誤以為是 1）。

2. 數字的略讀有什麼問題？

作者發現，日常生活中的略讀，可能與數學上數字的略讀出現混淆，因此教師教學時，要稍微留意一下。例如：「2600」在數字上讀作「二千六百」，但在日常生活當中「2600」讀作「二千六」，所以老師在教學時，要特別跟學生釐清「二千六」是「2600」（二千六百）的意思；而「2006」一定要讀做「二千零六」。16000 在數字上讀作「一萬六千」，在日常生活當中讀作「一萬六」，也是一樣的問題。

3. 200 可不可以讀作兩百

有些老師問，200 的讀法正確是「二百」，但有些學生會讀作「兩百」，這種讀法可不可以。作者認為數學的讀法主要是在溝通時對方是否聽得懂。兩百是生活中的讀法，數學不能脫離生活，因此，只要老師確認學生了解兩者的讀法都表示相同的數，建議老師允許學生這樣讀。老師也可以試想自己是不是很多時候也讀作兩百？

六、多單位系統

現今所用的印度─阿拉伯記數系統，是「字碼數系」（ciphered numeral system）與「定位數系」（positional numeral system）的雙重結構（歐陽絳譯，1993；引自陳竹村，1997）。它選用了一組數碼（digits），0, 1, 2...9，再利用「定位數系」中的位值概念來組織數碼，以形成數字，用來描述數量。也就是說是使用十個數碼，以及數碼所放的相對位置（即有位值概念的十進位系統），來表現所有的非負整數。例如：「75963」不只是記錄了以「1」為被計數單位計數了 75963 次的結果，而且記錄了 7個萬、5 個千、9 個百、6 個十和 4 個一的合成結果。所以印度─阿拉伯記數系統所記錄的數，也可以解讀為一個多個計數單位的合成，也可以稱這樣的記數系統為「多單位記數系統」，簡稱為「多單位系統」。其中一、十、百、千、萬，就是不同的單位。

七、位數

當我們談幾位數時，要留意它的定義域，以及為什麼這樣的定義域是合理的。作者在網路上搜尋，發現大部分有關位數的定義域是自然數。因此，1-9 是一位數，10-99是二位數……以此類推。意思是，在最左邊不為零的情形下，有幾個數的全數就是幾位數。例如：1360080 是七位數。因為學生在學習四則運算時，都是確定的兩個數，可是幾位數是一個集合的概念，因此學生若沒有二位數加二位數是幾位數的學習經驗，他很容易以為位數也是一種量的單位（像個、顆一樣），直接回答四位數，而不知道它其實是兩個 11-99 的集合相加的概念，而應該回答是二位數或者三位數。

有些人會懷疑，為什麼不把 0 定義為一位數呢？作者認為，不把 0 定義為一位數有一個好處，將來問三位數乘以一位數可能是幾位數時，可以直接講可能是三位數或四位數，就不用特別去留意若 0 是一位數，它會等於 0，又會多了一個一位數（而且只有 0）的困擾。

八、數的結構

全數的結構就是左邊的數值是它的右邊第一個相同數值的十倍，是它右邊第二個相同數值的百倍，是它右邊第三個相同數值的千倍……；同時，右邊的數值是它左邊第一個相同數值的十分之一倍，是它左邊第二個相同數值的百分之一倍，是它左邊第三個相同數值的千分之一倍……。例如：22222，最左邊（萬位）的 2 是它右邊第一個（千位）2 的十倍，是它右邊第二個（百位）2 的百倍，是它右邊第三個（十位）2 的千倍……；最右邊（個位）的 2 是它左邊第一個（十位）2 的十分之一倍，是它左邊第二個（百位）

2 的百分之一倍，是它左邊第三個（千位）2 的千分之一倍……。

　　若學生了解數的結構，他可以了解 34506 代表 $3 \times 10000 + 4 \times 1000 + 5 \times 100 + 0 \times 10 + 6 \times 1$，也就是 $3 \times 10^4 + 4 \times 10^3 + 5 \times 10^2 + 0 \times 10^1 + 6 \times 10^0$。

九、數的說、讀、聽、寫、做

（一）概念

　　數的說、讀、聽、寫、做主要的目的是讓學生能利用表徵（具體物、圖像、符號、口語）對數的概念進行轉換與溝通，以幫助學生建立數概念。國家教育研究院出版的《國小數學教材分析——分數的概念與運算》（蔣治邦、陳竹村、謝堅、陳俊瑜、林淑君，2000）說明說、讀、聽、寫、做的教學活動意義，以及教師的具體問話如下：

表 2-1　整數說讀聽寫做的活動意義及教師具體問話

活動名稱	活動意義	教師具體問話
說	對於一堆具體物或圖象表徵能說出相對應的數詞來表示其數量。	教師在黑板上貼若干圖卡或在學生桌上放若干具體物，問：xxx，這裡有幾隻青蛙，請你說說看。
寫	對於一堆具體物或圖象表徵能拿出相對應的數字卡或寫出相對應的數字來表示其數量。	教師在黑板上貼若干圖卡或在學生桌上放若干具體物，問：xxx，這裡有幾隻青蛙，請你拿出這個數字卡或你寫看看。
聽	聽到教師或他人唸出一個數詞能拿出相對應的數字卡或者能寫出相對應的數字。	當教師唸著一個數詞，例如：「5」隻青蛙的「5」，問學生：拿出「5」的數字卡，或者問：寫出「5」的數字。
讀	看到一個數字卡或板書的數字，把這個數的數詞讀出來。	當教師拿出一個數字卡或板書一個數字，例如：「8」，要求學生說說看或讀讀看是多少。
做	聽到一個數詞能拿出相對數量的具體物或畫出相對數量的圖象。	在教師口述布題的情境中，例如：要求學生拿出8個花片出來。
做	看到一個數字能拿出相對數量的具體物或畫出相對數量的圖象。	在教師板書一個數字或拿出一個數字卡的情境中，例如：「8」，要求學生拿出8個花片出來。

資料來源：蔣治邦、陳竹村、謝堅、陳俊瑜、林淑君（2000）。國小數學教材分析——分數的概念與運算。

（二）問題

1. 數的概念要怎麼教？

Russel（1903，引自甯自強，1997）對數概念的定義是用類的概念，也就是 5 表示有 5 個量的物件所成的集合，5 = {5 個人，5 顆青蘋果，5 顆紅蘋果，5 公升，5ml……}。但是學生很難了解「類」的集合概念，因此教師在教學時，不要對所有的學生詳加解釋「類」的概念，以免學生無法理解。

建議老師可以先拿出 5 個人的具體圖像表示 5 個人，拿出 5 顆蘋果的具體圖像代表 5 顆蘋果……。之後用 5 個圓圈圈（吸管、積木……）代表 5 個人，5 顆蘋果，5 公升……。最後再用 5 表示 5 個圓圈圈（吸管、積木、錢幣表徵……），5 個人，5 顆蘋果，5 公升……。這樣可以讓學生體會，用圓圈圈、錢幣表徵可以代表任何事物，用數字則可以表示任何事物的數量。

此外，當碰到四則運算時，例如：「3 + 5 = （　）」的問題，讓學生了解，一定要用相同的個物來表示。比如，學生用「我有 3 個彈珠，你有 5 個彈珠，我和你合起來有幾個彈珠？」（留意一下，教科書畫彈珠的時候，每個彈珠都是一樣大，不會故意畫不一樣大），而不可以用「家裡有 3 粒西瓜和 5 粒葡萄，家裡總共有多少粒水果？」來舉例說明。因為在數學上，用不同的個物來計算是不可以的，是會妨礙學生未來的學習的。

雖然不同物件的計數，在日常生活中有可能碰到，例如：「3 個大人和 5 個小孩，總共有多少人？」在小學一、二年級學習時不會產生困擾，但是它對數學概念的抽象化不見得是一件好事。例如：學習分數的加法 $\frac{1}{4} + \frac{1}{4}$，我們不能舉 $\frac{1}{4}$ 個大蛋糕加 $\frac{1}{4}$ 個小蛋糕來說明，更不能舉 $\frac{1}{4}$ 個蛋糕加 $\frac{1}{4}$ 個披薩來說明。因此，老師在適當的時候，要讓學生了解舉例用來說明 3 + 5 的量時，要舉完全相同的個物才可以（關鍵概念），尤其是分數、小數的問題。

2. 圓圈圈與錢幣的圖形表徵

作者在進行研究時，要一、二年級學生畫圖表徵 24 時，很多學生是畫 24 個圓圈圈。作者建議老師在還沒教錢幣表徵時，都是利用圓圈圈的表徵，同時表徵的數不要太大，也要建議畫十個或者五個一排，以方便計數。當老師教學生錢幣表徵之後，此時的數概念也比較大時，便可以使用錢幣表徵來畫，假如學生還是畫圓圈圈的表徵，作者建議老師可以使用對比兩者的方式，讓學生了解使用錢幣表徵來表徵數會比較快且方便計數。同時老師也要留意學生是否因為錢幣表徵看不到量的相等，而是值（或者質）的相等而產生迷思概念。例如：以為一個十和十個一不一樣多，若是就要適時澄清。

3. 什麼是整數？

　　作者在教學現場看到老師問學生什麼是整數，聽到學生回答：沒有小數點的數、小數點後面是 0 的數等等的回答方式。可是等到老師舉帶分數的例子，學生就發現它沒有小數點，因此覺得自己講得不是很好。作者發現學生試著用抽象的定義來回答老師的問題。在小學，我們很少使用抽象的形式定義，最常用的方法就是舉例說明（第一個核心內涵）。例如：像 1, 2, 3, 4 這樣的數，就叫做整數。

　　此外，因為整數很難使用抽象的定義，因此，在數學上會用列舉的方式來定義。例如：在國小，我們會說，0, 1, 2, 3... 一直下去的數（集合的概念），就叫作整數（實際上是非負整數或者全數）。到了國中，我們會說，0, 1, –1, 2, –2, 3, –3... 一直下去的數，就叫作整數。

參　全數的大小比較

一、概念

　　數的大小比較是由量的多寡抽象化而得。這個意思是說，因為 5 顆蘋果比 3 顆蘋果多（畫兩列分別有 5 個和 3 個，再來一對一比較），所以 5 比 3 大，或者 5 大於 3，這個意思是說我們對於量，會用多少來進行比較（5 個比 3 個多），對於數，會用大小來進行比較（5 比 3 大）。

二、問題

（一）大於的符號怎麼介紹？

　　5 大於 3 的符號表示法是 5 > 3。有老師在教學時會把「大於」和「小於」比喻成「大魚」和「小魚」，然後說大魚吃小魚。作者在教學現場似乎感覺到有些學生在比較大小時犯錯，可能因為這種比喻而把小的數字擺在開口那邊（3 > 5），大的數字擺在另一邊，主要是因為小魚要擺在大魚的嘴巴。不相信的老師在做比喻時，可以稍微留意是否有學生誤解了老師的意思。

　　「>」有愈來愈小（＞）的意思。3 小於 5 的符號表示法是 3 < 5。「<」有愈來愈大（＜）的意思。作者建議老師在介紹大於和小於的符號時，用上面這種感覺來教比較好。

（二）用先數到和後數到來教數的大小好不好？

有些教材在教數的大小時，會用唱數的方式，說先數到的數，比較小；後數到的數比較大。這個意思是說 3 比 5 先數到，所以 3 比 5 小，或者 3 小於 5。

因爲數的大小是由基數的概念而得，並非由序數的概念而得。因爲 1 的序數概念通常是最好的、是最先的，但 1 的基數概念在自然數中是最少的，所以概念不相同。當我們說 3 比 5 先數到，它其實是序數的概念，但最後把它變成 3 比 5 小的基數。因此，我們用先數到的數比較小來教大小概念時，老師可能要留意學生到底是用序數概念（第 3 與第 5，照道理，第 3 應比第 5 好），還是已經轉換成基數的概念（有 3 個，或者 5 個）。若學生以爲是序數概念，就有可能無法理解爲什麼先數到的數比後數到的數小。

（三）數的大小比較 —— 數學結構觀點和學生學習觀點

在 100 以內數的大小比較時，從數學結構的觀點，應該是先比較十位數的大小，再比較個位數的大小。也就是比較 29 和 31 時，因爲 2 個十比 3 個十小，所以 29 小於 31；比較 58 和 56 時，因爲都是 50 多，再比較個位的 8 大於 6，所以 58 比 56 大。

一位數的大小比較是直接用量的多寡來比較，二位數以內的大小比較是學生第一次學習需要分不同的情形來進行比較。因此，學生可以回到以前學的一對一排列比較的方式，了解某一列的個物還有剩下，所以這一列的量比較多，也就是它的數（量）比較大。所以合理的學習順序應是先複習十以內的大小比較，再學習二位數的大小比較。在二位數的大小，先比較相同十位數的大小，也就是畫圖比較數量相近的情形。例如：23 和 25，因爲畫圖（可以是十、一的圖形）發現 23 個比 25 個少 2 個，所以 23 比 25 小（概念性了解）；再來比較 50 和 49，產生心像發現因爲 50 比 49 多 1 個，所以 50 比 49 大；再來比較 52 和 49，因爲 52 比 50 多，49 不到 50，所以 52 比 49 大。

假如老師覺得從學生認知結構的觀點進行教學比較好，建議老師讓學生從概念性了解（量的多少比較變成數的大小比較）內化成程序性知識（以高位到低位進行數的大小比較）之後，也要發現用程序性知識的方法比較數的大小時，是先比較十位再比較個位。即 52 和 49 的比較，因爲都是二位數，先比高位的 5 比 4 大，所以 52 比 49 大；58 和 56 的比較，因爲高位都是 5，所以比較下一位的 8 和 6，因爲 8 比 6 大所以 58 比 56 大（程序性方法）。

當學生有 100 以內數的大小比較經驗之後，再加上學生已學會十個一數、百個一數等方法，100 以上數的大小比較，可以直接從高位的比較到低位的比較進行概念性了解的教學。即因爲 356 和 298 的比較是因爲 356 比 300 多，298 不到 300，所以 356 比 298 大。

（四）多少、大小比較的語意轉換

假如小明有 5 顆糖果，小英有 3 顆糖果。在生活上，我們習慣用簡潔的話來說小明比較多、小明的多、小明多，或者小英比較少、小英的少、小英少，比較不會費時的說小明比小英多，或者小英比小明少。也因為這樣，所以日後學生在解答比較型的加、減法問題時，有些學生會以為小明比小英多就是小英比較多的意思，事實上是小明比較多的意思。

為了奠定學生學習加減法比較型的基礎，建議老師在數的大小比較（可能是一位數的大小比較或二位數的大小比較）時，一定要進行數的大小、量的多少的語意轉換的教學，讓低成就學生（通常他們的社會互動較少，接觸類似語意的機會較少）有機會了解上述的問題中，下表的語意都是相同的。作者之所以用表格呈現主要是可以從縱向、橫向分別讓學生了解都是相同的意思，而且是一種把**5 顆換成小明，3 顆換成小英的感覺**。

5 顆比較多（或 5 顆多）	3 顆比較少（或 3 顆少）
5 顆比 3 顆多	3 顆比 5 顆少
小明比較多（或小明多）	小英比較少（或小英少）
小明比小英多	小英比小明少
5 比較大（或 5 大）	3 比較小（或 3 小）
5 比 3 大	3 比 5 小

（五）100 元可以買哪些物品？

有一個家庭作業的題目如下：

100 元可以買哪些物品？		
☐ 50 元的鉛筆盒	☐ 120 元的衣服	☐ 40 元的原子筆

有一位聰明的學生問老師，這個問題是要問分別可以買哪些物品，還是總共可以買哪些物品？（若我們改成「可以買哪一個物品」，學生有可能只選一個物品）

作者發現，在生活中「可以買哪些物品」的語意，有時候是在當時的脈絡下大家都知道它是什麼意思（例如：總和不會超過 100 元）。但是改成數學問題，它就有一點模糊不清了，因為我可以買一個 50 元的物品、40 元的物品、40 元和 50 元的物品，這也是「哪些」的意思。因此，學生也會以為它是指分別對每一種物品來說，可不可以

買它？作者覺得語意不清的問題很容易出現在教學中，有時候也會不經意的這樣說出來（可能本來是要問能買哪一個，但說成能買哪些）。同時，學生的語言不見得如同大人一樣可以精準分辨，我們也不可能隨時隨地非常注意語意可能造成的誤解，因此碰到這類的問題時，溝通清楚非常重要。

我們認為，這類生活上的語意問題也可以（應該）出現在教學之中，因為它有助於大家的溝通，讓大家清楚生活語意上可能出現的問題。

肆）數線

一、概念

數線要有一個起點和一個單位長。起點稱為原點，我們定義為 0。有了單位長就可以複製，變成全數數線。數線的概念是愈右邊愈大，愈左邊愈小。如下圖：

一開始教時，數線的概念是從公分尺過來，後來老師會把公分尺抽象化為只要是每個單位長都等距離、愈右邊愈大的數線概念，再抽象（概念推廣）為不必從 0 開始，以及每一個等距離不必是 1 也可以是 2、3、10、0.1、$\frac{1}{5}$……等長度的數線概念。如下圖：

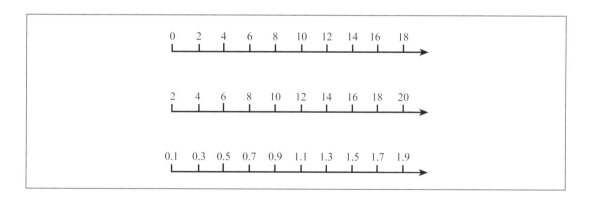

二、問題：為什麼學生在公分尺（數線）上會數錯？

公分尺（數線）由長度的概念，進而用點來表示，也就是說 5 代表從 0 到 5 的長度。

若學生無法真正了解點的本意，他會出現迷思概念。例如：公分尺上從 2 到 5 的長度，有些學生會點數 2, 3, 4, 5，以為點的個數就是它的長度，所以以為長度是 4 公分。如下圖。正確的說，從 2 到 5 的長度應該是從 0 到 5 的長度（5 公分）減去從 0 到 2 的長度（2 公分），所以是 5 – 2 = 3 公分。

　　類似這類的問題，答案有時會多加一、或者少減一，都與此概念有關。例如：2 點到 5 點經過多少小時的問題；編號 3 到編號 10，有幾個編號的問題；高年級的種樹問題也是。

伍　形式知識與非形式知識

　　Ginsburg, Posner & Russell（1981）認為數概念在學生入學以前已經開始發展，同時數學知識[2] 又可分為非形式數學知識（informal mathematical knowledge）與形式數學知識（formal mathematical knowledge）二種，非形式數學知識是學生形式數學知識學習的基礎。

　　非形式數學知識是指學生透過日常生活中的具體實際經驗所學得的一些數學知識，這些非形式的知識不是在學校正式教育環境中習得，通常在學生入學前就已經具有。Ginsburg（1989）認為非形式數學知識是指學生在還未認識及使用符號系統之前的語言或非語言的表徵方式，此階段的表徵方式是不包含＋－×÷ ＝的數學符號，可能只是學生自行發明的一些計數方法。例如：用手指頭計數，或是往上加的原則等。

　　Ginsburg & Baroody（1983）認為形式的數學知識是指學校教育中所教導的系統性數學知識，包括數字符號概念、數字的讀寫、加減乘除運算原則、十進位與位數概念等。例如：國小一年級的學生所學習四則運算表徵符號（如：＋－）、進位、運算式的記法及位數概念……，都必須經由正式的教導才能學會。因此形式數學知識不同於非形式數學知識，不是學生在一般生活中可以接觸到的知識。

---

[2] 此處的非形式數學知識就是非形式數概念，因為學生剛開始學習數學知識，主要是學習數概念，因此研究幼年學生數概念的學者大都以數學知識稱之。

第 2 節　全數概念的教學

　　數學教學是非常複雜的，想要把它談清楚是不可能的，因此在第 1 章我們把數學感教育從許多不同的面向跟老師們剖析。例如：數學感的內容理論、五個核心內涵的教學策略，以及因應學生的學習而多元優選使用教學方法，因為這樣才能夠讓老師比較清晰的了解教學的重要內涵。老師在教學時又要將這些變因綜合考慮形成自己的教學流程，因此老師的教學是非常複雜、非常專業的事。重要的是，作者相信，當老師在教學中考慮的變因愈多時，他的教學效果一定愈好。同時每個人的教學觀點也不一樣，老師的教學不可能符合大家的認知，因此在議課時老師能說出他原先打算怎麼教，因為什麼因素導致他沒有辦法如預期的進行教學，作者相信這樣的教學已是一百分，無可挑剔了。

　　作者要再強調的是，假如老師的教學中學生敢勇於發言、敢問老師為什麼，而且老師重視學生非正確答案的回答並適時猜測學生回答的原由，我相信這樣的老師的教學就是非常優秀的教學。

　　再者本文在前面所提到的重要內容，有時候作者不會再寫到教學脈絡中，因為寫進來又會占掉篇幅，同時變得冗長，教學脈絡被切割，因此請老師記得先前所談的重要或者關鍵概念，並於教學時呈現出來。這也就是為什麼教學是很複雜的原因之一。同時作者也建議老師，養成放慢自己思維的習慣，當作自己還不會的樣子，感受自己是怎麼想的、是要注意哪些內容的、是先注意什麼再注意什麼，然後把這些要素教給學生，相信老師的教學會愈來愈有數學感。

　　為了培養教師能真正了解學生的學習狀況，建議老師**在進行教學觀摩或小考時，能事先預估一下有多少學生已達成教學目標或者各題的答對率**，並在事後說明預估的理由，或者驗證老師預估的答對率差異有多少。

壹　十以內的數

一、引起學習動機

　　作者建議老師在每個單元的教學時，盡可能都能使用生活情境引起學生的學習動機與需求（稱為數學素養導向教學）。因此老師可以思考運用教學之前新近發生的事、適合計數十以內的事物來引起學習動機。例如：**去動物園玩，大家知道猴子有幾隻嗎？讓我們來數一數。或者老師買了幾顆蘋果，你知道嗎？讓我們來數一數。**

二、新概念教學

（一）唱數

　　一般而言，一年級開始進行全數概念的教學時，絕大部分的學生至少會唱數到十以上。同時，第一單元的教學，大概都是十以內的數，因此，教師應聚焦在低學習成就的學生，了解全班是否還有學生不會唱數。因為 0 到 9 的數字符號、讀法都是約定俗成的，是大家所公認的，因此不能改變；所以老師可以讓全班一起唱數、分組唱數、個別唱數，再留意哪個學生不會唱數，或者無法很順利唱數。假如還有學生不會唱數，老師應讓他有多一點的時間（或者利用下課進行補救），再讓他獨自唱數，使他能踏出成功的第一步。無論如何一定要讓所有的學生會唱數十以內的數。

（二）計數（量和數的計數）

　　再來，教師應該拿出具體物，或者具體的圖像表徵，讓學生把會的唱數變成計數。一開始，老師可以利用能移動的具體圖像讓剛才唱數不順利或者無法順利唱數的學生計數，因為這些學生是最有可能無法順利計數的學生。因為計數個物要了解計數的五個原則（Gelman & Gallistel, 1978），所以老師也要留意無法順利計數的學生是哪個原則無法了解，適時解決學生的困難。之後，教師可以再利用排列不整齊但可以移動的個物、排列整齊但不可以移動的個物，以及排列不整齊且不可以移動的個物，讓學生計數，讓學生了解可以使用移動或者做記號的方式來順利計數。同時，留意計數到最後一個個物（序數）就是所有的個物（基數原則）的重要原則（例如：點數 1, 2, 3, 4, 5，所以全部有 5 個蘋果）。無論如何，老師一定要讓所有的學生都能計數十以內的數，學生計數錯誤時，老師一定要留意學生是無法正確執行哪一個原則。

（三）表徵連結

　　等到學生能唱數（口語表徵）和計數（具體表徵或者圖像表徵）之後，再加入符號表徵，也就是一步一步加上一個表徵或者抽換一個表徵的方式，讓學生能將口語、符號、圖像（或具體物）緊密連結在一起。假如，老師覺得三種表徵同時出現對學生有難度，可以先使用唱數加數字符號進行學習，再用圖像加符號進行學習，最後再把三者連結在一起學習。

　　在數字符號的書寫方面，相信大部分的學生都已經沒有問題，因此老師要留意那些無法正確書寫的少數學生。例如：8 的寫法，以及 3 有學生可能寫成ε。建議老師養成

學生正確書寫的習慣，以免以後 6 和 0 寫得很像。必要時，老師應該牽著學生的手練習書寫，讓學生感受書寫的動態過程。

　　至於上面兩種教學內涵（計數各種不同排列的個物、不同表徵的教學）誰先誰後，教師可以依教學當下的情形做決定，重要的是兩種內涵都有教到。

　　在教學過程中，教師先使用具體物或者具體圖像讓學生計數，再使用花片、積木、吸管、圓圈圈等表徵物，讓學生表徵蘋果、人、糖果的數量，**使學生感覺到可以利用表徵物和數字表徵任何事物，以產生表徵物和數字可以表示任何事物的抽象化「隱性知識」（Tacit Knowledge）（建議老師明白問學生：「我們可不可以用圓圈圈表示蘋果、人……？」）**。

　　除了讓學生「說」、「聽」之外，也要拿出課本中的圖像表徵、數字符號表徵，讓學生「讀」、「寫」出數字符號，以及要學生拿出具體圖像以及畫圖表徵的「做」數。

（四）倒數

　　當學生能進行十以內數正數的說讀聽寫做之後，也應進行十以內數的倒數活動（說、讀、聽、寫、做）。老師可以使用和正數一樣的教學脈絡進行倒數的教學（考慮可不可以移動、各種表徵），因為十以內的倒數活動有利於學生學習減法。

（五）心像

　　當學生能從一開始計數之後，教師應該拿出十以內的數量讓學生計數，以了解學生是否須一一計數，或者已經產生十以內的事物的心像。我們的目的是要讓學生能產生較少個物的心像，以利加、減法基本事實的學習。因為手指頭是每個人最容易碰觸的具體物，因此**作者非常建議教師設法讓學生對十以內的手指產生具體的心像**。例如：老師可以先在全班示範，隨意比出手指頭（或者用手指頭圖卡），再擺下來不讓學生看到，問老師比的手指頭是多少；老師一開始放下的速度可以慢一點，再愈來愈快。等學生了解以後，再二人一組玩相同的遊戲（或者二組競賽），讓所有的學生都有學習的機會。假如學生的記憶能力不佳，老師可以和家長溝通，了解手指頭心像的重要性，讓家長陪著學生玩，使學生能早日產生十以內量（有規律排列）的心像。

（六）0 和大小比較

　　當學生了解十以內的概念之後，可以加入 0 的概念。一般而言，0 的教學是用倒數的概念引出來，也就是盤子裡有 3 顆蘋果，吃掉一顆剩下 2 顆，再吃掉一顆剩下 1 顆，再吃掉一顆，可以怎麼說？沒有了或者剩下 0 顆，記成 0。

　　在大小比較方面，應先進行十以內量的多少（基數概念）比較，再抽象化為十以內數的大小比較。例如：小明有 8 顆蘋果和小英有 5 顆蘋果誰比較多的教學，先分別畫出 8 個和 5 個圓圈圈，再一一對應，發現小明比較多，也就是小明比小英多，而且多 3 個，所以 8 顆蘋果比 5 顆蘋果多，所以 8 大於 5；也可以說，5 小於 8（參閱本章第 1 節／參／二／（四）的語意轉換內容教學）。教師要留意之處是，教科書於此時是否引用減法算式。因為它是減法概念的推廣，因此教科書在第一次談及大小比較時，大都沒有引入算式。

（七）數量保留

　　在進行量的多少比較時，教師也應該留意數量的保留概念的教學。讓學生了解比較二列的個物時，不可以排列的長短來說多少，而要以計數個物的數量；或者把一列的個物移動變得比較長或比較短時，只要不加入、不拿走個物，個物的數量是一樣多的。

（八）序數

　　當學生已熟悉十以內的基數概念之後，會再加入序數的概念讓學生了解兩者的差異。在教材的處理上，一般會用「第幾（個）」、「幾（個）」來進行區分兩者的差異。在問排在第幾個時，老師要留意我們是否使用了隱性知識或者明白的說出從前面數或者從左邊開始數（兩者可能是生活上的默契）。因為我們也可以請學生從後面數或者從右邊數，因此作者建議老師要明白說出起始點的位置以及第幾個等重要概念。同時，老師也可以在具體情境（有圖片或具體操作）下讓學生有機會經驗多一、少一的問題。例如：「我從前面數是第 2 個，從後面數是第 3 個，問總共有多少人？」

　　因為學生還小，因此是否進行生活中序數與基數異同的教學，例如：課本上寫的 21 代表第 21 頁，不是 21 頁，請教師自行決定，但在二、三年級之後，作者建議老師應該讓學生有機會經驗。

三、留意學習落後學生

　　在進行教學的過程中，教師也應該隨時合理的推論是否全部的學生都已經可以進行十以內的計數，同時能順利進行說、讀、聽、寫、做活動。因為十以內的計數是所有數學教學活動的基礎，同時大部分的學生進入小學都已經具備相關的學習經驗，所以建議教師應該聚焦在學習落後的學生身上，無論如何一定要讓所有的學生都學會十以內的數的說讀聽寫做，以及較難的十以內的（手指頭）心像。因為不同特質的學生學習方法、進程不同，因此老師要先了解在任何一個環節不會的學生，思考如何讓他學會（例如：

<u>如何讓學生產生十以內數的心像）</u>，並可以和大家分享你是如何幫有這樣特質的學生搭鷹架的。

四、課程統整

作者建議老師在教學完畢之後，可以問學生我們這個單元學過什麼內容，養成學生反思學習過程的習慣。一開始，老師可以使用講述的方式直接告訴學生，或者一一提問學生我們是不是已經學會十以內的數？0 代表什麼意思？可以有什麼方法表示 1 到 10 的數？可不可以舉個生活中會用到 1 到 10 的數字？例如：一盒雞蛋有 10 顆；家裡有爸爸、媽媽、我和妹妹 4 個人。

建議不要只複習學習的內容，**也要複習學習的方法**。老師也要留意在十以內數的教學過程中是否有機會讓學生聽到、了解、發現五個核心內涵，例如：舉例、畫圖、統整（老師也可以在課程統整時讓學生學習五個核心內涵）。只要五個核心內涵有機會讓學生體會，相信學生會更有數學感。**假如老師覺得五個核心內涵無法全部進行，可以先進行其中一、二個，例如：舉例、畫圖，等學生學會了以後再加入其他的核心內涵。**

貳 三十以內的數、一百以內的數

一、引起學習動機

作者建議老師不管在三十以內或者一百以內數的教學，也都能使用生活情境引起學生的學習動機與需求（稱為數學素養導向教學）。老師可以思考運用教學之前新近發生的事，以及適合計數的事物來引起學習動機。例如：<u>以前我們學會了 1 到 10 的計數，現在我們班上有多少同學？大家知道嗎？你可以拍球拍幾下？你可以踢毽子踢幾下？讓我們來數一數。或者一箱蘋果有多少顆蘋果？讓我們來數一數。</u>

二、新概念教學

不管是三十以內的數，或是一百以內的數，**最重要的地方是利用先前學習的方法**（0, 1, 2, ...9, 10；說、讀、聽、寫、做或者表徵；往上數；正數、倒數）**進行新概念的學習，再加上新加入的關鍵概念。**

（一）唱數、計數、表徵

不管是三十以內的數或者一百以內的數，教師應利用具體圖像、具體表徵物（花

片、積木、錢幣）、圖像表徵（圓圈圈、① ⑩錢幣表徵）讓學生學習口語表徵和符號表徵。也應有機會讓學生進行說、讀、聽、寫、做的活動，以及正數和倒數的活動。學生的學習方式，可以如同十以內數的教學活動，先唱數（口語表徵），再加入具體圖像表徵，再加入符號表徵的方式。也就是把概念一個、一個的加入，慢慢提升學習的難度（不要超過三個表徵），目的是使學生有機會利用說、讀、聽、寫、做的學習活動，把所有的表徵緊密連結在一起。同時在畫圖表徵時可以留意錢幣表徵的出現時機。

　　在一百以內數的唱數或計數時，通常會讓學生從 1 數到 100，此時老師可以留意有哪些同學數到 79 或 89 時又回到 60，這些同學都是不知道數的十進位概念（事實上有些同學即使會正確的唱數也不見得有十進位概念）。此時老師要把數字寫下來（讓學生眼到、口到、心到），讓學生察覺或發現 29 個再多一個時變 30；39 個再多一個時變 40；……的**規律是 9 變 0 時（到 9 就回到 0 重新開始），它左邊的 2（或 3）變成 3（或 4）也是再多一（個十）**。讓學生察覺或發現十進位的規律，進一步發現 79 個再多一個時 9 會變 0，它左邊的 7 會多一變 8。同時 99 再多一時，個位的 9 會變 0，十位要再加一，9 再加 1 時，9 又變 0，左邊原來沒有（0）現在變 1，也就是做了兩次的進位。倒數則相反之。

　　當學生學會 1 到 100 的唱數、計數時，老師可以加入再多十個的計數，讓學生發現 10 個再多 10 個會是 20 個（假如學生不相信，就要利用先前一個一個數的方法，發現再數十個時變成 20，這樣才有概念性的了解），再多 10 個會是 30 個……的十個一數的規律（內化的程序性知識 10, 20, 30... 才有意義）。同時老師也要特地停留一下，讓學生發現 **4 個十是 40**……，因為它是未來運算的概念。甚至加入從某個數（例如：4）再多十個、再多十個的規律是個位不變，十位多一（4, 14, 24...）。

（二）位值概念與化聚

　　因為數字已較大，所以教學時應配合錢幣的教學、新的計數單位（十、⑩），也就是加入位值概念（一個十、二個十）、位名，以及數的化聚的概念（35 是 3 個十和 5 個一合起來，以及逆概念：3 個十和 5 個一合起來是 35）。因為學生此時大多已學會加法符號，因此，也可以使用 35 = 30 + 5，或者 30 + 5 = 35 來記錄。

（三）表徵

　　當數字愈大時，若使用積木、花片、吸管等表徵物，在操作上、圖像表徵上會愈來愈困難，因此，我們需要介紹錢幣作為代替的表徵物。錢幣在操作上或者圖像表徵上，會變得比較容易且清楚，但是它是質的相等的概念，因此教師在剛進行錢幣的教學時，

要注意學生是否了解一個十元等於十個一元的概念，作爲日後一個十等於十個一的基礎。

　　同時老師也要利用表徵讓學生清楚的看到、了解、發現 3 個十元是 30 元，**10 個十元是 100 元**（抽象化爲 3 個十是 30，10 個十是 100），因爲這個心像對學生日後學習位值概念、四則運算的概念性了解非常重要。

（四）關鍵概念

　　一百以內的學習活動，教師應該注意的關鍵概念（也是學生容易犯錯的地方）有：(1) **十個一排或者五個一排**，以利使用十個一數或五個一數來計數。(2) 積木和錢幣表徵物的差異，也就是積木表徵是量的實質相等（一個十的積木和十個一的積木一樣長），而錢幣表徵是質（值）的相等（一個十的表徵⑩只比一個一的表徵①大一點，甚至相同，但一個十元和十個一元的值一樣多，可以買同樣的東西）。(3) 當數字大時，使用錢幣圖像表徵比積木、圓圈圈表徵方便。(4) 讓學生察覺到十進位的規律，也就是個位從 0, 1, 2...9 之後，十位就增加 1，因爲它是學生能快速掌握所有數的十進位、位值概念的重要關鍵。(5) 口語表徵和符號表徵的差異，也就是口語表徵是沒有位值概念（三十，五），而符號表徵有位值概念（35）。

　　由於唱數的數字已增大，因此教師可以適度的從某一個數往上數；加入二個一數、五個一數、十個一數，甚至混合計數，以培養學生計數的完整能力。也就是讓學生從序列性合成運思進展到累進性合成運思，以及部分—全體運思的階段。在往上數時，老師要留意學生是否會少數的問題（即 6 個再往上數 3 個時，學生以爲是 6, 7, 8，有 8 個。應該是 6 放心裡，7, 8, 9，共有 9 個）。因爲往上數，一方面要留意已往上數幾個，另一方面又要留意計數到多少，因此老師可以告訴學生或者讓學生發現，可以把手指頭先伸出 3 隻，再往上數（變成只要留意數到多少的一個變因）。在二個、五個、十個一數，老師也要使用本章第 1 節／壹／八的方法進行教學。在混合計數，尤其是各種錢幣的計數時，老師要留意低成就學生是否能正確計數。他們不能正確計數主要是因爲從一種計數方式轉換到另一種計數方式（的往上數）出了問題。例如：數 3 個⑩，5 個⑤時，仍習慣以 10 個一數，10, 20, 30, 40...，忘了到 30 時，要轉換成 5 個一數變成 35, 40...。老師要提醒學生（或讓學生發現）它是二種（以上）不同計數方式的組合，都是以前學過的計數方法，只是因爲把二種計數方式混在一起了（第五個核心內涵），所以容易出錯，所以在計數時要小心變換的地方。

（五）數量的大小比較

數的大小比較，也應該從量的多少再抽象化為數的大小。首先老師應該讓學生發現二位數一定比一位數大。例如：23 和 9 比較，因為 23 已經經超過 10，9 還不到 10，所以 23 比 9 大。當兩個數都是二位數時，再利用學生學習觀點或者數學結構觀點比較兩數，讓學生聽到、了解、發現到 53 元和 39 元中，53 元比 50 元還多，39 元不到 50元，所以 53 大於 39，或者 53 > 39（＞ 的感覺）[3]；也可以說，39 小於 53，或者 39 < 53。之後再抽象為程序性知識，只要先比較十位數，即可知道誰多誰少、誰大誰小，當十位數相同，再比較個位數。當然也應該讓學生了解二位數一定比一位數大。

（六）心像

因為數字愈來愈大，因此學生心中應該有一百以內數的心像，有⑩ ①表徵的心像，這些心像是學生將來進行加、減法需要的能力。所以老師應讓學生有機會利用⑩①畫圖表徵某一個數，應該讓學生察覺生活中有哪些事物適合使用 11 到 100 的數來表示（舉例）。

三、課程統整

作者建議老師在教學完畢之後，可以問學生我們這個單元學過什麼內容，養成學生反思學習過程的習慣。一開始，老師可以使用講述的方式，直接告訴學生，或者一一提問學生我們是不是已經學會 1 到 100 的數？學到一個一數、二個一數、五個一數、十個一數？發現十進位的規律，發現符號表徵的位值概念，也就是 66 左邊（十位）的 6 表示 60 或 6 個十，右邊（個位）的 6 表示 6 個一。> 表示大於的感覺。可不可以舉個生活中會用到 100 以內的數字？

建議不要只複習學習的內容，**也要複習學習的方法。老師也要留意在一百以內數的教學過程中是否有機會讓學生聽到、了解、發現五個核心內涵，例如：舉例、畫圖、統整**（一開始可以只包括幾個內涵即可，也可以在課程統整時進行，也可以在學生有困難時適時加入）。只要五個核心內涵有機會讓學生體會，相信學生會更有數學感。

四、留意學習落後學生

因為一百以內的計數是往後計數活動的基礎，學生必須從活動中察覺重要的規律，以及不同表徵的差異，同時，大部分學生也都要有這方面的經驗。因此作者建議，

---

[3] >、< 的符號表示法教學，老師可以依教科書的出現時機再進行教學。

教師教學時，可以聚焦在學習較爲落後的學生身上。最好能讓所有學生都有良好的學習成就，打好學生學習數學的基礎。

参 一千、一萬以内的計數

一、引起學習動機

作者建議老師不管在一千以內或者一萬以內數的教學，也都能使用生活情境引起學生的學習動機與需求。例如：一件衣服要多少錢？你知道怎麼付錢嗎？有時候生活情境中的問題，學生無法馬上回答，這時候我們需要再學習新（更大）的數，等到學完後，老師要記得回來解答此一問題。

二、新概念教學 —— 從大單位開始計數

由於數字愈來愈大，因此學生無法從一百開始一個一個的計數到一千（會花掉太多時間）。因此在教學上，我們期望學生從十個一數 10, 20, 30... 的計數活動中找到規律（概念性了解內化而來），推廣到百個一數、十個一數、一個一數的活動，即 100, 200, 300...（假如學生已內化而來，應會相信，假如學生不相信，只好從他相信的 10 個一數，100, 110, 120, 130... 讓學生相信）；300, 310, 320, 330...；740, 741, 742, 743... 的計數活動。也就是我們會從較大的整百開始累加一個百來計數，再從某個百累加一個十來計數，再從幾百幾十開始累加一。目的是期望學生學會累百之後，能將以前所學的累十、累一直接使用出來（第五個核心 —— 計數的方法和以前一樣都是 1, 2, 3,…，只是以前是在十位，現在是百位）。教師也要讓學生看到、了解、發現 3 個百元是 300 元、**10 個百元是千元**、**11 個十元是 110 元**，再抽象化、內化爲 3 個百是 300、10 個一百是一千、11 個十是 110。

在累一的過程中，老師要留意學生怎麼讀 101 的數字，因爲這是學生第一次碰到中間有 0 的數字，有些學生可能直接唸成一百一，正確應讀做一百零一。

當學生會累百、累十、累一之後，就要注意跨百、跨十的教學，也就是 370, 380, 390 再來一個十是 400，再一個十是 410，以及 688, 689, 690, 691...；798, 799, 800, 801... 的教學（老師要時常說：和以前一樣使用十進位的規律）。

當然，也要讓學生有機會進行說、讀、聽、寫、做，進行不同表徵的轉換活動，進行正數、倒數、位值概念的活動，以及數的化聚活動。在數的化聚或者數的結構方面，因爲學生學習乘、除法概念性了解的需要，建議老師教學時，應進行多元化聚的教學。

例如：234 是 2 個百、3 個十、4 個一合起來，也是 <u>23 個十、4 個一合起來</u> [4]，也是 <u>2 個百、34 個一合起來</u>……（或者 234 = 200 + 30 + 4 = 230 + 4 = 200 + 34……）的概念教學（包括逆概念）。甚至老師也應讓學生聽到、了解、發現 2222 中千位的 2 是百位 2 的十倍，是十位 2 的百倍。

　　假如我們想真正讓學生了解概念，而不是讓學生用背的、沒有彈性，作者建議老師可以給予 4 個一元和 23 個十元是多少元的問題，讓學生不要以為都是按順序把數字抄下來就可以了，重要的是把題目讀懂，在心中有 4 個一元和 23 個十元的心像。

　　等到<u>學生學會一千以內的計數</u>，再**使用同樣的方法**學習一萬以內的計數活動，也就是累千 1000, 2000, 3000...（發現 3 個一千是 3000、10 個一千是一萬）；累百 5000, 5100, 5200, 5300...（發現 11 個一百是 1100、12 個一百是 1200）[5]；累十 7200, 7210, 7220, 7230...；累一 2130, 2131, 2132, 2133... 的計數活動，以及累百 2800, 2900, 3000, 3100...；累十 3280, 3290, 3300, 3310...；3980, 3990, 4000, 4010...；累一 4898, 4899, 4900, 4901...；7998, 7999, 8000, 8001... 的計數活動。

　　同時，<u>1001 的讀法（關鍵概念）</u>，應該讓學生察覺到兩個 0 只需讀出一個零。同時老師也應告訴學生、讓學生發現原來一萬以內的數的讀法是<u>最右邊的 0 不讀，中間的 0 只唸一遍</u>。因為這種讀法是一萬以上大數讀法的基礎。老師也應思考並適時的讓學生舉例（例如：舉一個生活中用到大數的例子）、畫圖、簡化、問為什麼（2222 中千位的 2 是十位 2 的 100 倍，因為 200 個十元是二千元），以及和以前一不一樣的教學。

　　在教科書比較多的概念只是讓學生了解 2345 是 2 個千、3 個百、4 個十、5 個一合起來的（及其逆概念）。因為乘、除法概念性了解的需要，建議老師可以更多元、更有彈性的讓學生了解 <u>2345 也是 23 個百、4 個十、5 個一合起來</u>，也是 2 個千、34 個十、5 個一合起來，也讓學生聽到、了解、發現 2345 元可以用 23 張百元 45 個一元來付錢……的概念。

　　數的大小比較也應讓學生從概念性的了解多位數的量比少位數的量多，千位較大的量比千位較小的量多……，再內化為多位數比少位數大，千位較大的數比千位較小的數大……的程序性知識（老師要時常說：和以前一樣是量比較多的數比較大，同時也是先

---

[4] 23 個十、4 個一合起來教學，教科書很少出現，但它是日後進行乘法的概念教學時所需的概念，同時它會讓學生對位值概念有結構性的了解，也容易從「數」的表徵中內化而得（234 即 23 個十、4 個一），因此建議老師加入教學。

[5] 作者建議只要讓學生了解二階單位的關係即可，也就是 12 個一百是 1200；三階以上的關係，例如 123 個十是 1230，讓學生自己內化即可。

比較有多少位數，位數相同時再比較高位，然後再比較低位）。

三、課程統整

　　在教學過程中，教師也要隨時評量有多少學生已了解教師所訂的教學目標，等到有一定程度的學生了解，才可以進行下一個活動或者單元的教學。對於那些學習落後的學生，教師可以在下次的教學時，再回來進行複習的補救教學。只要學生發現現在使用的方法和以前使用的方法是一樣的，只要他學會現在的方法，或者複習以前的方法，便能兩個地方都同時學會，相信學習落後的學生也能慢慢的跟上。

　　在進行課統整的過程中，建議老師和以前一樣，除了了解學到哪些內容之外，也可以複習學習的方法和差別，同時也可以舉例說明之。例如：這個單元學到一萬以內的數，以前是學到一千以內的數；1001 要讀作一千零一；一萬以內數最多是 4 位數；它們都是十進位、有位值概念；大小比較的方法和以前一樣是⋯⋯。同時**五個核心內涵的教學也應該在教學過程中、課程統整時、學生有困難時，讓學生學習**。舉例則是讓學生留意生活中事物的數量大小，更有量感或數感。

肆　大數

　　一萬以上數的教學，也應考慮引起學生的學習動機。例如：你知道老師一個月的薪水有多少嗎？地球的半徑有多大？太陽到地球的距離是多少公里？讓學生察覺生活上需要用到大數的地方。

　　不像以前花了三年的時間進行螺旋循環教學，一萬以上的數只用一個單元便進行完畢，因此這個單元的教學完全要**奠基在一萬以內數的規律察覺而快速推廣到大數的學習**，因為學習的內容幾乎一樣，只是數字變大了而已。例如：計數的方法就如同一萬以內數的計數一樣，利用以前學習的十進位規律、位值概念推廣、從高位計數到低位計數；讓學生說、讀、聽、寫、做（進行表徵轉換）；了解位名、讀法（關鍵概念）、化聚；大小比較。甚至相鄰二位數之間的倍數關係（數字結構），視學習內容從整數倍再加上小數倍，例如：222222 中十萬位的 2 是千位 2 的 100 倍[6]，變成千位的 2 是十萬位 2 的 0.01 倍（$\frac{1}{100}$ 倍）。

　　在大數的計數上，關鍵的概念有：(1) 四位一節的規律應讓學生察覺；(2) 大數讀法

---

[6] 學生應從概念性了解內化而來，發現 222222 的二個 2 相鄰，所以是十倍關係；222222 的二個 2 間隔一位，所以是百倍關係。

的規則應讓學生了解；(3) 四位一節的記號不要讓學生使用逗號或逗點，以免學生和記帳系統與小數弄混；(4) 多元大數化聚的表示法；(5) 同時老師也應思考並適時的讓學生舉例（例如：舉一個生活中用到大數的例子）、畫圖、簡化、問為什麼（222222 中十萬位的 2 是千位 2 的 100 倍，因為 10 張千元是一萬元，100 張千元是十萬元，200 張千元是二十萬元——概念性了解），以及和以前一不一樣的教學。

在時間允許的情形下，作者建議老師和以前一樣進行課統整，且除了了解本單元學到哪些內容之外，也可以複習學習的方法和差別，同時也可以舉例說明之。例如：這個單元學到一萬以上的數，以前是學到一萬以內的數；10001001 要讀做一千萬一千零一；幾百萬是 3 + 4 = 7 位數，幾十億是 2 + 4 + 4 = 10 位數；它們都是十進位、有位值概念；大小比較的方法和以前一樣是……。同時**五個核心內涵的教學也應該在教學過程中、課程統整時、學生有困難時，讓學生學習**。舉例則是讓學生留意生活中事物的數量的大小，更有量感或數感。

第 3 節　全數四則運算的知識

四則運算的相關知識又可以分為四則運算的概念性知識、程序性知識和解題性知識。作者之所以用概念性知識、程序性知識和解題性知識代替概念了解、程序性知識和解題，主要是想把數學的內容知識做概念、程序和解題的分類。

壹　數的分與合

一、概念

數的分與合是減法和加法概念的先備知識，或者啟蒙知識。把兩個量或者數合起來，就是部分－全體（part-whole）的概念，是加法的啟蒙概念，也就是學生將來要知道把兩個數合起來就是加法（號）的意思。 則是合成的數字關係表徵圖。

把一個量或者數分成兩個量或數，也是部分－全體的概念，是減法的啟蒙概念，也就是學生將來要知道把一個數分成兩個數就是減法（號）的意思。 則是分（解）的數字關係表徵圖。

二、問題：數的分與合的教學目的是什麼？

對學生而言，標準的合成問題 $\dfrac{3\ \ 2}{\square}$ 比標準的分解問題 $\dfrac{9}{\square\ \ 1}$ 要簡單一點點，原因是學生大都先學習加法的先備概念（正數），再學減法的先備概念（倒數）。

其他合成與分解的變型 $\dfrac{3\ \ \square}{5}$、$\dfrac{\square\ \ 2}{5}$、$\dfrac{9}{\square\ \ 8}$、$\dfrac{\square}{1\ \ 8}$，則是日後學生學習語意結構的雛型。因為原來是加法的表徵 $\dfrac{3\ \ \square}{5}$，現在不是用加法來做，而是用減法來做；或者原來是減法的表徵，現在可能還是減法或是加法。因此，它比標準的合成與分解表徵圖都難一點，尤其是分解的表徵圖，需要了解什麼情形要合起來（加法），什麼情形要拿走或刪去（減法）。

至於 $\dfrac{\square\ \ \square}{5}$、$\dfrac{9}{\square\ \ \square}$ 的問題，目的是讓學生自由的將任何兩個量或數，合成為一特定數，以及將一特定量或數，分解成隨意的兩個量或數。兩者的目的，應是讓學生有規律的找尋答案（從 1 開始找，例如：1 和多少合起來是 5；2 和多少合起來是 5；3 和多少合起來是 5…。9 可以分成 1 和多少；9 可以分成 2 和多少；9 可以分成 3 和多少）。就難度而言，前者與後者誰難，需要對學生進行施測才可以了解。因為前者學生比較不清楚一開始要用多少，後者學生比較容易先拿走一個，再看剩下的。

貳 四則運算的概念性知識

全數四則運算的概念性知識來自於部分—全體的改變型和合併型語意結構，也就是合與分的概念，而產生加法和減法的基本概念。再加上人們為了化繁為簡，而產生部分—全體的等組（或等量）型語意結構的乘法基本概念，以及包含除的除法基本概念。

「所有全數四則運算的概念性解釋都是使用全數的基本概念——位值概念，只是數字變大時，要重複解釋好幾次，變得更麻煩一點。」假如學生知道這句話，我相信在任何一個時間點學生了解了，他就一通百通了。學生甚至會想「那麼分數、小數的四則運算是不是也用它的基本概念來解釋的？」他對數學馬上增添了強大的數學感。

一、加法概念的概念性知識

（一）概念

人們原先飼養 2 隻動物，後來又增加了 3 隻動物，人們想要了解現在總共有幾隻動物時，就是合的概念，也產生了加法的基本概念性知識。因為 2 隻動物和 3 隻動物都是包含在全體的一部分，因此我們稱它為部分─全體概念，用加號「＋」表徵它。因為原先有 2 隻動物，後來增加了動物導致數量的改變，因此我們稱它為改變型語意，或者添加型語意。

當我們同時有 2 顆紅蘋果，又有 3 顆綠蘋果，我們想知道總共有多少顆蘋果時，也產生了加法的基本概念性知識。因為 2 顆紅蘋果和 3 顆綠蘋果都是全部蘋果的一部分（也是合的概念），因此我們稱它為部分─全體概念。因為 2 顆紅蘋果和 3 顆綠蘋果同時存在，只是我們要把它們合併計算，因此我們稱它為合併型語意，或者併加型語意。

（二）問題

1.「是」的意思是什麼？

在生活上，我們會說總統是某某某；某某某是男人；男人是人。在數學的教學上，我們也會說 2 和 3 相加是 5；2 是自然數；自然數是整數。

其實「是」是一種生活語言，因此它不是很準確。在數學上，精準的說，應該說成 2 和 3 相加「等於」5；2「屬於」自然數；自然數「包含於」整數。

2. 什麼是「等於」？

從一年級開始，我們在教四則運算時，就一直教學生「等於」。2 加 3「＝」5，13 − 5「＝」8……。我們所教的「等於」對學生而言，其實就是「得到」的意思，它的後面都只是一個數而已。因此學生無法感受到它和 2 ＋ 3 ＝ 3 ＋ 2，4 ＋ 1 ＝ 2 ＋ 3，4 ＋ 1 ＝ 21 − 10 − 6 的「兩邊的值相等」的真正「兩邊的數（量）相等」意思不一樣。因此，老師在進行加法交換律的教學時，要讓學生了解等於的意義是「兩邊的數（量）相等」。假如學生沒有真正了解等於的意思，到了國中，他會設法把代數算出來，而導致出現 2 ＋ 3a ＝ 5a 的迷思概念，因為 2 和 3 可以相加。

3. 什麼是算式記錄？什麼是列算式？

當學生還沒有學過加、減、乘、除的運算符號（運算子）時，學生會用他的先備經驗來解題。等到學生利用先備經驗解題完後，我們想把剛才的結果用算式記錄下來，叫做算式記錄。例如：學生還沒學過「＋」和「＝」的符號，我們會先布一個問題：「操場有 3 個小朋友在玩，又來了 2 個小朋友，問現在操場有多個小朋友？」學生會利用具

體操作物或者畫圖表徵，把 3 個小朋友和 2 個小朋友表徵出來，再全部數，或者利用往上數等概念，了解操場上有 5 個小朋友。現在為了用算式表示這個問題，我們用算式記錄為 3 + 2 = 5。此時再正式介紹「＋」和「＝」的意義。

當學生學過「＋」和「＝」的符號，了解它的意義之後，我們希望學生利用學過的符號來解答問題，這個時候我們會要學生先列算式，再算算看。例如：學生可能經過一個或者多個上述的類似問題，大多數學生已了解「＋」和「＝」的意義之後，我們可以問：教室內有 8 個男生、9 個女生，教室內共有多少人？然後要求學生先列算式為 8 + 9 = (　)，再請學生用他會的方法來算算看。

再如學生沒學過乘號「×」，因此對於一袋有 5 顆蘋果，4 袋有多少顆蘋果的乘法啟蒙問題，他會先用累加的方式來計算，此時我們再告訴學生可以用 5×4 = 20 的算式來記錄，以了解乘號的意義。

二、加法結果的概念性知識

在低年級時，十以內（或一位數加一位數，和為十八以內）的加法結果有下列幾種方式[7]：全部數、往上數、從比較大的數往上數、加法基本事實、由加法基本事實導出。例如：3 顆蘋果加上 5 顆蘋果，或者 3 + 5。同時它也可以是相同單位（量）的合成（計數）活動。

從建構的理念，老師在教學時，要留意學生自行發展出來的那些加法的策略。因為每一種策略的使用時機不同，因此作者也建議老師，即使學生沒有自行建構出來的策略，老師可以藉其他同學的建構策略，讓這些同學了解有各種不同的加法策略。我們希望學生都能學會每一種策略，但是最重要的是，**最後一定要讓學生能記憶基本加法事實（一位數加一位數），對基本加法事實很快做出反應**，因為它是日後進行多位數加法的基礎。因此在做加法時，在沒有任何要求的前提下，盡可能用他會的、最有效率的策略來進行加法計算。

（一）全部數

數（量）的全部數是一開始先把 3 顆和 5 顆都擺出來；再數前面的 3（顆蘋果）——1（顆蘋果）、2（顆蘋果）、3（顆蘋果），再數後面的 5 顆蘋果——4（顆蘋果）、5

---

[7] 本書下面所介紹的多種解法，是老師在剛開始教學時，假如用建構的觀點，讓學生從他會的方法上學習新概念時，學生可能使用的方法。它是學生認知的基礎。老師教學時不一定要全部都教給學生，可以看學生的主動展現再適時呈現不同方法。但是假如那個方法很重要，老師一定要教。

（顆蘋果）、6（顆蘋果）、7（顆蘋果）、8（顆蘋果）。然後把最後數到的 8（是序數的概念），變成全部有 8 顆蘋果（基數的概念）。在這裡要注意的是通常老師或者學生在點數時，手指頭指著「第二顆蘋果」，但是嘴巴唸的是「2」，也就是手指的是序數的第 2，但嘴說的是基數的 2。如下圖：

通常在數數時，也可以配合手指頭的動作表徵，如下圖。先把 3 和 5 根手指頭表徵出來，每彎一根就多數 1。要注意的是，因為它是往下彎的動作，學生是否會和後面學的減法弄混了。

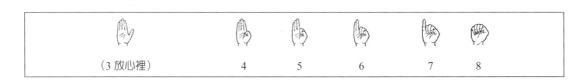

需要將 3 和 5 都表徵出來，再全部數一遍的學生，表示他是在序列性合成運思的階段。

（二）往上數

數（量）概念的往上數是以 3 為基礎，先擺出 5 顆蘋果、5 個積木或畫 5 個圓圈，再往上數──4（顆蘋果）、5（顆蘋果）、6（顆蘋果）、7（顆蘋果）、8（顆蘋果）。然後把最後數到的 8（是序數的概念），變成全部有 8 顆蘋果（基數的概念）。

當學生在進行往上數的動作時，除了上面的具體物或圖像表徵之外，也可以使用手指頭。一開始先把要往上數的 5 用手指頭指出來；在往上數一個數時，就扳下一個手指頭，如此學生就不需要一邊往上數一邊留意是否已數了 5 次。以 3＋5 例，如下圖：

　　因為它是把手指往下彎，因此不要讓學生以為是在做減法，或者和減法的往下數弄混了，同時也要留意學生是否多數一或者少數一的問題。也就是說，（還沒彎時，先說 3 放心裡），彎下 1 根手指頭數 4，一直到彎下 5 根手指頭（沒有伸出的手指頭），是往上數的結果。

　　有時候，利用手指頭進行往上數時，也可以邊數邊指出手指頭，也就是往上數 1 時再指出 1 根手指頭。例如：3 + 5 時，如下圖，（3 放心裡）再指出 1 根手指頭數 4，再指出 1 根數 5……。這樣的做法比較符合加法的意思，但是這種往上數，手指頭比出的和嘴吧裡唸的數字不一樣；指 1 說 4，指 2 說 5……，學生在計數時，同時要注意兩件事：數到多少以及數了幾根，這種加法的難度自然比較高。

4	5	6	7	8

　　能往上數的學生，表示學生能將 3 個一看成 1 個 3，表示學生已進入累進性合成運思的階段。

　　要注意的是，3 本來是不需要去數它的，但學生在往上數的過程中，往往習慣上會先「複誦」3，所以很容易變成先擺出 5 根手指頭（再往下彎）時，便數 3, 4, 5, 6, 7, 8, 9 或者一次比 1 根時便數 3, 4, 5, 6, 7；最後得到的和是 9 或者 7 的多 1 或者少 1 的迷思概念。所以有些老師在教學時，要學生先「把 3 放心裡」，然後 4, 5 , 6, 7, 8，便可以順利計數。

（三）從比較大的數往上數

　　因為 3 + 5 時，5 比 3 大，所以也可以以 5 為基礎，再往上數 3，得到 8。因為方法和上面的往上數一樣，因此只舉一例，先擺 3 顆蘋果、積木、畫 3 個圈或指出 3 根手指頭，如下圖：

（5 放心裡）			
	6	7	8

　　因為學生用從較大的數往上數來計算 3 + 5 時，背後使用了加法交換律，但老師不會跟學生說。因此老師在教學時，一般都是先布合併型的問題。例如：「左手有 3 個積

木，右手有 5 個積木，雙手有幾個積木？」讓學生學習從比較大的數往上數，同時老師要留意有沒有學生使用此一策略來進行加法。若沒有學生使用此一策略，老師也可以問學生可不可以先看右手的積木，再往上數左手的積木。不管如何都要問學生「這兩種方法可以不可以把答案算出來？」要學生知道「先算左手的積木再算右手的積木，和先算右手的積木再算左手的積木，都可以算出雙手有多少積木，結果都會一樣，只是算的先後順序不一樣而已」。

（四）十的合成

　　因爲十的合成和分解概念是學生能記憶基本加、減法事實的重要步驟，因此老師無論如何都要讓學生聽到、了解、發現十的合成和分解的學習方法和規律。那就是要一開始可以藉人的十根手指頭快速的進行十的合成或分解。例如：把兩個拳頭擺出來，比出一根時（或拗下一根），剩下九根手指頭，所以 $1 + 9 = 10$（或者 $9 + 1 = 10$）；再比出一根時（或拗下二根），剩下八根手指頭，所以 $2 + 8 = 10$（或者 $8 + 2 = 10$）……。最後形成不用比手指頭而腦中有手指頭合十的心像。

| 1 + 9 | 2 + 8 | 3 + 7 | 4 + 6 | 5 + 5 | 6 + 4 | 7 + 3 | 8 + 2 | 9 + 1 |

　　假如學生無法記憶合十的概念，老師可以平常讓學生多玩撿紅點的撲克牌，或者讓學生玩合十的遊戲（http://www.primarygames.com/math/mathlines/），相信對學生記憶合十的概念有很大的幫助。

（五）基本加法事實

　　一位數加一位數稱爲基本加法事實。假如一開始時常讓學生使用手指頭計數，學生比較容易產生 1-10 的（手指頭）心像，此時學生看到 3 馬上想到 3 的心像，看到 5 馬上想到 5 的心像，看到 8 馬上想到 8 的心像。或者學生在做 $3 + 5$ 時，一次比出 3 根手指頭，再一次比出 5 根手指頭，便立即知道它的結果是 8 顆蘋果，或是 8，學生變得更快記住基本加法事實。如下圖。因爲一位數的基本加法事實是學生學習多位數加法的基礎，假如學生沒有記住一位數的基本加法事實，他在計算多位數的加法時，困難度就會加倍（要重複進行多次的全部數、往上數），因此作者建議**一年級的老師在進行一位數加法的教學時，無論如何要讓「所有」的學生都能記憶基本加法事實**。等到二位數加二位數時，他便可以利用此基本加法事實（配合位值概念）快速解答計算問題。

✋	＋	✋	＝ ✋✋
3	＋	5	＝　　　　　　8

讓學生利用手指頭記憶基本加法的方法可以進一步區分為：

1. 兩個 5 以內的加法，此時只要學生兩隻手分別比出兩個數，再利用心像、不用數馬上就知道答案了。例如：3 + 4。

2. 一個超過 5、一個 5 以內的加法，學生可以先比出超過 5 的手指頭；此時再判斷：

(1) 加另一個數時是否超過十，若不超過十，便可以比出並馬上得到答案，例如：7 + 2，可以比出 ✋✋ 再多 2 根變成 ✋✋。

(2) 當加另一個數發現會超過十，這時候只要把另一個數的合十逆概念的手指頭拗下變成十，剩下的便是個位數，便可以得到答案。例如：7 + 4，可以比出 ✋✋，發現剩下 3 根不能再比出 4 根，因此把 4 的合十逆概念 6 拗下，剩下 1 根變成 ✋✋，就是 11，即 7 + 4 = 1 + 6 + 4 = 11；或者先比出 7 時，發現再加 3（有 3 根手指頭在下面）是合 10，又知道 4 是 3 + 1，因此先比出 3 合 10 之後，再比 1 變成 11，即 7 + 4 = 7 + 3 + 1 = 11。也可以先比出小於 5 的手指頭，利用合十的概念把加數拆成被加數的合十逆概念和另一個數，再拗下合十的數，剩下的便是個位數。例如：7 + 4 時，可以比出 ✋✋，發現 7 + 3 = 10，因此把 4 拆成 7 的合十逆概念 3 拗下，剩下 1 根變成 ✋✋，就是 11，即 7 + 4 = 7 + 3 + 1 = 11。

3. 當兩個數都超過 5 時，有兩種方法：

(1) 讓兩個 5 變成十，此時只要同時比出扣掉 5 剩下的部分，便是結果的個位數。例如：7 + 8，只要比出 2 和 3，讓兩個 5 變成十，便知道答案是 15 了，即 7 + 8 = 5 + 2 + 5 + 3 = 15。

(2) 先比出被加數，再把加數的合十逆概念的數拗下，便得到個位數。例如：7 + 8，先比出 7 ✋✋，再拗下 8 的合十逆概念 2，得到 5 ✋✋，便知道答案是 15 了，即 7 + 8 = 5 + 2 + 8 = 15；或者用 7、3 來合 10，即 7 + 8 = 7 + 3 + 5 = 15（和 2-(2) 的方法一樣）。

若學生無法記憶基本加減法事實，作者建議老師可以利用坊間的資訊科技媒體來幫助學生記憶。例如：http://www.aplusmath.com/games/matho/Matho.html、http://www.mathplayground.com/ASB_AlienAddition.html。雖然它是重複練習的方式，但是因為加

入遊戲的元素，學生的排斥性會比較低。

（六）由加法基本事實導出

當全數是兩位數以上，雖然也可以全部數、往上數，或者從較大的數往上數，但因爲較耗時，且容易數錯，所以最好能運用加法基本事實，以及位值概念來幫助學生了解由加法基本事實導出的加法運算（老師要時常跟學生說整數加法就是利用整數基本概念——位值概念來解釋的——第五個核心）。

當學生的基本加法事實無法記憶時，在多位數（或量）加 5 以內的數（或量），或者 5 以內的數（或量）加多位數（或量）時，我們也可以直接運用往上數的方式來進行。例如：238 + 4，可以用下列往上數的方式得到結果。如下圖：

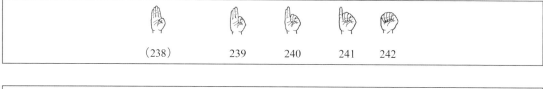

假如讓學生自行發展二位數加二位數的計算結果時，以 23 元 + 38 元，或是以 23 + 38 爲例，學生可能出現下列幾種做法：

1. 先加加數的十位再加個位

由於我們數字的讀法是先讀高位再讀低位，拿錢幣的時候也時常先拿幣值高的再拿幣值低的。因此，學生在剛開始做加法時，容易先加十位，再加個位，尤其一開始的布題若是沒有進退位的問題時更會如此。它的數（量）的概念性解釋可以把 38（元）看成 30（元）+ 8（元）。所以 23（元）先加 30（元），變成 53（元），再往上數 8（元）或加 8（元）爲 61（元）。如下圖：

```
            十 個
            位 位
            2  3
        +   3  8
            5  3
               8
            6  1
```

先加加數的十位，再加個位

　　當我們要計算兩位數的加法，同時手邊沒有紙和筆時，我們時常用這個方法（先加高位，再加低位）來心算。

2. 十位加十位，個位加個位

　　數（量）的概念性解釋有二種方法：第一種是把 23（元）看成 20（元）+ 3（元），38（元）看成 30（元）+ 8（元），先十位加十位，個位加個位，再相加。也就是 20（元）+ 30（元）= 50（元），3（元）+ 8（元）= 11（元），再把 50（元）+ 11（元）= 61（元）。第二種是把 23（元）看成 2 個十（元）和 3 個一（元），38（元）看成 3 個十（元）和 8 個一（元）。所以 2 個十（元）加 3 個十（元）是 5 個十（元），3 個一（元）加 8 個一（元）是 11 個一（元），是 1 個十（元），1 個一（元）。所以是 6 個十（元），1 個一（元），是 61（元）。配合錢幣表徵，如下圖：

加法的錢幣表徵　（先加十位再加個位）

十 個 位 位	十 個 位 位
2　3	2　3
+　3　8	+　3　8
5　0	5
1　1	1　1
6　1	6　1
使用 50 的位值概念直式表徵	使用五個十的位值概念直式表徵

　　當我們要計算兩位數的加法，同時手邊沒有紙和筆時，我們也會用這個方法來心算。

　　請老師記得全數四則運算都有這二種位值概念（五個十、50）的解釋方式，作者之所以要強調這兩種解釋方式，主要是真正的位值概念（五個十）在做加、減法還很容易，但它對乘、除法便沒有那麼容易，此時需要另一種位值概念（50）來當作中介，學生的學習才會變得有數學感。因此當學生剛開始學習全數加、減法時，要讓學生同時習慣、能自由轉換這兩種解釋方式。

3. 個位加個位，十位加十位

由於進、退位的關係，若我們從低位算到高位，可以省去塗改數字，因此算則才會從低位算到高位。它是一種有效率的算法，尤其是在多位數的加、減法計算上，但是它和學生的自發性概念相反。因此老師在教學時，要讓學生聽到、了解、發現從低位算到高位和從高位算到低位一樣，都可以算出所有的錢（題目要求的結果），都可以正確算出答案，只是算的順序不一樣而已（不要說從高位算到低位與從低位算到高位兩者答案一樣，因為做法錯誤也可能得到一樣的答案），到了有進位的二位數加法時，學生就能聽到、了解、發現從低位算到高位可以省去塗改的情形，因此比較有效率。

數（量）的概念性解釋和上面一樣，有二種方法：一是把 23（元）看成 20（元）＋ 3（元），38（元）看成 30（元）＋ 8（元），先個位加個位，十位加十位，再相加。也就是 3（元）＋ 8（元）＝ 11（元），20（元）＋ 30（元）＝ 50（元），再把 11（元）＋ 50（元）＝ 61（元）。二是把 23（元）看成 2 個十（元）和 3 個一（元），38（元）看成 3 個十（元）和 8 個一（元）。所以 3 個一（元）加 8 個一（元）是 11 個一（元），是 1 個十（元），1 個一（元）；2 個十（元）加 3 個十（元）是 5 個十（元）。所以是 6 個十（元），1 個一（元），是 61 元。配合錢幣表徵如下圖：

⑩ ⑩　　　　① ① ①	
＋ ⑩ ⑩ ⑩　　① ① ① ① ① ① ① ①	
→ 　① ① ① ① ① ① ① ① ① ① ①　　　①　　⑩ ⑩ ⑩ ⑩ ⑩	
→ 　⑩　　　　　　　　　　　　　①　　⑩ ⑩ ⑩ ⑩ ⑩	

加法的錢幣表徵（先加個位再加十位）

把 23 看成 20＋3，38 看成 30＋8 的加法	把 23 看成 2 個十和 3 個一，38 看成 3 個十和 8 個一的加法

這二種算法都是利用整數基本概念（十進位、位值概念）解釋加法直式算則的概念性知識，只不過第二種比較有直式算則的味道。我們之所以會發展出這樣的算則，主要是因為在進行多位數，同時需要進位的加法上，它比較簡便，不需要像從高位算到低位

的方法需要把數碼塗來塗去的。

由於直式算則是我們最後希望學生學會的簡潔方式，因此老師在教學時應配合圖形表徵或者具體操作物表徵，讓學生具體的了解直式算則的意義。也就是老師在說明 3 + 8 = 11 時，就應配合圖形中的 3 個① 和 8 個① 變成 11 個①，變成 1 個⑩ 和 1 個① 的動作，讓學習較為緩慢的學生能具體的看到其意義。其實上述任何一種由加法事實導出的加法概念也應配合圖形表徵或者具體操作物表徵來讓學生理解。只不過在教學時數的考量下，老師不要每一種都教給學生，也不一定每一種都配合圖形表徵來讓學生理解，只要由學生自發性出現的解答方法開始，最後學生聽到、了解、發現個位加個位是最有效率、一定要會的方法即可。至於學生自發性的解法是否配合具體表徵或圖形表徵，老師可以考慮有多少學生可以理解，有沒有教學時間來做綜合的考量，這也就是教學藝術之所在。

當然，老師在教 3 + 8 = 11 時，是否要讓學生一個① 一個① 點數，完全要看學生的學習狀況，若絕大部分學生都能進行加法事實的計算，便可以不用進行點數。若老師要了解特定程度的學生是否能記憶加法基本事實，可以請此一學生回答 3 + 8 是多少（不要其他的學生協助回答，同時給他時間，注意他的動作，以便了解他的解答策略）。

4. 多位數的加法

三位數以上加法的概念性了解和前面二位數的加法一樣，都是使用位值概念加上基本加法事實，只是重複做了多次而已，算錯的機會大一些而已（第五個核心內涵）。因為學生在二位數的加法已經了解從低位加到高位的直式算則的意義，因此學生很容易自主的從低位算到高位。

作者希望老師在螺旋式的教學過程中，要讓所有的學生發現到上述的概念，當學生有困難時，回到二位加二位的概念性了解，再推廣到多位加法。作者相信所有的學生都會知道「原來數學就是這樣子學的」、「原來他們也可以真的了解數學在做什麼」，學生都會有數學感的。

雖然本書分成概念、運算和性質來撰寫，但是在教學過程中，運算和性質有時候是會一起教，因此，老師也別忘了後面所談的性質的教學。例如：讓學生聽到、了解、發現三位數加三位數可能是幾位數的問題。

（七）問題

1. 如何讓學生較快能夠記憶加法基本事實？

一年級的學生假如沒有辦法記憶基本加、減法事實，將來學習數學的困難就會增加 N 倍，因此一年級的老師無論如何都要讓所有一年級學生（特例除外）能記憶起來。學

習成就好的學生自己很快就能夠記憶加法基本事實，學習成就較差的學生，有時候就沒有辦法那麼快記憶加法基本事實。作者建議應讓這些學生有手指頭的數字「心像」，也就是知道：

再來有合五的「心像」，以及合十的「心像」，最好能夠讓學生有規律的發現合五和合十的事實。例如：知道 1 + 4 = 5 以後，從加數拿 1 到被加數，變成 2 + 3，還是 5……。也可以讓學生發現一隻手比出的手指頭加上拗下的手指頭就是 5；二隻手比出的手指頭加上拗下的手指頭就是 10。這樣學生更容易記憶加法基本事實。

1 + 4	2 + 3	3 + 2	4 + 1		1 + 4	2 + 3	3 + 2	4 + 1
1 + 9		2 + 8		3 + 7		4 + 6		5 + 5

假如老師使用許多方式仍然無法讓所有學生記憶基本加、減法事實，這時候運用資訊媒材，讓學生在玩遊戲的過程中熟練也是一種選擇。更多的資訊媒材請老師參閱：http://www.mtedu.utaipei.edu.tw/forum.php?mod = forumdisplay&fid = 2、http://www. primarygames.com/math/mathlines/、http://www.aplusmath.com/ games/matho/Matho. html。

2. 學生無法記憶加法基本事實怎麼辦？

有時候作者會聽到老師說，中、高年級學生無法記憶加法基本事實。後來作者發現，學生不是全部的加法基本事實全部都記不住，而是<u>少數幾個加法基本事實記不住而已</u>。因此建議老師設法**讓學生察覺自己在哪幾個加法基本事實比較容易記不住、記錯**，也就是對自己學習的監控。必要時，可以把記不住、算錯的幾個寫在作業簿、課本前面，有空就拿出來看，相信時常看就更容易記住。老師也可以和學生討論一下，利用學生已經記住的基本事實、方法來記住容易做錯的基本事實。例如：7 + 7 學生容易做錯，就讓學生聽到、了解、發現，<u>任何兩個相同的數加起來都會是偶數</u>，或者 5 + 5 = 10，所以 7 + 7 = 5 + 2 + 5 + 2 = 10 + 4 = 14。

　　若老師要培養學生的自我監控能力，建議老師第一次可以直接明白的告訴學生，你在哪個加法容易加錯，是多 1、還是少 1？把它記在課本最前面。第二次再問學生「你知道、有沒有發現你在哪個加法容易算錯？」第三次看到學生做錯時，只要用手在算式上點兩下，讓學生自己想到有可能做錯了。相信**漸進式的愈來提示愈少的教學方法**，會慢慢培養學生的自我監控能力。

3. 進位問題

　　在加法的概念性問題中，有可以分爲不進位（例如：24 + 35）、一次進位（例如：38 + 29，或者 53 + 82）、二個以上的一次進位（例如：825 + 406）以及二次以上的多重進位（例如：285 + 369）。老師應讓學生聽到、了解、發現二個以上的一次進位，以及二次以上的多重進位**都是一直重複在做一次進位（第五個核心內涵）**，只是**重複做了幾次**而已。因爲做了多次的進位發生錯誤的機率當然會增加，但是只要用同樣的方法慢慢做，還是可以正確的算出答案。

4. 二位數加法的直式算式記錄應該怎麼記？

　　因爲加法直式算則是爲了有效率的把複雜的答案計算出來，因此它的學習動機來自需進位的加法。爲了讓學生了解加法的直式算則，教科書上會先進行加法直式記錄的教學，讓學生了解加法直式算則的書寫、記錄方式。如同前面所言，直式記錄是學生還沒有做直式之前，先把結果算出來，再記錄成直式。

　　教科書上的加法直式記錄，基本上是先將要計算的問題，利用具體操作物，或者圖形表徵的操作，等結果出來以後，再一次的把它記錄成直式算則的樣子。例如：「哥哥有 23 元，媽媽再給哥哥 38 元，問哥哥現在有少錢？」的問題，先讓學生記錄成算式填充題 23 + 38 = ( )，再利用具體操作物，或者圖形表徵的操作得到答案是 61 元，填入算式的括號，並一次性的把它記錄成直式算則。或者沒有先進行算式填充題的記錄，就直接利用具體操作物，或者圖形表徵的操作得到答案是 61 元，再一次性的把它記錄成直式算則。

　　但這種記錄方式和將來學生學的直式算則的書寫方式不同，因此作者建議老師在教學時，邊操作、邊記錄讓學生緊密的將操作和算式連結在一起，另一方面也學會直式算則的書寫順序。也就是當學生開始學二位數加二位數時，先讓學生了解從低位加到高位和從高位加到低位一樣都可以正確算出答案，且在有進位的問題上從低位加到高位的方式不用塗改，因此比較有效率。之後再讓學生學習有進位的直式記錄方式，此時學生已了解甚至習慣從低位加到高位，再邊進行個位數的具體操作，邊進行記錄，即先操作 3 個一和 8 個一變成 11 個一，即個位數寫 1 進 1 個十（如下圖）；之後再操作 2 個十和 3 個十，再加上原來的一個十變成 6 個十，再記錄十位的 6（如下下圖）。也就是讓直

式算則記錄的方式和將來進行直式計算的方式相同，此時等老師要求學生用直式計算時，他便可以仿照記錄的方式進行計算。而不用像一般教科書的記錄方式，先操作完再一次記錄下來，此時當他要進行直式計算時，便無先備經驗可以使用而需重新學習。

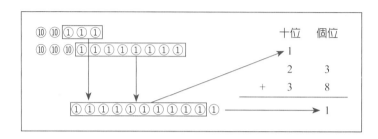

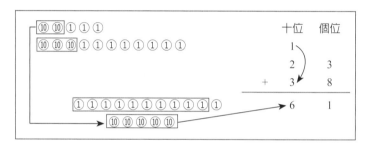

三、減法概念的概念性知識

　　減法是加法的逆概念，因此學生要用加法的概念來學習減法的概念，只是因為是逆概念，所以多了一點點難度而已。在減法概念的概念性知識方面（列式），它就是前面所學「分」的概念，人們原先飼養 5 隻動物，後來因故少了 2 隻動物，人們想要了解現在總共有幾隻動物時，就產生了減法的基本概念性知識。因為 2 隻動物和剩下的動物都是包含在全體 5 隻動物的一部分，因此我們稱它為部分—全體概念。因為原先有 5 隻動物，後來少掉 2 隻動物導致數量的改變，因此我們也稱它為改變型語意，或者稱為拿走型語意。

　　當我們知道有一籃紅蘋果和綠蘋果共 5 顆，其中有 3 顆綠蘋果，我們想知道有多少顆紅蘋果時，也產生了減法的基本概念性知識。因為 3 顆綠蘋果和未知的紅蘋果都是全部蘋果的一部分，因此我們稱它為部分—全體概念。因為紅蘋果和 3 顆綠蘋果同時存在被合併計算，因此我們稱它為合併型語意，或者併減型語意。

　　因為加法和減法是數學基礎概念，因此老師一定要讓學生了解把兩個量合起來就是加法，把一個量拿走一部分就是減法。建議老師不要讓學生使用關鍵字來判斷加法或減法。例如：看到「共」就是加，看到「拿走」就是減法；也不要讓學生把重要的地方圈

起來，作者發現很多學生都是在圈數字。事實上，數字不是列式的時候最重要的地方，因爲數學問題有資訊或條件多餘，或資訊不足或條件不足的問題，因此，整個題意的了解才是最重要的。若要讓學生眞正了解題意，老師或許可以考慮讓學生角色扮演、畫圖，或者養成舉例的習慣，也可以讓學生從整個題意中感受題目是合或者分的題意。例如：「小明原有，別人再給他，問現在有多少」就是合的意思（忽略數字或者簡化數字爲 2、3 的很小數字）；「小明上午吃掉，下午再吃掉，問一天吃多少」也是合的意思；「小明原有，拿給別人，問現在有多少」就是分的意思（忽略數字或者簡化數字爲 2、3 的很小數字）。

四、減法結果的概念性知識

在減法結果的概念性知識方面，老師會發現減法的教學方法幾乎和加法完全一樣，因此建議老師教學時，**讓學生聽到、了解、發現學習減法的方法和學習加法的方法一樣**，也就是加法是相同單位（量）的合成（計數）活動，減法是相同單位（量）的分解（計數）活動；加法可以全部數、減法可以數剩下；加法有往上數、減法有往下數；加法有十的合成活動、減法有十的分解活動；加法有基本事實、減法也有基本事實；加法可以從量或數的概念來了解、減法也一樣。

和加法一樣，從建構的理念，老師在教學時，要留意學生自行發展出來的那些減法的策略。因爲每一種策略的使用時機不同，因此作者也建議老師，即使學生沒有自行建構出來的策略，老師可以藉其他同學的建構策略，讓這些同學了解有不同的減法策略。但是最重要的是，**最後一定要讓學生記憶基本減法事實（一位數加一位數的逆運算）的策略，對基本減法事實很快做出反應**，因爲它是日後進行多位數減法的基礎。現在以 12 顆蘋果減 7 顆蘋果，或者 12 – 7 爲例，說明如下：

（一）數剩下

數（量）的概念可以先將 12（顆）蘋果中的 7（顆）蘋果劃掉，再數剩下的數，1（顆）、2（顆）、3（顆）、4（顆）、5（顆）（序數的概念），變成剩下有 5（顆）蘋果（基數的概念）。如下圖：

先劃掉 7 個，再數剩下的方法

（二）往下數

數（量）的概念可以 12（顆）蘋果為基礎，先畫出 7 個圓圈（或擺出 7 個蘋果圖卡、積木，或比出 7 根手指頭），再往下數 7（顆）蘋果——（12 放心裡）、11（顆）、10（顆）、9（顆）、8（顆）、7（顆）、6（顆），然後「再下來」是剩下的 5 顆蘋果（基數的概念）。如下圖：

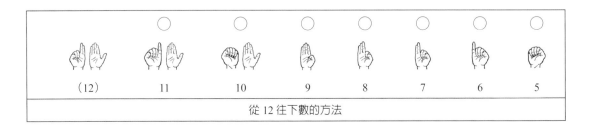

從 12 往下數的方法

要注意的是，學生要從 12 顆蘋果開始往下數時，畫（擺、比）出來的 7（顆），當畫掉（拿走、彎下）1（顆）時，總數剩下 11（顆），且直到畫掉（拿走、彎下）剩下 0（顆）的 5 才是最後剩下 5（顆）。假如學生不清楚，可能會以為最後剩下 1（顆）的 6 就是剩下 6 顆；或者一開始的 7 便說是 11 時，等到剩下 0（顆）的 4 時，便說答是 4，最後的結果便可能出現比答案多 1 或者少 1 的情形。

有時候也可以比出 1 表示拿走 1 顆，剩下 11 顆；再比出 1 表示再拿走 1 顆，剩下 10 顆……最後比出 7 時，嘴巴唸的 5 表示剩下 5 顆。如下圖：

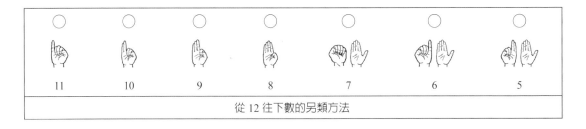

從 12 往下數的另類方法

但是這個方法學生要倒數，又要注意數了幾個數，所以在同一時間要做兩件事情，對學生而言難度很高。同時有時候學生可能比出 1 時，嘴巴唸 12，因此會出現最後的結果是 6 的情形（比答多 1）。

（三）十的分解

因為十的合成和分解概念是學生能記憶基本加、減法事實的重要步驟，因此老師無

論如何都要讓學生聽到、了解、發現十的合成和分解的學習方法和規律。那就是要一開始可以藉人的十根手指頭快速的進行十的合成或分解。例如：把十根手指頭擺出來，拗下一根時，剩下九根手指頭，所以 10 − 1 = 9；再拗下一根時，剩下八根手指頭，所以 10 − 2 = 8⋯⋯。最後形成<u>不用比手指頭而腦中有手指頭合十的心像</u>。

10 − 1	10 − 2	10 − 3	10 − 4	10 − 5	10 − 6	10 − 7	10 − 8	10 − 9

假如學生無法記憶十的分解，老師可以平常讓學生多玩撿紅點的撲克牌，或者讓學生玩合十的遊戲（http://www.primarygames.com/math/mathlines/），相信對學生記憶十的分解有很大的幫助。

（四）減法基本事實

減法基本事實指的是學生能記憶基本的加法的逆運算（即一位數減一位數，或二位數減一位數結果為一位數），而直接說出 12 − 7 的結果是 5。

和前面加法的基本事實一樣，<u>想要讓學生能順利記憶減法基本事實，需要先讓學生能在心中有 1 到 10 的數的心像</u>。例如：就是 1，就是 2⋯⋯，就是 5，就是 6⋯⋯，就是 10。再利用十的合成分解概念，便很快可以得到答案。

減法基本事實可以分成：

1. 一位數減一位數，此時學生只要先比出被減數，<u>再一次拗下減數，就可以得到答案</u>。例如：9 − 6，只要先比出 9　再一次拗下 6，便得到答案 3　。

2. 二位數減一位數答案是一位數時，有兩種方法：

(1) 先比出 10 再拗下減數，再比出被減數的個位數，就可以得到答案。例如：13 減 8 時，先比出 10　，再拗下 8 變成 2　，再比出 3 變成 5　，即 13 − 8 = 10 − 8 + 3 = 5 的概念。

(2) 另一種是先在心裡頭把減數拆成被減數的個位和另一個數，再比出 10 再拗下此剩下的數，就可以得到答案。例如：13 減 8 時，知道 8 是 3 + 5，因此比出 10　，再拗下 5 變成 5　，即 13 − 8 = 13 − 3 − 5 = 5 的概念。

（五）由減法基本事實導出

當全數是兩位數以上時，雖然也可以用數剩下、往下數，但因為較耗時，且容易數錯，所以最好能運用減法基本事實，以及位值概念作為由減法基本事實導出的基礎。

以 54 元 – 38 元，或者 54 – 38 為例。

1. 先減十位再減個位

數（量）的概念性解釋可以把 38（元）看成 30（元）+ 8（元）。所以 54（元）先減 30（元），變成 24（元），再往下數 8（元）或減 8（元）為 16（元）。如下圖：

```
            十  個
            位  位
            5   4
         －  3   8
         ─────────
            2   4
         －      8
         ─────────
            1   6
```

先減減數的十位，再減個位

當我們要計算兩位數的減法，同時手邊沒有紙和筆時，我們時常用這個方法來心算。

2. 十位減十位，個位減個位

數（量）的概念性解釋有二種方法：

(1) 把 54（元）看成 50（元）+ 4（元），38（元）看成 30（元）+ 8（元）。先十位減十位，個位減個位，若個數不夠減，再向十位借 10（元），剩下 10（元）。也就是 50（元）– 30（元）= 20（元），4（元）– 8（元）不夠減，向 20（元）借 10（元），剩下 10（元），再把 14（元）– 8（元）= 6（元）（或者 10（元）– 8（元）= 2（元），2（元）+ 4（元）= 6（元）），所以是 16（元）。

(2) 把 54（元）看成 5 個十（元）和 4 個一（元），38（元）看成 3 個十（元）和 8 個一（元）。所以 5 個十（元）減 3 個十（元）是 2 個十（元），4 個一（元）減 8 個一（元），不夠減，向二個十（元）借一個十（元），剩下一個十（元），再變成一個十（元）是 10 個一（元），減 8 個一（元），再加 4 個一（元）（或者變成 14 個一（元）再減 8 個一（元），是 6 個一（元））。所以是一個十（元），6 個一（元），是 16（元）。如下圖：

十 個	十 個	⑩⑩⑩⑩⑩　　　①①①①
位 位	位 位	
5 4	5 4	
− 3 8	− 3 8	
¹2 14	¹2	⑩⑩⑩⑩⑩　　　①①①①
− 8	+ 6	①①①①①①①①①①
1 6	1 6	

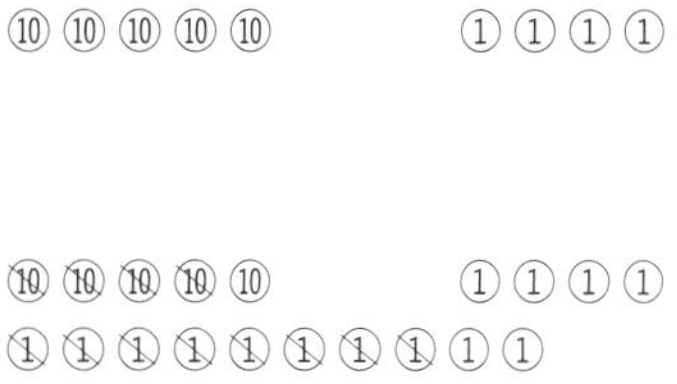

先十位減十位，個位減個位

當我們要計算兩位數的減法，同時手邊沒有紙和筆時，我們也會用這個方法來心算。

3. 個位減個位，十位減十位

假如在進行多位數的加法時，學生了解、發現先加個位再加十位比較有效率時，學生就容易出現與學習先減個位再減十位的策略了。數（量）的概念性解釋和先前一樣也有二種方法：

(1) 把 54（元）看成 50（元）+ 4（元），38（元）看成 30（元）+ 8（元）。個位減個位，不夠減時先向十位借 10 再減，再十位減十位。也就是 4（元）− 8（元）不夠減，向 50（元）借 10，剩下 40（元）。個位變成 14（元），14（元）− 8（元）= 6（元），再把 40（元）− 30（元）= 10（元），再相加 10（元）+ 6（元）= 16（元）。

(2) 把 54（元）看成 5 個十（元）和 4 個一（元），38（元）看成 3 個十（元）和 8 個一（元）。所以 4 個一（元）減 8 個一（元），不夠減，先向五個十（元）借一個十（元），剩下四個十（元）。一個十（元）4 個一（元），是 14 個一（元），減 8 個一（元），是 6 個一（元）。4 個十（元）減 3 個十（元），是一個十（元）。所以是一個十（元），6 個一（元），是 16（元）。如下圖：

十 個	十 個	十 個
位 位	位 位	位 位
⁴5̸ 4	⁴5̸ 4	5 4
− 3 8	− 3 8	− 3 8
6	6	1 6
+ 1 0	+ 1	
1 6	1 6	

先減個位，再減十位

　　這二種算法是減法直式算則的概念性知識，只不過第二種算法比較有減法直式算則的味道。我們之所以會發展出這樣的算則，主要是因為在進行多位數，同時需要退位的減法上，它比較簡便，不必像從高位算到低位的方法需要把數碼塗來塗去的。

　　由於直式算則是我們最後希望學生學會的簡潔方式，因此老師在教學時應配合圖形表徵或者具體操作物表徵，讓學生具體的了解直式算則的意義。也就是老師在說明 4 – 8 不夠減，要向十位借一時，就應配合圖形中的 4 個① 減 8 個①，不夠減，向 5 個⑩ 借 1 個⑩，變成 4 個⑩ 和 10 個①，10 個① 減去 8 個①，變成 2 個① 再加 4 個① 的動作，讓學習較為緩慢的學生能具體的看到減法的意義。其實上述任何一種由減法事實導出的減法概念也應配合圖形表徵或者具體操作物表徵來讓學生理解。只不過在教學時數的考量下，老師不要每一種都教給學生，也不一定每一種都配合圖形表徵來讓學生理解，只要教由學生自發性出現的解答方法即可。至於學生自發性的解法是否配合具體表徵或圖形表徵，老師可以考慮有多少學生可以理解，有沒有教學時間來做綜合的考量，這也就是教學藝術之所在。

　　當然，老師在教 4 – 8 不夠減的時候，是否要讓學生一個① 一個① 點數，完全要看學生的學習狀況，若絕大部分學生都能進行減法和加法事實的計算，便可以不用進行點數。若老師要了解特定程度的學生是否能記憶減法和加法基本事實，可以請此一學生回答相關問題（不要其他的學生協助回答，同時給他時間，注意他的動作，以便了解他的解答策略）。

　　老師在教學過程中，應讓學生聽到、了解、發現二位數減法從高位減到低位以及從低位減到高位兩者都可以正確算出答案，只是計算的順序不一樣而已。作者建議老師留意是否有更多學生一開始便使用從低位算到高位來做有退位的紙筆計算，因為它是紙筆計算時比較有效率的方法。

4. 多位數的減法

　　三位數以上減法的概念性了解和前面二位數的減法一樣，都是使用位值概念加上基本減法事實，只是重複做了多次而已，算錯的機會大一些而已（第五個核心內涵）。因為學生在二位數的加、減法已經了解從低位加、減到高位的直式算則的意義，因此學生很容易自主的從低位算到高位。

　　作者希望老師在螺旋式的教學過程中，要讓所有的學生發現到上述的概念，當學生有困難時，回到二位減二位的概念性了解，再推廣到多位減法。作者相信所有的學生都會知道「原來數學就是這樣子學的」、「原來他們也可以真的了解數學在做什麼」，學生都會有數學感的。

　　同時，老師也要留意有時候運算和性質會一起教，因此也可以讓學生聽到、了解、發現，在生活問題中，三位數減二位數可能是幾位數的問題（學生有舉例的能力，就會發現要用大數減小數、小數減大數來找答案）。

（六）問題：為什麼 63 – 25 有些學生會算成 42？

　　因為加法是兩量的合成活動，我們在計數時，可以先數兩量的任何一量，再計數另一量，因此才有加法交換律，在做加法時才可以從大數往上數，可以大數加小數。但是減法是一量的分解活動，把一量拿走部分量，因此減法沒有交換律，所以在做減法時不可以從大數往下數。假如學生不知道這個原因，以為減法也有交換律，以為可以大數減小數，再加上退位的難度比不退位高，所以他在做二位數減一位數（或者二位數）有退位減法時，便有可能用大的減數去減小的被減數的個位，導致 63 – 25 以為是 42 的迷思概念產生。

五、乘法概念的概念性知識

（一）概念

　　乘法概念是累加法概念的簡算（以簡馭繁），或者也可以說乘法概念是加法概念的推廣，也就是乘法概念是加法概念的上位概念，因此乘法要比加法優先運算。

　　國內在乘除法課程方面，甯自強（1994）認為 64 年課程對乘除法啟蒙教材的處理，是將乘除法運思當作是同數累加或累減的運思。因此一開始先教導他們以同數累加的方式加以表現，最後教導學生採用乘法算式的表現。當乘數是分數或小數時，64 年版教材改用「倍」的語言引入乘法算式。如此一來，讓學生感覺到乘號有兩種不同的意義，容易混淆數學符號的意義。

　　82 年課程處理乘法教材時，甯自強（1994）認為可以從數學的觀點來看，新課程將乘法看成**單位量的轉換**，而且不再侷限單位量為 10 以內的。從心理學的觀點來看，乘法是單位量轉換的解題活動，而乘式則是解題活動記錄的變更。所謂單位量的轉換，是指「將單位量非一的數量，轉化成以一為單位量的數量」的活動（甯自強，1994），它的意思就是「原本是用某個單位量計數，改用另一個單位量重新計數」。例如：5 顆蘋果放一盤（單位量），3 盤（單位數）共有幾顆蘋果？把原本以「一盤」為單位的量，轉換成以「一個」為單位的量，這就是單位量轉換。

　　從「單位量轉換」的觀點（甯自強，1997）來看，乘法情境是把高階（大）單位

（盤）表示的量化成低階（小）單位（個）表示之單位量轉換活動 [8]，即**單位量 × 單位數 = 總量**。除法情境則是將低階（小）單位（個）表示的量化爲以高階（大）單位（盤）表示之單位量轉換活動。其中，包含除爲以高階單位表示之單位數未知問題，即**總量÷ 單位量 = 單位數**；等分除問題則是高階單位量未知問題，即**總量 ÷ 單位數 = 單位量**。

　　研究者認爲不管是 64 年版的觀點或是單位量轉換的觀點，都有其優點。但研究者認爲數學概念的學習都有其概念推廣的時候，只要學生了解概念什麼時候被推廣了，推廣之後有哪些性質或者關係改變了，相信學生的數學學習是有感覺的，即使乘、除法概念從全數推廣到分數、小數，學生也能夠理解其意義。

　　因爲乘法概念是加法概念的推廣，因此乘法的基本概念也是部分─全體概念。它是由許多相同的數量累加而來，因此它的基本語意結構是累加型，或者等組型（離散量）和等量型（連續量），以及矩陣型（陣列型）。

　　在量的概念上，例如：「一部汽車 4 個輪子，5 部汽車有幾個輪子？」是 4 個輪子累加 5 次，也就是 4 + 4 + 4 + 4 + 4 = 20 個輪子，簡寫爲 4×5 = 20 個輪子。4 個輪子（也就是這一部汽車）在乘法中被稱爲單位量（一個單位擁有的數量），意思是以它爲單位進行計數；5 部汽車就是這個單位的數量，稱爲單位數（有多少個單位）。

　　在此老師必須注意到的是它的計數量單位的轉變，也就是對汽車而言，用部來算，它有 5 部，現在改成用輪子來算，它就有 20 個輪子。

　　在數的概念上，它有五種不同的講法。例如：(1)「5 個 4 相加」；(2)「4 有 5 個相加」；(3)「4 的 5 倍」，也就是 (4) 4 + 4 + 4 + 4 + 4 = 20，簡寫爲 (5) 4×5 = 20。由於 5 個 4 相加，或者 4 有 5 個相加的語意有些繞口，因此教學時要特別小心。老師在教學時，只要給學生一點時間「會意」，相信學生會懂的。或者老師也可以用「不同單位」[9] 的問題讓學生體會。例如：一包有 4 片，5 包有幾片，就是**5 個 4 片相加，4 片有 5 個相加，4 片的 5 倍**……。

（二）1 和 0 的乘法 ── 乘法概念推廣

　　請老師們留意，乘法是爲了解決連加的問題，但是它也會被推廣到乘以 0 和 1 的問

---

[8] 嚴謹的說，因爲整數乘法一開始是爲了簡化累加而被建構出來，所以乘數（單位量）和被乘數（單位數）都會大於或等於 2。此時，大單位換小單位的概念是對的。但當乘數和被乘數被推廣到 0 和 1 時，大單位換小單位的概念就有問題了。

[9] 在數學上，同一個問題不能用同一個詞卻有兩種不同意義。所以假如使用「個」的單位，例如一盒 4 個，5 盒幾個？此時說成「有 5 個 4 個」，學生很難了解它的意義。

題。建議老師讓學生聽到、了解、發現此一重要概念。以丟分數沙包（有 0, 1, 2, 3, 4, 5 分）為例，讓學生發現 5 分投進 4 次，可以用 5×4 = 20 記錄；2 分投進 6 次，可以用 2×6 = 12 記錄；1 分投進 7 次，雖然一看就知道是 7 分，也可以用 1×7 = 7 記錄；0 分投進 3 次，雖然一看就知道是 0 分，也可以用 0×3 = 0 記錄。之後再進行推廣，也就是 3 分投進 1 次，和先前的一樣雖然立即知道答案是 3 分，還是可以用 3×1 = 3 記錄；4 分投進 0 次，和先前的一樣雖然立即知道答案是 0 分，還是可以用 4×0 = 0 記錄。也就是說，**雖然 3 分投進 1 次，「3 只加一次」，但還是可以用 3×1 = 3 記錄；4 分投進 0 次，「已經不用再加了」，但還是可以用 4×0 = 0 記錄。**

乘法的累加概念除了推廣到 1 和 0 之外，將來還要再次推廣到分數、小數的乘法，因此老師要特別留意學生是否了解。因為教科書通常使用連加或者倍數的概念來教導乘法概念，到了概念推廣已無連加的感覺，因此老師一定要讓學生發現 **1 和 0 的乘法已沒有連加的感覺了。**事實上，在數學內容理論的學習脈絡中，概念推廣的時候，數學家要同時下定義才可以。但小學無法重新下定義，因此只能讓學生發現乘法已概念推廣（建議老師可以跟學生講——概念推廣）。作者認為假如要對乘法重新下定義，82 年版的「單位量轉換」的觀點（甯自強，1997），即單位量 × 單位數 = 總量，是非常好的定義方式。也就是假如我們要算一個單位有多少量，有多少個單位量，就是用乘法。例如：一個單位是投 3 分，有 1 個單位（即投進去 1 個），就是用乘法。

要注意的是，對於二年級的學生並不容易理解單位量、單位數的名詞，因此要教這二個名詞，老師要需要多做解釋，需要從量和數的語意去解釋。

（三）問題

1. 如何讓學生記住被乘數和乘數

有些學生剛開始學習乘法的過程中，往往不知道哪一個數要先寫（也就是不知道哪一個數是被乘數或者單位量），因此以為先看到的數就要先寫。例如：「有 5 盒蘋果，每盒 4 顆，問共有幾顆蘋果？」學生會寫成 5×4 = 20。因為在剛開始學習時，臺灣的規約是被乘數（單位量）、乘數（單位數）各有它的意義，因此剛開始學乘法概念時，不能隨便顛倒。那如何讓學生記得很清楚呢？作者建議從乘法累加的啟蒙概念來讓學生了解，也就是當**我們寫成加法時是 4（顆）+ 4（顆）+ 4（顆）+ 4（顆）+ 4（顆）**或者 4 + 4 + 4 + 4 + 4（或者形成加法的心像），因此 **4 就寫前面。**這樣學生就不容易弄錯了。等到學生了解它是 4 + 4 + 4 + 4 + 4 時，再來談 4 顆有 5 個相加、有 5 個 4 顆相加、4 顆的 5 倍，之後再轉成數的語言：4 有 5 個相加，或者有 5 個 4 相加、4 的 5 倍，學生就比較容易了解用語的意義，同時容易記住它。

2. 0 和 1 乘法的迷思

因為乘法是加法的概念推廣，但是被乘數是 1 和 0 的乘法，沒有使用乘號的需求，**同時乘數是 1 和 0 的乘法已經沒有連加的感覺**，再加上學生剛學習乘法且對相加已熟練，所以有些學生是使用加法計算乘法問題，即誤以為 6×0 = 6，0×6 = 6，6×1 = 7，1×6 = 7。

對於「一筒 6 公升，1 筒幾公升？」或者「一筒 6 公升，0 筒幾公升？」作者也在觀課時聽到學生說「為什麼要用乘法？」學生的反應表示老師的教學是很棒的，因為學生勇於表示自己的觀點。建議老師也應該好好處理這類概念推廣的問題。

六、乘法結果的概念性知識

全數的乘法運算時，和全數的加、減法一樣，最好先從具體的量進行了解，等到具體量的乘法運算內化之後，再抽象化為數的概念性知識。

（一）乘法累加

雖然學生在沒有記憶加法基本事實之前，可以用往上數等方式解答乘法問題，但是它非常耗時，學生可能因此失去學習數學的興趣，因此我們建議老師在進行乘法概念的教學之前，留意有多少學生已經了解加法基本事實，讓學生直接使用加法基本事實計算即可，最好不要再讓學生全部數、往上數，以減低學生的學習負荷。若學生仍然無法記憶加法基本事實，只好同意學生慢慢計數，但事後必須進行課餘時間的補救教學，或者借助資訊科技來進行精熟練習。

由於乘法直式算則使用圖形表徵或具體操作物來協助學生理解時，有時候會造成老師教學時的荷負，所以我們建議老師在剛開始教乘法概念時要配合圖形表徵或者具體操作物表徵，讓學生具體的了解乘法的意義。最好能夠配合學生已學會的加法基本事實，使用 4 4 4 4 4，甚至 ④ ④ ④ ④ ④，讓學生了解有 5 個 4 相加，同時也可以從圖示中看到 4，而了解 4 是被乘數。

（二）乘法基本事實

若我們每次都要用加的方式解決累加的問題，相當麻煩且費時，因此九九以內的乘法基本事實有助於計算。同時在數學學習的過程中時常要用到乘、除法的計算，九九以內的乘法基本事實的記憶有助於降低學生日後學習數學時計算的困難，因此作者建議**二年級老師（或者開始教授全數乘法的年級）應該設法讓所有（特例除外）的學生能熟記乘法基本事實**。

　　為了幫助學生記憶乘法基本事實，老師應該進行九九乘法表中相鄰的乘法的相關性教學，或者找尋九九乘法規律的教學。例如：讓學生聽到、了解、發現：(1) 4×6 比 4×5 多一個 4，也就是 4×5 = 20，再加 4，所以 4×6 = 20 + 4 = 24。(2) 讓學生了解 6×4 比 5×4 多一個 4，也就是 5×4 = 20，再加 4，所以 6×4 = 20 + 4 = 24。(3) 讓學生了解 4×6 = 6×4。(4) 2 的乘法就是以前學過的 2 個一數；3 的乘法就是 3 個一數。(5) 9 的乘法規律是積的個位加十位的和也是 9，且十位比另一個（被）乘數少 1，即 9×7 = 63 中，6 + 3 = 9，6 比 7 少 1。同時聽到、了解、發現它之所以有這種規律是因為 9×2 = 9 + 9 = 9 + 1 + 8 = 18，9×3 = 18 + 9 = 17 + 1 + 9 = 27，也就是每次都把個位的 1 拿給再加的 9 就會變成 10，所以個位加十位的和也是 9，且十位比另一個（被）乘數少 1。

　　假如學生一時無法記憶基本乘法事實，作者建議老師可以利用資訊科技讓學生在遊戲的過程中記憶乘法基本事實。例如：https://www.varsitytutors.com/aplusmath/matho（困難度選擇 Easy）、http://www.mtedu.utaipei.edu.tw/forum.php? mod = viewthread &tid = 3365。

（三）由乘法事實導出

　　為了幫助進行二位數以上的乘法，老師應該讓學生了解乘數是十的乘法事實。例如：6×10 = 60（假如學生不相信，就讓學生真的加看看，等他相信以後，內化為後面直接加一個 0 的程序性知識）。之後再學習乘以一位和乘以二位，甚至乘以多位的教學。

1. 乘以一位

　　在乘以一位數的教學之前，教材通常會先進行整十、整百……乘以一位數的教學。例如：「一瓶飲料 20 元，6 瓶飲料要多少元？」的問題。這時我們希望學生能概念性的了解是 20 元連加 6 次就是 120 元，或者 2 個十元連加 6 次就是 12 個十元，**再內化為程序性知識**，發現只要把 2×6（使用九九乘法），後面再加一個 0 即可。這樣就可以大幅簡化學生的學習負荷。

　　在數（量）的概念性解釋方面，例如：「一瓶飲料 23 元，6 瓶飲料要多少元？」的問題。可以把 23（元）看成 3（元）和 20（元），然後分別乘以 6，所以得到 18（元）和 120（元），然後相加得到 138（元）。也可以把 23（元）看成 3 個一（元）和 2 個十（元），然後再乘以 6 個一，所以得到 18 個一（元）和 12 個十（元），就是 1 個十（元）8 個一（元）和 12 個十（元），然後相加得到 8 個一（元）和 13 個十（元），就是 138（元）。

　　上述兩者，在乘的時候可以先乘個位再乘十位，也可以反過來，先乘十位，再乘

個位。前者就是我們的乘法直式算則。因為先前學生有了從低位加、減到高位的經驗以後，學生應該可以很順利了解從低位乘到高位和高位乘到低位都可以正確算出答案，同時了解低位算到高位的優點。

```
   十 個            十 個            十 個
   位 位            位 位            位 位
   2  3            2  3            2  3
×     6          ×     6          ×     6
───────          ───────          ───────
   1  2            1  8            1  3  8
   1  8            1  2
───────          ───────
1  3  8          1  3  8
  先算十位          先算個位          和加法一樣把兩
                                 個乘法寫在一起
```

由於直式算則是我們最後希望學生學會的簡潔方式，但是乘以較大的倍數時，所需的學習負荷較大。假如學生已能熟記基本乘法事實，這時候學生的學習負荷就會減低一點。同時老師要留意學生是否仍需要具體操作或者圖像表徵，還是已有了 2 個十元和 3 元的心像。若有，老師只要回到位值概念讓學生了解 3 元的 6 倍是 18 元，2 個十元的 6 倍是 12 個十元，再進行加法計算。假如學生沒有錢幣表徵的心像，老師在教學時就要考慮配合圖形表徵或者具體操作物表徵，讓學生具體的了解直式算則的意義。也就是老師在說明 3×6 時，可以應配合圖形中的 3 個①有 6 倍（或者有 6 排的 3 個①，要看學生是否已能記憶乘法事實，若不行，只好拿出來讓他點數）有 18 個①，變成 1 個⑩和 8 個①的動作，讓學習較為緩慢的學生能具體的看到其意義。

由於由乘法事實導出的乘法概念配合圖形表徵或者具體操作物表徵來讓學生理解已更為複雜，因此老師可以綜合考慮有多少學生可以理解，有沒有教學時間來做決策。這也就是教學藝術之所在。因為要做二次的乘法又要畫圖形表徵或者具體操作，對低成就學生困難度增加很多，這也就是為什麼我們建議二年級老師要設法讓學生熟記基本乘法事實的主要原因。

老師在教二位數乘以一位數時，也應設法讓學生發現，原來它就是使用九九乘法做了二次，同時使用了不同單位（即個位和十位，幾個一、幾個十）在解釋。

2. 乘以二位以上

在乘以二位數以上的教學之前，教材通常會先進行整十、整百⋯⋯乘以二位數的教學。例如：「一瓶飲料 20 元，60 瓶飲料要多少元？」的問題。這時我們希望學生能概念性的了解發現它和以前一樣還是累加的概念——20 元連加 60 次，再從前面二位乘以一位的經驗中，歸納了解答案會是 1200 元。或者 2 個十元連加 60 次就是 120 個十

元，最後再**內化為程序性知識**，也就是 2 個十的 6 個十倍是 12 個百，**發現只要把（使用九九乘法）後面再加 2 個 0** 即可。這樣就可以大幅簡化學生的學習負荷。

對於乘以二位數以上的問題，還是可以分為量的概念和數的概念兩種，分成兩種不同位值概念，以及從高位算到低位和從低位算到高位兩種。因為學生已有了從低位算到高位的經驗，因此可以很自然的從低位算到高位。

在數（量）的概念，例如：「一瓶汽水 29 元，一箱 24 瓶是多少元？」可以先算 9 個一（元）的 4 個一倍是 3 個十（元）6 個一（元），再算 2 個十（元）的 4 個一倍是 8 個十（元），共 11 個十（元）6 個一（元），是 1 個百（元）1 個十（元）6 個一（元）。再算 9 個一（元）的 2 個十倍是 18 個十（元），是 1 個百（元）8 個十（元），再算 2 個十（元）的 2 個十倍是 4 個百（元），共 5 個百（元）8 個十（元）。再相加，得到 6 個百（元）9 個十（元）6 個一（元），就是 696（元）。

請老師記得，2 個十（元）的 2 個十倍是 4 個百（元）對學生而言比較有困難，因此老師應該提醒學生它其實就是使用另一個位值概念：**從 20（元）的 20 倍是 400（元）內化來的**。

在進行直式算則的程序性教學時，老師可以讓學生比較上面數的解釋方式和乘法直式算則，讓學生發現原來直式算則只是少講了「個十」、「個一」的語言而已。例如：29×24，9（個一的）4（個一倍是）36（個一），是 3（個十）6（個一），再算 2（個十元的）4（個一倍是）8（個十），共 11（個十）6（個一），是 1（個百）1（個十）6（個一）。再算 9（個一的）2（個十倍）是 18（個十），是 1（個百）8（個十），再算 2（個十的）2（個十倍是）4（個百），共 5（個百）8（個十）。再相加，得到 6（個百）9（個十）6（個一），就是 696 元。

同時也讓學生聽到、了解、發現二位乘以二位就是重複做了二次的二位數乘以一位數，只是第一次乘以幾倍，第二次是乘以幾十倍而已。也就是 29 個一元的 4 倍是 116 個一元（因此用先前概念性了解內化的程序性知識計算），所以 6 放在個位，再來是 29 個一元的 2 個十倍，是 58 個十元，所以直式要放在十位。兩者再合起來，又是使用先前的加法概念。

```
        千 百 十 個
        位 位 位 位
              2 9
       ×      2 4
           1  1 6
       +   5  8
           6  9 6
```

二位數乘以二位數

　　因爲乘以二位的乘法已相當複雜了，若老師要再利用圖形表徵或具體操作物讓學生理解，是否會造成更大的學習負荷，老師必須做綜合的考慮。我們建議老師在教加法和減法的直式算則（甚至乘以一位的乘法）時，一定要用圖形表徵或具體操作物來協助學生理解，等到大多數的學生都能理解之後，我們期望他們也能將圖形表徵或具體操作物的心像類化到二位的乘法。類化先前所學的概念到後來的概念是數學教學上要讓學生學會的能力。

（四）問題

1. 如何讓學生更容易記憶九九乘法？

　　九九乘法對學生將來進行乘、除的相關計算與問題解答很重要，因此有記憶它的必要性：

　　(1) 九九乘法的記憶應該建立在了解乘法的意義──連加之上，也就是乘法的概念性了解。

　　(2) 九九的乘法應讓學生概念性了解乘數加一（老師可以用學生活情境的例子讓學生了解），答案增加一個被加數（乘數少一，答案少一個被加數）；或者被乘數加一，答案增加一個加數的性質（被乘數少一，答案少一個加數的性質）（例如：爲什麼 4×7 比 4×6 多 4），以便讓學生還沒有辦法記憶之前，能夠使用加法來進行有規律的記憶。

　　(3) 從較容易記憶的 2、5 的乘法先記憶起，尤其是 5 的乘法。當學生記憶 5 的乘法之後，配合乘法交換律的性質，他可以更快速的記憶（例如：他知道 $4 \times 5 = 5 \times 4 = 20$，便可以記憶 $4 \times 6 = 24$，$4 \times 7 = 28$）。

　　(4) 讓學生有規律的觀察九九乘法表，概念性了解數字間的關係。例如：讓學生一列一列（或一行一行）的看，發現 9 的乘法列依序是個位減一，十位加一及其原因（再加一個 9 時，把前一個數的個位拿出 1 和這個 9 相加變 10 再加到十位，所以是個位減一，十位加一）。此時學生會發現 8 的乘法是個數（大於 0 時）減 2，十位加一及其原因。還有因爲乘法交換律的緣故，右上半部和左下半部會對稱。

　　(5) 在學生能順利背誦加數從 1 到 9 的乘法之後，教師或者家長可以隨機亂數的抽問某一乘法，使他能更快的記憶。必要時也可以運用他有興趣的遊戲軟體協助學生記憶。

　　(6) 讓學生反背（逆概念），也就是問學生哪兩個數相乘等於某數（例如：24），這是學生快速進行除法的重要方法。

2. 高年級學生九九乘法表不會背，怎麼辦？

作者時常會聽到老師說，有些高年級的小朋友九九乘法表還不會背，加法還要數手指頭，怎麼辦？

作者覺得老師眞的要去了解學生有困難的原因哪裡。例如：加法基本事實需要數手指頭，此時，老師可以利用一些手指頭的心像，或者基本加法的遊戲，於課外讓學生學習，協助他記憶基本加減法事實。再如，老師應去了解學生是否對於乘法的意義不懂，也就是一顆糖果 2 元，3 顆多少元，學生不知道是 2 + 2 + 2，或者 2×3；還是他知道，只是在計算時需要花很長的時間，或者九九乘法背錯。以作者的經驗，若學生了解乘法的基本意義，只是在某些特定情形下較有困難，例如：8×7，3×0 等特定的數字乘法上。因此，建議老師可以留意學生哪些乘法會記憶錯誤，再提醒學生有沒有發現哪些數字的乘法比較容易背錯，最終的目的是要培養學生自我監控的能力。若學生沒有察覺，老師再問等於多少？製造學生的認知衝突，也就是讓學生留意或者記下來在哪些乘法上自己容易出錯，相信日後學生碰到這些乘法的時候，他自己就會特別小心，做錯的機會就會變小，老師也不會覺得學生九九乘法都不會背。

3. 乘法直式算則是上面乘以下面？

有老師問乘法直式算則是從「被乘數乘以乘數」，還是「乘數乘被乘數」。其實兩種方法都可以，只是以前的算則是「乘數乘被乘數」（建議上對下唸成乘以，下對上唸成乘），所以老師們都習慣「乘數乘被乘數」。因爲直式算則最後是被丟棄的，建議老師讓學生了解兩種方法都可以，也應看得懂別人的做法，但大部分的人都是「乘數乘被乘數」，因此盡可能使用「乘數乘被乘數」來計算。

4. 如何教多位數乘法直式計算的概念？

多位數乘以多位數乘法的直式計算是利用幾個十幾個一的幾個十幾個一倍的方式來了解，它在一個十的十倍是一個百的時候，對學生難度不高，但是到了一個百的千倍的問題，對有些學生就有難度，在直式算則的對位上有些吃力。

在此，作者建議，不見得一定要學生非常清楚的認知一個百的千倍是多少的問題，而建議使用由整十（整百）的整十（整百）倍是整百（整萬）內化爲其乘積爲 0 的個數相加，再利用這種內化來的程序性知識（概念推廣）去自動轉換成另一種位值概念 100 的 1000 倍，讓學生了解它是 100000，也就是一個十萬來學習。

同時應先從乘數變化起（最好一開始加上圖形表徵）。例如：幾十乘以幾十：10 個 10 元是 100 元，也就是 1 個百元；20 個 10 元是 200 元，也就是 2 個百元……，讓學生發現更一般的形式是 80 個 10 元是 800 元，也就是 8 個百元。再來變化被乘數：80 個 20 元就是 1600 元，也就是 16 個百元，是 2×8 個百元；80 個 30 元是 2400 元，

也就是 3×8 個百元。之後再學習二位乘以二位。

　　其他多位數乘以多位數的教學亦同,只是當學生了解幾十乘以幾十以後,幾十乘以幾百、幾百乘以幾百的問題,可以視學生的了解情形做跳躍的教學。例如:10 個 100 元是 1 個千元,40 個 100 元是 4 個千元,40 個 300 元是 3×4 個千元。

　　對於學習成就比較差的學生,建議老師可以抽問學生某二個數的乘法意義,再讓學生發現所有的乘法都是使用相同的概念即可。例如:234×67 的乘法,老師只要問 2×6 的意義是什麼即可。

5. 大數的直式乘法可以對齊非零的數嗎?

　　在教學時,教科書上都會隱約告訴學生,全數的加、減、乘都要個位對齊個位,或者要對齊最右邊。例如:

$$
\begin{array}{r}
234 \\
+\ \ 98 \\
\hline
332
\end{array}
\qquad
\begin{array}{r}
234 \\
-\ \ 98 \\
\hline
136
\end{array}
\qquad
\begin{array}{r}
234 \\
\times\ \ 98 \\
\hline
1872 \\
2106 \\
\hline
22932
\end{array}
$$

　　到了大數的乘法時,例如:23400×980,有些老師就問,是不是也要最右邊對齊?可不可以對齊不為 0 的數,然後做直式乘法計算,最後再補上被乘數和乘數右邊的 0 的個數就好?例如:

$$
\begin{array}{r}
23400 \\
\times\ \ \ \ 980 \\
\hline
0 \\
187200 \\
210600 \\
\hline
22932000
\end{array}
\qquad
\begin{array}{r}
234\ \ 00 \\
\times\ \ \ 98\ \ 0 \\
\hline
1872 \\
2106 \\
\hline
22932000
\end{array}
$$

　　我們知道有些老師會害怕學生不知道為什麼可以這樣做,最後把直式算則都弄混淆了,所以還是希望學生用一開始的規約,把最右邊對齊來計算。

　　我們曾經提過,直式計算只是為了能快速且正確的把答案計算出來,它在數學上的重要性不高。因此,作者建議可以放寬,做乘法時,只要對齊不為 0 的數來做乘法計算,最後再補上被乘數和乘數右邊的 0 的個數就好。同時重點也應該放在讓學生了解為什麼「對齊不為 0 的數做乘法,最後再補上被乘數和乘數右邊的 0 的個數」的答案一定是正確的答案?

其實我們在教大數的加、減法，爲了減少學生的記憶負荷，有時候同意用簡寫的方式進行計算，但是仍然是相同的數值要對齊。例如：

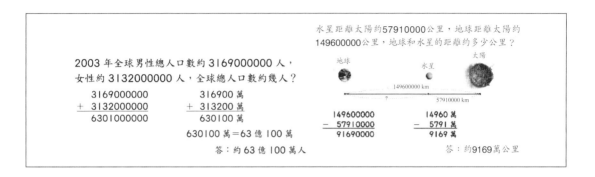

這時候，學生應該了解爲什麼「萬」後面的 0 可以省掉，只寫一個萬（甚至省掉不寫）。相同的大數的乘法，我們其實也可以用相同的概念來解釋，最後再變成下面最右邊的簡計方式即可。

```
        23400           234 個百           23400
    ×     980       ×     98 個十       ×     980
            0             1872             1872
       187200             2106             2106
       210600         22932 個千         22932000
     22932000
```

這個簡便的計算方式，其實也被用在小數的乘法之中。詳細內容請參見本書小數四則計算的相關問題。

七、除法概念的概念性知識

除的意義在於累減和「平分」，所謂「平分」就是平均分配的意思，也就是每個分量都完全相等。平分可分爲「離散量」的平分和「連續量」的平分，它是學習除法的基礎。因離散量大多透過數數、加減法，甚至乘法即能獲得答案，相較於連續量，學生比較能了解，所以在學習之初通常都是先透過等分多個具體物（離散量），來讓學生理解平分的意義。

有些教材在剛開始教除法概念時，會用公平來替代平分，主要原因是公平在生活語意中比較容易出現，平分則比較有數學語意的感覺。但是公平在生活語意中，不一定需要平分，因此要特別小心學生對公平是否與平分的語意相等。例如：爸、媽過年包紅

包給孩子時，時常給老大的紅包比較多，例如 1000 元；給老二的紅包則比較少，例如 600 元，此時，老二時常會和爸、媽抱怨說不公平。爸、媽就會說因為老大比較大，所以應該得到比較多，是公平的。

除法概念是累減概念的簡寫（以簡馭繁），是減法概念的推廣，也就是說除法概念是減法概念的上位概念，因此乘、除法要比加、減法優先運算。除法又有兩種概念：包含除（quotitive division）（又稱為分裝）和等分除（partitive division）（又稱為平分）。

（一）包含除

包含除問題是指利用已知的總量和單位量，來解決單位數未知的問題，即總量 ÷ 單位量 = 單位數。例如：「有 40 顆糖果，每 8 顆分給一位小朋友，共可以分給幾位小朋友？」這種同單位的除法：「看 40 顆可以分多少個 8 顆」，稱為包含除（請用「8 顆包含在 40 顆內」的中文語意去了解這個名詞的意義），也就是把小單位（顆）轉換成大單位（位）[10]。

包含除又可以分為可以整除[11]（建議在說「沒有餘數」時，要留意日後學生學習「餘數為 0」時，是否了解兩個意思相同，以免造成學生的誤解），以及不能整除而有餘數的問題。例如：「有 40 顆糖果，每 8 顆分給一位小朋友，共可以分給幾位小朋友？」以及「有 42 顆糖果，每 8 顆分給一位小朋友，共可以分給幾位小朋友？剩下幾顆？」用算式表示為 40 ÷ 8 = (　)，以及 42 ÷ 8 = (　)...(　)。

（二）等分除

等分除問題是利用已知的總量和單位數，來解決單位量未知的問題，即總量 ÷ 單位數 = 單位量。例如：「有 40 顆糖果，平分給 8 位小朋友，每人可以得到幾顆糖果？」這種不同單位的除法：「40 顆平分成 8 份」，稱為等分除（請用「等分」的中文語意去了解這個名詞的意義）。

等分除又可以分為可以整除，以及不能整除而有餘數的問題。例如：「有 40 顆糖果，平分給 8 位小朋友，每人可以得到幾顆糖果？」以及「有 42 顆糖果，平分給 8 位小朋友，每人可以得到幾顆糖果？剩下幾顆？」用算式表示為 40 ÷ 8 = (　)，以及

----

[10] 我們之所以用大單位和小單位來區分，主要是取其一位分到 8 顆，所以 1 位有 8 顆，1 位的單位比 1 顆的單位大。在這個題目上的意義可以看成 1 位 = 8 顆進行轉換。

[11] 整除的名詞可以教給學生，只要老師讓學生顧名思義一下，學生應該很容易了解其意義。

$42 \div 8 = ($　$) ... ($　$)$。

八、除法結果的概念性知識

全數的除法運算結果，和加、減、乘一樣，最好都讓學生先從具體的量進行了解，等到「量」的除法運算內化之後，再變為「數」的概念性知識。

（一）包含除

包含除問題是指利用已知的總量和單位量，來解決單位數未知的問題。例如：「有 40 顆糖果，每 8 顆分給一位小朋友，共可以分給幾位小朋友？」它的解法有三種：利用加法、利用減法，和利用乘法，建議老師可以讓學生自行建構，藉此了解學生最熟悉的運算是加法、減法，或者乘法。

1. 連結加法

在解這個問題時只要把 8 顆分給一位小朋友即可，再分 8 顆給另一位小朋友，共分掉 16 顆。依此下去，直到分完為止。發現總共分給 5 位小朋友。

它的橫式算法是：

⑧ + ⑧ = 16	2 個 8（顆）
16 + ⑧ = 24	3 個 8（顆）
24 + ⑧ = 32	4 個 8（顆）
32 + ⑧ = 40	5 個 8（顆）

要注意的是，算式中的 8，是 8 顆，和題目的 8 的單位一致。

由於包含除的概念不需要經過語意的轉換，因此若用數的概念來教學，學生可以了解，所以在教除法時，時常利用包含除問題引入。

2. 連結減法

在解這個問題時只要把 8 顆分給一位小朋友即可，剩下 32 顆；再分 8 顆給另一位小朋友，剩下 24 顆。依此下去，直到分完為止。發現總共分給 5 位小朋友。

它的橫式算法是：

40 − ⑧ = 32	1 個 8（顆）
32 − ⑧ = 24	2 個 8（顆）
24 − ⑧ = 16	3 個 8（顆）
16 − ⑧ = 8	4 個 8（顆）
8 − ⑧ = 0	5 個 8（顆）

要注意的是，算式中的 8，是 8 顆，和題目的 8 的單位一致。

3. 連結乘法

在教除法的概念時，老師大都已教過乘法，且有部分學生已可以記憶乘法事實。因此，也可以用乘法來教除法概念。同時**學生應該利用乘法基本事實來計算，才能降低學習負荷**。

在解這個問題時分給 1 位小朋友，共分 8×1 = 8 顆，若分給 2 位小朋友，共分 8×2 = 16 顆，依此下去，發現分給 5 位小朋友，8×5 = 40，剛好全部分完，所以總共分給 5 位小朋友。

它的橫式算法是：

$$8（顆）×1 = 8（顆）$$
$$8（顆）×2 = 16（顆）$$
$$8（顆）×3 = 24（顆）$$
$$8（顆）×4 = 32（顆）$$
$$8（顆）×5 = 40（顆）$$

我們也可以把它記成 40÷8 = 5。

雖然教材在處理除法問題時，都會從連減，甚至連加開始，但事實上學生在學習除法之前已學過乘法。所以，假如學生對乘法概念建立得很清楚，了解它是連加的概念，作者建議，**可以稍微提一下連減的意義，就馬上連結到用乘法（除法的逆概念）來求得答案**。當然，當學生對乘法基本事實有較強的記憶時，可以不從 8×1 = 8 開始，可以讓學生以生活經驗猜測每人大概可以分幾顆，例如：3 顆，便是 8×3 = 24，再 8×4 = 32、8×5 = 40，往下背誦。

因為我們沒有背誦基本除法，因此，建議老師可以在教九九乘法的基本事實之後，在教除法之前和學生玩「8 乘以多少會得到 40」的遊戲，以提高學生的解題能力。

4. 多位除以一位

例如：「蘋果一顆 9 元，234 元可以買幾顆？」是 234÷9 = （　）。當學生無法猜測恰當的數時，可以先買 10 顆，再買 10 顆，再買 6 顆，共可以買 26 顆的方式進行。如下圖。老師需要思考地方是，這種做法可以說是學生的自發性做法，但是這樣的學生顯然沒有辦法運用先前學會的二位除以一位進行概念推廣來計算答案，他的學習負荷是很大的。

```
              6
          1   0
          1   0
  9 )   2   3   4
          9   0
      1   4   4
          9   0
          5   4
          5   4
              0
```

以 10 顆 10 顆的方式進行除法

　　從學生主動建構的觀點，學生可能會說明 234 元是 200 元，30 元，4 元合起來的。200 元，除以 9 元，買不到 100 顆。因此換成 10 元，變成 230 元，除以 9 元，可以買 20 顆，共 180 元，剩下 50 元，加上原來的 4 元，剩 54 元，除以 9 元，可以買 6 顆。因此可以買 26 顆蘋果。

　　除法直式算則是利用真正的位值概念讓學生思考 234（元）是 2 個百（元），3 個十（元），4 個一（元）合起來的。2 個百（元），除以 9（個一元），買不到一個百（顆）。因此換成十（元），變成 23 個十（元），除以 9（個一元）（**使用九九乘法去想**），可以得到 2 個十（顆），共 18 個十（元），剩下 5 個十（元）。5 個十（元）再換成 50 個一（元），剩 54 個一（元），除以 9（個一元）（**使用九九乘法去想**），可以得到 6 個一（顆）。因此可以買 2 個十、6 個一，共 26 顆。把它寫成直式如下圖：

```
              6                          2   6
          2   0                  9 )  2  3   4
  9 )   2   3   4                     1   8
      1   8   0                           5   4
          5   4                           5   4
          5   4                               0
              0
```

以 200 的位值概念進行除法　　　　　　以二個百的位值概念進行除法

　　假如老師在進行加法、減法、乘法的教學時，時常先用量再用數的概念來解釋，同時學生也能了解。此時雖然因為除法用量的概念比較不容易解釋而改以數的方式來解釋，相信學生也不會覺得抽象。同時在用位值概念來解釋時，**老師也要讓學生發現，它和二位除以一位商是一位的情形一樣，都是去回想乘法基本事實，利用它來找答案**，也就是利用乘法的逆概念來想多位除以一位的問題，只是**相同的計算重複做了二次而已**。

5. 多位除以二位以上

在進行多位數除以二位的除法問題之初，課本上都會處理多位數除以整十的問題。例如：「商店一個蘋果賣 20 元，問 380 元是賣了多少個蘋果？」的問題，我們還是可以使用上面除以一位數的幾種方式來解釋。假如學生習慣利用數的乘法概念來解釋，作者不反對老師直接使用數概念來解釋，但是要提醒學生它還是累減的概念，是使用九九乘法來找答案。此時，可以這樣解釋：因為**一個要 2 個十（元），所以 380 是 38 個十（元），好像可以看成 38 除以 2，這樣又回到二位除以一位的方法上面了。**這時候只要用先前已經了解的二位除以一位內化成的程序性知識來計算就好了，這樣對學生的學習困難會少很多，否則 380 除以 20 學生比較不容易猜到商是多少（作者看到有些學生一直用連減的方式在找商，非常辛苦）。

當然，多位除以二位仍然有幾種解釋方式。例如：「蘋果一個 36 元，一箱需 1512 元，問一箱有幾顆蘋果？」是 1512 ÷ 36 = (　)。當學生無法猜測恰當的數時，也可以先以 10 顆，再 10 顆，再 10 顆，再 10 顆的方式進行。再每 2 顆，最後共 42 顆。如下圖。同樣的，這種做法對學生的學習負荷非常的大，同時他也沒有學會概念推廣，這是很不好的事情。

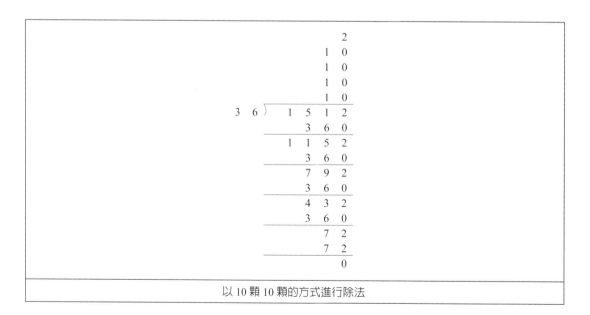

以 10 顆 10 顆的方式進行除法

從學生主動建構的觀點，學生可能會說明 <u>1512 元是 1500 元，10 元，2 元合起來的</u>。1500 元，平分看有多少個 36 元，不到 100 個。因此換成 10 元，變成 1510 元，平分看有多少個 36，共有 40 個 36 元，共 1440 元，剩下 70 元。加上原來的 2 元，剩 72

元，再看有多少個 36 元，共 2 個。因此共有 42 顆蘋果。

　　除法直式就是利用真正的位值概念來思考的，也就是 1512 元是 1 張千元，5 張百元，1 個十元，2 個一元合起來的。1 張千元，平分看有多少個 36 元，不到千，因此換成百元，變成 15 張百元。15 張百元平分看有多少個 36 元，不到百個，因此換成十元，變成 151 個十元，平分看有多少個 36 元，共有 4 個十（顆），要 144 個十元，剩下 7 個十元。7 個十元再換成 70 個一元，剩 72 個一元，平分看有多少個 36 元，共 2 個一（顆）。因此共 4 個十 2 個一（顆），共 42 顆蘋果。如下圖：

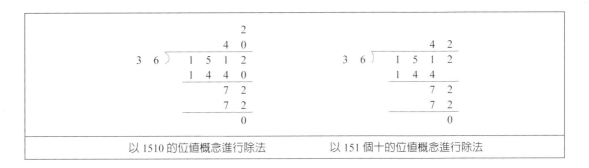

| 以 1510 的位值概念進行除法 | 以 151 個十的位值概念進行除法 |

　　要注意的是 151 個十，平分成 36，有幾個十，有些學生不容易馬上知道要用 4。此時，老師可以請學生先把 **151 個十看成 150 個十，把 36 看成 40**，此時**再做 15 除以 4 的估商（也就是回到九九乘法找答案）**就比較容易得到近似的數——3 個十，再正式進行乘法計算，看是否太少或太大，若太少再加一個十，變成 4 個十。

　　當然也可以把 **151 個十（元）看成 15 個百（元），把 36 看成 3 個十（元）**（估商的概念），此時就容易估計近似的數 4 個十（顆），再正式進行乘法計算。此時也要看是否太少或太大。要注意的是，它是使用乘法的逆概念，但作者相信學生可以了解，也就是原來是 3 個十乘以 4 個十得到 12 個百，現在是反過來 15 個百除以 4 個十得到 3 個十，剩下 3 個十。

　　因為除以二位的除法問題已經相當複雜了，若老師要再利用圖形表徵或具體操作物讓學生理解，它是否會造成更大的學習負荷，老師必須做綜合的考慮。我們建議老師在教加法、減法和乘法的直式算則（甚至除以一位的除法之前）時，先利用較小的數字和圖形表徵或具體操作物來協助學生理解，等到大多數的學生都能理解之後，我們期望學生能將圖形表徵或具體操作物的心像類化到二位數的除法。類化先前所學的概念到後來的概念，這是數學教學上要培養學生的能力。

　　老師也要讓學生聽到、了解、發現雖然多位除法二位的問題很複雜，但是它的概念性理解不難，它還是連減的概念，它還是乘法的逆概念，它還是使用九九乘法來找答

案，只是步驟多了一點、複雜一點而已。

（二）等分除

等分除問題是利用已知的總量和單位數，來解決單位量未知的問題。例如：「有40顆糖果，平分給8位小朋友，每人可以得到幾顆糖果？」它和包含除一樣，有三種解法：利用加法、利用減法，和利用乘法。

1. 利用加法

在解這個問題時，學生需要進行語意轉變或者換句話說，所以剛學時，對學生可能有一點難度。但是假如學生在加、減法的比較型問題上，曾經利用語意轉換了解爲什麼比較型問題也可以用減法來算，這時候，對學生的難度就會少一點。

在解這個問題時，小朋友要有每一個人分一個，輪流分的經驗。也就是8位小朋友，先每人分一顆，只分掉8顆；再每位小朋友，每人分一顆，再分掉8顆，共分掉16顆。依此下去，直到分完爲止。發現總共分了5次（也就是有5個8），每次一個人1顆，所以每人總共分到5顆。

它的橫式算法是：

等分除的加法	等分除的語意轉換
⑧ + ⑧ = 16 16 + ⑧ = 24 24 + ⑧ = 32 32 + ⑧ = 40	8（顆）分1次，8（顆）分2次 8（顆）分3次 8（顆）分4次 8（顆）分5次

要注意的是，算式中的8，不是8個人，不是8位小朋友，而是「語言轉換」爲8顆。5，是5次，還要再轉換爲每次一個人1顆，所以每人總共分到5顆。

由於等分除的概念要經過語意的轉換，因此若一開始就用數的概念而沒有用量的概念來教學，學生一定不懂，會以爲是8個人加8個人，或者會想最後不是40人嗎？爲什麼是40顆？

由於除法直式算則使用圖形表徵或具體操作物來協助學生理解時，有時候會造成老師教學時的荷負，所以假如學生在學習加法時已經很清楚的了解加法的意義，這時候其實是可以不用具體操作或者圖像表徵的。因爲學生對加法已經能抽象思考了，這時候再配合學生已學會的加法基本事實，讓學生了解8位小朋友，每人分一顆，分掉8顆的語意轉換即可。假如老師不放心，我們同意老師在剛開始教除法概念時可以考慮配合圖形表徵或者具體操作物表徵，讓學生具體的了解除法的意義。如下圖：

等分除的具體操作表徵圖

2. 利用減法

在解這個問題時小朋友也是要有每一個人分一個，輪流分的經驗。也就是 8 位小朋友，有 40 顆，先每人分一顆，分掉 8 顆，剩下 32 顆；再每位小朋友，每人分一顆，再分掉 8 顆，剩下 24 顆。依此下去，直到分完為止。發現總共分了 5 次（也就是有 5 個 8），每次一個人 1 顆，所以每人總共分到 5 顆。

它的橫式算法是：

等分除的減法	等分除的語意轉換
$40 - ⑧ = 32$ $32 - ⑧ = 24$ $24 - ⑧ = 16$ $16 - ⑧ = 8$ $8 - ⑧ = 0$	8（顆）分 1 次 8（顆）分 2 次 8（顆）分 3 次 8（顆）分 4 次 8（顆）分 5 次

同樣，要注意的是，算式中的 8，不是 8 個人，不是 8 位小朋友，而是語言轉換為 8 顆。5，是 5 次，還要再轉換為每次一個人 1 顆，所以每人總共分到 5 顆。

由於等分除的概念要經過語意的轉換，因此若用數的概念來教學，學生不一定能懂，他會想「為什麼 40 顆糖果可以減淖 8 個人？以前老師不是告訴我不同單位不能相減嗎？」因此老師一定要用量的概念來教學，同時留意學生是否了解語意的轉換。

3. 利用乘法

尤其在教除法的概念時，老師大都已教過乘法，且有部分學生已可以記憶乘法事實。因此，也可以用乘法來教除法概念。

在解這個問題時小朋友要去想分給 8 個人，若每個人分 1 顆，共分 $1 \times 8 = 8$ 顆，若每個人分 2 顆，共分 $2 \times 8 = 16$ 顆。依此下去，若每人分 5 顆，$5 \times 8 = 40$，剛好全部分完，所以每人總共分到 5 顆。

它的橫式算法是：

$1 \times 8 = 8$ $2 \times 8 = 16$ $3 \times 8 = 24$ $4 \times 8 = 32$ $5 \times 8 = 40$
等分除的乘法表徵，不需要語意轉換

我們把它記成 $40 \div 8 = 5$。

當然，當學生對乘法基本事實有較強的記憶時，可以不從 $1 \times 8 = 8$ 開始，可以讓學生以生活經驗猜測每人大概可以分幾顆，例如：3 顆，便是 $3 \times 8 = 24$，再 $4 \times 8 = 32$、$5 \times 8 = 40$，往下背誦。

老師也可以在教除法之前和學生玩「多少乘以 8 會得到 40」的遊戲，以提高學生的解題能力。

假如老師教學時，是從前面的加法或減法概念連結到乘法算式，此時會得到它的橫式算法是：

8（顆）$\times 1 = 8$ $8 \times 2 = 16$ $8 \times 3 = 24$ $8 \times 4 = 32$ $8 \times 5 = 40$	（乘法中的 8 是從 8 人轉換為 8 顆）
等分除問題連結加法或減法時的乘法表徵（需要語意轉換）	

同時 5 次要再轉換為：因為每次每人分一顆，共分了 5 次，所以是 5 顆。

我們把它成記 $40 \div 8 = 5$。

因為等分除的除法概念在加法和減法上有語意轉換的問題，因此老師教學時要別小

心，否則學生在加法和乘法的連結上會出現問題。再者，雖然這樣做沒有問題，但是會把除法的概念侷限在總量除法單位數的概念上，使得除法的概念少了總量除法單位量的概念。

從概念學習的完整性，以及學生學習可以先退回剛學的概念，不行時再退回更前的概念，也就是先退回乘法概念，不行再退回減法概念。因此作者建議老師在包含除的教學上可以連結減法（或加法）再連結到乘法；在等分除的問題上，讓學生聽到、了解、發現它和前面所學的包含除問題一樣，可以連結乘法概念，不需回到減法和加法概念，以免造成更多的困擾。

4. 多位除以一位

例如：「蘋果 9 顆，需 234 元，一顆是幾元？」是 234÷9 = (　)。當學生無法猜測恰當的數時，可以以每顆 10 元，再每顆 10 元的方式進行。再每顆 6 元，每顆共 26 元。

也可以讓學生思考 234 元是 200 元，30 元，4 元合起來的。200 元，平分給 9 顆蘋果，一個不到 100 元。因此換成 10 元，變成 230 元，平分給 9 顆蘋果，每個要 20 元，共 180 元，剩下 50 元。加上原來的 4 元，剩 54 元，平分給 9 顆蘋果，共 6 元。因此每顆蘋果 26 元。如下圖：

$$
\begin{array}{r}
6 \\
1\,0 \\
1\,0 \\
9\,)\overline{\;2\;3\;4} \\
9\,0 \\
\hline
1\;4\;4 \\
9\,0 \\
\hline
5\;4 \\
5\;4 \\
\hline
0
\end{array}
$$

以 10 元 10 元的方式進行除法

也可以讓學生思考 234 元是 2 張百元，3 個十元，4 個一元合起來的。2 張百元，平分給 9 顆蘋果，一顆蘋果不到百元。因此換成十元，變成 23 個十元，平分給 9 顆蘋果（使用九九乘法），每顆蘋果要 2 個十元，共 18 個十元，剩下 5 個十元。5 個十元再換成 50 個一元，剩 54 個一元，平分給 9 顆蘋果（使用九九乘法），共 6 個一元。因此每顆蘋果要 2 個十元 6 個一元，共 26 元。

其中這種概念是除法直式算則的概念性知識。如下圖：

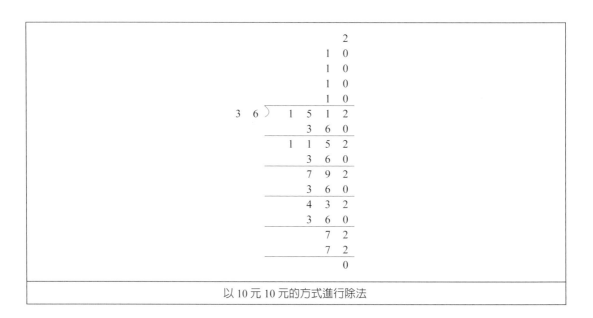

以 200 的位值概念進行除法　　　以二個百的位值概念進行除法

　　由於除法直式算則的概念性知識是在加法、減法和乘法之後學習，所以老師是否利用圖形表徵或者具體操作物表徵來協助學生理解，老師可以試著說出理由，只要合理即可。我們建議老師在教加法、減法和乘法，以及基本的除法概念時，便要讓絕大部分的學生產生心像，然後類化這些心像到除法直式算則，否則學生在概念性的理解上，學習荷負會愈來愈大，他只好記憶公式。

5. 多位除以二位以上

　　例如：「蘋果一箱 36 顆，需 1512 元，一顆是幾元？」是 1512÷36 = (　)。當學生無法猜測恰當的數時，可以先以每顆 10 元，再每顆 10 元，每顆 10 元，每顆 10 元的方式進行。再每顆 2 元，共每顆 42 元。如下圖。但這種計算方法，對學生而言，負荷量太大，因此老師在教學時，要引導至除法直式算則。

以 10 元 10 元的方式進行除法

　　也可以讓學生思考 1512 元是 1500 元，10 元，2 元合起來的。1500 元，平分給 36

顆蘋果，一個不到 100 元。因此換成 10 元，變成 1510 元，平分給 36 顆蘋果，每個要 40 元，共 1440 元，剩下 70 元。加上原來的 2 元，剩 72 元，平分給 36 顆蘋果，共 2 元。因此每顆蘋果 42 元。

也可以讓學生思考 1512 元是 1 張千元，5 張百元，1 個十元，2 個一元合起來的。1 張千元，平分給 36 顆蘋果，一個不到千元，因此換成百元，變成 15 張百元。15 張百元平分給 36 顆蘋果，一個不到百元，因此換成十元，變成 151 個十元，平分給 36 顆蘋果，每個要 4 個十元，共 144 個十元，剩下 7 個十元。7 個十元再換成 70 個一元，剩 72 個一元，平分給 36 顆蘋果，共 2 個一元。因此每顆蘋果 4 個十元 2 個一元，共 42 元。如下圖：

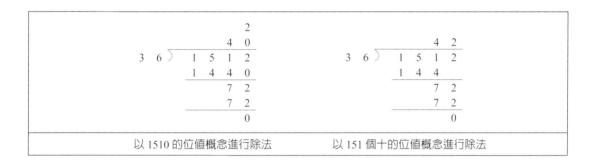

以 1510 的位值概念進行除法　　以 151 個十的位值概念進行除法

要注意的是 151 個十元平分給 36 顆蘋果，每個要幾個十元，有些學生不容易馬上知道要用 4（作者看到有些學生是用乘以 2, 3... 在試）。此時，老師可以請學生先把 151 個十元看成 150 個十元，把 36 個看成 40 個（估商的概念），此時就是**回到基本的九九乘法的逆運算，再做估商**，就比較容易得到近似的數——3 個十元，再正式進行乘法計算，看是否太少或太大，若太少再加 1 個十元，變成 4 個十元。

當然也可以把 151 個十元看成 15 個百元，把 36 看成 3 個十顆（估商的概念），此時就容易利用九九乘法估計近似的數 4 個十元，再正式進行乘法計算。此時也要看是否太少或太大。

因為除以兩位的除法問題已經相當複雜了，若老師要再利用圖形表徵或具體操作物讓學生理解，它是否會造成更大的學習負荷，老師必須做綜合的考慮。我們建議老師在教加法、減法和乘法的直式算則（甚至除以一位的除法之前）時，一定要用圖形表徵或具體操作物來協助學生理解，等到大多數的學生都能理解之後，我們期望他們也能將圖形表徵或具體操作物的心像類化到二位數的除法。類化先前所學的概念到後來的概念是數學教學上要讓學生學會的能力。

（三）問題

1. 0 和 1 的除法學生知道嗎？

在教學上 0 和 1 的乘法我們會教，但是 0 和 1（除數）的除法，因為不存在或者一看就知道答案，所以我們都不教。作者在思考，學生是什麼時候了解被除數或者除數可不可以為 0 或 1 呢？有些國中生在進行兩邊同除時的等量公理計算時，時常忘了除數不能為 0，可能是這樣造成的。因此，教師應該在適當時機了解學生是否了解除數或者被除數能不能為 0 或者 1 的情形。

0 和 1 的乘法容易解說，例如：使用類似射飛標的情境「射 0 分的有 5 支」，「射 1 分的有 5 支」，「射 4 分的 0 支」，「射 4 分的 1 支」，讓學生學習 0×5，1×5，或者 4×0，4×1。因為有些學生會以為 $4 \times 0 = 4$，$4 \times 1 = 5$，因此在教學上要特別留意這類的學生。

0 和 1 的除法的例子，例如：「有 10 顆蘋果，平分成 5 堆，每堆有幾顆？5 顆蘋果，平分成 5 堆，每堆有幾顆？0 顆蘋果，平分成 5 堆，每堆有幾顆？」讓學生了解 $0 \div 5 = 0$。「有 4 顆蘋果，平分成 2 堆，每堆幾顆？所以，4 顆蘋果，平分成 1 堆，每堆幾顆？所以 $4 \div 1 = 4$。4 顆蘋果，可不可以平分成 0 堆？」讓學生了解 $4 \div 0$ 沒有意義。

2. 如何估商？

估商的概念非常重要。當數字愈大時，除法就變得愈困難，若學生了解如何估商，他的計算負荷就會減低。估商的概念主要還是看「被除數最左邊的一位數有沒有比除數最左邊的一位數大或相等，若有，就用九九乘法的逆算來估商；若沒有，就用被除數最左邊的二位數除以除數最左邊的一位數，再運用九九乘法的逆運算來估商。」

說得細一點，學生開始學除法時，是利用乘法的逆運算來計算二位除以一位，商是一位的問題，也就是我們沒有把除法事實記憶起來，而是去想該用哪個乘法。

再來學習二位除以一位，商是二位的問題，這時候學生要了解先用被除數的十位除以除數，之後再把減掉後剩下的數，再除以除數。例如：計算 $98 \div 4 = ($　$)...($　$)$ 時，$98 \div 4 = 20...18$，$18 \div 4 = 4...2$，所以商是 24，餘數是 2。

當三位除以一位時，我們則是先看被除數的百位能不能除以除數，可以，便使用九九乘法的逆運算估商（此時商為三位數）；不行，就將被除數的百和十位看成二位數，再除以除數，而且也是利用九九乘法的逆運算來估商，減完以後，剩下二位數，再用乘法的逆運算來估商（商是二位數）。

當三位（以上）除以二位數時，估商的方法是當被除數最高二位數比除數大或相等時，以 $9512 \div 26 = ($　$)$ 為例：因為是除以兩位數，所以先看 $95 \div 26$，發現商數大於

1，因此，學生一時無法估商，可以<u>回到一位數除以一位數的方法估商</u>，即 9÷2（或者 9÷3）來估商，也就是把 95 看成 90（或 9 個十），把 26 看成 20（或 2 個十）或者 30（或 3 個十）來估商。

當被除數最高的二位數比除數小時，以 1512÷36 = (   ) 爲例。因爲是除以兩位數，所以先用 15÷36，發現被除數比除數小，因此，再多一位變成用 151÷36。當一下子無法估商時，可以看成 15÷3（或 4），也就是可以把 <u>151 個十看成 15 個百，把 36 看成 3 個十</u>（估商的概念，也就是回到多位數除以一位的做法，先看 15 除以 3），此時就容易估計近似的數爲 4 個十，再正式進行乘法計算。

九、學生數概念的運思階段

82 年部編本（甯自強，1992）將國小學生對數的運思方式，依序分爲五個發展階段，這五個階段和學生學習四則運算有很大的關聯，因此我們有必要了解：

（一）序列性合成運思（sequential integration operation）

具備這種運思的學生，能將數個「1」合而爲一，形成一個集聚單位（composite units）。例如：把 10 個一形成集聚單位一個十。這個階段的學生已經具有數的保留概念，因此他們把「1」當作一個可複製並且可以計數的集聚單位。例如：5 就是 5 個「1」。此階段的學生在加法的解題策略，多以手指或具體物模擬問題情境中的量，再全部數數。即以「1」爲計數單位來進行解題。

能進行序列性合成運思的學生，此時已具備起始數概念。此階段學生可以建構一集聚單位，但是認爲單位一與集聚單位，或者一個集聚單位與另一個集聚單位是彼此獨立的，要聯絡兩數，則必須透過量的操作來進行運算。

Madell（1985，引自甯自強，1992）要求一群美國 6 歲學生操作 4 個代表「10」的條狀積木與 8 個代表「1」的小白積木，來解答「48 − 14 = ？」的問題時，學生們傾向於將其中 1 個條狀積木兌換成 10 個小白積木，然後再從 18 個小白積木中取走 14 個。學生不直接取走 1 個長條積木與 4 個小白積木的做法顯示，他們的數概念是處於「序列性合成運思」的階段。

（二）累進性合成運思（progressive integration operation）

具備這種運思的學生可以使用一個集聚單位（例如：一個十）爲基礎，繼續合成新的「1」，而形成新的集聚單位。例如：以 16（把 16 當成一個集聚單位）爲起點，繼續合成 3 個「1」，而形成 19（新的集聚單位）。能進行累進性合成運思的學生，此時

已具備「內嵌數概念」。這個階段的學生與「起始數概念」階段的學生，最大的差別在於能夠以任何數為「起始數」計算被計數物。這個階段的學生，在解決有關數的問題時方法已經更為多樣化，也就是學生會從某一個數往上數。

（三）部分－全體運思（part-whole operation）

具備這種運思的學生能掌握「1」單位與以「1」為單位量所合成的集聚單位（例如：10 或 100）間的部分－全體關係，並且能夠區分兩者的意義，所以在混合使用兩種以上的被計數單位（集聚單位）時，不會混淆其計數的意義，可以將數個集聚單位和數個「1」單位合而為一，形成新的集聚單位。例如：能區辨 3 個「十」與 3 個「一」這兩個 3 具有不同的意義，而將 33（新的集聚單位）視為 3 個「十（集聚單位）」與 3 個「一」的合成結果。因為學生已發展多單位的觀點，用來解讀數字（詞）的意義，因此學生已具備「合成巢狀（integrative nested）數概念」。

這個階段的學生可以把任何數都當成可一再複製的計數單位。例如：5 是由 5 個 1 聚集而成，因此 1 是低階單位，5 是高階單位；同時 5 也可成為一個低階單位，用來重複計數，一再複製 5，變成 5, 10, 15, 20...。

（四）測量運思（measurement operation）

具備這種運思的學生能以掌握「1」與新的集聚單位（例如：10 或 100）間的部分－全體關係為基礎，進而能掌握新的集聚單位（例如：「十」）與以此集聚單位為單位量所合成的另一個新集聚單位（例如：10 個「十」，也就是「百」）間的部分－全體關係，也就是可以同時掌握兩個層級的部分－全體關係。換言之，在運思上，學生不但可以把任何整數（例如：10 或 16 或 100）當作單位量，並以此整數作為測量單位，同時學生能掌握兩個以上「部分－全體」的關係。例如：個位、十位、百位中，能掌握個位與十位、十位與百位、個位與百位之間的關係，即是兩個「部分－全體」的關係。這個階段的學生已具備「測量單位數概念」。

（五）比例運思（ratio operation）

具備這種運思的學生能以兩個集聚單位間的關係為運思的起點，形成新的單位來描述此關係，也就是能掌握比值或有理數的概念，並且以其關係為運思的對象，蘊涵著對共變性質的掌握，被此關係聯絡的兩個集聚單位，如果產生等比例的變化，並不會改變此關係。例如：100 和 10 的關係有兩種，相差 90 或者相差 9 倍；1000 和 100 的關係有兩種，相差 900 或者相差 9 倍。具備比例運思的學生能了解 100 和 10 的關係，以及

1000 和 100 的關係都是相差 9 倍；或者 100 和 10 的倍數關係，以及 1000 和 100 的倍數關係都是 10 倍。

82 年版部編本預估部分一全體運思的發展在三年級，測量運思的發展在五年級，而比例運思的發展則是國中課程的任務。所以 82 年版部編本在五年級以前的教材中所布的問題，都是測量運思學生可能完成的問題，並同時兼顧部分一全體運思學生，在輔助下也能夠成功的解題，以作為比例運思發展的經驗基礎。

（六）問題：學生數概念的運思階段想告訴我們什麼？

學生數概念的運思階段，告訴我們當學生在學習類似「操場上有 3 個小朋友在玩，又來了 2 個小朋友，問現在操場上有多少小朋友？」的加法問題時，假如學生是先拿出 3 個具體物，再拿出 2 個具體物（或先畫 3 個圖像表徵，再畫 2 個圖像表徵），然後全部一個一個數：1, 2, 3, 4, 5，此時，學生就在序列性合成運思期。當學生已經進展到一開始的 3 個不用數，直接數後來的 2 個：（3 記心裡）4, 5，得到 5 個，此時，學生已經進展到累進性合成運思。後來他可以再學從較大的數往上數，或者記憶基本加法事實。

當學生了解 1 個十和 10 個一一樣，同時可以用十和一來混合計數時，學生已經達到部分一全體運思。例如：學生了解 3 個十和 5 個一，他可以先數 1 個十、2 個十、3 個十，所以 30，再數 31, 32, 33, 34, 35。此時表示他可以清楚分辨兩個不同的單位：「十」和「一」，學生也已經到達部分一全體運思。

當學生可以掌握三個以上單位「一」、「十」、「百」之間的關係，知道 1 個百 = 10 個十 = 100 個一，並且利用它來計數：3 個百、6 個十、8 個一為 368 時，學生已到達測量運思階段。

當學生了解十和一的關係與百和十的關係是一樣的，都是十倍的關係，此時學生已經進入比例運思階段。

參 四則運算的程序性知識

一、加法的程序性知識

全數加法的程序性知識，就是個位加個位，十位加十位，再相加。例如：23 + 38，就是 3（個一）+ 8（個一）= 11（個一），寫 1（個一）進 1（個十）、2（個十）+ 3（個十）= 5（個十），再加 1（個十），變 6（個十），就是 61。如下圖。要注意的是，加法的每一步驟都是使用基本加法事實。

```
        1
      2   3
  +   3   8
  ─────────
      6   1
```

加法的程序性直式算則

在全數加法的程序性知識學習中，老師可以注意內容對學生學習難易的問題。例如：先從一位數相加→二位數相加（二位數加一位數、一位數加二位數、二位數加二位數）→三位數相加（三位數加一位數、三位數加二位數、三位數加三位數）→四位以上相加。

1. 一位數相加，可以分為不進位（相加仍為一位數）以及進位（相加為二位數）。

2. 二位數加一位數可以讓學生了解也可以利用往上數來做答，不一定用加法直式算則。同時二位數相加的問題，可以分為不進位、一次進位（個位進位，例如：38 + 45，和十位進位，例如：54 + 53）和二次進位（例如：89 + 76、39 + 68）。

3. 三位數加一位數可以讓學生了解也可以利用往上數來做答，不一定用加法直式算則。同時三位數相加的問題，可以分為不進位、一次進位（個位進位，例如：208 + 405；十位進位，例如：354 + 253；百位進位，例如：404 + 705）、二次進位（例如：89 + 76、39 + 68）和三次進位（例如：673 + 329）。

雖然上述的分類有這麼多，老師不一定每一種都要教。我們期望老師的教學能教到學生能類化到相關的內容上，也就是讓學生學到類化的能力，否則老師的教學時數怎麼會夠用。因此建議較關鍵的問題，例如：二次進位的問題，一定要讓學生有機會學習。

在進行加法的程序性知識時，老師也應該設法讓學生學會舉例（第一個核心內涵）、歸納察覺它的計算規律（不是用背的），以便學生能類化到更大位數的教學，而非永遠都要老師教他才會。同時也應該讓學生歸納察覺它的性質。例如：(1) 一位數（1 到 9）[12] 相加的和可能是一位數或二位數，最小是 2，最大是 18；(2) 二位數（10 到 99）和一位數（1 到 9）或二位數相加的和可能是二位數或三位數，最小是 11，最大是 198；(3) 三位數和一、二、三位數相加的和可能是三位數或四位數，最小是 101，最大是 1998。必要時，可以進行推理性的教學。

---

[12] 一位數之所以不包含 0，有一種解釋是當三位數乘以一位數時，假如不包含 0，它的結果會是三位數或者四位數。假如它包含 0，那結果會變成 0 或者三位數或者四位數，這個結果對日後學習乘法概念的性質不利，因此一位數不包含 0。

二、減法的程序性知識

　　全數減法的程序性知識，就是個位減個位（不夠減時先向十位借 1 再減），十位減十位。例如：54 − 38，4（個一）− 8（個一）不夠減，向 5（個十）借 1（個十），變成 14（個一），14（個一）− 8（個一）= 6（個一），再 4（個十）− 3（個十）= 1（個十），得到 16。如下圖。要注意的是，減法的每一步驟都是使用基本減法事實。

$$\begin{array}{r} {}^{4}\!\!\!5 \quad {}^{10}4 \\ -\quad 3 \quad 8 \\ \hline 1 \quad 6 \end{array}$$

減法的程序性直式算則

　　在全數減法的程序性知識學習中，老師可以注意內容對學生學習難易的問題。例如：先從一位數相減→二位數相減（二位數減一位數、二位數減二位數）→三位數相減（三位數減一位數、三位數減二位數、三位數減三位數）→四位數以上相減。二位數減一位數可以讓學生了解也可以利用往下數來做答，不一定要用減法直式算則。同時二位數相減的問題，可以分為不退位、一次退位（例如：45 − 38）。三位數減一位數可以讓學生了解也可以利用往下數來做答，不一定要用減法直式算則。同時三位數相減的問題，可以分為不退位、一次退位（十位退位，例如：445 − 208；百位退位，例如：354 − 253）、二次退位（例如：654 − 158、602 − 258）。

　　雖然上述的分類有這麼多，老師不一定每一種都要教。我們期望老師的教學能教到學生能類化到相關的內容上，也就是讓學生學到類化的能力，否則老師的教學時數怎麼會夠用。因此建議較關鍵的問題，例如：二次退位的問題，一定要讓學生有機會學習。

　　在進行減法的程序性知識時，老師也應該設法讓學生歸納察覺它的性質（不是用背的）：(1) 一位數相減的差可能是一位數，最小是 0，最大是 8；(2) 二位數（10 到 99）減一位數（1 到 9）的差可能是一位數或二位數，最小是 1，最大是 98；(3) 二位數減二位數的差可能是一位數或二位數，最小是 0，最大是 89；(4) 三位數（100 到 999）和一位數（1 到 9）相減的差可能是二、三位數，最小是 91，最大是 998；(5) 三位數和二位數相減的差可能是一、二、三位數，最小是 1，最大是 989；(6) 三位數和三位數相減的差可能是一、二、三位數，最小是 0，最大是 899。必要時，可以進行推理性的教學。同時要注意愈大的數減去愈小的數，它的差愈大的性質。

三、乘法的程序性知識

　　全數乘法的程序性知識，就是乘數的個位先乘被乘數的個位，再乘被乘數的十位……；乘數的十位先乘被乘數的個位，再乘被乘數的十位……。例如：29×24，4（個一）$\times 9$（個一）$= 36$（個一），寫 6（個一）進 3（個十）；4（個一）$\times 2$（個十）$= 8$（個十），加 3（個十），是 11（個十）；2（個十）$\times 9$（個一）$= 18$（個十），寫 8（個十）進 1（個百）；2（個十）$\times 2$（個十）$= 4$（個百），1（個百）$+ 4$（個百）$= 5$（個百）。再相加，得到 696。如下圖。要注意的事，**乘法的每一步驟都是使用九九乘法**。

$$
\begin{array}{r}
2\ 9 \\
\times \quad 2\ 4 \\
\hline
1\ 1\ 6 \\
+\ \ 5\ 8 \\
\hline
6\ 9\ 6 \\
\end{array}
$$

二位數乘以二位數的直式算則

　　全數乘法的程序性知識，可以分為一位數乘以一位數、二位數乘以一位數、三位數乘以一位數、二位數乘以二位數、三位數乘以二位數、三位數乘以三位數，以及其他位數的乘法。

　　1. 一位數乘以一位數就是九九乘法表，希望學生都能因為了解九九乘法表中的規律而較容易的熟記它。

　　2. 二位數乘以一位數的問題，可以分為整十的倍數和非整十的倍數，例如：30×2、30×6、56×9。

　　3. 三位數乘以一位數可以分為整百、整十、十位是零，和其他的倍數，例如：300×4、320×6、503×3、503×7、258×9。

　　4. 二位數乘以二位數，可以分為整十乘以整十，非整十乘以整十，非整十乘以非整十，例如：30×80、34×60、13×17。請老師類推其他的部分，但要注意的是被乘數、乘數和積當中有零的部分，老師應該留意學生在這樣的計算上是否有迷思概念。

　　雖然上述的分類有這麼多，老師不一定每一種都要教。我們期望老師的教學能教到學生能類化到相關的內容上，也就是讓學生學到類化的能力，否則老師的教學時數怎麼會夠用。因此建議較關鍵的問題，例如：中間有零的問題、二次進位的問題，一定要讓學生有機會學習。

在進行乘法的程序性知識時，老師也應該設法讓學生歸納察覺它的性質：(1) 一位數相乘的積可能是一位數或二位數，最小是 1，最大是 81；(2) 二位數和一位數相乘的積可能是二位數或三位數，最小是 10，最大是 99×9；(3) 二位數和二位數相乘的積可能是二、三、四位數，最小是 100，最大是 99×99……。必要時，可以進行推理性的教學。

四、除法的程序性知識

（一）除數為一位數

1. 最高位數大於或等於除數

當第一位數可以被除數除時。以 5512÷4 爲例。先看 5÷4（看成 5 個千除以 4），發現可以除，4×1 = 4，5 − 4 = 1。再把 5 放下來，變成 15÷4（看成 15 個百除以 4），4×3 = 12，15 − 12 = 3。再把 1 放下來，變成 31÷3（看成 31 個十除以 4），4×7 = 28，31 − 28 = 3。再把 2 放下來，變成 32÷4（看成 32 個一除以 4），4×8 = 32，32 − 32 = 0。最後商是 1378，餘數是 0。如下圖。要注意的是，除法的程序性知識，每一步驟都使用九九乘法的逆運算來思考。

```
      1 3 7 8
    ---------
  4 ) 5 5 1 2
      4
    ---------
      1 5
      1 2
    ---------
        3 1
        2 8
    ---------
          3 2
          3 2
    ---------
            0
```

N 位除以一位，商為 N 位的直式算則

2. 最高位小於除數

當第一位數不能被除數除時，以 1532÷7 爲例。建議學生養成一個習慣，先回到上面的做法，先看第一位數（最高位數）是不是能被除數整除，也就是先看 1 能不能被 7 除（1 個千除以 7），發現不能除，再用兩位數 15 除以 7（15 個百除以 7），7×2 = 14，15 − 14 = 1。再把 3 放下來，變成 13÷7（13 個十除以 7），7×1 = 7，13 − 7 = 6。再把 2 放下來，變成 62÷7（62 個一除以 7），7×8 = 56，62 − 56 = 6。最後商是

218，餘數是 6。如下圖。基本上除法的程序性知識，每一步驟都使用九九乘法的逆運算來思考。

```
              2  1  8
     7 ) 1  5  3  2
          1  4
          1  3
             7
             6  2
             5  6
                6
```

N 位除以一位，商為 N－1 位的直式算則

（二）除數為多位數

1. 前面兩位數大於或者等於兩位除數時

以 9512÷26 為例。因為是除以兩位數，所以先看 95÷26，發現商數大於或者等於 1，此時再回到一位數除以一位數的方法估商，即 9÷2（或者 9÷3）來估商，知道大約是 4 或者 3（3 或 4），發現 26×4 = 104，不行；換成 26×3 = 78，95 － 78 = 17。把 1 放下來，變成 171÷26，重複上面的方法，再回到二位除以一位 17÷2（或者 17÷3）估商，發現大約是 8（5 或 6），8 太大再試 7，7 太大（5 太小）再試 6，26×6 = 156，171 － 156 = 15。把 2 放下來，變成 152÷26，再使用上述的方法估商，大約是 5（也可以從剛才的數據推估，因為 26×6 = 156，比 152 大一點點），26×5 = 130，152 － 130 = 22。所以商是 365，餘數是 22。如下圖。基本上**除以多位的程序性知識**，每一步驟還是都使用九九乘法的逆運算來思考。

```
                3  6  5
    2  6 ) 9  5  1  2
            7  8
            1  7  1
            1  5  6
               1  5  2
               1  3  0
                  2  2
```

N 位除以二位，商為 N－1 位的直式算則

要注意的是，一開始要先讓學生注意到，因為是除以 26，所以先看成 95 個百除以

26，再用九九乘法來估商，看成 9 個千除以 2 個十（或 3 個十），大約是 4 或 3 個百。以此類推。

2. 前面兩位數小於兩位除數時

以 1512÷36 為例。因為是除以兩位數，所以先用 15÷36，發現被除數比除數小，因此，再多一位，151÷36。估商時是看成 15÷3（或 4），發現大約是 4 或 3，36×3 = 108，4×36 = 144，151 − 144 = 7。把 2 放下，72÷36，依上述的方法，得到 36×2 = 72，72 − 72 = 0。所以商是 42，餘數是 0。如下圖：

```
                        4   2
        3   6 )   1   5   1   2
                  1   4   4
                          7   2
                          7   2
                              0
```
N 位除以二位，商為 N − 2 位的直式算則

要注意的是，一開始要先讓學生注意到，因為是除以 36，所以要先看成 15 個百除以 36，因為 15 比 36 小，所以再看成 151 個十除以 36，看有幾個十。此時再用 15 除以 4 或者 3 來估商（估商的概念，也就是回到多位數除以一位數的做法，先看 15 除以 4），得到近似的數——3 個十，再正式進行乘法計算，看是否太少或太大，若太少再加一個十，變成 4 個十。

全數除法的程序性知識，可以分為一位數除以一位數；二位數除以一位數，商為一位數；二位數除以一位數，商為二位數；二位數除以二位數，商為一位數；三位數除以一位數商為三位數；三位數除以一位數商為二位數；三位數除以二位數，商為二位數；三位數除以二位數，商為一位數；以及其他位數的除法。

1. 一位數除以一位數，學生利用九九乘法表的逆運算來解題（也就是回想除數乘以多少和被除數一樣大或較小），因此希望大多數的學生此時都能熟記九九乘法表。當然不能熟記的學生，他還是可以用減法、加法來做，但最好能讓學生再從他會的地方連結乘法的意義，再連結除法的意義。

2. 二位數除以一位數，商是一位的問題，也是九九乘法表的逆運算，因此處理方式和上述一樣。我們建議在進行除法的教學時，先從九九乘法表可以解決的問題著手（例如：56÷7，58÷8），以連結舊經驗，使九九乘法更加精熟。之後再進行：

3. 二位數除以一位數商為二位數的問題（例如：80÷4，69÷3，96÷4，

85÷6），此時應讓同學進行比對，察覺到同樣是二位數除以一位數，爲什麼結果不是一位數而是二位數的關鍵處是因爲被除數的十位數比除數大。

4. 三位數除以一位數商爲三、二位數的問題（例如：600÷3，648÷3，824÷4，129÷3，458÷7）建議先從商爲三位開始，因爲正好可以連結回二位數除以一位數商是二位數的問題。同時也讓學生察覺什麼時候商是三位數，什麼時候會是二位數（學生應連結二位數除以一位數的問題）。

5. 三位數除以二位數，可以分爲商是二位數和一位數（例如：840÷20，848÷24，568÷80，568÷86）。在教學時一定要讓學生能從三位數除以一位數連結到三位數除以二位數，否則學生的學習就會踏空，學習負荷就會太大。同時在教學時，一定要注意商數中有零的問題，那是學生較容易產生迷思概念之處。

雖然上述的分類有這麼多，老師不一定每一種都要教。我們期望老師的教學能教到學生能類化到相關的內容上，也就是讓學生學到類化的能力，否則老師的教學時數怎麼會夠用。爲了讓學生了解較關鍵的程序性知識，建議老師要留意一些較關鍵、學生較容易犯錯的問題。例如：中間有零的問題、二次退位的問題，一定要讓學生有機會學習。

在進行除法的程序性知識時，老師也應該設法讓學生歸納察覺它的性質：(1) 二位數除以一位數的商可能是一位數或二位數；(2) 三位數除以一位數的商可能是二位數或三位數；(3) 三位數除以二位數的商可能是二位數或一位數。必要時，可以進行推理性的教學。

五、問題

（一）橫式的左右和直式的上下一定要相等嗎？

有人常常在問 24 + 38 + 47 的問題，學生寫成下面橫式和直式可不可以？

$$
\begin{array}{ll}
24 + 38 & \quad 2\ 4 \\
= 62 + 47 & \underline{+\ 3\ 8} \\
= 109 & \quad 6\ 2 \\
& \underline{+\ 4\ 7} \\
& 1\ 0\ 9
\end{array}
$$

作者認爲橫式是將來學習代數非常重要的算式，同時等號兩邊的數一定要相等。因此，橫式的左右兩邊一定要求相等才可以，也就是一定要如下圖左邊這樣算：

$$24 + 38 + 47$$
$$= 62 + 47$$
$$= 109$$

```
        3 1
   4 ) 1 2 5
       1 2
         5
         4
         1
```

　　至於直式的一橫，不是代表等號的意思，同時直式的目的只是在幫助我們正確的把答案算出來，到了國中，只要你可以把答案算出來，老師都不要求直式計算。因此直式的計算是可以接受的。更何況我們在除法的直式過程中也沒有一直保持上下都相等，例如：上面右邊的直式除法。因此，只要最後結果是對的，直式可以不要太過要求。

（二）直式一定要寫嗎？要求對齊嗎？＋號之後要空格嗎？寫幾個＋號？

　　因為直式的作用只是輔助計算，在學生無法運用心算便能求得的問題，若能使用直式可以幫助他把答案快速、正確計算出來，所以老師一開始可以要求學生使用直式計算。同時在計算時，為了容易進行正確的計算，養成良好習慣將相同位值的數對齊，甚至進、退位時，為了怕忘記而在進位時加上進 1 於上一位值，或者退位時先在同一位值記上少 1 的數再於下一位值上面記 10。可是等到學生能正確利用直式算出答案時，老師可以適度放寬，不見得所有題目一定要用直式計算，不見得要求學生在直式計算時，一定要加上記 1 或者 10 的輔助數字，以學生自己能正確算出答案為主。意思是我們也要培養學生自我監控的能力，了解自己不做老師先前要求的直式或者輔助數字是否仍然會算對，或者哪個地方較容易錯誤的能力也很重要。因此對學習成就較好的學生，若自己有信心，可以讓他自己適度放寬；可是時常加、減錯誤的學生，要讓他可以提醒自己，使用直式或者按照老師的要求比較不會做錯。

　　有些老師會要求學生在進行直式計算時，數字（加數）與加號之間要空一格，作為進位時數字擺放的位置。作者認為直式記錄只是輔助計算的式子，因此加號與數字之間有無空格皆無妨。一切以學生不會弄錯、能正確的算出答案為主要目的。

　　至於多個數相加減時，若使用直式計算，例如：四個數相加，學生直接把四個數加在一起，是否寫三個加號的問題。因為直式記錄只是輔助計算的式子，因此只要學生不會做錯，不會忘記自己是在算加法，只寫一個加號，甚至都不寫加號都沒有關係。

（三）應用問題的直式一定要寫嗎？橫式一定要寫嗎？

　　因為中學以後，有關應用問題，老師幾乎不管學生是用什麼方法把答案算出來，

同時老師只留意橫式是否正確。因此，作者建議老師可以要求學生在計算或者回答開放性問題時，橫式一定要寫，直式可以按老師是否要求，自己是否需要利用直式來協助計算，來考量是否把直式寫出來。也就是老師沒要求，學生可以寫，可以不寫，只要會算對就好；若老師有要求要寫，就一定要寫。

肆　四則運算的解題性知識

全數四則運算的解題性知識，我們參考各學者的研究之後，把它分成情境結構、語意結構和運算結構來探討。我們之所以要這樣分，主要是讓老師能夠更容易知道它的內涵。當然在了解四則運算的概念，別忘了表徵對概念了解的重要性。

全數四則運算的文字題，我們建議老師可以適度的把它分成列式，以及列式之後的計算問題。**列式就是學生要從文字題的語意當中了解是應該用加減乘除的哪一個運算子（operator）**[13] **來解答**，之後便是運用四則運算的概念性知識或程序性知識來進行計算。

一、情境結構

整數四則運算的問題情境可以分成一維連續量（例如：緞帶、繩子）、二維連續量（蛋糕、披薩）、離散量（蘋果、餅乾）等情境。離散量是學生學習整數四則運算的啟蒙情境，也是連結整數概念的合理情境；連續量情境是學生將整數概念連結到日後要學的分數概念的合理情境。因此，這些情境結構，在整數概念及整數四則概念的布題上有其重要性，應延續採用。

二、語意結構

學生在學習整數四則運算時，通常會從量概念的四則運算意義入手，而每一個量的運算大都是一個句子的問題，這個句子有它的語意，我們稱它為語意結構。語意結構的區分會因為學者的考量不同而有不同的分類。在此我們綜合學者的分類，提出自己的分類方式。至於其他學者的分類，我們把它放在相關章節的後面，方便老師參考比較。以下就加（減）法、乘法、除法的語意結構分別說明。

---

[13] 運算式由運算元（operand）與運算子（operator）組成。運算元（留意中文語意）可以是變數或是常數，運算子就是數學上的運算符號如「+」、「−」、「×」、「÷」等。

（一）加減法的語意結構

加（減）法可以分爲改變、合併、比較或平衡（或等化）等四個類型。加、減法的啓蒙概念是改變型和合併型問題，**比較型和平衡型問題則是加、減法概念的推廣**。[14] 有學者將加法分成添加、併加、比較和等化型，減法分成拿走、併減、比較和等化型。我們之所以把加法和減法的語意結構合起來用一個名詞來替代，主要是其概念相同，且方便教師了解與教學。

1. 改變型（change）

改變型的問題對加法來說，是原來有部分量，再放入（加入）另一部分量而成全部的量（又稱添加型）。對減法來說，則是從所有量中拿走部分的量以後剩下部分的量（又稱拿走型）。因此改變型的語意中一開始的量稱爲最初量（或稱起始量，start），加入或拿走的量稱爲改變量（change），最後的量就稱爲最終量（或者結果量，end）。一般而言，加（減）法的概念啓蒙是改變型的問題（關鍵概念），學生大都從這種題型開始學習加（減）法（老師要是不信，可以要求學生舉一個 3 + 5 = 8 的例子，就知道大部分的學生都會舉改變型的問題）。

例如：「車上原來有 5 個人，又上來 3 個人，現在車上總共有多少人？」「家裡有 8 顆蘋果，吃掉 3 顆蘋果，現在家裡剩下多少顆蘋果？」其中的 5 個人和 8 顆蘋果就是最初量（起始量），3 個人和 3 顆蘋果就是改變量，而 8 個人和 5 顆蘋果就是最終量（結果量）。

上述的最初量（起始量）其實就是我們常說的被加數，或者被減數。改變量其實就是我們常說的加數，或者減數。最終量（結果量）其實就是我們常說的和數，或者差數。因爲學生在學習加減法時，所操弄的是具體的量，因此學者才會用量的名詞加以區分，而不用數的名詞。若老師在看時能加以會意，那麼這些名詞就不會太難記。

有時候學者想把加法和減法區分開來，就把改變型問題分別稱爲添加型（change add to）和拿走型（change take from），此時的改變量就分別稱爲添加量或拿走量。我們建議老師以改變型稱呼即可，因爲它們有共通的意義。

改變型問題，可以說是學生學習加、減法的啓蒙情境，因爲大多數的老師在布加、減法問題時，都會從此一類型進入。

2. 合併型（combine）

合併型的問題是兩個部分的量同時併存於語意之中，且是解答全部的量的問題；

---

14 精確的說，解題性知識也是這個問題的算式爲什麼要列成加法或者減法的知識。改變型、合併型是列成加、減法算式的啓蒙概念，比較型和平衡型是列成加、減法算式的概念推廣。

或者已知全部的量和某部分的量，且是解答另一部分的量。這兩個部分的量稱為部分量（part），兩個量的和或者全部的量稱為整體量（all）或全體量。

例如：「班上有男生 15 人，女生 18 人，班上共有多少人？」或者「班上有 33 位同學，其中男生有 15 位，則女生有多少位？」其中的男生 15 人和女生 18 人都是部分量，班上學生 33 人則是整體量。

同樣的，它也是量的名詞，老師會意以後，便可以和被加（減）數、加（減）數，以及和數或差數相連結。

合併型問題，因為不存在兩量的先後順序，所以是學生學習加法交換律的恰當時機。例如：上例中，我們可以先數男生再數女生，也可以先數女生再數男生，學生都很容易接受它的結果。但是對於改變型問題，有些學生可能認為不能對調。例如：在改變型的例子中「車上先有 5 個人，又上來 3 個人，現在車上有幾個人？」學生可能認為又不是車上先有 3 個人，再上來 5 個人，所以不能寫成 3 + 5。此時，教師在教學時不能強求學生說它是對的，反而應該和學生解釋，我們的目的只是要了解「現在車上有幾個人？」我們可不可以「先算上來的人，再算原來車上有的人」呢？

由於可能有學生認為改變型問題不能把數字交換，所以教師進行加法交換律的教學時，要適時提問改變型問題，並加以檢核。

3. 比較型（比多型和比少型）（compare）

比較型問題是兩量相比的語意問題，這兩量分別稱為參考量（referent）及比較量（compared quantity）。以「我比你大 2 歲」為例，是用「你的年紀」當參考來比「我的年紀」，故「你的年紀」稱為參考量，而「我的年紀」稱為比較量。另外，我們二人相差的歲數稱為差異量（difference）。

比較型問題是加減法改變型或合併型概念的推廣，所以概念了解的難度比較高。因為加減法的概念是部分和全體的關係，例如：「有 10 顆蘋果（全體），吃掉 3 顆（其中的一部分），剩下幾顆蘋果？」比較型則是沒有互相包含的兩個量，例如：「小明有 10 顆彈珠，小華有 3 顆彈珠，小明比小華多幾顆？」其中的 10 顆彈珠和 3 顆彈珠分別屬於小明和小華，因此不可以從小明的 10 顆彈珠「拿走」小明的 3 顆彈珠，那是不合理的。但是我們為什麼也可以寫成 10 - 3 = 7 呢？因為我們將減法的概念給推廣了（關鍵概念），或者說我們在解題時做了語意上的轉換了（關鍵概念）。也就是說，雖然我們不能將小明的彈珠減去小華的彈珠，但是我們可以先把小明和小華的彈珠做一對一排列之後，發現小明的彈珠比小華的彈珠多了 7 顆，意思是說，「小明的 10 顆彈珠減去自己和小華一樣多的 3 顆彈珠（拿走自己的）之後，剩下的 7 顆是小明比小華多的彈珠。」圖示如下：

比較型（加減法概念推廣）的圖形表徵

　　在比較型的問題上另一個難度是文字、語言的問題。例如：「小明有 10 顆彈珠，小華比小明多 3 顆彈珠，請問小華有幾顆彈珠？」因為在語意上比較多的是小華，但是在文字或語言上小明和「多」這個字靠得最近（小明多），小華和「多」這個字離得較遠（關鍵概念），所以有些對語意不是很了解的學生便會誤以為「小明多」。老師在教學時，無論如何一定要讓學生聽到、了解、發現在此問題小明和 10 顆是相同意義的，是可以隨意轉換的，詳細的資料請參見本章第 1 節／參／二／（四）的說明。

　　有關比較型的問題，老師也可以依語意的「比誰多」或者「比誰少」區分比多型和比少型（例如：「小明有 10 顆彈珠，小華比小明少 3 顆彈珠，請問小華有幾顆彈珠？」）。因為在問題的語意上，比多可能用加，也可能用減，所以語意的了解便非常重要，老師不應讓學生只用關鍵字來解答問題。也就是不要讓學生有比多就用加，比少就用減的感覺。

4. 平衡型（等化型）（equalize）

　　平衡型是比較類和改變類的混合，也可以看作另一種比較型。像改變類問題一樣，含有行為，但卻是在比較二個互斥的量的大小。例如：「小明有 10 顆彈珠，小華有 7 顆，請問小華再多幾顆彈珠就和小明一樣多？」

　　平衡型的問題和比較型的問題，老師也可以把它想像成三一律（大於，小於，等於 vs. 比較多，比較少，一樣多）。因此上述問題，也可以用比較型的量的名稱來稱呼。也就是，小明的 10 顆就是參考量，小華的 7 顆就是比較量，再多幾顆就是差異量。

　　同樣的，平衡型的問題也是加減法概念的推廣，而文字和語言上的問題，使得它的語意了解比較難。

　　上例，我們的解釋方式是把小明的 10 顆和小華的 7 顆做一對一排列，發現小華再多 3 顆就和小明一樣多。也就是說，小明扣掉和小華一樣多的 7 顆，多出來的 3 顆就是小華要再多的顆數。圖示如下：

平衡型（加減法概念推廣）的圖形表徵

同樣的，「小華再多幾顆彈珠就和小明一樣多？」也可以改成「小明再少幾顆彈珠就和小華一樣多？」因為在問題的語意上，再多可能用加，也可能用減，所以語意的了解便非常重要，老師不應讓學生只用關鍵字來解答問題。也就是不要讓學生有看到再多就用加（或減），再少就用減（或加）的感覺。

（二）問題：為什麼加減法的比較型問題比改變型問題難？

因為改變型問題是部分─全體的概念，是學生學習加法和減法的啟蒙概念（學生從它開始學），比較型則不是部分─全體的概念，因此它要做語意的轉換，它是改變型概念的推廣。

另一個學生會產生困難的地方是，我們生活中比較常說「我多」、「我比較多」，比較少用「我比你多」、「我比你少」的用語，因此學生常會以為「我比你多」就是「你多」、「我少」。

（三）乘法的語意結構

乘法概念是加法概念的上位概念，也可以說是加法概念的推廣。在整數乘法的語意結構上我們將它區分成等組（或等量）、矩陣、倍數、比例型、面積、笛卡爾積五種題型。這邊要注意的是，**乘法問題中往往有兩個不同的單位在問題之中，但它也有例外的概念推廣情形。**

1. 等組（或等量）型（equal groups, equal measures）

等組型問題是每組內的數量一樣多，求出總量的語意結構。例如：「每一個盤子有 3 顆蘋果（單位量），5 個盤子（單位數）有多少顆蘋果（總量）？」其中的一盤 3 個，我們稱為單位量，5 盤稱為單位數，全部有多少個稱為總量。這個意思是在一盤有 3 顆的情形下，用盤子來數蘋果有 5 盤，現在改用顆來數有 15 顆，所以稱為單位轉換。

我們的解法是 3＋3＋3＋3＋3（3 顆蘋果連加 5 次）＝15，記做 3×5＝15。

也就是：單位量 × 單位數 = 總量。

因為當我們要對某一物件累加很多次時，式子會變得很不容易閱讀，所以我們就用乘法來簡化累加。因此，等組（或等量）型問題可以說是乘法的啟蒙概念（關鍵概念）。

有些學者把離散量的累加問題稱為等組型，把連續量的累加問題稱為等量型。老師若覺得它有意義，也可以把它區分開來。

在此，要注意的是，我國的乘法是定義成「單位量 × 單位數 = 總量」，而美國剛好相反，他們定義成「單位數 × 單位量 = 總量」，中國大陸則定義兩者都可以。所以我們何時允許學生把單位量和單位數寫顛倒，就是一門學問，一種教學藝術。我們建

議老師要教到我們的學生既能被約束，又有彈性。這也就是說，當一開始引入乘法算式時，學生應能依大家的共同約定來寫算式。當老師教過乘法交換律，了解乘法交換律的意義時，便可以允許學生使用乘法交換律來進行全數的乘法計算。因為我們相信老師教過乘法交換律之後，學生應可以了解乘法交換律的意義。假如老師教過乘法交換律之後，學生還是不了解，或者老師擔心學生不了解乘法交換律的意義，此時老師應進行交換律的補救教學，或者檢驗學生是否了解。可是當我們把整數的乘法概念推廣到分數的乘法概念時，學生應回頭從乘法的約定來了解分數乘法的意義。因為有些時候當我們把一個概念推廣之後，某些性質會變了樣。例如：自然數的乘法大都會愈乘愈大，分數的乘法當乘數是分數時卻愈乘愈小[15]。同時對於「一瓶水 $\frac{3}{4}$ 公升，5 瓶是幾公升？」與「一瓶水 5 公升，$\frac{3}{4}$ 瓶是幾公升？」的意義和解法很不一樣，所以學生應回到先前的定義重新檢視其意義。當學生了解所有概念的學習，剛開始時要依照老師的規約來做，等學到了可以放寬的性質之後，學生知道可以放心的使用，此時學生便學會了既能被約束，又有彈性的能力。

2. 矩陣型（陣列型）（array）

矩陣型或者陣列型是一個物體的矩形排列，當它的每一列是等量的，而每一行也是等量的情形。例如：「操場有學生在排隊，一排有 15 人，總共有 12 排，請問排隊的學生有多少人？」

矩陣型問題也是一種等組型問題，只不過因為它是有規律的排列，因此我們可以先數橫的每排有幾人，再看縱的有幾排；也可以先數縱的一排（或一列）有幾人，再數橫的有幾排（或列）。因此**矩陣型問題是學生學習乘法交換律的最佳情境**（關鍵概念）。

當然，我們也不能只讓學生了解乘法交換律只適用在矩陣型的語意結構，應讓學生了解它也適用在其他的語意結構。例如：「每一個盤子有 3 顆蘋果（單位量），5 個盤子（單位數）有多少顆蘋果（總量）？」的問題。我們的目的是要算出總共有多少顆蘋果，因此我們不一定要每一盤每一盤的蘋果來加，我們也可以先算每一盤的第一顆蘋果（可以把每一盤的蘋果排成一列），有 5 個；再數每一盤的第二顆蘋果，也有 5 個；再數每一盤的第三顆蘋果，也有 5 個。所以可以是 5 + 5 + 5 = 15，也就是 5×3 = 15。當學生了解此一概念之後，我們應允許學生使用乘法交換律來解答問題，而不應一直限制他。直到學習分數和小數的乘法之後，再回到此一約定。

---

[15] 這是我們希望學生學到的能力：概念推廣時，某些性質會保持相同，某些性質可能會變。

3. 倍數型（times）

以一數量為參考量，求出此數量的幾倍問題的語意結構。例如：「妹妹有 5 張獎卡，哥哥的獎卡是妹妹的 3 倍，請問哥哥有幾張獎卡？」

一般對於離散量，我們會說：每一個盤子有 5 顆蘋果，6 個盤子有多少顆蘋果？但是我們不會說每一個盤子有 5 顆蘋果，6.2 個盤子有多少顆蘋果？因為它比較不自然，因此，我們需要借用比較中性的語言「幾倍」來連結分數和小數的乘法問題。例如：「一袋有 5 顆蘋果，它的 6.2 倍有多少顆蘋果？」所以**倍數型是連結（或者推廣）整數乘法到分數、小數乘法的恰當語意（關鍵概念）。**

倍數型問題，可以問兩個主體所擁有的量之間的倍數關係，例如：妹妹有 5 張獎卡，哥哥的獎卡是妹妹的 3 倍；也可以問一個主體本身所擁有的量的倍數關係，例如：妹妹這個月初有 5 張獎卡，月底的時候獎卡變成 3 倍。但是要注意的是「妹妹這個月初有 5 張獎卡，月底的時候獎卡多了 3 倍。」或者「某某股票原來一股是 5 元，一個月漲了 3 倍。」這時候老師要留意生活語意和數學語意的異同問題。在生活中漲了 3 倍可能是 15 元，但在數學上漲了 3 倍，應該變成原來的 4 倍，所以是 20 元。由於我們不是要考學生語意的了解，因此建議老師盡可能使用變成 3 倍的用語；若一定要教漲 3 倍，一定要讓學生了解其數學用語之意。

4. 比例型（proportion）

比例型問題可以是四個量之間的關係，只不過當一個量是單位量時，就變成一個步驟的乘法問題。例如：「一張偶像照片可以用 8 張貼紙來換，4 張偶像照片，可以用幾張貼紙來換？」「一個布偶可以用 20 張貼紙來換，4 個布偶可以用幾張貼紙來換？」

比例型的問題主要是 TIMSS 2003 曾經出過類似的考題，我國學生可能看到類似第一個問題都是相同的量，所以用加的來解題。學生會有這樣的迷思，可能原因是老師告訴他或者他自己發現，他所做的問題都是看到相同單位就用加減法，不同單位就用乘法，導致學生產生迷思概念。其實學生只要了解它的意思，或者畫圖來了解它的意義，相信學生應不難正確回答。

5. 面積型（rectangular area）

在二維連續量的情境中，已知一圖形的邊長，求面積的語意問題。例如：「一個長方形的長是 4 公尺，寬是 3 公尺，問這個長方形的面積是多少平方公尺？」

面積和笛卡爾積則是乘法概念的推廣。因為它們已不再是等組型概念當中的口訣：積和被乘數的單位相同，而是積和被乘數的單位不相同。因為它已經不再是 4 公尺連加 3 次的概念，而是要語意轉換成「長 4 公尺，所以一排可以排 4 個一平方公尺的小正方形，寬 3 公尺可以排 3 排，所以可以排 4×3 = 12 個一平方公尺的小正方形，所以是 12

平方公尺。」因此學生在面積乘法概念中，單位寫成公尺或公分，老師必須探究其迷思的原由，是否因為學生對積和被乘數的單位必須相同有非常強烈的印象所導致，或者是被面積與周長的概念弄混了。

6. 笛卡爾積（Cartesian product）或組合型（combine）

笛卡爾積是兩個集合的乘積所成的新集合。例如：「約翰有兩件不同顏色的衣服，三條不同款式的褲子。一件衣服一件褲子配成一套裝，約翰可以搭配多少種不同的套裝呢？」再如：「從甲地到乙地有 3 種走法，從乙地到丙地有 4 種走法，請問從甲地經過乙地再到丙地有多少種走法？」

笛卡爾積有時又稱為外積型或組合型，它其實就是日後學生學習排列組合所運用的乘法原理的概念。笛卡爾積也是乘法概念的推廣。因為它們已不像等組型概念可以看到總量，明明只有 3 種走法和 4 種走法，怎麼可以變成 12 種走法呢？以前老師不是告訴他，兩個一樣的單位是用加的嗎？為什麼是用乘的？正確的解釋方式是「從甲地到乙地先走一條，此時乙地再到丙地有 4 種不同走法；從甲地到乙地再走另一條，此時乙地再到丙地又有 4 種不同走法；從甲地到乙地走第三條路，此時乙地再到丙地又有 4 種不同走法。所以總共有 4×3 = 12 種走法。」

（四）除法的語意結構

除法文字題的情境可分為等分除和包含除二種。一般我們在布題時，會以等分除作為分數除以整數的問題的啟蒙例，而包含除的問題則是整數除以整數，以及分數除以分數的啟蒙例。

1. 等分除

從乘、除互逆的角度來看，等分除可以視為下列的式子：

總量 ÷ 單位數 = 單位量。

以「10 公尺長的鐵絲平分成 2 段，每段長多少公尺？」為例，題目中的 10 公尺就是「總量」，2 段就是「單位數」，要求出 1 段的長是多少。因為鐵絲被「平分」成 2 段，故稱為「等分除」的問題。我們列式成 10÷2 = 5，相除得到的答案 5 公尺就是「單位量」。

等分除的問題，可以分為整除或有餘數的問題。「10 公尺長的鐵絲平分成 2 段，每段長多少公尺？」是整除的問題，「10 公尺長的鐵絲平分成 4 段，每段長多少整公尺？剩下多少公尺？」或者「25 公尺長的鐵絲平分成 4 段，每段長多少整公尺？剩下多少公尺？」是有餘數的問題。

2. 包含除

從乘、除互逆的角度來看，包含除可以視為下面的式子：

總量 ÷ 單位量 = 單位數。

以「將全長 10 公尺長的鐵絲剪開，每 2 公尺剪成 1 段，可以剪成幾段？」為例，10 公尺就是「總量」，2 公尺就是「單位量」，也就是要以 2 公尺作為參考量，每 2 公尺剪成 1 段，由於 2 公尺是 10 公尺的一部分，是 10 公尺的部分集合，故我們借用集合的語言，稱這種問題為「包含除」的問題。我們列式成 10÷2 = 5，相除得到的答案 5 段，就是「單位數」。

包含除的問題，也可以分為整除或有餘數的問題。「10 公尺長的鐵絲，每 2 公尺剪一段，可以剪多少段？」是整除的問題，「10 公尺長的鐵絲，每 4 公尺剪一段，可以剪幾段？剩下多少公尺？」或者「25 公尺長的鐵絲，每 4 公尺剪一段，可以剪幾段？剩下多少公尺？」是有餘數的問題。

（五）問題

1. 除法問題需不需要說盡量分完？

在包含除的語意上，例如：「25 公尺長的鐵絲，每 4 公尺剪一段，可以剪幾段？剩下多少公尺？」在數學上，建議老師只要這樣布題即可。當學生無法理解我們的目的是讓學生一直做到餘數比除數小，也就是不能再剪為一整段為止。老師可以適度跟學生說，在數學上，我們問這一個問題就是要學生一直做到餘數比除數小（數學的潛規則、共同約定），也就是不能再剪為一整段為止（因為我們需要把數學概念適度理想化）。我們建議老師不需要使用下列問題「25 公尺長的鐵絲，每 4 公尺剪一段，盡量分完，可以剪幾段？剩下多少公尺？」之類的用語，因為「盡量分完」也有語病，它到底代表學生已盡力分（以學生為中心）？還是老師要學生盡力分（老師為中心）？若學生敢向老師說「我把 25 公尺盡量分完，分了 5 段，我已經沒有辦法再分了。」那學生的解題有沒有符合題意？若真的要把語意談清楚，建議說成「25 公尺長的鐵絲，每 4 公尺剪一段，最多可以剪幾段？剩下多少公尺？」

2. 如何教導學生有關是否有餘數的除法列式問題？

等分除的問題，可以分為整除或有餘數的問題。「10 個蘋果平分成 2 盒，每盒多少顆？」是整除的問題，「10 個蘋果平分成 4 盒，每盒多少顆？剩下多少顆？」或者「25 個蘋果平分成 4 盒，每盒多少顆？剩下多少顆？」是有餘數的問題。在等分除的列式上，我們建議老師要讓學生了解，當我們只問每盒多少顆時，學生只要列成：

10÷2 = ( ) 即可，因為老師沒有問餘數。

建議不要讓學生列成 $10 \div 2 = (\quad)...(\quad)$

當我們問每盒多少顆？剩下多少顆？時，就一定要列成 $10 \div 2 = (\quad)...(\quad)$

不能列成 $10 \div 2 = (\quad)$

整數包含除的問題，也可以分為整除或有餘數的問題。「10 公尺長的鐵絲，每 2 公尺剪一段，可以剪多少段？」是整除的問題，「10 公尺長的鐵絲，每 2 公尺剪一段，可以剪幾段？剩下多少公尺？」或者「25 公尺長的鐵絲，每 2 公尺剪一段，可以剪幾段？剩下多少公尺？」是有餘數的問題。

在包含除的列式上，我們建議老師要讓學生了解，當我們只問可以剪幾段時，學生只要列成 $10 \div 2 = (\quad)$ 即可，因為老師沒有問餘數。建議不要讓學生列成 $10 \div 2 = (\quad)...(\quad)$。

當我們問可以剪幾段？剩下多少公尺？時，就一定要列成 $10 \div 2 = (\quad)...(\quad)$，不能列成 $10 \div 2 = (\quad)$。

因為將來學生學到兩整數相除，其結果為小數或分數時，商可以是小數或分數（此時情意會換成連續量）。若學生對沒有問餘數的問題也列成有餘數的式子，將來在商是小數或是分數的解題上，恐怕會出現迷思概念。同時，學生也應該了解，「老師問什麼？學生就應該列什麼？」才對。

同時餘數是 0，雖然有時候也會說成沒有餘數，但是在數學上還是應該說成有餘數，只不過餘數是 0，以免學生將來產生迷思概念。

三、運算結構

運算的結構可以區分為所要求的數為加（減、乘、除）數、被加（減、乘、除）數，或者和（差、積、商）數，也就是說學生依題意順序列式時，以未知數所在位置來區分運算的結構。

（一）加減法的運算結構

可以分為數與量兩種分類來說：

1. 數的運算結構

加減法的運算結構以未知數的位置又可以區分為：和（差）數未知、加（減）數未知、被加（減）數未知三種題型。

(1) 和（差）數未知

例 1：「黃色緞帶長 3 公尺，紅色緞帶長 9 公尺，兩條緞帶共長多少公尺？」（和未知）

例 2：「黃色緞帶原長 9 公尺，剪去 3 公尺後，還剩下幾公尺？」（差未知）

(2) 加（減）數未知

例 1：「杯子有 2 公升的水，又倒了一些水進去，現在杯子有 6 公升的水，問倒了幾公升的水進去？」（加數未知）

例 2：「家裡有 10 顆草莓，哥哥吃掉一些後，還剩下 2 顆草莓，請問哥哥吃掉多少顆草莓？」（減數未知）

(3) 被加（減）數未知

例 1：「杯子有一些水，又倒了 3 公升的水進去，現在杯子有 7 公升的水，問杯子裡原本有多少水？」（被加數未知）

例 2：「一條紅色緞帶，剪去 3 公尺，剩下 16 公尺，請問原來的紅色緞帶是多長？」（被減數未知）

上述是從數的觀點上進行運算結構的分類。老師也可以從改變、合併、比較或平衡等四個類型，進行運算結構的分類。分別舉例說明於下。

2. 量的運算結構

(1) 改變型

結果量未知的改變型問題。例如：「水壺裡原來有 7 公升的水，又倒入 2 公升，請問水壺裡共有多少公升的水？」或者「水果店有 100 顆橘子，今天賣出 36 顆橘子，請問水果店還剩幾顆橘子？」

改變量未知的改變型問題 [16]。例如：「水壺裡有 7 公升的水，又倒入一些後，共有 9 公升，請問又倒入多少公升的水？」或者「水果店有 100 顆橘子，今天賣出一些橘子後，還剩下 36 顆橘子，請問水果店今天賣出多少顆橘子？」

起始量未知的改變型問題。例如：「水壺裡原來有一些水，又倒入 2 公升後，共有 9 公升，請問水壺裡原來有多少公升的水？」或者「水果店有一批橘子，已知今天賣出了 36 顆橘子，還剩下 64 顆橘子，請問水果店原來有多少顆橘子？」

(2) 合併型

結果量未知的合併型問題。例如：「車上有女生 45 人，男生 23 人，請問車上有多少人？」

部分量未知的合併型問題。例如：「車上有 45 人，其中男生有 23 人，請問女生有多少人？」

(3) 比較型

差異量未知的比多問題。例如：「水果店上午賣了 100 顆橘子，下午賣了 36 顆橘

---

[16] 有學者將改變量未知的改變型問題稱為追加型。

子，請問早上比下午多賣了幾顆橘子？」

參考量未知的比多問題。例如：「水果店昨天賣了 100 顆橘子，昨天比今天多賣了 36 顆橘子，請問今天賣了幾顆橘子？」

比較量未知的比多問題。例如：「水果店今天賣了 100 顆橘子，昨天比今天多賣了 36 顆橘子，請問水果店昨天賣了多少顆橘子？」

差異量未知的比少問題。例如：「水果店早上賣了 100 顆橘子，下午賣了 36 顆橘子，請問下午比早上少賣了幾顆橘子？」

參考量未知的比少問題。例如：「水果店昨天賣了 100 顆橘子，昨天比今天少賣了 36 顆橘子，請問今天賣了幾顆橘子？」

比較量未知的比少問題。例如：「水果店今天賣了 100 顆橘子，昨天比今天少賣了 36 顆橘子，請問水果店昨天賣了多少顆橘子？」

(4) 平衡型（等化型）

差異量未知的再多問題。例如：「水果店上午賣了 100 顆橘子，下午已經賣了 36 顆橘子，請問下午再多賣幾顆橘子就和上午一樣多？」

參考量未知的再多問題。例如：「水果店下午已經賣了 100 顆橘子，下午再多賣 36 顆橘子就和上午賣的橘子一樣多，請問上午賣了幾顆橘子？」

比較量未知的再多問題。例如：「水果店上午賣了 100 顆橘子，下午再多賣 36 顆橘子就和上午賣的橘子一樣多，請問水果店下午賣了多少顆橘子？」

差異量未知的再少問題。例如：「水果店上午賣了 36 顆橘子，下午已經賣了 100 顆橘子，請問下午少賣幾顆橘子就和上午一樣多？」

參考量未知的再少問題。例如：「水果店下午已經賣了 100 顆橘子，下午少賣 36 顆橘子就和上午賣的橘子一樣多，請問上午賣了幾顆橘子？」

比較量未知的再少問題。例如：「水果店上午賣了 100 顆橘子，下午少賣 36 顆橘子就和上午賣的橘子一樣多，請問水果店下午賣了多少顆橘子？」

（二）乘除法的運算結構

乘除法的運算結構以未知數所在的位置，區分為：積（商）數未知、乘（除）數未知、被乘（被除）數未知三種題型。當然，老師也可以從單位量未知、單位數未知、總量未知三類來進行運算結構的分類。

1. 總量未知

例 1：「做 1 朵緞帶花需要 4 公尺長的緞帶，做 3 朵緞帶花需要多少公尺的緞帶？」（乘法的總量未知）

例 2：「緞帶若干公尺，每 6 公尺剪一段，可以剪成 4 段，請問緞帶有多少公尺？」（除法的總量未知）

2. 單位數未知

例 1：「做 1 朵緞帶花需要 4 公尺長的緞帶，做多少朵緞帶花需要 12 公尺的緞帶？」（乘法的單位數未知）

例 2：「緞帶 24 公尺，每 6 公尺剪一段，可以剪成多少段？」（除法的單位數未知）

例 3：「緞帶 24 公尺，平分成多少段時，每段是 6 公尺？」（除法的單位數未知）

3. 單位量未知

例 1：「做 1 朵緞帶花要多少公尺的時候，做 3 朵緞帶花需要 12 公尺的緞帶？」（乘法的單位量未知）

例 2：「緞帶 24 公尺，平分成 4 段，每段多少公尺？」（除法的單位量未知）

例 3：「緞帶 24 公尺，每多少公尺剪一段，可以剪成 4 段？」（除法的單位量未知）

（三）運算結構的目的

作者之所以要特別提出運算結構，是希望經由**老師同時列出三個問題（如下面的問題），讓學生比較、看到、了解、發現同一個情形下的三個不同問題，發現其間的關係且能加以說明其列式的理由**，進而能一般化到其他運算的問題上。此時，作者相信學生便能舉一反三，更有數學感，會更喜歡數學，把數學學得更好……。

---

1. 水壺裡原來有 7 公升的水， 又倒入 2 公升， 請問水壺裡共有多少公升的水？
2. 水壺裡原來有 2 公升的水， 又倒入一些後， 共有 7 公升， 請問又倒入多少公升的水？
3. 水壺裡原來有一些水， 又倒入 2 公升後， 共有 9 公升， 請問水壺裡原來有多少公升的水？

因此作者建議老師一定要列出類似的三個問題讓學生比較，之後視學生是否能舉一反三，來決定更大的整數。或者教乘、除法以後再度列出三個類似的問題，讓學生發現原來老師都是這樣在出題目的，原來加和減是互逆的概念，乘和除是互逆的概念。

四、參考資料：學者對加減法語意與運算結構的參考資料

學者在區分加減法的語意結構，有時候會把加減法分開來，有時候又納入本節要談的運算結構。因為各學者的區分方式各有其優缺點，因此老師可以選取最適合自己的區分方式。只要老師能談出為什麼要這樣分的道理即可。

（一）Usiskin 的加減法題型

Usiskin & Bell（1983）將加法分為併加型（putting together）、轉移型（shift）及來自減法的加法（addition from subtraction，即逆算的加法）三型；將減法分為拿走型（take-away）、比較型（comparison）、轉移型（subtraction shift）及找回加數型（recovering addend，即追加型）。茲詳述該類型定義並舉例如下：

Initial state ＋ shift ＝ final state

Given amount － amount take-away ＝ amount

表 2-1　Usiskin 和 Bell（1983）的加減法題型

加減法	題目類型	示例
加法	併加型	傑克有 5 顆彈珠，法蘭克給他 3 顆，問傑克有多少顆彈珠？
	轉移型	蘇珊的身高是 130 公分，她又長高了 4 公分，問她現在有多高？
	來自減法	折扣 50 元以後，玩具賣 300 元，問玩具原來的價錢是多少？
減法	拿走型	湯姆有 15 個玩具，他給丹丹 6 個以後，湯姆還有多少個玩具？
	比較型	比爾有 6 支筆，湯姆有 11 支筆，湯姆比比爾多幾支筆？
	轉移型	卡爾是 15 歲，7 年前他是幾歲？
	找回加數	吉姆給約翰 3 元以後，約翰有 9 元，約翰原來有幾元？

（二）Riley、Greeno 與 Heller 的加減法題型

Riley, Greeno & Heller（1983）將加減法題型分類為改變、合併、比較和等化四型，再依照未知數的位置，細分為 16 種題型。以下表列其 16 種類型定義並舉例：

表 2-2　Riley, Greeno & Heller（1983）的加減法題型

類型	未知數	語意	示例
改變	結果量	增加	喬有 3 顆彈珠，湯姆又給他 5 顆，現在喬有多少顆彈珠？
		減少	喬原來有 8 顆彈珠，他給了湯姆 5 顆，現在喬有多少顆彈珠？
	改變量	增加	喬有 3 顆彈珠，後來湯姆給他一些彈珠，現在喬有 8 顆彈珠，請問湯姆給他幾顆彈珠？
		減少	喬原來有 8 顆彈珠，他給了湯姆一些彈珠，現在喬剩下 3 顆彈珠，請問他給了湯姆幾顆彈珠？
	起始量	增加	喬有一些彈珠，湯姆給他 5 顆，現在喬有 8 顆彈珠，請問喬原來有幾顆彈珠？
		減少	喬有一些彈珠，他給湯姆 5 顆彈珠以後，剩下 3 顆彈珠，請問喬原來有幾顆彈珠？

類型	未知數	語意	示例
合併	整體量		喬有 3 顆彈珠，湯姆有 5 顆彈珠，兩人共有多少顆彈珠？
	部分量		喬和湯姆兩人共有 8 顆彈珠，喬有 3 顆，湯姆有多少顆彈珠？
比較	差異量	比多	喬有 8 顆彈珠，湯姆有 5 顆彈珠，喬比湯姆多幾顆彈珠？
		比少	喬有 8 顆彈珠，湯姆有 5 顆彈珠，湯姆比喬少幾顆彈珠？
	比較量	比多	喬有 3 顆彈珠，湯姆比喬多 5 顆，湯姆有多少顆彈珠？
		比少	喬有 8 顆彈珠，湯姆比喬少 5 顆，湯姆有多少顆彈珠？
	參考量	比多	喬有 8 顆彈珠，他比湯姆多 5 顆，湯姆有多少顆彈珠？
		比少	喬有 3 顆彈珠，他比湯姆少 5 顆，湯姆有多少顆彈珠？
等化		再多	喬有 3 顆彈珠，湯姆有 8 顆彈珠，喬還要多幾顆彈珠才會和湯姆一樣多？
		再少	喬有 8 顆彈珠，湯姆有 3 顆彈珠，喬要少幾顆彈珠才會和湯姆一樣多？

（三）Fuson 的加減法題型

Fuson（1992）對文獻進行探討後，把加減法文字題根據改變、合併、比較、平衡（等化）的四種情境，配合運算結構的三個問題，把加減法文字題分為 22 種題型。其中合併型（加、減法）又分成實質合併型（combine physically）（加、減法）和概念合併型（combine conceptually）（加、減法），本人認為兩者不太容易被區分，同時為什麼只有合併型有這種區分，其他類型沒有？因為它較難說服老師，因此建議將其統一以合併型稱呼之，如下：

表 2-3　Fuson（1992）的 22 種加減法題型

語意	未知量	示例題
改變	起始量	小明有一些糖，小華給他 5 顆糖以後，小明有 8 顆糖，問小明原來有幾顆糖？ 小明有一些糖，他給小華 5 顆糖以後，小明有 3 顆糖，問小明原來有幾顆糖？
	改變量	小明有 3 顆糖，小華給他一些糖以後，小明有 8 顆糖，問小華給小明幾顆糖？ 小明有 8 顆糖，他給小華一些糖以後，小明有 3 顆糖，問小明給小華幾顆糖？
	結果量	小明有 3 顆糖，小華給他 5 顆糖，問小明現在有幾顆糖？ 小明有 8 顆糖，他給小華 3 顆糖，問小明現在有幾顆糖？
實質合併	全體量	小明有 6 個糖甜甜圈和 9 個巧克力甜甜圈，他把所有的甜甜圈放到一個盤子，問盤子內有多少甜甜圈？
	部分量	小明和小華有 8 顆彈珠，其中小明有 3 顆，問小華有幾顆？
概念合併	全體量	在足球場上有 6 個男學生和 8 個女學生，問在足球場上有多少學生？
	部分量	小明有 14 朵花，其中 8 朵是紅的，其他全部是黃色的，問黃色的花有幾朵？

語意	未知量	示例題
比較	參考量	小明有 8 顆糖，小明比小華多 5 顆糖，問小華有幾顆糖？ 小明有 3 顆糖，小明比小華少 5 顆糖，問小華有幾顆糖？
	比較量	小明有 3 顆糖，小華比小明多 5 顆糖，問小華有幾顆糖？ 小明有 8 顆糖，小華比小明少 5 顆糖，問小華有幾顆糖？
	差異量	小明有 8 顆糖，小華有 3 顆糖，問小明比小華多幾顆糖？ 小明有 8 顆糖，小華有 3 顆糖，問小華比小明少幾顆糖？
等化	參考量	小明有 3 顆糖，他再買 5 顆糖，就和小華一樣多，問小華有幾顆糖？ 小明有 8 顆糖，他吃掉 5 顆糖，就和小華一樣多，問小華有幾顆糖？
	比較量	小明有 8 顆糖，小華再買 8 顆糖，就和小明一樣多，小華原來有幾顆糖？ 小明有 3 顆糖，小華吃掉 5 顆糖，就和小明一樣多，小華原來有幾顆糖？
	差異量	小明有 8 顆糖，小華有 3 顆糖，問小華要再買幾顆糖以後，才能和小明一樣多？ 小明有 8 顆糖，小華有 3 顆糖，問小明要吃掉幾顆糖後，才能和小華一樣多？

（四）Baroody 的 15 種加減法題型

　　Baroody（1998）將加減法文字題整合為：添加型（change add-to）、拿走型（change take-away）、併加型（part-part-whole）、等化型（equalize）、比較型（compare）等五類；再分別細分為「和未知」、「加數未知」、「被加數未知」和「差未知」、「減數未知」、「被減數未知」等共 15 型。

表 2-4　Baroody（1998）的 15 種加減法題型

題目類型	未知數	示例題
併加型	加數	小明有 7 顆糖，小華有一些糖，他們共有 9 顆糖，小華有幾顆糖？
	被加數	小明有一些糖，小華有 2 顆糖，他們共有 9 顆糖，小明有幾顆糖？
	和	小明有 7 顆糖，小華有 2 顆糖，他們共有幾顆糖？
添加型	加數	小明有 7 顆糖，小華給他一些糖，小明現在有 9 顆糖，問小華給小明幾顆糖？
	被加數	小明有一些糖，小華給他 2 顆糖，小明現在有 9 顆糖，問小明原來有幾顆糖？
	和	小明有 7 顆糖，小華給他 2 顆糖，問小明共有幾顆糖？
拿走型	差	小明有 7 顆糖，他給小華 2 顆糖，問小明剩下幾顆糖？
	減數	小明有 7 顆糖，他給小華一些糖，小明剩下 5 顆糖，問他給小華幾顆糖？
	被減數	小明有一些糖，給小華 7 顆，小明剩下 5 顆糖，問小明有幾顆糖？

題目類型	未知數	示例題
等化型	差	小明有 7 顆糖，小華有 2 顆，小華再買多少顆糖，才會和小明一樣多？
	減數	小明有 7 顆糖，小華有一些糖，小華再買 5 顆糖，才會和小明一樣多，問小華原來有幾顆糖？
	被減數	小明有一些糖，小華有 7 顆糖，小華再買 5 顆糖，才會和小明一樣多，問小明原來有幾顆糖？
比較型	差	小明有 7 顆糖，小華有 2 顆，小明比小華多幾顆糖？
	減數	小明有 7 顆糖，小華有一些糖，小明比小華多 5 顆糖，問小華有幾顆糖？
	被減數	小明有一些糖，小華有 7 顆糖，小明比小華多 5 顆糖，問小明有幾顆糖？

（五）Carpenter、Fennema、Franke、Levi 與 Empson 的加減法類型

Carpenter, Fennema, Franke, Levi, & Empson（1999）從學生解題思考的觀點，將問題的行動（action）和關係（relationship）分為四種型式，其中「加入」（join）和「分開」（separate）是行動的問題，「部分—部分—整體（part-part-whole）」和「比較（compare）」是關係的問題。

表 2-5　Carpenter 等人（1999）的加減法題型

情境	未知量	示例題
加入	起始量	小明有一些蘋果，小華再給他 4 顆蘋果以後，小明有 9 顆蘋果。問小明原來有幾顆蘋果？
	改變量	小明有 5 顆蘋果，問小華需再給小明多少顆蘋果，才可以使小明有 9 顆蘋果？
	結果量	小明有 5 顆蘋果，小華再給他 4 顆，問小明有幾顆蘋果？
分開	起始量	小明有一些蘋果，他給小華 5 顆蘋果以後，還有 4 顆。問小明原來有幾顆蘋果？
	改變量	小明有 9 顆蘋果，他拿一些給小華以後，還有 5 顆蘋果。問小明拿幾顆蘋果給小華？
	結果量	小明原來有 9 顆蘋果，他拿 5 顆給小華，問小明剩下幾顆蘋果？
部分—部分—整體	全體量	小明有 5 顆紅色蘋果和 4 顆綠色蘋果，請問小明有幾顆蘋果？
	部分量	小明有 9 顆蘋果，其中 5 顆是紅色的，剩下的是綠色的。請問小明有幾顆綠色蘋果？
比較	參考量	小明有 9 顆蘋果，他比小華多 4 顆，請問小華有幾顆蘋果？
	比較量	小華有 5 顆蘋果，小明比小華多 4 顆，請問小明有幾顆蘋果？
	差異量	小明有 9 顆蘋果，小華有 5 顆蘋果，請問小明比小華多幾顆蘋果？

五、參考資料：學者對乘法和除法語意結構的參考資料

（一）Vergnaud 的乘除法語意結構

Vergnaud（1988）將乘法用數學結構分成三種類型：數量同構型（isomorphism of measures）、數量叉積型（product of measures），以及多重比例型（multiple proportions）。

1. 數量同構型

數量同構型就是在兩個數量空間 M_1、M_2 之間的比例型態。所謂的數量空間，可以說是同類數量所形成的集合。例如：所有的蘋果的可能數量，便形成一個數量空間，所有的金錢可能的數量，也形成另一個數量空間。

數量同構型可以用下面的表 2-6 呈現。

表 2-6　數量同構型

M_1	M_2
x_1	$f(x_1)$
x_2	$f(x_2)$

在表 2-6 中，當 $x_1 = 1$ 時，可以依題目中的未知數分成三種題型：

(1) 乘法

例如：「蘋果 1 顆賣 5 元（$f(x_1)$），4 顆（x_2）蘋果賣多少元？」（求 $f(x_2)$）

(2) 除法（等分除）

例如：「蘋果 5 顆（x_2）賣 20 元（$f(x_2)$），1 顆蘋果賣幾元？」（求 $f(x_1)$）

(3) 除法（包含除）

例如：「蘋果 1 顆賣 5 元（$f(x_1)$），20 元（$f(x_2)$）可以買幾顆蘋果？」（求 x_2）

當 $x_1 \neq 1$ 時，我們必須要知道其中的三個數，才能求出第四個數，稱為「三的規則」（事實上 $x_1 = 1$ 時，也是知道三個數，求第四個數；但是因為 $x_1 = 1$，它變成是學生學習乘、除法運算的問題，從學生的角度認為它是知道二個數，求第三個數）。此時它就變成兩步驟的乘、除法問題。例如：「老師分糖果給大家，每 2 個人（x_1）分 6 顆（$f(x_1)$）糖果，8 個人（x_2）得到幾顆糖果呢？」（求 $f(x_2)$）

2. 數量叉積型

數量叉積型是由兩個數量空間 M_1、M_2 映射到第三個數量空間 M_3 的類型，也就是兩個集合的積集合。

(1) 乘法

例如：「一個長方形的長是 3 公分（M_1），寬是 4 分（M_2），請問它的面積是多少？」（求 M_3）

(2) 除法

例如：「一個長方形的面積是 12 平方公分（M_3），長是 3 公分（M_1），請問它的寬是多少公分？」（求 M_2）

在數量叉積型問題上，M_1、M_2 是兩個不同的數量，它們之間沒有函數關係，它們相乘後得到第三個數量 M_3，所以，以數學式表示，可以表示成 $M_1 \otimes M_2 = M_3$。因為它不像乘法是同一數量累加而來的概念，因此這種乘法可以把它看成乘法啟蒙概念的推廣。

3. 多重比例型

多重比例型是指數量空間 M_3 成比例於另外兩個不同且獨立的數量空間 M_1、M_2。其關係如表 2-7。

表2-7　多重比例型

M_2 ＼ M_1	x_1	x_2
x_1'	$f(x_1, x_1')$	$f(x_2, x_1')$
x_2'	$f(x_1, x_2')$	$f(x_2, x_2')$

當 x_1 和 x_1' 等於 1 時，它會變成 4 個數量之間的關係。例如：「一位小朋友每天喝 3 瓶飲料，教室裡有 25 位小朋友，每天共喝 75 瓶飲料。」如表 2-8。

表2-8　多重比例型一

M_1：小朋友數	x_1：1 位小朋友	x_2：25 位小朋友
M_2：天數	x_1'：1 天	x_2'：1 天
M_3：飲料數	$f(x_1', x_1)$：3 瓶飲料	$f(x_2', x_2)$：75 瓶飲料

依據題目中未知數位置的不同，題目的類型可分為：

(1) 乘法問題

「1 位小朋友每天喝 3 瓶飲料，教室裡有 25 位小朋友，每天共喝幾瓶飲料？」此時題目的未知數為 $f(x_2', x_2)$。

(2) 包含除問題

「1 位小朋友每天喝 3 瓶飲料，某間教室的小朋友 1 天共喝 75 瓶飲料，這間教室有多少小朋友？」此時題目的未知數為 x_2'。

(3) 等分除問題

「某間教室的小朋友 1 天共喝 75 瓶飲料，而教室裡有 25 位小朋友，每 1 位小朋友每天喝幾瓶飲料？」此時題目的未知數為 $f(x_1', x_1)$。

當 x_1 或者 x_1' 不等於 1 時，需要知道題目中的 5 個數量，才能求出第 6 個數量。此時，它便是一個多步驟的問題。例如：「若 2 個人 3 天吃掉 15 粒蘋果，那麼 10 人 15 天吃掉多少粒蘋果？」。如表 2-9。

表2-9　多重比例型二

M_1：小朋友數	x_1：2 位小朋友	x_2：10 位小朋友
M_2：天數	x_1'：3 天	x_2'：15 天
M_3：蘋果數	$f(x_1', x_1)$：15 顆蘋果	$f(x_2', x_2)$：375 顆蘋果

（二）Schwartz 的乘除法語意結構

Schwartz（1988）考慮量的性質，將問題中的量區分為外延量（E; extensive quantity）和內涵量（I; intensive quantity）。外延量即一般的一個向度的量，如：公斤、公尺、個、秒等。另一種說法是，當兩個數量相加時，可以直接相加的物理量，就稱為外延量。例如：5 公斤和 3 公斤，可以直接相加。

內涵量則是由兩個向度所組成的量，即由兩個外延量所合成，含有單位測度（the unit measures）或屬性密度（the attribute density）的意思，如：個 / 盤、公分 / 秒、克重 / 公升等。另一種說法是兩個數量相加時，其性質無法直接相加的物理量，就稱為內涵量。例如：3 個 / 盤 + 4 個 / 盤是不會等於 7 個 / 盤。外延量可以是連續型 (C) 或是離散型 (D)，而內涵量的形式則是 C/C、C/D、D/D、D/C。另外，常數量則以 S（scale）來表示。在外延量和內涵量的基礎下，Schwartz 將乘除法問題以 (I, E, E')、(I, I', I")、(E, E', E") 與 (E, S, E') 等三元組來分類。

1. (I, E, E')

此類型的題目是由一個內涵量和一個外延量相乘產生第二個外延量。例如：「每 1 個盤子內有 4 塊月餅，5 個盤子共有 20 塊月餅。」其中 I 為 4 塊月餅 / 盤，E 為 5 個盤子，E' 為 20 塊月餅。從問題的結構來看，(I, E, E') 類型相當於 Vergnaud 的數量同構。

2. (I, I', I")

此類型的題目是由兩個內涵量相乘，產生第三個內涵量。例如：「爸爸每天工作 8 小時，1 個月工作 24 天，請問爸爸 1 個月工作幾小時？」其中 I 為 8 小時／天，I' 為 24 天／月，I" 為 192 小時／月。(I, I', I") 類型相當於 Vergnaud 的多重比例。

3. (E, E', E")

此類型的題目是由兩個外延量相乘，產生第三個外延量。例如：「早餐店裡賣 5 種麵包，4 種飲料，妹妹到早餐店買一種麵包配一種飲料的早餐，妹妹的早餐有幾種 吃法？」其中 E 為 5 種麵包，E' 為 4 種飲料，E" 為 20 種吃法。(E, E', E") 類型相當於 Vergnaud 的數量叉積。

4. (E, S, E')

此類型的問題是一種外延量的倍數問題。例如：「哥哥有 5 元，弟弟的錢是哥哥的 4 倍，弟弟有多少錢？」其中 S 為 4，E 為 5 元，E' 為 20 元。此類型的問題是為同一維 度的問題，無法與 Vergnaud 的結構類型相對應。

無論是 (I, E, E')、(I, I', I")、(E, E', E") 與 (E, S, E') 中的哪一個類型，都可以依據 題目中未知數的位置不同，而形成乘法或除法的問題。以上述 (I, E, E') 類型的題目為 例，又可以分為：

(1) 乘法問題

題目的未知數是 E'，E' = I×E。例如：「每 1 個盤子內有 4 塊月餅，5 個盤子共有 幾塊月餅？」

(2) 包含除問題

題目的未知數是 E，E = E'÷I。例如：「每 1 個盤子可放 4 塊月餅，20 塊月餅要 放幾個盤子？」

(3) 等分除問題

題目的未知數是 I，I = E'÷E。例如：「20 塊月餅平均放在 5 個盤子內，每個盤子 放幾塊月餅？」

其他類型的未知數，請老師自行擬題，並且判斷它是屬於哪一種類型的運算問題。

（三）Schmidt 與 Weiser 的乘除法語意結構

Schmidt & Weiser（1995）將一步驟文字題的語意結構分成四類：

1. 形成 n 倍的量

此類一步驟文字題的特性是，第一個因子是被乘數 g_1 或者是一個限定的基數。第 二個因子是乘數，是一個純量的操作元「O」（沒有向度），形成的乘積 g_2 就是 n 倍的

g_1。例如：「哥哥有 5 元，弟弟的錢是哥哥的 4 倍，弟弟有多少錢？」因此乘積 g_2 與第一因子 g_1 是相同種類的量。這個叫作 g_1 - O - g_2 型式的乘法。

它又可以分為部分─全體結構（the part-whole structure）、重複結構（the iteration structure）、乘法改變結構（the structure of multiplicative change）、乘法比較結構（the structure of multiplicative comparison）和比例結構（the proportion structure）。

(1) 部分─全體結構

O 代表相同數量 g_1 同時發生的次數。例：「在房間內有 5 組的舞群，每組 6 人，問這個房間內有多少人？」

矩陣型問題：例如：「農場種了 12 排，每排 15 個生菜，問農場有多少生菜？」也是部分─全體的問題類型。幾次（times）的問題不會出現在這個類型上，而是出現「每（each）」的文字。

(2) 重複結構

O 代表行動的重複，g_2 是被 g_1 逐漸地建構出來的，因此此類問題會出現「每（each）」，或者「每當（whenever）」之類的文字。例：「小明每次去工廠都拿 6 個空瓶，他總共去了 21 次，請問他現在有多少個空瓶？」

(3) 乘法改變結構

O 表示由 g_1 轉變到 g_2 的過程，它是原來的數量改變成另一個數量，因此通常用「變 2 倍（to double）、提高 2 倍（to treble）」的語言來形容。例：「一條 3 公分寬的金屬條展開以後，它的寬度會變 2 倍，問這條金屬條展開後的寬度是幾公分？」

(4) 乘法比較結構

O 表示 g_1 和 g_2 靜態的關係，g_1 和 g_2 是沒有交集的，因此時常使用「幾倍（the n-th multiple of）」，或者「幾倍一樣多（n times as much as）」的文字。例：「王先生的車子加了 12 公升的油，李先生的車子加的油和王先生的油的 3 倍一樣多，請問李先生的車子加了多少公升？」

(5) 比例結構

O 不直接呈現於題目中，而是隱含在比率關係的問題之中。例：「水龍頭一分鐘流掉 9 公升的水，請問 9 分鐘流掉多少公升的水？」

2. 組合結構（the combination structure）

此類文字題的特性是，a 和 b 是兩個有限集合 A 和 B 的基數，它的乘積是 a×b 個集合 A×B 的基數，也就是由 A 和 B 有規律的配對所形成。例如：「早餐店裡賣 5 種麵包，4 種飲料，妹妹到早餐店買一種麵包配一種飲料的早餐，妹妹的早餐有幾種吃法？」

3. **合成運算結構**（the structure of composition of operator）

此類型是由兩個運算所合成的語意結構的問題。例如：「一隻大象出生以後，大象第一年生日的重量是他出生時的三倍，第二年生日的重量是他第一年生日重量的兩倍，大象第二年生日的重量是出生時的幾倍？」或者「請問小華的錢是小香的 6 倍，小香的錢是小明的 2 倍，請問小華的錢是小明的幾倍？」此時兩個運算和乘積都是相同的數量。

4. **公式乘法**（multiplication by formula）

此類問題是需要用公式計算的問題。例如：「步行者以每小時 5 公里的平均速度行走，一小時他走多遠？」或者「一個長方形長 6 公分，寬 4 公分，長方形的面積多大？」此類問題，學生需要先了解公式才能算出答案。此類問題又可以分為兩種：商數結構（quotient structure）和乘積結構（product structure）。商數結構是兩個相關的量乘出第三個量，例如：速度問題（速度 [km/h]× 時間 [h] = 距離 [km]）；電壓問題（電阻 [V/A]× 電流 [A] = 電壓 [V]）。乘積結構是以兩個不同的量相乘，得到第三種不同的量，例如：面積問題（長 [cm]× 寬 [cm] = 面積 [cm^2]）；力的問題（質量 [kg]× 加速度 [m/sec^2] = 力 [kg m/sec^2]）。

（四）Anghileri 與 Johnson 的乘除法的語意結構

Anghileri & Johnson（1988）將乘、除法的語意結構分為下列五種類型：

1. **等群組**（equal groupings）

這個乘法是每一個集合都有相等的數量。例如：「一部車子有 4 個輪子，5 部車子有幾個輪子？」

2. **分配／比率**（allocation/rate）

在多對一的組合中，有相同的集合被對應到物件的每一個記數單位。例如：「一個獎卡可以換 5 個獎章，4 個獎卡可以換幾個獎章？」

3. **數線**（number line）

這個問題是沿著數線的右邊運動，每一個數量都有相同的量或者同等的腳步。例如：「一次向右走 5 步，4 次可以走幾步？」

4. **矩陣**（array）

矩列是一堆矩形排列的物件，每一列是等量的，而且每一行也是等量的。例如：「一排有 5 個人，4 排有幾個人？」

5. **笛卡爾積**（Cartesian product）

這個類型的問題是集合的積的概念。例如：「約翰有兩件不同顏色的上衣，三條不

同款式的褲子。約翰有多少種不同的上衣和褲子的搭配方式？」

（五）Greer 的乘除法的語意結構

Greer（1992）將全數的乘法類型依其語意分成了等組（equal groups）、等量（equal measures）、乘法的比較（multiplication comparison）、笛卡爾積（Cartesian product）和矩形面積（rectangular area）。

Greer（1992）將乘、除法問題依情境模式分為 10 類，分別為等組（equal groups）、等量（equal measures）、比率（rate）、數量轉換（measure conversion）、乘法比較性（multiplicative comparison）、部分—全體（part/whole）、乘法改變（multiplicative change）、笛卡爾積（Cartesian product）、面積（rectangular area）和數量乘積（product of measures），其中前七類又分為等分除及包含除。他又針對不同數系在各情境中的應用，將乘除文字題依整數、乘數是整數、分數及小數作了以下的分類，如表 2-10。

表 2-10　Greer（1992）依數系情境模式分類表

數系情境	整數	乘數是整數	分數	小數
情境模式分類	等組 （第一類）	等量 （第二類）	有理數的比率 （第三類）	比率（第三類） 數量轉換 （第四類）
	乘法比較 （第五類）		乘法比較 （第五類） 部分—全體 （第六類）	乘法比較 （第五類） 部分—全體 （第六類） 乘法改變 （第七類）
	矩形 陣列／面積 （第九類）		矩形面積 （第九類）	矩形面積 （第九類）
	笛卡爾積 （第八類）			數量乘積 （第十類）

1. 等組（equal groups）

每一個群組都有相同的數量，它的量是離散量。等組的語意又可以分為自然的複製（例如：N 個人有 2N 個耳朵）、重複的動作（例如：一次走三步，共走四次）和人類的習慣（例如：給一堆人相同數量的物品）、比例（例如：每個小孩有四個彈珠，三個

小孩有幾個彈珠？）等問題情境。

2. 等量（equal measures）

與等組型類似，只是它的量是連續量。例如：「一個人有 4 公升的果汁，三個人有多少公升的果汁？」

3. 乘法的比較（multiplication comparison）

它的意義是「某物（人）的 N 倍」。例如：「美麗有 4 顆蘋果，約翰的蘋果是美麗的三倍。那麼約翰有幾顆蘋果呢？」

4. 笛卡爾積（Cartesian product）

笛卡爾積是排列組合中乘法原理的概念。例如：「四個男孩和三個女孩跳舞，有多少種一男一女的結伴跳舞方式？」

5. 矩形面積（rectangular area）

是由長乘以寬去計算出矩形的面積。

（六）Nesher 的乘除法的語意結構

Nesher（1988）將語意結構的種類分成下列三種：

1. 映像規則（mapping rule）

也就是 Vergnaud 的數量同構型及 Schwartz 與 Kaput 的 $I \times E = E'$。

2. 笛卡爾積（Cartesian multiplication）

也就是 Vergnaud 的數量叉積，且是 Schwartz 與 Kaput 的 $E \times E' = E''$ 型。

3. 乘法比較（multiplicative comparison）

例如：「小美有五顆糖果，小明是小美的 5 倍，小明有多少顆糖果？」

（七）Bell、Greer、Grimison 與 Mangan 的乘法語意結構

Bell, Greer, Grimison, & Mangan（1989）將乘法的語意結構分成兩類：

1. 對稱型（symmetric）

乘數和被乘數的角色相似，就像面積中的長和寬是可互換的，這類的問題同 Vergnaud 的數量叉積型（product of measures）。

2. 非對稱型（asymmetric）

是指乘數和被乘數的角色不同，這類的問題同 Vergnaud 的數量同構型（isomorphism of measures）。例如：「一包糖果有三顆糖，四包糖果有幾顆糖？」這樣的結構是三有四個，所以用 $3 \times 4 = 12$，或是 $3 + 3 + 3 + 3 = 12$，來解決這類問題。因為它與「四有三個」意義不同，所以他是不對稱的。非對稱性的數學語意結構可以分

成七類：

(1) 等組型（multiple groups）。例如：「一盒蛋有 4 顆，3 盒有幾顆蛋？」

(2) 重複測量（repeated measure）。例如：「園丁需要 3 段，每段 4.6 公尺長的繩子。他應該買多少公尺？」

(3) 比率（rate）。例如：「一個人走路平均每小時走 4.6 公里，他走了 3.2 小時，問他走了幾公里路？」

(4) 大小的改變（相同單位）（change of size - the same units）。例如：「一張照片放大為 4.6 倍，原來是 4.6 吋的照片，放大後是幾吋？」

(5) 大小的改變（不同單位）（change of size - different units）。例如：「一個模型船一公分表示 4.6 公尺，3.2 公分長的模型船，實際的長是多少？」

(6) 混合物（相同單位）（mixture - the same units）。例如：「畫家要製造特定的顏色需要的紅色油漆是黃色的 4.6 倍，畫家使用 3.2 公升的黃色油漆需要多少的紅色油漆？」

(7) 混合物（不同單位）（mixture - different units）。例如：「4.6 公斤的砂子需要加入一公升的水來混合，問 3.2 公升的水可以混合多少砂子？」

六、算式填充題與線段圖

（一）算式填充題

例如：「小明有 52 元，小華有一些錢，小明比小華多 38 元，問小華有多少錢？」我們利用括號表示還不知道的答案，然後用算式列出來

52 -（ ）= 38

此一算式，我們稱為算式填充題。

有人曾問作者，52 + 38 =（ ）是不是算式填充題。作者認為它也算式填充題，因為它是一個算式，也利用括號表示還不知道的答案。

（二）線段圖

在解答情境問題「我有 52 元，用掉一些錢後，剩下 38 元，問我用掉多少元？」或者算式填充題「52 -（ ）= 38」時，我們會用幾個線段來表示情境問題或算式的關係，如下圖。**線段圖的畫法，基本上是依題意的順序畫圖。**

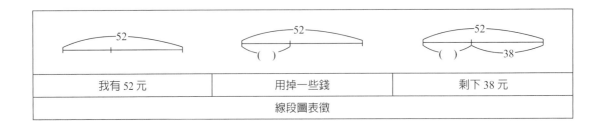

我有 52 元	用掉一些錢	剩下 38 元
線段圖表徵		

（三）問題

1. 為什麼要學算式填充題和線段圖？

在一個情境問題中，有時候學生必須要做語意轉換才能解答問題。例如：「小明有 52 元，用去一些錢後，剩下 38 元，問小明用去多少元？」學生必須將問題轉成「把小明原來有的 52 元，減去剩下的 38 元，之後，就是小明用去的錢。」**語意轉換是一種形式推理的前置經驗，因此非常重要。**

當學生無法順利進行語意轉換時，我們就會使用「算式填充題」，讓學生先依照他懂的題目意思來列式，變成：

52 －（　）= 38

之後，再利用線段圖畫出來，再來解題。最後，我們當然希望學生能不用畫線段圖（在心中畫出線段圖），便知道怎麼把算式填充題的答案算出來。最好是已經能夠直接進行語意轉換來解題，而不需要列算式填充題（會語意轉換的學生比較聰明）。

當然，一個需要語意轉換的問題，學生還無法進行語意轉換時，不一定要先寫成算式填充題，也可以直接按照題意畫出線段圖，再依據線段圖的部分—全體關係了解是要用哪一個運算來解答。

因此，**算式填充題和畫線段圖的目的，都是幫助不會進行語意轉換的學生有另一個解題的方法。**

2. 什麼叫作依題意列式？

了解為什麼要學生學習算式填充題之後，我們希望學生能依題意列式。那什麼叫作依題意列式呢？例如：「小明有 52 元，小華有一些錢，小明比小華多 38 元，問小華有多少錢？」學生列式成：

52 －（　）= 38

大家都同意。但若是學生列成 52 － 38 =（　），算不算依「題意」列式？把題目的語意進行轉換「把小明的 52 元，扣掉小明比小華多的 38 元，就是小華有的錢。」是不是也是「題意」呢？

作者認為把題意進行相同語意的轉換，也是「題意」，因此認同 52－38 = ( )，也是依題意列式。況且會進行語意轉換的學生比較聰明，假如他能直接進行語意轉換時，為什麼我們要禁止他語意轉換呢？

若有人不同意把題意進行相同語意的轉換也是題意，那麼對於問題「小明有 52元，小華有一些錢，小華比小明少 38 元，問小華有多少錢？」要怎麼依題意列式呢？列成：

( )－52 = －38

要注意，小學還沒學過負數，不會這樣列式，因此我們非得先把小華比小明少 38 元轉成小明比小華多 38 元才能列式。因此作者認為把題意進行相同語意的轉換，也是「題意」。

3. 線段圖怎麼畫？

作者看有些教材會要求學生畫線段圖時，上面永遠表示全部，下面分兩小段，或者上面分兩小段，下面畫全部。如下圖：

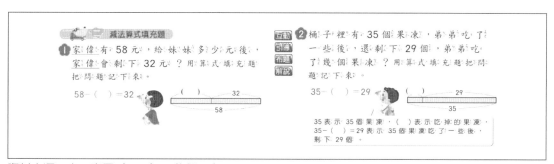

資料來源：南一書局（2011）。數學二上。

有些老師則要學生判斷算式填充題中，三個數哪一個數最大，最大的就畫在上面，較小的兩段就畫在下面。作者認為上面的做法不是很恰當，假如學生知道全部和兩小段各代表哪一個數，學生就會解答了，就不用畫線段圖了。還有，假如學生知道哪個數比較大，他也就知道怎麼解答了。

(1) 加一量就延長一段，減一量就扣掉一段

作者認為，我們應讓學生了解，我們要「依題目的意思來畫圖」。因為我們的習慣是由上到下，由左到右，因此建議，不管是從算式填充題或者直接按照題目的意思來畫線段圖時，都是「加一數（量），就延伸一小段」，「減一數（量）時，就扣掉一小段」來表徵（比較型問題時，就依比較長或者比較短的意思來畫）。同時不管它是不知道的數或者是已經知道的數，先畫一段，並在上面畫弧、寫上它；再來當它是「加」時，就

延伸出來一段，並繼續在上面畫弧、寫上它；當它是「減」時，就變成減掉一段，因為上面畫了弧，因此就在下面畫弧、寫上它；再來就是把全部或者剩下的在下面畫弧、寫上它。

例如：「小明原來有 100 元，買了一個鉛筆盒以後剩下 66 元，問一個鉛筆盒多少元？」的問題，學生按照題目的意思列成算式填充題：

100 − (　) = 66

然後再讓學生利用類似線段圖的概念，脫離情境，直接用一條線段加上弧線代表 100；因為減掉，所以去掉一小段加上弧線和（　），剩下的那一段加上弧線是 66。如下圖。這時候學生看到就知道要用全部的長度減去一小段來算出答案。

假如不列算式填充題而直接依題意畫線段圖時，方法也相同。先畫一段加上弧線表示 100 元，買了鉛筆表示用了一些錢，因此從其中畫一小段加上弧線和（　）表示鉛筆的錢，剩下的錢就是剩下的那一段，加上弧線和 66 表示之。

所以，(　) = 100 − 66

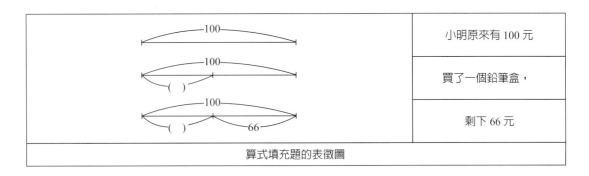

因此，52 + (　) = 96，應該這樣畫。

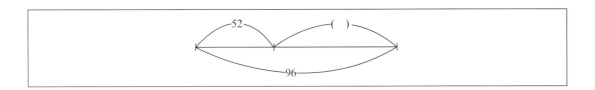

再如，(　) − 52 = 38，應該這樣畫。

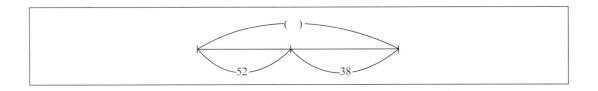

因為線段圖只是用來表示三個數之間的關係。當學生能把線段圖畫出來時，他就知道哪一段最大，就知道要用加或者用減。

(2) 依題意畫線段圖與先列式再畫線段圖

至於有些老師提及的，到底是從題目來畫線段圖，或者從算式填充題來畫線段圖呢？研究者認為，兩者都可以。因為一開始是有題目，當學生不會解答時，才利用算式填充題來表徵題目的意義，再利用算式填充題來畫線段圖。當學生在這兩個轉換沒有問題時，他自然可以省略算式填充題，直接利用題目的意思來畫線段圖。只不過在比較型的問題上，利用算式填充題來畫線段圖，和利用題目的意思來畫線段圖，畫出來的線段圖可能不相同。例如：「小明有 100 元，小明比小華多 66 元，問小華有多少元？」的問題，若先列成算式填充題，再畫線段圖，就會變成：

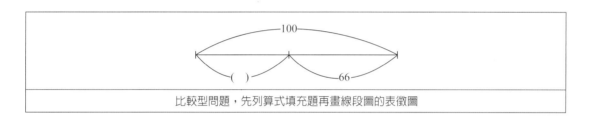

比較型問題，先列算式填充題再畫線段圖的表徵圖

若是直接從問題畫線段圖就會變成：

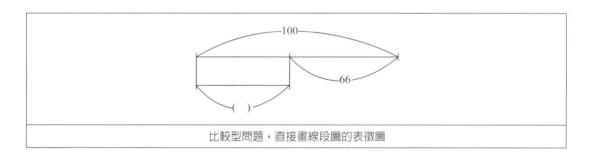

比較型問題，直接畫線段圖的表徵圖

因此，對於比較型問題，學生畫成上述兩種不同的線段圖表徵，都是可以接受的。此外，假如學生直接從題目畫線段圖而畫出第一種圖（只有一條線段）也可以，只是要學生了解，它上面的弧線表示小明的錢，下面的弧線表示小華的錢。

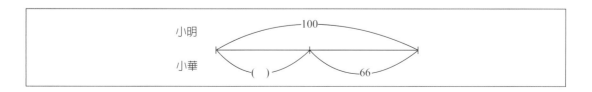

(3) 線段圖的比例問題

有人會認爲線段圖對低年級的學生而言太難了，因爲學生怎麼知道三個數之間的比例關係？怎麼有能力把線段圖畫得準確呢？的確，若要求學生畫出線段圖的比例，有很大的困難度。但是線段圖只是要表示三個量之間的加、減關係，因此作者認爲不需要在乎線段的長短是否符合數的大小比例，只要能正確的表示它們的關係即可。

況且當我們剛開始引入線段圖的概念時，我們都會建議老師從具體表徵引入，再慢慢變成線段表徵。例如：上面買鉛筆盒的問題，我們一開始可以用一元的錢讓學生想像排成一排，有 100 個，買鉛筆盒用掉一些後，剩下 66 個一元。之後，再讓學生把錢幣表徵變成線段表徵。

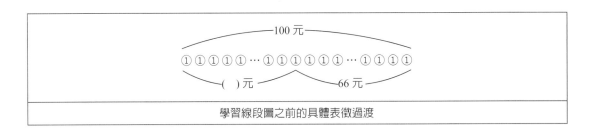

學習線段圖之前的具體表徵過渡

因爲排錢幣表徵時不見得一定都要緊密連在一起，也可以有些用 5 元、10 元，因此，線段的長短比例，在低年級真的不需要要求太嚴格。

4. 利用加一量或者拿走一量來感受哪一個數最大

在一步驟的加、減問題上，除了讓學生了解利用畫線段圖來了解如何進行計算之外，要讓學生能進行語意轉換，還有一個方法，就是**在改變型的問題上，讓學生具體感覺到，再增加的語意代表最後的量一定比原來的與增加的量都大**。例如：小明有 5 張卡片，再多 3 張，最後是前面兩個部分的和一定比前兩個量還大。因此若小明有一些卡片，再多 3 張就有 8 張，問小明原來有多少張卡片，就是用最大的數 8 去減增加的數 3，就是小明原來有的。在改變型的問題上，假如是拿走的語意，代表拿走的量和剩下的量一定比原來的量小。例如：小明有一些卡片，拿走 3 張剩下 5 張，若問原來有多少張，表示原來的比拿走和剩下的都多，因此要算原來的就是要把拿走的加上剩下的量。在合併型的問題上，也如上面的語意。

至於比較型問題，假如小明比小英多，表示小明比較多，因此小英的量和比較的量都比小明少。假如小明比小英少，表示小英比較多，因此小明的量和比較的量都比小英少。

假如學生能夠感覺到「兩個部分合爲整體，或者將一個整體拿走一部分」時，整體

的量一定最大，因此要算總量就要用加法，要算部分量就用減法，相信學生一定更能夠進行語意轉換，知道要用哪個運算子來計算。

　　當然這種生活語意的問題，若推廣到國中的負數就不成立。因此老師教學時是否要讓學生有上述的感覺，老師可以自行決定。若老師讓學生有這樣的感覺，學生到了國中學習負數時，再留意概念推廣之後大小問題變了的情形即可。

七、併式

（一）兩步驟問題與併式

　　所謂兩步驟問題的意思是兩個運算子（加、減、乘、除）的問題。它可以分成兩個算式，或者把兩個算式併式變成一個算式。我國 92 年和 97 年九年一貫數學學習領域能力指標，從程序性知識的觀點說明併式的約定為：(1) 有括號時，括號內的運算先進行；(2) 當式子中只有乘除或只有加減的運算時，由左向右逐步進行；(3) 先乘除後加減。

　　從現今的教育理念，不管是現實生活數學、解題的觀點，或者是數學感教育的理念，研究者認為應從解題性知識的觀點來進行併式的約定。

　　一開始，當我們面對任何兩步驟的問題時，例如：

　　A.「一箱蘋果有 24 顆，將 2 箱蘋果分給 3 個人，每人可分得多少顆蘋果？」

　　B.「一打鉛筆有 12 枝，文具店有 3 打黃色鉛筆，7 打粉紅色鉛筆，拆開來放在筆筒裡，共有多少枝鉛筆？」

　　C.「園遊會需要 8 公分的短緞帶打成小花結裝飾，小明找來 300 公分長的長條緞帶，準備用剪刀剪成短緞帶，但是隔壁班要走了 100 公分的緞帶，請問剩下的緞帶總共可打成多少個小花結？」

　　D.「一打鉛筆有 12 枝，老師原有 5 枝鉛筆，又買了 3 打鉛筆，老師現在有多少枝鉛筆？」

　　我們會先將問題的解答利用兩個算式來解題，如下：

A. $\begin{array}{l}24 \times 2 = 48 \\ 48 \div 3 = 16\end{array}$	B. $\begin{array}{l}3 + 7 = 10 \\ 12 \times 10 = 120\end{array}$	C. $\begin{array}{l}300 - 100 = 200 \\ 200 \div 8 = 25\end{array}$	D. $\begin{array}{l}12 \times 3 = 36 \\ 5 + 36 = 41\end{array}$

　　當我們要把兩個算式變成一個算式時，我們只要：(1) 約定先算的用括弧表示；(2) 因為乘法與除法是加法與減法的上位概念，因此當算式中有乘（或除）以及加（或減）的運算子時，同時乘（或除）的運算子在括弧內時，括弧可以省略，也就是不用加括

號；(3) 因為數學的書寫習慣是從左算到右，所以當算式中只有加減，或者只有乘除的運算子，同時括弧在左邊時，括弧可以省略，也就是不用加括號。

因此：

(24×2)÷3 A.　= 48÷3 　= 16	12×(3 + 7) B.　= 12×10 　= 120	(300 − 100)÷8 C.　= 200÷8 　= 25	5 + (12×3) D.　= 5 + 36 　= 41

A、D 可以省略括弧，B、C 則不能省略括弧。

24×2÷3 A.　= 48÷3 　= 16			5 + 12×3 D.　= 5 + 36 　= 41

研究者認為從括弧先做、乘（或除）是加（或減）的上位概念（加或減的簡化），以及從左算到右的概念，學生也可以正確解答程序性知識的兩步驟併式問題。學生可以對併式運算的先後順序與運算子的意義相連結，使併式變得很有意義、很有感覺。

在兩個算式合併成一個算式時，老師要讓學生發現或者跟學生說，就是**把第二個式子中和第一個算式右邊相同的數，換成第一個式子左邊的算式**。也就是：

$\boxed{24×2}$ = ㊽ ㊽ ÷ 3 = 16	(24×2)÷3 = 48÷3 = 16

老師也要讓學生發現，很多時候數學就是在做上面算式的事情。例如：當 $x = \boxed{5}$ 時，$2\boxed{x} + 3$，就是把 x 換成 5，變成 $2×5 + 3 = 13$；$\begin{cases} y = \boxed{2x + 1} \\ 3x + 4\boxed{y} = 4 \end{cases}$ → $3x + 4(2x + 1) = 4$，都是相同的情形。

（二）問題

1. 為什麼要學併式？

有些教師在說明為什麼需要併式時，認為是因為併式比較簡單。可是從兩個算式與併式的算法，例如：「甲有 64 顆彈珠，乙有 76 顆彈珠，丙有 82 顆彈珠，問三人總共有多少顆彈珠？」的問題，我們原先是用兩個算式來計算：

64 + 76 = 140

140 + 82 = 222

它總共有 6 個數字，兩個加號，兩個等號。當把它用一個算式來算時：

64 + 76 + 82 = 140 + 82 = 222

它總共有 6 個數字，三個加號，兩個等號。因此，研究者認為併式沒有比兩個算式簡單。

作者認為我們要學習用一個算式表示多步驟計算問題，主要是為了日後代數的列式與解答的學習。日後當我們學到多（四、五）步驟問題，或者多元多次方程式的問題時，我們無法馬上知道問題要怎麼算，無法利用語意轉換來解答問題，此時我們需要利用代數的方法，將它表示成一個算式（等式），再利用等量公理或者移項法則，或者其他代數方法，便可以較容易解答問題。

2. 併式的規約怎麼教？

四則混合計算的併式約定是：(1) 有括號時，括號內的運算先進行；(2) 當式子中沒有括號，且只有乘除或只有加減的運算時，由左向右逐步進行；(3) 當式子中沒有括號，且有乘、除和加、減混在一起時，先乘除後加減。這種規約是從計算的觀點做的約定。

從有意義學習的解題觀點，應該從解答文字題來思考。作者發現有些國中生在計算時，時常忘了括號，因此建議在併式時，先約定：

(1)要先算的用括號表示。等學生養成先算的要括號之後，再了解什麼時候可以省略括號。

(2) 因為乘是累加的概念、除是累減的概念（我們稱上位概念），上位概念的運算子在數學上有優先權。因此，若乘或者除，以及加或者減在同一個算式，同時乘或者除要先算的時候（也就是乘或者除有括號時），可以省略括號。也就是當算式有乘除和加減時，先乘除後加減的規約。

(3) 當算式中只有乘除，或者只有加減的算式，因為乘、除是同位階的概念，加、減是同位階的概念，因此彼此間沒有優先權，但是我們的習慣是從左算到右，因此當算式中只有乘除，或者只有加減的算式，而且左邊先算時（括號在前面時），可以省略括號。也就是當算式中只有乘除，或者只有加減時，從左算到右的規約。

事實上，除了上述三個方法之外，在只有加減，或者只有乘除的二步驟併式中，當前面運算子是加和乘時，括號在後面，因為結果相同，所以仍然也可以省略。例如：2 + (7 − 3) = 2 + 7 − 3，它的結果會相等，因此括號也可以省略。但這是不符合從左算到右的習慣，完全是因為計算的結果相同，而可以省略的問題。

3. 學生學習併式有什麼迷思？

作者發現，學生剛開始學一步或者兩步驟問題時，我們會要求學生把算式或數字寫在等號左、右兩邊。例如：100 − 38 − 17 的算式（下圖左一）。因此，當學生初學併式時會把等號也寫在算式的右邊（下圖左二），因為這是學生的習慣。此時，作者看到有些老師會要求學生把等號寫到算式下方（下圖右二，也就是我們要求學生改變習慣）。作者又發現，國中生在計算代數問題時，就又變成代數運算的左邊也都加上等號。因為他已習慣併式的寫法了。

$100 - 38 = 62$ $62 - 17 = 45$	$100 - 38 - 17 =$	$100 - 38 - 17$ $=$	$2x + 3 = 5$ $= 2x = 2$ $= x = 1$
學生的初始習慣	以習慣書寫	被糾正後	糾正後產生慣用

作者想要說的是，假如我們一昧的要求學生記憶規則，而規則往往是變來又變去，學生最後就會亂掉，會沒有興趣。

數學上其實在乎的只有等號的左右兩邊，或者上下兩方的數值或算式一定要相等而已。因此學生寫成下圖左邊是沒有問題的，下圖左二也沒有問題。只不過我們會請學生像下圖右二邊的寫法，主要是養成良好習慣，以在做三步驟以上的問題或者複雜的算式時，比較能對齊，比較能看出有沒有少掉什麼東西，因此比較不會算錯。

此外，由於學生先前所學的算式中，等號的右邊幾乎都是一個數值，很少出現等號的右邊是一個算式。也就是學生對等號的認知是「得到」概念（100 − 38 得到 62），而不是等號兩邊的數值或算式相等。因此，有些學生在初學併式問題時，就會出現下圖右邊的情形。此時，教師應該詳加討論，讓學生了解等號的意義，以避免到了國中產生更大的困擾。

$100 - 38 - 17 = 62 - 17 = 45$	$100 - 38 - 17 = 62 - 17$ $= 45$	$100 - 38 - 17$ $= 62 - 17$ $= 45$	$100 - 38$ $= 62 - 17$ $= 45$
正確算式	正確算式	正確算式	學生的迷思

4. 國中老師和小學老師的要求一樣嗎？

作者的實務經驗發現，小學老師會要求學生在應用問題上，最後一定要寫答案。國中以上的老師不要求學生寫答案，反而要求學生要告訴老師答案在算式中的哪個地方。

所以一個問題中有二個答案的，有時候就分 (1)、(2) 分別寫出二個小題的作答過程，或者在二個答案的下面作 // 或者 # 的記號。國中老師會要求學生在計算時，不管等號寫在中間或者最左邊，一定要使左右或者上下的算式完全等值。當多步驟的算式從上寫到下，寫到盡頭時，要換到右邊的上方再寫時，要設法讓老師知道，例如：畫個箭頭或者用一長直線段把兩欄區分開來。作者建議小學老師也可以像國中老師那樣，明白的要求學生在書寫時養成從上到下，從左到右的良好書寫習慣，將來任何人的算式才容易明白、了解。

$100 - 38 - 17 + 25$ $= 62 - 17 + 25$ $= 45 + 25$ $= 70 \,\#$	$100 - 38 - 17 + 25$ $= 62 - 17 + 25$ $= 45 + 25 = 70$	$100 - 38 - 17 + 25$ $= 62 - 17 + 25$	$= 45 + 25$ $= 70$
正確算式	良好書寫習慣	良好書寫習慣	

5. 在教加乘兩步驟問題時可不可以用三步驟來算

　　作者和老師互動的過程中，時常被老師問到「學生不是使用特定的方法是否可以算對？」「學生的答案和課本不一樣是否可以算對？」的問題。例如：二年級教二步驟問題「一枝鉛筆賣 9 元，小新買了 2 枝，小明買了 3 枝，兩人共要付多少元？」因為單元名稱是兩步驟問題，因此安親班老師說要用「$2 + 3 = 5$，$9 \times 5 = 45$」來算，不可以用「$9 \times 2 = 18$，$9 \times 3 = 27$，$18 + 27 = 45$」的三步驟來算。

　　事實上老師教學、學生學習的重點在讓學生站在他會的基礎上，學習其他的解題策略，培養學生多元的解題能力。因此學生使用三步驟的解題方式，老師可以進一步提問，其他同學寫的二步驟解題方式，他是否了解？和他的解題方式有什麼地方不一樣？什麼地方一樣？兩種方法是不是都正確回答原來的問題？

第 4 節　全數四則運算的教學

　　四則運算的教學，和前面所談的整數概念教學相同，在每個單元教學一開始，建議老師盡可能進行準備活動，從生活情境（數學素養導向教學）引動學生的學習動機或者複習學生的先備知識，之後進行四則運算新概念的發展活動，包括概念性了解內化為程序性知識，之後進行解題和數學素養的教學，最後再進行讓學生回顧這個單元（甚至與先前相關單元的異同，以及內容的學習過程）的統整活動。同時也別忘了融入一個起動

機制、五個核心內涵的教與學策略，以及在進行教學觀摩或小考時，能事先**預估一下有多少學生已達成教學目標或者各題的答對率**，並在事後說明預估的理由，或者驗證老師預估的答對率差異有多少。

壹　分與合

　　量與數的分與合是整數加、減法的前置經驗。作者建議應先從量的分與合（問題皆為啟蒙情境問題，即改變型或者合併型問題），再抽象為數的分與合。一般分與合的教學都會在二數為一位數（甚至是二數都是 5 以下）的範圍內進行，同時也應該和數概念的教學一樣，是一個概念再加一個概念，再加一個概念（或換成另一個概念）的難度增加，使學生能順利學習，讓學生有機會進行說、讀、聽、寫、做的活動，以及不同表徵的轉換活動。

　　例如：先使用具體情境，老師有 3 枝藍筆，2 枝紅筆，老師有多少筆，你知道嗎？可以怎麼表示，妳知道嗎？再要求學生先拿出 3 個積木（或花片），和 2 個積木（或花片）來表徵老師手上的筆，問學生總共幾枝筆？此時教師要留意學生是使用全部數策略，或者往上數策略，或者基本加法事實進行解答。作者期望，在教師教學的過程中，所有的學生都能慢慢的了解可以使用往上數的策略，有愈來愈多的學生可以使用往上數，甚至使用加法基本事實（可以讓學生多練習手指頭的心像）進行解答。等學生都了解合的意義以後，再加入合的符號表徵 $\dfrac{3 \quad 2}{5}$ （**老師可以問學生為什麼** —— 第四個核心內涵 —— **這樣的表示方式是表示 3 和 2 合起來變成 5 呢？讓學生合理的進行表徵聯想 —— 兩條線合到 5 的地方**），並進行適度的數概念的合的練習活動。有些教科書會進行「我左手有 4 顆球，右手有 1 顆球，合起來是幾顆球？把左手的一顆球放到右手，現在左手有 3 顆球，右手有 2 顆球，合起來是幾顆球？……」的教學，主要目的是讓學生發現 4 + 1 = 5，3 + 2 = 5，2 + 3 = 5……的規律，也就是一數減 1，另一數加 1，合起來還是相同。這樣的教學，對學生記憶基本加法是有幫助的。

　　分的教學活動，也可以比照上述合的方式進行教學。

　　因為大部分的學生，對分與合的概念都沒有問題，因此在教學活動中，教師應該特別留意學習落後的學生，讓所有的學生都了解分與合的意思（也就是了解分與合的中文語意），使所有學生打下良好四則運算的基礎。所以，教師應留意學生對語意是否了解，以及數的合成與分解是否有困難，以便對症下藥，進行適切的補救活動。

因為非標準的分與合問題，例如：$\begin{array}{c}\boxed{3}\ \ \boxed{}\\ \boxed{5}\end{array}$、$\begin{array}{c}\boxed{}\ \ \boxed{2}\\ \boxed{5}\end{array}$、$\begin{array}{c}\boxed{9}\\ \boxed{}\ \boxed{8}\end{array}$、$\begin{array}{c}\boxed{}\\ \boxed{1}\ \boxed{8}\end{array}$，是學生學習語意結構的雛型，它的本質就是加、減互逆的概念。因此，作者建議也可以適度讓學生學習，以利日後語意轉換的學習。在教學的過程中，老師可以讓學生具體操作積木或者花片。例如：$\begin{array}{c}\boxed{3}\ \ \boxed{}\\ \boxed{5}\end{array}$，學生可能先拿 3 個放在桌子上，再拿 1 個在桌子上（離 3 個遠一點）並往上數 4，再拿 1 個放到桌子上並往上數 5。之後讓學生觀察原來的 3 個和 2 個，讓學生發現好像是把 5 個拿走原來的 3 個，剩下的 2 個就是要再加入的數量。此時，已經有一點在進行從原來是加法的問題，觀察到可以用拿走（減法）來找答案。

此外，分與合的教學活動，作者強烈的建議十的分與合一定要讓所有學生完全了解，最好能形成十的分與合的心像，以利未來學生的加法和減法問題的學習。

同時 1 和 9 是 10，2 和 8 是 10……8 和 2 是 10，9 和 1 是 10 的規律性（一個加 1，一個減 1，配合手指頭的變化）非常重要，因此教師應該讓學生了解，以利十的合成與分解的心像。

在教學過程中，老師也可以適時的讓學生自己畫分和合的圖形表徵（不要永遠幫學生畫好，學生會少了第三個核心內涵的能力），讓學生試著出一個可以用分或合來算出答案的問題（第一個核心內涵）。最後如果還有時間，也請老師幫學生進行課程統整，問問學生這堂課學到什麼？兩個數合起來或分開來是怎麼算出答案的（用前面學過的數數的方法──全部數、往上數、記下來）？

至於更詳細的教學過程，老師可以參考教科書的順序進行，但不要忘了適時進行本書所提的關鍵概念、核心內涵的教學。

貳 加法和減法

一、概念性知識內化為程序性知識

合成的概念用符號表示，就是加「＋」；分解的概念，用符號表示，就是減「－」。因此，改變型和合併型問題是加法和減法的啟蒙情境。

作者建議，對於加法和減法的教學，應該先使用學生熟悉的改變型和合併型進行教學，讓學生聚焦在加法和減法算式表徵的概念性知識學習上，產生數學計算和算式的感覺；同時別忘了進行說、讀、聽、寫、作或者表徵轉換的教學。等到大部分學生已經了解其概念性知識，甚至有部分學生能利用概念性知識進行溝通，再內化為程序性知識，如此的程序性知識就會有意義。等到學生適度練習加法和減法的程序性知識之後，便可

以進行解題性知識的學習。概念性知識的教學重點，請參見本章第 3 節 / 壹 / 二 / 的相關內容。

　　一開始一位數的加法（或減法），老師可以使用生活情境的問題，引起學生的學習動機。例如：「**我們以前學過**，假如我左手比 3 根手指頭，右手比 4 根手指頭，我雙手比了多少根手指頭，是多少？（等學生回答）除了用我們以前學的 $\boxed{\begin{array}{c|c}3 & 4\end{array}}\!\!\!\boxed{7}$ 表示之外（第五核心內涵），還可以怎麼表示，你知道嗎？」引起學生用加法算式表示整個加法問題。也就是合起來的問題，有兩種表示方法。至於「加法記錄」是要學生表示成 3 + 4 = 7，或者 3 + 4 = (7)，可以依教科書來決定。

　　至於加或者減的結果，老師應留意學生是使用哪一種（全部數、往上數、加減法事實、從低位算到高位）策略來算出答案。因為學生在數的計數，以及數的合成與分解的學習過程中都利用具體物，部分學生已可以產生心像，因此老師可以試著不用具體物看學生是否能順利解答，必要時再適度加入畫圓圈圈的圖形表徵，甚至手指頭表徵。無論如何，**在一年級要讓所有學生能夠使用加減法事實，至少要能直接用手指頭進行一位數的加減，以減低多位數加減法的學習負荷。**

　　二位數的加減，它的關鍵概念是：

　　(1) 有進、退位的二位數加減法，學生才有使用直式算則的學習需求。

　　(2) 老師要能夠讓學生順利從高位算到低位過渡到成人算則的低位算到高位，同時要讓學生了解兩者的異同，是它們都可以正確算出答案，只是在心算、沒有紙筆時可以用高位算到低位，有紙筆時從低位算到高位可以免去進退位時的修正。

　　(3) 二位數以上的加減法就是要利用位值概念來解釋，同時用基本加減法做二次而已。例如：34 + 52 就是 4 個一元 + 2 個一元是 6 個一元，3 個十元 + 5 個十元是 8 個十元（還是用基本加法事實，只是從一元變成十元）。

　　三位數以上的加減法要讓學生了解，它和二位數的加減法相同，都是利用位值概念來解釋，同時是利用基本加減法重複做了多次而已，比較麻煩而已。

　　因為小學教材是螺旋式編排，建議老師在每一次教學時，應該讓更多百分比的學生可以溝通和了解加減法是用位值概念來解釋，和利用基本加減法來簡化計算的負荷。之後再內化為程序性知識，也就是進行適度的練習之後，再進行解題性知識的教學。

二、解題性知識

　　作者的研究發現，有些學生無法完全了解題意，但是他有一點小聰明，知道教師現在在教加法，就不管三七二十一，用加法計算。因此，剛開始進行概念性教學和程序性

教學時，可以將加法和減法分開教，到了解題性知識時，作者建議要把加法和減法的問題混在一起教，使學生了解到要真正了解題意才行。解題性知識的內容，請參見本章第3 節／肆。

　　在解題性知識的學習上，教師應加入比較型和平衡型（等化型）的語意結構。因為學生的日常生活習慣較常使用「我比較多」、「我多、你少」的語言，比較不常使用「我比你多的語言」，因此，教師第一次布題時，應注意語言學習落後的學生是否了解題意，了解「小明比小華多」到底是誰比較多，誰比較少，同時進行各種不同用語的轉換，相關內容請參見本章第 1 節／參／二／（四）。若學生在理解上有困難，教師和學生應分別拿某些出具體物，然後問是你比較多，還是我比較多？我比你多，還是我比你少？讓學生從自身的大小比較語意進行了解，並使用文字表徵加強學生的了解。之後，再一般化到第三人（與學生無關的人）的比較。

　　因為比較型和平衡型（等化型）是改變型和合併型的推廣，因此，教師要特別注意到使用一對一的**圖像表徵**（它在先前數的大小比較已學過——第五個核心內涵），幫助學生了解其意義，以及**語意的轉換**。例如：「小明有 8 顆糖果，小華有 5 顆糖果，小明比小華多幾顆糖果？」學生應知道圖形表徵是：

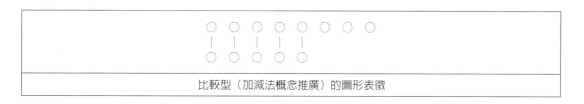

比較型（加減法概念推廣）的圖形表徵

　　同時，了解把小明的 8 顆糖果扣掉和小華一樣多的 5 顆糖果，剩下的 3 顆，就是比小華多的 3 顆，所以仍然可以用 8 − 5 = 3。只是算式中的 5 不是小華的 5 顆，而是小明和小華一樣多的 5 顆，3 顆就是多的顆數。因為語意轉換的口語溝通對大部分學生可能有困難，因此教師不一定要學生能夠進行口語的溝通，只要學生能使用圖像表徵來溝通即可。對於學習進度較佳的學生，教師可以視情形，要求其能清楚、完整的進行口語溝通。

　　等到學生都了解比較型和平衡型（等化型）的語意結構以後，教師可以加入被加（減）數未知、加（減）數未知的問題，使學生能進行語意的轉換，以順利解答。作者認為**語意的轉換就是學生開始學習推理的重要基礎**，因此，要設法讓學生進行語意的轉換。例如：「小明吃了 6 顆龍眼以後，他又吃了一些龍眼，他總共吃了 13 顆龍眼。問小明又吃了多少顆龍眼？」學生應該能夠說明把全部（13 顆）吃的龍眼，扣掉已經吃

掉的 6 顆，就是他又吃掉的龍眼。教師也可以適時的使用具體物表徵、圖像表徵，幫助學生了解語意的轉換。

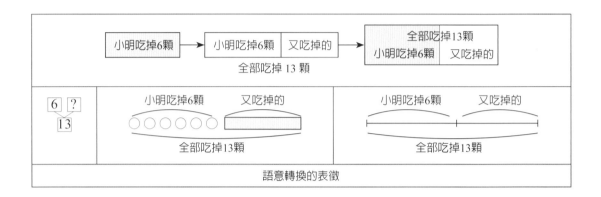

有些課程綱要求學生列出算式填充題，因此，學生可以直接列式 13 − 6 = (　)，再算出答案。甚至要求學生列出算式填充題以後，先用線段圖表徵算式，再求出答案。列出算式填充題的方法和線段圖的方法，請參見前面（頁 223）的說明。作者認為，當學生一時無法進行語意轉換時，列算式填充題和畫線段圖是一種不錯的替代方式，因此教師教學時可以考慮使用。只不過，不要太過於制式化，一定要求列成 6 + (　) = 13。其實聰明的學生才能夠進行語意轉換，因此他直接列成 13 − 6 = (　)，不應說他沒有按照題意列式。

我們也建議老師可以**故意出三個相同語意結構不同運算結構的問題，讓學生對比、發現**數學就是這樣在出題目、學習的。例如：「小明吃了 6 顆龍眼以後，他又吃了 7 顆龍眼，他總共吃了幾顆龍眼？」「小明吃了 6 顆龍眼以後，他又吃了一些顆龍眼，他總共吃了 13 顆龍眼。問小明又吃了多少顆龍眼？」「小明吃了一些龍眼以後，他又吃了 7 顆龍眼，他總共吃了 13 顆龍眼。問小明原來吃了多少顆龍眼？」作者相信一旦學生發現這個規律（逆概念）以後，他的數學會進步神速，很有數學感。

無論是概念性知識或者解題性知識的學習，作者建議，在低年級，教師應先使用具體物讓學生操作，再使用圖像表徵讓學生熟悉加減法概念的圖像表徵，同時與符號表徵、口語表徵進行連結。在情境上，教師除了使用離散量之外，也應隨著學生的學習，慢慢加入一維、二維連續量，使學生熟悉各種不同情境的學習。同時，也應有機會讓學生進行說、讀、聽、寫、做的活動。其中，教師出一個算式，要求學生用圖像表徵（第三個核心內涵）說明算式意義（第四個核心內涵），或者要求學生舉例（第一個核心內涵）──布一個文字題（布題），讓學生了解算式的意義，都是加減法的「做」的活動，讓學生發現原來加減法也有不同的語意結構（改變型、合併型、比較型、平衡

型──老師可以不教專有名詞，但要讓學生發現有不一樣、需要做語意轉換的加減法問題）。

　　因為學生本身學習進展的問題，我們不太可能要求所有學生都能夠了解和使用口語表徵說明加減法的概念性知識，以及了解所有解題性知識的問題，因此，教師可以視可用的教學時間，以及有多少學生已達成教學目標，之後便進行後續的教學。因為我們的教材是螺旋式的課程，因此大約經過一個學期，又會回到加減法的教學，只是數字變大而已。因此，作者建議，教師在進行教學前，先複習較小數字加減法，合理推論有多少學生已能了解圖像、口語說明概念性知識，必要時，對學習較緩慢的學生進行補救教學。作者相信，過了一個學期，學生又長大半歲了，他的生理更加熟了，應該更有能力了解以前的學習內容，因此教師的補救教學，應有更多的學生能夠了解。如此，落後的學生將比以前更少一點。

　　當然，教師也可以在進行概念性知識、程序性知識和解題性知識的教學過程中，先讓程度較佳的學生了解，再教程度次佳的學生，當學生不會時，故意把數字變小（第二個核心內涵），或者加上圖形表徵，相信學生了解的機會會更多。因為我們一直使用相同的語意結構與運算結構進行教學，因此作者相信，學生總有一天能夠了解概念性知識以及語意的轉換，此時，他便能全部了解加減法的概念性知識、程序性知識和解題性知識。

　　若教師覺得學生的學習進展不錯，也可以適時加入多步驟問題、多資訊問題，甚至資訊不足或者矛盾的問題。作者相信學生若對單步驟問題都能一一了解，只要適度練習多步驟問題，困難度應不高。

三、教學注意事項

　　一般而言，加減法的教學大都先從一位數的加減開始，依次為二位數、三位數、多位數的加減。在二位數的加減學習，因為學生都會使用具體物或者圖像表徵來學習概念性知識，同時學生都從十位開始拿具體物或者畫圖像（我們先讀十位，再讀個位），因此學生也會從十位開始進行加減，再進行個位的加減。因此，教師要設法讓學生了解到從個位開始加減，再加十位的結果，和先從十位開始進行加減，再進行個位的加減的結果相同。同時到了進退位以後，讓學生發現就不需要進行數字的塗改，使學生能順利進行從低位到高位的加減。

　　若想要減低學生二位以上加減二位以上的程序性學習負荷，一位加一位以及減法的逆運算的基本事實的心像（或者記憶）非常重要，同時十的合成和分解又關係基本事實心像的熟練。因此建議老師在學生一年級時，就應留意學生是否已經有了十的合成和分

解的心像，以及基本加減法事實的心像。若學生仍不熟練時，建議教師利用資訊科技輔助學生熟練十的合成和分解以及基本加減法事實。

對於多位數的加減，教師要讓學生感受到概念的推廣，讓學生感受到三位加減三位的概念，就和二位加減二位一樣，只不過多了一位數。同時多位數的加減也要學生留意重複進退位的問題。

由於解題性知識的問題非常的多，教師不可能讓學生全部學習或者練習，因此，慢慢培養學生解題的能力非常重要。同時教師教學時，在低年級應從讓學生具體操作開始學習，再利用圖像表徵讓學生了解概念性知識與解題性知識，等到一定百分比的學生了解以後，再抽象化爲只有符號和口語的學習。同時也要讓學生清楚的了解，使用符號和口語來進行解答是最有效率的，假如學生無法只利用符號和口語來進行解答，他可以使用圖像表徵來協助了解和解答，再不行，再退回到具體操作。也就是說學生的學習是一種從具體到抽象的來來回回學習與解題歷程。到了中、高年級，教師可以視學生的能力，只使用圖像表徵來進行教學，不一定要讓學生具體操作。畢竟愈高年級，學生需要學習的知識愈來愈多，學生的抽象能力愈來愈好，但是可以教學的時間仍然有限。因此教師要視學生的學習能力，適切的運用比較抽象且學生能夠懂的方法來進行教學。

參 乘法

整數乘法是累加的簡寫，老師可以利用生活情境的問題（數學素養教學）引起學生的學習動機。例如：問學生「2 顆蘋果裝一盒，6 盒有幾顆蘋果？」「怎麼列算式？」「**以前我們**會用 $2 + 2 + 2 + 2 + 2 + 2 = 12$ 來表示。」這時候老師再說「今天我們來學另一種表示法或者提問我們也可以怎麼表示？我們可以把累加簡寫成 $2 \times 6 = 12$。」其中 2 表示 2 顆蘋果，×6 表示累加了 6 次。

整數乘法的教學，和加減法的教學一樣，教師也應先從啓蒙情境（累加型）開始進行概念性知識的教學，等一定百分比的學生了解之後，再內化爲程序性知識，最後進行解題性知識的教學。同時教學的概念和加法的教學概念差不多（這就是爲什麼我們可以教得有感覺的原因），因此，在此不再多加敘述，只提一些需要注意的事實。

乘法的概念性了解要從量抽象化到數，讓學生了解 $2 \times 6 = 12$ 的意思或者記憶：(1) 看到 2 顆累加，所以被乘數寫 2；(2) 2 顆有 6 個相加，也就是 2 有 6 個（相加），也就是 2 的 6 倍，有 6 個 2 顆相加，也就是有 6 個 2（相加）。

乘法是累加的概念也概念推廣到 0 和 1 的乘法。也就是雖然 3 分的圈圈投進 1 次，「3 只加一次」，但還是可以用 $3 \times 1 = 3$ 來記錄，還是可以說成 3 的 1 倍。4 分的圈圈

投進0次，「已經不用再加了」，但還是可以用4×0 = 0記錄，還是可以說成4的0倍。

　　九九乘法或者十十乘法的熟練是學生學習乘法的重要基石。因此，教師應進行讓學生有感覺的基本乘法的教學（詳細方法，請參見頁 163），甚至可利用資訊科技輔助軟體，協助學生學習。

　　老師要讓學生「發現」二位數（多位數）乘法乘以一位數也是使用九九乘法來進行計算，它也是和二位數的加法一樣使用位值概念，只把原來的 4×3 變成 4 個十 ×3 而已（第五個核心內涵）。同樣的二位數（多位數）乘以二位數（多位數），也是使用九九乘法來進行計算，它也是和二位數的乘法（或者加法）一樣都使用位值概念，只是把原來的 4×3 = 12 變成 4 個十 ×3 個十 = 12 個百，變成比較難講而已（第五個核心內涵）。當學生不容易了解時，可以借 40×30 = 1200 就是 12 個百（12 後面有二個 0）來轉換。

　　圖像表徵（第三個核心內涵）的二個功用，一個是表徵問題為什麼用乘法（第四個核心內涵），另一個是表徵乘法的結果。由於乘法結果的圖像表徵非常複雜，因此，不要讓學生進行表徵，而是讓學生利用已學會的基本加法事實進行計算即可，以減低學生的學習負荷。所以**乘法的圖形表徵主要是表徵累加或者為什麼用乘法的概念。**同時，教師要也要留意學生是否已經利用語意轉換說明乘法是累加語意（第四個核心內涵），以及和文字符號的連結。

　　笛卡爾積問題（組合型問題）是學生學習排列組合的基礎，是乘法概念的推廣。它需要進行語意轉換以及不同的圖形表徵。三年級以前，教師應該有機會讓學生利用圖像表徵學習數字較小的笛卡爾積問題（組合型問題），有機會再把數字擴大，以利學生學習。其實，教師也可以利用學生熟知的十進位位值系統來教導笛卡爾積問題（組合型問題）。例如：十位是 1, 2, 3, 4, 5 五個數，個位是 0, 1, 2...9 十個數，配出來的數字有多少？

　　為了讓學生真正的有感，老師在每次的上課，應該有機會讓每位學生舉乘法的例子（第一個核心內涵），讓學生發現原來乘法和加減法一樣，有不同的乘法語意結構，也就是累加型、倍數型、矩陣型、組合型、比例型等。由於有些學生有一點小聰明，知道教師現在在教乘法，因此雖然他不了解題意，仍然知道應該是用乘法計算。因此，在解題性知識的教學時，作者建議要把加減法的問題混在一起教，使學生了解到要真正了解題意才行。必要時，也可以和除法的解題性知識一起教。

　　當學生了解上述觀念之後，老師可以用二步驟（或多步驟）問題、資訊多餘、資訊不足的問題讓學生練習。同時，老師也別忘了找一些生活中會碰到的真實問題來讓學生解題，讓學生了解數學在生活中的運用（數學素養）。

肆 除法

整數除法的教學，和加法、減法、乘法的教學一樣，教師也應先從啓蒙情境（包含除）開始進行概念性知識的教學，等一定百分比的學生了解之後，再內化爲程序性知識，最後進行解題性知識的教學。同時教學的概念和加法、減法、乘法的教學概念差不多（這就是爲什麼我們可以教得有感覺的原因），因此，在此不再多加敘述，只提一些需要注意的事實。

由於我們沒有記憶基本除法事實（因爲它可能無法整除），因此在計算除法的結果，都是由乘法基本事實逆向思考（例如：3 乘以多少等於 24？或者 3 乘以多少比 28 小一點點？）因此乘法基本事實的逆向思考學習不可少。

在利用生活經驗（數學素養教學）引起學生學習的需求與動機方面，老師可以先提問「**以前我們學過一盒巧克力有 6 顆，4 盒有幾顆的問題。現在假如變成一盒裝 6 顆巧克力，24 顆巧克力可以裝幾盒，可以怎麼表示？**」

在除法的結果是多少的教學，大多從包含除引入，因爲它連結加法、減法、乘法都不需要進行語意轉換（教師也可以先連結乘法，再連結更先前的概念 —— 加法、減法）。在等分除問題的除法結果方面，假如學生使用加法和減法來了解時，需要進行語意的轉換。因此，若學生已學過包含除的除法算式，同時對乘法基本事實已熟練時，教師不一定要利用加法和減法進行教學（若教師連結更先前的概念 —— 加法、減法，需要注意語意轉換的問題）。但是從作者的經驗，並不是所有的學生在學習基本除法時，就已經能順利了解乘法，因此，使用加法、減法的語意轉換進行教學似乎不可以省略。往好處想，它也是一種概念推廣，讓學生多了解許多地方都在進行概念推廣，也不見得是一件壞事。只是教師要留意，是否將加法和減法的語意轉換連結到乘法，因爲此時教師又要做語意轉換（請參見本章第 3 節／貳／八／（二）等分除），這樣會造成除法和乘法的連結的困擾。

由於除法的數量會愈來愈大，因此當學生了解它是乘法的逆概念之後，不一定要用圖形來進行表徵除的結果，但是老師可以讓學生試著用圖形表徵來表徵它是除法的列式。

大數的估商非常重要，教師要讓學生了解，估商其實都是回到九九乘法的基本事實，同時使用位值概念來了解（請參見本章第 3 節／貳／八／（三）／2. 如何估商？）。

在除法的解題性知識方面，我們也建議老師可以**故意出三個相同語意結構不同運算結構的問題，讓學生對比、發現**數學就是這樣在出題目、學習的。例如：「一盒有 6 個月餅，4 盒有幾個月餅？」「一盒有 6 個月餅，幾盒有 24 個月餅？」「4 盒 24 個月餅，問一盒有幾個月餅？」其中乘法和除法的異同。作者相信一旦學生發現這個規律（逆概

念）以後，他的數學會進步神速，很有數學感。

當學生了解上述觀念之後，老師可以用二步驟（或多步驟）問題、資訊多餘、資訊不足的問題讓學生練習。同時，老師也別忘了找一些生活中會碰到的真實問題來讓學生解題，讓學生了解數學在生活中的運用（數學素養）。

伍 後設認知

作者建議老師可以適度讓學生有後設認知的概念。也就是讓學生了解：整數四則運算的概念性解釋都是用位值概念來解釋；整數四則運算內的問題是會概念推廣的（例如：比較型是改變型的概念推廣，面積型是等組型的概念推廣，減數未知的問題也可以看成是差未知問題的概念推廣），也就是它們的圖形表徵方式不同，或者解釋方式不同，但還是用同樣的運算來解答問題。作者相信，學生有了這樣的後設認知之後一定知道整數怎麼學、怎麼解釋（說不定老師還沒教之前，學生就知道怎麼解釋）、怎麼舉例、怎麼解題、怎麼溝通，一定對數學很有感覺、很有興趣。

請老師也別忘了數學素養的教學，給予學生一個生活脈絡情境，請學生自己提問問題、解答，再詮釋解答的結果和真實生活的異同。

陸 問題

一、教四則運算的重點是什麼？

作者認為剛開始教新的四則運算時，應使用四則運算的啟蒙情境問題，讓學生輕易了解此一問題是用哪一個運算子來計算，以便聚焦在四則運算的概念性知識上（也就是知道**為什麼 45 + 38 會等於 83**——它是利用**兩種位值概念或者畫錢幣圖形的表徵來解釋的**）。等到老師設定的百分比的學生了解以後，再讓學生內化為四則運算的程序性知識（也就是可以很快的把 45 + 38 算出等於 83，同時已經了解它的意義）。等到老師設定的百分比的學生能順利算出以後，便應該聚焦在**語意結構問題、運算結構的變化**，讓學生真正了解**這個問題要用哪幾個運算子？為什麼要用這個運算子？**此時學生要學的就是**利用語意轉換或者畫線段圖等表徵說明**要使用哪個運算子。當學生了解用哪個運算子時，學生便可以使用他已學會的程序性知識計算出來，這樣學生的學習負荷才不會比較大。若老師既要學生說明為什麼是用哪個運算子，又要說明為什麼算出來是這個結果，建議先找程度好的學生，再視學生的學習狀況慢慢往下找，否則可能使程度差的學生因

為難度高而不想學數學。

　　至於還有一部分未能跟上的學生，老師可以想辦法在適當時機再次教導他，設法讓他學會。作者相信只要學生了解它只是使用語意轉換或者線段圖說明為什麼是這樣列式的，使用位值概念或者錢幣表徵說明算出來的結果，只是愈大的數需要重複做多次而已，這樣學生一定能概念性了解的，一定會有數學感的。

二、對於未能跟上學習的學生如何進行補救呢？

　　由於國小教材的編制是一種螺旋式的教材編制，例如：一年級會教加、減法，到了二年級、三年級還是會再教加、減法，只不過數字變大了，從一位數到二位數到三位數的加、減。因此教加、減法的概念性知識時，**老師要讓學生能夠運用先前學習的概念性知識類推（推廣或者連結）到較高位的加、減法概念**，以便學生到了四年級能夠解答任意位數的加、減法問題。以便學生能順利內化成為程序性知識。

　　在解題性知識的問題上，涉及學生對語意的了解，因此，對於老師已經教了許久還不了解的學生，老師也不用急。到了下一次相同概念的單元再出現時，學生也較為年長了，老師可以留意學生是不是已能夠順利了解題意，若他不了解，老師應該把數字的難度降低（例如：二位數改為一位數，第二核心內涵——簡化），以便他更能夠聚焦在語意的了解。作者相信學生的年齡增加了，對以前較難的語意了解應該更容易了解了，因此了解的機會也隨之增高。當學生了解語意後，再回到原來的問題上，相信學生也能夠順利了解。假如他還有困難，他也應該學會老師剛才教的方法——利用把數字難度降低的方法來了解題意。

　　當然，四則運算的概念性了解也相同，當學生無法了解時，也應該降低數字的難度，以便讓學生真正了解概念性知識。

三、為什麼學生會把概念過度一般化？

　　在教科書上，我們時常看到教了正確的概念或性質，而不正確的概念或性質，為了怕學生誤解，因此通常都不教。因此**學生只接受到可以用的資訊，沒有接受到不可以用的資訊**，無形中，學生以為都可以用，因此碰到不可以用的地方，也拿出來用了。例如：有些學生在做多位的減法時，個位或十位會用大數減小數，有一個原因是加法有交換律，他以為減法也有交換律，因此就用大數減小數；再如，加法有結合律（$(a + b) + c = a + (b + c)$），因此也認為減法也有結合律（$(a - b) - c = a - (b - c)$）。作者建議老師們在教學時，應該將已教過的性質，對比新教的概念有規律的重新檢驗一遍哪些地方可以用，哪些地方不能用。例如：加法有交換律，減法檢查一遍發現沒有交換律，以培

養學生隨時用已學的性質對新的概念重新思考一遍的能力，以避免學生過度一般化所學的概念。

四、為什麼學生對大數文字題的理解有困難？

許多老師都說，學生對文字題的語意了解有困難。作者的研究經驗發現，當我們要學生把文字題唸一遍時，他會花很大的精神在大數的讀法上，因此削弱了他對文字題的理解。

作者發現，我自己在默讀文字題時，是不理會文字題上的數字，此時，作者可以聚焦在文字題語意的了解上，很快的了解文字題要我們算什麼。因此當學生在讀文字題時，老師應該引導學生不要把數字唸出來，或者以某數（簡單的數）替代，相信此時學生就可以很快了解文字題的語意了。

第 5 節 全數性質的相關知識

全數的性質可以分為單一運算子（只有加、或減、或乘、或除）、二個運算子（加和減、加和乘……），甚至多個運算子的性質，只不過我們很少去討論三個以上的運算子。

壹 單一運算子

在討論單一運算子的性質時，有些在我們的教科書不會出現，但是我們仍然要提出來，主要是希望教師能有規律的思考問題，以產生教學感，再設法教給學生，讓學生產生數學感。

一、變大、變小

（一）概念

對「全數」的加法和乘法而言，「加法會愈加愈大嗎？」「乘法會愈乘愈大嗎？」在這邊要留意的地方是，有些人認為此性質是對的，但事實上是不對的。主要是因為有「0」或「1」的問題。

在加法運算，「當加數是 0 時，任何數加 0，結果還是原來的數，沒有變大（稱為

0 是加法的單位元素）。」「當加數不是 0 時，便會愈加愈大。」[17] 因為它只有在 0 的時候是反例，因此，有些學生沒有特別注意到，所以會以為全數的加法愈加愈大。事實上全數不會愈加愈大，自然數才會愈加愈大。同時在小學，我們時常用整數的語詞來替代全數，因此整數愈加愈大也是不對的。

$$a+b\begin{cases}=a，當\ b=0\\ >a，當\ b\neq 0（b\ 為全數）\end{cases}$$

在乘法運算，當乘數是 0 時，「任何數乘以 0 的結果都是 0」；當乘數是 1 時，「任何數乘以 1 的結果還是原來的數，沒有變大（稱為 1 是乘法的單位元素）」；「當乘數大於 1 時，才會愈乘愈大」。

$$a\times b\begin{cases}=0，當\ b=0\\ =a，當\ b=1\\ >a，當\ b>1\end{cases}$$

相同的，對減法和除法時，會「愈減愈小、愈除愈小」嗎？假如我們思考過加法和乘法，減法和除法也會有類似的結果。「當減數是 0 時，結果不變」；「當減數不是 0 的全數是愈減愈小」。「當除數是 0 時，沒有意義」；「當除數是 1 時，結果不變」；「當除數大於 1 時，愈除愈小」。

$$a-b\begin{cases}=a，當\ b=0\\ <a，當\ b\neq 0（b\ 為全數）\end{cases}$$

$$a\div b\begin{cases}=無意義，當\ b=0\\ =a，當\ b=1\\ <a，當\ b>1\end{cases}$$

（二）問題：為什麼學生會認為加變大，減變小？乘變大，除變小？

在學生學習全（整）數四則運算的過程中，加 0、減 0 的問題，以及乘 0、乘 1、

---

[17] 在這邊的「前提是所有的數是全數」，所以說「當加數不是 0 時，便會愈加愈大」沒有問題。若要把它說成對日後的「任何實數都對」，就要說成「當加數大於 0 時，便會愈加愈大」。此處的「前提（假設條件）」是非常重要的。老師應記得「對虛數而言，加上大於 0 的數，也不能比較大小。」由此可見「前提」的重要性。

除 1 的問題很少出現，很少練習，主要原因是生活上很少有這樣的例子。反而幾乎都在學習加數和減數是大於 0 的問題，學習乘數和除數大於 1 的問題，因此學生對加 0、減 0、乘 0、乘 1、除 1 的問題感受不強烈，因此就忘了它們的存在，而以為加變大、減變小、乘變大、除變小。因此建議老師在出計算題給學生練習時，偶爾出現加 0、減 0、乘 0、乘 1、除 1 的問題，或者跟學生討論是不是加會變大、減會變小、乘會變大、除會變小的問題。

二、位數的四則運算

科技進步，現在計算器之類的科技輔助學習器材愈來愈多，因此作者認為小學生對於比較小位數的四則運算一定要會、要熟練，至於比較大位數的四則運算可以藉助計算器來求得答案。因為比較大位數的四則運算和小位數的四則運算概念相同，只是重複做了很多次而已；因為重複做了很多次，算錯的機會比較大而已。

因為位數多的問題可藉由計算器來計算，此時計算結果是否正確，學生就要有一個檢核的機制。至於檢核的機制可以看個位的四則運算是否合理；可以看最高位的運算是否合理；可以看位數是否合理，也就是三位數乘以二位數的結果應該是四位數或五位數。

因此作者建議老師要找時間問一下學生位數的四則運算結果，例如：三位數加、減、乘、除二位數的結果（和、差、積、商）會是幾位數。作者的經驗發現，有些學生因為沒有經驗，以為「位數」就是量的單位，因此直接給答案：三位數減二位數是一位數，因為 $3 - 2 = 1$。

至於老師要讓學生了解多位數的四則運算結果，就是要讓學生把最大和最小位數拿來運算一下便知道了。例如：三位數是 100-999，二位數是 10-99，因此相減最大是 $999 - 10 = 989$，最小是 $100 - 99 = 1$。這時候學生會發現許多他以前沒有發現到的規律，原來減法、除法的最大數要用最大的數去減最小的數；最小的數要用最小的數去減最大的數……。

在乘法和除法時，三位數乘以二位數的最大數，若用 999×99 會很累，老師也要讓學生聽到、了解、發現可以用比 $1000 \times 100 = 100000$ 還小來推理，知道不可能是六位數，所以最大是五位數。

三、交換律

交換律的意思是運算子左、右兩邊的數對調以後，它的結果會不會變？我們知道加法和乘法有交換律，減法和除法沒有交換律。也就是：

$$\begin{cases} a+b=b+a \\ a-b \neq b-a \\ a \times b=b \times a \\ a \div b \neq b \div a，a,b \text{ 都不等於 } 0 \end{cases}$$

或許有人會說減和除的交換律問題，在全數的範圍內是根本不會出現的。因為 $a-b$ 是正數，$b-a$ 就是負數，在小學不會出現。當 $a \div b$ 是全數的時候，$b \div a$ 不是 1 就是純小數。我們同意，但是有些學生因為不明就裡，以為減法有交換律，所以一律用大數減小數來計算。

在這邊要注意的是，我們說 $a-b \neq b-a$ 的意思是至少有一對的 a, b 使得 $a-b \neq b-a$，例如：$a=4, b=5$。這個是表示，可能有某些 a, b 代入的值相等。而 $a+b=b+a$ 的意思是任何 a, b 代入都會相等。

假如要把它寫得更「充分必要」一點，也就是把所有會相等的情形都去除，也可以這樣寫：

$$\begin{cases} a+b=b+a \\ a-b \neq b-a，a \neq b \\ a \times b=b \times a \\ a \div b \neq b \div a，a,b \text{ 都不等於 } 0，且 a \neq b \end{cases}$$

可是一般在數學上不會這樣寫。後面性質，也有同樣的情形，我們就不再贅述。

（一）學生學習加法交換律有什麼問題？

我們曾經問過學生改變型的問題：「車上有 5 個人，再上去 4 個人，現在車上有多少人？」學生說：

5 + 4 = 9 人

再問學生，可不可以算成「4 + 5 = 9」呢？

有些學生說不行，他的理由是又不是「車上有 4 個人，再上去 5 個人，現在車上有多少人？」所以不可以。

學生可能不了解，我們的目的只是要問車上總共有多少人，我們不在乎是否一定要先算原來車上的人，再算上車的人。因此，我們也可以先算上車的人，再算車上原來的人。

學習加法交換律的較佳語意問題是合併型問題：「車上有 4 位男生，5 位女生，問車上有多少人？」因為男生和女生一起出現在車上，此時學生比較容易接受先算男生再

算女生，以及先算女生再算男生的結果都相同。

　　之後，我們應該可利用改變型的語意，跟學生說我們也可以先算上車的人，再算車上原來的人。意思是說可以用「上車的 4 個人再加上車上有的 5 個人，結果還是現在車上有的人。」這時候學生才知道，不只合併型的語意對，改變型的語意也會對，學生才容易相信比較的語意也有交換律。

　　雖然學習加法交換律的合理情境是合併型問題。例如：「左手有 5 元，右手有 4 元，兩手共有多少元？」但我們也曾經看老師的教學，老師把上述的問題直接用具體圖像貼在黑板上，左邊貼 5 元，右邊貼 4 元，結果學生全部寫 5 + 4 = 9，沒有學生寫 4 + 5 = 9。老師問還有沒有別的作法，學生便上去畫 9 個圓圈，或者說因為 4 + 1 = 5，5 + 5 = 10，所以是 10 − 1 = 9。學生完全沒有想到 4 + 5 = 9。我們發現老師把合併型問題用圖卡左、右分開放時，它對學生而言也產生了先後的順序（從左到右）。我們建議或許老師可以將錢拿在手上，然後到處走，讓學生看到左、右手的錢幣忽左忽右，以產生交換的感覺。

　　老師發現利用圖像布合併型的問題引不出學生產生交換的做法，便重新布題：「花瓶上有 3 朵紅花，6 朵黃花，並且把紅花和黃花混在一起放置，問花瓶上有幾朵花？」此時，便有學生寫 3 + 6 = 9 和 6 + 3 = 9。老師便問兩個都等於 9，一不一樣多？可以怎麼表示？學生回答一樣多，同時把 3 + 6 = 9 和 6 + 3 = 9 併列寫出來。此時老師再問，3 + 6 和 6 + 3 一樣多，可以怎麼表示。此時便有學生表示成：

$$3 + 6 = 9$$
$$\Large\Join$$
$$6 + 3 = 9$$

　　老師發現無法引出 3 + 6 = 6 + 3，因此便自己寫出來，問學生可不可以這樣表示。有些學生大聲的說不可以，原因是「又不是 3 + 6 = 6，再 + 3」，或者是「6 + 3 也要把它算出來」。我們發現，學生以前的寫法是等號的右邊一個數，也就是等號的意義是「得到」而不是「兩邊相等」的意義，因此學生無法接受等號右邊是一個算式的情況，也就是對於還沒見過的表示法，有些學生是無法接受的。

　　假如老師一直引導學生，學生仍然無法認同時，作者建議老師要先讓學生認同 5 + 4 = 9 的問題也可以寫成 4 + 5 = 9。原因是不管先算上車的人再算車上的人，它的結果和先算車上的人再算上車的人結果一樣，都是算出來現在車上有多少人。至於真正的交換律 5 + 4 = 4 + 5，若學生不接受，老師不用勉強學生，只要讓他知道數學家也會這樣

寫即可。因為 5 + 4 等於 9，4 + 5 也等於 9，那麼 5 + 4 也等於 4 + 5。

（二）在小學要談減法沒有交換律嗎？

作者的實務經驗中發現，老師們通常只說對的，不說不對的，因此有些學生無法真正了解一些性質什麼時候可以用，什麼時候不可以用，導致學生會過度一般化他的概念或性質。有些學生在進行減法的計算時，會用大數減小數的法則，也就是說假如減數的個數位比被減數的個位數大時，就用減數減去被減數（43 − 28 = 25）。我們相信學生可能是誤以為減法也可以交換，所以用大的減小的。

在小學不談負數，而 $a - b$ 是自然數或正數時，$b - a$ 會變成負數，且教科書不會特別教不成立的內容。作者建議在教加法交換律時，讓學生了解 $a + b = b + a$ 之後，可以再舉一個實際的例子：「5 個蘋果，吃掉 3 個，剩下幾個？」問可不可以用「3 − 5」來算？然後回到減法的意義（請記得，加法交換律也是回到加法的意義來說明的）來說明，讓學生知道「3 個不能吃掉 5 個，所以不能用 3 − 5」即可。

（三）8×5 寫成 5×8 可不可以？（乘法交換律的問題）

這是一個困擾著眾多老師和家長的問題。我的見解如下：

「哥哥買 5 枝筆，一枝筆 8 元，共要花多少錢？」的問題，在臺灣的「規約」是 8×5；在美國的「規約」是 5×8；在大陸的「規約」是 5×8 或 8×5 都可以，可見規約各國不同。

在要求學生某個時期都要遵守規約的前提下，我建議一開始教的時候學生應該遵守我們的規約。舉個例子，據說某些國家把某些手勢當作好的事情，某些國家把它當作不雅，那我們怎麼辦？遵守規約，不可以有「只要我喜歡，有什麼不可以」的觀念。再舉個例子，小學從來沒有小數減大數的問題，沒有負數的問題，那有個小朋友說 8 個人走掉 3 個人也可以寫成 3 − 8 = 5，有什麼不可以？都不會錯啊，況且 3 + 5 = 5 + 3 也是一樣啊。那怎麼辦？人們也應該遵守法律的規約，不是嗎？因此剛開始教時，可以要求學生遵守規約，學生應遵守教科書內容的規約。

事實上，當學生把概念推廣到不同概念時，有時候又要回到原先的概念來了解問題，這才是我們要學生遵守規約的理由。「一瓶水有 $3\frac{1}{5}$ 公升，5 瓶水有幾公升？」以及「一瓶水有 5 公升，$3\frac{1}{5}$ 瓶水有幾公升？」兩個的意義很不一樣。這時候，我們需要回到乘法的規約 $3\frac{1}{5} \times 5$，以及 $5 \times 3\frac{1}{5}$ 來解釋它的意義。

永遠都要遵守嗎？不盡然。不要忘了各國的規約不同。不要忘了，上面的問題「事實上」不是 8 元 ×5 枝 = 40 元，而是 8 元 / 枝 ×5 枝 = 40 元（高中以後的教學），單位也是可以運算的。

因此，我建議老師在「教了乘法交換律」之後就應該允許學生把 8×5 寫成 5×8。因為這時候老師不應該只是在矩陣型問題上讓學生了解乘法交換律，也要把矩陣型的問題「推廣到任何語意結構」的問題。例如：上面的問題，我一定只能 8 + 8 + 8 + 8 + 8 嗎？我也可以先把每枝筆的第一元加起來共 5 元，再加每枝筆的第 2 元，所以也可以寫成 5 + 5 + 5 + 5 + 5 + 5 + 5 + 5 啊。意思是要讓學生了解，在「所有的整數乘法」裡它都是對的，不只是矩陣型對，等組型也會對，其他類型的語意也會對──當然分數和小數的乘法「一開始」也要回到規約，之後再讓學生了解乘法交換律推廣到分數和小數還是對的（記得：概念推廣後，不是所有的性質都仍然成立）。

什麼時候教乘法交換律呢？暫綱比較慢，在第二階段，也就是四年級以後才教。正綱比較快，在二年級就教了。所以，可以放寬的時程請老師視有沒有教乘法交換律而訂。

因為家長和學生都很在乎成績，成績是肯定學生、鼓勵學生的一種方式，因此建議在平時老師可以嚴格要求，到了段考或期末考時放寬一點，不要斤斤計較，讓學生、家長高興一點，老師也沒損傷。

（四）各國對乘法算式的規約

有關乘法算式的橫式規約，不同國家的定義不同。例如：日本、韓國的規約和臺灣相同，都是單位量 × 單位數 = 總量，4 + 4 + 4 + 4 + 4 = 4×5。如下圖：

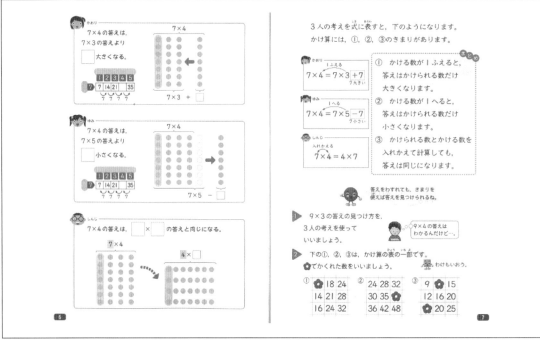

資料來源：東京書籍（2012）。新しい算數 3 上，p.6-7。

資料來源：https://www.youtube.com/watch?v = − aOAq7wm6Zs, 20170830

芬蘭、新加坡定義單位數 × 單位量＝總量，4 ＋ 4 ＋ 4 ＋ 4 ＋ 4 ＝ 5×4，如下圖：

資料來源：Laskutaito (2006), 2A, p.49.

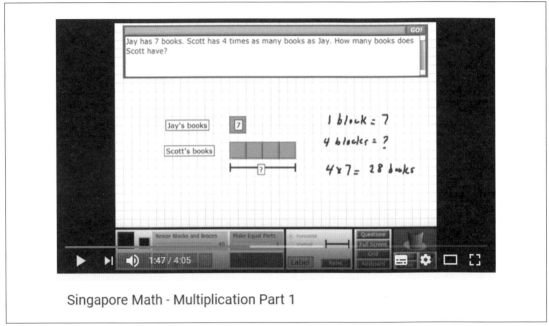

Singapore Math - Multiplication Part 1

資料來源：https://www.youtube.com/watch?v = OyvgHvDXStQ, 20170830

　　中國大陸則定義兩種都可以，即單位量 × 單位數 = 總量，或者單位數 × 單量數 = 總量。

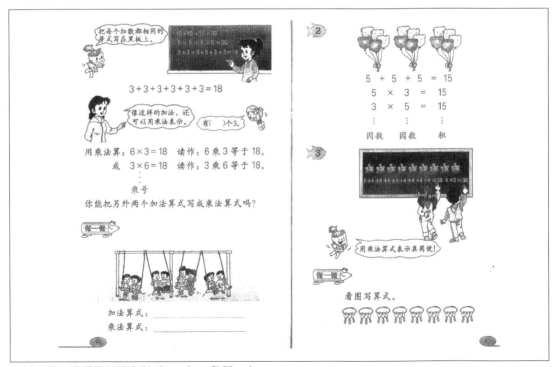

資料來源：課程教材研究所（2001）。數學 2 上，p.46-47。

美國雖然一開始定義兩種都可以，即單位量 × 單位數 ＝ 總量，或者單位數 × 單量數 ＝ 總量，但後面在說明時，都使用單位數 × 單位量 ＝ 總量。

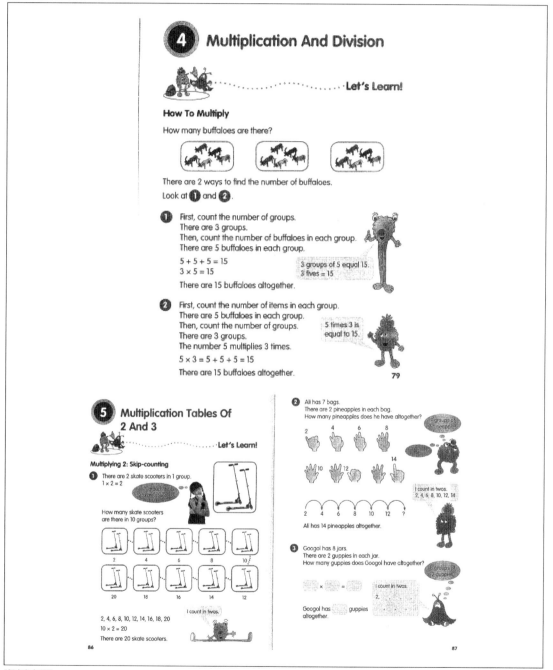

資料來源：Marshall Cavendish Education (2007), 2A, p.79-87.

四、為什麼除法沒有交換律？

有人曾說當 $a = b$ 時，$a \div b = b \div a$，為什麼說除法沒有交換律呢？

在這邊，作者要特別強調數學上特有的概念：「當我們說某性質時，是所有的數代入都要符合，才可以說有此性質；只有特例對，不能說符合此性質。」也就是說，所有的自然數都要 $a \div b = b \div a$，才可以說它對，因此只有特例對，仍然不說有此性質。但是我們最好也不要說「當 $a = b$（a, b 是自然數）時，除法有交換律。」這樣說雖然沒錯，但若前提沒有說清楚，日後可能會誤導學生。

五、加減互逆和乘除互逆

假如 $a + b = c$，那麼把 $c - b = a$，或者假如 $c - b = a$，那麼把 $a + b = c$，我們稱為加減互逆。意思是把某個數**加上一個特定數（加數）之後，再減掉該特定數**，就會等於原來的數；或者把某個數減掉一個特定數（減數）之後，再加上該特定數，就會等於原來的數。

假如 $a \times b = c$（$b \neq 0$），那麼把 $c \div b = a$，或者假如 $c \div b = a$（$b \neq 0$），那麼把 $a \times b = c$，我們稱為乘除互逆。意思是把某個數乘以一個特定數（乘數，不是 0）之後，再除以該特定數，就會等於原來的數；或者把某個數除以一個特定數（除數，不是 0）之後，再乘以該特定數，就會等於原來的數。

（一）加減互逆和乘除互逆應注意的地方

在小學，學生學到的性質是在「數」的概念下來學習，不是在「代數」符號下來學習。因此下面我們雖然使用代數符號，老師教學時，一開始應使用具體的情境讓學生了解，之後再轉成數概念。需要時，到了高年級再用代數符號（建議到國中再教）。

加減互逆的重點是加數和減數的互逆，意思是把 10 本書借走 3 本，再把 3 本還回來，還會是原來的 10 本。

至於 $a + b = c$，則 $c - a = b$ 的性質，嚴格講起來是用了加法交換律和加減互逆的性質。有些學生不知道就會誤用，導致產生迷思概念。例如：$37 - \square = 13$，有些學生會誤以為 $13 + 37 = \square$。事實上，它要先將問題：$37 - \square = 13$，變成 $13 + \square = 37$，再利用交換律變成 $\square + 13 = 37$，再利用加減互逆變成 $\square = 37 - 13$。

乘除互逆的重點也是乘數和除數的互逆。意思是 30 顆蘋果，平分成 5 袋，若把每袋裝的顆數乘以 5 袋，又會得到原來的 30 顆。

至於 $a \times b = c$（$a \neq 0$），則 $c \div a = b$ 的性質，嚴格講起來是用了乘法交換律和乘

除互逆的性質。有些學生不知道，就會誤用乘除互逆：$c \div b = a$，則 $c \times a = b$。

（二）若 $a \div b = c$，則 $c \times b = a$ 與若 $c \times b = a$，則 $a \div b = c$，有沒有不同？

在數學上，有一個邏輯的問題：「若 a 成立，則 b 也成立」，此時，若 a 則 b 才成立。「若 a 不成立」，則不管 b 成不成立，此時，若 a 則 b 也不成立。因此，「若 $a \div b = c$，則 $c \times b = a$」的問題，我們通常已假設 $a \div b = c$ 要成立，也就是假設 $b \neq 0$。

但是「若 $c \times b = a$，則 $a \div b = c$」，因為 b 不必假設不等於 0，因此當 $b = 0$ 時，「$a \div b = c$」其實是不對的。

也就是，我們可這樣說「若 $a \div b = c$，則 $c \times b = a$」永遠成立，但是「若 $c \times b = a$，則 $a \div b = c$」不是永遠成立，它要對，還要加上「$b \neq 0$」。

當然，為了避免困擾起見，寫成「若 $a \div b = c$（$b \neq 0$），則 $c \times b = a$」會更清楚。

貳 兩個運算子

一、相同運算子 —— 結合律

相同運算子指的是兩個運算子都是加、或者減、或者乘、或者除。兩個加法和兩個乘法都有結合律，意思是先做（結合）前面的運算或者先做（結合）後面的運算，結果都相同。同時兩個減法和兩個除法就沒有結合律。

$$\begin{cases} a+b+c = (a+b)+c = a+(b+c) \\ a-b-c = (a-b)-c \neq a-(b-c) \\ a \times b \times c = (a \times b) \times c = a \times (b \times c) \\ a \div b \div c = (a \div b) \div c \neq a \div (b \div c)，b, c\ 都不為\ 0 \end{cases}$$

當然你要說兩個減法和兩個除法，先減（除）第二個數，再減（除）第三個數，會等於先減（除）第三個數，再減（除）第二個數；或者先減（除）第二個數，再減（除）第三個數，會等於減（除）去第二個數和第三個數的和（乘）。我們同意它是一個性質（公式），但是在數學上似乎沒有給它定義一個名稱。

$$\begin{cases} (a-b)-c = (a-c)-b \\ (a \div b) \div c = (a \div c) \div b，b, c\ 都不為\ 0 \end{cases}$$

$$\begin{cases} (a-b)-c = a-(b+c) \\ (a \div b) \div c = a \div (b \times c)，b, c\ 都不為\ 0 \end{cases}$$

二、不同運算子

（一）分配律

因為乘、除是加、減的簡化運算，乘、除是加、減的上位概念，所以不同運算子之間的關係，乘法對加法、乘法對減法都有分配律，而且有左分配律和右分配律。除法對加法和減法，只有右分配律，$(a + b) \div c = a \div b + a \div c$，沒有左分配律：$a \div (b + c) \neq a \div b + a \div c$。在這邊，要注意的是有人認為 $a \times b + a \times c = a \times (b + c)$ 不是分配律，而是結合律。事實上，它仍然是分配律，只不過它是分配律的反身性（若 $a = b$，則 $b = a$），還是稱作分配律（比較沒有分配律的感覺而已）。

$$\begin{cases} a \times (b+c) = a \times b + a \times c \\ (a+b) \times c = a \times c + b \times c \\ a \times (b-c) = a \times b - a \times c \\ (a-b) \times c = a \times c - b \times c \end{cases}$$

$$\begin{cases} (a+b) \div c = a \div c + b \div c \\ a \div (b+c) \neq a \div b + a \div c \\ (a-b) \div c = a \div c - b \div c \\ a \div (b-c) \neq a \div b - a \div c \end{cases}$$

至於加、減對乘、除的運算，因為乘、除是加、減的上位概念，運算順序先於加、減，因此還是等於原來的算式。

（二）其他性質

加法和減法的性質，以及乘和除的性質如下，但是我們不給它定義一個名詞：

$$\begin{cases} (a+b) - c = a + (b - c) \\ a + (b-c) = (a+b) - c \\ (a-b) + c = a - (b - c) \\ a - (b+c) = (a-b) - c \end{cases}$$

$$\begin{cases} a \times (b \div c) = (a \times b) \div c \\ (a \times b) \div c = a \times (b \div c) \\ a \div (b \times c) = (a \div b) \div c \\ (a \div b) \times c = a \div (b \div c) \end{cases}$$

三、問題

（一）$a \times b + a \times c = a \times (b + c)$ 是結合律嗎？

很多人在問這個問題：$a \times b + a \times c = a \times (b + c)$ 是不是結合律？有些人認為是結合律，因為它有結合（把 b 和 c 結合在一起）的感覺在裡面。

大家大概都同意 $a \times (b + c) = a \times b + a \times c$，這個叫做分配律，因為它有分配（把 a 分配給 b 和 c）的感覺在裡面。因為 $a \times (b + c) = a \times b + a \times c$ 和 $a \times b + a \times c = a \times (b + c)$ 的差別是左邊等於右邊或者右邊等於左邊的問題，因此，在數學上，兩者都是分配律，只是左邊等於右邊，或者右邊等於左邊的問題。

在數學上，$a \times (b \times c) = (a \times b) \times c$，才是結合律，它的意思是不管 a 和 b 先結合，或者 b 和 c 先結合，結果是相同的。

（二）結合律與分配律的學習動機是什麼？

有些教科書在進行啟蒙教學時，不太注意引起學生學習概念的動機，因此為了學習而學習，導致學生對所學的沒有感覺。對於加法結合律的學習動機，應該是在三個數相加時，其中兩個剛好加起來會變整十或者整百，這時候，我們將這兩個數先相加，可以減低計算的錯誤。對於乘法結合律的學習動機也是一樣，應該是在三個數相乘時，其中兩個乘起來剛好會變整十或者整百，這時候，我們將這兩個數先相乘，可以減低計算的錯誤。

分配律也是一樣，為什麼我們需要學 $a \times b + a \times c = a \times (b + c)$？因為 b 和 c 同時都乘以 a，而且加起來剛好可以變成整十或者整百，這時候，我們將這兩個數先相加，可以減低計算的錯誤。

當我們沒有紙和筆，又要計算類似 34×99、34×98 之類的問題時，我們把 99 或 98 變成 $100 - 1$ 或者 $100 - 2$，再用分配律，就變得更容易心算，而且比較不會計算錯誤。

因此老師在教學時，不要隨便出一個 $34 \times 56 + 34 \times 87$，然後要學生用分配律來計算，學生將無法感受分配律的重要使用時機。

（三）如何進行結合律和分配律的教學呢？

作者建議老師在進行結合律、分配律的教學時，最好引導學生有規律的思考問題，最後期望學生也能夠有規律的思考問題，進行加速學習。例如：我們在教結合律時，先教了加法的結合律，我們可以問，減法有沒有結合律呢？然後舉例說明減法的結

合律是不對的，是不存在的。在教乘法的結合律時，先複習加法結合律，再複習減法，再問乘法和除法有沒有結合律？同時，數學上所謂的不對，不代表所有的數代入都不對，而是有一個代入不對，就不成立。

在教乘法對加法的分配律時，希望有一部分的學生已了解，可以自行提問：乘法對減法有沒有分配律？分配律可以分左分配 [18]（$a \times (b + c) = a \times b + a \times c$）和右分配（$(a + b) \times c = a \times c + b \times c$），兩者都對嗎？

乘法對加法和減法都有分配律，那除法對加法和減法呢？有沒有？

可以談乘法對加法和減法，以及除法對加法和減法的分配律。那乘法對除法有沒有分配律？為什麼沒有？加法對乘法有沒有分配律？為什麼沒有？

若學生可以有規律的想這些問題，相信學生的數學會學得更好。

當然，在教結合律和分配律時，最好是在有意義的數字情境下來學習。例如：

$(235 + 379) + 621 = 235 + (379 + 621)$

$99 \times 45 = (100 - 1) \times 45$

$102 \times 85 = (100 + 2) \times 85$

第6節　全數性質的教學

一般而言，我們不對加（大於 0 的數）變大、減（大於 0 的數）變小、乘（大於 1 的數）變大、除（大於 1 的數）變小進行教學，但是學生大多會感覺到這樣的性質。有時候，當我們發現學生不了解題意時，會不自主的問學生，答案會變大或者變小？然後使用加法或減法來解答。

對於全數的運算性質，我們大概不會特地獨立一個單元來進行教學，而是依附在四則計算中進行。同時在學習的過程中，也大都是利用具體的情境，配合數字來了解，之後再使用文字或者口語的方式來陳述，並不把它抽象化為代數符號。

比較重要的是，加減互逆、乘除互逆，教師要讓學生了解，他是對已經知道的加數、減數、乘數、除數而言（若（　）－ 8 = 13，則 13 + 8 =（　）），不是對被加數、被減數、被乘數、被除數，尤其是被減數和被除數的問題。例如：23 －（　）= 6，不能直接變成 23 + 6 =（　），而是要先變成 6 +（　）= 23，（　）+ 6 = 23，23 － 6 =（　）。若學生對加減互逆、乘除互逆不了解，教師可以運用實際情境的問題，讓學生從語意的轉換，

---

[18] 左分配和右分配的名詞較不重要，知道兩者有時候都成立，有時候不一定都成立比較重要。

或者圖示表徵中了解 23 − (　) = 6 和 23 − 6 = (　) 的相同意義。

　　分配律和結合律的教學，應強調在具體情境中學習，同時最好是有意義的數字。 例如：「甲班有 63 個花片，乙班有 48 個花片，丙班有 52 個花片，合起來三班有多少花片？」(63 + 48) + 52 = 63 + (48 + 52) = 63 + 100 = 163。「高級蘋果一顆 99 元，8 顆是幾元？」99×8 = (100 − 1)×8 = 100×8 − 1×8 = 800 − 8 = 792。同時，老師可以提問學生，**「其實我們以前曾經在什麼地方就用過交換律、結合律或分配律？」** 其實我們在二位數的加法（或者二位數的乘法）就使用過了。因為 23 + 45 = (20 + 3) + (40 + 5) = (20 + 40) + (3 + 5)[19]。

　　同時，也應該有機會讓學生有規律的檢驗各種性質在四則運算是否都成立。例如：在某次的加法交換律教學中，也檢驗一下減法有沒有交換律的問題。

第 7 節 ▶ 107 年課綱分年學習內容 —— 全數

　　由於每一個版本的課程綱要的內容，或多或少會有一些出入，因此本書特將 107 年課程綱要（教育部，2018）有關 1-6 年級全數（編碼 N-1-1，分別代表數與量—年級—流水號）的學習內容羅列如下，作為要進行教與學的內容檢核。作者認為，假如教師了解上述本人所談的理念，對於細目內容應有較清楚的認知，同時也知道其中的重要內涵，以及如何進行教學。

編碼	學習內容條目及說明
N-1-1	一百以內的數：含操作活動。用數表示多少與順序。結合數數、位值表徵、位值表。位值單位「個」和「十」。位值單位換算。認識 0 的位值意義。
N-1-2	加法和減法：加法和減法的意義與應用。含「添加型」、「併加型」、「拿走型」、「比較型」等應用問題。加法和減法算式。
N-1-3	基本加減法：以操作活動為主。以熟練為目標。指 1 到 10 之數與 1 到 10 之數的加法，及反向的減法計算。
N-1-4	解題：1 元、5 元、10 元、50 元、100 元。以操作活動為主。數錢、換錢、找錢。
N-2-1	一千以內的數：含位值積木操作活動。結合點數、位值表徵、位值表。位值單位「百」。位值單位換算。
N-2-2	加減算式與直式計算：用位值理解多位數加減計算的原理與方法。初期可操作、橫式、直式等方法並陳，二年級最後歸結於直式計算，作為後續更大位數計算之基礎。直式計算的基礎為位值概念與基本加減法，教師須說明直式計算的合理性。

----

[19] 其實真正的過程是 23 + 45 = (20 + 3) + (40 + 5) = (20 + 3) + 40 + 5 = 20 + (3 + 40) + 5 = 20 + (40 + 3) + 5 = (20 + 40) + 3 + 5 = (20 + 40) + (3 + 5)。

編碼	學習內容條目及說明
N-2-3	解題：加減應用問題。加數、被加數、減數、被減數未知之應用解題。連結加與減的關係（R-2-4）。
N-2-4	解題：簡單加減估算。具體生活情境。以百位數估算為主。
N-2-5	解題：100 元、500 元、1000 元。以操作活動為主兼及計算。容許多元策略，協助建立數感。包含已學習之更小幣值。
N-2-6	乘法：乘法的意義與應用。在學習乘法過程，逐步發展「倍」的概念，作為統整乘法應用情境的語言。
N-2-7	十十乘法：乘除直式計算的基礎，以熟練為目標。
N-2-8	解題：兩步驟應用問題（加、減、乘）。加減混合、加與乘、減與乘之應用解題。不含併式。不含連乘。
N-2-9	解題：分裝與平分。以操作活動為主。除法前置經驗。理解分裝與平分之意義與方法。引導學生在解題過程，發現問題和乘法模式的關聯。
N-3-1	一萬以內的數：含位值積木操作活動。結合點數、位值表徵、位值表。位值單位「千」。位值單位換算。
N-3-2	加減直式計算：含加、減法多次進、退位。
N-3-3	乘以一位數：乘法直式計算。教師用位值的概念說明直式計算的合理性。被乘數為二、三位數。
N-3-4	除法：除法的意義與應用。基於 N-2-9 之學習，透過幾個一數的解題方法，理解如何用乘法解決除法問題。熟練十十乘法範圍的除法，作為估商的基礎。
N-3-5	除以一位數：除法直式計算。教師用位值的概念說明直式計算的合理性。被除數為二、三位數。
N-3-6	解題：乘除應用問題。乘數、被乘數、除數、被除數未知之應用解題。連結乘與除的關係（R-3-1）。
N-3-7	解題：兩步驟應用問題（加減與除、連乘）。連乘、加與除、減與除之應用解題。不含併式。
N-3-8	解題：四則估算。具體生活情境。較大位數之估算策略。能用估算檢驗計算結果的合理性。
N-3-11	整數數線：認識數線，含報讀與標示。連結數序、長度、尺的經驗，理解在數線上做比較、加、減的意義。
N-4-1	一億以內的數：位值單位「萬」、「十萬」、「百萬」、「千萬」。建立應用大數時之計算習慣，如「30 萬 1200」與「21 萬 300」的加減法。
N-4-2	較大位數之乘除計算：處理乘數與除數為多位數之乘除直式計算。教師用位值的概念說明直式計算的合理性。
N-4-3	解題：兩步驟應用問題（乘除，連除）。乘與除、連除之應用解題。
N-4-4	解題：對大數取概數。具體生活情境。四捨五入法、無條件進入、無條件捨去。含運用概數做估算。近似符號「≈」的使用。
N-5-1	十進位的位值系統：「兆位」至「千分位」。整合整數與小數。理解基於位值系統可延伸表示更大的數和更小的數。
N-5-2	解題：多步驟應用問題。除「平均」之外，原則上為三步驟解題應用。
N-6-9	解題：由問題中的數量關係，列出恰當的算式解題（同 R-6-4）。可包含 (1) 較複雜的模式（如座位排列模式）；(2) 較複雜的計數：乘法原理、加法原理或其混合；(3) 較複雜之情境：如年齡問題、流水問題、和差問題、雞兔問題。連結 R-6-2、R-6-3。

參考文獻

中文部分

南一書局（2010）。**數學一上**。新北市：南一書局。

洪萬生（2008）。再訪首爾：參加韓國數學史學會二十五週年研討會。**HPM 通訊，11（12）**，1。

袁小明（1992）。**數學誕生的故事**。臺北市：九章出版社。

教育部（2008）。**97 年國民中小學九年一貫課程綱要：數學領域**。臺北市：教育部。

教育部（2018）。**十二年國民基本教育課程綱要國民中小學暨普通型高級中等學校－數學領域**。臺北市：教育部。

陳竹村（1997）。數與計算教材設計對於乘法算則的一些看法。見臺灣省國民學校教師研習會主編：**國民小學數學學科新課程概說（中年級）—— 協助兒童日認知發展的數學課程**。臺北縣：臺灣省國民學校教師研習會。

甯自強（1992）。正整數數概念的啓蒙。**教師之友，33（2）**，45-47。

甯自強（1993)。單位量的變換（一）～正整數乘除法運思的啓蒙～。**教師之友，34（1）**，27-34。

甯自強（1994）。新課程對乘法啓蒙教材的處理。載於教育部臺灣省國民學校研習會（編），**國民小學數學科新課程概說（低年級）**（頁 77-85），臺北：教育部臺灣省國民學校研習會。

甯自強（1997）。由多單位系統看中年級的數與計算教材。載於教育部臺灣省國民學校研習會（編），**國民小學數學科新課程概說（中年級）**（頁 77-85），臺北：教育部臺灣省國民學校研習會。

甯自強（1997）。劉裕誠的數概念。載於國立嘉義師範學院主編：1997 **海峽兩岸幼兒教育學術研討會論文集**，167-185。

蔣治邦（1994)。**由表徵觀點探討新教材數與計算活動的設計**。臺灣省國民學校教師研習會編印。

蔣治邦、陳竹村、謝堅、陳俊瑜、林淑君（2000）。**國小數學教材分析 —— 分數的概念與運算**。國家教育研究院。

英文部分

Anghileri, J. & Johnson, D. C. (1988). Arithmetic operations on whole numbers: multiplication and division. In T. R. Post (Ed.), *Teaching mathematics in grade K-8* (pp.146-189). Boston, MA: Allyn and Bacon.

Baroody, A. J. (1998). Fostering Children's Mathematical Power: An Investigative Approach to K-8 Mathematics Instruction. Hillsdale, NJ: Lawarence Erlbaum.

Bell, A., Greer, B., Grimison, L., & Mangan, C. (1989). Children's performance on multiplicative word problems: Elements of a descriptive theory. *Journal for Research in Mathematics Education, 20*, 434-449.

Carpenter, T. P., Fennema, E., Franke, M. L., Levi, L., & Empson, S. B. (1999). *Children's mathematics: Cognitively guided instruction.* Portsmouth, NH: Heinemann.

Fuson, K. C. (1992). Research on whole number, addition and subtraction. In D. A. Grouws (Ed.), *Handbook of research on mathematics teaching and learning.* New York: Macmillan Library reference Simon & Schuster Macmillan.

Fuson, K. G. & Hall, J. W. (1983). The acquisition of early number word meanings: A conceptual analysis and review. In H. P. Ginsburg (Ed.), *The development of mathematical thinking.* NY: Acdemic Press.

Gelman R. & Gallistel C.R. (1978). *The Child Understanding of Number.* Cambridge, MA: Harvard University Press.

Ginsburg, H. P. (1989). *Children's arithmetic: How they learn it and how you teach it* (2nd Ed.). Austin, TX: Pro-Ed.

Ginsburg, H. P. & Baroody, A. J. (1983). *Test of early mathematics ability.* Austin, TX: Pro-Ed.

Ginsburg, H. P., Posner, J. K., & Russell, R. L. (1981). The development of mental addition as a function of schooling and culture. *Journal of Cross-Cultural Psychology, 12,* 163-178.

Greer, B. (1992). Multiplication and division as models of situations. In D. A. Grouws (Ed.), *Handbook of Research on Mathematics teaching and learning: A project of the National Council of Teachers of Mathematics.* New York: MacMillan, 276-295.

Nesher, P. (1988). Multiplicative school word problems: Theoretical approaches and empirical findings. In J. Hiebert & M. Behr (Eds.), *Number concepts and operations in the middle grades* (pp.19-40). Hillsdale, NJ: Erlbaum.

Riley, M. S., Greeno, J. G., & Heller, J. I. (1983). Development of children's problem-solving ability in arithmetic. In H. Ginsburg (Ed.), *The Development of Mathematical Thinking* (pp.153-196). New York: Academic Press.

Schmidt, S. & Weiser, W. (1995). Semantic structures of one-step word problems involving multiplication or division. *Educational studies in mathematics, 28,* 55-72.

Schwartz, J. T. (1988). Intensive quantity and referent transforming arithmetic operations. In M. Behr & J. Hiebert (eds.), *Number concepts and operations in the middle grades* (pp.41-52). Reston, VA: NCTM; NJ: Lawerence Erlbaum.

Usiskin, Z. & Bell, M. (1983). *Applying arithmetic–A handbook of applications of arithmetic.* Chicago: University of Chicago, Department of Education.

Vergnaud, G. (1988). Multiplicative structures. In M. Behr & J. Hiebert (eds.), *Number concepts and operations in the middle grades* (pp.141-161). Reston, VA: NCTM; NJ: Lawrence Erlbaum.

第3章　分數（Fraction）

　　分數是整數概念的推廣，是國小數學的重要課程之一。因為國中以後的數學只要是碰到非整數的有理數，大都會用分數表示，因此是學生未來數學學習的重要概念。本文也分成分數的概念、分數的四則運算和分數的性質來討論。再者，精確的說，小學也只學習非負分數及其運算與性質，到國中才加入負分數及其運算與性質。

第1節　分數概念的知識

壹　分數

一、分數啟蒙概念

　　分數的啟蒙有三個重要概念：平分、單位量（或者整體量）[1]、部分—全體。

（一）平分或等分

　　在整數的除法中，我們需要有平分或等分的概念，只不過當時使用的是離散量，只要數量相同（理想化成物品相同），便稱作平分或等分。在分數概念中啟蒙的概念是連

---

[1] 對於分數的單位量，有些教材也稱作整體量。主要是因為我們想以這個單位的量去稱呼某量時所產生的數。例如一個蛋糕平分成 8 份，其中的五份，原來是用「五份」來稱呼，現在想用單位「一個」來表示它，稱作 $\frac{5}{8}$ 個。因此這「一個」是單位量，也是整體量。

續量,因此這邊要強調的是連續量的平分。

連續量的平分涉及全等,或者等積異形(形狀不同、面積相等)。因爲等積異形的概念涉及切割、拼湊與概念保留的能力,因此在二、三年級時,平分概念的處理大都使用平分成全等的形狀進行教學。

(二) 分數的單位量(整體量)

將一個連續量(例如:一個蛋糕)或一個離散量(例如:一盒雞蛋有 10 顆)平分成幾塊或幾堆。此時,「原來的量」就稱爲(分數的)單位量(整體量)。例如:將一個蛋糕平分成 8 份,這「一個蛋糕」就是分數的單位量。

在分數的概念中有兩個單位,學生要特別注意。例如:上例中,一個單位是一個(蛋糕)或者一盒(雞蛋),另一個單位是一塊或者一顆。其實兩個單位在全數乘法中就出現,只是當時學生比較不會弄混(一盤 3 顆,5 盤幾顆?)。

在分數的單位中,因爲學生個人經驗的不同,因此比較容易弄混兩個單位(一個、一份;學生的生活經驗可能用一盒、一塊、一片)。老師在教學時,可以留意學生習慣的單位稱呼,然後讓學生留意老師用的單位名稱可能跟他不一樣,他要使用跟老師一樣的名稱,不可以隨意換掉。當然老師也可以更開放的詢問同學,在稱呼 Pizza 時,他是用什麼單位稱呼的,再用(學習成就較低的)學生習慣的稱呼來教學。無論如何,**老師要讓學生可以接受規約,也很有彈性。**當老師稱它是一個 Pizza 時,學生都可以用「個」當單位;當老師開放給同學稱呼時,學生可以依照自己的習慣來稱呼它爲一片Pizza。

此外,在分數的乘、除法可能還會出現三個單位的問題,因此學生更應該注意現在使用什麼單位。

單位量也會被推廣。例如:一盒餅乾有 2 包,每包有 5 塊,則 1 塊是 1 盒的 $\frac{1}{10}$(或者 $\frac{1}{10}$ 盒),或者 2 包的 $\frac{1}{10}$(或者 $\frac{1}{10}$ 包),此時一盒、2 包就是單位量。

(三) 部分─全體與分子、分母

除了上面的平分和單位量之外,分數啓蒙還有一個重要概念:部分─全體。也就是說可以說把一盒蛋糕(單位量)平分成 8 份,其中的 5 份,它的符號表徵是 $\frac{5}{8}$ 盒蛋糕,讀作八分之五盒蛋糕。

像 $\frac{1}{2}$,$\frac{2}{3}$,$\frac{5}{8}$... 的數,我們稱爲分數(第一個核心內涵 —— 舉例 —— 說明分數的意

義）。分數符號中放在上面的那個數，稱爲分子；放在下面的那個數，稱爲分母。也就是說可以化成 $\frac{q}{p}$ 的數（其中 p、q 是整數且 $p \neq 0$）稱作分數[2]，其中 p 稱爲分母，q 稱爲分子。在數學上，分數又稱爲有理數。

因爲乘法和分數都涉及兩個單位，整數乘法大都是把大單位轉成小單位。例如：「一盤 3 顆，5 盤幾顆？」的問題是把 5 盤轉成 15 顆。而<u>分數剛好是逆概念，是把小單位轉成大單位</u>。例如：把上例的 5 份轉成 $\frac{5}{8}$ 盒。

因爲分數的**符號表徵和我們的讀寫習慣（從上到下、從左到右）不一致**，因此一開始學分數的時候，有些學生會將八分之五寫成 $\frac{8}{5}$。老師要留意，讓無法接受約定的學生發現此一問題。

在進行分數的教學時，大都會從把一個個物平分成幾「份」進入。原因在於現在引入的單位分數的內容物是單一個物，將來要將其推廣到單位分數的內容物是多個個物的情形。

（四）問題：$\frac{1}{4}$ 個蛋糕等於 $\frac{2}{8}$ 個蛋糕？$\frac{1}{4}$ 等於 $\frac{2}{8}$？

有老師畫了兩個 $\frac{1}{4}$ 個蛋糕的圖來問作者，如下圖。問我說左圖是不是 $\frac{1}{4}$ 個蛋糕？我說是。他又問右圖是不是 $\frac{2}{8}$ 個蛋糕？我說是。於是他說 $\frac{1}{4}$ 個蛋糕不等於 $\frac{2}{8}$ 個蛋糕？$\frac{1}{4}$ 不等於 $\frac{2}{8}$？

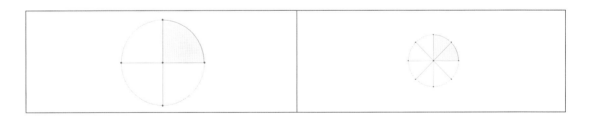

後來我告訴他，在數學教學上，**當我們問 $\frac{1}{4}$ 個蛋糕等不等於 $\frac{2}{8}$ 個蛋糕時，通常會假設那兩個蛋糕一樣大，因此最好說 $\frac{1}{4}$ 個蛋糕等於 $\frac{2}{8}$ 個蛋糕。假如我們要強調蛋糕的**

---

[2] 分數的集合表示法爲 $\{\frac{q}{p} \mid p, q$ 是整數且 $p \neq 0\}$

不同，最好說成 $\frac{1}{4}$ 個大（奶油、方形）蛋糕和 $\frac{2}{8}$ 個小（巧克力、圓形）蛋糕，此時 $\frac{1}{4}$ 個大（奶油、方形）蛋糕便不等於 $\frac{2}{8}$ 個小（巧克力、圓形）蛋糕。

不管怎麼樣，當它變成純數的時候，$\frac{1}{4}$ 就永遠要等於 $\frac{2}{8}$，否則整個數學所建構出來的世界就亂了。依據 Russel（1903，引自甯自強，1997）的定義「數是相似的類所構成的集合，是由各種物件中抽象而得。」因此 $\frac{1}{4}$ 的意思是所有由 $\frac{1}{4}$ 個物件所成的集合，$\frac{2}{8}$ 的意思則是所有由 $\frac{2}{8}$ 個物件所成的集合，所以 $\frac{1}{4}$ 就永遠要等於 $\frac{2}{8}$。

但是學生不懂上述的概念，因此，老師可以跟學生說，當我們要學生舉例時，學生一定要舉相同的物件才可以，不可以舉不同旳物件。

二、分數的表示法、單位分量、單位分數

分數可以說是整數概念的推廣。當一個單位量要分給較多的人，不夠分時，我們將這個量做平分切割，此時分數的啟蒙概念便產生了。例如：(1) 一盒蛋糕（單位量）平分成 8 份，其中的 5 份，就是 $\frac{5}{8}$ 盒蛋糕，也就是 (2) 一盒蛋糕的 $\frac{5}{8}$，或者稱作 (3) 5 個 $\frac{1}{8}$ 盒蛋糕。這個 $\frac{5}{8}$ 是部分和全體的相對關係，我們稱為分數。分子是 1 的分數量，就稱為單位分量，例如：$\frac{1}{8}$ 盒就是一個單位分量。分子是 1 的分數，就稱為單位分數，例如：$\frac{1}{8}$ 就是一個單位分數。也就是說 $\frac{1}{p}$ 的數，其中 p 是整數且 $p \neq 0$，稱為單位分數。

三、分數的圖形表徵

分數的圖形表徵和整數的圖形表徵一樣，可以分成連續量和離散量，連續量又分成一維連續量和二維連續量。因為分數的圖形表徵需要做切割，不同切割數的難易度不同，所以建議再將二維連續量分成圓形表徵和方形表徵。以 $\frac{5}{8}$ 盒蛋糕為例，圖形表徵如下：

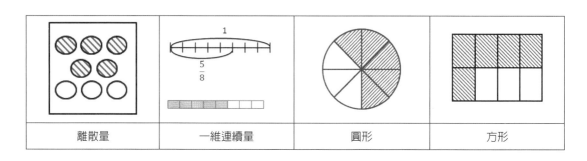

| 離散量 | 一維連續量 | 圓形 | 方形 |

　　因為圖形表徵有隱性知識在其中，若從量的角度或許困擾少一點，但若只談分數概念，如何表徵單位量、如何表徵部分量，它要不要用數字寫下來？例如：第 2 個圖的數字需不需要寫？其他的圖需不需要說明哪個地方是 1？哪個地方是 $\frac{5}{8}$？最好老師能和學生討論出共同可以接受的表徵方式。再者教科書或者試卷的印刷，要列印彩色或灰底都很容易，但學生自己畫圖時，若也在上面塗滿顏色會浪費時間，因此建議老師讓學生知道，學生在畫圖時，可以使用斜線等方式表徵即可。

　　作者的研究發現，教科書中對分數的引入時常使用蛋糕、披薩等二維連續量，因此學生在畫分數的圖形表徵時，時常畫成圓形。因為圓形較容易表徵二、四、八等份，但不容易表徵其他份數，導致學生表徵的困難。例如：有些學生畫 $\frac{2}{7}$ 個圓時，會這樣畫 ，一個可能原因是學生不知道如何把圓等分成 7 等分（學生還沒有學圓心角的除法），另一個可能是學生根本沒有注意到分數的概念要等分才可以。此外生活中在分東西時，不見得會平分，但是我們也會用分數來表示。因此最好讓學生有彈性，當分母是 2, 4, 8 時，可以用圓來表徵 1，其他的最好用方形的圖形來表徵，比較容易。若老師怕部分學生會犯錯，就儘量鼓勵這些學生使用方形表徵分數比較容易。

　　作者也建議老師在教學時，不要總是把蛋糕、披薩畫成圓形，以免學生在表徵不是二、四、八等份時產生困難。同時也告訴學生，生活中也有蛋糕、披薩做成方形的。

資料來源：2012.07.30 取自 https://encrypted-tbn2. google.com/images?q=tbn:ANd9GcQmqHJa32exJG3 tzIj_EPj5S4S9RY0hlqSn1_p54tACv20x5img

資料來源：2012.07.30 取自 http://www.4125252. com.tw/Order/OnlineOrder. aspx?Menu=1_5

四、線段的等分

　　作者的研究經驗發現，有些人在不用直尺等輔助物的情形下，等分一條線段（或長方形表徵）成 N 等分時，是約估一份有多大，然後從左到右一直等分下去，直到 N 等

分，然後**把多餘的擦掉，或者把不足的補足**。這種做法雖然沒有問題，但事實上已改變了單位量。

要等分一條線段成 N 等分，一種做法，教師可以**使用直尺**，然後找 N 的整數倍單位，先把這 N 的整數倍單位的長度畫出來，再利用直尺等有單位的輔助工具去等分它。例如：要畫 7 等分，就先畫出 7×2 = 14 公分，再以 2 公分去等分它。

另一種做法，當這一條線段已存在，我們可以先用直尺等輔助工具，量出線段的長度，再將它除以 N，看每一份有多長，再去等分它。例如：要畫 7 等分，就先量出線段的長度，發現是 10.5 公分，因此以 1.5（10.5÷7）公分去等分它。

當我們身邊沒有直尺等輔助工具，我們只想用筆（或粉筆）把此一線段大略的等分，怎麼辦？等分為 2, 4, 8, 16 等 2 的冪次方，大概每一位教師都會做，做法是視覺的找出線段的中間點，以便二等分。四等分則再把二等分中的每一等分再視覺的找出中間點，再等分它。

對於 3, 5, 7... 等的約略的等分，可以怎麼做？一般而言，3 等分，我們也可以視覺的找出二個三等分點，或者找出 1：2 的等分點。因此 5, 7... 等的等分，使用的方式大致和 3 等分的概念相同。五等分，我們會先把線段分成 2：3 的線段（或者 2：1：2），再去等分它；七等分，我們會約略的先分成 2：2：3，或者 3：4，再去等分它。九等分，則會先約略的 3 等分，再 3 等分。

約略五等分一條線段的做法

為什麼我們要約略的等分線段呢？有時候我們只是想要做簡單的表徵，或者身邊剛好沒有輔助工具時，我們需要有這種約略等分的能力。同時，我們也要讓學生知道，當沒有尺時，可以把約略等分看成等分，但是畫得愈平分愈好。

五、真分數、假分數、帶分數及其互換

分子（大於 0）比分母小的分數（也就是大於 0 且小於 1 的分數），稱為真分數。例如：$\frac{5}{8}$。分子比分母大或相等的分數（也就是大於或者等於 1 的分數），稱為假分數

（improper fractor）[3]。例如：$\frac{8}{8}$，$\frac{9}{8}$。一個分數含有整數和眞分數兩部分，稱爲帶分數（mixed number）。例如：$2\frac{5}{8}$，其中整數和眞分數中間省略的符號是加號的意思，也就是 $2\frac{5}{8} = 2 + \frac{5}{8}$。

依據 89 年課程綱要的定義，能化爲 $\frac{q}{p}$ 的型態，且 p、q 皆爲整數，$0 < q < p$ 時，$\frac{q}{p}$ 稱爲眞分數；否則，$\frac{q}{p}$ 稱爲假分數（即 $q \geq p$ 時）；形如 $2\frac{1}{3}$ 的分數，則稱爲帶分數。

因爲在數學上，只定義分子比分母小的分數是眞分數，分子比分母大或者相等的分數是假分數，一個整數加上一個眞分數的分數是帶分數。因此 $2\frac{4}{3}$ 不是帶分數，也不是假分數。教師可以趁這個機會告訴學生，帶分數和假分數互換時，不能化成這樣的分數，但是在計算過程中允許暫時出現這樣的分數。

眞分數是啓蒙時所產生的分數，假分數的理想啓蒙情境是利用單位分數的唱數（1 個 $\frac{1}{8}$、2 個 $\frac{1}{8}$、3 個 $\frac{1}{8}$、…、8 個 $\frac{1}{8}$、9 個 $\frac{1}{8}$）所產生的分數。所以它的理想圖形表徵是都已被等分成多個部分的表徵。例如：，或者 ，或者 ，都是 $\frac{9}{8}$ 的圖形表徵，主要的理由是因爲它是由單位分數建構出來的。帶分數的理想圖形表徵是完整的個物和部分個物的表徵。例如：，或是 ，是 $2\frac{1}{8}$ 的圖形表徵，主要的理由是因爲 2 是一個完整的個物。

在帶分數和假分數互換的問題，也是使用到分數基本概念加上圖形表徵來解釋即可。例如：將 $2\frac{3}{5}$ 化成假分數，首先要使用圖形表徵（注意不要只有使用圓形圖）$2\frac{3}{5}$ 盒蛋糕（下圖左），再問學生它有幾個 $\frac{1}{5}$ 盒蛋糕？讓學生發現，要回答此一問題需要把每一盒完整的蛋糕平分成 5 份，發現總共有 13 個 $\frac{1}{5}$ 盒蛋糕，是 $\frac{13}{5}$ 盒蛋糕（下圖右）。之後再讓學生從圖形表徵與分數基本概念內化爲數字的運算，知道要把 2 盒蛋糕都平分成 5 份，再加上另外的 3 份，所以有 $5 \times 2 + 3 = 13$ 份，每份又是 $\frac{1}{5}$ 盒，13 份就是 13

---

3 老師可以問一下學生爲什麼叫作假分數、帶分數……，讓學生從名稱中去會意其名稱想要表達的內涵。儘量不要讓學生自行去命名，假如學生的命名和教科書不一樣，最後還是要回到教科書的命名。

個 $\frac{1}{5}$ 盒，所以 $2\frac{3}{5} = \frac{5 \times 2 + 3}{5} = \frac{13}{5}$ 的數字乘法與加法的意義就產生感覺了。

　　相反的，可以先利用圖形表徵表徵 $\frac{13}{5}$ 盒蛋糕（下圖左），再問學生如何把它化成帶分數。讓學生主動察覺到要化成帶分數，需要把每 5 份合起來變成完整的一盒，所以 $13 \div 5 = 2...3$，也就是有 2 盒剩下 3 份，所以 $\frac{13}{5} = 2\frac{3}{5}$。同時，商和餘數以及整數和分子的關聯意義就產生出來了。

　　作者建議，老師除了操作給學生看之外，最好也有機會讓學生「做」，把帶分數和假分數互換的符號表徵用圖形表徵出來。因為圖形表徵的「做」，可以讓學生內化為帶分數和假分數互換的運算意義，此時帶分數和假分數互換的程序性知識，便有概念的內涵與感覺在其中。

　　有些教材對於帶分數和假分數的互換想要藉由兩整數相除等於分數的概念來教學。例如：5 個大餅平分給 4 個人，先利用圖形表徵，讓學生看到一個人可分到 $1\frac{1}{4}$ 個大餅，或者 $\frac{5}{4}$ 個大餅。所以，$5 \div 4 = 1\frac{1}{4}$，以及 $5 \div 4 = \frac{5}{4}$，所以 $\frac{5}{4} = 5 \div 4 = 1\frac{1}{4}$。但這樣的說法對學生比較困難。

六、狹義和廣義的分數（概念推廣）

　　剛開始我們學習分數時，會使用真分數，後來我們會用單位分數的唱數推廣到假分數，此時，發現 $\frac{8}{8}$、$\frac{16}{8}$ 也是分數，同時發現 $\frac{8}{8}$ 個蛋糕也就是 1 個蛋糕，也就是 $\frac{8}{8} =$

1，也是分數。我們把不包含整數的分數，稱爲狹義的分數；把包含整數的分數，稱爲廣義的分數。或者我們可以說 1, 2 3... 的數，在形式上是整數，但它的本質也是分數。

再者，請老師留意眞分數、假分數、帶分數的定義，因爲定義不同，所得到的性質就不同。也就是我們似乎只在正數內討論眞分數、假分數、帶分數。同時，帶分數是有整數和眞分數的分數，也就是帶分數不包含整數（眞分數和帶分數合起來是狹義的分數），因此帶分數可以化成假分數（眞分數和假分數合起來是廣義的分數），但假分數可能化成帶分數，也可能化成整數。老師不一定要告訴學生這件事，但若學生問，老師可以跟他說要先弄清楚定義，再從定義出發去了解它們之間的關係。

七、學生學習分數基本概念時的迷思

在文獻上將學生學習分數基本概念的迷思分成忽略單位量，和受分子或分母控制。

（一）忽略單位量

Figueras, Filloy & Volderuoros（1987，引自呂玉琴，1991）和 Figueras（1989，引自呂玉琴，1991）指出學生在學習分數基本概念時，有時候會忽略給定的單位量。例如：在下圖左邊，學生忽略左邊的橘子，只注意到右邊有被圈起來的橘子，而說是 $\frac{6}{9}$。下圖中間，學生只圈出和分母數字相同的磚塊數來代表單位量，再圈出分子的數量，來代表 $\frac{1}{7}$。下圖右邊，學生無法將整個圖形當作單位量，而將圖形二看成陰影部分和空白部分的比較結果。

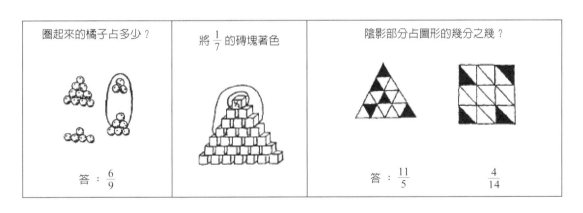

學生爲什麼會忽略單位量呢？我們分析題目，發現題目的單位量是被隱藏著，也就是沒有特別突顯單位量，因此學生比較容易產生迷思概念。假如，我們改成「圈起來的橘子占全部的多少？」「將全部磚塊的 $\frac{1}{7}$ 著色」「陰影部分占這個圖形的幾分之幾？」

或者強調哪個地方代表 1，相信學生就比較不會產生迷思概念。

　　此外，我們也發現到，在教學時，老師或者學生時常忘了說出它的單位，也就是對於問題「一個蛋糕平分 8 份，其中的 3 份是多少？」學生時常回答「$\frac{3}{8}$」，而不是說「$\frac{3}{8}$ 個」或者「$\frac{3}{8}$ 個蛋糕」。久而久之就沒有特別注意單位量。又因爲「一個蛋糕平分 8 份，其中的 3 份是多少？」這句子比較長，同時在剛教分數時，都是用一個蛋糕，因此，有些學生就不說出一個蛋糕，僅僅說「8 份中的 3 份是多少？」久而久之，就忘了單位量的重要性。有時候，它和學生的記憶力有關，有些學生無法記得太長的句子，僅記得「8 份中的 3 份是多少？」

（二）受分子或者分母控制

　　有些學生在回答分數基本概念的問題時，只考慮到分子的部分，因此下圖問「著色的葡萄占多少？」時，只看到著色的部分只有 5 個，而回答「五份」，我們稱學生的分數基本概念受分子控制或者受分子影響。

問題： 著色的葡萄占多少？		答案類型： 「五份」 「1/5」 「三十的五份」 「6/30 是五份」 「5/30，30 的五份」

　　有些學生在回答分數基本概念的問題時，只考慮到分母的部分，因此下圖左邊要學生「圈出四分之三朵花」時，只看圈出四朵花。下圖右邊請學生將沒有畫出的氣球補上去，學生將只有一個氣球的孤立，不去理它；其他每串氣球都補上去，讓每串的氣球個數等於分母 5。犯此類迷思的學生，我們說他的分數基本概念受分母控制或者受分母影響。

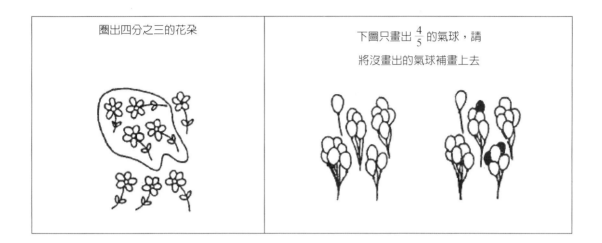

為什麼學生會受分子控制呢？我們發現老師在教學時，有時候要學生說出「一個蛋糕平分 8 份，其中的 3 份是多少？」因爲太長，且有時候都是在平分成 8 塊下來解題，因此簡略的說成「3 份是多少？」久而久之，就以爲 3 份是 $\frac{3}{8}$。有時候，它和學生的記憶力有關，有些學生無法記得太長的句子，僅記得「3 份是多少？」

八、學生對分數 $\frac{3}{5}$ 的迷思舉隅

作者提出一個起動機制、五個核心內涵之後，時常請學生舉一個有情境的問題說明 $\frac{3}{5}$ 的意義，或者畫圖表示。作者發現要學生完整的寫出分數的意義或者正確畫圖還是有一點難度，因此建議老師要時常讓學生舉例或者畫圖表徵，培養學生的數學感。下面是調查學生的一些實例。

（一）文字說明

1. 單位一致、少平分

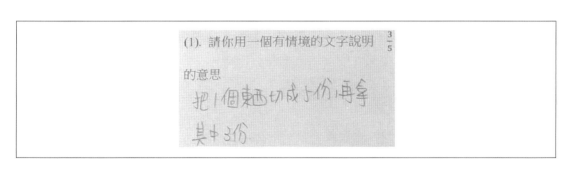

2. 少平分、少單位

(1). 請你用一個有情境的文字說明 $\frac{3}{5}$ 的意思 1個pizza分成5份,其中的3份.就是$\frac{3}{5}$。	(1). 請你用一個有情境的文字說明 $\frac{3}{5}$ 的意思 媽媽把一塊蛋糕分成5份,姐姐吃了5份裡的3份.也就是$\frac{3}{5}$。

3. 加法或減法

2. (1). 請你用一個有情境的文字說明 $\frac{3}{5}$ 的意思 姐姐有$\frac{1}{5}$公斤.媽媽又給了$\frac{2}{5}$公斤的牛奶.現在姐姐有幾分知幾白牛奶 A:$\frac{3}{5}$公斤	(1). 請你用一個有情境的文字說明 $\frac{3}{5}$ 的意思 有一個蛋糕.媽媽切了五塊.妹妹吃了$\frac{3}{5}$塊,還剩下幾塊?

4. 情境不合理或者沒有說明

(1). 請你用一個有情境的文字說明 $\frac{3}{5}$ 的意思 列:$\frac{3}{5}$是一題很大的糖果.切成5份弟弟吃掉了3片這樣。	(1). 請你用一個有情境的文字說明 $\frac{3}{5}$ 的意思 一盒有5個蛋糕.而大家吃完剩下$\frac{3}{5}$個蛋糕。

（二）畫圖

1. 圓形、長條、離散量─有等分

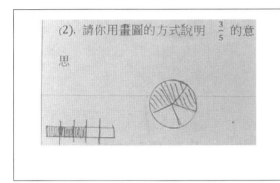 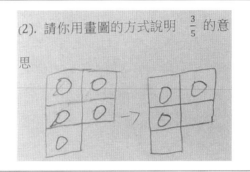

2. 線段─隱含單位─平分

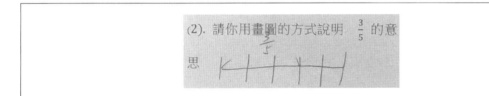

3. 圓形─不等分

貳 等值分數

一、單位分數的內容物

　　爲了讓學生了解等值分數和約分、擴分等概念性知識。82 年版教材引入單位分數內容物的概念，分爲：(1) 單位分數的內容物爲單一個物（或份數）；(2) 單位分數的內容物爲多個個物（或份數）；(3) 單位分數內容物爲非整數個物（或份數）；(4) 不指出內容物的概念。

　　單位分數的內容物爲單一個物（或份數）的意思是單位分數的內容物只有單一一份而已（一份只有一塊）。例如：一條蛋糕平分成八塊，單位分數 $\frac{1}{8}$，只是其中 1 塊；因此 $\frac{3}{8}$ 指其中 3 塊。此時的情境爲單位分數的內容物爲單一個物。

　　單位分數的內容物爲多個個物（或份數）的意思是單位分數的內容物含有 2 個以上的份數（一份有二塊以上）。例如：一條蛋糕平分成八塊，單位分數 $\frac{1}{4}$，是其中 2 塊；因此 $\frac{3}{4}$ 指其中 6 塊。此時的情境爲單位分數的內容物爲多個個物。

　　單位分數內容物爲非整數個物的意思是單位分數的內容物含有（非整數的）分數的份數。例如：一條彩帶平分成 8 段，老師用了 $\frac{7}{16}$ 條彩帶，此時的單位分數（$\frac{1}{16}$ 條）的內容物不是剛好整數段。

　　因爲分數是部分量和全體量相對比例的概念。因此一個蛋糕不管你把它平分成二塊、四塊、八塊、十塊⋯⋯，$\frac{5}{8}$ 個蛋糕所占的比例完全相同，因此，最後我們可以在不告訴學生一個蛋糕被平分成幾份的情境下學習分數。此時，沒有說一個蛋糕被平分成幾份的情境，就稱爲不指出內容物。例如：「媽媽買了一盒雞蛋，她用去 $\frac{7}{10}$ 盒，請問剩下幾盒雞蛋？」

二、等值分數、擴分、約分

　　依據 89 年課綱的定義，一個分數的分子和分母同乘一大於 1 的整數，所得的分數稱爲原分數的擴分；一個分數的分子和分母同除一不是 1 的公因數，所得的分數稱爲原分數之約分。一個分數擴分或約分後所得的分數，其值和原分數相同，此兩個數稱爲等值分數。

（一）等值分數

在教學上，通常我們會先問兩個分數是不是一樣多，也就是兩個分數是不是等值分數，再教擴分、約分。例如：先問「$\frac{3}{4}$ 個蛋糕和 $\frac{6}{8}$ 個蛋糕一不一樣大？」此時我們先將一個蛋糕平分成 4 份，其中的 3 份就是 $\frac{3}{4}$ 個蛋糕。再將一個蛋糕平分成 8 塊，其中的 6 塊就是 $\frac{6}{8}$ 個蛋糕，發現兩個量一樣多，如下圖左邊兩個圖形，因此稱 $\frac{6}{8}$ 和 $\frac{3}{4}$ 是等值分數，記做 $\frac{6}{8} = \frac{3}{4}$。或者問「一箱有 16 顆蘋果，$\frac{3}{4}$ 箱和 $\frac{6}{8}$ 箱一不一樣多？」從下圖右邊兩個圖形表徵，先平分成 4 份，發現一份有 4 顆，所以 $\frac{3}{4}$ 箱有 12 顆；另一個平分成 8 小份，發現一小份有 2 顆，所以 $\frac{6}{8}$ 箱有 12 顆；$\frac{3}{4}$ 箱和 $\frac{6}{8}$ 箱的顆數一樣多，所以 $\frac{6}{8}$ 和 $\frac{3}{4}$ 是等值分數，記做 $\frac{6}{8} = \frac{3}{4}$。

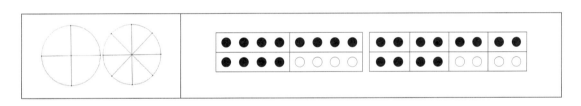

（二）約分和擴分

之後再討論找到一個分數的等值分數的方法，一種是約分的概念，它的意義是將原來的分數所分割的塊數，把多塊看成一份即得到新的分數。例如：一個蛋糕平分成 8 塊，其中的 6 塊即占這個蛋糕的 $\frac{6}{8}$。現在我們將 2 塊看成 1 份，全部 8 塊就是 4 份，6 塊就是 3 份，所以變成一個蛋糕平分成 4 份，其中的 3 份是 $\frac{3}{4}$（個），且 $\frac{6}{8}$ 和 $\frac{3}{4}$ 是等值分數。另一種方法是擴分，也就是將原來的分數所分割的每一塊數，再平分成多個小塊，就可以得到新的分數。例如：如果我們將上面問題中的每一塊再平分成 2 小塊，則全部 8 塊就變成 16 小塊，6 塊就變成 12 小塊，所以變成一個蛋糕平分成 16 小塊，其中的 12 小塊是 $\frac{12}{16}$（個），同時 $\frac{6}{8}$ 和 $\frac{12}{16}$ 是等值分數。

要注意的是，在約分和擴分的過程中，會在原來的兩個單位量（1 個、1 塊）中，再出現另一個單位量（1 份、1 小塊），就是在做單位轉換。有些教科書會寫成「把 1

份平分成 2 份」，這時候 1 份到底是原來的還是後來的，學生很容易弄錯，因此，要注意約分或者擴分後都要用另一個單位。這個概念就是後來國中學的函數概念，也就是不能一對多（一個名稱對應兩個不同的大小的東西）。作者也建議老師告訴學生，在數學上，同一個問題中，最好相同的內容物用相同的名稱、不同的內容物就用不同的名稱；同時在兩個不同的問題中，相同的名稱是可以表示不同的內容物，因為兩個問題沒有關聯。

之後，再將上述的合併或者再分割的方法，抽象化為程序性知識，也就是因為將 2 塊看成 1 份，所以 $\frac{6}{8} = \frac{6 \div 2}{8 \div 2} = \frac{3}{4}$（分子和分母的除法是包含除的概念），因此我們稱它為約分。因為是將每一塊再平分成 2 小塊，所以 $\frac{6}{8} = \frac{6 \times 2}{8 \times 2} = \frac{12}{16}$（分子和分母的乘法是大單位化成小單位的概念——一份有 2 塊，6 份是 12 塊），因此我們稱它為擴分。

（三）問題：為什麼學生會認為 $\frac{2}{9}$ 和 $\frac{7}{9}$ 之間只有 4 個分數？

在小學，比較少談及兩個分數之間有多少個分數的問題，同時學生無法將擴分、約分的概念彈性的運用，以致認為 $\frac{2}{9}$ 和 $\frac{7}{9}$ 之間只有 $\frac{3}{9}$，$\frac{4}{9}$，$\frac{5}{9}$，$\frac{6}{9}$ 等 4 個分數。假如學生稍微思考一下 $\frac{2}{9} = \frac{20}{90}$，它們之間就不只有 4 個分數。當然，我們可以不斷的把分母擴分，就可以得到無窮多個分數。

因為此一概念涉及無窮的概念，無窮的概念又是微積分發展中相當重要的概念，因此作者認為教師也可以稍微談一下，讓學習成就較好的學生能體會數學的奧妙。

三、通分

利用約分或擴分將兩個異分母的分數，變成兩個同分母之等值分數，以便進行加減計算，此時稱為通分。異分母分數的加減之所以需要通分，主要是在相同的單位量中分別分割的份數不同，每一份不一樣大，所以才要再分割變成相同的份數，每份的大小才會相同。例如：計算 $\frac{1}{2} + \frac{2}{3}$ 時，利用通分將兩個分數同時變成分母為 6 的等值分數 $\frac{3}{6} + \frac{4}{6}$，便可以進一步相加為 $\frac{7}{6}$。

四、最簡分數

一個分數經化簡後（合併符號、約分），若分子與分母已經沒有大於 1 的公因數（分子、分母互質），此分數稱為最簡分數。例如：$\frac{6}{8}$ 經過化簡（約分）之後變成 $\frac{3}{4}$，

此時分母 4 和分子 3 已經沒有大於 1 的公因數可再約分，$\frac{3}{4}$ 就是最簡分數。

参 分數的大小比較

　　眞分數的大小比較可以分成同分母眞分數的大小比較，以及異分母眞分數的大小比較。不管同分母或異分母分數的大小比較，都要特別注意到單位量要相同才可以進行比較。同時它的方法有：(1) 單位量切割的份數是一樣多的情形，即分母相同、分子不同；(2) 單位量切割的份數不同時，可以分成：①將單位量的份數都切割成一樣多份，此時因爲單位量相同，所以每一份會一樣大，就可以用 (1) 的方法進行比較（即通分的概念）；②雖然單位量切割的份數不同，但兩個分數要比較的份數相同（即分母不同、分子相同），也可以比較；或者③雖然單位量切割的份數不同，但是兩個分數要比較的剩餘份數相同（即分母不同、分母減分子相同），也可以比較；以及 (3) 運用中介量進行比較。

　　1. 分母相同的眞分數，例如：$\frac{7}{8} > \frac{3}{8}$，是因爲 $\frac{7}{8}$ 是把一盒蛋糕平分成 8 份當中的 7 份；$\frac{3}{8}$ 是把一盒一樣大的蛋糕平分成 8 份當中的 3 份，因爲蛋糕相同、每份大小也相同，因此，7 份比 3 份多，所以 $\frac{7}{8} > \frac{3}{8}$。或者 $\frac{7}{8}$ 是 7 個 $\frac{1}{8}$（盒蛋糕），$\frac{3}{8}$ 是 3 個 $\frac{1}{8}$（盒蛋糕），7 > 3，所以 7 個 $\frac{1}{8}$（盒蛋糕）大於 3 個 $\frac{1}{8}$（盒蛋糕），所以 $\frac{7}{8} > \frac{3}{8}$。

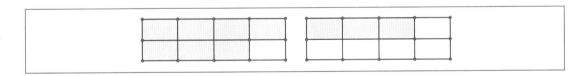

　　2. 單位量切割的份數不同，即異分母眞分數的大小比較。因爲同樣單位量，**分割的份數不一樣多，也就是每一份不一樣大，所以不能直接比較**，必須利用一些方法來比較。

　　(1) 把每一小份切成一樣大，才可以計數，才可以比較。例如：$\frac{1}{2}$ 與 $\frac{2}{3}$，因爲一個是平成二份，另一個是平分成三份，平分的份數不一樣，每一塊就不一樣大，因此不能直接比。所以要把它們平分成一樣大塊，也就是份數要一樣（即分母相同），才可以知道誰多誰少，多多少。所以 $\frac{1}{2} = \frac{1 \times 3}{2 \times 3} = \frac{3}{6}$，$\frac{2}{3} = \frac{2 \times 2}{3 \times 2} = \frac{4}{6}$。所以 $\frac{3}{6} < \frac{4}{6}$，也就是 $\frac{1}{2} < \frac{2}{3}$。

(2) 在分母不相同的情況下，雖然一個單位量切割的份數不一樣，但是要比較的份數一樣多，也就是分子相同，此時，我們可以使用推理的方式進行。例如：$\frac{3}{4}$ 和 $\frac{3}{5}$，因為一個是一個蛋糕平分成四份中的三份，一個是同樣的蛋糕平分成五份中的三份，同樣都是其中的三份，因為平分成五份每一份比平分成四份的每一份都小，所以四份中的三份比五份中的三份還大，所以 $\frac{3}{4} > \frac{3}{5}$。

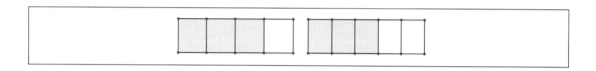

(3) 雖然一個單位量切割的份數不一樣，但是要比較的剩餘份數一樣多時，也可以使用推理的方式進行。例如：$\frac{4}{5}$ 和 $\frac{5}{6}$，因為一個是比一個單位量少 $\frac{1}{5}$，另一個是比一個單位量少 $\frac{1}{6}$，又剩下的份數是平分成五份中的一比六份中的一份還多，即 $\frac{1}{5} > \frac{1}{6}$。一個單位量扣掉多的就會變少，所以 $1 - \frac{1}{5} < 1 - \frac{1}{6}$，也就是 $\frac{4}{5} < \frac{5}{6}$。這種說法用到了減掉一個比較大的數會變得比較小的概念（逆概念），也很重要，但學生不容易懂，所以老師要別小心。

3. 在數感的研究中，有時候會強調利用中介的分數進行異分母的大小比較，例如：$\frac{4}{7}$ 和 $\frac{6}{13}$ 的比較，因為 $\frac{4}{7}$ 比一半大，而 $\frac{6}{13}$ 比一半小，所以馬上可以得到 $\frac{4}{7} > \frac{6}{13}$。

在帶分數的大小比較方面，可以先比整數部分，整數部分大者，整個分數就大。例如：$5\frac{3}{8} > 3\frac{7}{8}$。原因和整數概念相仿。$3\frac{7}{8}$ 個蛋糕不到 4 個蛋糕，$5\frac{3}{8}$ 個蛋糕比 4 個蛋糕多。當整數部分相同，或者是同分母的真分數時，再比較分子的大小，原因就要回到分數概念來解釋。但在教學時，我們會分段處理，假如真分數的大小比較學生已概念性了解，就可以不用再問了；假如真分數的大小比較有些學生還不知道如何進行概念性解釋，這時候老師還是可以問這些學生，讓他們有機會真的概念性了解。

在假分數的大小比較，假如分母相同，就用同分母真分數的方法進行比較；假如分

母不同，可以：(1) 先化成帶分數，再用帶分數的方法進行比較，也可以用 (2) 異分母真分數的方法進行比較。

當學生了解上述概念之後，在進行分數的大小比較時，要先思考哪一步驟，再思考哪一個步驟呢？作者希望最後學生能自行發現而不是老師告知他的。當然，學生無法自行發現，老師也可以告訴學生。一般而言，我們會先思考是否為帶分數：(1) 若是帶分數，就用帶分數的方法進行比較。(2) 若不是帶分數，就看是不是同分母：①若是同分母，就比較分子；②若是異分母，就用：(A) 看分子是否相同（或者剩下的份數是否相同）；(B) 若分子不同（或者剩下的份數不同），就 (a) 找中介值進行比較（中介值不一定是 $\frac{1}{2}$，整數也可以）；(b) 若找不到中介值，就通分。

肆 分數化成（有限）小數

因為小學將（有限）小數當作分數的特例，也就是當分母是 10 的冪次方的分數，我們也可以用小數來表示，例如：$\frac{4}{10} = 0.4$，$\frac{23}{100} = 0.23$……。因此，把分數化成小數的第一種做法是把分母擴分或者約分成 10 的冪方。因為分數也被推廣成兩數相除的結果，所以分數化成小數的第二種方式，就是把分子除以分母，然後用小數的方式來表示。例如：$\frac{3}{8} = 3 \div 8 = 0.375$。

在小學的教學，還沒有教用分數表示兩整數相除，以及兩整數相除結果是小數時，都使用第一種方法進行分數化成小數，之後學生才會使用第二種方法。

所有的分數都可以化成小數，一種是有限小數，同時分母只有 2 或 5 的質因數的最簡分數才能化成有限小數；另一種是循環的無限小數（分母除了 2 或 5 的質因數之外，還有其他的質因數）。因為在小學不教循環的無限小數，所以若出現第二種情形時，大都使用四捨五入法取到小數點後某一位。

學者的研究發現，有些學生將分數 $\frac{5}{9}$ 化成小數時會寫成 5.9 或者 9.5。可能的原因是學生過度一般化先前所教的概念 $\frac{5}{10} = 0.5$ 所致。相對的劉曼麗（呂玉琴、李源順、劉曼麗和吳毓瑩，2009）的研究也發現學生在小數化成分數時，有類似的迷思概念，也就是認為 7.6 等於 $\frac{6}{7}$ 或者 $\frac{7}{6}$。

伍　分數表示兩數相除的結果（分數概念推廣）

一、概念

　　學生剛開始學除法時，是多個個物平分給少數幾個人。例如：15 個糖果平分給 4 個人，每人可以分幾個，剩下幾個。後來我們會推廣到少數的個物平分給多個人，也可以用除號來表示。例如：3 個蘋果平分給 4 個人，可以用 $3 \div 4$ 來表示它。

　　因為學生還沒學習兩數相除用小數來表示，因此，我們會使用圖形表徵讓學生發現到 3 個蘋果平分給 4 個人，每個人可以得到 $\frac{3}{4}$ 個蘋果，也就是 $3 \div 4 = \frac{3}{4}$。此一概念稱為分數表示兩數相除的結果。

　　我們要注意到 $3 \div 4$ 和 $\frac{3}{4}$ 的啟蒙概念是不一樣的。也就是若讓學生舉例（第一個核心內涵）$3 \div 4$，學生總是會從 3 個個物開始（3 個蛋糕平分給 4 個人，每個人得到多少個蛋糕？），而 $\frac{3}{4}$ 大多只在一個個物內（一個蛋糕平分成 4 份中的 3 份）。因此 $3 \div 4 = \frac{3}{4}$ 還能夠用每個人得到 $\frac{3}{4}$ 個來解釋；反過來 $\frac{3}{4} = 3 \div 4$，就不太容易解釋，只能說是因為 $a = b$，所以 $b = a$（對稱性）。

　　分數表示兩數相除的結果，也可以從包含除的概念進來。例如：「一瓶水可以裝 4 公升，8 公升的水可以裝幾瓶？3 公升的水可以裝幾瓶？」學生先了解 8 公升可以用 $8 \div 4 = 2$，得到 2 瓶，再算 3 公升可以用 $3 \div 4 = \frac{3}{4}$，原因在於 3 公升裝不到一瓶，3 公升對 4 公升而言，只能裝到 $\frac{3}{4}$ 瓶。老師要留意的是學生是否能接受（分數）商的單位已經不是原來被除數的單位。

　　在進行小數除以大數的教學之後，也應進行大數除以小數的教學，但應讓學生發現現在的表示法和以前表示法的異同。例如：還沒學過本概念之前，學生「一瓶水可以裝 4 公升，13 公升的水可以幾瓶？」的問題，後面一定會再問「剩下幾公升？」以前的算式會寫成 $13 \div 4 = 3...1$。學過本概念之後，可以直接問「一瓶水可以裝 4 公升，13 公升的水可以幾瓶？」現在的算式寫成 $13 \div 4 = \frac{13}{4}$（或者 $3\frac{1}{4}$）。作者建議老師讓學生

比較兩個不同的問題出法與相對應學生應該寫的算式，以及兩者答案之間的差異。也就是說當題目是「一瓶水可以裝 4 公升，13 公升的水可以幾瓶？剩下幾公升？」時，算式寫成 $13 \div 4 = 3...1$。當題目是「一瓶水可以裝 4 公升，13 公升的水可以幾瓶？」時，算式寫成 $13 \div 4 = \dfrac{13}{4}$（或者 $3\dfrac{1}{4}$）。同時剩下的是 1 公升，剛好就是帶分數的 $\dfrac{1}{4}$ 瓶。

二、問題

（一）23 個人坐計程車一定要 6 部？

作者曾經聽過大家在討論一個問題：「一部計程車可以坐 4 個人，23 個人坐計程車，需要幾部計程車？」當學生回答 $\dfrac{23}{4}$ 或者 $5\dfrac{3}{4}$ 部計程車時，有人認為學生答案是錯的，因為計程車怎麼可能是 $\dfrac{3}{4}$ 部？答案應該回答 6 部計程車。

作者的看法是數學是理想化、抽象化的概念，雖然在生活中不會有 $\dfrac{3}{4}$ 部計程車，但我們可以把它理想化，例如：一部車子 100 萬，我只有 75 萬，我們有時候會說我的錢只能買 $\dfrac{3}{4}$ 部。因此，我們不能說學生的答案錯誤。作者建議老師用「一部計程車可以坐 4 個人，23 個人坐計程車，需要幾部計程車？剩下幾個人？」「一部計程車可以坐 4 個人，23 個人坐計程車，需要幾部計程車？」「一部計程車可以坐 4 個人，23 個人坐計程車，最少需要幾部計程車？」來區分答案分別為 5 部剩下 3 人，$5\dfrac{3}{4}$ 部，以及 6 部。

還有一個問題需要考慮的是，我們問的問題是「數學上的數學問題」還是「生活上的數學問題」？「數學上的數學問題」時，學生回答 $\dfrac{23}{4}$ 或者 $5\dfrac{3}{4}$ 部計程車應該給對。「生活上的數學問題」時，答案是 6 部，作者不反對。但是作者時常在想一個問題，的確，一部計程車標明坐 4 個人，在生活上就真的完全這樣做嗎？因此，在生活上 23 個人坐計程車答案可能是 5 部計程車，因為有可能是 5 個人擠一部計程車；也可能是 7 部計程車，因為有 5 部都坐 3 個人，2 部坐 4 個人。

（二）整數除法要如何區分答案是要給整數或者分數呢？

在分數除法之前，答案幾乎都要是整數。對於剛好整除的問題，一定不會引起爭議。例如：「24 公升的水，每 6 公升裝一瓶，可以裝幾瓶？」對於不能剛好整除的問題，只要我們多問「剩下多少？」也一定不會引起爭議。例如：「24 公升的水，每 5 公升裝一瓶，可以裝幾瓶？剩下幾公升？」若我們要學生回答整數，我們會用「最

多」，或者「最少」來說明。例如：「24 公升的水，每 5 公升裝一瓶，最多可以裝滿幾瓶？」或者「24 公升的水，每 5 公升裝一瓶，要用幾瓶來裝，才可以裝完？」

　　等到學生學到答案可以用分數時，我們建議，若沒有要學生回答剩下多少時，學生一律使用分數來回答即可。例如：「24 公升的水，每 5 公升裝一瓶，可以裝幾瓶？」此時學生已經學過答案是分數，因此要回答 $4\frac{4}{5}$ 瓶。若問「24 公升的水，每 5 公升裝一瓶，可以裝幾瓶？剩下幾公升？」當然還是要回答 4 瓶，剩下 4 公升。「5 公升的水，每 $\frac{3}{5}$ 公升裝一瓶，可以裝幾瓶？剩下幾公升？」學生要回答 8 瓶剩下 $\frac{1}{5}$ 公升。若問「5 公升的水，每 $\frac{3}{5}$ 公升裝一瓶，可以裝幾瓶？」學生就要回答 $8\frac{1}{3}$ 瓶。

第 2 節　分數概念的教學

　　在分數概念的教學過程中，作者建議：(1) 先教量的概念再抽象化為分數的概念；(2) 每個小概念都可以考慮（不一定全部都教）說、讀、聽、寫、做的教學；(3) 每個小概念也可以考慮（不一定全部都教）二維連續量、一維連續量、離散量的情境。

　　在平分概念的教學：(1) 可以讓學生視覺判斷是否平分，以及了解無法視覺判斷時，可以用疊合的方式（使用以前學過的方法）進行判斷；(2) 可以讓學生實作如何將事物分成二、四、八等分，但是要教學生平分的方法，例如：折疊再平分。

　　在正式進入分數的教學時，先利用生活情境引起學生的學習動機與學習需求。例如：「老師吃了半個 pizza，你知道半個 pizza 在數學上是怎麼表示的嗎？」

　　在單位分數的教學：(1) 分數涉及兩個單位（記得連結先前的乘、除法，它已出現兩個單位——第五個核心內涵），單位的名稱要讓學生清楚的認知。例如：一個蛋糕平分成 8 塊，一塊是 $\frac{1}{8}$ 個蛋糕。其中有二個單位：個和塊。我們可以問學生：(1) 一個蛋糕平分成 8 塊，一塊是多少個蛋糕？(2) 一個蛋糕平分成 8 塊，$\frac{1}{8}$ 個蛋糕是多少塊？(3) $\frac{1}{8}$ 個蛋糕是一塊，那一個蛋糕被平分成多少塊？這樣的教學，可以使學生對兩個單位有更清楚的認知。

　　當然，我們也可以問：(1) 一個蛋糕平分成 8 塊，一塊是多少？(2) 一個蛋糕平分成 8 塊，$\frac{1}{8}$ 個蛋糕是多少？當我們沒有說出單位時，學生應該將分數與單位說出來才算完整。

此外，分數的符號表徵（$\frac{3}{4}$）與口語表徵（四分之三）的讀法與習慣的書寫順序不同問題，應在教學過程中加以強調。也別忘了，因爲分數在生活中比較少用，所以要時常讓學生舉例（第一個核心內涵）說明分數的意義。

在眞分數的教學，教師也可以強調它的單位，以及分段強調 $\frac{2}{10}$ 盒蛋糕就是：(1)「一盒蛋糕平分成 10 塊中的 2 塊」（部分—全體）；(2)「2 個 $\frac{1}{10}$ 盒」（單位分量）；(3)「一盒的 $\frac{2}{10}$」（單位量）三個概念。同時除了給學生說、讀、聽、寫之外，也不妨給學生使用具體物或用圖像表徵「做」分數的機會。之後再利用單位分數的概念將眞分數的概念推廣到假分數，也就是 1 個 $\frac{1}{10}$ 盒（也就是 $\frac{1}{10}$ 盒）、2 個 $\frac{1}{10}$ 盒（也就是 $\frac{2}{10}$ 盒）、3 個 $\frac{1}{10}$ 盒（也就是 $\frac{3}{10}$ 盒）、4 個 $\frac{1}{10}$ 盒（也就是 $\frac{4}{10}$ 盒）……10 個 $\frac{1}{10}$ 盒（也就是 $\frac{10}{10}$ 盒）……。對於「一盒的 $\frac{2}{10}$」的用語，它將來要連結到分數的乘法問題，因此建議老師也要加以說明。但有些老師認爲這種說法學生不容易了解，作者建議可以先利用「我吃了半盒，也就是吃了一盒的一半，也就是一盒的 $\frac{1}{2}$」來介紹。

因爲分數的意義有三種不同的說法，同時作者的研究發現，許多學生無法完整的寫出分數概念，因此建議老師一定要時常讓學生舉分數的例子（第一個核心內涵），讓他有分數的心像與具體的感覺；同時也要讓學生有機會畫離散量、一維連續量、二維連續量的圖形表徵（第三個核心內涵）；並讓學生回想（第五個心內涵）分數有多少種不同的說法，以奠定未來四則運算的概念性解釋的基礎。

同分母眞分數的大小比較，若使用具體物表徵與圖像表徵（第三個核心內涵），對學生而言難度比較不高，老師應該留意學生抽象化（口語與符號）之後的比較是否有困難，同時也應讓學生知道、了解、發現同分母大小比較的解釋方式（爲什麼——第四個核心內涵）就是使用分數基本概念（第五個核心內涵）。此外老師也可以進行不同單位的比較（例如：一盒蛋糕平分成 10 塊，3 塊和 $\frac{3}{10}$ 盒，哪一個比較多？）和不同單位量的比較（例如：小明吃了 $\frac{3}{10}$ 盒方形巧克力蛋糕，小華吃了 $\frac{3}{10}$ 盒圓形奶油蛋糕，他們兩人吃得一樣多嗎？）

在異分母的大小比較時，老師別忘了讓學生有多元的大小比較方法，同時適時使用畫圖（第三個核心內涵），說明爲什麼（第四個核心內涵）也是使用分數基本概念（第五個核心內涵），以培養學生的數感。

在帶分數和假分數的教學方面，也是從量的概念引入，讓學生發現它只是利用把

單位量再分割，或者把幾份合成一個單位量的過程。同時應用圖像表徵（第三個核心內涵），讓學生從概念性了解（第四個核心內涵）內化為程序性知識。例如：家裡有 $2\frac{3}{8}$ 公升的油，也就是把每一公升都平成 8 份，每份 $\frac{1}{8}$ 公升，所以總共有（$2 \times 8 + 3$）個 $\frac{1}{8}$ 公升，所以，有 $\frac{19}{8}$ 公升。

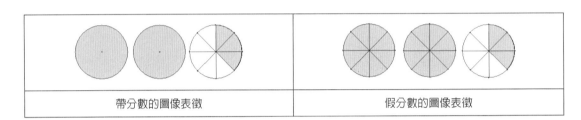

| 帶分數的圖像表徵 | 假分數的圖像表徵 |

假分數化成帶分數的教學，教師也應該讓學生利用圖像表徵（第三個核心內涵），從合成單位量的過程（第四個核心內涵），內化為程序性知識。例如：讓學生了解家裡有 $\frac{19}{8}$ 公升的油，也就是每份 $\frac{1}{8}$ 公升，把每 8 份合成一公升，所以總共有 $19 \div 8 = 2...3$，有 2 個一公升，剩下 3 份，所以是 $2\frac{3}{8}$ 公升。

等值分數的教學主要是讓學生發現原來的單位分數都是以內容物為單一個物來計數（$\frac{3}{4}$ 個蛋糕就是一個蛋糕平分成 4 份，其中的 3 份；$\frac{6}{8}$ 個蛋糕是一個蛋糕平分成 8 塊，其中的 6 塊），現在雖然分割的份數不同，但兩個量一樣多（第三個核心內涵），所以稱為等值分數。此時也等同於讓學生發現單位分數的內容物不一定是單一個物。之後，再學習利用約分或者擴分的方式找尋一個分數的等值分數，讓學生發現要判別兩個分數是否為等值分數，可以利用約分或者擴分來做。之後，教師也可以出一個需要先約分再擴分（或者把兩者同時約分、擴分）才可以找到的等值分數判別方式。例如：$\frac{4}{6}$ 和 $\frac{6}{9}$ 是否為等值分數。也讓學生發現約分和擴分的方法和帶分數與假分數互換的方法相同（再切割或組合——第五個核心內涵）。

在約分的過程中，因為此時學生還沒有學習公因數、因數判別法，所以除了以前計數過的 2 的倍數和 5 的倍數，學生可以快速的進行約分之外，老師別忘了，若要進行約分，可以上、下除以 3, 4, 5, 6... 等**有規律的嘗試錯誤**。也建議老師要讓學生約分找等值分數時，分數不要太複雜（雖然方法相同，但要做很多次）。在擴分的過程中，也讓學生發現可以分子和分母乘以 2, 3, 4, 5, 6... 等有規律的進行擴分。

在分數與整數除法的連結方面，一般從等分除的概念進來再推廣到包含除的概

念。老師讓學生注意到，以前的除法是大數除以小數，現在可以是小數除以大數。以前大數除以小數不能整除時，會有餘數；現在大數除以小數不能整除時，可以寫成假分數或者帶分數。同時讓學生了解餘數和帶分數中真分數的異同處。

　　在分數化成小數方面，老師要注意兩種方法的使用時機，也讓學生了解有兩種方法可以將分數化成小數。同時討論分數化成小數或者小數化成分數的使用時機。雖然把分數和小數混合的計算問題化成小數比較容易算，但是不一定所有的分數都可以化成有限小數，此時若以四捨五入法取概數，就不是數學上精確的答案，所以此時都要把小數化成分數再做計算。

　　任意兩個分數之間，一直存在有多個分數的概念，一般而言，在小學並不特別去教。當教師教授過擴分和約分的概念，進行異分母分數的大小比較之後，若教師有意願，也可以問一問程度佳的學生，看學生是否了解一個分數的等值分數有無窮多個的概念，進而了解任意兩個分數之間，存在有無窮多個分數的概念。

　　因為分數的概念生活中少用到，因此請老師盡可能找尋是否有合適的數學素養問題，供學生了解分數的有用性與使用時機。同時，為了培養教師能真正了解學生的學習狀況，建議老師在進行教學觀摩或小考時，能事先預估一下有多少學生已達成教學目標或者各題的答對率，並在事後說明預估的理由，或者驗證老師預估的答對率差異有多少。

第3節　分數四則運算

　　分數四則運算的概念性了解上，和整數四則運算一樣，可以分成列式的了解，以及計算結果的了解兩方面。在分數四則運算的啟蒙教學和整數一樣，都是先從啟蒙情境問題引入，此時老師也要留意學生是否對列式的了解有困難，若沒有困難，不見得還要問。假如以前老師沒有進行教學，或者不確定某些特定程度的學生會不會，此時老師應該提問學生。這也就是我們的第五個核心概念。分數加減法的啟蒙列式概念和整數一樣，只是現在把整數換成分數，或者使用的單位不同而已。之後再聚焦在四則運算的結果的概念性了解。

壹　概念性知識

　　當老師在解釋或者請學生解釋所有的概念性知識時，建議老師**使用比較小的分數**，因為較小的分數比較容易解釋。同時也讓學生發現比較大和比較小的分數解釋方式

相同，只是因為數比較大、比較麻煩一點而已。

一、同分母分數的加減

　　同分母真分數加減問題的列式了解上，和整數四則運算一樣，就是合成與分解的基本概念，也就是把兩個量合在一起就是加法的意義，或者把一量分成兩量（已知一部分量，要求另一部分量）就是減法的意義。因為學生很容易了解分解與合成的意義，因此一般分數的加、減法的教學可以不用簡化回到整數加、減法的問題。老師在教學上需要注意學生是否可以把整數的合成、分解概念推廣到分數的合成、分解，若不行，老師還是要簡化成整數讓學生了解分數加減法的意義。至於合成、分解的啟蒙情境和整數加、減法一樣，都是改變型或者合併型問題。

　　同分母真分數加、減法的計算結果的概念性知識，和整數四則運算一樣，就是要連結它的（分數）基本概念，基本概念有多少種，就每一種都試著用來解釋看看。因此，同分母真分數的加、減法的概念就是用下列三種分數相關概念進行關係性理解。以問題「每一條巧克力平分成 10 片，小明早上吃了 $\frac{3}{10}$ 條，下午吃了 $\frac{4}{10}$ 條，問小明吃了幾條巧克力？」為例，說明如下：

（一）利用等分的份數來解釋合成或分解的結果

　　$\frac{3}{10}$ 條就是一條巧克力平分成十份中的三份，所以 $\frac{3}{10} + \frac{4}{10}$ 條是一條巧克力平分成十份中的三份加上一條巧克力平分成十份中的四份，合起來是一條巧克力平分成十份中的七份，即 $\frac{3}{10} + \frac{4}{10} = \frac{7}{10}$（條）。最後再看需不需要化成帶分數。

（二）利用幾個單位分量來解釋合成或分解的結果

　　$\frac{3}{10}$ 條就是 3 個 $\frac{1}{10}$ 條，所以 $\frac{3}{10} + \frac{4}{10}$ 條是 3 個 $\frac{1}{10}$ 條加上 4 個 $\frac{1}{10}$ 條，合起來是 7 個 $\frac{1}{10}$ 條，即 $\frac{3}{10} + \frac{4}{10} = \frac{7}{10}$（條）（我們可以把它看成分數的唱數，就和整數的唱數一樣）。在這裡要特別強調「$\frac{1}{10}$ 條」是不變的，它就好像是「10 份中的 1 份」，所以是「3 份加 4 份，結果是 7 份」。

（三）利用圖形表徵說明合成或分解的結果

　　此例，我們可以表徵成：

所以，$\frac{3}{10} + \frac{4}{10} = \frac{7}{10}$（條）。

　　因為教科書是容易印成彩色的，但是學生主動畫圖時，不一定有彩色筆。同時我們**用圖形來表徵分數時，有一些隱性知識**，假如學生不懂，就不會畫出我們比較認同的表徵。因此，作者建議老師跟學生討論或者明白跟學生說可以用上面兩種方式來表徵分數的加法，同時一個分數的斜線是從左上到右下，另一個就用左下到右上的斜線，用以表示兩個不同的分數。或許也可以讓每個學生表徵出來以後，大家一起討論，什麼樣的表徵大家都能夠接受，讓學生合理說明合宜的表徵方式，以利將來推廣到其他概念的表徵。

　　在同分母帶（假）分數加減法的列式了解上，和真分數加減法的啟蒙情境相同。至於它的計算結果的了解上，假分數的解釋方式如同真分數加減法一樣，因此一般在教學上可以使用內化的程序知識來計算即可。帶分數的解釋，第一種是用結合律和交換律的概念，分別把整數部分相加，以及真分數部分相加（從量的意義上，學生可以了解，因此不需要特別談結合律和交換律），若真分數相加的結果是假分數時，再化成我們所期望的帶分數。第二種是把帶分數化成假分數，再做加減，只是這樣的做法分子數字可能變得比較大，學生比較容易做錯。建議老師可以讓學生討論在什麼時候用第一種方法比較快，什麼時候用第二種方法比較快。

二、分數的整數倍

　　了解真（假）分數整數倍問題的啟蒙列式，和整數的倍數問題一樣，可以奠基在分數的加法概念之上，也就是運用累加概念進行同分母真（假）分數的整數倍。例如：每條彩帶 $\frac{3}{5}$ 公尺，4 條是多少公尺？在列式上（為什麼用乘號）是因為 $\frac{3}{5}$ 公尺累加 4 次，或者是 $\frac{3}{5}$ 公尺的 4 倍，所以記成 $\frac{3}{5} \times 4$。

　　在結果的概念性解釋可以回到同分母分數的加法概念上，也就是 $\frac{3}{5} \times 4 = \frac{3}{5} + \frac{3}{5} + \frac{3}{5} + \frac{3}{5} = \frac{3 \times 4}{5} = \frac{12}{5}$。當然，分數的整數倍的計算結果，也同樣的可以回到分數基本概念，只是一般在教學上不特別再問，而是用內化的程序性知識去計算，因為它的概念已

在比較小的眞分數加法上問過了。當然，假如學生先前不懂眞分數的解釋方式，老師可以跟學生說，它和眞分數加法一樣，同樣有三種概念性的解釋方式，可以：(1) 利用等分的份數來解釋合成或分解的結果；(2) 利用幾個單位分量來解釋合成或分解的結果；以及 (3) 利用圖形表徵說明合成或分解的結果。在此不再說明。

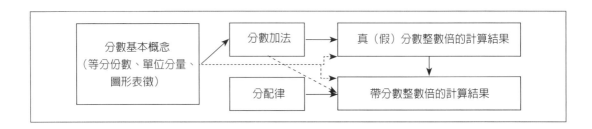

　　帶分數整數倍的計算結果，第一種可以利用分配律的概念來解釋，亦即整數部分的整數倍，再加上分數部分的整數倍的概念進行教學（從量的意義上，學生很容易了解，因此不必特別談分配律）。第二種可以把帶分數化成假分數，再利用假分數的整數倍概念來解釋。當然，它的解釋方式，也可以回到同分母眞分數的加法概念上，同樣有三種概念性的解釋方式，可以：(1) 利用等分的份數來解釋合成或分解的結果；(2) 利用幾個單位分量來解釋合成或分解的結果；以及 (3) 利用圖形表徵說明合成或分解的結果。只是在解釋上比較麻煩一點。

　　因爲數學教與學的概念性解釋通常會用比較小的數字，同時學生已經知道的概念性解釋不會再要求學生說，以減低學生的溝通負荷及教學時間。因此作者建議只要學生了解眞分數的整數倍結果的概念性解釋以後，假分數就使用內化的程序性知識計算即可，因爲解釋方式和眞分數一樣，只是分子變大而已。帶分數的整數倍則只要聚焦在可以用分配律來計算或者化成假分數來計算即可，不必再讓學生說明爲什麼整數乘以整數以及眞分數乘以整數。老師也可以讓學生思考帶分數乘以整數一定要先化成假分數再乘以整數嗎？或是什麼時候帶分數乘以整數化成整數乘以整數和眞分數乘以整數比較容易，什麼時候帶分數乘以整數化成假分數乘以整數比較容易 [4]？

三、異分母分數的加減

　　在異分母分數加減的列式概念性知識上，和整數加減、同分母眞（假、帶）分數加減一樣，都是合成與分解的概念，也就是它的啓蒙情境是改變型或者合併型問題。

---

[4] 老師要注意，因爲學生有學習的路徑差和時間差，因此它沒有標準答案，只要學生有想過這樣的問題就可以了。

在異分母分數加減的結果概念性知識上，因爲兩個的分母不相同，表示同樣大的單位量被切割的份數不一樣，兩個的一份不一樣大，所以必須重新切割成一樣多的份數，才可以使用分數的概念來計數或者計算。例如：$\frac{1}{2}+\frac{1}{3}$ 因爲一個是平分成二份，另一個是平分成三塊（在同一個問題中，表示不同的大小，最好用不同的單位），一份和一塊不一樣大，所以都要切割成 6 小份（一份平分成 3 小份，一塊平成 2 小份），這樣每一小份才會一樣大（也就是通分），這時候才可以計數或者計算，也就是 $\frac{1}{2}+\frac{1}{3}=\frac{3}{6}+\frac{2}{6}=\frac{5}{6}$。

至於切割成一樣大的份數（擴分）之後結果的概念性解釋，可以回到原來同分母眞分數的概念。因爲學生先前一定會先學過等值分數的概念，學過同分母分數加減的概念，因此假如學生都能解釋、說明先前二個概念，作者建議可以使用內化的程序性知識來計算即可。也就是把異分母分數加減的結果概念性解釋聚焦在爲什麼要切成一樣多份（每一份才會一樣大、通分），其他兩個概念——通分（約分或者擴分）和同分母加減只要使用內化的程序性知識來計算即可。當然，假如老師發現低成就的學生還不了解等值分數的概念或者不了解同分母分數加減的概念，老師可以再藉此機會讓低成就的學生說，以讓更多的學生有概念性了解的機會。

相信假如學生聽到、了解、發現整個數學的學習脈絡，老師不用再說太多，學生就會知道異分母的加減爲什麼可以列式成加或減，爲什麼計算結果要先通分，且答案爲什麼會是這樣子。學生會愈來愈有數學感。

四、分數的分數倍

分數的分數倍問題，其實就是分數的整數倍問題的推廣。說明**分數倍的問題爲什麼用乘法（列式）**的方式有四種。例如：「1 公斤的農藥可以撒 $\frac{3}{5}$ 公畝的田，$\frac{7}{8}$ 公斤可以撒多少公畝？」的問題，第一種說法是，因爲**分數是整數的概念推廣**，所以分數乘法也是整數乘法的概念推廣。也就是說因爲 3 公斤可以撒 $\frac{3}{5}\times 3$ 公畝；2 公斤可以撒 $\frac{3}{5}\times 2$ 公畝；1 公斤可以撒 $\frac{3}{5}\times 1$ 公畝；0 公斤可以撒 $\frac{3}{5}\times 0$ 公畝，所以 $\frac{7}{8}$ 公斤可以撒 $\frac{3}{5}\times\frac{7}{8}$ 公畝。因此「1 公斤的農藥可以撒 $\frac{3}{5}$ 公畝的田，$\frac{7}{8}$ 公斤可以撒多少公畝？」的問題，可以記成 $\frac{3}{5}\times\frac{7}{8}$。第二種說法是利用**倍的語言**，也就是說 1 公斤的農藥可以撒 $\frac{4}{5}$ 公畝的田，2 公斤就是它的 2 倍，所以可以撒 $\frac{3}{5}\times 2$ 公畝；那 $\frac{7}{8}$ 公斤就是 $\frac{7}{8}$ 倍，所

以可以撒 $\frac{3}{5} \times \frac{7}{8}$ 公畝。因此「1 公斤的農藥可以撒 $\frac{3}{5}$ 公畝的田，$\frac{7}{8}$ 公斤可以撒多少公畝？」的問題，可以記成 $\frac{3}{5} \times \frac{7}{8}$。第三種說法是未來中學的學習會用到的方法──**重新下定義**。若要重新下定義作者認為使用 82 年版的說法「單位量 × 單位數 = 總量」最佳。也就是說 1 公斤的農藥可以撒 $\frac{3}{5}$ 公畝的田是一個單位數可以撒 $\frac{3}{5}$ 公畝，2 公斤就是 2 個單位數，所以可以撒 $\frac{3}{5} \times 2$ 公畝；那 $\frac{7}{8}$ 公斤就是 $\frac{7}{8}$ 個單位數，所以可以撒 $\frac{3}{5} \times \frac{7}{8}$ 公畝。第四種說法是利用**單位轉換**來了解，$\frac{3}{5}$ 公畝 = 60 平方公尺，$\frac{7}{8}$ 公斤 = 875 公克，所以這個問題等同於「1000 公克的農藥可以撒 60 平方公尺的田，875 公克可以撒多少公畝？」等同於「1 公克的農藥可以撒 600 平方公分的田，875 公克可以撒多少公畝？」這個問題就是我們標準的累加、乘法問題：600×875。既然等價的問題用乘法，所以單位轉換前也應該用乘法來表示，即 600（平方公分）×875(g) = $\frac{3}{5}$（公畝）$\times \frac{7}{8}$ (kg)。

　　因此「1 公斤的農藥可以撒 $\frac{3}{5}$ 公畝的田，$\frac{7}{8}$ 公斤可以撒多少公畝？」的問題，可以記成 $\frac{3}{5} \times \frac{7}{8}$。

　　上述各種解釋方式，作者建議不要用倍的語言，因為它也是概念推廣的意義，只是借「倍」的文字而言。若學生不是真的概念性了解，碰到「$\frac{3}{5}$ 公畝的田要撒 $\frac{7}{8}$ 公斤的農藥，問一公畝的田要撒多少公斤的農藥？或者一公斤的農藥可以撒多少公畝的田？」時，到底 $\frac{3}{5}$ 公畝是 $\frac{3}{5}$ 倍，還是 $\frac{7}{8}$ 公斤是 $\frac{7}{8}$ 倍？作者建議使用概念推廣來說明。關於這件事，作者曾經問卷調查「1 瓶水 $\frac{2}{3}$ 公升，$\frac{4}{5}$ 瓶水是幾公升？」的問題，發現學生是使用全數乘法的連加意義來解釋，他說「$\frac{2}{3}$ 公升要有 $\frac{4}{5}$ 個或者 $\frac{2}{3}$ 公升加 $\frac{4}{5}$ 次」（如下圖）。因為乘法的啟蒙概念是累加，所以 4 瓶是有 4 個，$\frac{4}{5}$ 瓶就是有 $\frac{4}{5}$ 個，但在生活上我們不會講有 $\frac{4}{5}$ 個，也就是分數乘法已經不是連加的意義了。

假如概念推廣的意義學生是第一次聽到，他可能很難理解，此時老師可以連結到二、三年級教整數乘法時的概念推廣情形，只是學生忘記了而已。也就是我們在教整數乘法時，先從累加進行教學。例如：用沙包投 0-5 分的圓圈圈，投了 4 個 3 分，可以用 $3 \times 4 = 12$ 表示。到了乘數是 1 或者 0 的教學則發現 4 分投了一個，「可以用」$4 \times 1 = 4$ 表示，5 分投了 0 個，也「可以用」$5 \times 0 = 0$ 表示。也因為學生已忘記此一乘法啟蒙意義的概念推廣，作者在一個五年級的教學觀摩聽到學生說，一桶水 4 公升，0 桶水幾公升，「為什麼要用乘法？」因此，假如老師在教分數乘法時，先從累加的啟蒙意義，連結到以前學過的 0 和 1 的乘法，相信學生更容易相信分數乘法已經從乘數是全數推廣到分數了。當然，老師也可以使用單位轉換（第四種說明）或者重新下定義的方式進行教學。作者之所以提出重下定義，主要是因為在中學的時候，當概念推廣之後，會重新下定義。例如：一開始指數是定義在自然數的，即 $2 \times 2 \times 2 \times 2 \times 2 = 2^5$，後來指數從自然數推廣到整數時，要重新定義 $2^0 = 1$，以及 $2^{-5} = \frac{1}{2^5}$。

在**分數乘法問題上，為什麼得到這個答案**（也就是為什麼分母乘以分母、分子乘以分子），它是分數的整數倍問題的推廣，它也可用分數基本概念來解釋。但是翻閱相關教材，64 年版課程（教育部，1975）、82 年版課程（教育部，1993）和九年一貫課程能力指標（教育部，2008），都有它們的解釋方式。至於哪一種解釋方式學生比較容易懂，請老師以所需的先備知識或者同樣以第一次聽到的角度來感受。作者的研究發現，只要學生能清楚分辨分數中單位的異同，此時以面積表徵加上分數基本概念（單位轉換）來解釋最容易理解。現在說明如下：

（一）面積表徵和分數基本概念

我們認為從面積表徵來呈現真分數乘以真分數的概念，非常適合。例如：問題「1 公斤的農藥可以撒 $\frac{4}{5}$ 公畝的田，$\frac{2}{3}$ 公斤的農藥可以撒多少公畝？」[5] 在計算概念的解釋上 $\frac{4}{5} \times \frac{2}{3}$ 是先畫出一個面積為一公畝的長方形，再以橫線畫出五等份的面積，其中 4 份，就是 $\frac{4}{5}$（下圖左 2 右斜部分）公畝，就是 1 公斤可以撒的田。$\frac{2}{3}$ 公斤可以撒的田，

---

[5] 此問題因為出現多個單位：公斤和公畝，甚至在解釋時又會出現其他單位，因此對學生而言不易了解，但是作者相信，只要注意單位的變化，分數乘、除法就變得很簡單了。作者的研究發現，在整數乘法中其實也是兩個單位的問題（一包餅乾有 5 片，4 包有幾片？），只是那時候單位不會困擾學生，但是在分數概念時，學生若沒有特別留意，就會困擾學生。

就是將 1 公斤可以撒的田（$\frac{4}{5}$ 公畝）切割成 3 等份，取其中 2 份（由於先前已橫向分割，此時學生很容易就直向分割，我們所要的算則表徵很容易出現），如下圖右 2 圖形。因為我們要算 $\frac{2}{3}$ 公斤可以撒幾公畝，所以我們要把 4 份延長，再從分數的基本概念（一公畝被分成幾份，$\frac{2}{3}$ 公斤農藥所撒的土地占其中的幾份）。就發現，它是 5×3 = 15 等分中的 4×2 = 8 等分，就是 $\frac{4 \times 2}{5 \times 3} = \frac{8}{15}$ 公畝（如下圖右邊雙斜線部分）。

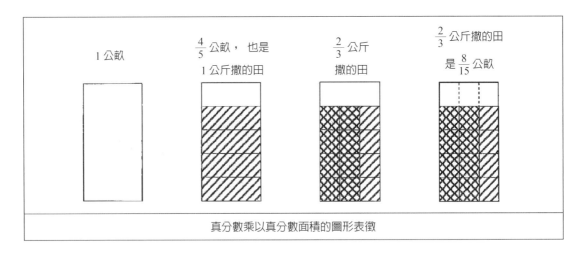

真分數乘以真分數面積的圖形表徵

在真分數乘以真分數的問題上，若我們想試著說明為什麼可以先約分再計算，可以如下解釋：

問題：「1 公斤的農藥可以撒 $\frac{2}{5}$ 公畝的田，$\frac{3}{4}$ 公斤的農藥可以撒多少公畝？」

由於 $\frac{2}{5}$ 公畝是 5 等分中的 2 等分，要再把 2 份切成 4 等分取其中 3 份，此時可以不用 4 等分，只要再切成 2 等分就會變成 4 等分，所以，2 和 4 可以先約分，再計算 $\frac{2}{5} \times \frac{3}{4} = \frac{1}{5} \times \frac{3}{2} = \frac{1 \times 3}{5 \times 2} = \frac{3}{10}$。此時，學生應可以感受，為何可以先約分再計算。面積的圖形表徵如下：

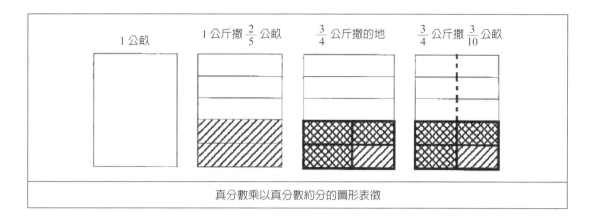

真分數乘以真分數約分的圖形表徵

　　在帶分數乘以眞分數的結果計算上，只要讓學生了解，和帶分數乘以整數一樣，可以使用分配律（例如：$2\frac{4}{5} \times \frac{2}{3} = 2 \times \frac{2}{3} + \frac{4}{5} \times \frac{2}{3} = \frac{4}{3} + \frac{8}{15} = \frac{28}{15} = 1\frac{13}{15}$），或者把帶分數化成假分數（例如：$2\frac{4}{5} \times \frac{2}{3} = \frac{14}{5} \times \frac{2}{3} = \frac{28}{15} = 1\frac{13}{15}$）來計算。老師不一定還需要用畫圖的方式進行類似眞分數乘以眞分數的解釋，只要讓學生知道帶（假）分數乘法和眞分數乘法的結果解釋方式是一樣的，只是變成帶、假分數時，圖更難畫一點點而已。老師也可以和學生討論什麼時候用分配律比較快且正確計算？什麼時候化成假分數比較快且正確計算？同時它也沒有正確答案。

　　至於帶分數乘以帶分數的概念性解釋，方法和眞分數乘以眞分數一樣，只是比較不好講而已。因此一般都用程序性的方式，把它都化成假分數再去計算即可。

　　作者把分數乘法也稱爲單位轉換的原因是，因爲 1 公斤的農藥可以分散到 $\frac{4}{5}$ 公畝的田上面[6]，所以對於那些農藥來說，用重量來稱呼它，它是 1 公斤，若改用可以撒的田來說就是 $\frac{4}{5}$ 公畝，所以 $\frac{2}{3}$ 公斤的農藥若改用可以撒多少公畝田來說，是多少？

　　有興趣的老師可以參考 http://www.mtedu.utaipei.edu.tw/forum.php? mod = viewthread&tid = 2265。

----

[6]　作者同意在這個的問題上，它的概念 1 公斤就是 $\frac{4}{5}$ 公畝，即 1 公斤 = $\frac{4}{5}$ 公畝。只是這種寫法有些人可能不同意，因爲兩者是不同量的單位。但是從農藥的角度來說撒在 $\frac{4}{5}$ 公畝的農藥就剛好是 1 公斤。

（二）線段表徵

82 年版的課程也重視表徵的學習，建議以線段來表徵分數乘法的概念。以下摘錄自陳竹村、林淑君、陳俊瑜（2001，頁 49）的《國小數學教材分析 —— 分數的數概念與運算》：

◆以問題「雅玲有一條緞帶，她剪下 $\frac{4}{5}$ 條緞帶的 $\frac{2}{3}$ 倍做緞帶花，共剪下多少條緞帶。」爲例，先要求學生使用有乘號的算式填充題把問題記下來後，再要求學生把這一條緞帶平分成多少份的算法用有乘號的算式記下來，後要求學生把要拿出其中幾份的算法也用有乘號的算式記下來，並溝通這種做法爲「先算出要平分成幾份（求分母），再算出要拿出幾份（求分子）」的方法，如果學生無法使用這種策略解題，教師可以利用線段圖來協助學生反省及重述其解題過程。本課程的重點是幫助學生透過由等分割份數的觀點解題後，透過反省及重述其解題過程，經驗「分母 × 分母，分子 × 分子」的意義。

　　這是 $\frac{4}{5}$ 條緞帶：

　　它的 $\frac{2}{3}$ 就是把每一段再三等份，取其中 2 份：

　　合起來可以看成這樣：

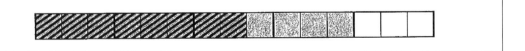

　　82 年版的課程重視線段表徵。雖然線段表徵屬一維表徵，在分數的整數倍時概念較易理解，但在解決分數的分數倍問題時，學生作線段表徵所需的**先備知識還包括擴分概念**，因此數線表徵較面積表徵的直接等分割來得困難。但是，假如學生先學會二維表徵，此時一維表徵，他就很容易理解。

（三）文字表徵

　　有關分數乘以分數的教學，九年一貫課程綱要（教育部，2003，頁 107-108）較偏向以「$\frac{2}{3}$ 倍就是除以 3 乘以 2」的文字推理的方式來說明。我們覺得它也不是很容易弄懂。說明如下的呈現方式：

◆乘數為分數的教學宜先從單位分數開始。「分數倍」的理解比較抽象，可讓學生從已經熟練的直覺與運算上，認識其合理性。

◆例：1 個披薩 300 元，2 個披薩 600 元等，將幾個轉成幾倍來列式，再問「如果兩個人平分 1 個披薩（即各吃 $\frac{1}{2}$ 個披薩），應該各付多少錢？如果三個人各吃 $\frac{1}{3}$ 個披薩呢？如果五個人各吃 $\frac{1}{5}$ 個披薩呢？」讓學生理解 $\times \frac{1}{2}$、$\times \frac{1}{3}$、$\times \frac{1}{5}$，其實就是二等分（除以 2、「的二分之一」、「的一半」）、三等分（除以 3、「的三分之一」）、五等分（除以 5，「的五分之一」）。在此例要小心「元」這個單位不能再分，因此被乘數必須能被整除。

◆以上處理單位分數倍的方式，可以建立 $\times \frac{1}{2}$ 就是 $\div 2$，$\times \frac{1}{3}$ 就是 $\div 3$ 的概念。接著，討論乘數分子不為 1 的情況如 $\frac{3}{2}$ 倍的情況，理解這其實就是 $\div 2 \times 3$ 或 $\times 3 \div 2$；或者用測量模型，則 $\times \frac{3}{2}$ 相當於 $\times 1\frac{1}{2}$（亦即 1 段加半段）。並可由此得到一般分數倍的計算方式：$5 \times \frac{3}{2} = 5 \times 3 \div 2 = \frac{5 \times 3}{2} = \frac{15}{2}$。（★）

◆接著，再說明 $\frac{4}{5} \times \frac{3}{2} = \frac{4}{5} \times 3 \div 2 = \frac{4 \times 3}{5} \div 2 = \frac{4 \times 3}{5 \times 2} = \frac{12}{10}$。（★）

五、分數除法的運算

　　分數除法的運算包含分數除以整數和分數除以分數兩部分。和分數乘法的概念一樣，分數除以整數是整數除以整數概念的推廣，它的啟蒙情境是等分除；分數除以分數

是分數除以整數概念的推廣，它的啟蒙情境是包含除；同時它們的結果也可以分為有餘數和沒有餘數的問題。

（一）分數除以整數

因為學生已學過全數的等分除與包含除，因此分數除以整數的列式問題，**回答為什麼是用除法**的問題：(1) 學生比較能接受以及解釋分數除以整數的問題，也是平分成若干份，或者可以裝若干個一單位。例如：回答為什麼「$\frac{3}{5}$ 公斤的糖平分成 2 袋，一袋是幾公斤？」是用除法，是因為要平分成 2 袋，所以是 $\frac{3}{5} \div 2 = ($　$)$。回答包含除的為什麼「每 2 公斤裝一袋，$9\frac{3}{5}$ 公斤的糖，可以裝成幾袋？」是用除法，是因為要看 $9\frac{3}{5}$ 公斤可以平分成多少個 2 公斤，所以是 $9\frac{3}{5} \div 2 = ($　$)$。(2) 老師也應同意學生的回答是因為分數除以整數是整數除以整數的概念推廣。(3) 也應同意等分除是總量 ÷ 單位數 = 單位量，包含除是總量 ÷ 單位量 = 單位數的說法。

至於**分數除以整數的結果為什麼是分母乘以除數的結果，和分數乘法一樣，可以利用圖形表徵＋分數基本概念來了解。**

1. 沒有餘數的問題

(1) 圖形表徵 + 分數基本概念

分數除以整數沒有餘數的問題，其恰當語意結構是等分除，它是擴充整數除法的基本概念，因此適合拿來做啟蒙例。例如：「6 公斤的糖平分成 2 袋，一袋是幾公斤？」意思是把 6 公斤（可以畫成離散的圖形，也可以畫成連續的圖形）平分成 2 份，其中的一份就是一袋的公斤數。我們可以下面的圖形表徵幫助理解。

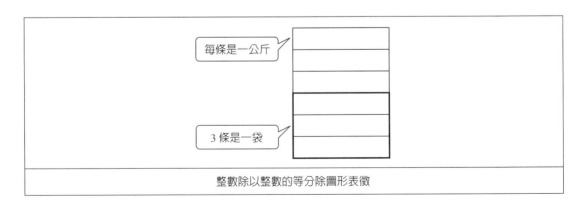

整數除以整數的等分除圖形表徵

　　「$\frac{3}{5}$ 公斤的糖平分成 2 袋，一袋是幾公斤？」意思是把 $\frac{3}{5}$ 公斤平分成兩份取其中一份，所以把 5 份再平分變成 $5 \times 2 = 10$ 份，就是 $\frac{3}{5} \div 2 = \frac{3}{5 \times 2} = \frac{3}{10}$ 公斤（它是分數的基本概念：一袋被平分成幾份，$\frac{3}{5}$ 公斤是其中的幾份）。我們可以用下面的圖形表徵幫助理解。

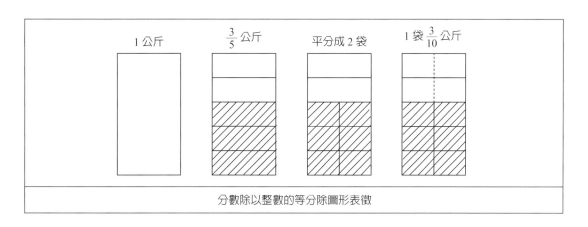

分數除以整數的等分除圖形表徵

　　至於分數除以整數的包含除問題，例如：「$\frac{3}{5}$ 公斤的糖，每 2 公斤裝一袋，相當於可以裝成幾袋？」也可以利用圖形表徵和分數基本概念來了解，同時它是整數除以整數的包含除概念的推廣。例如：「6 公斤的糖，每 2 公斤裝一袋，相當於可以裝成幾袋？」它的圖形表徵很清楚是把 2 公斤當成一袋，$6 \div 2 = 3$，所以裝成 3 袋。如下圖：

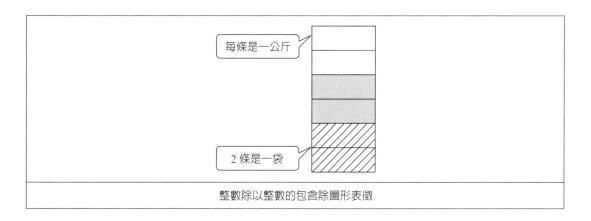

整數除以整數的包含除圖形表徵

　　回到原問題，現在只有 $\frac{3}{5}$ 公斤（如下圖左邊），是一公斤平分成 5 份中的 3 份，因為一袋是 2 公斤，所以把它擴展成 2 公斤，發現 $\frac{3}{5}$ 公斤就是把 2 公斤平成 10 份中的

3份（記得：它是分數的基本概念，把一公斤的單位量平分成幾份中的幾份），所以，

$$\frac{3}{5} \div 2 = \frac{3}{5 \times 2} = \frac{3}{10} 袋（如下圖）。$$

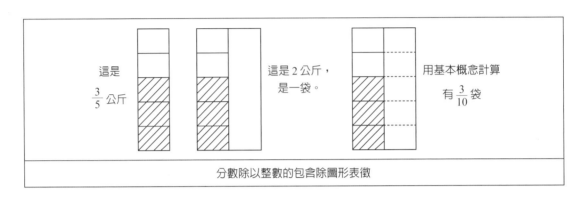

分數除以整數的包含除圖形表徵

(2) 分子除以整數的方法

作者發現有些教科書在解釋真分數除以整數的等分除問題時是用分子除以整數的方法。例如：先用「$\frac{3}{5}$ 公斤的糖平分成 3 袋，一袋是幾公斤？」讓學生發現可以用 $\frac{3}{5} \div 3$ $= \frac{3 \div 3}{5} = \frac{1}{5}$，再用「$\frac{3}{5}$ 公斤的糖平分成 2 袋，一袋是幾公斤？」讓學生把被除數擴分 $\frac{3}{5} \div 2 = \frac{6}{10} \div 2 = \frac{6 \div 2}{10} = \frac{3}{10}$ 來計算（即 6 份平分成 2 袋），如下圖：

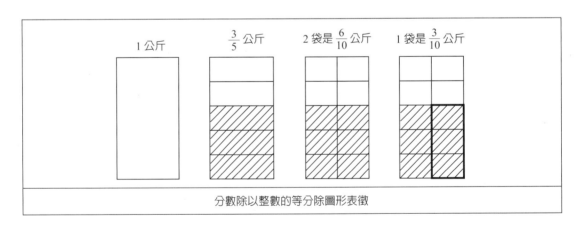

分數除以整數的等分除圖形表徵

但是這種說法無法運用到包含除問題，必須改另一種說法。例如：「一袋的糖有 3 公斤，$\frac{3}{5}$ 公斤是幾袋？」用 $\frac{3}{5} \div 3 = \frac{3}{5} \div \frac{15}{5} = 3 \div 15 = \frac{3}{15} = \frac{1}{5}$，就必須改成 $\frac{3}{5}$ 公斤占 3 份，這時候一袋（3 公斤）有 15 份，所以是 $\frac{3}{15}$ 袋來解釋（這是分數除以分數包含除的一種說法），如下圖：

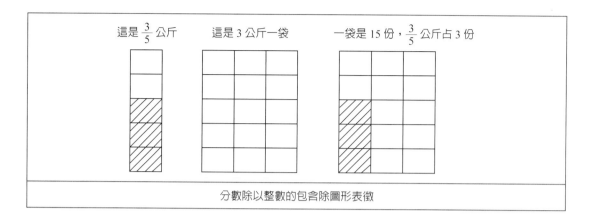

分數除以整數的包含除圖形表徵

當問題推廣到「一袋的糖有 2 公斤，$\frac{3}{5}$ 公斤是幾袋？」用 $\frac{3}{5} \div 2 = \frac{3}{5} \div \frac{10}{5} = 3 \div 10$ $= \frac{3}{10}$ 的解釋是 $\frac{3}{5}$ 公斤是 3 份，這時候的一袋（2 公斤）是 10 份，所以 $\frac{3}{5}$ 公斤是 $\frac{3}{10}$ 袋，如下圖：

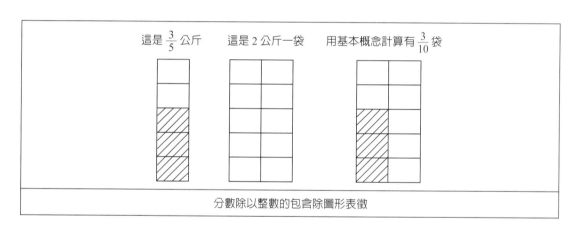

分數除以整數的包含除圖形表徵

我們相信當學生了解整數、分數、小數的四則運算都可以利用圖形表徵和它的基本概念來解釋，同時要依據問題中的量來說明，作者相信學生會培養出數學感的。

在帶分數除以整數的答案說明，和前面一樣，只要讓學生知道可以用分配律或者把帶分數化成假分數即可。若真的要概念性解釋，它還是和真分數除以整數一樣是利用圖形表徵和分數基本概念來解釋，只是比較麻煩一點而已。

2. 有餘數的問題

至於分數除以整數的等分除問題，因為被除數已是分數，表示商也可以和被除數一樣是分數量，因此，要把它分完，不可以剩下，亦即不可以有餘數。不像以前整數除以整數，我們是假設分不完的物件不能被切割，所以可以出現餘數。例如：「$7\frac{3}{4}$ 公

斤的糖平分成 2 袋，一袋是幾公斤？」若說成「$7\frac{3}{4}$ 公斤的糖平分成 2 袋，一袋是幾公斤？剩下幾公斤？」不甚合理，所以**分數除以整數若有餘數，其恰當語意結構只有包含除，它是擴充整數除法的基本概念**。例如：問題「7 公斤的糖，每 2 公斤裝一袋，問可以裝幾袋？剩下幾公斤？」意思是把 7 公斤（可以畫成離散的圖形，也可以畫成連續的圖形）中，每 2 公斤合成在一起變成一袋，多餘的就是剩下的公斤數，即 3 袋剩下 1 公斤。我們可以下面的圖形表徵幫助理解。

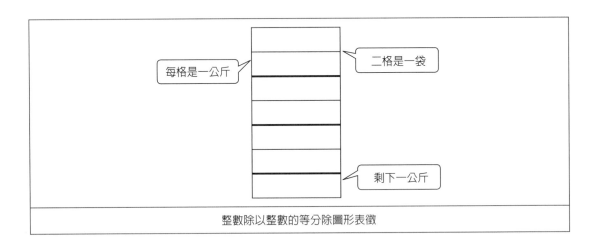

整數除以整數的等分除圖形表徵

分數除以整數有餘數的包含除問題，它是整數除以整數的包含除概念的推廣，也是利用圖形表徵加上分數基本概念來了解。例如：「$7\frac{3}{4}$ 公斤的糖，每 2 公斤裝一袋，可以裝成幾袋？剩下幾公斤？」。它的圖形表徵很清楚是把 2 公斤當成一袋，多餘不到一袋的部分就是剩下的公斤數，因此可以裝成 3 袋（6 公斤），剩下 $1\frac{3}{4}$ 公斤。如下圖。最後內化為只要把帶分數的整數部分除以整數，它的餘數和帶分數的真分數部分就是原來題目的餘數。

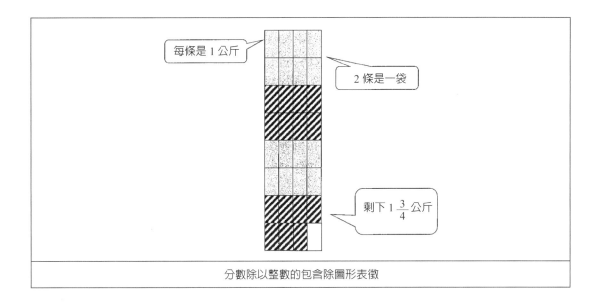

每條是 1 公斤

2 條是一袋

剩下 $1\frac{3}{4}$ 公斤

分數除以整數的包含除圖形表徵

（二）分數除以分數

同樣的，對分數除以分數的列式問題，有三種學生比較能接受以及解釋**爲什麼是用除法**：(1) 因爲一樣是平分成若干份，或者可以裝若干個一單位。例如：回答爲什麼「$\frac{2}{5}$ 袋的糖是 $\frac{3}{4}$ 公斤（也就是 $\frac{3}{4}$ 公斤的糖平分成 $\frac{2}{5}$ 袋），一袋是幾公斤？」是用除法，是因爲 $\frac{3}{4}$ 公斤要平分成 $\frac{2}{5}$ 袋。回答爲什麼「一瓶水有 $\frac{3}{4}$ 公升，$\frac{2}{5}$ 公升是幾瓶？」是用除法，是因爲要看 $\frac{2}{5}$ 公升可以平分成多少個一瓶（即多少個 $\frac{3}{4}$ 公升）。(2) 老師也應同意學生的回答：是因爲分數除以分數是整數除以整數的概念推廣。(3) 老師也應同意，等分除是總量 ÷ 單位數 = 單位量，包含除是總量 ÷ 單位量 = 單位數的說法。

在布題時，宜先複習整數除以整數的包含除問題：「一瓶水 2 公升，6 公升是幾瓶？」它是以 2 公升爲一單位（瓶），計數 6 公升，所以是 6÷2 = 3 瓶。再複習分數除以整數的包含除問題「一瓶水有 2 公升，$7\frac{4}{5}$ 公升是幾瓶？」（參見本節之（一）），它是以 2 公升爲一單位（瓶），計數 $7\frac{4}{5}$ 公升，所以是 $7\frac{4}{5} \div 2 = （　）$。之後再進行分數除以分數的包含除問題，例如：「一瓶水有 $\frac{3}{4}$ 公升，$\frac{2}{5}$ 公升是幾瓶？」它是以 $\frac{3}{4}$ 公升爲一單位（瓶），計數 $\frac{2}{5}$ 公升，所以是 $\frac{2}{5} \div \frac{3}{4} = （　）$。

至於**分數除以分數的結果爲什麼是被除數乘以除數的倒數，和分數乘法一樣，利用圖形表徵＋分數基本概念來了解比較容易。**

1. 沒有餘數的問題

分數除以分數，沒有餘數的問題之恰當情境是包含除問題。例如：「一條緞帶長 $\frac{6}{7}$ 公尺，每 $\frac{2}{7}$ 公尺做成一朵花，可以做成多少朵花？」有關分數除法概念的理解，現就作者所提的面積表徵和分數基本概念、美國 NCTM 1998 Yearbook（Morrow & Keenney, 1998）、2002 Yearbook（Litwller & Bright, 2002）與我國 64 年版課程（教育部，1975）、82 年版課程（陳竹村、林淑君、陳俊瑜，2001）、九年一貫數學學習領域課程綱要（教育部，2003）中的陳述分別比較之。作者的研究發現第一種方式是用分數基本概念來解釋的，學生可以更容易了解。

(1) 面積表徵和分數基本概念（單位量轉換）的觀點

文獻分析發現，利用 82 年版的單位量轉換的觀點，結合 64 年版的二維圖形表徵，學生可能比較容易了解。同時這種解釋方式可以解釋包含除和等分除問題。

例如：「一瓶水有 $\frac{3}{4}$ 公升，$\frac{2}{5}$ 公升是幾瓶？」可以把它想成 $\frac{2}{5}$ 公升原來是用公升來稱呼，現在改用一瓶（也就是 $\frac{3}{4}$ 公升）來稱呼 $\frac{2}{5}$ 公升有多少瓶？如下圖所示，所以把 1 公升的水橫切之後，$\frac{3}{4}$ 公升是一瓶，再把 1 公升直切找出 $\frac{2}{5}$ 公升，此時用一瓶也就是 $\frac{3}{4}$ 公升來描述 $\frac{2}{5}$ 公升有多大時，除數（分母，也就是一瓶）$\frac{3}{4}$ 公升占 5×3 塊，被除數（分子，也就是 $\frac{2}{5}$ 公升）$\frac{2}{5}$ 公升占 2×4 塊，所以 $\frac{2}{5} \div \frac{3}{4} = \frac{4 \times 2}{5 \times 3}$（請回憶起分數的基本概念：一瓶被分成 5×3 塊，$\frac{2}{5}$ 公升是 5×3 塊中的 4×2 塊）。

雖然這種圖形表徵的處理方式，無法用邏輯演繹的方式解釋爲什麼分數除法是「除數顛倒－相乘」，但學生可以歸納推理的方式，歸納出除數顛倒相乘的概念。

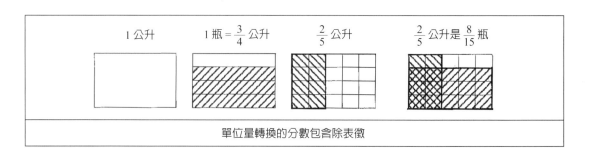

單位量轉換的分數包含除表徵

分數除以分數的等分除問題，例如：「$\frac{2}{5}$ 瓶水有 $\frac{3}{4}$ 公升，1 瓶水是幾公升？」我們先畫出 1 公升，找出其中的 $\frac{3}{4}$ 公升，因爲 $\frac{3}{4}$ 公升是 $\frac{2}{5}$ 瓶，所以把 $\frac{3}{4}$ 公升橫切成兩

份，再延伸出三份出來，就是一瓶。為了看一瓶是幾公升，所以把它沿伸出去，發現 1 瓶被切成 5×3 塊，1 公升被切成 2×4 塊，所以 1 瓶是 $\frac{3}{4} \div \frac{2}{5} = \frac{3 \times 5}{4 \times 2} = \frac{3}{4} \times \frac{5}{2}$ 公升（請記得它也是分數基本概念：單位量被平分成幾份中的幾份）。

對資訊科技導入教學有興趣的老師，不妨到下面的網站下載小程式來進行教學：http://www.mtedu.utaipei.edu.tw/forum.php?mod = viewthread&tid = 2592，http://www.mtedu.utaipei.edu.tw/forum.php?mod = viewthread&tid = 2791。

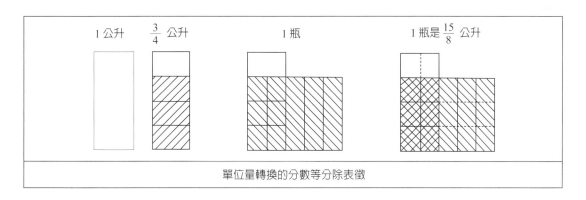

單位量轉換的分數等分除表徵

(2) 單位分數的觀點

文獻探討發現，NCTM 1998 Yearbook 和 82 年版課程偏向單位分數的觀點，認為學生可以理解分數除法問題。在 NCTM 2002 Yearbook ch.3 中，Sharp, Garofalo, & Adams（2002）從學生自行建構的觀點，探究學生如何發展分數除法的算法，研究結果和 Sharp（1998）的結果相似。如下圖第一個圖，學生能自行建構 $\frac{3}{4}$ 就是有 3 個 $\frac{1}{4}$，所以 $\frac{3}{4} \div \frac{1}{4} = 3$。第二個圖，學生能自行建構 $\frac{8}{12}$ 就是有一個 5 塊，又多了 3 個 $\frac{1}{5}$，所以 $\frac{8}{12} \div \frac{5}{12} = 1 \frac{3}{5}$。第三個圖，學生能自行建構將 $\frac{3}{4}$ 切割成 $\frac{9}{12}$，$\frac{1}{6}$ 看成 $\frac{2}{12}$；再由第二個圖發現 $\frac{3}{4} \div \frac{1}{6} = 4 \frac{1}{2}$。第四個圖，學生能自行建構 $\frac{1}{6} \div \frac{3}{6} = \frac{1}{3}$。作者發現這種解釋方式比較偏向數的解釋而非量的解釋，而且是包含除的概念，較無法解釋等分除的問題。

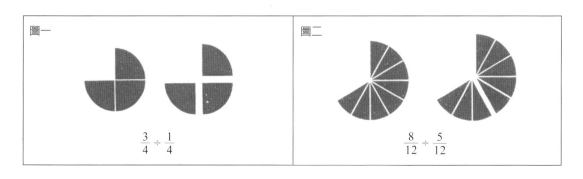

圖一 $\frac{3}{4} \div \frac{1}{4}$

圖二 $\frac{8}{12} \div \frac{5}{12}$

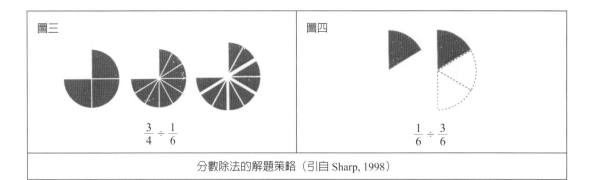

82 年版課程的處理方式比較像美國 NCTM 1998 Yearbook 的處理方式，偏向從學生先備經驗解題的觀點進行解題。臺灣省國民教師研習會（陳竹村、林淑君、陳俊瑜，2001）出版的《國小數學教材分析──分數的數概念與運算》說明如下（詳細內容請參見該書）：

◆ 被除數是整數或被除數與除數同分母的包含除問題。

◆ 學生可能有下列二種解題策略：甲、從總量中逐次減去分量的策略：由於包含除問題情境的特性，學生易於使用從總量（被除數）中逐次減去分量（除數）的策略解決問題，並進一步使用混合乘法與減法的算式記錄解題活動：例如：$\frac{13}{8} \div \frac{3}{8}$，學生會先做到 $\frac{3}{8} \times 4$，$\frac{13}{8} - \frac{12}{8} = \frac{1}{8}$，$\frac{1}{8} \div \frac{3}{8} = \frac{1}{3}$，所以 $\frac{13}{8} \div \frac{3}{8} = 4\frac{1}{3}$。乙、使用分量的整數倍累積逼近總量的策略。

◆ 被除數與除數是異分母的包含除問題。

◆ 學生可能有下列四種解題策略：甲、訴諸於內容物的策略；乙、從總量中逐次減去分量的策略；丙、使用分量的整數倍累積逼近總量的策略；丁、訴諸算則。

◆ 分數除以整數，結果為分數的等分除問題。

◆ 學生可能使用訴諸於內容物的策略解決問題，也可能透過訴諸於分割份數的策略解決問題。部分學生也可能使用成人分數乘法算則解決問題。……教師宜注意：現階段尚未引入分數的乘法及分數除法算則，若有學生在此時使用成人算則解題，教師宜淡化處理之。

(3) 同單位分數的觀點

64 年版（國立編譯館，1996）教科書中，有關分數除以分數的教學，建議以「幾個同單位分數」的觀點進行教學，也就是以同分母單位分數相除的概念來教學，最後再

讓學生察覺算則。作者發現這樣的觀點，**學生必須具備擴分、單位轉換和兩數相除結果是分數三種概念才能了解。** 現在說明如下：

◆「一條緞帶長 $\frac{6}{7}$ 公尺，每 $\frac{2}{7}$ 公尺做成一朵花，可以做成多少朵花？」

◆用數線圖示，加上「以 $\frac{6}{7}$ 有 6 個 $\frac{1}{7}$，$\frac{2}{7}$ 有 2 個 $\frac{1}{7}$ 來想，就和 6÷2 的商一樣，所以

$\frac{6}{7} \div \frac{2}{7} = 6 \div 2 = \frac{6}{2} = 3$」。（此法，有時學生會對 $\frac{1}{7}$ 為什麼不見了產生懷疑。）

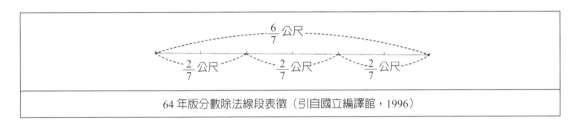

64 年版分數除法線段表徵（引自國立編譯館，1996）

◆「王家有 $\frac{3}{4}$ 公頃的田，李家有 $\frac{2}{5}$ 公頃的田，王家的田是李家的多少倍？」圖示如下，

利用算式「$\frac{3}{4} \div \frac{2}{5} = \frac{15}{20} \div \frac{8}{20} = 15 \div 8 = \frac{15}{8}$，就是 $\frac{3 \times 5}{4 \times 2} = \frac{15}{8}$」說明解題結果。

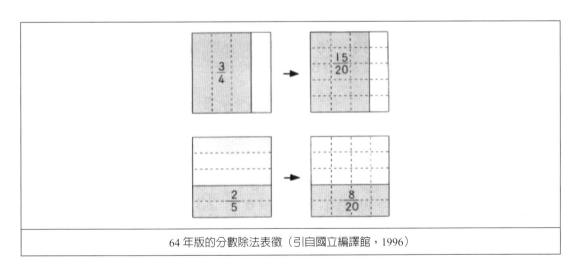

64 年版的分數除法表徵（引自國立編譯館，1996）

最後再請學生比較另一個式子 $\boxed{\frac{3}{4}} \div \boxed{\frac{2}{5}} = \frac{3 \times 5}{4 \times 5} \div \frac{4 \times 2}{4 \times 5} = (3 \times 5) \div (4 \times 2) = \frac{3 \times 5}{4 \times 2} =$

$\boxed{\frac{3}{4}} \times \boxed{\frac{5}{2}}$，當中的框框，讓學生發現分數除以分數的商等於把除數的分子和分母顛倒和

被除數相乘的積。在 NCTM 2002 Yearbook ch.3 中 Sinicrope, Mick, & Kolb（2002）將分數除法分為三類：等分除（除以整數）、包含除（除以分數）和乘法逆運算，其中分數除以分數的問題中也是用類似的方式。

在上面的算式中 $\frac{3}{4} \div \frac{2}{5} = \frac{15}{20} \div \frac{8}{20}$ 是用到了擴分的概念，$\frac{15}{20} \div \frac{8}{20} = 15 \div 8$ 是將 $\left(\frac{15}{20}\right)$ 公頃的單位轉成（15）份（每份是 $\frac{1}{20}$ 公頃），$15 \div 8 = \frac{15}{8}$ 是使用了兩整數相除結果是分數的概念。作者發現，<u>這種解釋方式似乎無法合理解釋等分除的問題</u>。

(4) 倒數的觀點

在《九年一貫數學學習領域課程綱要》（教育部，2003）分年細目的詮釋說明中，提出分數除以分數的觀點是分數乘以除數的倒數，這是以文字表徵的形式來說明分數包含除的概念，同時似乎較無法解釋等分除的問題：

◆ 先從「分裝」（包含除）的觀點，來處理除以分數的課題。例如：「披薩 4 個，如果每位小朋友可分得 $\frac{1}{3}$ 個，共可分給多少人？」先理解 4 個披薩，每位小朋友可分得 $\frac{1}{3}$ 個，則 1 個披薩可分給 3 個小朋友，因此 $\div \frac{1}{3}$，相當於 3 倍，亦即 $\times 3$，因此可分給 12 位小朋友。（教師也可以在長度測量的情境中處理這個問題。）

◆ 例如：「披薩 4 個，如果每位小朋友可分得 $\frac{2}{3}$ 個，共可分給多少人？」由於除數變為原來 $\frac{1}{3}$ 的兩倍，從包含除的經驗知道，$\div \frac{2}{3}$ 的結果相當於 $\div \frac{1}{3}$ 的結果還要再 $\div 2$，所以 $\div \frac{2}{3}$ 的結果，相當於 $\times 3 \div 2$，相當於 $\times \frac{3}{2}$。最後將算式記為 $4 \div \frac{2}{3} = 4 \times \frac{3}{2} = 6$。

2. 有餘數的問題

和上面的說法相同，分數除以分數，有餘數的問題之恰當情境也是包含除問題。例如：「有水 $\frac{6}{7}$ 公升，每 $\frac{2}{5}$ 公升裝一瓶，可以裝多少瓶？剩下幾公升？」

答案的概念性解釋有兩種。一種是先利用除法算出分數的結果，再把分數的部分利用分數乘法把它轉換回來。上面的例子，先利用上述的方法算出結果是 $\frac{6}{7} \div \frac{2}{5} = \frac{30}{14} = 2\frac{2}{14}$ 瓶，再利用分數乘法把 $\frac{2}{14}$ 瓶化為 $\frac{2}{5} \times \frac{2}{14} = \frac{4}{70} = \frac{2}{35}$ 公升。

另一種方式是透過通分以及單位分量來說明。例如：上面的問題，因為 $\frac{2}{5} = \frac{14}{35}$ 公升，就是 14 個 $\frac{1}{35}$ 公升，所以 $\frac{6}{7} = \frac{30}{35}$ 公升，就是 30 個 $\frac{1}{35}$ 公升，$30 \div 14 = 2...2$，可以分成 2 份的 14 個 $\frac{1}{35}$ 公升，是 2 瓶，剩下 2 個 $\frac{1}{35}$ 公升，所以是 $\frac{2}{35}$ 公升。算式記做：$\frac{6}{7} \div \frac{2}{5} = \frac{30}{35} \div \frac{14}{35} = 2...\frac{2}{35}$ 。

至於分數除以分數的等分除問題，因為被除數已是分數，表示商也可以和被除數一樣是分數量，因此，要把它分完，不可以剩下。例如：「$\frac{3}{4}$ 袋的糖是 $7\frac{3}{4}$ 公斤，一袋是幾公斤？」就要把所有的量均分，不可以剩下。

貳　程序性知識

同分母真分數相加（減）的程序性知識，即是所謂的：分母相同的分數相加（減）時，分子相加（減）。

同分母帶分數相加（減）時，即是所謂的：分母相同時，整數部分相加（減），真分數部分相加（減）。減法時，若真分數不夠減，向整數部分借一，再相減。

異分母分數相加（減）時，即是所謂的：分母不同的分數相加（減）時，先通分化為同分母分數，再相加（減）。

分數的整數倍時，即是所謂的：計算真（假）分數的整數倍時，分母不變，分子乘以整數即得結果。計算帶分數的整數倍時，整數部分乘以整數，分數部分分母不變，分子乘以整數；或者化為假分數再相乘。

真（假）分數的真（假）分數倍時，即是所謂的：計算分數乘以分數時，分母乘以分母，分子乘以分子即得結果，即 $\frac{分子_1}{分母_1} \times \frac{分子_2}{分母_2} = \frac{分子_1 \times 分子_2}{分母_1 \times 分母_2}$。

帶分數的帶分數倍時，可以使用分配律的概念，或者化成假分數再用上面的程序性知識來計算。作者建議老師讓學生知道兩種方法都可以，再讓學生比較、發現在某些問題上化成假分數比較容易。

分數除以整數沒有餘數時，分子不變，分母乘以除數，即：$\frac{分子}{分母} \div 整數 = \frac{分子}{分母 \times 整數}$。

分數除以分數沒有餘數時，把除數顛倒後再相乘，即：$\frac{分子_1}{分母_1} \div \frac{分子_2}{分母_2} = \frac{分子_1}{分母_1} \times \frac{分母_2}{分子_2} = \frac{分子_1 \times 分母_2}{分母_1 \times 分子_2}$。

參 解題性知識

　　分數的解題知識就是整數的概念推廣，它在<u>教學上會著重在為什麼會列出這樣的算式</u>，因此在教學時，**會著重在文字題的語意轉換（或者換句話說）**，至於計算的結果則建議使用內化的程序性知識來進行即可。

一、情境結構

　　分數的情境結構和整數的情境結構一樣分為連續量情境、離散量情境。連續量情境又分為一維連續量及二維連續量。所謂的連續量是指東西須經人為的切割才能得到指定的分數量。例如：緞帶、彩帶、蛋糕、披薩等等為連續量情境。緞帶、彩帶等平常以線狀出現，因此稱為一維連續量；蛋糕、披薩、紙、蔥油餅等，平常會以二維的表徵來呈現，因此稱為二維連續量。因為分數的概念需要等分圖形表徵，而圓形的表徵在2、4、8的等分上比較容易，其他的等分比較難，因此建議在二維續量的表徵上把圓形和方形的表徵給分開來。

　　所謂的離散量是指東西不須經人為的切割，透過一個一個的分配，即可以得到指定的分數量。例如：一盒雞蛋、一袋餅乾、一包糖果等等，它的內容物平常就是一個或一塊呈現在那邊。此時一盒雞蛋、一袋餅乾、一包糖果等等就是離散量。

　　把連續量切割成平分的幾份，我們就稱連續量離散化。

二、語意結構

（一）加（減）法的語意結構

　　因為分數是由整數推廣而來，分數四則運算也是整數四則運算的概念推廣，因此分數加（減）法的語意結構和整數的語意結構一樣，可以分為改變型、合併型、比較型或平衡型等四個類型。在這邊不再舉例說明，詳細的例子，請參見本書第2章／第3節／肆／二／（一）。

（二）乘法的語意結構

　　我們參考整數乘法的語意結構，配合分數是整數的推廣，重新檢視整數乘法的語意結構，發現在分數乘以整數和整數乘以整數一樣有等組、倍數、矩陣、面積。分數乘以分數分為等組型、倍數型、面積型三種類型，其他的則無法利用分數概念呈現。至於其例子，我們不再舉例說明，請參見本書第2章／第3節／肆／二／（三）。

（三）除法的語意結構

除法文字題的情境可分為等分除和包含除二種。它也是從整數除法推廣而來，因此它的例子，我們不再舉例說明，請參見本書第 2 章 / 第 3 節 / 肆 / 二 /（四）。

三、運算結構

分數的運算結構和整數的運算結構相同，在此不再加以解釋，但是列出來的主要目的是要老師了解它是由整數的運算結構推廣而來。

作者之所以要特別提出運算結構，是和整數的運算結構一樣，希望經由老師同時列出三個問題（如下面的問題），讓學生比較、看到、了解、發現同一個情形下的三個不同問題，發現其間的關係且能加以說明其列式的理由，進而能一般化到其他運算的問題上。此時，作者相信學生便能舉一反三，更有數學感，會更喜歡數學，把數學學得更好……。

---

1. 小明吃了 $\frac{3}{8}$ 個蛋糕， 小英吃了 $\frac{2}{8}$ 個蛋糕， 問小英比小明少吃了多少個蛋糕？

2. 小明吃了一些蛋糕， 小英吃了 $\frac{2}{8}$ 個蛋糕， 小英比小明少吃了 $\frac{1}{8}$ 個蛋糕， 問小明吃了多少個蛋糕？

3. 小明吃了 $\frac{3}{8}$ 個蛋糕， 小英吃了一些蛋糕， 小英比小明少吃了 $\frac{1}{8}$ 個蛋糕， 問小英吃了多少個蛋糕？

因此作者建議老師一定要列出類似的三個問題讓學生比較，之後視學生是否能舉一反三，來決定更大的整數，或者教乘、除法以後再度列出三個類似的問題，讓學生發現原來老師都是這樣在出題目的，原來分數的加和減是互逆的概念，乘和除是互逆的概念，它和整數的四則運算有一樣的情形。

四、問題：為什麼學生對分數文字題的理解有困難？

許多老師都說，學生對文字題的語意了解有困難。作者的研究經驗發現，當我們要學生把文字題唸一遍時，他會花很大的精神在分數的讀法上，因為學生要先看分母再看分子（與習慣從上到下不同），同時分數概念比較抽象，因此削弱了他對文字題的理解。

作者發現，我自己在默讀文字題時，是不理會文字題上的數字，此時，作者可以聚焦在文字題語意的了解上，很快的了解文字題要我們算什麼。因此當學生在讀文字題時，老師應該引導學生不要把數字唸出來，或者以某個一位數替代，相信此時學生就可以很快了解文字題的語意了。

肆 參考文獻 —— 當量除

當量除（陳竹村、林淑君、陳俊瑜，2001）的概念出現在《國小數學教材分析 —— 分數的概念與運算》一書中，說明：

「在數學上，我們常用數和單位來描述一個數量，例如：18 天、24 個蘋果、9 頭牛及 31 公斤的米等等。當數只在整數範圍時，並不會產生不合理的情形。由於數量上描述的需要，人類引入了分數及小數，原本分數及小數也只是用於描述合理而且實際上可能發生的情境，例如：『$\frac{1}{4}$ 瓶』水、『$\frac{1}{4}$ 塊』餅等。由於人類具有抽象思考的能力，對於實際上不可能發生的數量，例如：『$\frac{1}{4}$ 頭牛』、『$\frac{1}{4}$ 個小孩』等，也可以抽象操作（而且也有操作上的需要），因此擴充了使用的範圍，形成當量的意義。對於尚未發展出比例運思的學生，可能無法馬上接受當量的意義，因此本課程提出『相當於』的語言，意指該數量在問題的情境中極可能不會發生。以問題『便宜雜貨店的 41 個雞蛋在 7 天中賣出，相當於多少個雞蛋在 3 天中賣出？』為例，此問題的答案是『17 又 $\frac{4}{7}$ 個』雞蛋，因為實際上不可能賣出『$\frac{4}{7}$ 個』雞蛋，故而本課程在問題中加了『相當於』的連接詞，便於教師與學生溝通此連接詞之後所接的句子，可以看成為理想虛擬的情境，而不是真實的情境。在引入『相當於』語言之後，即可使用於分數、小數的當量乘除法情境文字題，例如：『冰箱有 $\frac{5}{8}$ 公升的羊乳，姊姊把 $\frac{1}{2}$ 公升裝一杯，全部裝完，相當於裝成多少杯？』以表明所得的答案只是假想成 $\frac{1}{8}$ 杯，若以實際的情境來說，應是裝滿 1 杯後，剩下的不滿 1 杯學生不再裝了或勉強再裝也叫 1 杯。」

現在問題來了，$\frac{3}{4}$ 杯的概念，我們早在引入分數概念時就已經使用了，為什麼以前不使用「相當於」，到了除法才要使用呢？那是不是所有分數情境都要使用相當於呢？事實上，我們日常生活中，有時候也會使用類似的分數概念，例如：「半子」、「肚子八分飽」、「杯子八分滿」、「一部車 100 萬，50 萬只能買半輛車」等等。還有，哪些可以直接使用分數？哪些又不能使用分數，要使用相當於呢？

作者認為，或許生活中真的比較少用或者不會用，但是在數學上，它是理想化的概念，因此應該允許使用分數。所以作者才不使用當量除的概念，而直接使用等分除和包

含除的概念推廣的用語。一方面好學，一方面可以讓人感覺它就是整數概念的推廣。

第 4 節 分數四則運算的教學

在真實生活中，分數比整數和小數都少出現（除了人們故意講的分數之外——我們會故意說我吃了 $\frac{1}{8}$ 個蛋糕，其實是常說我吃了一塊蛋糕），因此若學生故意問老師說生活上又不會這樣說，作者建議可以跟學生說：在生活上有時候我們還是會用分數來表達一些數量，例如：在做麵包時會說 $\frac{1}{4}$ 茶匙的油，音樂上有 $\frac{1}{4}$ 音符的記號；雖然生活上分數比整數或者小數少用，但是它是整數的概念推廣，概念推廣在數學上是很重要的概念；在數學上為了精準表達數量還是時常使用分數；分數在數學上還是扮演很重要的角色，因此我們還是要學習分數。

為了培養教師能真正了解學生的學習狀況，建議老師在進行教學觀摩或小考時，能事先預估一下有多少學生已達成教學目標或者各題的答對率，並在事後說明預估的理由，或者驗證老師預估的答對率差異有多少。

壹 加法和減法

分數加減運算的教學可以分為：(1) 真分數的加減；(2) 假分數和帶分數的互換；(3) 假分數和帶分數的加減；(4) 異分母的加減。同時，在教學時，可以考慮：(1) 情境結構（二維連續量、一維連續量、離散量）；(2) 語意結構（改變、合併、比較、平衡型）；(3) 運算結構（被加減數未知、加減數未知、和差未知）；以及 (4) 表徵的轉換（情境、具體物、圖像、文字、口語）。

作者認為剛開始教分數的四則運算時，應使用分數四則運算的啟蒙情境問題（改變型或合併型），配合具體情境、具體表徵或者圖形表徵，讓學生輕易了解此一問題是用哪一個運算來計算，以便聚焦在分數四則運算的概念性知識上（也就是知道為什麼 $\frac{3}{8} + \frac{2}{8} = \frac{5}{8}$——它是利用分數的基本概念加上圖形表徵來解釋的）。等到有一定百分比的學生了解以後，再讓學生內化為分數四則運算的程序性知識（也就是很快的把 $\frac{3}{8} + \frac{2}{8} = \frac{5}{8}$ 算出來）。之後，便應該聚焦在語意結構與運算結構問題的變化，讓學生真正了解這個

問題為什麼要用哪一個四則運算，要用哪幾個運算？因為當學生了解用哪個運算時，學生自然可以用他已學會的程序性知識計算出來，必要時，他也可以解釋程序性知識的概念。

作者的研究發現，有些學生無法完全了解題意，但是他有一點小聰明，知道教師現在在教加法，就不管三七二十一，用加法計算。因此，剛開始進行概念性教學和程序性教學時，可以將加法和減法分開教，到了解題性知識時，作者建議要把加法和減法的問題混在一起教，使學生了解到要真正了解題意才行。老師也可以要學生舉有生活情境的分數加法和減法的例子（第一個核心內涵）；讓學生比較所有同學舉的例子有什麼不一樣的地方（第五個核心內涵）；讓學生發現不同的語意結構、運算結構；甚至同一個情境的三種問法（已知兩數，求第三個數），讓學生更有數學感。

至於還有一部分未能跟上的學生，因為分數是整數概念的推廣，到了學習分數單元，學生已經年長好幾歲了，因此我們把「分數簡化成整數問題」時，相信學生一定知道怎麼算，這時候老師再要學生把已經學會的整數四則運算概念推廣到分數四則運算概念上，相信學生整數會了，分數也會跟著學會了。

此外，教師要求學生讀題時，可以讓學生留意不要把分數讀出來，以減低學生讀題的負荷，使學生更容易了解題意。

假分數和帶分數加減的教學，教師可以視情形考慮是否讓低成就學生再一次有機會解釋同分母真分數的加減；再強調它的概念性解釋和同分母真分數一樣（或者使用分配律），只是數字比較大或者有整數，解釋上稍微麻煩一點而已（第五核心內涵）；之後再一次強調語意結構與運算結構的解題性知識，並讓學生發現它的題型和整數、同分母真分數的問題一樣，只是以前用塊來計算，現在用盒來計算（例如：一盒有 8 塊……）（第五核心內涵）。老師也可以依據學生在同分母真分數加減法的舉例表現，視情形再請學生舉例（第一核心內涵）。

異分母的加減，也應該一開始強調概念性知識，等學生內化為程序性知識以後，再強調語意結構與運算結構的解題性知識（第五核心內涵）。同時，概念性知識的教學，應該重視因為兩個分數等分的份數不一樣，每份不一樣大，所以不能直接相加，因此，要先擴分，把它再等分成相同的份數，讓它變成每小份一樣大，才可以相加。例如：小明吃了 $\frac{1}{2}$ 個披薩，小華吃了 $\frac{1}{3}$ 個披薩，兩人共吃了多少個披薩？因為小明吃的披薩是平分成 2 塊，小華是平分成 3 片，每一塊和每一片不一樣大，所以要把每一塊再平分成 3 小份（變成 6 小份中的 3 小份），每一片平分成 2 小份（變成 6 小份中的 2 小份），這時候，每小份就一樣大，才可以相加。

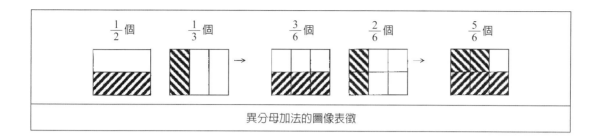

異分母加法的圖像表徵

貳 乘法

分數的乘法可以分成：(1) 分數的整數倍；(2) 分數的眞分數倍；(3) 分數的帶分數倍。在教學時應考慮：(1) 情境結構（二維連續量、一維連續量、離散量）；(2) 語意結構（等組、矩陣、倍數、面積、比例）；(3) 運算結構（被乘數、乘數和積未知）；以及 (4) 表徵的轉換（情境、具體物、圖像、文字、口語）。

建議老師教學時，要留意學生是否已了解爲什麼分數倍的問題是用乘法來表示。

原則上，分數的乘法也應該一開始強調概念性知識，它也是使用分數基本概念來解釋的（第五個核心內涵），等學生內化爲程序性知識以後，再強調語意結構與運算結構的解題性知識。甚至讓學生舉例（第一個核心內涵），了解分數乘法的實例。

因爲分數概念是整數概念的推廣，所以分數的分數倍問題，應先複習分數的整數倍，再把整數倍推廣到眞分數倍的概念，讓學生了解若無法了解題意，可以回到整數問題（第二個核心內涵——簡化），或者不要聚焦在分數的報讀上而聚焦在語意的了解上，便可以大幅降低難度。原則上，可以從眞分數乘以眞分數先進行教學，再導入假分數的乘法，最後帶分數的教學，配合問題的情境，讓學生使用分配律進行解題，再與假分數對比，讓學生發現帶分數的乘法似乎化成假分數較爲簡單。

至於分數倍的概念性教學可以運用教科書的方式進行教學，也可以運用<u>面積表徵加上單位的轉換與分數的基本概念來解釋</u>（第三、四、五個核心內涵）。作者認爲只要學生在分數概念能了解單位的轉換，相信它是學生可以自行發展的概念。

參 除法

分數除法可以分成：(1) 分數除以整數；(2) 分數除以眞分數；(3) 假分數除以假分數；(4) 帶分數除以帶分數。其中又可以分成：(1) 沒有餘數；(2) 有餘數兩種。在教學時應考慮：(1) 情境結構（二維連續量、一維連續量、離散量）；(2) 語意結構（等分除、

包含除、等組、矩陣、倍數、面積、比例）；(3) 運算結構（被除數、除數和商未知）；以及 (4) 表徵的轉換（情境、具體物、圖像、文字、口語）。其中分數除以分數的等分除問題，不會出現有餘數的問題。

　　原則上，分數的除法也應該一開始強調概念性知識，等學生內化為程序性知識以後，再強調語意結構與運算結構的解題性知識。

　　因為分數概念是整數概念的推廣，所以分數除以整數的問題，應先複習整數除以整數的問題，再把整數推廣到（真）分數的概念；分數除以分數的問題，應先複習分數除以整數的問題，再把整數推廣到（真）分數的概念，必要時可以先複習整數除以整數；之後再配合有餘數的問題一同出現。讓學生了解若無法了解題意，可以回到整數問題（第二個核心內涵），或者不要聚焦在分數的報讀上而聚焦在語意的了解上，便可以大幅降低難度。原則上，可以從真分數除以整數先進行教學，再導入假分數除以整數、帶分數除以整數；從真分數除以真分數，再導入假分數除以（真）假分數、帶分數除以帶分數；之後再配合有餘數的問題同時出現。但因為時間上的因素，以及學生的學習已愈複雜，認知已愈來愈成熟，因此不見得每一樣都教，教師可以視學生的學習狀況彈性調整。

　　至於分數除法的概念性教學可以運用教科書的方式進行教學，也可以運用面積表徵加上單位的轉換與分數的基本概念來解釋（第三、四、五個核心內涵）。作者認為只要學生在分數概念能了解單位的轉換，相信它是學生可以自行發展的概念。同時老師也可以讓學生有機會舉例（第一個核心內涵），使學生有數學感。

肆 後設認知

　　作者建議老師可以適度的給學生後設認知的概念，也就是讓學生了解：分數是整數概念的推廣；整數有四則運算，分數也有四則運算；分數四則運算的概念性解釋，可以用分數的基本概念來解釋，和整數一樣也是用基本概念來解釋；分數的問題可以利用整數來想，只是分數時常用連續量的例子（蛋糕、披薩、緞帶、重量、容量……），整數時常用離散量的例子（人、蘋果、錢……）。作者相信，學生有了這樣的後設認知之後，一定知道分數怎麼學、怎麼解釋（說不定老師還沒教之前，學生就知道怎麼解釋）、怎麼舉例、怎麼解題、怎麼溝通，一定對數學很有感覺、很有興趣。

　　也請老師別忘了數學素養的教學，給予學生一個生活脈絡情境，請學生提問問題、解答，再詮釋解答的結果和真實生活的異同。

第 5 節 ▶ 分數運算的性質

分數的性質也可以分為單一運算子[7]（只有加、或減、或乘、或除）、二個運算子（加和減、加和乘……），甚至多個運算子的性質，只不過我們很少去討論三個以上的運算子。

壹 單一運算子

在討論單一運算子的性質時，有些在我們的教科書不會出現，但是我們仍然要提出來，主要是希望教師能有規律的思考問題，以產生教學感，再設法教給學生，讓學生產生數學感。尤其分數是全數概念的推廣，因此應該把全數的相關性質重新檢查一遍。

一、變大、變小

（一）概念

在小學，因為不討論負數，因此對「分數」的加法而言，「加數大於 0 時，愈加愈大」（在小學，也可以說加數不等於 0 時，愈加愈大）。對乘法而言，「乘數大於 1，會愈乘愈大；乘數小於 1，會愈乘愈小；乘數等於 1，積不變。」

相同的，對減法而言，「減數大於 0 時，愈減愈小」（在小學，也可以說減數不等於 0 時，愈減愈小）。對除法而言，「當除數是 0 時，沒有意義」，「當除數是 1 時，結果不變」，「當除數大於 1 時，愈除愈小」，「當除數小於 1（大於 0）時，愈除愈大」。

我們發現，在小學，加法和減法變大、變小的性質沒變，但是乘法和除法變了。

（二）問題：為什麼學生會誤用乘、除法？

分數概念是整數概念的推廣。當概念推廣以後，在分數學習的過程中，若學生沒有機會重新檢視所有的性質，再加上分數的乘法和除法問題對學生更為抽象（學生可能聚焦在數字上，而不是忽略分數或者簡化為整數，導致問題變得更為抽象），學生容易把概念過度一般化，認為整數有的性質分數都有。事實上，當一個數乘以真分數時，會愈

---

[7] 加（＋）、減（－）、乘（×）、除（÷）稱為運算子（operator）；數（1, 2, 3 ...）稱為運算元（operand）。

乘愈小，愈除愈大；只有分數是帶分數或者大於 1 的假分數時，才會愈乘愈大，愈除愈小。因此沒有重新檢查性質的學生在做文字題時，會感覺答案應該會變大就用乘，會變小就用除，以致學生產生誤用乘、除法的迷思概念。

二、交換律

分數的交換律和全數一樣，只有加法和乘法有交換律，減法和除法沒有。也就是：

$$\begin{cases} a+b=b+a \\ a-b \neq b-a \\ a \times b=b \times a \\ a \div b \neq b \div a，a,b \text{ 都不等於 } 0 \end{cases}$$

三、加減互逆和乘除互逆

分數的加減互逆以及乘除互逆的性質和全數相同。在此不加贅述。

貳 兩個運算子

一、相同運算子——結合律

相同運算子指的是兩個運算子都是加、或者減、或者乘、或者除。分數和全數一樣，加法和乘法有結合律，減法和除法就沒有結合律。

二、不同運算子

（一）分配律

分數的分配律和全數也相同，老師可以自行檢查，在此不加贅述。

（二）其他性質

分數的加法和減法的性質，以及乘和除的性質，也和全數相同。

因為分數的乘法可能變大或變小，因此學生也應該想到分數乘法的性質是否會變？作者建議老師在教學時，應該和學生共同討論分數的交換律、結合律、分配律等性質是否在相同的條件下仍然成立。

第 6 節 分數性質的教學

　　教科書在編排上，似乎比較少強調分數性質的教學，同時也不會單獨成一個章節進行討論。因為分數性質中與整數性質差異最大的地方是乘以真分數會變小，以及除以真分數會變大的問題。因此，作者建議，教師可以分別進行乘以真分數和乘以帶（假）分數，以及除以真分數和除以帶（假）分數的教學，在單元的後面（等概念性知識內化為程序性知識，並做適度的練習之後），進一步提問學生他們發現到什麼？看學生能不能發現，乘以真分數以後，積比被乘數小；不像乘以整數，積變大。也讓學生發現乘以帶（假）分數以後，積和乘以整數一樣會變大。讓學生發現，除以真分數以後，商比被乘數大；不像除以整數，商變小。也讓學生發現除以帶（假）分數以後，商和除以整數一樣會變小。這樣編排的目的是希望學生在進行解題性知識的學習時，減少迷思概念的產生。

　　教師也可以在教完乘（除）以真（帶、假）分數的概念性與程序性知識之後，獨立出一個小活動，一起討論變大、變小的問題。無論如何，作者建議在進行解題性知識之前，就應該先教變大、變小的性質，以減少解題時產生的迷思概念。

　　假如教師教學時能從高觀點的數學著手，時常提醒學生，我們學了一個概念，會學什麼（四則運算）？再學什麼（性質）？四則運算有什麼？性質有什麼？作者相信，有些學生會主動發現變大、變小的性質。

　　至於交換律、加減互逆、乘除互逆、結合律、分配律等性質，作者期望學生能自行察覺，自行去檢驗這些性質和全數的性質相同。至少教師應該在適當時機提醒學生進行必要的檢驗，並出一些相關的問題，讓學生學習。當然它可以不用獨立進行教學，只要使用一個小小的活動進行即可。

　　進行教學的目的就是要讓學生能從高觀點有規律、有方向的檢視數學內涵，使學生能自行學習，知道自己在學什麼，未來會學什麼，使學生產生數學感，對數學愈感興趣，同時愈學愈好。

第 7 節　107 年課綱分年學習內容 —— 分數

　　本書將 107 年課程綱要（教育部，2018）有關 1-6 年級分數（編碼 N-1-1，分別代表數與量－年級－流水號）的學習內容羅列如下，作為要進行教與學的內容檢核。

編碼	學習內容條目及說明
N-2-10	單位分數的認識：從等分配的活動（如摺紙）認識單部分為全部的「幾分之一」。知道日常語言「的一半」、「的二分之一」、「的四分之一」的溝通意義。在已等分割之格圖中，能說明一格為全部的「幾分之一」。
N-3-9	簡單同分母分數：結合操作活動與整數經驗。簡單同分母分數比較、加、減的意義。牽涉之分數與運算結果皆不超過 2。以單位分數之點數為基礎，連結整數之比較、加、減。知道「和等於 1」的意義。
N-4-5	同分母分數：一般同分母分數教學（包括「真分數」、「假分數」、「帶分數」名詞引入）。假分數和帶分數之變換。同分母分數的比較、加、減與整數倍。
N-4-6	等值分數：由操作活動中理解等值分數的意義。簡單異分母分數的比較、加、減的意義。簡單分數與小數的互換。
N-4-8	數線與分數、小數：連結分數、小數長度量的經驗。以標記和簡單的比較與計算，建立整數、分數、小數一體的認識。
N-5-4	異分母分數：用約分、擴分處理等值分數並做比較。用通分做異分母分數的加減，養成利用約分化簡分數計算習慣。
N-5-5	分數的乘法：整數乘以分數、分數乘以分數的意義。知道用約分簡化乘法計算。處理乘積一定比被乘數大的錯誤類型。透過分數計算的公式，知道乘法交換律在分數也成立。
N-5-6	整數相除之分數表示：從分裝（測量）和平分的觀點，分別說明整數相除為分數之意義與合理性。
N-5-7	分數除以整數：分數除以整數的意義。最後將問題轉化為乘以單位分數。
N-6-3	分數的除法：整數除以分數、分數除以分數的意義。最後理解除以一數等於乘以其倒數之公式。
N-6-5	解題：整數、分數、小數的四則應用問題。二到三步驟的應用解題。含使用概數協助解題。

參考文獻

中文部分

呂玉琴、李源順、劉曼麗、吳毓瑩（2009）。**國小分數與小數的教學、學習與評量**。臺北市：五南出版社。

國立編譯館（1996）。**國民小學數學課本，第十二冊**。臺北市：國立編譯館。

國立編譯館（1998）。**國民小學數學課本，第五冊**。臺北市：國立編譯館。

教育部（1975）。**國民小學課程標準**。臺北市：正中書局。

教育部（1993）。**國民小學課程標準**。臺北市：臺捷。

教育部（2000）。**89 年國民中小學九年一貫課程暫行綱要：數學領域**。臺北市：教育部。

教育部（2003）。**92 年國民中小學九年一貫課程綱要：數學領域**。臺北市：教育部。

教育部（2018）。**十二年國民基本教育課程綱要國民中小學暨普通型高級中等學校—數學領域**。臺北市：教育部。

教育部（2008）。**97 年國民中小學九年一貫課程綱要：數學領域**。臺北市：教育部。

陳竹村、林淑君、陳俊瑜（2001）。**國小數學教材分析──分數的數概念與運算**。臺北縣：教育部臺灣省國民學校教師研習會。

甯自強（1993）。「建構式教學法」之教學觀──由根本建構主義的觀點來看。**國教學報，5**，33-42。

英文部分

Flores, A. (2002). Profound understanding of division of fractions. In Litwller, B., & Bright, G.(ed.). *Making sense of fractions, ratios, and proportions.* National Council of Teachers of Mathematics, Inc., Reston, VA. 237-246.

Lesh, R. (1981). Applied mathematical problem solving. *Educational Studies in Mathematics, 12,* 235-264.

Litwller, B., & Bright, G. (ed.) (2002). *Making sense of fractions, ratios, and proportions.* National Council of Teachers of Mathematics, Inc., Reston, VA.

Morrow, L. J., & Keenney, M. J. (ed.) (1998). *The teaching and learning of algorithms in school mathematics. 1998 Yearbook.* National Council of Teachers of Mathematics, Inc., Reston, VA.

National Council of Teachers of Mathematics. (2000). *Principles and Standards for School Mathematics.* National Council of Teachers of Mathematics, Inc., Reston, VA.

Sharp, J. (1998). A Constructed algorithm for the division of fractions. In Morrow, L. J., & Keenney, M. J. (ed.). *The teaching and learning of algorithms in school mathematics. 1998 Yearbook.* National Council of Teachers of Mathematics, Inc., Reston, VA. pp.198-203.

Sharp, J. M., Garofalo, J. & Adams, B. (2002). Children's development of meaningful fraction algorithms: A Kid's cookies and a Puppy's pills. In Litwller, B., & Bright, G.(ed.). *Making sense of fractions, ratios, and proportions.* National Council of Teachers of Mathematics, Inc., Reston, VA. pp.18-28.

Sinicrope, R., Mick, H. W., & Kolb, J. R. (2002). Interpretations of fraction division. In Litwller, B., & Bright, G. (ed.). *Making sense of fractions, ratios, and proportions.* National Council of Teachers of Mathematics, Inc., Reston, VA. pp.153-161.

第 **4** 章　小數 (Decimal)

　　在小學所談的小數，基本上只是有限小數的概念。學生只學習到有限小數，而有限小數是分數的特例，也就是當分母是 10, 100, 1000... 的另一種表示法。假如學生的數學感被培養起來，只要學生知道小數的問題可以轉成、看成分數，這時候他都可以使用先前所學的分數概念來了解、解答所有小數的問題，之後再設法了解當不把小數轉成分數時它的特點是什麼。也就是老師不用教，學生應該都可以自己學、自己說。

第 1 節　小數的概念性知識

壹　小數和小數點

一、概念

　　小數概念起源於測量以及分數的部分－全體關係，記數系統則是從整數的十進位制擴充而來。從分數的概念看，當一個單位量被等分成十份、百份、千份……等後，其中的部分便可以用小數記之。例如：0.123 是 $\dfrac{123}{1000}$ 的另外一種記錄方式，讀作零點一二三。要留意的地方是小數點之後的數的唸法具有位值概念，也就是零點一和零點零一，雖然都唸成一，但意義不一樣。

　　從十進位記數系統觀點來看，小數的記數系統承襲了整數的十進位結構與記數規則，也就是以 0-9 十個數字，配合位值概念來記錄。例如：$0.123 = \dfrac{1}{10} + \dfrac{2}{100} + \dfrac{3}{1000}$ 記

錄了 0 個 1、1 個 0.1、2 個 0.01 和 3 個 0.001 的合成結果，而 $0.1 = \frac{1}{10}$ 是 $0.01 = \frac{1}{100}$ 的十倍，0.01 又是 $0.001 = \frac{1}{1000}$ 的十倍。

　　小數和分數一樣，因為小數四則運算的概念性了解需要做數的化聚，因此和整數的化聚一樣，學生要了解小數的各種化聚概念。例如：0.123 表示 123 個 0.001，因此可以聚成 1 個 0.1、2 個 0.01、3 個 0.01 合起來，也是 12 個 0.01、3 個 0.001 合起來，也是 1 個 0.1、23 個 0.001 合起來；反過來，就是化的概念，例如：12 個 0.01、3 個 0.001 合起來就是 0.123。

　　以 10 為底的記數系統所表記的非整數稱為小數，也就是不帶分母的十進位分數。例如：3.5，其中整數部分為「3」，而非整數部分（或稱小數部分）為「5」，表示 $\frac{5}{10}$。小數的出現代表十進位記數系統由整數擴展到非整數。

　　在小學，把（有限）小數看成是特定的分數，也就是分母為十的分數。因此（有限）小數可以看成是分數的特例。

　　在小數記法中，用以區隔整數部分與非整數部分的記號稱為小數點（decimal point）。此記號因國家而異，我國和英國以小黑點「.」來表示，例如：0.3、0.45；而德國、法國、蘇聯以逗點「，」來表示，例如：0,3、0,45。

二、問題

（一）學生拿 0.23 張的具體物表徵為什麼會拿錯？

　　學生剛開始學整數的時候，我們會用一個方格或一個小積木當作一；一條十方格或十個小積木當作十；一張百格板當作一百；千立方體當作一千。

　　當學生開始學一位小數時，我們會把一條十方格或十個積木當作一，把一個方格或一個積木當作 0.1（數的概念）。更清楚一點，把一個方格或一個積木當作是 0.1 條（量的概念）。

　　當學生學到二位小數時，我們又會把一張百格板當作一；把一條積木當作 0.1；把一個積木當作 0.01（數的概念）。更清楚一點，把一條積木說成 0.1 張；把一個積木說成 0.01 張（量的概念）。

　　若老師在教小數時，用數的概念來說，學生當然會弄不清楚到底什麼當作一。作者在教學現場看到，雖然老師用量的概念來說明，也把一張百格板放在黑板上說它是 1 張，但是仍然有學生把 0.36 張拿成三張百格板六個積木；或者要學生拿 0.3 條，結果學生拿出 3 個積木。作者發現，因為在教學上那個單位「一」或者單位量「一個、一

條、一張」一直在變，導致學生弄混了。

因為在分數的學習和單位息息相關，小數也一樣，所以作者建議在教學時，要讓學生清楚的接收到現在說的單位是什麼。例如：問學生拿出的三個積木要怎麼稱呼？看學生是否正確說出「3 個」積木，此時老師可以問它是「幾條」？它是「幾張」？使學生能正確從量的單位去了解數概念的具體物表徵或者圖像表徵。

（二）23.23 為什麼要唸成二十三點二三？

相信大多數的人都知道 23.23 怎麼唸，它要唸成「二十三點二三」。怪了，為什麼整數部分要把位值唸出來，小數部分又不把位值唸出來了呢？不明白原因的學生，不是模仿成人的唸法，要不然就會唸成「二十三點二十三」。

其實我們對整數部分，也可以不把位值唸出來，就和數字的文字符號一樣，把位值藏在位置中。例如：23456 就唸成「二三四五六」，但這樣唸就無法很快的了解所唸的數有多大，聽的人就比較不容易做兩個數的大小比較。因此唸成「二萬三千……」可以較快的了解這個數有多大，也容易和其他的數做比較。例如：「二萬三千……」和「九千八百……」，一聽就知道「二萬三千……」比較大。

問題來了，若小數的位值也要唸出來，有迷思概念的學生或者把整數概念過度一般化到小數的學生，0.23 就會唸成「零點二十三」。這樣唸的時候，就會認為 0.23 比 0.123 小，因為零點二十三聽起來比零點一百二十三小，但事實上 0.23 比 0.123 大。另外若要把小數的位值正確的唸出來，真正的唸法要唸成「零點十分之二、百分之三」，可是它很難唸，就乾脆不要唸。同時不把位值唸出來，反而比較容易知道它有多大，或者容易和其他的數做比較。例如：「零點二三」跟「零點零九八七」，一聽就知道「零點二三」比較大，因為一個是零點二多，一個是零點零多。

（三）一位小數的啟蒙教學

現行教材上，把小數看成是分數的特例，也就是把 $\frac{1}{10}$ 條蛋糕，也可以說成 0.1 條蛋糕。因此一位小數的啟蒙教學重點應該讓學生聽到、了解、發現，一位小數是分數的特例（另一種表示法），因此所有小數的概念都可以轉換成分數來說；小數的問題都可以轉成分數來想。所以一位小數的教學重點應放在小數和分數的連結上面，同時分數的重要概念：單位量、等分、部分－全體，可以適時強調。若老師覺得等分的概念先前已一直進行，在此可以稍加忽略，但是等分仍然要掛在嘴邊，至少一定要強調部分－全體的全體一定是要十等分。

　　除了分數和小數概念的連結之外，單位「條」與「份」、「塊」的轉換也可以適時留意，看學生是否內化分數概念到小數上面。

　　小數的唱數也是啓蒙的重點，0.1 條、0.2 條……0.9 條，再來一等分呢？是 0.10 或是 1.0？老師應該注意有雜音的學生，因爲表示他在這個地方有困難。最好老師要讓學生察覺到像自然數一樣 1, 2, ... 9 再來進位到 10；91, 92, ... 99 再來進位到 100，所以 0.9 再來就要進位到 1.0。要不然，學生會以爲說成「零點十」是很自然的。因爲他使用了整數的唸法。此時老師可以讓學生察覺十個 0.1 條就是一條，所以是 1，所以 0.9 就要像自然數一樣進位成 1.0。

　　老師可以在一開始先利用生活上有小數的物件引起學生的動機，也可以介紹一位小數的相關概念以後，讓學生看生活中有哪些地方會用到小數，要學生舉例生活中用到的小數，以擴展學生的學習經驗。

　　一位小數的說、讀、聽、寫、做，或者表徵的轉換，老師在教學時也都要注意到。也就是老師可以適時的讓學生用具體物或者畫圖表徵 0.5（做）。因爲一位小數的畫圖表徵，學生需要把單位量給十等分，作者建議老師讓學生發現它的方法就和分數一樣，只是要十等分而已，因此可以適度進行，發現學生懂了以後便不要再過度練習。

貳　純小數、帶小數

　　整數部分爲 0 的小數，稱爲純小數。例如：0.2、0.37。整數部分不爲 0 的小數，稱爲帶小數。例如：3.05、24.069。假如老師要把這個專有名詞教給學生，建議要讓學生顧名思義，了解數學上爲什麼要稱作純小數、帶小數。

參　n 位小數

　　小數點右邊非整數部分有 n 位數的小數，稱爲 n 位小數。例如：0.23 稱爲二位小數，345.6789 稱爲四位小數。

肆　單位小數

　　在 n 位純小數中，最後一個數字爲 1 而其他數字皆爲 0 的小數，稱爲單位小數。例如：0.1、0.01，也就是以十、百、千爲分母的單位分數。

伍 大小比較

一、概念

　　純小數的大小比較，是先看第一位小數誰比較大、誰比較小，若一樣大再比較第二位小數，依此下去。它的概念性解釋可以用小數的化聚概念來解釋。例如：0.78 比 0.765 大，因為 0.78 是 7 個 0.1 和 8 個 0.01 合起來，0.765 是 7 個 0.1 和、6 個 0.01、5 個 0.001 合起來，兩個數的 7 個 0.1 一樣大，但 8 個 0.01 比 6 個 0.01 大（5 個 0.001 還不到 1 個 0.01），所以 0.78 > 0.765。當然小數的大小比較也可以化成分數再比較，但此時老師要注意學生是否有能力把分母為十的冪次方進行等值分數的轉換。例如：$0.2 = \frac{2}{10} = \frac{20}{100} > \frac{13}{100} = 0.13$。

　　帶小數的大小比較，就是先用整數的方法比較整數部分，當整數部分相同時，再用純小數的方法比較小數部分。

二、問題：學生在小數的大小比較有什麼迷思概念？

　　有些學生過度一般化整數概念，認為位數愈多就愈大，稱為整數法則。例如：有些學生認為 0.428 > 0.15 > 0.6，因為在整數當中 428 > 15 > 6。這有可能是因為學生把小數部分唸成整數的讀法。

　　有些學生過度一般化分數的概念，認為分割的份數愈多就愈小，稱為分數法則。例如：有些學生認為 0.6 > 0.15 > 0.428，因為 0.6 是切成十等分而得的；0.15 是切成一百等分而得的；0.428 是切成一千等分而得的。

　　有些學生可能是受到 0 的影響，認為小數點後只要出現 0，它的值就小，稱為零法則。例如：有些學生會認為 1 比 1.0 大，因為 1.0 的小數點後面有 0，所以比較小。或者有些學生會認為 0 就是沒有，因此 0.08 = 0.8，這種情形也稱為零法則。

陸 有限小數、循環（無限）小數、不循環（無限）小數

一、概念

　　小數點右邊跟著有限個數字的小數，稱為有限小數（finite or teriminating decimal）。例如：0.23、5.6789。小數點右邊跟著無限個數字的小數，稱為無限小數（infinite decimal or nonteriminating decimal）。例如：0.333......、0.101001001......、

圓周率 $\pi = 3.14159265\ldots\ldots$。無限小數中，小數點的右邊自某一位起，一個數字或幾個數字依序一直重複出現的小數，稱爲循環（無限）小數（repeating or recurring decimal）。例如：$0.333\ldots\ldots$、$0.2585858\ldots\ldots$。無限小數中，不是循環小數的則稱爲不循環（無限）小數（nonrepeating or nonperiodic decimal）。例如：$0.101001001\ldots\ldots$、$3.14159265\ldots\ldots$（即 π）等。若老師要教這些名詞給學生，請老師留意學生是否已能顧名思義。

二、問題：0.2 到 0.8 之間有幾個小數？

　　有些學生在學習小數時，會受到整數的影響，以爲 0.2 到 0.8 之間只有 0.3, 0.4, 0.5, 0.6, 0.7 共五個小數，或者包含 0.2 和 0.8 共七個小數。這表示學生沒有學到概念推廣的概念性知識。我們教一位小數、二位小數，甚至三位小數的目的是希望學生能了解，我們可以把學到的概念給一般化到 N 位小數，因此我們可以定義 $\dfrac{1}{10000000} = 0.0000001$，所以 0.2 和 0.3 之間可以再成十等分（或者看成 0.20 到 0.30 之間、0.200 到 0.300 之間……），也就是可以有無限多個小數在 0.2 到 0.8 之間。

　　當然，本問題和問學生「0.2 到 0.8 之間有幾個一位小數」的問題不一樣，請老師留意。

柒 分數和小數互換

一、概念

　　在小學學的有限小數，只要使用小數的定義就可以把小數化成分數，例如：$0.34 = \dfrac{34}{100}$。但是小數可以分成有限小數、循環小數和不循環小數。這時候，我們發現有限小數和循環小數都可以化成分數，例如：$0.667 = \dfrac{667}{1000}$，$0.\overline{3} = \dfrac{1}{3}$；反而不循環小數不能化成分數，例如：圓周率 π 就不能寫成小數[1]。其實有限小數和循環小數合起來是有理數，也就是我們所學的廣義分數，不循環小數是無理數。小數就是實數。

　　反之，分數不是化成有限小數就是化成循環（無限）小數。在小學，剛開始學習分數化成小數時，是利用小數的定義來做，因此要把分數的分母化成十的冪次方再化成小

---

[1]　3.14 是圓周率的近似值。

數。等學生學到整數相除結果是小數時，再用除法把分數化成小數，例如：$\frac{7}{25} = 7 \div 25$ $= 0.28$。

因此老師要注意，在小學時，（有限）小數都可以化成分數，分數不一定可以化成（有限）小數；到了中學以後，反而變成分數一定可以化成小數，但小數不一定可以化成分數。同時在小學，把小數化成分數，基本上只處理可以化爲有限小數的情形，若碰到不能化成有限小數的情形會以取概數的方法爲之。但老師可以留意學生是否提問：「假如不取概數的話會怎樣？」假如學生會這樣問，作者相信老師的教學一定非常棒，因爲老師把學生的思維教活了，所以學生才會問這樣的問題。此時，老師要不要處理，請老師自行決定。老師可以跟學生說「非常好，你已想到高中要學的問題了」，老師也可以讓學生繼續除看看，再觀察商的規律。在這邊要注意的地方是，若老師允許學生使用計算器來計算，可能會因爲它只有有限位數或者出現四捨五入的情形，導致學生看不到商會出現循環的情形。

二、問題

（一）小數和分數如何互換？

分數化成小數有兩種方法。第一種方法，是只要學生了解小數的定義就會的方法，即設法把分子和分母同時乘以特定的數，使得分母化成十的冪次方。例如：$\frac{7}{25} =$ $\frac{7 \times 4}{25 \times 4} = \frac{28}{100} = 0.28$；但不是所有的分母都可以化成十的冪次方，因此此時的學生，無法把某些分數化成小數。第二種是學生學過兩個整數相除結果是小數的概念才會的方法，即利用分數是兩數相除的概念，將分子除以分母。例如：$\frac{7}{25} = 7 \div 25 = 0.28$。假如學生稍微留意一下 $\frac{1}{3} = 1 \div 3 = 0.3333...$ 怎麼會無法除盡，此時學生就已經埋下學習循環無限小數的種子了。

有限小數化成分數時，只要使用小數的定義就可以化成分數，之後再看問題是否化成最簡分數即可。例如：$12.478 = \frac{12478}{1000}$，之後再依題目是否要求進行化簡的動作。

當小數是循環無限小數時，可以先將整數部分加上純小數部分中有幾位循環，分母就有幾個 9，純小數部分有幾位不循環，分母就再加幾個 0；然後純小數部分，全部減去不循環的部分。例如：$12.34\overline{567} = 12 + \frac{34567 - 34}{99900} = 12 + \frac{34533}{99900}$。

它的證明方法是：

$$x = 12.34\overline{567}$$
$$100x = 1234.\overline{567}\cdots\cdots(1)$$
$$100000x = 1234567.\overline{567}\cdots\cdots(2)$$

$(2) - (1)$

$$99900x = 1234567 - 1234$$
$$x = \frac{1234567 - 1234}{99900} = 12 + \frac{34567 - 34}{99900}$$

當小數是不循環的無限小數時，它不可能化成分數。

（二）哪些分數可以化成有限小數？

當我們把分數變成最簡分數以後，分母只有 2 或 5 的質因數的數才能化成有限小數。分母只要有一個不是 2 或 5 的質因數，它就不能化成有限小數。

因為要化成有限小數時，最簡分數中的分母一定可以變成 10 的冪次方，而 10 的冪次方只有 2 和 5 的質因數，同時質因數分解後，2 和 5 的個數相同。因此可以化成有限小數的的最簡分數，分母只能有 2 或 5 的質因數，此時把它質因數分解後，只要在分子和分母同乘上較少的 2 或 5 的個數，讓分母的 2 和 5 的個數一樣多，就可以變成有限小數。例如：$\frac{23}{40} = \frac{23}{2 \times 2 \times 2 \times 5} = \frac{23 \times 5 \times 5}{2 \times 2 \times 2 \times 5 \times 5 \times 5} = \frac{575}{1000} = 0.575$。

（三）連分數（繁分數）── 大學數學系才可能學到的概念

我們知道，小數可以分成有限小數、循環無限小數和不循環無限小數。數學家就問（只要老師有規律的思考問題，可能也會這樣問）分數可不可以也分成有限分數、循環無限分數、不循環無限分數？因此數學家創造了「連分數」或者「繁分數」。形如：

$$a_0 + \cfrac{1}{a_1 + \cfrac{1}{a_2 + \cfrac{1}{a_3 + \cfrac{1}{\cdots}}}}$$，其中 a_0 是整數，a_1、a_2、a_3……是正整數

我們應猜得出來，假如 a_0、a_1、a_2、a_3……是有限多個，它就可以化成我們所熟知的分數（分子和分母都是整數），因此，有限分數可以化成有限小數或者循環的無限小

數。假如 a_0、a_1、a_2、a_3……是無限多個的時候，它就等同於無理數。意思是說，所有的無理數都可以化成某一個無限連分數；一個無限連分數一定是無理數。有興趣的老師可以了解一下會循環的連分數會是什麼樣的無理數？一個小數或者分數又如何化成連分數？

　　各位覺得數學奧不奧妙？美不美？對連分數有興趣的老師，不妨上網搜尋一下相關資料。同時，在此特別聲明，因為連分數不會出現在小學到高中的教材，因此，我們所稱的分數是不包括連分數的，不要弄混了。

（四）$0.\overline{9}$ 的循環小數等於 1 嗎？

　　作者時常問老師一個問題：循環小數 $0.\overline{9}$ = 0.999……，到底大於 1，或者等於 1，或者小於 1 呢？許多老師都說 $0.\overline{9}$ < 1。事實上，$0.\overline{9}$ = 1，它的真正概念需要用到微積分中的極限概念才能說清楚。有興趣的老師可以參見李源順（2001）的文章。

　　因此，不要以為小學的數學很簡單，只要碰到循環小數的問題，它就和大學要學習的極限概念相關了。

第 2 節　小數概念的教學

　　在小學，我們是把小數看成分數的特例，因此，只要學生對分數概念清楚，加上他只要記得分母是 10 的冪方才可以用小數表示，相信小數的概念就比較容易上手，甚至自己學習。老師在進行一位小數的教學時，若有必要可以使用分成十份但不平分，或者平分但不是十等分（例如：9 份，或 11 份），來檢驗學生是否正確了解小數概念。作者建議這樣教學，主要的原因是作者的研究經驗發現，當教師布一個數線的問題且將 0 到 1 等分成多份時，學生都會以為它是等分成十份，而忘了不是等分成十份的可以用分數表示，不能用小數表示。

　　有些教科書在教一位小數時，會用一條積木代表一個單位，此時一個積木就是 0.1。此時，教師一定要切記，它的表徵物（一條和一個積木）在全數的教學時一直在用，現在單位量已經被改變了，學生到底不清楚，因此老師要特別注意。作者建議教師一定要使用「單位」來幫助學生釐清概念，也就是一條積木是 1，一個積木是 0.1 條積木。當進入二位小數時，要說一張百格板，一條積木是 0.1 張百格板，一個積木是 0.01 張百格板。假如老師在整數、分數、小數都一直強調單位，作者相信學生會愈來愈有數學感。

　　因為 1 毫米 = 0.1 公分，1 公分 = 0.01 公尺，1 公尺（克、毫升）= 0.001 公里（公斤、公升），因此，教師也可以用這些單位配合數線表徵進行小數的教學。但是若想擴展學生的學習經驗，檢驗學生在分數概念的學習是否能類化到小數，教師也可以使用二維連續量、離散量來進行小數的教學。

　　作者非常強調，只要和以前學習有不一樣的地方，教師一定要小心進行教學，因此，以前學生已經習慣全數的讀法，到了小數的讀法，0.1, 0.2, … 0.9 之後，有些學生會讀成「零點十」，寫成 0.10。這是因為學生把全數概念過度一般化到小數來。

　　分數的單位量是學生時常沒有特別去注意的地方，因此有些時候，當教師布一個不是整數單位的數線，例如：在 3.1 和 3.5 之中，要學生找出 3.2，學生便會出現困難。因此單位量的概念，教師也應特別留意。3.1 和 3.5 之中，可以把它四等分，便可以找到 3.2。

　　在研究上，學生會因為之前全數和分數的學習而過度一般化為整數法則（小數點後面數字愈多表示愈大）、分數法則（小數點愈多位表示分割得愈細，表示愈小），因此，教師在教學時也要小心。

　　作者發現很多學生在舉例時，時常出現單位錯誤或者不符合生活情境的問題，例如：小明有 0.2 張卡片。因此建議老師在教學時，養成學生自行舉例的習慣，使學生留意生活中常用的數量與單位；使學生在四則運算的擬題能更符合生活情境，符合 12 年國教核心素養的理念，也讓學生了解原來我們是用整數的單位，現在小數是使用較大的單位來舉例而已。例如：以前會說 2 張，現在 1 包有 10 張，所以換成 0.2 包來說。

　　和分數一樣，任意兩個小數之間一直存在有小數，在小學並不特別去提這一個性質。因為我們大概教到三位小數以後，四位以上的小數大都認為學生可以類化，因此不特別進行教學。因此，必要時，教師也可以特別對程度佳的學生提一下，任意兩個小數之間是否存在有小數的概念。假如教師在分數的教學時有帶一下這個概念，相信以前懂的學生在這邊應不會出現問題，以前不懂的學生在這邊有可能懂了小數和分數的特性。

　　最後，老師也別忘了一個起動機制和五個核心內涵的教與學策略的重要性，老師應該適時的讓學生舉例，了解生活中使用的小數及其單位，培養學生的量感；必要時讓學生畫圖、簡化數字以了解題意，形成問題的心像；時常問學生為什麼，以培養學生有任何不懂的地方敢向老師提問「為什麼」；同時讓學生發現小數和分數、整數的概念之間有哪個地方一樣……只是哪個地方不一樣而已。若可以，也請老師別忘了數學素養的教學，給予學生一個脈絡，請學生提問問題、解答，再詮釋解答的結果和真實生活的異同。

　　爲了培養教師能眞正了解學生的學習狀況，建議老師在進行教學觀摩或小考時，能事先預估一下有多少學生已達成教學目標或者各題的答對率，並在事後說明預估的理由，或者驗證老師預估的答對率差異有多少。

第 3 節 ▶ 小數四則運算

壹 小數的概念性知識

　　因爲在小學只學習有限小數，而有限小數又是分數的特例而來（分母爲 10 的冪次方），小數又是整數概念的推廣，因此它可以利用分數的概念來解釋，也可以用位值概念的方式來解釋小數的加、減、乘、除四則計算。

　　和整數、分數的四則運算一樣，情境問題可以分成爲什麼要列成這個算式，以及這個算式的結果爲什麼是多少？小數四則運算的啓蒙情境和整數、分數一樣，同時小數四則運算大都在分數四則運算之後，因此假如學生在整數、分數那邊已經了解如何列式了，老師可以不再去問怎麼知道要列成這個算式的問題，而聚焦在列式計算結果的概念性解釋。

一、加、減法

　　小數加減法的啓蒙情境和整數、分數一樣，都是改變型或者合併型，假如學生已經了解整數、分數的列式意義，老師可以不再提問如何列式，而聚焦在列式計算結果的**概念性解釋**。它的**概念性解釋也是回到小數的基本概念 —— 分數的特例或者小數位值概念**。

　　例如：小數的加減法「2.3 公升的水加上 4.56 公升的水，共幾公升？」

　　可以用分數的概念來解釋：

$$2.3 + 4.56 = 2\frac{3}{10} + 4\frac{56}{100} = 6\frac{86}{100} = 6.86$$

　　也就是 2.3 + 4.56 是 2 公升又 $\frac{3}{10}$ 公升加上 4 公升又 $\frac{56}{100}$ 公升

　　結果爲 6 公升又 $\frac{86}{100}$ 公升

　　也可以利用位值概念來解釋：

2.3 + 4.56 就是 2 個一（公升），3 個 0.1（公升），加上 4 個一（公升），5 個 0.1（公升），6 個 0.01（公升）

所以是 6 個一（公升），8 個 0.1（公升），6 個 0.01（公升）

所以 2.3 + 4.56 = 6.86（公升）

這也就是為什麼個位要對齊個位，十分位對齊十分位的原因。一般而言，異分母的加法會在高年級才學，但是一位小數加二位小數在中年級就開始學習，因此**小數的加、減法大部分都用小數位值概念來解釋的**。因為一位小數要平分成十等分，二位小數要平分成一百等分，畫圖的難度增加，因此作者建議老師不見得要讓學生使用圖形表徵來學習，反而應該強調位值概念的口語、符號的概念溝通。必要時，老師可以出現圖示，但不要讓學生畫，以免增加學生的學習負荷。

（一）為什麼學生在小數加減法仍然對齊最右邊？

我們在教學生全數的加、減、乘直式算則的時候，最好能夠讓學生了解「為什麼個位要對齊個位」，它的主要原因就是重要的位值概念。當百位加、減百位的時候，它的值是幾個百或者十幾個百，因此百位對齊百位，有助於答案的正確。

可是有些學生並不了解為什麼個位要對齊個位，而發現整數加法、減法、乘法的直式計算都是最右邊對齊，因此過度一般化「對齊最右邊」。因此到了小數的加法和減法，這些學生仍然使用先前的記憶方式「對齊最右邊」，導致小數的加、減法計算錯誤。

$\begin{array}{r} 2\,3.4 \\ +\,1.2\,3 \\ \hline 3.5\,7 \end{array}$	$\begin{array}{r} 2\,3.4 \\ -\,1.2\,3 \\ \hline 1.1\,1 \end{array}$
小數加減法的迷思概念	

（二）假如小數加法用異分母解釋，異分母還要用擴分解釋，那還得了？

數學概念的學習本來就是一層疊一層。先學整數的加法概念性解釋，再學分數同分母加法的概念性解釋，再學異分母概念性解釋。此時，同分母的加法只聚焦在利用分數基本概念了解為什麼分母相同時分子相加，不再聚焦在利用整數概念解釋分子相加的結果；同時，異分母的加法只聚焦在為什麼要通分，而不再聚焦在為什麼分母相同時分子

相加的概念性解釋。因此只要老師在教前二層概念的時候學生已經了解，同時已經可以內化為程序性知識，我們建議只回到前面一個相關的概念即可，不用回到前二層（二個相關概念）；但是假如低成就學生不懂前二層的概念，那麼老師可以請低成就學生再加以解釋。

因此，不同位數的小數加、減法，若利用化成分數的方式來解釋，此時會變成異分母的加減問題，就不用再去解釋異分母如何做加減，否則學生的學習負荷會大增。

二、乘、除法

小數的乘法和分數乘法一樣，可以分成小數乘以整數，小數乘以小數。小數乘以整數的列式啟蒙情境也是累加型問題；小數乘以小數的啟蒙情境也是累加型的概念推廣，它和分數乘以分數一樣，已經沒有連加的感覺了。因此，它的列式，老師要讓學生聽到、了解、發現和分數乘以分數一樣的解釋方式，利用整數概念推廣、重新下定義或者單位轉換的觀點來解釋（請參見本書分數乘法相關章節）。

小數除法和分數除法一樣，可以分成小數除以整數、小數除以小數，同時兩者又可以分成沒有餘數和有餘數的問題。小數除以整數的啟蒙情境和分數一樣是等分除；小數除以整數沒有餘數的問題也有包含除的問題，但是有餘數的問題，合理情境只有包含除；小數除以整數的列式概念性解釋也和分數除以整數一樣，有三種解釋方式。小數除以小數的啟蒙情境是包含除；小數除以小數沒有餘數的問題也有等分除的問題，但是有餘數的問題，合理情境只有包含除；小數除以小數的列式概念性解釋也和分數除以分數一樣，有三種解釋方式（詳細說明請參見分數除法相關單元）。

（一）小數乘以整數

小數乘以整數的列式計算結果的概念性解釋和加減法一樣，可以回到分數概念，或者使用位值概念。例如：「1 瓶水 2.3 公升，4 瓶是幾公升？」可以用 $2.3 \times 4 = \frac{23}{10} \times 4$ $= \frac{92}{10} = 9.2$。這是為什麼小數的直式計算時，先不管小數點，直接最右邊對齊，等算出來之後，再把小數點點在第 1 位的原因[2]。小數乘以整數若用位值概念來解釋，就是 3 個 0.1、2 個 1 的 4 倍，是 12 個 0.1 和 8 的和，就是 1 個 1、2 個 0.1 和 8 個 1 的和，就是 9 個 1、2 個 0.1。假如學生是利用位值概念來解釋，學生在小數乘以整數的直式計算

---

[2] 使用分數概念的解釋方式，也可以解釋成學生把 2.3 看成 23 個 0.1 再乘以 4，所以是 92 個 0.1，是 9.2。

時，也會利用對位的方式來計算。因此老師要留意利用對位的方式計算小數乘以整數不是錯的，只是和我們習慣的直式計算規約不同而已，但是這種對位方式推廣到小數乘以小數很容易做錯，因此數學家採用分數概念來做算式計算的規則。

$$
\begin{array}{r}
2.\ 3 \\
\times \quad\quad 4 \\
\hline
9.\ 2
\end{array}
$$
使用分數的概念來解釋的直式算則

$$
\begin{array}{r}
2.\ 3 \\
4 \\
\hline
9.\ 2
\end{array}
$$
使用小數位值概念來解釋的直式算則

（二）小數乘以小數

小數乘以小數的列式計算結果的概念性解釋，和小數乘以整數一樣，可以使用小數基本概念──分數或位值概念來解釋。例如：「1 瓶水 2.3 公升，4.56 瓶是幾公升？」可以用 $2.3 \times 4.56 = \dfrac{23}{10} \times \dfrac{456}{100} = \dfrac{10488}{1000} = 10.488$。這是為什麼小數的直式計算時，先不管小數點，直接最右邊對齊，等算出來之後，再把小數點點在第 3 位的原因。

小數乘法也可以用位值概念來解釋。例如：先了解 0.1 的 0.1 倍是 0.01；0.1 的 0.01 倍是 0.001。之後 2.3×4.56 就是 2 個 1，3 個 0.1 的 4 個 1，5 個 0.1，6 個 0.01 倍；再用分配律來解釋。因此假如學生的直式算則是利用對位的方式來計算，這時候學生的計算不是錯的，反而是學生的成就非常高，才能對位對得好。只是因為它變得更容易做錯，因此數學家在可以選擇的情形下，使用容易計算的分數概念直式計算，而不使用小數加減法的位值概念的解釋方式。這是小數乘法的直式計算規約和小數加減法的直式計算規約不同的重要原因。

使用小數位值概念的直式計算

$$
\begin{array}{r}
2.\ 3 \\
\times \quad 4.\ 5\ 6 \\
\hline
1\ 3\ 8 \\
1\ 1\ 5 \\
9\ 2 \\
\hline
1\ 0.\ 4\ 8\ 8
\end{array}
$$

$$
\begin{array}{r}
2.\ 3 \\
\times \quad 4.\ 5\ 6 \\
\hline
1\ 3\ 8 \\
1\ 1\ 5 \\
9\ 2 \\
\hline
1\ 0.\ 4\ 8\ 8
\end{array}
$$
使用分數概念的直式計算

小數乘以小數的分數概念性解釋，和小數乘以整數一樣，也可以看成小數變成整數個單位小數。此時只要先用分數解釋兩個單位小數相乘的結果便可以了；0.1（公升 / 瓶）×0.01（瓶）= 0.001（公升），之後便可以下列方式來解釋。

$$2.3 \times 4.56$$
$$= 23 \text{ 個 } 0.1 \text{（公升／瓶）} \times 456 \text{ 個 } 0.01 \text{（瓶）}$$
$$= 23 \times 456 \text{ 個 } 0.001 \text{（公升）}$$
$$= 10488 \times 0.001 \text{（公升）}$$
$$= 10.488 \text{（公升）}$$

這種解釋方式，也可以看成是現在小數直式計算規約的原因，也就是爲什麼小數點要點在第 3 位的原因。

（三）小數除以整數

在小學學習小數除以整數的問題，基本上是以可以除盡的問題爲主，若碰到無法除盡的問題，會以取概數爲之。在此我們也希望老師留意學生是否提問：「假如不取概數會怎樣？」的類似上面分數化成小數無法除盡的情形。

小數除以整數的列式計算結果的概念性解釋和小數乘法一樣，可以使用分數概念或者小數位值概念。例如：「5.46 公升的水平分成 3 瓶，每瓶有多少公升？」它可以變成 $5.46 \div 3 = \frac{546}{100} \div 3 = \frac{546 \div 3}{100} = \frac{182}{100} = 1.82$。它可以看成是小數除以整數直式算則的概念性解釋。此時只要學生知道的概念性解釋，就不用再要學生進行解釋。

小數除以整數的概念性解釋

若上述的問題使用位值概念來解釋，5.46 是 5 個 1、4 個 0.1、6 個 0.01 合起來，變成 5 個 1 除以 3 是 1 個 1 餘 2；把 2 和 0.4 變成 24 個 0.1，再除以 3 是 8 個 0.1；把 6 個 0.01 除以 3 是 2 個 0.01。這也是我們除法直式算則的概念性解釋。

小數除以整數有餘數的問題，它的解釋方式和沒有餘數都是用位值概念來解釋，在此不再說明。

（四）小數除以小數

小數除以小數的列式計算結果的概念性解釋和小數除以整數一樣，可以使用分數概念或者小數位值概念。例如：「1 瓶水 2.5 公升，5.46 公升是幾瓶？」可以用分數除法再用兩個整數相除的概念（分數與除法的連結）來解釋：

$$5.46（公升）\div 2.5（公升）$$
$$=\frac{546}{100}（公升）\div \frac{25}{10}（公升）$$
$$=\frac{546}{100}\times \frac{10}{25}（瓶）$$
$$=\frac{546}{250}（瓶）$$
$$=546\div 250（瓶）$$
$$=2.184（瓶）$$

```
                    2. 1 8 4
    2,5 0 )5,4 6
          5 0 0
          4 6 0
          2 5 0
          2 1 0 0
          2 0 0 0
            1 0 0 0
            1 0 0 0
                  0
```

小數也可用單位小數的方式來解釋，也就是說，先處理 0.01（公升）÷ 0.1（公升）= 0.1（瓶），再處理 5.46 是 546 個 0.01（公升），2.5 是 25 個 0.1（公升）。所以：

$$5.46\div 2.5$$
$$=546 \text{ 個 } 0.01（L）\div 25 \text{ 個 } 0.1（L）$$
$$=546\div 25 \text{ 個 } 0.1（瓶）$$
$$=21.84 \text{ 個 } 0.1（瓶）$$
$$=2.184（瓶）$$

```
                    2. 1 8 4
    2,5 0 )5,4 6
          5 0 0
          4 6 0
          2 5 0
          2 1 0 0
          2 0 0 0
            1 0 0 0
            1 0 0 0
                  0
```

但這種做法轉換成直式算則時要先去掉所有小數點，等做完後又要再移動小數點，非常麻煩，所以不採用。

數學家又想到，假如我們使用類似小數除以整數的方法來做，是不是它的直式算則更容易呢？也就是我們以除數的小數位數為準，來處理被除數的小數位數。這時候，就好像把 0.1 公升當一杯，或者把 5.46（公升）看成 54.6 個 0.1（公升），把 2.5（公升）看成 25 個 0.1（公升）。數學家發現這種方式在進行直式算則時，除數一定是所有方

法中最小（或相等）的數，在做除法比較不會做錯且最爲方便，因此又改變了概念性解釋的方式，使用另一種位值概念的解釋方式：也就是把被除數和除數的小數點往右移除數的小數位。這個方式就是我們現在最常用的除法直式算則。

5.46（公升）÷2.5（公升）
=54.60（杯）÷25（杯）
=2.184（瓶）
	<pre> 2. 1 8 4
	2, 5) 5, 4. 6
	        5 0
	        4 6
	        2 5
	        2 1 0
	        2 0 0
	              1 0 0
	              1 0 0
	                    0</pre>

5.46（公升）÷2.5（公升） =54.60（個 0.1 公升）÷25（個 0.1 公升） =2.184（瓶）	

　　作者發現到了國、高中、大學的數學，**數學家在找尋公式或者規則時，也會有類似的情形出現，也就是爲了使公式或者規則更容易記憶、計算，比較不會錯，便會選擇另一種概念。**假如老師在教學時，能夠讓學生聽到、了解、發現數學家的創新過程，作者相信學生也會以同樣的方式去思考任何問題，學生會把數學學得非常好，更有數學感，更能體會數學的美。

　　當小數除法要求有餘數時，小數點的對位就很重要。上個例子，假如換成「1 瓶水 2.5 公升，5.46 公升是幾瓶？剩下幾公升？」數學家也是使用類似上面的方式來思考問題，發現這時候我們也可以用分數除法來說明，發現和上面一樣把 0.1 公升當一杯或者把 5.46（公升）看成 54.6 個 0.1（公升），把 2.5（公升）看成 25 個 0.1（公升）來做直式算則是所有方法中最爲容易的。

5.46（公升）÷2.5（公升）
=54.6（杯）÷25（杯）
=2（瓶）...4.6（杯）
=2（瓶）...0.46（公升）
	<pre> 2
	2, 5) 5, 4. 6
	        5 0
	        4. 6 （個 0.1 公升）</pre>

5.46（公升）÷2.5（公升）
=54.6（個 0.1 公升）÷25（個 0.1 公升）
=2（瓶）...4.6（個 0.1 公升）
=2（瓶）...0.46（公升）
	<pre> 2
	2, 5) 5, 4. 6
	        5 0
	        0. 4 6 （公升）</pre>

　　請老師留意上面的單位變換。因為我們已先將公升換成杯或者 0.1 公升來算，所以剩下的是幾杯或幾個 0.1 公升，假如不把它轉換成原來的公升時，一定要註明。否則，因為我們的題目只出現要公升和瓶，為了讓他人了解，需要再換回公升。這也就是為什麼小數除法有餘數時，商的小數點要對齊新的小數點，餘數要對齊原來的小數點的原因。

（五）$4.9 \div 2.4 = 49 \div 24 = 2...1$ **哪裡錯了**？

　　我們在教小數除法時，很容易碰到的問題是：在中年級，我們會問學生「一段長 49 公尺的繩子，每 24 公尺剪一段，可以剪幾段？剩下幾公尺？」然後用下式來計算：

$49 \div 24 = 2...1$

　　到了高年級會問學生「一段長 4.9 公尺的繩子，每 2.4 公尺剪一段，可以剪幾段？剩下幾公尺？」然後用下式來計算：

4.9（公尺）÷2.4（公尺）
= 2（段）...0.1（公尺）

　　有些高年級學生會把 4.9 和 2.4 公尺看成 49 個 0.1 公尺和 24 個 0.1 公尺，然後用下式來計算：

49（個 0.1 公尺）÷24（個 0.1 公尺）
= 2（段）...1（個 0.1 公尺）
= 2（段）...0.1 公尺

　　在學習小數除法時，學生已學過分數是兩數相除的概念，以及擴分的概念，所以有些學生會用擴分的概念來解釋。此時，對於不求餘數的問題沒有差異，但是碰到要求餘數時就出現問題了。

$4.9 \div 2.4$
$= (4.9 \times 10) \div (2.4 \times 10)$
$= 49 \div 24$
$= 2...1$

　　上面的問題，假如我們回到問題情境來解釋，大概可以了解餘數的 1 和 0.1 的意

義，1 是以 0.1 公尺、0.1 是以一公尺當單位。被除數和除數擴分，也可以看成是以 0.1 公尺當單位

　　但是問題來了。對純粹數的算式而言：

　　　$4.9 \div 2.4 = 2...0.1$

　　　$4.9 \div 2.4 = 49 \div 24$

　　　$49 \div 24 = 2...1$

三個算式有沒有問題？假如都沒有問題，那麼：

　　　$4.9 \div 2.4 = 49 \div 24 = 2...1$

也應該沒有問題，不是嗎？有些人會說：「式子不對，它要在情境中才對。」可是老師要留意，假如在數學上，對純粹數的概念而言，A＝B，B＝C，那麼 A 一定要等於 C，要不然等號沒有遞移性，整個數學體系的證明就完了，就要重構了。

　　作者發現，其實在小學低、中年級，我們教除法時，還沒教到餘數定理的概念，所以用了暫時性的替代方案，也就是暫時使用 $49 \div 24 = 2...1$ 來替代餘數定理。意思是說「$49 \div 24 = 2...1$」和「$4.9 \div 2.4 = 2...0.1$」都不是數學上正式的算式，不是正式的算式擺在一起，就可能出現矛盾的情形。在數學上，正式的式子是「$49 = 24 \times 2 + 1$」（被除數 ＝ 除數 × 商 + 餘數）或者「$\dfrac{49}{24} = 2 + \dfrac{1}{24}$」（$\dfrac{被除數}{除數} = 商 + \dfrac{餘數}{除數}$）。假如用正式的式子來呈現，就會是 $4.9 \div 2.4 = \dfrac{4.9}{2.4} = 2 + \dfrac{0.1}{2.4} = 49 \div 24 = \dfrac{49}{24} = 2 + \dfrac{1}{24}$，就不會出現矛盾的情形。這個問題，老師可以考慮不用特別跟學生說，但假如學生會向老師提出這個問題時，表示老師把學生的思維教活了，能把兩個不同的算式（整數除以整數有餘數的問題，以及小數除以小數有餘數的問題）關聯在一起（數學感內容理論），此時老師便應加以說明。同時老師可以告訴學生，在假分數化成帶分數時，我們已經知道 $\dfrac{49}{24} = 2\dfrac{1}{24} = 2 + \dfrac{1}{24}$，因此在算有餘數的問題時，也可以用 $4.9 \div 2.4 = 2 + \dfrac{0.1}{2.4}$ 或者 $\dfrac{4.9}{2.4} = 2 + \dfrac{1}{24}$ 來表示。

　　替代性的問題，在小學也偶爾會出現。例如：圓周率，小學就用 3 或者 3.14 來替代；線段或者直線都用線或直線來替代；全數也是用整數來替代；有限小數也是用小數來替代。

貳　小數的程序性知識

　　小數的程序性知識就是我們的算則。加、減法算則就是個位對齊個位、十分位對齊十分位……（概念性記憶），或者要對齊小數點（程序性記憶）。

　　小數的乘法則是對齊最右邊即可，最後的積，再把小數點點在被乘數小數位數與乘數小數位數的和。

　　小數的除法，就是先看除數是幾位小數，被除數就往後退幾位，再用除以整數的方法來除。當要求有餘數時，商的小數點在被除數新的小數點的位置上，餘數的小數點則和原來的被除數的小數點的位置相同。

參　小數的解題性知識

一、情境結構

　　小數的情境結構和整數一樣，分為一維連續量、二維連續量以及離散量。在此不再加以說明。

二、語意結構

（一）加（減）法的語意結構

　　加（減）法可以分為改變型、合併型、比較型或平衡型等四個類型。在小學，因為小數被看成分數的特例，因此它也可以從整數的語意結構推廣而來，因此在這邊不再舉例說明。詳細的例子，請參見本書第 2 章／第 3 節／肆／二／（一）。

（二）乘法的語意結構

　　我們參考整數乘法的語意結構，配合小數被看成分數的特例，分數是整數的推廣，發現小數乘法分為等組型、倍數型、面積型三種類型，其他的則無法利用小數概念呈現。至於其例子，我們不再舉例說明，請參見本書第2章／第3節／肆／二／（三）。

（三）除法的語意結構

　　除法文字題的情境可分為等分除和包含除二種，它也是從整數除法推廣而來，因此它的例子，我們不再舉例說明，請參見本書第 2 章／第 3 節／肆／二／（四）。在82年

版時代，曾經使用當量除用語，因為作者喜歡使用概念推廣的語詞，因此仍沿用等分除和包含除的用語。有關當量除的問題，請參見本書第 3 章／第 3 節／肆。

三、運算結構

　　小數的運算結構和整數的運算結構相同，在此不再加以解釋，但是列出來的主要目的是要老師了解它是由整數的運算結構推廣而來。

　　作者之所以提出運算結構的目的，和整數、分數的運算結構一樣，學生看老師出了一個問題，都可以把它變換成另外兩個問題。假如學生已經能夠自行舉一反三，老師可以不再強調；假如老師發現學生無法舉一反三，或者低成就學生還不能舉一反三，老師應該再出三個小數的問題讓學生比較、看到、了解、發現其間的關係。

四、問題

（一）為什麼學生對小數文字題的理解有困難？

　　許多老師都說，學生對文字題的語意了解有困難。作者的研究經驗發現，當我們要學生把文字題唸一遍時，他會花很大的精神在小數的讀法上，因此削弱了他對文字題的理解。

　　作者發現，自己在默讀文字題時，是不理會文字題上的數字，此時，自己可以聚焦在文字題語意的了解上，很快的了解文字題要我們算什麼。因此當學生在讀文字題時，老師應該引導學生不要把數字唸出來，或者以某數（簡單的數）替代，相信此時學生就可以很快了解文字題的語意了。

（二）為什麼學生會誤用乘、除法？

　　小數和分數概念同樣是整數概念的推廣，或者小數是分數的特例。當概念推廣以後，若學生沒有機會重新檢視所有的性質，再加上小數的乘法和除法問題對學生更為抽象（學生可能聚焦在數字上，而不是忽略小數或者簡化為整數，導致問題變得更為抽象），則學生很容易把概念過度一般化，認為整數有的性質小數都有。事實上，當一個數乘以純小數時，會愈乘愈小，愈除愈大；只有小數是帶小數時，才會愈乘愈大，愈除愈小。因此沒有重新檢查性質的學生在做文字題時，會感覺答案應該會變大就用乘，會變小就用除，以致學生產生誤用乘、除法的迷思概念。

（三）為什麼學生在小數乘法仍然對齊個位？

作者發現大部分的老師都有跟學生解釋爲什麼小數加法要個位對個位，爲什麼小數乘法要最右邊對齊。可是這樣的概念教學沒有足夠的時間讓學生內化程序性知識，便開始進行計算的熟練，因此學生記得的只有程序性的知識而已。在這樣的情形下，當學生在做小數加法和減法時，已記得「個位要對齊個位」，因此小數乘法時仍然過度一般化先前的小數加減法直式算則。

作者發現假如學生對每一種運算規則沒有眞正的概念性了解，他便會需要時常變換規則。例如：在做整數四則運算時，都對齊最右邊；到了分數加減法要變成分母相同分子才可以相加減；到了分數乘法又變成分母乘以分母、分子乘分子；到了分數除法、小數加法、乘法、除法又變了，最後導致學生很容易做錯，變成對數學愈來愈沒有興趣。因此作者一再強調學生的學習一定要概念性了解（使用比較小的數字——簡化），再內化爲程序性知識（較大的數和較小的數，說明的方法一樣，只是數字比較大而已），再來進行解題、推理的學習。

（四）小數乘法最右邊對齊和大數乘法也有類似的地方

在大數的乘法問題中，有些老師也在問，大數的被乘數和乘數最右邊的 0 可不可以不理會，只要對齊右邊不爲 0 的數，最後再加上被乘數和乘數的 0 就好。事實上，它也和小數的乘法有相同的概念在裡面。例如：23400×980 我們是把它看成有 234 個百乘以 98 個十，再去做計算，最後再補上千（或者三個 0）即可。

這種情形和大數的加減法一樣，有時候會省略掉後面的零，而用位值概念來做，例如：$120000 + 240000$，可以看成 12 個萬 + 24 個萬 = 36 個萬。

第 4 節 小數四則運算的教學

小數四則運算的教學，原則上還是和全數運算、分數四則運算一樣，應從啓蒙情境入手，讓學生能聚焦在四則運算概念的學習上，也就是爲什麼加、減、乘、除出來的結果是這樣。等到一定百分比的學生了解概念性知識，他們能內化爲程序性知識以後，才進行適度的程序性知識的學習。再來，教師應著手進行解題性知識的學習。

在小數的教學過程中，不要讓學生只做公式的記憶，這樣會讓學生混亂。例如：在做小數的加減法直式算則時，教師若只要求學生小數點對齊、個位對齊個位，到了乘法

時，又只要求學生最右邊對齊，小數點不用對齊小數點。類似這樣的記憶方式，最後學生會全部亂掉。因此，教師一定要讓學生概念性的了解，為什麼小數的加減法直式算則時，小數點要對齊、個位對齊個位，乘法為什麼最右邊對齊，小數點不用對齊小數點。相信學生可以學得更有感覺。

作者建議老師使用自己有感覺的理論，例如：概念性知識、程序性知識、解題性知識，先全面性的了解可以怎麼教，之後，再適度的依據實際的狀況（例如：學生認知情形、教學時間）調整教學，這樣可以使教師教得更有感覺一點。同時，因為教師了解我們的課程是一直循環的架構，只是加深加廣而已，我們會一再的重複概念性的教學，以及解題性的教學，同時，學生可以使用回到先前概念（問題簡化）的方法，或者略讀數字的方法，因此教師不必在一次的教學中，讓全部的學生了解，只要一定百分比的學生了解即可。教師可以在下次的教學中，檢驗已經了解的學生有多少人可以類化到數字較大的問題上；對於無法類化的學生，教師可以試著讓他類化；對先前不了解的學生，在下次的教學中，教師可以有機會讓他使用一些方法來了解先前的問題。如此，作者相信，我們可以照顧到有學習時間差的學生，讓所有的學生都同時在學習、成長、進步。

當學生了解整個學習脈絡，知道課程會循環出現、會進行概念推廣，了解現在所學的概念和先前的有同樣的架構，他可以使用簡化問題、畫圖、略讀數字的方法來了解概念，了解題意，相信有學習時間差的學生最後也能跟上來，學生會更知道怎麼學習數學、會更有感覺，可以把數學學得更好。

作者建議老師可以適度的給學生後設認知的概念，也就是讓學生了解：小數是整數概念的推廣；整數和分數都有四則運算，小數有沒有四則運算？小數四則運算的概念性解釋和整數四則運算一樣，是利用位值概念來解釋的；小數的問題可以利用整數來想，只是小數和分數一樣，時常用連續量（重量、容量……　）的例子。作者相信，學生有了這樣的後設認知之後，一定知道小數怎麼學、怎麼解釋（說不定老師還沒教之前，學生就知道怎麼解釋）、怎麼舉例、怎麼解題、怎麼溝通，一定對數學很有感覺、很有興趣。同時也別忘了數學素養的教學，給予學生一個生活脈絡情境，讓學生提問問題、解答，再詮釋解答的結果和真實生活的異同。

為了培養教師能真正了解學生的學習狀況，建議老師在進行教學觀摩或小考時，能事先預估一下有多少學生已達成教學目標或者各題的答對率，並在事後說明預估的理由，或者驗證老師預估的答對率差異有多少。

第 5 節　小數的性質

　　小數的性質也可以分為單一運算元（只有加、或減、或乘、或除）、二個運算元（加和減、加和乘……），甚至多個運算元的性質，只不過我們很少去討論三個以上的運算元。

　　作者建議老師在教學時和學生共同討論一下，小數的交換律、結合律、分配律等性質在相同的條件下是否仍然成立。

壹　單一運算元

　　在討論單一運算元的性質時，有些在我們的教科書不會出現，但是我們仍然要提出來，主要是希望教師能有規律的思考問題，以產生教學感，再設法教給學生，讓學生產生數學感。尤其在小學，小數是分數的特例，是全數概念的推廣，因此應該把全數的相關性質重新檢查一遍。

一、變大、變小

　　在小學，因為不討論負數，因此對「小數」的加法而言，「加數大於 0 時，愈加愈大」（在小學，若說加數不等於 0 時，愈加愈大，也可以）。對乘法而言，「乘數大於 1，會愈乘愈大；乘數小於 1，會愈乘愈小；乘數等於 1，積不變。」

　　相同的，對減法而言，「減數大於 0 時，愈減愈小」（在小學，若說減數不等於 0 時，愈減愈小，也可以）。對除法而言，「當除數是 0 時，沒有意義」，「當除數是 1 時，結果不變」，「當除數大於 1 時，愈除愈小」，「當除數小於 1（大於 0）時，愈除愈大」。

　　我們發現，在小學加法和減法的變大、變小的性質沒變，但是乘法和除法變了。

二、交換律

　　小數的交換律和分數一樣，只有加法和乘法有交換律，減法和除法沒有。也就是：

$$\begin{cases} a+b=b+a \\ a-b \neq b-a \\ a \times b = b \times a \\ a \div b \neq b \div a \text{，} a,b \text{ 都不等於 } 0 \end{cases}$$

三、加減互逆和乘除互逆

小數的加減互逆以及乘除互逆的性質和分數相同，在此不加贅述。

貳 兩個運算元

一、相同運算元 —— 結合律

相同運算元指的是兩個運算元都是加、或者減、或者乘、或者除。小數和分數一樣，加法和乘法有結合律，減法和除法就沒有結合律。

二、不同運算元

（一）分配律

小數的分配律和分數也相同，老師可以自行檢查，在此不加贅述。

（二）其他性質

小數的加法和減法的性質，以及乘和除的性質，在相同的條件下，也和分數相同。

第 6 節 ▶ 小數性質的教學

在小學，小數性質的教學也不會獨立一個單元進行教學，只是融入小數四則運算之後進行教學，甚至都不進行教學。

基於循環（螺旋式）教學可以讓更多學生有機會學會的原因，基於有規律的教與學，可以讓學生學得更有感覺的原因，作者建議教師可以花一點時間進行小數的乘、除會變大的教學，小數的交換律、結合律和分配律的教學，尤其是出一些使用交換律、結合律和分配律會特別好做的特定數字問題，特別留意積和商變大、變小，看學生是否能將以前所學的知識變成能力，主動運用到小數的情境。如此對於沒有察覺或者不會的學生，教師又提供一次的學習機會，學生更有可能學會這些性質。

第 7 節 107 年課綱分年學習內容 —— 小數

本書將 107 年課程綱要（教育部，2018）有關 1-6 年級小數（編碼 N-1-1，分別代表數與量－年級－流水號）的學習內容羅列如下，作為要進行教與學的內容檢核。

編碼	學習內容條目及說明
N-3-10	一位小數：認識小數與小數點。結合點數、位值表徵、位值表。位值單位「十分位」。位值單位換算。比較、加減（含直式計算）與解題。
N-4-7	二位小數：位值單位「百分位」。位值單位換算。比較、計算與解題。用直式計算二位小數的加、減與整數倍。
N-4-8	數線與分數、小數：連結分數、小數長度量的經驗。以標記和簡單的比較與計算，建立整數、分數、小數一體的認識。
N-5-8	小數的乘法：整數乘以小數、小數乘以小數的意義。乘數為小數的直式計算。教師用位值的概念說明直式計算的合理性。處理乘積一定比被乘數大的錯誤類型。
N-5-9	整數、小數除以整數（商為小數）：整數除以整數（商為小數）、小數除以整數的意義。教師用位值的概念說明直式計算的合理性。能用概數協助處理除不盡的情況。熟悉分母為 2、4、5、8 之真分數所對應的小數。
N-5-11	解題：對小數取概數。具體生活情境。四捨五入法。知道商除不盡的處理。理解近似的意義。
N-6-4	小數的除法：整數除以小數、小數除以小數的意義。直式計算。教師用位值的概念說明直式計算的合理性。處理商一定比被除數小的錯誤類型。
N-6-5	解題：整數、分數、小數的四則應用問題。二到三步驟的應用解題。含使用概數協助解題。

參考文獻

李源順（2001）。$0.\overline{9}$ 的診斷教學實驗。科學教育研究與發展季刊，**25**，31-48。

教育部（2008）。**97 年國民中小學九年一貫課程綱要：數學領域**。臺北市：教育部。

教育部（2018）。**十二年國民基本教育課程綱要國民中小學暨普通型高級中等學校－數學領域**。臺北市：教育部。

第 **5** 章　數運算的概念推廣

　　我們學習整數、分數、小數及其四則運算之後，會利用四則運算去思考兩個整數之間的關係，因而產生因數、倍數、質數、合數、比、比率……等概念。因此作者把這些概念當成是數運算概念的推廣。

第 1 節　運算推廣的相關概念

壹　概數相關概念

一、概數與精確數

　　精確數就是一個確定的數，例如：車上有 38 個人，38 便是一個確定的數。有時候我們很難精確的知道一個量有多少、很難去記住它有多少、不需要真的了解它有多少，或者爲了方便起見，我們會用概數表示一個數，也就是說概數是一個數的估計值。

　　有人會以爲個位不爲 0 的數是精確數，最右邊都是 0 的數是概數。其實精確數和概數應該從情境脈絡中來了解。例如：我的儲金簿有 1000 元，演講廳的座位有 1000 張，此時 1000 是精確數。因爲生活上物件的量，例如：長度，通常不會剛好是整公分（有人說測量的物件永遠是概數，因爲假如我們拿更精準的儀器去測量，可以找到更小的位數），所以在生活上若說筆的長度是 5 公分，大部分的情況是一個概數。

　　在小學的教材上，教導概數的啓蒙問題通常會圍繞在自然數的情境，事實上，概數不一定只有在自然數，也可能是小數。例如：身高 123.5 公分它的概數是 120 公分。

由於很多時候，我們無法真正區分概數與精確數，因此建議老師在教學時，不要聚焦在哪一個數是概數，哪一個數是精確數的問題，只要讓學生知道為什麼我們需要概數、知道使用哪些方法取概數即可。

二、取概數

在數學上取概數時一定要說出兩件事情：一是用什麼方法規約（四捨五入法、無條件進位法、無條件捨去法），二是取到第幾位。取到第幾位的目的是我們想要用這個位數的數值來稱呼所有的數。例如：取到百位時，我們是想要用整百（1 百，2 百…… 10 百，11 百……）來稱呼所有的數；取到千位時，我們是想要用整千（1 千，2 千……10 千……）來稱呼所有的數。

取概數的方法則可以分為四捨五入法、無條件進位法、無條件捨去法。若一數的指定位數的下一位數值是 4 以下（或者小於 5）時，則將指定位數之下的所有數皆記為 0（即四以下捨去）；若指定位數的下一位數值是 5 以上（或者大於或者等於 5）時，則在該指定位數加 1，並將指定位數之下的所有數皆記為 0（即五以上進入），稱為四捨五入法。例如：4589 用四捨五入法取概數到百位會得到 4600。但這種說法是符合字義的程序性知識，四捨五入的定義最好是說成在指定位數以下，小於一半的數值則捨去、全部記為 0，大於或者等於一半（或者一半以上）的數值則指定位數加 1、並全部記為 0，這樣才會和後面的兩種方法相符。

若一數的指定位數之後的數值不是 0 時，則將指定位數之下的數皆記為 0，且在該指定位數加 1；若指定位數之後的數值為 0 時，則該指定位數不加 1，稱為無條件進位法。例如：4589 用無條件進位法取概數到百位會得到 4600。要特別注意的是 4600 用無條件進位法到百位，仍然是 4600；而 4601 用無條件進位法到百位，則是 4700。

若一數指定位數之後的數值全部捨去，記為 0，且該指定位數不變，稱為無條件捨去法。例如：4589 用無條件捨去法取概數到百位會得到 4500。要特別注意的是 4600 用無條件捨去法到百位，仍然是 4600；而 4601 用無條件捨去法到百位，則是 4600；4599 用無條件捨去法到百位，則是 4500。

在小學的教材上，教導取概數的啟蒙問題，通常會圍繞在自然數的情境，事實上，取概數的方法不一定只有在自然數，也可能是小數。例如：身高 123.5 公分用四捨五入去取概數到十位是 120 公分。

同時我們在取概數時，最好用數線的方式來教學。例如：若是用四捨五入法取概數到百位是 3200 時，就把 31 百、32 百，以及 32 百、33 百之間的數都平分成一半，然後 3150 以上的數，且未滿 3250 的數，就歸到離整百最近的數 3200。若是用無條件進

位法取概數到百位是 3200 時，就把超過 31 百且 32 百以下的數通通進位到 3200。若是用無條件捨去法取概數到百位是 3200 時，就把 32 百以上且未滿 33 百的數通通捨去變成 3200。

到了國中，我們就會用正式的數學語言來教學，而說成大於或等於 3150，且小於 3250 的數，四捨五入到百位是 3200；大於 3100，且小於或等於 3200 的數，無條件進位到百位是 3200；大於或等於 3200，且小於 3300 的數，無條件捨去到百位是 3200。

我們儘量不要說成從 3150 到 3249 之間的數四捨五入到百位是 3200；從 3101 到 3200 之間的數無條件進位到百位是 3200；從 3200 到 3299 之間的數無條件捨去到百位是 3200。因為這樣的說法只有在所有的數都是整數時才對，同時用了生活用語「之間」，它有沒有包括端點，每個人的觀點並不一致。

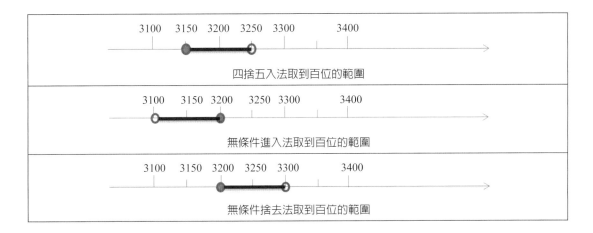

三、估算

估算是概數的計算。也就是說，我們先對某兩個數取概數，或者只知道某兩個數的概數，再對這兩個概數進行加、減、乘、除等四則運算。

當然也有人說先對兩個數做加、減、乘、除四則運算之後，再取概數，也是在做估算。不過這樣的說法只有取概數的感覺，沒有估算的感覺在裡面。

估算的主要用意是當我們沒有紙和筆時，想要估計需要進行四則運算的較大數有多大時，因為無法心算實際的數，因此先取概數再計算就比較容易在心中去計算它大概有多大。

四、概數的問題

（一）七十幾有沒有包括七十？

　　七十幾有沒有包括七十的問題是因爲七十幾是一種生活用語。有時候大家對生活用語有不同的見解，有時候必須視當時的情況來決定，因此不管有或者沒有包括七十，作者認爲都沒有錯。從生活上來說，大部分的人都同意不包括七十（若不信時，可以調查看看）。但作者的研究經驗發現，有老師說當數字小時，不包括；當數字大時，就包括。例如：七十幾，是不包括七十；七十幾億，就包括七十億。作者覺得這種說法也有道理。

　　但是假如我們把七十幾定義成不包括七十，這時候在數學概念的學習就會出現一些麻煩。例如：三十幾加上二十幾，它的結果應該說成五十幾、六十（25 + 35），或六十幾。

　　我們會使用七十幾的語言，在數學上主要爲了從生活用語連結到取概數的概念。同時在數學上，任何數都應該可以取概數，否則會變成有時候幾十不能取概數（問七十幾時），有時候幾百不能取概數，有時候又變成幾千不能取概數，那樣學生會混亂。因此在數學上，我們說七十幾最好包括七十，同時對七十幾用無條件捨去法取概數到十位是七十。同時在數學上七十幾包括七十也有好處，例如：三十幾加上二十幾，只要說成五十幾或六十幾就夠了，不必再說六十[1]。

　　作者建議老師要先釐清哪些生活語言和數學語言是一致的，若一致的話，它有助於學生的學習；若不一致，它會妨礙學生的學習。七十幾的用語是一個不一致的例子。在教學時，老師最好也能先調查一下到底有多少學生認爲有包括七十，有多少學生認爲沒有包括七十，然後讓學生清楚的了解在數學上的用法和他的想法一致、不一致，如此可以讓學生學得清楚一點、更愉快一點。

　　在教科書中，我們談七十幾時，時常使用整數。事實上，它也可以使用在小數上。在某些國家，例如：美國，他們的物品（如下圖）售價可以是 180.91 元，此時，

---

[1] 在數學上，我們一直希望學生用最精準的答案來回答問題。例如：32 + 45 我們希望學生的答案是 77，而不是 70 幾；四個邊一樣長、四角是直角的四邊形是正方形，而不是說長方形。因此在這邊要注意的地方是，70 幾是否只談整數；若只談整數，30 幾加 20 幾的精準答案應是從 50 到 68 的整數，所以五十幾或六十幾的答案不是精準答案，但大部分的情形我們會同意它。因此請老師留意我們什麼時候允許學生使用較大範圍的答案來回答。但是 70 幾若可以包括小數，則 $20 \leq x < 30$，$30 \leq y < 40 \rightarrow 50 \leq x + y < 70$，此時回答五十幾或六十幾的答案就是精準答案。

我們會說大約 180 幾元。因此，從小數（數學上）的觀點，180 幾元的意思應該是 180 ≤ x < 190 比較合理，比較好。

Kichler 70756
Brushed Nickel ...
$162.00 - $180.91

Compare Prices

引自 http://shopping.yahoo.com/browse/furnishings/;_ylt=AiQ9xHglg5rYdoF0rDZwtR9HD8Yu

（二）2300 可不可以用無條件進位法取概數到百位？

在生活上，2300 元就是 2300 元，它不需要取概數。但是在數學上為了讓每一個數都可以取概數，所以 2300 元還是可以用無條件進位法取概數到百位，只是它還是 2300。假如有些數不能取概數，那麼取到百位時，整百都不能取概數；取到千位時，整千都不能取概數，這時候學生的困擾會很大。

（三）為什麼學生對無條件進位有迷思？

作者曾經發現有些學生在做無條件進位時，認為指定位數的「下一位」是 0，就全部捨去，不進位；指定位數的「下一位」不是 0，就全部捨去，並且進位。例如：有些學生認為 230005，用無條件進位法取到萬位時，因為千位（萬位的下一位）是 0，所以捨去，不用進位，變成 230000。

這是因為學生把它和四捨五入法的取到萬位時是看千位（千位是 5 以上就進位，千位是 4 以下就不進位）的方法弄混了，因為學生對三種取概數的方法用兩種不同的方式來記憶。因此作者建議教師統一使用數線來進行取概數的教學，學生比較容易產生取概數的數學感。

（四）哪些數四捨五入到百位是 30000？

哪些數四捨五入到百位是 30000？這個問題對學生而言是比較難的問題，除非學生

對概念有非常清楚的了解，否則很容易出現迷思概念。第一，這個問題是「數」不是「自然數」，因此，它是要包含小數、分數的（甚至是無理數）；第二，這個問題的百位、千位仍然是 0，意思是它可能是從四捨五入到百位以後，不斷的進位而來；第三，這個問題是要學生把所有的數都找出來（窮盡），還是找其中一部分即可？第四，這個問題是取概數（30045 用四捨五入法取概數到百位是多少？）的逆概念（哪些數用四捨五入法取概數到百位是 30000），所以比較難。

上面問題的標準答案是 $29950 \leq x < 30050$。若教師覺得上述問題對學生太難，教師可以把問題改成「找五個自然數，使得這些數四捨五入到百位是 30000」。

（五）先估再算與先算再估的差別是什麼？

❶下面是民國 96 **年** 5 **月四個縣的人口統計表：**

地名	嘉義縣	苗栗縣	金門縣	桃園縣
人數(人)	552273	559818	78707	1919487

上面的表格中，嘉義縣和金門縣的人口合計大約是幾萬人？

對於上面的問題，由於表格中給的是精確數，但問題是問大約幾萬人。這時候，我們有兩種做法：一種是先把精確的數算出來，再四捨五入到萬位。也就是 552273 + 78707 = 630980，然後四捨五入到萬位，所以嘉義縣和金門縣的人口合計大約是 63 萬人。

另一種做法是先估再算：先利用四捨五入法估計到萬位，再進行加法計算。也就是嘉義縣約 55 萬人，金門縣約 8 萬人，所以嘉義縣和金門縣的人口合計大約是 55 萬 + 8 萬 = 63 萬人。

先算再估所得的數值會比較接近精確的數值；先估再算所得的數值不會比先算再估接近精確的數值。以用三種方法取到萬位的概數來說，兩個數的加法和減法有可能相差一萬人。例如：24999 和 34999，若先相加再用四捨五入法取概數會得到 6 萬，若先用四捨五入法取概數再相加會得到 5 萬；29999 和 39999，若先相加再用無條件捨去法取概數會得到 6 萬，若先用無條件捨去法取概數再相加會得到 5 萬。

但是我們要估算的目的很可能是我們手邊沒有紙和筆，無法進行精確的計算，因此，我們使用先估再算，可以減少記憶的負荷。因此估算的方法，應以使用先估再算比較合理。

（六）取概數的有效位數問題

有老師問到有關加法和乘法的估算問題。題目和解答是：

問題

先用四捨五入法取概數到小數第一位，再計算：

長 1.21 公尺的竹竿和長 3.75 公尺的鐵條合起來有多長？

解答

$1.21 \fallingdotseq 1.2$，$3.75 \fallingdotseq 3.8$

$1.2 + 3.8 = 5.0$

問題

先用四捨五入法取概數到小數第二位，再計算：

有一個長方形，長 1.042 公尺，寬 0.751 公尺，求面積是多少平方公尺？

解答

$1.042 \fallingdotseq 1.04$，$0.751 \fallingdotseq 0.75$

$1.04 \times 0.75 = 0.7800$

老師的問題是計算後的答案可以寫「5」公尺還是一定要「5.0」公尺？可以寫「0.78」平方公尺還是一定要寫「0.7800」平方公尺？

作者記得以前在學習數學時，教科書有有效位數的教學內容。依據維基百科（2013）的說明，若真正的值 x，它的近似值是 x'；則 x' 有 m 位的有效數字，表示從 x 的左端非零數字算起，絕對誤差 $|x - x'|$ 的前 m 個數位為 0，隨後一位數字取值從 0 到 5。

若 x 用科學計數法表示為 $x = \square . \square\square\square \times 10^n$，其近似值 x' 有 m 位的有效數字，則 $|x - x'| \leq 5 \times 10^{n-m}$。例如：

真值 5.1 的近似值 5 具有 1 位有效數字，因為 $|5.1 - 5| = 0.1 \leq 5 \times 10^{0-1} = 0.5$。真值 0.51 的近似值 0.5 具有 1 位有效數字，因為 $|0.51 - 0.5| = 0.01 \leq 5 \times 10^{-1-1} = 0.05$。真值 4.995 的近似值 5.00 具有 3 位有效數字，因為 $|4.995 - 5.00| = 0.005 \leq 5 \times 10^{0-3} = 0.005$

當我們強調有效位數時，此時的 0 就應該表示出來，也就是最好表示成 5.0、0.7800 來回答，不要寫成 5、0.78。但是現今的數學教材，已經沒有有效位數的教學內容，因此，作者建議老師放寬處理，兩種答案都可以接受。

若老師想要求有效位數，可以在題目說明先估再算的答案用四捨五入法取概數到第幾位。或者等到把有效位數的問題納入正式教學以後，再要求學生無論題目有沒有說明，都要依有效位數來取概數，因為這種教學脈絡才符合學習者中心。學習者沒有學過，我們不能要求他依據沒學過的規則給答案；學習者學過，就可以求學習者依據學習脈絡處理答案。

貳 因數和倍數相關概念

一、因數、倍數

因數和倍數[2]是定義在整數（正整數、0、負整數）之中（我們可以稱它爲定義域），老師要留意，我們的教材有時候沒有特別強調定義域。當一個不爲零的整數甲，若能整除另一整數乙，則甲稱爲乙的因數，乙稱爲甲的倍數。例如：6 可以整除 24，所以 6 是 24 因數，24 是 6 的倍數。要特別注意的是，1 可以整除任何一個整數，本身也可以整除本身，所以任何不等於 1 或 0 的整數，至少有 2 個因數，也就是 1 和本身。

老師要留意，因爲在生活上我們要把 12 個蘋果平分包裝，很少會把 1 個蘋果裝一包或者把全部的蘋果裝一包，因此學生很容易忘了 1 和本身是一個整數的因數。

因爲 0 不能除任何數，所以 0 都不會是任何數的因數。但是 0 可以被任何一個非 0 的整數整除，因此 0 則是任何非 0 整數的倍數。

國小階段只學習正因數、正倍數，所以小學所談的因數和倍數，其實是正因數和正倍數（0 的因數與倍數問題也很少談）。到了國中階段，則會引進負因數、負倍數的概念。這個意思是，到了國中，–6 是 24 因數，–24 是 6 的倍數。這時候 6 的因數可以分爲正因數和負因數；6 的倍數可以分爲正的倍數、負的倍數和 0。

二、公因數和公倍數

一個整數甲，同時是兩個以上整數的因數時，則甲數稱爲這些整數的公因數（即公家、共同的因數）。公因數中最大者，即稱爲最大公因數，最大公因數一定爲正整數。

一個整數乙，同時爲兩個以上的整數的倍數時，則乙稱爲這些整數的公倍數。在所有正整數的公倍數中，最小者稱爲最小公倍數。

在小學，只有學正整數和 0，到了國中會到負整數，所以在教學上要小心。例如：在國中，4 和 6 的所有公因數有 –2、–1、1、2，所以 2 是最大公因數；6 和 8 的公倍數有 0、24、–24、48、–48⋯⋯，所以 24 是 6 和 8 正整數中的最小公倍數。在小學，4 和 6 的所有公因數有 1、2，所以 2 是最大公因數；6 和 8 的公倍數有 0、24、48⋯⋯，所以 24 是 6 和 8 正整數中的最小公倍數。

---

[2]　因數的因，有因子、因素、一部分的意思。倍數則容易聯想到幾倍的意思。

三、因數與倍數的問題

（一）3 是 $\frac{1}{3}$ 的 9 倍，所以 3 是 $\frac{1}{3}$ 的倍數？

因數和倍數的概念是定義在整數之中，分數不談因數和倍數的概念。因此我們不能問 3 是不是 $\frac{1}{3}$ 的倍數的問題。也就是說這是一個概念的定義問題，它被定義在哪個範圍非常重要，老師和學生都要非常小心。

（二）因數與倍數的教學需不需要具體操作？

作者認為學生在不同的年級，使用的教學方法不見得會相同。例如：低年級多一點具體操作是好的，到了高年級，因為已經要慢慢進入形式運思期，因此，學生可以利用圖形表徵來學習的話，就用圖形表徵就好，不一定還要從具體操作開始。

例如：在教因數和倍數的啟蒙概念的問題「12 顆彈珠，每 4 顆裝一包，可不可以都裝完？」學生到了五年級，要學習因數和倍數概念，理論上大多數的學生對基本乘法和除法概念都會了，此時它只是用到基本的除法概念便可以了解，教師不見得要再讓學生具體操作：一包一包來裝看看，反而直接問學生為什麼可以？學生可以說 12 ÷ 4 = 3 或者 4 × 3 = 12 即可。除非老師的教學目的是要教那些連除法概念都還不太清楚的低成就學生，才需要具體操作。

重要的是，要讓學生顧名思義，讓學生感受到「因」（有因子、因素 —— 一部分的意義）數的感覺，4 可以把 12 整除，12 是 4 的「倍」數，12 是 4 的 3 倍。

（三）因數的學習進程為何？

一開始，我們會先問學生某個數是不是某個數的因數，再來才會要學生去找一個數的所有因數。一開始，我們問某數是不是某數的因數時，例如：4 是不是 12 的因數？此時學生只要回到原來的定義：除除看，便可以正確判斷。

當要找一個數的所有因數時，就有不同的進程：

1. 除除看

一開始學生還是可以回到因數的定義，有規律的一個一個除除看來檢查因數。例如：1 是不是可以整除 12？2 是不是可以整除 12？3 是不是可以整除 12？……

這個方法雖然很笨，但學生一定要注意到。因為在數學的學習上，很多時候都要使用一開始的定義來解題；然後在這個基礎上，看一看對特定的問題是否有更有效率的解題方法。更有效率的解題方法，有時候只對特定的問題有用。例如：我們要找過一條曲

線外一點的切線方程式時，可以用求解的方式來做，可是當曲線是圓形時，就有特定的方法（圓心到切線的距離等於半徑）可以用，但是這種方法只能用在圓形，不能用到求橢圓的切線方程式。

2. 一次找兩個

後來學生發現 $12 \div 1 = 12$ 時，$12 \div 12 = 1$，或者 $1 \times 12 = 12$，所以 1, 12 都是 12 的因數。發現 $12 \div 2 = 6$ 時，$12 \div 6 = 2$，或者 $2 \times 6 = 12$，所以 2, 6 都是 12 的因數。發現 $12 \div 3 = 4$ 時，$12 \div 4 = 3$，或者 $3 \times 4 = 12$，所以 3, 4 都是 12 的因數。此時學生便可以更快速的得到 12 的所有因數：1, 12, 2, 6, 3, 4，變成 1, 2, 3, 4, 6, 12。

3. 質因數分解

最後學生再學到利用樹狀圖或者短除法進行質因數分解，並從質數中，快速找到所有的因數。例如：$12 = 2 \times 2 \times 3$，所以它的所有因數有：(1) 一個質因數：1（一定有），2，3；(2) 兩個質因數相乘：2×2，2×3；(3) 三個質因數相乘：$2 \times 2 \times 3$。

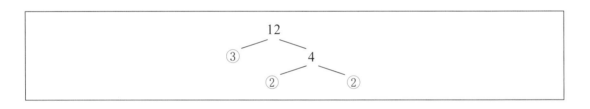

國小學生要學習較小自然數的質因數分解，難度不高，只要從 2, 3, 5 的質數一個一個去除除看，或者畫出樹狀圖即可。但是對於較大的自然數要進行質因式分解時，就需要使用因數判別法，或者倍數判別法，去判別是否有 2, 3, 5, 7, 11.... 等等的因數。

（四）倍數的學習進程為何？

倍數的學習進程和因數的學習進程相同。一開始，先確定某個數是不是某個數的倍數，再來找某個數的所有倍數。

1. 除除看

一開始，我們會先問某數是不是某數的倍數？例如：12 是不是 4 的倍數？此時雖然本質上要去想 12 是 4 的幾倍？但因為乘除互逆的概念，所以學生也是用除的，看 4 是否能整除 12。因為可以整除，12 就是 4 的倍數。

2. 找所有的倍數

當我們要找尋所有的倍數時，學生可以從 1 倍，2 倍，3 倍……，快速的了解 4 的所有倍數有：$4 \times 1, 4 \times 2, 4 \times 3...$，也就是 4, 8, 12...。發現一個數的倍數有無限多個。

（五）因數（倍數）判別法

因數（倍數）判別法是為了讓學生能更快速的找到一個數的因數。因數判別法是要判別一個數有沒有 2, 3, 5, 7, 9, 11, 13, 17... 的質因數，或者一個數是不是 2, 3, 5, 7, 9, 11, 13, 17... 的倍數。一般，我們不會去記 17 以上的因數判別法。

1. 2 的因數判別法

大家都知道，只要是偶數，也就是個位是 0, 2, 4, 6, 8，就有 2 的因數。原因是偶數都可以 2 個一數，也就是 2 的倍數，因此一定有 2 的因數。

2. 3 的因數判別法

把所有的數相加，若能被 3 整除，就是 3 的倍數，也就是有 3 的因數。例如：$1 + 3 + 7 + 8 + 5 = 24$，24 可以被 3 整除，所以 13785 有 3 的因數。原因是：

$13785 = 1 \times 10000 + 3 \times 1000 + 7 \times 100 + 8 \times 10 + 5$

$= 1 \times (9999 + 1) + 3 \times (999 + 1) + 7 \times (99 + 1) + 8 \times (9 + 1) + 5$

$= 1 \times 9999 + 3 \times 999 + 7 \times 99 + 8 \times 9 + (1 + 3 + 7 + 8 + 5)$

而前面 4 項中的 9999, 999, 99, 9 都是 3 的倍數，所以只要 $1 + 3 + 7 + 8 + 5$ 是 3 的倍數，13785 就是 3 的倍數。

3. 5 的因數判別法

只要個位是 5 或 0，就是 5 的倍數，也就是有 5 的因數。原因是十位以上的數一定可以被 5 整除，所以只要看個位是否被 5 整除即可。例如：$13785 = 1378 \times 10 + 5$，其中 10 是 5 的倍數，所以只要看個位數 5，就知道了。

4. 7 和 13 的因數判別法

7 的倍數判別法是將一正整數由個位開始，向左每三位為一節，若奇數節的和減去偶數節的和，它的結果含有 7 的因數，則原數有 7 的因數，若其結果含有 13 的因數，則原數就有 13 的因數。

因數判別法的公式，主要是想辦法利用 7 的某一個倍數和整百、整千……很接近，再形成公式。因為 $1001 = 7 \times 11 \times 13$，$999999 = 7 \times 13 \times 11 \times 999$，$1000000001 = 1001 \times 999001$，$(10^3)^{(2n)} - 1 = (10^3 + 1)((10^3)^{(2n-1)} - \cdots\cdots - 1)$，$(10^3)^{(2n+1)} + 1 = (10^3 + 1)((10^3)^{(2n)} - \cdots\cdots + 1)\cdots\cdots$；所以 7 和 13 的倍數判別法主要是利用 1001 而來。例如：

$1234579696 = 1 \times 1000000000 + 234 \times 1000000 + 579 \times 1000 + 696$

$= 1 \times 1000000001 - 1 + 234 \times 999999 + 234 + 579 \times 1001 - 579 + 696$

$= (1 \times 1000000001 + 234 \times 999999 + 579 \times 1001) + (-1 + 234 - 579 + 696)$

所以只要判別 $-1 + 234 - 579 + 696$ 的結果是否可以被 7 或者 13 整除即可。

5. 11 的因數判別法

把一正整數的個位數字，依照順序一加一減，它所得到的結果若是 11 的倍數，則原數就是 11 的倍數，也就是有 11 的因數。

依據上面 7 和 13 的倍數判別法，我們發現 1001 也是 11 的倍數，所以上面的方法也適用 11 的因數判別。但是我們發現 $10 = 11 - 1$，$100 = 11 \times 9 + 1$，$1000 = 1001 - 1$……。所以，我們可以用更簡單的方法來判別 11 的倍數。例如：

$579183 = 5 \times 100000 + 7 \times 10000 + 9 \times 1000 + 1 \times 100 + 8 \times 10 + 3$

$= (5 \times 100001 - 5) + (7 \times 9999 + 7) + (9 \times 1001 - 9) + (1 \times 99 + 1) + (8 \times 11 - 8) + 3$

$= (5 \times 100001 + 7 \times 9999 + 9 \times 1001 + 1 \times 99 + 8 \times 11) + (-5 + 7 - 9 + 1 - 8 + 3)$

$-5 + 7 - 9 + 1 - 8 + 3 = -11$，$-11$ 是 11 的倍數，所以 579183 是 11 的倍數。

這個例子也告訴我們，數學家在找尋公式時，會使用比較簡單、比較容易記的方法來當作公式。就好像前面所談的小數乘以整數或者乘以小數的直式算則一樣，不要用加減法的位值概念，改用分數概念來計算比較不會錯，因此小數加減法直式算則要對位，乘以小數反而不用對位。

（六）最大公因數的學習進程為何？

當我們要找 40 和 48 的所有公因數，或者最大公因數時：

1. 列出所有數的所有因數

一開始，可以把 40 和 48 的所有因數都列出來，再找出共同有的公因數。

40 的因數有 1, 2, 4, 5, 8, 10, 20, 40

48 的因數有 1, 2, 3, 4, 6, 8, 12, 16, 24, 48

所以 40 和 48 的公因數有 1, 2, 4, 8

40 和 48 的最大公因數是 8。

再從所有公因數與最大公因數進行觀察，發現所有的公因數都是最大公因數的因數，而且最大公因數的因數，都是 40 和 48 的公因數 [3]。

2. 列出一個數的所有因數

因為要把兩個數的所有因數都列出來比較麻煩，另一種做法便是先列出一個數的因數，再利用這些因數去除另一個數。若能整除，就是公因數；若不能整除，就不是公因數。

------

[3] 要證明為什麼所有的因數都是最大公因數的因數，是有一點難度的，因此在小學只要讓學生從多組找最大公因數的問題中，觀察、發現，再歸納出結論可。

40 的因數有 1, 2, 4, 5, 8, 10, 20, 40

$48 \div 1 = 48$，$48 \div 2 = 24$，$48 \div 4 = 12$，$48 \div 5$ 無法整除……

所以發現 40 和 48 的所有公因數有 1, 2, 4, 8。8 為最大公因數。

3. 質因數分解

因為所有的公因數都是最大公因數的因數，因此可以利用樹狀圖或者短除法進行質因數分解，利用質因數分解來找最大公因數（把所有的數都有的質因數找出來，再相乘）[4]，再找出所有的公因數。

$40 = 2 \times 2 \times 2 \times 5 = 2^3 \times 5$

$48 = 2 \times 2 \times 2 \times 2 \times 3 = 2^4 \times 3$

發現 40 和 48 的最大公因數是 $2 \times 2 \times 2$，所以所有的公因數有 1, 2, 4, 8。

（七）最小公倍數的學習進程為何？

找最小公倍數或者所有的公倍數的方法和找最大公因數的方法類似。例如：當我們要找 8 和 12 的所有公倍數（或者某個範圍內的所有公倍數），或者最小公倍數時：

1. 列出所有數的倍數

一開始，可以把 8 和 12 的所有倍數都列出來，再找出共同有的公倍數。

8 的倍數有 8, 16, 24, 32, 40, 48, 56, 64, 72, 80, 88, 96...

12 的倍數有 12, 24, 36, 48, 60, 72, 84, 96, 108...

所以 8 和 12 的公倍數有 24, 48, 96...

8 和 12 的最小公倍數是 24

再讓學生觀察所有的公倍數和最小公倍數，發現所有的公倍數都是最小公倍數的倍數，而且是最小公倍數的 1 倍、2 倍……。

2. 列出一個數的倍數

因為要把兩個數的倍數都列出來比較麻煩，另一種做法便是先列出一個數的倍數，再利用這些數去除另一個數。若能整除，就是公倍數；若不能整除，就不是公倍數。

8 的倍數有 8, 16, 24, 32, 40, 48, 56, 64, 72, 80, 88, 96...

4　要說明為什麼把質因數分解後，所有共同的質因數找出來，再相乘的數就是最大公因數的證明，是有一點難度的（除了證明共同質因數的乘積是公因數之外，還要證明所有的公因數都沒有比它大）。因此，在小學是學生發現所有數共同的質因數的乘積剛好就是最大公因數，最後歸納結論。

16÷12 無法整除，24÷12 = 2，32÷12 無法整除，40÷12 無法整除，48÷12 = 4……

所以發現 8 和 12 的公倍數有 24, 48...。24 為最小公倍數。

3. 質因數分解

因為所有的公倍數都是最小公倍數的倍數，因此和找所有的公因數方法相同，先用樹狀圖或者短除法進行質因數分解，利用質因數分解來找最小公倍數和所有的公倍數。最小公倍數則是所有共同的質因數只取一個（若找三個以上的數的最小公倍數，只要是二個數的共同質因數，就取一個），再乘以所有不是共同的質因數[5]。

$$8 = ② \times ② \times ② = 2^3$$
$$12 = 2 \times 2 \times ③ = 2^2 \times 3$$

發現 8 和 12 的最小公倍數是 2×2×2×3（前面兩個 2 是共同的質因數）。

（八）問題：兩個數和三個數的最大公因數和最小公倍數做法相同嗎？

找兩個數和三個以上的數的最大公因數和最小公倍數的方法，在概念上是相同的，也就是最大公因數是所有數的因數中最大的數，而最小公倍數是所有數的公倍數中最小的自然數。因此列出所有數的因數（倍數），或者列出一數的因數（倍數）再找可以被其他所有的數整除（整除其他的數）中最大（最小）的因數（倍數），或者用質因數方法，都可以找出最大公因數（最小公倍數）。

但是當我們利用短除法來求三個數以上的最小公倍數時，就要小心（概念推廣後，做法不同）。用短除法來求最小公倍數時，只要有兩個數還有公因數就繼續求公因數，直到任何兩個數都沒有公因數時，才把所有的數乘起來，才是所有數的最小公倍數。

利用短除法來求三個數以上的最大公因數時，方法還是一樣。只要把所有的數的公因數找出來（只要有任何一個數沒有公因數就不行），再把所有的公因數乘起來，就是所有數的最大公因數。

參　質數和合數

質數和合數是定義在正整數（自然數）之中。一個大於 1 的正整數（自然數），當它只有 1 和本身兩個正因數時，稱為質數。2, 3, 5, 7, 11... 都是質數，2 是唯一一個偶

5　要證明利用質因數找最小公倍數的方法，是有一點難度的，因此在小學也是用歸納的方式得到。

數且是質數，其他所有的質數都是奇數。

　　大於 1 的正整數（自然數）中，不是質數者稱為合數，也就是由兩個大於 1 的正因數相乘而得的數。4, 6, 8, 9, 10... 都是合數，除了 2 以外，其他的偶數都是合數，且也有很多奇數是合數。

　　1 不是質數，也不是合數；且所有的自然數，除了 1 之外，不是質數，就是合數。

　　因為質數和合數是定義在自然數（正整數）之中，0 不在定義域內，因此不去談 0 是不是質數或者合數的問題。按照定義，自然數中，至少要有 2 個正因數；合數是由兩個不等於 1 的數相乘。1 只有一個正因數，同時它無法由兩個大於 1 的正因數相乘而得到，因此 1 不是質數，也不是合數。

一、質因數、互質

　　一個數是質數又是某數的因數時，稱此數為某數的質因數。例如：3 是質數，同時又是 12 的因數，所以 3 是 12 的質因數。因為質數是定義在自然數中，因此質因數也一定是自然數。

　　兩個正整數，除 1 以外，沒有其他的正公因數者，稱為兩數互質。兩個相異的質數一定互質，但是兩數互質不代表兩數一定是質數。例如：5 和 11 互質，同時 5 和 11 都是質數；4 和 9 都不是質數，但是 4 和 9 兩數互質；4 和 11 互質，但只有 11 是質數。

二、質因數分解、短除法

　　一個正整數做質因數分解的意思是將此數變成質因數的連乘積，並且習慣上由小至大連乘表示之，質因數相同者可以用指數形式簡記之。例如：$12 = 2 \times 2 \times 3 = 2^2 \times 3$（或 $2^2 \cdot 3$）。

　　要把一個整數進行質因數分解，可以用樹狀圖的方式，一直分解到全部的數都是質數。例如：

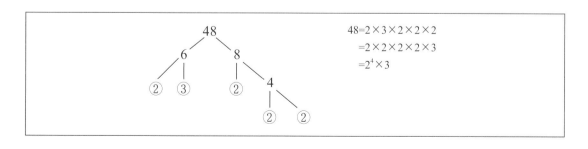

　　判別一個數的因數，或兩個數以上的公因數時，只寫出除數和商，並不詳細運算除

法過程，稱爲短除法。要把一個數進行質因數分解也可以使用短除法來找，它的概念就是一直用質因數去除剩下的商，也就是一直重複做除法。例如：

$$\begin{array}{r} 6\\ 2\overline{)\,1\ 2}\\ 1\ 2\\ \hline 0\end{array} \qquad \begin{array}{r} 3\\ 2\overline{)\,6}\\ 6\\ \hline 0\end{array}$$

$$\begin{array}{r|l} 2 & 12 \\ \hline 2 & 6 \\ \hline & 3\end{array} \qquad \begin{array}{r|ll} 2 & 12 & 16\\ \hline 2 & 6 & 8\\ \hline & 3 & 4\end{array}$$

短除法

後來短除法也被推廣到找二個以上的數的最大公因數或者最小公倍數。如上例，12 和 16 的最大公因數就是 2×2 = 4，最小公倍數就是 2×2×3×4 = 48。它的概念就是從質因數分解找最大公因數、最小公倍數而來。

三、質數與合數的問題

※ 短除法可不可以用合數來除呢？

有些老師問作者，在做短除法時是不是一定要用質因數來除？作者認爲，短除法和直式算則一樣，都是爲了幫助學生快速、正確的把答案算出來，只要學生能正確計算，短除法的規矩並不重要。因此當我們要做質因數分解時，爲了怕學生做錯，最好用質因數來除，但是假如此數的個位是 0 時，我們也可以直接用 2, 5 來除，這樣速度會更快、更不會錯。假如我們只是要求兩個數的最大公因數，或者最小公倍數時，只要不會做錯，不一定要用質因數來除，也可以用合數來除。

$$\begin{array}{r|l} 2,5 & 120 \\ \hline 2,2 & 12 \\ \hline & 3\end{array}$$

當學生真正了解以後，在短除法中不一定使用質數作為除數

肆 比的相關概念

比率和百分率，雖然和比沒有直接的關係，但是它也可以看成比值的一個概念，因

此，我們把它放在此地介紹。

一、比率、百分率

若兩量之間的關係為部分量／全體量，則稱為比率。例如：全班有 20 人，男生 12 人，則男生占全班的比率是 $\frac{12}{20} = \frac{3}{5}$。

在比率的問題中，將一個（純）小數乘上 100 以後，附加 % 記號，稱為百分率，如 0.23 = 23%。

因為比率和百分率是部分量和全體量的關係，因此它就是分數的基本概念，同時它們的啟蒙概念，值是小於 1 的分數。但是比率和百分率也會被概念推廣成值是大於 1 的概念。例如：原來水量是 100ml，當水量增加 20ml 時，現在的水量是原來水量的 $\frac{120}{100}$ = 120%。

二、比、比值

64 年部編版（蔣治邦、謝堅、陳竹村、陳俊瑜、林淑君，2001）定義，比是指兩量倍數關係的另一種表示法。例如：5 塊餅乾是 2 塊餅乾的 $\frac{5}{2}$ 倍，也可以寫做 5：2。82 年部編版則定義比是並置的兩對應關係量的紀錄。例如：甲和乙的體重分別是 56 公斤和 43 公斤，則甲、乙兩人的體重可以記為 56：43。因此，比的啟蒙是同類量的比，後來被推廣到不同類量的比，只要這兩個不同類量有一個關係存在即可。例如：2 個披薩賣 600 元，則披薩個數與價錢之比為 2：600。

再由比的關係式中，導引出比的前項除以後項，其值不變，稱為比值。例如：3：4 的比值為 $\frac{3}{4}$ 或 0.75。因為 1 個披薩賣 300 元，2 個披薩賣 600 元，披薩個數與價錢之比值都是 $\frac{1}{300}$。因為兩個比的比值相等，我們稱為這兩個比是相等的比。

82 年版課程（蔣治邦、謝堅、陳竹村、陳俊瑜、林淑君，2001）將兩個數量 A，B 之間，因為某種原因而產生一種配對關係，就稱此兩數量 A，B 有對等關係。同時將對等關係分成四類：

組合的對等關係：A，B 為同類量，且都是同一全體量的部分。例：一種遊戲中 3 個小孩需要 2 個大人協助。

母子的對等關係：A，B 為同類量，且一數量是全體量，另一數量是全體量的部分量。例：一打襯衫有 12 件，其中 4 件是藍色的。

交換的對等關係：A，B 分別描述兩個（堆）物件，由於某種因素使 A，B 具有相

同的價值，可以交換，而形成對等關係。例：小華拿 135 本雜誌到圖書館換了 9 本小說。

　　密度的對等關係：A，B 不為同類量，且 A，B 是描述同一物件的不同性質，A，B 的比值是作為密度的描述。例：30 立方公分的水重 30 公克。

　　82 年版將兩數量的對等關係以「：」區隔，並據以呈現兩量之關係稱為比。例如：一種遊戲中 3 個小孩需要 2 個大人協助，則小孩與大人的比記成 3：2。一打襯衫有 12 件，其中 4 件是藍色的，此時襯衫與藍色襯衫的比記成 12：4。

　　在多個對等關係中，假如有相同的對等關係，此時稱等價的對等關係，或者相等的比。例如：3 個小孩需要 2 個大人協助，6 個小孩需要 4 個大人協助，則小孩與大人的比 3：2 和 6：4 有相同的對等關係，稱為相等的比，可以記為 3：2＝6：4

　　82 年版再利用比的相等引入比值。比值的定義是前項除以後項，其值不變。例如：3：4 的比值為 $\frac{3}{4}$ 或 0.75。

三、正比、反比

　　當兩組數量（變數）之間有一固定的比值時，我們稱這兩組數量成正比例。例如：一組數量為蘋果的顆數：1, 2, 3, 4，另一組數量為蘋果顆數的售價：10, 20, 30, 40。因為 1：10＝2：20＝3：30＝4：40，此時我們稱蘋果的<u>數量與售價成正比例</u>。上述的定義，作者認為比較不能突顯正比的感覺。作者認為「當兩組數量（變數）之間，一組數量的任何兩個數成某倍關係時，另一組數量的相對應兩數也成此倍數關係，則稱這兩組數量成正比例」的定義，比較有成正比的味道。例如：一組數量為蘋果的顆數：1, 2, 3, 4，另一組數量為蘋果顆數的售價：10, 20, 30, 40。當蘋果從 1 顆增加為 3 倍（3 顆）時，相對的數量，售價從 10 元也增加為 3 倍（30 元）。當蘋果從 2 顆增加為 $\frac{3}{2}$ 倍（3 顆）時，相對的數量，售價從 20 元也增加為 $\frac{3}{2}$ 倍（30 元）。

　　兩組數量，把其中一組數量取倒數後，與另一組數量的比值都相等，則稱這兩組的數量成反比例。例如：長方形面積等於 36 平方公分的長分別是 1, 2, 3, 4...；寬分別是 36, 18, 12, 9…，把寬取倒數後的比值分別是 $\frac{1}{\frac{1}{36}}$, $\frac{2}{\frac{1}{18}}$, $\frac{3}{\frac{1}{12}}$, $\frac{4}{\frac{1}{8}}$，都是 36，也就是等面積的長方形的長和寬成反比。我們也可以說兩組的相對項相乘以後，其值固定，則這兩組數量成反比。也就是 1×36＝2×18＝3×12＝4×9＝……＝36，因此 1, 2, 3, 4... 與 36, 18, 12, 9... 成反比。

　　同樣的，作者也認為上述的定義比較沒有反比的感覺。若我們定義「兩組數量（變

數）之間，其中一組數量的任何兩個數成 n 倍（或某一倍數）關係時，與另一組數量的相對應兩數是 $\frac{1}{n}$ 倍（或上述倍數的倒數）關係，則稱這兩組數量成反比例。」例如：長方形面積等於 36 平方公分的長分別是 1, 2, 3, 4...；寬分別是 36, 18, 12, 9...。前一組數量中的 2 和 3 成 $\frac{2}{3}$ 倍關係，它的相對應兩數 18, 12 則成 $\frac{18}{12} = \frac{3}{2}$，即 $\frac{2}{3}$ 的倒數關係。前一組數量中的 2 和 4 成 $\frac{1}{2}$ 倍關係，它的相對應兩數 18, 9 則成 $\frac{18}{9} = 2$，即 $\frac{1}{2}$ 的倒數關係。因此，1, 2, 3, 4... 與 36, 18, 12, 8... 成反比，也就是等面積的長方形的長和寬成反比。

　　作者發現，或許是後者的定義比較冗長，才用前者作為定義。

四、比的相關問題

（一）棒球比賽的比數 2：3 是不是比？可不可以變成 4：6？

　　依作者的見解，只要兩個數量因為存在某種關係，而利用並置的方式來表示它們的關係，就是比的概念。也就是因為棒球比賽時為了表示兩隊所得分數的關係，所以我們可以用比來表示它，因此 2：3 代表這兩隊得分的關係。

　　在生活中的比，不見得可以隨便擴分和約分。例如：棒球比賽的比數 2：3，把它擴分（兩數乘以同一倍數）成 4：6，意義已經不太一樣了。它會被看成客隊得 4 分，主隊得 6 分；與原來的客隊得 2 分，主隊得 3 分，意義不一樣了。作者的學生告訴我，這樣的比有比較的概念。這讓作者發現，我們可以把比分成兩種，一個是比較型問題、比大小的比，這個意思是說棒球比數的比就是一種比較的比，甲隊和乙隊的比數是 2：3，意思是甲隊比乙隊少得 1 分的意思。這種生活的比，後項是可以為 0 的，它不能隨便擴分。另一種比才是數學上所要談的前、後兩項可以同乘以非 0 的數的比，這時候才可以談有比值，這時候後項就不能為 0。

　　作者也發現，在生活上，比有時候是可以擴分，有時候是不能擴分的。例如：一瓶水賣 10 元，2 瓶水賣 20 元……，也就是水的瓶數和價錢的比是 1：10 = 2：20 = 3：30……。但是當轉換成買方時，會因為我們買比較多而變得比較便宜，例如：買 10 瓶，變成 90 元，這時候它就不是成比例的比。

　　可是，在數學上，比是一個抽象化、理想化的數概念，因此它代表的是可以任意前項與後項同乘一個非 0 的數，或者除一個非 0 的數。也就是，在數學上 2：3 = 4：6。因此，我們若要對比的概念做前項與後項同乘或同除時，最好舉生活中會有成比例的例子比較好。

（二）可不可以這樣寫 $2：3 = \frac{2}{3}$ ？

在臺灣的教科書，$2：3$ 的比值，大都寫成「$2：3$ 的比值是 $\frac{2}{3}$」，但是作者發現，中國大陸的寫法是直接寫等號，也就是 $2：3 = \frac{2}{3}$。

因為 64 年版課程是將比定義為「比是兩量倍數關係的另一種表示法」，因此作者認為寫成 $2：3 = \frac{2}{3}$ 是可以的。

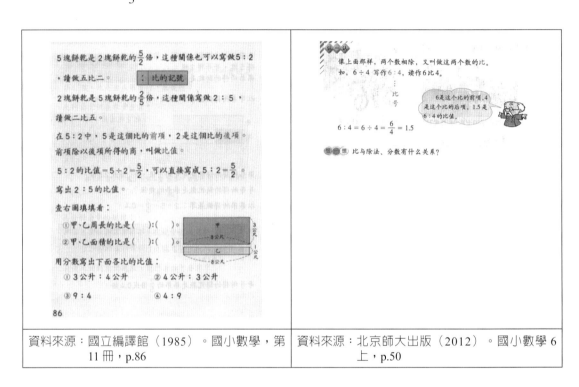

資料來源：國立編譯館（1985）。國小數學，第 11 冊，p.86	資料來源：北京師大出版（2012）。國小數學 6 上，p.50

作者從概念推廣的角度思考此一問題。在小學，我們只學習二個數的比，此時它才有比值的概念。到中學，我們會學習三個數以上的連比。因為連比沒有比值的概念，所以比值沒有意義，自然不會有寫等號的問題。另一方面，作者認為數學概念在進行推廣時，老師或者學生都要注意概念推廣後的性質是否產生變化，只要留意產生變化的問題，便不容易產生迷思概念。因此，當二個數的比推廣到三個數的連比以後，比值的概念已不存在。只要老師和學生了解此一問題，作者認為二個數的比和比值之間是不是可以寫等號的意義差別不大。

況且有些國家的除號是用「：」來表示，所以有些國家 $2：3 = \frac{2}{3}$。綜合上述原因，作者認為它只是一種表示法，不妨礙數學的學習，所以可以寫等號。

（三）蘋果顆數和售價真的成正比例嗎？

在數學上，我們為了讓學生學到數學概念，時常將問題理想化為：一組數量為蘋果的顆數：1, 2, 3, 4，另一組數量為蘋果顆數的售價：10, 20, 30, 40。因為 1：10 = 2：20 = 3：30 = 4：40，此時我們稱蘋果的數量與售價成正比例。

當然，在實際生活中，可能一組數量為蘋果的顆數：1, 2, 3, 4，另一組數量為蘋果顆數的售價：10, 20, 25, 30。此時蘋果的數量與售價不成正比例。因此蘋果的數量與售價不成正比例是生活上的真實問題。

（四）比例問題的難易度為何？

Lamon（1993，引自林碧珍，2009）認為比例問題依據未知數的位置不同，會有難易度的差別。在「A：B = C：D」中的未知數 X，若 X 在第三或第四項，即「A：B = C：X」或「A：B = X：D」對學生比較容易，因為學生可以利用學過的擴分或約分來求出前兩項的已知分數之等值分數，再求出 X 值。若未知數 X 在第一或或第二項，即「X：B = C：D」或「A：X = C：D」，學生需要運用逆向思考才能成功解題，需要的認知負擔比較大，因此比較困難。

林碧珍（2009）文獻探討發現，數字大小及類型也會影響比例問題的難易度。依據「A：B = C：D」中 A 和 B 的關係，或 A 和 C 的關係是整數倍或非整數倍，可以分為四種類型：(1) A 和 B 及 A 和 C 都成整數倍關係。例如：2：6 = 8：a。(2) 僅 A 和 B 成整數倍關係。例如：2：6 = 9：a。(3) 僅 A 和 C 成整數倍關係。例如：2：5 = 8：a。(4) A 和 B 及 A 和 C 都非成整數倍關係。例如：2：5 = 9：a。國內或國外的研究發現國小四到六年級學生解整數倍的問題比非整數倍問題容易成功（劉祥通，2004）。作者發現學者提出來第四種會比較難，還有另一個原因，那就是題目中三個數都是整數，但答案卻是分數，對學生而言當然最難。

當兩數 A：B 成倍數關係時，學生習慣使用單價法來解決第 (2) 類型問題，但卻容易使用倍數法來解第 (3) 類型問題。當 A 和 B 及 C 是成非整數倍時，學生又容易以 A 和 B 的差量來決定 D 的值，而使用加法策略的迷思概念來解題（沈明勳、劉祥通，2002）。

（五）相等的比可不可以用內項相乘等於外項相乘來算？

有關相等的比 A：B = C：D，在小學的做法大都化成比值，再由相等的比求出未知數，即 A：B = C：D，$\frac{A}{B} = \frac{C}{D}$，然後經由擴分的方式來求之。到了國中才出現內項相

乘等於外項相乘的內容，因此有些老師在問，小學可不可以使用它來求解。作者認為因為 $\dfrac{A}{B} = \dfrac{C}{D}$，經由擴分後 $\dfrac{A \times D}{B \times D} = \dfrac{B \times C}{B \times D}$，因為分母相同，分子也要相同，所以 $A \times D = B \times C$，即內項相乘等於外項相乘，之後再經由乘除互逆找出未知數的答案。因為這樣的推理，對小學生而言並不困難，因此作者建議老師可以讓學生看到、了解、發現，再同意學生使用它來算出未知數。

（六）為什麼學生對比例問題會用加法來做呢？

Piaget 認知發展理論的要點是人處理資訊的容量會隨年齡增加而增大，Case（1978）據此提出假設「當學習者所處的學習環境需要他掌握的資訊量超過他的能力時，就趨向發展出合理但過於簡化的解題策略。」就是所謂的學生法。

學生對於比例問題，當前項與後項的比不是整數倍，或者兩個前項、兩個後項的比不是整數倍時，此時需要他掌握的資訊量超過他的負荷，學生就使用學生法，因此使用加法策略來解決比例問題。林福來、郭汾派和林光賢（1985）的研究發現有 16% 的國中生一再地使用加法策略來解答比例問題。例如：下面的放大圖，學生看到 2、3、5 都不是整數倍，就認為 $x = 4$，因為 $3 - 2 = 1$，$5 - x = 1$，所以 $x = 4$。

（七）如何對有加法策略的學生進行教學？

對於使用加法策略解答比例問題的學生，林福來、郭汾派、林光賢（1985）建議使用診斷教學策略幫助學生破除迷思概念。例如：「有三個比例相同的紙人，A 紙人的身長是 15 公分，B 紙人的身長是 13 公分，假如 B 紙人的脖子長 5 公分，那 A 紙人的脖子長是幾公分？」這時候，使用加法策略的學生，就算出 $15 - 13 = 2$，$5 + x = 7$，所以 A 紙人的脖子是 7 公分。這候再問，假如 C 紙人的身長是 8 公分，則 C 紙人的脖子有多長？學生也會用同的方法來算：$13 - 8 = 5$，$5 + x = 5$，$x = 0$，會發現 C 紙人的脖子不見了。學生馬上會產生認知衝突，察覺到他的策略可能有問題。

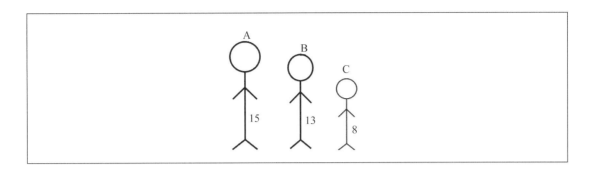

　　這時候，老師把情境換成前項比後項是整數比的問題，例如：身長是 4：8，脖子是 x：2，學生馬上了解，應該用乘法或除法來解答比例問題，而不是用加法策略來解答。之後再回到原問題情境，讓學生了解非整數比的問題，也應使用乘法或除法來解答，同時，它的答案不一定是整數。

五、導出量、導出單位

　　教育部（2008）公布的 97 年《國民中小學九年一貫課程綱要：數學學習領域》，六年級的分年細目 6-n-11 是能理解常用導出量單位的記法，並解決生活中的問題。這個分年細目想說明，「一個披薩賣 120 元」的單位其實是 120 元／個，稱爲導出量；元／個，則稱爲導出單位，也就是量的單位也可以進行乘、除運算。導出單位，在物理學上時見到。利用導出單位乘除特性，我們可以很快解決分數、小數的乘除問題。例如：「1 公尺的鐵條重 2.54 公斤，12.4 公尺的鐵條重多少公斤？」1 公尺的鐵條重 2.54 公斤的<u>導出單位是公斤／公尺</u>，因此，可以這樣算：2.54 公斤／公尺 ×12.4 公尺 = 2.54×12.4 公斤。

　　「打開一個水龍頭，$1\frac{1}{5}$ 分鐘可以流出 $7\frac{1}{2}$ 公升的水，這個水龍頭平均流出 1 公升需要多少分鐘？」的問題，1 公升需要多少分鐘是導出單位分／公升，因此，只要把 $1\frac{1}{5}$ 分鐘 $\div 7\frac{1}{2}$ 公升就可以得到 $1\frac{1}{5} \div 7\frac{1}{2}$ 分／公升。

　　作者相信當學生了解導出單位之後，做分數、小數乘除法的難度就降低許多。可惜，作者翻了一下教科書，似乎教科書沒有利用導出單位的概念去處理分數、小數乘除的問題。作者在大學聯考時，物理考得非常好，只需要記住每個專有名詞的單位，然後利用導出量的乘、除來解答所有的計算問題。因此每位學生都應該了解導出量的意義。

　　此外，爲什麼小學一開始不要用導出單位呢？原因在於導出單位有除法的概念，學生剛開始學乘法時，根本沒有學過除法，剛開始學乘法的學生無法了解導出單位的意涵。

六、基準量和比較量

　　當我們把某物體當成一個單位，並用它來度量其他的物體時，我們就把當成一個單位的物體稱為基準量（以它當基準的語意），被度量的物體就稱為比較量，度量出來的數就稱為比值。當基準量和比較量是相同單位時，比值就是倍數的關係。學生只要能意會是哪個量當「基準」，哪個量被用來「比較」，便可以容易的進行解題。

　　基準量和比較量的概念，在 64 年版國立編譯館（1985）教科書第 12 冊就已經出現，如下圖。題目問到銀行的路程是到學校的路程的幾倍？此時是以到學校的路程當基準來度量到銀行的路程，因此到學校的路程稱為基準量，到銀行的路程則稱為比較量。

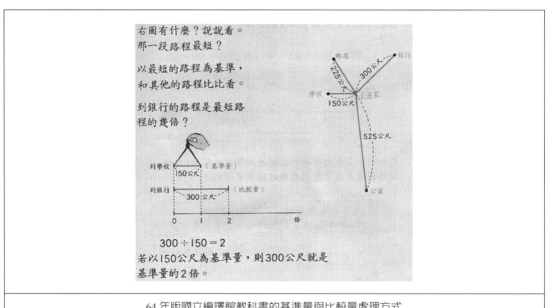

64 年版國立編譯館教科書的基準量與比較量處理方式

　　作者發現教科書主要先利用整數問題定義基準量與比較量，再推廣它用來處理分數和小數倍的問題。例如：國家教育研究院（2013c）第 12 冊教科書，如下圖，是問小說的價錢是文具的幾倍，因此，文具的價錢是基準量，小說的價錢是比較量，把比較量除以基準量就會得到比值（或者倍數）。即：

比較量 ÷ 基準量 = 比值

比較量 ÷ 比值 = 基準量

基準量 × 比值 = 比較量

例如<u>小安</u>買一本小說和一套文具各花去她全部錢的 $\frac{1}{3}$ 和 $\frac{1}{4}$，小說的價錢是文具的幾倍？

如果將<u>小安</u>全部的錢當作1，買小說的錢就是 $\frac{1}{3}$，買文具的錢就是 $\frac{1}{4}$。問「小說的價錢是文具的幾倍？」，等於在問 $\frac{1}{3}$ 是 $\frac{1}{4}$ 的幾倍。

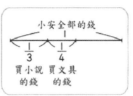

$$\frac{1}{3} \div \frac{1}{4} = 1\frac{1}{3}（倍）$$

92 年版國家教育研究院教科書處理基準量與比較量問題

作者認為分數和小數的乘、除法問題，之所以要介紹基準量、比較量、比值，可能有二個目的：一是我們可以把任何一個數量當作一個單位去度量另一個數量，這樣到了國中，我們的數學再也很少用量的單位來說明，反而簡單的用多少個單位，甚至不提單位，來解決其他的分數、小數乘除的問題。例如：下圖中的長度，國中的教科書直接寫 $\overline{DE} = 4$，不再出現單位了。

例3 example

如右圖，有兩三角形△ABC和△DEF，方格邊長為1。已知∠D＝∠A，$\overline{DE} = 4$，$\overline{DF} = 5$，求 $\overline{EF}$。

解題說明

由圖知　$\overline{AB} = 4$

$\overline{AC} = \sqrt{3^2 + 4^2} = 5$　**畢氏定理**

資料來源：國家教育研究院（2011）。國中數學二下，p.87。2018.05.17 引自 http://wd.naer.edu.tw/book/book6/4-100/100-16A3.htm

第二個目的可以作為整數乘除法推廣為分數、小數問題為什麼用乘除法的重新定義。例如：「1 公尺的鐵條重 2.54 公斤，12.4 公尺的鐵條重多少公斤？」的問題，因為我們是以 1 公尺的鐵條重 2.54 公斤做基準，去度量 12.4 公尺的鐵條，看它「有多少

公斤是比較量」[6]。因此，1 公尺的鐵條重「2.54 公斤是基準量」，「12.4 公尺是比值」，必須把基準量乘以比值才能得到比較量，也就是 2.54×12.4 才得到比較量，也就是 12.4 公尺的鐵條重多少。

「打開一個水龍頭，$1\frac{1}{5}$ 分鐘可以流出 $7\frac{1}{2}$ 公升的水，這個水龍頭平均流出 1 公升需要多少分鐘？」的問題，要求出的流出 1 公升「需要多少分鐘是基準量」（因為以流出一公升所需的時間當基準），因此「$1\frac{1}{5}$ 分鐘是比較量」，流出的水量 $7\frac{1}{2}$ 公升是比值，比較量 ÷ 比值 = 基準量，所以要把 $1\frac{1}{5}÷7\frac{1}{2}$。

作者發現，在數學上，當某一個概念被推廣以後，通常會依據未推廣前能得到的特性，重新下定義。例如：指數律原來是定義在自然數的連乘概念上，也就是：

n 個 a 相乘，定義為 a^n，n 為自然數。

為了把自然推廣到整數，我們依據 $a^n÷a^n = 1$ 的特性，定義 $a^0 = 1$；依據 $a^n×a^{-n} = a^0$，定義 $a^{-n} = \frac{1}{a^n}$。之後再推廣到有理數。

因此，當乘、除法原先是定義在整數（自然數）的情況下：「1 公尺的鐵條重 2 公斤，3 公尺的鐵條重多少公斤？」「每 2 公尺的鐵條剪一段，6 公尺的鐵條可以剪幾段？」想要推廣到分數、小數問題：「1 公尺的鐵條重 2.54 公斤，12.4 公尺的鐵條重多少公斤？」「打開一個水龍頭，$1\frac{1}{5}$ 分鐘可以流出 $7\frac{1}{2}$ 公升的水，這個水龍頭平均流出 1 公升需要多少分鐘？」就要回頭想整數乘法、除法的特性，發現在整數除法中，它的特性是我們以每 2 公尺當基準去剪一段，去了解 6 公尺（比較量）的鐵條可以剪幾段。因此，重新定義分數、小數的除法為比較量 ÷ 基準量 = 比值，此時分數、小數的乘、除法便有比較抽象的意義了。

老師若對小學數學教育有所了解，其實在數學教育上，曾經定義乘法為「單位量 × 單位數 = 總量」，除法為「總量 ÷ 單位數 = 單位量」，或者「總量 ÷ 單位量 = 單位數」。

在教學上，有關基準量、比較量和比值的問題，和前面的整數乘、除法概念一樣，只要知道其中兩者，就可以求出第三者，只是基準量、比較量和比值有時不是整數而是分數、小數、百分率而已（學生只要用簡化的概念，問題會變得容易一點）。此外它也會概念推廣成為基準量和比較量的和、差，基準量或比較量，以及比值，只要知道

---

6 在這邊要注意的是，要先確定要求的答案是基準量、比較量，還是比值，之後再確定其他的量。

三者之二，便可以求第三者。這樣的問題會變得難一點，但是只要學生有畫圖的能力，他可以很容易了解問題要怎麼算。例如：「在一塊 22 公畝的果園中種橘子和柳丁，種柳丁的面積是種橘子的 $\frac{5}{6}$ 倍，問種橘子和柳丁的面積各是幾公畝？」學生只要會畫出下面類似比例的圖，便可以先算出當作 1 的種橘子面積（基準量），再算出種柳丁的面積（比較量）。

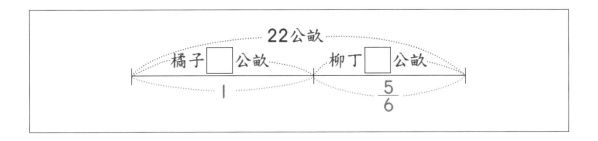

七、折、成、百分率的概念

電視機打八折（8 折）、電視機打七五折（75 折）；電視機八成（8 成）出售、電視機七成五（7 成 5）出售；電視機特價 80%、電視機特價 75%。折、成、百分率（percent）這三種部分─全體的唸法有些不一樣。作者建議，這三種概念的教學，老師應該從它們的讀法的意義，連結到它可能的來源，使學生對折、成、百分率的意義產生感覺。

75 折，我們是唸成七五折，它是純小數的概念，把小數點後面變成折數，也就是說，8 折就是 0.8、75 折就是 0.75。因此，75 折不能唸成七十五折，否則學生容易以為 75 折比 8 折打的折扣少；事實上 75 折比 8 折打的折扣多。

8 成、7 成 5 是我們習慣的唸法，它來自我們把一個單位量十等分後的概念，也就是把它化成分母為 10 以後，分子的意義。$0.8 = \frac{8}{10}$、$0.75 = \frac{7.5}{10}$、$0.825 = \frac{8.25}{10}$，因此三個的寫法分別是 8 成、7 成 5、8 成 25；讀法則是八成、七成五、八成二五。

80%、75% 則來自把一個單位量一百等分後的概念，也就是以分母為 100，分子的概念。$0.8 = \frac{80}{100} = 80\%$、$0.75 = \frac{75}{100} = 75\%$、$0.825 = \frac{82.5}{100} = 82.5\%$。

有一位老師的教學非常認真，她時常找生活中的實例來進行教學。她找到某家商店打的廣告「XX 商店於今（10/1）展開周年慶，首 2 日美食、3C、家電館等指定類別滿千享 8.8 折」。問題來了，若消費滿 1000 元，打 8.8 折是要付 880 元或是 88 元？若 8.8 折是付 880 元？那麼 88 折又要付多少？作者相信商家的意思是 880 元不會是 88 元。

也就是商家使用了和數學上不相同的用語，在數學上要使用 88 折才可以。

第 2 節　運算概念推廣的教學

　　作者覺得若教師在教學前能了解上述數運算推廣的相關概念，再思考融入作者於第 1 章談的數學感內容理論，以及一個起動機制、五個核心內涵的教與學策略；時常讓學生舉例，使學生注意生活中的數量、關係並有感覺；時常問學生為什麼，培養學生的邏輯推理能力，時常回想現在學的概念和先前有的關聯，甚至畫圖、簡化數字。作者相信教師應該愈來愈清楚如何進行教學，學生也會愈來愈有數學感。

壹　概數與估算的教學

　　因為概數與精確數的區別與情境有很強的關係，而且它的區別學生很難分清楚，因此作者建議，教師教學時不一定要讓學生區別。但是引起學生的學習動機是應該的，讓學生了解因為數字太大不好記、測量不可能測得很準、我們不需要知道準確的數量、數量隨時會變動時，我們會用概數表示。同時，在問題上，我們有時候會使用「大約」的字眼。

　　當學生利用一些生活情境問題，學習無條件進位、無條件捨去和四捨五入法時，教師應讓學生清楚的認知，取概數有兩個關鍵的概念：一個是取到哪一位，另一個是用什麼方法。同時，使用數線進行教學，也記得給一個特定數取概數之後，也要反回來教、留意取概數的數不一定都是整數，也有可能是分數、小數。

　　至於估算，雖然先算再估的精確度比先估再算來得精確，但有時候我們無法找到精確數，同時先估再算可以大幅降低學生的記憶負荷，因此在教學上時常是使用先估再算的策略來進行估算的教學。老師也可以使用生活中的實例進行教學。例如：警察在估算遊行的人數有多少人時，可能以每平方公尺有 3 人，再了解遊行的人員占了多少面積去估計人數。

　　至於估算以後，與精確數的差距問題，小學不會碰觸，因此教師可以不用特別去教。但是教師自己應有能力解答這個問題。例如：兩個四捨五入取到百位的數相乘，它的誤差在正負 2500 之間。

貳 因數和倍數

因數和倍數的基本概念就是乘法和除法（或者整除的概念），尤其是「倍」，早在二年級就開始接觸，只是某一個數的倍數有無窮多個，因此教科書時常從因數開始教。作者認為兩者會先後出現，因此誰先誰後，應該無太大的影響。

因數和倍數是定義在整數（正整數、0、負整數），只是在小學只學全數（正整數和 0），因此教師在教學時，只要讓學生不要用到分數、小數即可；負整數的問題，到國中才處理即可。因數是把某數整除的數，學生最容易忘掉 1 和本身，因此，教師在教學時要特別留意學生是否知道這兩個數也是某數的因數。因數的教學，可以依據本章第 1 節／貳／三／（三）因數的學習進程為何？來進行教學。

倍數的概念，學生最容易忘掉 0 和本身，因此教師教學時，要留意學生是否漏了這兩個數。至於其教學，可以參考本章第 1 節／貳／三／（四）倍數的學習進程為何？來進行教學。

最大公因數和最小公倍數的教學，教師可以參考本章第 1 節／貳／三／（六）最大公因數的學習進程為何？以及本章第 1 節／貳／三／（七）最小公倍數的學習進程為何？來進行教學。

最大公因數和最小公倍數的應用問題，基本上，學生只要能回憶起公因數、公倍數的定義，相信對學生的難度可以降低，因此教師可以適度讓學生練習。

參 比的教學

生活中的比，例如：籃球或者棒球比賽的比數，後項可能為 0，同時前、後項乘以某一倍數以後意義會變。但是數學上的比，因為已經被抽象化、理想化，且有比值的概念，因此會被定義為後項不能為 0，同時前、後項可以乘以某一倍數，其比值仍然相等。因此，教師在教學時，需要留意將生活上的比過渡到數學上的比。教師在教學時，一開始最好可以使用類似籃球或者棒球比賽的比數，來引起學生學習比的動機，之後盡可能使用前、後項可以同乘某一倍數的問題進行教學。當學生問起籃球或者棒球比賽的比數前、後項可不可以同乘時，教師可以適時回答，生活上的比有時候同乘一倍數時其意義會變。

相等的比與比值的介紹，由於 64 年版和 82 年版的先後順序不同，作者認為兩者誰先介紹，誰後介紹影響不是很大。因此教師可以依據教科書的編排來介紹即可。由於比的對等關係有許多種，作者建議教師可以把各種類型介紹給學生了解。其實同類量的

比，從比值的概念來說就是包含除的概念；不同類量的比，從比值的概念來說就是等分除的概念。

　　現在在小學只教授正比例，不教反比例，而正比例的例子大都使用理想化的情境。例如：1 公斤的蘋果賣 30 元，2 公斤賣 60 元……。若學生從一年級就釐清生活上的數學和數學上的數學（實際與理想化）的差異，相信學生很快就能了解正比例的概念。

第 3 節　107 年課綱分年學習內容 —— 運算的推廣

　　本書將 107 年課程綱要（教育部，2018）有關 1-6 年級運算推廣（編碼 N-1-1，分別代表數與量－年級－流水號）的學習內容羅列如下，作為要進行教與學的內容檢核。

編碼	學習內容條目及說明
N-5-3	公因數和公倍數：因數、倍數、公因數、公倍數、最大公因數、最小公倍數的意義。
N-5-10	解題：比率與應用。整數相除的應用。含「百分率」、「折」、「成」。
N-6-1	20 以內的質數和質因數分解：小於 20 的質數與合數。2、3、5 的質因數判別法。以短除法做質因數的分解。
N-6-2	最大公因數與最小公倍數：質因數分解法與短除法。兩數互質。運用到分數的約分與通分。
N-6-6	比與比值：異類量的比與同類量的比之比值的意義。理解相等的比中牽涉到的兩種倍數關係（比例思考的基礎）。解決比的應用問題。
N-6-8	解題：基準量與比較量。比和比值的應用。含交換基準時之關係。

參考文獻

中文部分

沈明勳、劉祥通（2002）。分析學生解比例問題之文獻 —— 國小數學課程與教學的建議。**科學教育研究與發展季刊，27**，81-96。

林碧珍（2009）。比與比值初始概念的教學初探。**新竹教育大學教育學報，27**（1），127-159。

林福來、郭汾派、林光賢（1985）。**比例推理的錯誤診斷與補救**。科教研討會論文彙編。

維基百科（2013）。**有效數字**。2013.04.24 引自 https://zh.wikipedia.org/wiki/%E6%9C%89%E6%95%88%E6%95%B0%E5%AD%97。

國立編譯館（1985）。**國民小學數學，第 12 冊**。臺北市：國立編譯館。

國家教育研究院（2013）。**國民小學數學課本，第 12 冊**。新北市：國家教育研究院。

教育部（2008）。**97 年國民中小學九年一貫課程綱要：數學領域**。臺北市：教育部。

教育部（2018）。**十二年國民基本教育課程綱要國民中小學暨普通型高級中等學校—數學領域**。臺北市：教育部。

賴昭正（1997）。有效數字。**科學月刊，95**。2013.04.24 引自 http://210.60.224.4/ct/content/1977/00110095/0010.htm

劉祥通（2004）。**分數與比例問題解題分析 —— 從數學提問教學的觀點**。臺北市：師大書苑。

蔣治邦、謝堅、陳竹村、陳俊瑜、林淑君（2001）。**比（含數線圖）**。臺北縣：教育部臺灣省國民學校教師研習會。

英文部分

Case, R. (1978). The developmentally based theory and technology of instruction. *Review of Educational Research, 48(3)*. pp.439-463.

第**6**章　量與測量（Measurement）

　　量與測量也是國小的重要課程之一，量（教育部，2003）包括長度、重量、容量、時間、角度、面積、體積等生活中常用的七種量。其中長度、容量、角度、面積、體積屬於幾何（視覺）量，學生依據幾何經驗比較容易學習。重量除了需要身體的感覺，也需要使用測量工具。時間在日常生活中十分重要，在學習上需仰賴計時的約定。另外，速度（生活用語）或者速率（物理學用語）是一種導出量（或者內涵量），也是一種量。

　　量的概念建立之後，和整數、分數、小數一樣，可以考慮其加減乘除四則運算與性質，以及其程序性知識與解題性知識。因為數是量的抽象化（或者理想化），因此其四則運算與性質、程序性知識與解題性知識，可以在全數、分數、小數的內容中略窺一二。

第 1 節　量與測量的概念

壹　量的理論

一、階段理論

　　除了時間之外，其他六種量的學習，大致上要經歷下列四個階段：初步概念與直接比較、間接比較與個別單位、常用單位的約定、常用單位的換算與計算。

（一）初步概念、直觀比較與直接比較

首先，透過感官直接感覺該量，再對兩同類量作直接比較量的複製。

透過感官直接感覺該量，它的目的是要學生了解相關語詞的意義，並與該量進行初步的連結。例如：拿出一支鉛筆問學生哪裡有長（度）（或者鉛筆的長（度）在哪裡），是讓學生了解什麼是長（或者長度）[1]。再拿出一支長尺（與鉛筆的長度有明顯差距的物品），問鉛筆和尺哪一支比較「長」[2]，哪一支比較「短」，目的是要學生了解「長」和「短」的語詞的相對概念，也稱作直觀比較。此外，長度的相關語詞還有厚、薄，高、矮，胖、瘦，老師都要進行教學，檢驗學生是否了解這些用語的意義。

兩個量的直接比較，恰當的使用時機是至少有一個量可以具體操作且移動，而且放置在不同地方時，不容易看出誰比較長、比較短；或者誰比較重、誰比較輕……。此時學生很自然的，會把可以移動的物品拿來與另一量直接比較。

正確的直接比較方法	不正確的直接比較方法

在直接比較時，要注意比較的基準是否相同。例如：兩隻筆長短的比較時，一端要對齊，再看另一端誰比較突出；或者一枝筆的兩端是否都在另一枝筆的裡面。假如事物可以彎曲時，要比較它們的長短時需要把物體拉直且平行併排才能精確比較。在比較兩個角的大小時，兩個角的頂點和一邊重疊，再看一邊來比大小；或者兩個角的頂點重疊，再看角的兩邊是否都在另一角的裡面。兩張紙比大小時，要看一張紙是否完全（每邊）在另一張紙的裡面。

（二）間接比較與個別單位比較

當無法對兩個同類量進行直接比較，就必須透過量的複製將其中一個量複製下來，再與另一個量（複製量與另一個量）進行比較，再利用比較結果結論出兩量的比較結果。因為它要經由第三物來進行比較，我們稱為間接比較。

---

1 物體的「長」（名詞）之用語學生可能無法理解，而長度是物體的長之量化，建議老師可以直接使用「長度」的用語進行教學。

2 這裡的「長」偏向形容詞的意義。

　　量的複製包括整體複製（例如：給定一條繩子，比對著物體直線兩端點完整地剪下和所給定的物體一樣長的繩子）、合成複製（例如：用幾根長度不一樣長的木條頭尾相接拼出和黑板一樣的長；天平一端放置重物，另一端放置一些不同的硬幣，使兩端重新回到平衡）、等量合成複製（例如：用一樣長的木條頭尾相接拼出和黑板一樣的長；用相同的硬幣平衡天平另一端放置之重物），以及一個小單位量的複製（例如：只用一根木條，利用做記號的方式，複製出黑板的長）。同時在複製時，需要注意更精準的複製方法。例如：複製某物的長度時，第三物不能有彈性，且在使用個別單位複製時要注意排成一直線、不能重疊或有空隙，才能更精準的測量與比較。

　　利用相等的小單位量進行合成複製，以及一個小單位的量進行複製時，這個小單位量我們稱為個別單位。利用個別單位作為兩量媒介的比較，我們稱為個別單位比較。

　　在直接比較以及整體複製和合成複製（非等量的複製）時，我們只知道誰比誰長，但是利用個別單位進行比較時，我們除了知道誰比誰長，還可以說出誰比誰長多少個個別單位。

　　因為間接比較和個別單位比較需要進行一個量的複製，因此需要了解複製出來的量和原來的量是一樣的，因此它涉及量的保留概念。當它與另一量進行比較，能說出原來兩個量的長短，此時涉及量的遞移律。

　　量的保留概念由皮亞傑提出，教師可透過皮亞傑「同一性」、「互逆性」與「互補性」三原則進行恰當的教學與溝通，誘發學生發展保留概念。

（三）常用單位的約定

　　在進行個別單位複製時，假如不同的人使用不同的個別單位，就會發現複製同一個量時，由較小的個別單位複製出來的數值愈大，因此進行個別單位比較時，兩量的差距的數值也會因為個別單位的不同而隨之不同。因此我們需要常用單位的約定，其中 1 毫米（mm）、1 公尺（米，m）、1 公里（千米，km）是常用的長度單位（因為生活中 1 公分是常見的長度單位，因此特別進行教學）；1 平方公分（cm^2）、1 平方公尺（m^2）是常用的面積單位；1 立方公分（cm^3）、1 立方公尺（m^3）是常用的體積單位；1 毫升（mL）、1 公升（L）是常用的容量單位；1 公克（g）、1 公斤（kg）是常用的重量單位；角度的度是常用的角度測量單位；時、分、秒是常用的時間單位。常用單位也是一種個別單位。

　　有了常用單位的約定，我們便能對兩個量進行比較，並且能運用此單位進行加、減、乘、除相關的計算。

（四）常用單位的換算與計算

　　由於常用單位是由歐美國家制定，同時歐美國家的數字是千進位系統，所以兩個相鄰單位大都是千進位。例如：1 公里 = 1000 公尺、1 公尺 = 1000 毫米（生活中常用的 1 公分 = 10 毫米、1 公尺 = 100 公分）；1 公升 = 1000 毫升；1 公斤 = 1000 公克。因為微積分的關係，面積和體積是由長度積出來的，因此面積的單位換算是由長度推導出來，也就是 1 平方公尺 = 100×100 平方公分、1 平方公里 = 1000×1000 平方公尺；1 立方公尺 = 100×100×100 立方公分、1 立方公里 =1000×1000×1000 立方公尺。至於角度和時間是在微積分被建構出來之前已存在，因此仍沿用舊的單位，1 日 = 24 時、1 時 = 60 分、1 分 = 60 秒。

　　由於歐美千位進位的關係，在生活中時常使用千以內的數（加上某個常用單位）來描述某一個量，這個常用單位我們稱為恰當測量單位。此時我們也較能夠感受這個量到底有多大。

　　有了常用單位，我們時常要對它進行四則運算，常用單位的四則運算，可以分為單名數（一個單位）的計算，以及複名數（兩個以上單位）的計算。

二、量的保留概念

　　當學生觀察一個量經過切割、拼湊、分裝、移動之後（沒有移走、少掉或者添加任何部分量），而形成另一個視覺不相同的量，學生仍能確定其與原來的量相等；或者一個量被另外的量複製之後，學生能了解被複製的量與原來的量仍然相等，稱為量的保留概念。

　　例如：學生所需具備的量的保留概念如下：

　　1. **長度**：我們把一個長度（門的高度）用繩子做完整複製，或者用手掌長度做個別單位複製，學生需要了解複製後的長度和原來的一樣長。

　　2. **面積**：把一個圖形（一張紙），經過切割成幾小塊，或者用幾張名片複製面積之後，學生需要知道幾小塊面積的總和，或者名片面積的總和，和原來的面積一樣大。

　　3. **體積**：我們用小積木堆成和長方體一樣的長、寬、高，此時小積木體積的總和和長方體體積相同。

　　4. **容量**：把一瓶水倒到更大的瓶子，或者用小杯子來裝，學生需要知道瓶子的液量和杯子的總液量都沒有變。

　　5. **重量**：把一個物體（紙黏土）分成幾多小塊，它們的重量也沒有變。

　　因為量的間接比較，是藉由第三物或者切割、拼湊來進行兩個量的比較，而學生應

該了解第三物或者切割、拼湊的量和被複製的量是一樣的，此時，學生才能了解間接比較的結果。因此，在進行量的間接比較之前，老師應該進行量的保留概念的教學，至少要留意學生是否已具備量的保留概念。

三、問題

（一）量的教學順序是什麼？

作者認為量的直觀比較，是要學生了解量比較的相對語詞。例如：長度要認識什麼叫長與短、高與矮、厚與薄；重量要認識輕與重，以及面積、體積；容量要認識大與小或多與少。因此量的直觀比較應先進行教學。

再來，只要給予適當的情境，量的直接比較、間接比較和個別單位比較，學生是可以自行發展的。例如：在進行長度的教學時，事先在教室中放置繩子、板擦、小木棍，學生看到以後，就會引發他們的自發性概念，進行長度的直接比較、間接比較和個別單位比較。因此教師只要事先布置好教室，他們是很容易學得的。

直接比較和間接比較只能比較兩個量誰多誰少；個別單位比較除了可以知道誰多誰少之外，還可以知道多多少個個別單位。但是利用兩個不同量的個別單位去測量同一個量時，進行比較時，只知道個別單位愈小（少、短）的量所測得的數值愈大。例如：用大人的手掌和小學生的手掌去測量門的寬度時，大人的手掌較長，因此測得的數值較小（可能是 4 個大人的手掌）；小學生的手掌較小，因此測得的數值較大（可能是 5 個小學生的手掌）。利用兩個不同量的個別單位，分別去測量兩個不同的量時，無法利用測得的數值去比較，因此需要常用單位（國際標準單位，有時也稱為常用單位或者普遍單位）的約定。例如：用大人的腳步長去測量一間房子的長度是 10，以及用小孩的腳步長去測量另一間房子的長度是 12，此時無法用所測得的數值來比較哪一間房子的長度較長。但若同時用公分去測量兩間房子的長度，就可以知道哪一間房子的長度比較長。

建議教師教學時，先讓學生感受到上述概念，再引出常用單位的學習需求，之後再進行常用單位的約定，以及相關的計算。

個別單位或者常用單位的計數。例如：5 個一公分是 5 公分，5 個一公尺是 5 公尺，5 個一公斤是 5 公斤，有一點在進行不同單位量的四則運算（5 個○○加上 6 個○○等於 11 個○○），因為它和日後要學習的概念習習相關。例如：$3(x^2 + x + 1) + x(x^2 + x + 1) = (3 + x)(x^2 + x + 1)$ 是分配律，也可以說是把 $(x^2 + x + 1)$ 當作一個單位。因此在教學時可以適度讓學生了解。

（二）如何培養學生的量感

　　爲了讓學生在學習數的概念時，隨時都能舉出恰當的例子，也了解數學在生活的有用性，老師在教學時要培養學生的量感。學生量感的培養，最好能<u>建立多個參考量</u>，再<u>利用這些參考量培養他的量感</u>，同時這些參考量，以學生自身或者周遭的事物爲主，以學生能感受到的爲優先。例如：知道自己的身高、知道一公尺大約是從腳到身體的哪個地方、無名指的寬大約 1 公分、一層樓的高度大約 3 公尺……，再利用這些長度的參考量去估計一個物體的長度。例如：知道一瓶小瓶的礦泉水大約 600 毫升、一瓶牛奶大約 1 公升、大瓶包裝是 2 公升……等等，再利用這些容量的參考量去估計一個容器的容量。老師也可以讓學生留意生活中物體的量大約有多大？例如：高中生的身高大約 170 公分、一層樓的高度約 3 公尺、高速公路車子的時速大約 90 公里……，但這些量不是記憶來的，而是生活中時常留意慢慢感受到的。這些學生已留意的量都可以成爲學生估計未知量的參考量，參考量愈多，學生的量感就愈好。

　　時間的量感，因爲學生容易受到心情是否緊張所影響，因此不容易建立，但是我們可以要學生利用穩定的打拍子來建立短時間的量感。

　　至於大單位的量感，例如：公噸、公頃等等，因爲學生不常使用，因此較爲陌生。老師可以讓學生觀察生活中各種大單位的事物，例如：New March 的車子大約一噸，自己唸的學校面積大約多大？等方式，從學生周遭的生活經驗中了解大的單位，以培養他的量感。

（三）說、讀、聽、寫、做可以用在量的學習嗎？

　　雖然說、讀、聽、寫、做是數單元的學習用語，作者認爲它的概念和表徵的概念非常接近，因此可以用到所有量、幾何、統計等等的學習上。說，就是要有機會讓學生用口語表徵，精確的表達他所學的概念，例如：應該完整的說鉛筆的長度是 12 公分，而不是只說筆有 12。讀，就是學生能看得懂文字符號或者圖形表徵等等，例如：能從文字題中閱讀了解題目的意思，了解圖形中所呈現的測量一個物體的容量是多少。聽，就是學生能聽得懂別人使用口語表徵表達出來的概念，例如：了解學生所說的現在是 10 時 30 分的時間用語是表示時刻而非時距。寫，就是學習有機會利用文字符號或者圖形表徵等等記錄他所學的概念，例如：能完整的寫出黑板的長度有 25 個手掌長。做，就是學生有機會利用具體情境表徵、具體物表徵、圖形表徵等等表現他所學的概念，例如：能利用教具鐘轉出或者在紙上畫出現在的時刻。

（四）學生沒寫單位要不要算對？

作者時常被問到，學生在寫答案時沒有寫單位，要不要給他對？因為老師擔心學生沒有寫單位而對量沒有感覺。作者發現我們的問話是有我們的目的，學生應該有彈性的依據我們的目的來回答才好。例如：「高鐵從臺北站到臺中站花 52 分鐘，從臺中站到左營站花 44 分鐘，問臺北站到左營站要多久時間？」「高鐵從臺北站到臺中站花 52 分鐘，從臺中站到左營站花 44 分鐘，問臺北站到左營站要花幾分鐘？」「高鐵從臺北站到臺中站花 52 分鐘，從臺中站到左營站花 44 分鐘，問臺北站到左營站要花幾小時？」這三個問題，作者認為不同的問法有不同的目的，第一個問法，我們是開放的問學生，允許學生使用他想用的時間表示法來表示時間，因此學生可以回答 96 分鐘，也可以回答 1 小時 36 分鐘、$1\frac{3}{5}$ 小時。第二、三個問題，我們是封閉性的問學生是幾分鐘或者幾小時，因此學生一定要說是 96 分鐘，或者 $1\frac{3}{5}$ 小時。因為我們已要求學生用分鐘數來回答，因此若學生第二個問題只回答 96、第三個問題只回答 $1\frac{3}{5}$，並沒有違反我們的目的，因此也是對的。

總結而言，第一個問題，學生一定要連帶的回答單位：96 分鐘，或者答 1 小時 36 分鐘、$1\frac{3}{5}$ 小時，不可以只回答 96；第二個問題學生可以只說 96，也可以回答 96 分鐘；第三個問題可以只回答 $1\frac{3}{5}$，也可以回答 $1\frac{3}{5}$ 小時；但是第二、三個問題學生不可以回答 1 小時 36 分鐘，因為我們不是問他幾小時幾分鐘。

（五）如何把單位的關係記得更清楚？

因為量的單位是歐美國家制定，因此在長度、容量、重量等單位都是千進位。在長度的單位方面，當我們使用米（m）、千米（km）、釐米（cm）、毫米（mm）等名詞時，學生容易從千、釐、毫的意義，而把單位間的關係記得很清楚。但是使用公分、公尺、公里、毫米等名詞，則學生無法從名詞看出兩者的關係。作者建議運用量感來協助學生記憶單位間的關係。首先從學生自身或身旁的事物，了解單位量的長度。例如：小姆指的寬度大約 1 公分，它是我們生活中最常用的單位；再了解 1 元銅板的厚度大約 1 毫米；1 公尺大約到身高的哪個位置？1 公里大約從家裡走到哪裡？之後運用倍數的概念，來建立單位間的關係（回到乘法基本概念）。例如：小姆指大約是和 10 個、100 個 1 元銅板一樣高？很明顯的大約是 10 個。1 公尺的高度大約是和 10 個、100 個小姆指一樣高？很明顯 10 個小姆指不可能，100 個小姆指差不多……如此，學生就可以不

用死背的，而是用連結的方式記憶單位間的關係。

因為面積的單位和長度有關，因此可以由長度來記憶面積的單位。例如：1 平方公尺就是 100×100 平方公分，1 公畝是 10 公尺 ×10 公尺而得，1 公頃是 100 公尺 ×100 公尺而得。體積的單位亦同，例如：1 立方公尺 ＝ 100 公分 ×100 公分 ×100 公分而得……等等。

至於容量、重量都是 1000 進位，所以容易記，只要學生了解 1 毫升大約有多少，1 公升大約有多少，什麼東西大約 1 公斤，什麼東西大約 1 公克即可。當然也可以讓學生感受 1 公升的量大約是 1000 倍的 1 毫升的量（10 倍不可能，100 倍也太少了）。

（六）概念了解與實作能力

在量與測量的單元上，教科書時常先利用具體操作來建立學生量的概念，再利用學會的概念來估測或者測量。有些研究發現學生在估測或者具體操作問題的正確率比非具體操作問題的正確率低，原因是雖然我們先利用具體操作來建立概念，但是在具體操作或者估測的實作問題上，除了需要學生利用他已學會的概念之外，還需要實作的能力。因此，作者認為在數學的學習上，可以把它適度區分為學生是否了解概念，以及學生是否能用概念來進行實作（具體操作）。

因為學生只要知道怎樣去量一長度（線段要和尺的邊緣重疊，同時一端要對準 0）、角度（角的頂點要對準圓心，角的一邊要對準 0 度線，另一邊的報讀要報讀 0 度的內圈或外圈）、秤重量（秤的指針一開始要對準 0，看重量時，眼睛與指針的連線要和秤面垂直）、量液量（容器要水平放置，眼睛與液體的平面成一直線），學生對量的測量方法已經有了概念性的理解。若要進行實測或者估測，就要再加上實作時有沒有注意到這些應該注意的地方。

作者認為，在數學上，概念很重要，至於具體操作的能力只要適量即可。我們可以要求學生會進行基本問題的測量或者估測，不一定要學生去測量很複雜的物體。

貳　七種量

一、長度

（一）概念

我們時常問一支尺有多「長」，然後把它量化或者數值化，稱為「長度」。

　　長度的直觀比較、直接比較、間接比較、個別單位比較和常用單位比較的概念及例子參見本章「量的理論」之內容。在長度的直接比較方面，老師要讓學生知道有二種方法，第一種是先讓物體的一端對齊再比較另一端看誰比較突出，第二種是讓一物體的兩端都在另一個物體的內部。同時利用尺來測量長度時，和上面一樣也有兩種類似的方法，第一種是把物體的一端對齊 0，再看另一端的數值；第二種是把物體放在直尺內部，再用點算的方式報讀長度或者利用兩端點的數值相減來求得物體的長度。

　　長度的常用單位（國際標準單位）有毫米（mm）、公分（cm，釐米）、公尺（m，米）、公里（km，千米）。其中公分、公尺、公里是我們的慣用語詞，但無法從名詞當中了解彼此間的關係。毫米（mm）、釐米（cm）、米（m）、千米（km）是將英文利用分（十分之一）、釐（百分之一）、毫（千分之一）的十、百、千的語詞來了解彼此間的關係。因此只要學生了解分、釐、毫的意義，他就知道毫米、釐米、米的關係，容易進行換算，可以減少學生的記憶負荷。

　　此外，不同國家也有自己的常用單位，這些常用單位需要進行換算。例如：臺制的 1 臺丈 = 10 臺尺 = 100 臺寸，而且 1 臺丈 = 10 臺尺 ≒ 3.0303 公尺，1 臺尺 ≒ 0.303030 公尺，1 臺寸 = 0.1 臺尺 ≒ 0.0303 公尺。

　　在數學上，線的長度是理想化的情形，它不是量線的高度，而是量線的整體長度。在小學的數學上，一開始我們可以用直尺來精準的測量直線段的長度，後來可以使用性質來計算它的長度；但是對於彎曲的曲線，只能用綿線先複製它，然後把它拉直再用直尺測量它的大概長度。若老師想要求更精準的測量，必須教導學生如何精準測量的方法，例如：綿線（或緞帶）不能可伸縮、不能有彈性，同時綿線要和曲線均勻重疊。至於圓形的長度例外，主要是在生活中很常看到圓形，所以提早學習（其實圓周率也是估計來的）。在數學上，要精準的算出一般的曲線長需要用到大學微積分的積分概念。

（二）問題

1. 哪一隻筆比較長？

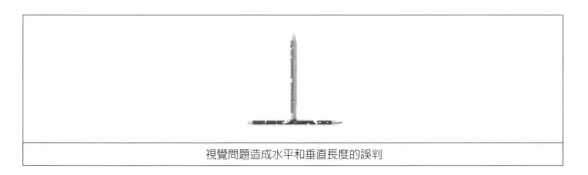

視覺問題造成水平和垂直長度的誤判

上圖哪一隻筆比較長。我們人的視覺的問題，會把直的看得比較長，橫的看得比較短。各位不相信可以拿尺來量看看。因此，問哪一隻筆比較長時，若不容易判斷，我們要讓學生認知到可以拿尺來量一量。

2. 為什麼學生有長度的迷思概念？

高敬文（1989）對 819 名五年級的調查發現，只有 59.22% 的學生認為甲線段比乙線段長，許多學生都認為甲線段和乙線段一樣長，為什麼會這樣呢？

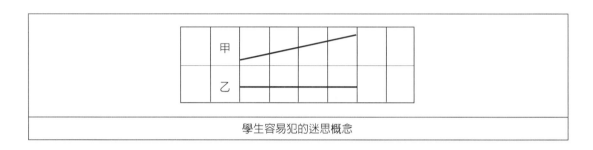

學生容易犯的迷思概念

作者的研究經驗發現一年級學生在量一條線段的長度時，由於肢體控制能力的不足，導致在量長度時，無法準確的將尺和線段重疊，再加上剛開始都是報讀整公分，因此差一點點也會報讀整公分，所以學生誤以為斜一點點的長度和水平的長度一樣長。尤其是學生在測量生活物件的長度時，由於生活物件的長度很難確定，因此大多以約略的整數值來報讀。也就是由於測量長度的方式不完全正確，或者使用大約值的問題，導致學生的迷思概念。

相同的學生在下面問題的答對率只有 52.99%。有迷思概念的學生都報讀 7 公分。它的原因有可能是學生在測量長度時，並沒有特別注意起始的端點是否對齊 0，導致以為線段端點的數值就是線段的長度。當然也有一種可能是，學生注意到起始的端點不是 0，但是報讀時，是數尺上的「點」的個數，而不是數尺上面的單位長度。作者發現假如學生注意到長度的測量有兩種方法時，這種迷思概念就不會產生。

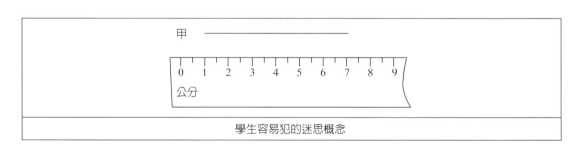

學生容易犯的迷思概念

3. 迴紋針與 S 型掛勾的長度有多長？

在教科書上，我們會問一支蠟筆和幾支迴紋針一樣長。如下圖，一支蠟筆和 3 支迴紋針一樣長。但是作者發現某些研究問學生一個 S 型掛勾有多長？並問學生你是怎麼量的。有些學生的回答出乎大人所料，他說我用棉線把它的長度複製起來，再把棉線拉直，用尺量棉線的長度。

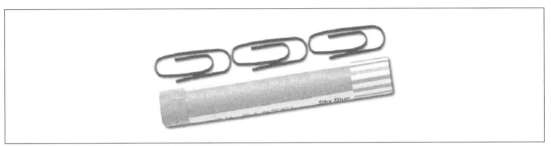

資料來源：南一書局（2013）。數學二上，p.33。

學生的回答讓作者思考一個問題。一個物體它的長度有多長？到底要量它的「高度」（像迴紋針的長度），還是要把它拉長後再量它的長度？作者發現，它是規約的問題。像教科書上的迴紋針，我們是以它的高度為長度，那 S 型的掛勾是不是也應該以掛勾的高度為長度？假如我們認為 S 型掛勾的長度是要用棉線把它的長度複製起來的長度，那麼迴紋針的長度不應該也是把它拉直後的長度（假如 S 型掛勾是用鐵線做的，它也可以拉直）嗎？

作者發現，在教科書或教學上，並沒有明顯的界定或者區分。通常我們會把軟性的條狀物體拉長（例如：綿線）後的長度作為物體的長度，把剛性條狀物體（不能拉長的東西）的高度當作它的長度。但這種界定也有一些問題，例如：迴紋針到底是軟性或者剛性條狀物體呢？作者認為老師在教學時需要和學生溝通清楚，或者學生碰到此一問題時，問清楚到底是量哪一種長度比較重要。意思是說，在概念上，我們只要學生了解什麼是長度的概念就好了；可是在測量時，可能就要先溝通清楚。

4. 鉛筆的長度與黑板的長度，估測值怎麼表示？

我們在進行估測時，參考量非常重要。作者發現，有參考量的估測問題比較簡單；會利用參考量來估測的學生，正確率比較高。因此老師在教學上，要讓學生了解無論什麼時候，都盡可能找參考量來估測。

另一個問題是估測的量感問題有沒有標準答案呢？與實際值相差多少以內才算估得準呢？作者發現，這個問題並沒有明確的答案。有些人會以實際值的正負 10% 做標準，但是它不是絕對的。

還有一個問題，學生在估測鉛筆的長度和黑板的長度時，可能寫 12 公分，452 公分。作者發現，這也是一個教科書或者教學上較少被談到的問題。習慣上，像鉛筆這種較短的物體，我們會以 1 公分為單位（它的參考量通常是以 1 公分當單位）來進行估測，例如：12 公分；像窗戶這種稍長一點的高度，我們會以 10 公分為單位來估測（它的參考量通常是以 10 公分當單位），例如：90 公分；像教室的大黑板這種比較長的長度，我們會用 100 公分為單位來估測（它的參考量通常是以 100 公分當單位）。因為這種估測沒有一定的標準，因此作者建議，至少我們要讓學生知道要用它的參考量來當單位（有時候未滿一個參考量，我們會再把它十等分或者用它的一半來估），至少不要讓學生用 1 公分當單位來估大黑板的長度。

二、面積

面是一個封閉圖形所占的區域，面積是一個封閉圖形所占的區域大小，或者是面的量化。例如：我們會說一張紙的「面」在哪裡，指的就是這張紙所占的區域，把面的大小量化或數值化，就是這張紙的「面積」。我們說這張紙的面有多大、是多少，跟面積有多大、是多少的意思是一樣的。

兩張紙，或用重疊的方式，其中一張紙可以完全覆蓋另一張紙，我們就可以直接比較出這兩張紙的大小。當兩張紙不能相互完全覆蓋時，我們可以將其中一張紙（或兩張）切割、拼湊，再與另一張紙進行完全覆蓋的比較。因為它需要了解面積保留概念，了解經過切割、拼湊以後的面積與原來的面積相同，因此作者把它稱為間接比較。

利用複製的方式把不能移動的個物的面積複製起來（必要時可以經過切割拼湊），再與另一個個物的面積進行比較，也是一種間接比較。若是用較小的個別單位（許多個，或者只用一個並且做記號的方式）去複製兩個個物，再利用較小單位的數值去比較兩個物件的大小，則稱為個別單位比較。

面積的常用單位為平方公分（cm^2）、平方公尺（m^2）、平方公里（km^2）等等。在古時候，面積的單位和長度的單位沒有任何關係。例如：古時候的長度用寸、尺、丈，面積單位用甲、畝、頃。因為微積分的積分概念，讓我們知道可以將長度「積」成面積，因此國際才把標準單位定為平方公分（cm^2）、平方公尺（m^2）、平方公里（km^2）。

由於學生無法了解微積分的概念，因此小學是定義邊長一公分的正方形面積為一平方公分；邊長一公尺的正方形面積為一平方公尺。平常教具中一個小白色積木，因為它是邊長一公分的正方體，因此它的一個面是一平方公分。然後用點數的方式看有幾個一平方公分稱為幾平方公分。

　　由於國際標準面積單位平方公尺和平方公里是 1000000 倍的關係，倍數太大；因此我們在 1 平方公尺和 1 平方公里間又加了入 1 公畝 = 100 平方公尺（10 公尺見方），一公頃 = 100 公畝（100 公尺見方）。

　　面積是二度空間的量，學生有時候會受到視覺的干擾而錯誤的進行視覺判斷。例如：長方形的面積和三角形的面積相同（底為長方形的兩倍，且同高），但是看起來三角形的面積比較大，但事實上是兩者面積相同。

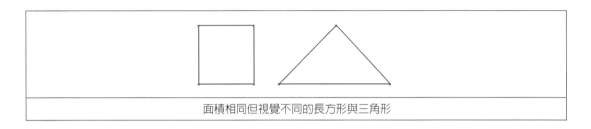

面積相同但視覺不同的長方形與三角形

三、體積

　　一個物體在空間中所占的大小，我們稱為這個物體的體積。上面這一句話很有學問，對於一個實心的物體的體積沒有問題，但對於一個空心的物體，例如：我們說一個粉筆盒的體積、一顆氣球的體積，它到底有沒有包含中空的部分？平常我們也把包含中空的部分稱為它的體積，但是有時候在做問題時，體積是不包括中空的部分。因此老師在教學時有必要釐清的時候，要定義清楚，要跟學生說清楚，以免學生誤解。或許我們可以這樣說，問題中，物體的面有標示厚度的體積，以實體的體積為準；若沒有標示厚度的體積，以整個中空的體積為準。如下圖所示：

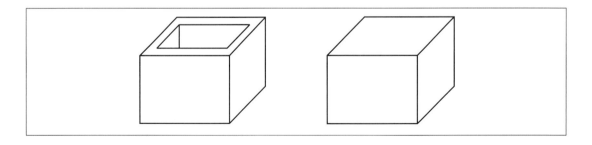

　　當兩個物體的體積明顯差異很大時，是體積的直觀比較。體積的直觀比較主要是要說明平常我們說的「誰比較大」，指的是體積的大小。

　　當兩個物體中，若有一個物體可以放入另一個物體之中，我們便知道兩個物體的體

積誰大誰小，這就是體積的直接比較。若需要把物體經過形狀的改變，再與另一個物體比較體積的大小時，因為它涉及概念保留，因此稱為體積的間接比較。同時要利用第三物去進行兩物體的體積比較，也稱為體積的間接比較。若用較小的第三物（或者許多相同的第三物）去測量兩個物體的積體差異有多大時，稱個別單位比較。

體積的常用單位，在古時候的用斗、石。現在的國際標準體積單位是立方公分（cm³）、立方公尺（m³）、立方公里（km³）。

同樣的，體積的定義也是<u>邊長一公分的正立方體稱為一立方公分</u>，平常教具中一個小白色積木，因為它是邊長一公分的正方體，因此是一立方公分。邊長一公尺的正立方體稱為一立方公尺。

由於體積是三度空間的量，學生很容易受視覺的影響而錯誤判斷體積的大小，因此在教學上要讓學生了解，必要時要利用已教過的方法進行檢測。

四、重量

（一）概念

重量可以直觀比較。例如：用手掂掂看，利用重量差異很大的物體讓學生用手掂掂看，主要是藉直觀比較了解<u>輕、重</u>兩個表示物體的重量小或大的語詞。對於重量差不多的物體，我們需藉助天平來比較兩物體的重量，因為天平中較重的個物會往下垂，和用手掂較重的個物會較往下的感覺相同，因此我們稱它為重量的直接比較。當我們要比不同兩地的兩個個物的重量大小時，若兩地都有秤之類可以進行標準單位的測量，則我們可以用<u>常用單位進行比較</u>。若其中一地沒有秤，我們可以製作簡單的天平，然後各自與錢幣之類的個別單位進行複製（看各和幾個錢幣一樣重），再進行個別單位比較。當然，若不同兩地剛好有一適合的相同物體，我們也可以此一物體作為媒介放在天平上進行兩地不同物體重量的間接比較。

重量的國際標準單位是公克（g）、公斤（kg，千克或千公克）、公噸（t）。1公斤 = 1000公克，1公噸 = 1000公斤。

由於重量是三度空間的量，它還受到物體本身密度大小的影響，因此即使體積比較大的物體，它的重量不見得比較大。學生很容易以為體積明顯較大的重量也比較重，因此在教學上要讓學生了解，必要時要利用已教過的方法進行檢測。

（二）1公斤秤和3公斤秤怎麼教？

作者覺得我們應教給學生一些能力，也就是利用他現在會的知識去探究沒學過的內

容。因此，對於 1 公斤秤面或者 3 公斤秤面的了解，如下圖，老師應讓學生觀察，就像讓學生觀察時鐘的鐘面有什麼一樣，讓學生主動察覺 1 公斤秤面中有 50g，所以秤重量的單位是公克（g）。再從秤面的數字，主動察覺指針指到 50g, 100, 150...，代表可以秤 50 公克、100 公克、150 公克……，最高可以秤到 1000 公克（也就是 1 公斤）。也能夠進一步推理，0g 和 50g 之中有 4 個中刻度（5 個間隔），每 2 個中刻度中有 1 個小刻度，所以 1 個中刻度代表增加 10g，1 個小刻度代表增加 5g。

　　若 1 公斤的秤面，老師直接讓學生觀察、發現，相信學生可以一般化到相類似的 3 公斤的秤面上。學生會主動察覺 3 公斤的秤面上有 500g, 1kg, 1.5kg, 2kg... 分別代表可以秤 500 公克、1 公斤、1.5 公斤（或 1500 公克）、2 公斤……，最高可以秤到 3 公斤。同時 0g 和 500g 之間有 4 個大刻度（5 個間隔），每 2 個大刻度之間有 9 個小刻度（10 個間隔），或者每 2 個大刻度之間有 1 個中刻度，每 2 個中刻度之間有 4 個小刻度。所以 1 個大刻度代表增加 100g，每 1 個小刻度代表增加 10g，每 1 個中刻度代表增加 50g。甚至發現 1.5kg = 1kg500g 的意義。

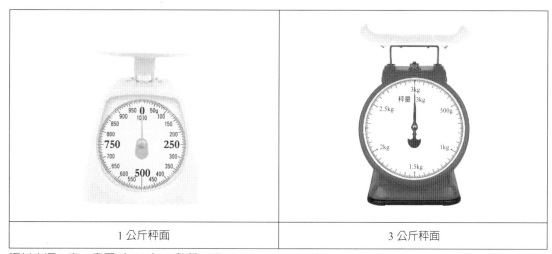

| 1 公斤秤面 | 3 公斤秤面 |

資料來源：南一書局（2011）。數學三下。

五、容量和容積

（一）容量

　　容量是一個容器所能裝載的液量（當裝的是水時，就是水量），其實它也就是所能裝載的液體體積。講得簡單一點，就是一個容器最多能裝多少公升（或毫公升）的液體。液量則是這個容器現在裝了多少液體的量。

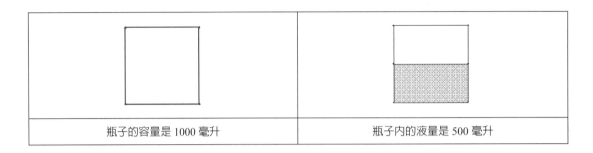

| 瓶子的容量是 1000 毫升 | 瓶子內的液量是 500 毫升 |

　　大小有明顯差距的兩個容器，很容易進行直觀比較出它們的容量的大小，用以了解哪個容量裝得多，哪個容器裝得少；裝得比較多的就是容量大，裝得比較少的就是容量小。當一個容器可以直接裝入另一個容器的時候，這兩個容器的容量就可以進行直接比較。當一個容器無法裝入另一個容器，且無法直觀比較時，就需要將它們倒入另一個更大的容器，並做記號以進行完整複製的間接比較；也可以利用較小的容器當作個別單位，進行個別單位比較；或者進行常用單位公升、毫公升測量後的比較。

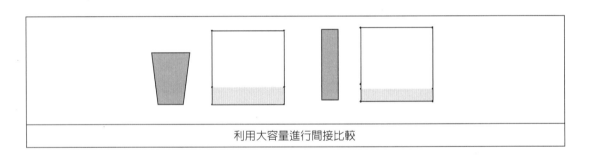

利用大容量進行間接比較

　　容量的國際標準單位有公升（L）、毫公升（mL，或者毫升，以前稱公撮）……。1 公升 = 1000 毫升。

　　由於容量是三度空間的量，學生很容易受視覺的影響而錯誤判斷容量的大小，因此在教學上要讓學生了解，當視覺上有判斷的困難時要利用已經教過的方法進行檢測。

（二）容積

　　容積是一個容器所能裝載的物體的體積。因為容積指的是裝載物體（包括液體）所占空間的大小，因此容積的單位也是體積單位立方公分、立方公尺……。它和容量的概念相同，可以做直觀比較、間接比較、個別單位比較。

　　當可以裝載液體的容器（容量）改裝載固態的物體（容積）時，容量和容積便產生關係，便可以進行互換。我們發現容器裝入 1000 立方公分的積木時水量上升 1 公升。因此 1 公升 = 1000 立方公分，也就是 1 毫升 = 1 立方公分。

（三）體積、容積和容量的問題

1. 體積的單位可不可以用公升？容量的單位可不可以用立方公分？

體積的單位原本是立方公分等等，容量的單位是公升等等。學生又學到容積，同時容積可以和容量互換，1 毫升 = 1 立方公分。因此，體積的單位可以用公升，容量的單位可以用立方公分。

在生活上，有時候容量會使用 cc 的單位，cc 是 cubic centimetes 是立方公分的意思，容積也使用公升的單位，因此容量可以使用體積的單位，體積也可以使用容量的單位。

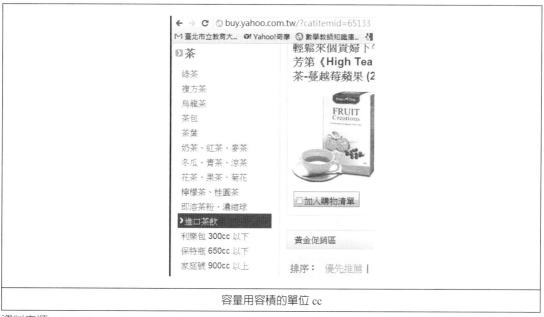

容量用容積的單位 cc

資料來源：http://buy.yahoo.com.tw

在日常生活上，經濟部能源局在說明電冰箱冷藏室或者冷凍室的有效內容積，是用容量的單位（公升）。如下圖：

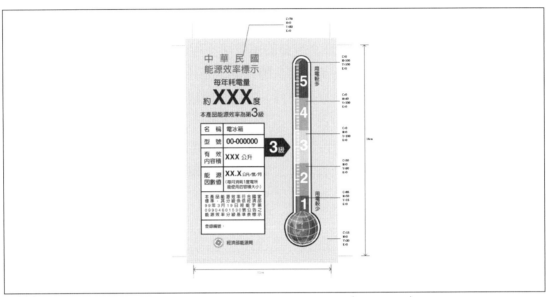

資料來源：http://www.energylabel.org.tw/news/news/upt.asp?p0=195（2014.06.30）

在物理學上，體積也可以使用 mL，也就是毫公升，例如：下圖從 google 搜尋到的資料。

> **[PDF] 畢芬寧(Bifenthrin) 農藥有效成分檢驗方法一、農藥結構...**
> www.tactri.gov.tw/wSite/htdocs/intro/pcd/pcdfile/Cate/book03/015.pdf
> 一、農藥結構及物理化學性質：. 普通名稱：畢芬寧(CIPAC No.
> 415) .... 有效成分(%，克/克). ＝檢液濃度比× 檢液中添加之內標
> 準品濃度(μg/mL) × 稀釋體積(mL) ×. 1g.
>
> **郭家愷 - 中央研究院物理研究所高中科學培育計劃**
> www.phys.sinica.edu.tw/~youthproject/report/homework.php?nid... ▼
> 余海禮老師在上一次的課程中說到:在我們這個年紀是不應該讀近
> 代物理的科普書籍，.... 氣球內氣體(〔10〕^(-3) mole) 氣球壓力
> (〔10〕^5 pa) 氣球體積(ml) 氣球內 ...

資料來源：https://www.google.com.tw/webhp?sourceid=chrome-instant&ion=1&espv=2&ie=UTF-8#q=%E7%89%A9%E7%90%86%E9%AB%94%E7%A9%8Dml（2014.06.30）

老師也可以想一想，邊長 10 公分的正方體，它的體積是 1000 立方公分，那不論是裝固體、液體、氣體（在數學上是想成中空的），不都是那些空間嗎？因此，不管是固體、液體、氣體都可以用 1000 立方公分或者 1 公升來表示。

　　此外，假如容積的單位是 1 立方公分、1 立方公尺（1000000 立方公分），那兩個單位之間差異太大了，若加上 1000 立方公分（1 公升），差異就不會太大，同時也剛好是千進位。

2. 1 立方公分的水在 4℃才會等於 1 毫公升嗎？

　　作者在教學過程中，有的老師認為 1 立方公分等於 1 毫公升的條件是在溫度 4℃的水的時候才相等，其他時候不相等，也就是說，老師認為容積和容量的關係是和密度有關。事實上，物體單位體積內所含的質量，稱為密度，也就是質量除以體積。密度是和體積、質量有關。同時，溫度 4℃時，水的密度最大是 1；溫度 4℃以上，水的體積會隨著溫度上升而膨脹，密度變小；溫度 4℃以下，水的體積隨著溫度下降而膨脹，密度減小。它是表示水的體積隨著溫度而改變，不是說體積和容量的關係隨著溫度變化。因此，水的體積變小，液量也變小，而且兩者永遠一樣，都表示水所占的空間大小。

3. 簍空的籃子是不是容器？

　　有些教材在介紹容量時，會先問哪些東西可以用來裝水，再定義可以裝水的東西稱為容器。

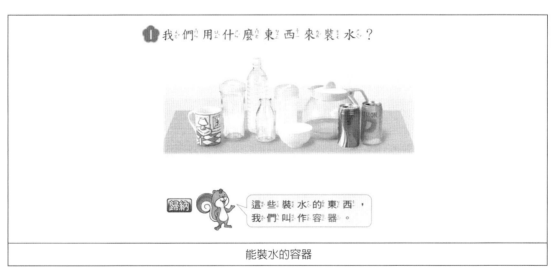

能裝水的容器

資料來源：南一書局（2010）。數學二上。

　　這時候有學生問，簍空的籃子是不是容器？有些老師就會回答不是，因為它不能用來裝水。我們發現這是一個邏輯的問題。「可以裝水的東西稱為容器」，並沒有說「不可以裝水的東西，就不是容器」。因此簍空的籃子也是容器，只是它可以作為測量固體的容積，不能作為測量液體的容量。

4. 不規則的線、面和物體能不能測量它們的長度、面積、體積？

在小學，直線段或者幾個直線段所形成的折線，「理想上」是可以精確的量或者計算出它的長度；至於曲線，我們就無法量或算出它的長度，只能估計它的長度大約是多少。若要真正算它的長度，要運用到微積分的概念。圓的周長（或弧長）是利用估測的方法，再定義它是直徑的 3 倍或者 3.14 倍，所以也不是小學階段真正精確的量或者計算出來的。

面積只能精確的量或者計算出正方形、長方形、梯形、菱形、三角形……等由直線邊所圍成的多邊形面積；非多邊形的不規則面，我們就無法量或算出它的面積，只能用方格板估計它的面積。若要真正算它的面積，要運用到微積分的概念。圓（或扇形）的面積是利用估測的方法或者平分成許多扇形再排成很接近長方形的圖形，再定義它的面積是半徑乘以半徑乘以 3 或者 3.14，所以在小學階段也不是精確的量或者計算出來的。

好玩的是，不管物體規不規則，我們卻可以精確的量或計算出它的體積。規則的正立方體、長方體、柱體，我們可以用公式算出它的體積；不規則的物體，我們可以將它放入裝有液體的容器中，再看它排出的液量（只要密度比物體小即可），然後利用液量來計算出它的體積。

六、時間

（一）時間概念的重要性

小學的大部分時間都在教十進位位值概念，都利用它來解答問題，因此學生對十進位非常熟悉。但是在小學中存在著不是十進位系統（關鍵概念）的數概念，有時間的化聚問題（重量、容量等千進位可以看成特別的十進位概念）。例如：秒和分的關係，分和時的關係，都是 60 進位系統，時和日則是 24 進位系統，只是它加了「分」、「秒」，或「日」、「時」等語詞來區隔，事實上它是 60 進位無位值概念的系統（注意：無位值概念的數是可以交換的，因此，4 時 23 分，可以說成 23 分 4 時，只是我們不習慣這樣說而已）。因此時間的化聚，對於日後學生學習不同進位系統的化聚，有非常重要的地位，假如學生能清楚認知時間的運算，再把位值概念加入，就可以一般化去學習二進位、八進位等概念。

在電腦科學上則有二進位位值系統和十六進位位值系統。例如：在二進位位值系統中的 1101，表示十進位系統中的 13（2 用 10 表示，3 用 11 表示，4 用 100 表示……）。它的換算方法其實和時間的換算方法一致，所以對於二進位位值系統和十六進位位值系統學不好的人，可以回想如何進行時間的化聚。

例如：13850 秒是＿＿＿時＿＿＿分＿＿＿秒？我們會把 13850÷60 = 230（分）...50（秒）；230÷60 = 3（時）...50（分）。它和 13 化成二進位的方法一致（用連除）。把 3 時 50 分 50 秒化成 13850 秒的方法和二進位的 1101 化成十進位的 13 的方法一致。

只是學生要留意二進位、八進位和十六進位都有位值概念，時間則沒有位值概念。

（二）時間的比較

時間的初步概念，就是利用兩個所花時間差異很大的事件，讓學生感受哪一個事件所花的時間比較長，或者哪一個事件所花的時間比較短。例如：上課的時間比較長，下課的時間比較短。

我們也可以用同時發生的兩個事件，再看哪一個事件結束得比較早、哪一個結束得比較晚，來讓學生直接比較兩個事件所花的時間的長短。例如：同時轉動兩個陀螺，知道先停下來的，就是轉動的時間比較短。也可以使用類似較大且有刻度的時間漏斗，來間接比較兩個不同事件所花時間的長短；或者使用多個較小的時間漏斗，用個別單位比較兩個事件所花時間的長短。更可以使用常用單位日、時、分、秒等來比較兩個事件的長短。同時，以個別單位比較或者普遍單位比較，可以知道哪一個所花的時間長，長多少個個別單位。

（三）長針、短針、時針、分針

一般而言，我們在報讀整點和半點時，會稱鐘面的指針為長針和短針（生活用語）。當學生了解到短針是報讀幾時，長針是報讀幾分的時候，我們才把短針稱為時針，長針稱為分針。此時時針和分針的意義才顯現出來。

報讀幾點的時候，因為長針和短針會連動，因此當短針指在「正 8」的時候，長針一定指著「12」，這是生活上會稱為 8 點整的原因。當短針指在 8 和 9 的「正中間」（走半個大格）的時候，長針剛好從 12 走到 6，剛好走了「半圈」，這是生活上會稱為 8 點半的原因

（四）24 時制與 12 時制

國際公認的時間，把一天平分成 24 小時，這時候在數字鐘面上顯示從 00（時）：00（分）：00（秒）開始到 23：59：59，稱為 24 時制。

我們的（指針）時鐘只有 12 小時，因此我們把一天平分成上午的 12 小時，和下午的 12 小時，稱為 12 時制。因為時鐘上的數字只有 1 到 12，沒有 0，所以我們在讀法上就從上午 12 時 0 分 0 秒到上午 12 時 59 分 59 秒，再變成上午 1 時 0 分 0 秒，再到

上午 11 時 59 分 59 秒。之後變成「中午」12 時 0 分 0 秒；再變成下午 12 時 0 分 1 秒再到下午 12 時 59 分 59 秒，再變成下午 1 時 0 分 0 秒，再到下午 11 時 59 分 59 秒。

這邊要注意的是在數學上，「中午」只是上午和下午交接的 12 時那一刹那的時刻而已（在現行教科書，中午 12 時不稱爲下午 12 時），中午 12 時的時間點之前是上午，之後是下午。

（五）時間的生活用語和數學用語

在生活上，我們會用「8 點」、「8 點整」、「8 點鐘」、「8 點 30 分」表示一個時間點（時刻）；會用「8 小時」、「8 小時 30 分（鐘）」表示一段的時間（時距）[3]。因爲 8 點就是從 12 點到 18 點經過 8 小時的意思，在數學上，我們都用「8 時」或「8 時 30 分」表示一段時間（時距）或者一個時間點（時刻）。因此，老師在教學要注意學生是否能把「時距」讀作幾時幾分或者幾小時幾分（鐘），而不是把「時距」讀作幾點幾分。時刻則是要讀作幾時幾分或者幾點幾分，不能讀作幾小時幾分（鐘）。

在生活上，會用月、日來表示特定的日期，例如：1 月 2 日；會用多少個月、天來表示所經過日期的天數，例如：1 個月 2 天。在數學上，則統一用月、日，例如：1 月 2 日來表示特定的日期和經過的天數。

有關時間的用語，例如：凌晨、清晨、白天、傍晚、黃昏、晚上、深夜……等等都是生活用語。生活上「中午」用語，每個人的觀點可能不一致，有人認爲指的是上午 11 點到下午 1 點的一段時間。

在數學上區分 12 時制是用上午（AM）和下午（PM），至於中午指的是上午 11 點 59 分之後的 12 點整的那一刹那，下午 11 點 59 分之後的 12 點那一刹那則沒有定義。作者上網查了美國資訊交流網（2013），上面說明在美國，中午或正午（noon）通常叫作「12：00 p.m.」，而子夜或午夜（midnight）叫做「12：00 a.m.」。*The American Heritage Dictionary of the English Language*（Fourth Edition, 2000）的說明：「12 a.m. 表示午夜的 12 點整，而 12 p.m. 表示中午的 12 點整。」再者，作者從時間的邏輯來看，深夜的 12 點 00 分 01 秒既然已經是上午，所以深夜的 12 點整也稱爲上午 12 點（12：00 a.m.）是合理的；同理中午的 12 點整也可以稱爲下午 12 點（12：00 p.m.）。

---

[3] 有關一段時間的用語，作者建議用「時距」而不要用「時間」比較好。因爲若説「時間」可以分成「時刻」和「時間」，會讓人分不清楚時間指的哪一種；而説「時間」可以分成「時刻」和「時距」就沒有這樣的問題。

（六）問題

1. 為什麼有些學生會把 8 點唸成 8 點 12 分？

學生還沒真正了解時針和分針的意義之前，就教他短針代表時針，長針代表分針，因此時針（短針）指 8，分針（長針）指 12 時，學生就以為是 8 時 12 分。

2. 怎麼教鐘面時刻的報讀？

因為鐘面上的時刻，學生需要看兩個指針：一個長針（分針），一個短針（時針）。因此有些學生就會把 8 點唸成 8 點 12 分；把 8 點 53 分看成 9 點 53 分（因為短針已指著數字 9 了，但不是指著 9 的點）。

有些學生甚至在畫鐘面的圖形時，8 點 30 分的短針，就正指著 8；長針正著 6。作者發現學生沒有時針和分針連動的感覺，因此有上述的迷思概念。

作者建議老師在教學時，要把**時針和分針連動的感覺**教給學生。讓學生感覺到分針走一小段，時針也走一小小段；分針走半圈時，時針走了半（大）格；當分針走到（8 時）55 分時，時針「快到」9，還沒到「9 點整」，雖然已指到數字 9 的字，但還沒到 9 的那一個點。

因為時針和分針會連動，因此，即使只有時針，沒有分針，也可以了解大約是幾時幾分。

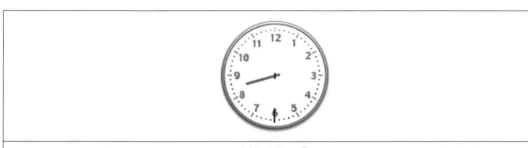

大約 8 時 30 分

3. 8 點鐘向前 2 小時是幾點鐘？

在生活上有一些用語會被用到數學教學上，但是因為它的界定不是那麼清楚，因此難免產生一些誤解。例如：前、後。一般我們的身體面向的那邊，就是向前，背部面向的就是後面，但是把它用在非人的物件上就會產生誤解。例如：現在是 8 點鐘，向前 2 小時，是幾點鐘？平常我們是說 6 點鐘。但是通常我們會說從 1 號走到 8 號，再向前 2 個，就是 10 號。

4. 8 點 30 分為什麼稱為 8 點半？

當學生初學時刻的時候，大多從鐘面來學習，因此當短針指著正 8 時，稱為 8 點整，此時長針剛好指著 12。當長針走半圈時，也就是長針指著 6，短針剛好走半格，因此這時候稱為 8 點半。

此時看數字鐘面，發現時鐘指著 8：30。因此 8 點 30 分又稱為 8 點半。

5. 為什麼時間要用數學用語呢？

會統一把時間或時刻用「8 時 30 分」的主要原因，可能是為了時間的計算上的問題。例如：「8 點 30 分出門到學校，走了 1 小時 20 分鐘，問到學校是什麼時候？」學生會發現怎麼不同單位的東西可以相加？

---

8 點 30 分 + 1 小時 20 分鐘

到底答案是 9 點 50 分，還是 9 小時 50 分鐘？

為了使時間和時刻可以計算，所以用了：

---

8 時 30 分 + 1 時 20 分 = 9 時 50 分

---

6. 要不要區分時距和時刻？

時間的概念可以分為時距和時刻，在生活上時距和時刻的用語不一樣，因此學生在區辨上比較不會產生困擾。可是假如統一使用數學用語，學生可能分不清楚它到底代表時距或是時刻。作者建議老師在低年級從生活用語引入時間概念，到了時間的計算時，為了避免出現 11 點 – 9 點 = 3 小時的問題，正式引入數學用語時，就要清楚的讓學生聽到、了解、發現數學上已經把時刻和時距統一用「時、分」來稱呼，同時盡可能在使用數學用語的同時，試著讓學生區辨「小明上午 9 時出去兒童樂園玩 3 時」的 9 時和 3 時，在生活上會怎麼說，讓學生有機會區分開來。此外，假如老師習慣要求學生舉例、畫圖表示兩者的差異，相信學生是可以很清楚的從題意分辨出來。但是在正式評量時，不要去考學生哪一個代表時距，哪一個代表時刻。

7. 一天之中上午 11 時 30 分和上午 12 時 30 分是哪一個比較早？

因為指針時鐘只出現 1 到 12 的數字，使得一天之中出現的時間分別是從上午 12 時 0 分 0 秒到上午 12 時 59 分 59 秒，再變成上午 1 時 0 分 0 秒，再到上午 11 時 59 分 59 秒。之後變成「中午」12 時 0 分 0 秒，再變成下午 12 時 0 分 1 秒再到下午 12 時 59 分 59 秒，再變成下午 1 時 0 分 0 秒，再到下午 11 時 59 分 59 秒。

因此，「一天」（00：00：00～23：59：59）之中，上午 11 時 30 分出現的時間點比上午 12 時 30 分出現的時間點晚。它和數字的感覺不一致，所以要小心。上午 11 時 30 分指的是接近中午的時刻；上午 12 時 30 分指的是正午夜剛過的時刻。

8. 12 時制的下午時刻加上 12 時，就變成 24 時制的時刻嗎？

由於指針時鐘的關係，上午的時刻加上 12 時，不一定變成 24 時制的時刻；24 時制的時刻（大於或等於 12）減去 12 時，不一定變成上午的時刻。例如：12 時制的下午 12 時 30 分，變成 24 時制仍是 12 時 30 分；但是 12 時制的下午 11 時 30 分，變成 24 時就要加 12，變成是 23 時 30 分。

所以在 12 時制和 24 時制互換時要小心。作者建議老師在教學時，使用下面的時間數線讓學生清楚的了解如何進行轉換，而不要記憶規則。

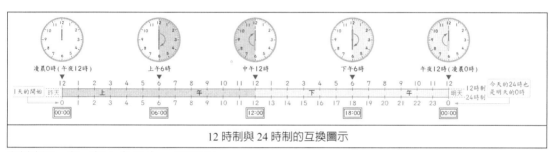

12 時制與 24 時制的互換圖示

資料來源：南一書局（2010）。數學三上。

9. 8 點 5 分的數字鐘面怎麼寫？怎麼唸？

有人問作者 8 點 5 分的數字鐘面怎麼寫？怎麼唸？寫成 8：05，或者 8：5 可不可以？0 要不要唸出來？作者認為，它不是數學上的重要問題，因此兩種都可以。

另一個原因是數字鐘 23：09：09，它有一點點位值概念，但是它又用了「：」做區隔，因此，那個 0 有沒有都不會影響我們的判讀。假如數字鐘的表示方式變成 230909，此時就沒有符號把位值給區隔出來，此時的 0 就一定要寫。

（七）名稱日和週期日

在數學教育上，有人把日期區分成名稱日或週期日。名稱日的意思是每日都算，例如：5 月 3 日到 5 月 6 日，總共經過 3, 4, 5, 6 日，所以總共 4 日。週期日意思是經過完整的 24 小時才算一日，例如：5 月 3 日到 5 月 6 日，總共經過 3 日。它和我們在做植樹問題時，加一或減一的問題一樣，都是看成「點」（名稱日）或者「長度」（週期日）的類似問題。

至於從 5 月 3 日到 5 月 6 日經過幾天的問題，它是一個生活問題，和事件發生的脈

絡有關。例如：租錄影帶或者出國玩，就是前後都要算，共 6 − 3 + 1 = 4 天。食品的醃漬通常是算完整的天數，例如：醃漬蘿蔔 3 天，指的是從 5 月 3 日到 5 月 6 日的 3 天；食品的保存期限，有些算 6 − 3 = 3 天，表示經過 24 小時才算一天的概念；有些保存期限則用 5 月 3 日到 6 月 2 日為一個月（各家不一樣）。

有人曾經使用關鍵語「總共」、「經過」來表示前後是否要算。作者認為不要用關鍵語來區別，而是要從語意中去讓學生了解是名稱日或者週期日。

（八）一天、一星期、一個月

此外，作者也發現 1 分鐘、1 小時、1 個月、1 年也都有類似名稱日、週期日的問題，只不過我們習慣上會採某一種情形而已。

一天有兩種意義。一種是從 0 時 0 分 0 秒到隔天的 0 時 0 分 0 秒，稱為一日。另一種是只要經過 24 小時，就稱為一日。例如：上午 8 時，到隔天的上午 8 時，稱為一日。

一星期也有兩種意義。一種是從星期日 0 時 0 分 0 秒到下星期日的 0 時 0 分 0 秒，稱為一星期。另一種是只要經過七日的，就稱為一星期。例如：從星期二 8 時 0 分 0 秒，到下星期二的 8 時 0 分 0 秒，稱為一星期。假如我們不管幾時幾分的時候，通常會說從星期二到下星期一是經過一星期。

一個月也有兩種意義。從 3 月 1 日到 3 月 31 日（前後都算）稱為 1（個）月，或者從 3 月 13 日到 4 月 12 日（前後都算）也稱為 1 月。

其實任何的時間週期都有上述兩種意義。例如：一小時可以是 1:00 到 2:00，也可以是 1：15 到 2：15。

（九）大月和小月、平年和閏年

一個月有 31 天的月份有 1, 3, 5, 7, 8, 10, 12 月，我們稱為大月；其他的月份——4, 6, 9, 11 月有 30 天，還有 2 月有 28 天或 29 天，都稱為小月。一年之中的 2 月只有 28 天的年度，我們稱為平年；2 月有 29 天的年度，稱為閏年。

一般而言，以西元年為準，是 4000 的倍數的年度不閏；是 400 的倍數的年度為閏年；是 100 的倍數但不是 400 倍數的年度為平年；是 4 的倍數但不是 100 的倍數的年度為閏年；其他則平年。會產生平年和閏年的主要原因是地球繞太陽公轉一圈大約等於 365.24220 日（稱為回歸年），因此為了計算小數日的問題，而做了某些年之後，加一日的處理。我們可以用以下數據來說明：

$$\frac{1}{4} - \frac{1}{100} + \frac{1}{400} - \frac{1}{4000} = \frac{969}{4000} = 0.242225$$

七、角度

（一）角和角度

　　在數學上，角是由共同端點的兩射線所形成的部分。因為在小學不會使用射線的名詞，因此會說成角的構成要素為頂點與兩邊。在生活中的角，它的邊不一定是直線邊，因此生活上的角的頂點可能是圓弧形。角度則是將角的大小給數量化，指的是兩射線張開的程度，我們將一個圓（轉一圈）的角度定為 360 度（360°）。

| 生活中的角 | 數學上的角 |

（二）角的名稱

　　大於 0 度，小於 90 度的角稱為銳角（取其尖銳之意）；等於 90 度的角，稱為直角；大於 90 度，小於 180 度的角，稱為鈍角（取其不銳之意）；等於 180 度的角，稱為平角；等於 360 度的角，稱為周角（它和國中學的圓周角容易混淆）。角的名稱，教師可以養成學生使用中文語意去會意的習慣，而不去死記專有名詞。同時，在判斷一個角是直角或是銳角、鈍角時，作者希望學生不要忘了視覺的直觀，可以很快速的進行判斷──當角的一邊是水平時，利用另一邊是否鉛直來判斷這個角是直角、銳角或是鈍角。因此對於兩邊不是水平或鉛直的角，學生可以把紙旋轉某個角度或者把頭旋轉某個角度，讓其中一邊成水平，再看另一邊的情況來判斷這個角是直角、銳角或是鈍角。但是當學生視覺無法確定，或者老師提問「怎麼確定的？」的時候，學生要記得可以用量角器，或者有直角的物件（例如：直角三角板的直角，或者拿出任意一張紙對折再對摺成直角）來檢驗。

　　另外，兩個比較不常見的名稱：小於 180 度的角又可以稱為劣角，因此銳角、直角、鈍角都是劣角；大於 180 度，小於 360 度的角，稱為優角。

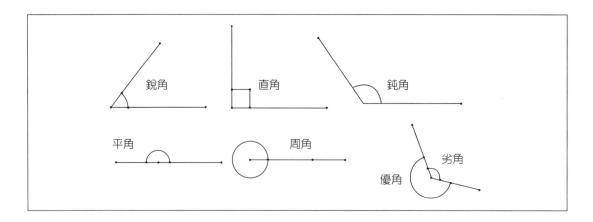

　　在小學數學教學上，我們也會把角分成圖形角、張開角、旋轉角。圖形角是在圖形上看到的靜態角，它通常指的是大於 0 度、小於 180 度的角。張開角是指角的兩邊遠離的動態情形，例如：扇子兩邊張開的角稱為張開角。因為角張開時，可以超越圖形角小於 180 度的直觀感覺，因此張開角想要表達的是一個角的角度可以從 0 度到 360 度。旋轉角是只有一邊，稱為始邊，然後固定一端點旋轉到終邊而形成的角，例如：分針從某時刻到某時刻就形成一個旋轉角。旋轉角可以將角度小於 360 度的情形，拓展到任意實數的角度。因此三者在數學學習上各有它的重要性。

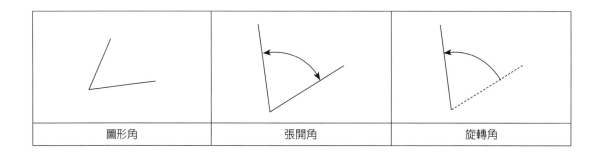

（三）角的大小比較

　　因為角的大小是指角張開的程度，所以有些學者認為合理的啟蒙情境是利用張開角進行角的大小比較，甚至角度的介紹。但是一般教科書幾乎都從圖形角引入，因此若要在圖形角進行角的大小比較之前，作者建議可以先從角的複製開始，請全班的學生複製同樣一個角，例如：直角三角板中的 60 度角，然後將全班所複製的角拿到黑板上進行比較，這時候，學生畫出不同邊長的機會非常的高，我們可以用它來讓學生了解，角是和邊長無關的。當學生不相信時，可以請學生再用剛才的角疊合回去，當學生要重疊回

去時，他就要先把頂點重疊，再對齊另一邊，之後再看另一邊有沒有重疊。這個方法正可以破除學生以爲角的大小與邊長有關的迷思概念。

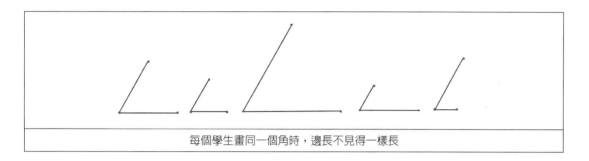

每個學生畫同一個角時，邊長不見得一樣長

之後再進行圖形角的大小比較，此時老師要讓學生了解到角的大小比較和上面的方法相同，也就是先把頂點重疊，再對齊另一邊，再看兩個角的另一邊哪一個在裡面，在裡面的角的角度就比較小。或者也可以和前面線段長度大小的比較一樣，先把頂點重疊，再把一個角的兩邊轉一下，看哪一個角的兩邊完全在另一個角的兩邊的裡面，此時兩邊完全在裡面的角度就比較小。

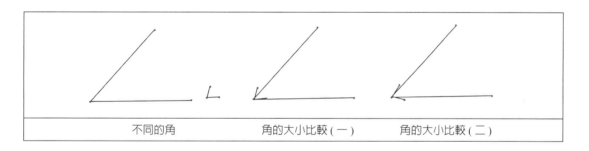

不同的角　　　　　角的大小比較（一）　　　角的大小比較（二）

當兩個角不能直接比較，我們也可以經由完整複製來進行間接比較。除了間接比較之外，我們比較少用個別單位來比較兩個角，反而直接使用常用單位：1 度（1°）來比較或者測量。

（四）問題：為什麼有些學生不會使用量角器量角度？

老師要讓學生聽到、了解、發現正確使用量角器來量角度的方法，和剛才角的大小比較一樣，先將量角器的中心點對齊角的頂點[4]，再將量角器的一邊（0 度線）對齊角的

4　老師可以像觀察時鐘的鐘面、秤面一樣，先讓學生觀察量角器，讓學生發現量角器的中心點並不是在量角器的邊上，同時它有兩圈分別順、逆時針從 0, 10...180（我們稱它爲度），同位置的兩個角和剛好是 180 度。

另一邊，再從角度 0 開始報讀，看到另一邊是多少度。或者量角器的中心點對齊角的頂點之後，再旋轉量角器讓角的兩邊都在量角器裡面，再利用角度報讀或者相減的方法測量出角度。

有些學生把量角器的中心點對齊角的頂點，並將 0 度線對齊角的另一邊之後，忘了從 0 度線的圓弧去看另一邊的角度，而直接報讀外圈或者內圈的數值，導致報成補角了，也就是 100 度報成 80 度。

有些學生則在將量角器的中心點對齊角的頂點，再將量角器的一邊（0 度線）對齊角的另一邊之後，發現角的另一邊不在量角器內，因此，向另一邊轉，想要將角的另一邊轉到量角器內，結果發現另一邊跑掉了，因此又將量角器往回轉，結果就是一直轉來轉去，無法達成目的。此時，老師要告訴學生，當你轉量角器時，重疊的那一邊也一定會跑掉，因為角的大小是固定的。因此不要怕，只要將量角器往一邊一直轉，不要迴轉，不要管另一邊，一定可以將角的一邊先重疊，而另一邊在量角器內。或者先將量角器的中心點移動到角的頂點，再旋轉角度讓兩邊完全在量角器裡面，再報讀角度的差，或者把兩個邊的角度相減。

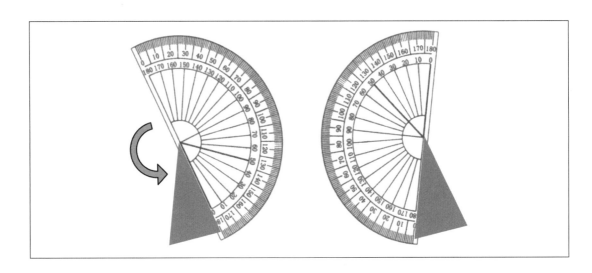

八、量的計數

所有的量都可以計數，意思是以一個單位為基礎，計數其他的量。例如：1, 2, 3, 4, 5, 6 個一公分，是 6 公分；1, 2, 3, 4, 5, 6 個一公斤，是 6 公斤。

量的計數有它的重要性，它可以讓學生了解，我們可以以任何量或數當作單位進行乘、除計算，或者加、減計算。例如：$7 \times 8 + 7 \times 6$，就是 8 個 7 加上 6 個 7，所以有

14 個 7；7 個百 +8 個百 =15 個百。相同的，$(x + 2)(x + 4) + (x + 5)(x + 4) = (2x + 7)(x + 4)$ 也可以看成以 $(x + 4)$ 爲單位的加法。

參 外延量、內涵量（導出量）

Schwartz（1988）考慮量的屬性，將問題中的量區分爲外延量（E; extensive quantity）和內涵量（I; intensive quantity）。外延量即一般一個向度的量，如：公斤、公尺、個、秒等。另一種說法是，當兩個數量相加時，可以直接相加的物理量，就稱爲外延量。例如：上述的 5 公斤和 3 公斤，可以直接相加。

內涵量則是由兩個向度所組成的量，即由兩個外延量所合成，含有單位測度（the unit measures）或屬性密度（the attribute density）的意思，如：個 / 盤、公分 / 秒、克重 / 公升等。另一種說法是兩個數量相加時，其性質無法直接相加的物理量，就稱爲內涵量。例如：上述的 3 個 / 盤 + 4 個 / 盤是不會等於 7 個 / 盤，只能問共有幾個。外延量可以是連續量 (C) 或是離散量 (D)，而內涵量的形式則是 C/C、C/D、D/D、D/C。

在九年一貫能力指標中提及的導出量就是內涵量的意思，導出單位就是內涵量的單位。導出量其實早在二年級的教材就已經出現，例如：一部車 4 個輪子，它其實是導出量 4 個 / 部；一盤水果有 4 顆，其實是 4 顆 / 盤。

從外延量和內涵量的概念告訴我們，整數乘法的規約爲什麼各國不同。例如：一支筆 10 元，5 支筆幾元？其實是 10 元 / 支 ×5 支 = 5 支 ×10 元 / 支 =50 元。

肆 速度、速率

一、概念

速度或者速率是一種導出量。它的定義是由單位時間內所走的距離，即（平均）速度（速率）= $\dfrac{距離}{時間}$，或者距離 =（平均）速度（速率）× 時間。因爲生活的事物很少永遠都是定速的，所以**速度或者速率的定義，其實就是平均速度或者平均速率**。

（平均）速度（速率）的單位可以是公尺 / 秒（秒速），公尺 / 分（分速），公里 / 時（時速）……。若 2 小時走 8 公里，則我們稱時速 4 公里，也可以說成每小時走 4 公里，又可稱爲 4 公里 / 時。假如學生了解這三個速度的用語，同時發現這三種用語都包含時間和距離，他便不用死記，就可以了解速度或速率的公式了。

在物理學，速度是有方向性，而速率是沒有方向性的。也就是跑道一圈 400 公尺，一個人跑了一分鐘，從起點跑回到原點，此時，速率是 400 公尺 / 分，速度則是 0 公尺 / 分。物理學會用速度作為有方向性的用語，速率作為沒有方向性的用語，可能是「度」的用語可以有正負（角度有正負）的感覺，「率」的用語是沒有正負（比率）的感覺。

在小學，我們要教的是不考慮方向性的速率。同時，課程委員在撰寫課程綱要時，89 年課綱稱速率，92 年課綱稱速度。因此到底小學要稱速度，還是速率呢？

作者認為我們可以這樣做：(1) 若小學稱速度，因為速度是生活用語，學生比容易聽得懂，比較容易學；因此到了學生學習物理時，再清楚的跟學生區分即可。(2) 在小學就稱速率，但是這種教法學生比較不懂為什麼要稱速率，也就是和生活沒有連結。作者個人建議採用第一種，但是關鍵是物理老師要記得跟學生說清楚，中學物理的用語已經和生活不同了。

二、問題

（一）為什麼學生學不好速度的概念呢？

有些老師反應，為什麼學生概念不清楚呢？有些人以為跑的距離遠，速度就快。有些人也以為花的時間短，速度就快？

學生以前在學習數學時，沒有想過有哪些因素會影響速度，有些人就直接記憶速度的公式。其實速度是從學生的生活經驗感覺過來的，我們定義同時起跑（所花的時間相同），跑得快（距離比較遠）的速度就快。同樣的，我們也會讓學生感覺在同樣的距離下，花的時間短的速度快。

但是老師很少和學生討論影響速度的因素到底有多少個？因此有些學生以為只有一個（他發現跑的距離遠，速度就快 —— 忘了相同時間；或者他發現跑的時間短，速度就快 —— 忘了相同距離）。作者相信老師和學生討論一下，到底有哪些因素影響速度，學生就會發現影響的因素不是只有一個，有些學生還會說出更多，例如：重量和身高（學生的生活經驗可能發現，胖的人跑得比較慢，高的人跑得比較快）。

因此和學生討論影響速度的因素，最後發現有時間和距離兩個因素，學生會更清楚速度的概念。同時，也能容易感覺相同距離之下，所花的時間愈短表示速度愈快，因此，時間與速度成反比；容易感覺相同時間下，所走的距離愈遠表示速度愈快，因此，距離與速度成正比。此時，公式：距離 = 速度（速率）× 時間，或者速度 = $\dfrac{距離}{時間}$（記得：看哪一個是定值），就很容易感受到。

　　此外，因為速度的公式其實就是基本的乘法或者除法概念，因此，教學時若回歸到乘法和除法的基本概念，問題的計算與解答難度也可以再降低。例如：時速 50 公里，走了 3 小時，就是每小時走 50 公里的 3 倍，所以總共走了 150 公里。

（二）上山和下山的平均速度是不是直接把速度除以 2 呢？

　　上山的速度是 2 公里／時，下山的速度是 4 公里／時，則上山和下山的平均速度是 $\frac{2+4}{2}=3$（公里／時），對不對？

　　學生的生活經驗中，國文考 90 分，數學考 80 分，國文和數學的平均就是 $\frac{90+80}{2}=85$，沒有問題啊！為什麼速度就不能直接相加再除以 2 呢？

　　一種講法，要學生做問題時回到原來的定義。速度 = 平均速度 = $\frac{距離}{時間}$。因此要先把所花的總時間算出來，再把總距離算出來。上面的問題因為沒有告訴學生山路有多長，所以它是代數問題，國小學生不見得會了解（可以假設山路的距離是 x 公里再算）。因此，若改成「山路長 4 公里，上山的速度是 2 公里／時，下山的速度是 4 公里／時，則上山和下山的平均速度是多少？」學生就可以算出上山所花的時間是 2 小時，下山花 1 小時，因此總時間是花 3 小時，總距離是走了 8 公里。因此平均速度是 $\frac{8}{3}$（公里／時）。

　　可是這種講法，沒有說到重點。什麼時候算兩個數或量的平均，可以直接相加再除以 2；什麼時候不行？或許老師可以用一類比、簡化的方式來讓學生了解，例如：國、英、數三科的平均是 80 分，社會的分數是 90 分，那麼四科的平均是 85 分嗎？顯然不是，因為平均分數的科目數不同，不能平均；正如平均速度是距離除以時間，上、下山的時間不同，也不能直接平均。關鍵的概念是，因為速度的公式中，分母是時間，上山和下山的時間變了（沒有固定），平均速度就不能直接除以 2。假如分母是相同的（固定），就可以直接除以 2。例如：「甲路長 4 公里，小明走了 2 小時；乙路長 6 公里，小明走了 2 小時，小明走甲路和乙路的平均速度是多少？」我們可以這樣算：$\frac{\frac{4}{2}+\frac{6}{2}}{2}=\frac{5}{2}$ 公里／時，也可以這樣算：$\frac{4+6}{2+2}=\frac{5}{2}$ 公里／時。

　　作者建議老師要釐清問題時，要談到為什麼不能用，不能只談怎麼用，否則學生無法了解真正的原因，日後還是會犯了相同的錯誤。相信各位老師也了解日後的濃度問題也是一樣的，只要有分母且分母不是固定的量，在計算平均時，都不能直接相加再除以它的總數。

（三）瞬時速度和平均速度

在日常生活中，馬路上的測速器，其實是一種瞬時速度的概念，因為它測的是車子壓在一小段距離的時間差。2018 年 7 月新北市交通大隊在萬里隧道實施首創區間平均速率科技執法。所謂平均速率科技執法，是在進、出口設置偵測設備記錄車輛進出的時間，換算通過該路段時間及通行速率。

伍 左右、前後的問題

一、怎麼教左右？

作者發現即使老師現在問作者右手是哪一手？或者哪一邊是作者的右邊？作者仍然要想一下。

可見要熟記左邊和右邊，或者左手、右手是很困難的一件事。作者建議老師在教學時，對於類似左、右手的問題（二選一，且語詞無法感受的問題），只要學生記得其中一個就好，不要兩個都記。因為記得一個，另外一個就是另一個語詞。例如：要學生記得他的慣用手是哪一手即可，不用兩手都記。

二、大象的左邊到底是什麼動物？

大象的左邊是什麼動物？

資料來源：南一書局（2010）。數學一上。

上圖中，大象的左邊是熊貓，還是小豬？這個問題涉及以誰為中心（標準）的問題。假如我們是以大象為中心（標準），大象的左邊是熊貓，假如是以學生為中心（標準），那大象的左邊就是小豬。

因為我們不會跟學生說以誰為中心來看，因此就會出現學生解讀上的差異。

有些人會以圖像是否為生物來作為左右的判準，也就是若圖為生物，就以生物為中心來判準，若是茶杯，則以讀者來判準。這種說法有待商榷，建議對低年級學生而言，以學生為中心來判準較為妥當，若要以圖像為中心來判準，最好先取得共識，再做判

準。因為這種方式需要學生進行角色的轉換。

三、小貓是不是在大象的左邊？

小貓是不是在大象的左邊？

資料來源：南一書局（2010）。數學一上。

　　即使我們和學生有共識，以學生看的方向為準來辨別左右，作者仍然發現到一個問題，那就是小貓是不是在大象的左邊？答案應該是對的。那我們問大象的左邊是什麼動物？答案寫小豬，一定沒有問題，寫小貓可不可以呢？是可以的。

四、前後的問題

　　在生活中，前後的生活用語和左右的用語一樣，對學生也會產生誤解。通常，在排隊時，面向的一方，稱為前面，背部的一方稱為後面，比較明確。但是排在第 5 位的前面不一定是第 4 位，也可能是第 3 位，也就是前面不一定只有一個而已。

　　再者如有人問現在是 8 點鐘，往後 2 小時是幾點鐘？往前 2 小時是幾點鐘？好像都有人指 10 點鐘。這時候要先確認一下，時鐘的往前的意思是什麼？因為往前是一種生活用語，不是很明確。

　　前面與後面，還有另外一個問題。前面和後面的語意可以是所有前面或後面的事物。例如：下圖中小狗排第一個，小豬、兔子、大象等等都在小狗的後面。但是作者發現，有時候我們說「什麼動物在小狗的後面？」或者「哪一隻動物在小狗的後面？」可能隱含的是說緊鄰小狗的那一隻動物，也就是小豬。因此，老師在教學過程中，若問學生「大象是不是在小狗的後面？」學生的回答說「不是」；或者「什麼在小狗的後面？」學生的回答說「大象」卻有學生說「不對時」，老師可能要留意一下，學生所謂的後面的語意是不是已有共識，大家所談的後面是指「緊鄰小狗的那一隻動物」，或者「在小狗後面的任何一隻動物」都可以。

第 2 節　量與測量的教學

　　量是學生抽象化為數概念的重要情境，同時也是生活中的實際運用，學生學習非十進位的重要內涵。因此，它的教學有其重要性。

　　量的教學，應該從生活中引起學生的學習動機。例如：拿出各式各樣的尺讓學生觀看，拿出印有容量或重量的事物讓學生觀看，引起想要了解、想要學習的動機。其目的是要引起學生注意日常中有關數與量的事物，擴展學生學習的範圍。當然，學生的動機被引起以後，家長或者教師應適時給予回饋，使學生能得到正向的回饋而持續學習。

　　有關量感的建立，教師應讓學生從自己周遭的事物多建立一些參考量。例如：自己的身高，一公尺大約到哪裡？自己的體重，什麼東西大約一公斤？……使學生在量的估計能更為精準一些。因為生活中有非常多的量的情境，因此建議老師時常讓學生舉例，了解生活中的量、培養學生的量感。例如：在臺北市區的車速大約 50 公里／時，一個男生的身高大約 170 公分……。

　　為了培養教師能真正了解學生的學習狀況，建議老師在進行教學觀摩或小考時，能事先預估一下有多少學生已達成教學目標或者各題的答對率，並在事後說明預估的理由，或者驗證老師預估的答對率差異有多少。

第 3 節 量的計算

在數學上，數是量的抽象化，數有四則運算，量也相對應有四則運算，只是某些四則運算有其異同。

壹 量的四則運算

因為數概念是量概念的抽象化，因此兩個同類量的四則運算問題和數概念的四則運算息息相關，兩個同類量的四則運算可以回歸到生活情境來布題與思考。例如：兩個量的長度可以做加、減、除法運算。加法和減法可以有改變、合併、比較、平衡型等類型的問題。兩個長度量的除法，就是長度的包含除問題。雖然兩個長度量不能做乘法運算（老師不要說長度乘以長度就是面積，學生無法了解此種概念，因為它需要微積分的概念），但是可以有長度的倍數乘法問題。此外，長度也可以除以一個數（等分除）。例如：黃色彩帶有 35 公分，藍色彩帶有 20 公分，黃色和藍色彩帶共長多少？黃色比藍色彩帶長多少？藍色是黃色彩帶的幾倍？或者綠色彩帶是黃色彩帶的 2.5 倍，問綠色彩帶有多長？藍色彩帶是白色彩帶的 2.5 倍，問白色彩帶有多長？等問題。

相類似的概念，兩個面積、體積、重量、容量、角度、時間量也可以做改變、合併、比較、平衡型等類型的加法和減法。除法則也有包含除，以及除以某倍數的等分除問題。同樣的，它們也不能直接做乘法運算，但是可以做倍數的乘法問題。

貳 速度的四則運算

因為速度是由時間和距離所導出的內涵量，例如：「大明開車的速度是 80 公里 / 時（瞬時速度），他加速了 20 公里 / 時，問大明現在的速度是多少（改變型）？」此時，它是可以直接相加。「高速公路的限速是 100 公里 / 時，大明開車的速度是 110 公里 / 時，問大明超速多少（比較型）？」此時，它是可以直接相減。

但是在某些情況，速度是不能直接相加、減的（合併型）。例如：大明開車的速度是 80 公里 / 時，大華開車的速度是 90 公里 / 時，我們不可以問，大明和大華合起來開車的速度是多少公里 / 時。但可以問，兩人開車的時速相差多少（比較型）？

至於乘法和除法，有些情境一樣可以有等分除（倍數）和包含除，以及乘法的倍數問題。例如：腳踏車的時速是 12 公里，走路的時速是 4 公里，因此腳踏車的時速是走

路的時速的 3 倍。

量的計算問題

一、複名數的計算一定要化成單名數嗎？

老師剛開始教學時，可以因為特定的意圖，而要求學生用複名數直接做計算，或者先換成單名數再來計算。此時的主要目的是要讓學生了解各種不同計算方式。

當絕大部分的學生了解如何用單名數或者用複名數做計算時，作者認為只要學生知道他在算什麼，只要學生可以把答案正確求出來，老師應該給學生更大的空間，讓學生用他自己會又覺得有效的方法來計算，因此複名數的計算，不一定要化成單名數來計算。

此外，不同的問題、不同的數字使用不同的方法來算，有時候難易度是不一樣的。例如：「一個爐子烤 4 次花了 4 時 20 分，爐子烤一次需多久？」此時直接用複名數來除就可以，可是「甲爐烤一次花 3 時 20 分，乙爐烤一次花 1 時 40 分，問甲爐烤的速度是乙爐的幾倍？」直接化成單名數再算，反而比較容易。

二、複名數的直式計算要寫單位嗎？

有些老師問 23 公尺 7 公分 + 5 公尺 6 公分，在直式計算時要怎麼寫？下圖左邊和中間的計算方法，大家都認同。右邊的算法呢？作者說過，直式的功用只是輔助計算，只要學生知道概念性知識，不要把所有的量的計算及進、退位問題都以為只是十進位就夠了，不要把上述問題算成 29 公尺 3 公分就好了。也就是只要學生概念正確，不寫單位，也沒有關係。

作者認為，當學生沒寫單位時，他會以為是十進位，那麼寫單位他還是一樣認為是十進位的機會也很大。因為學生沒有真的了解公分是百進位。

	公尺	公分						
	23	7		23 公尺	7 公分		23	7
+	5	6	+	5 公尺	6 公分	+	5	6
	28	13		28 公尺	13 公分		28	13

兩階單位的直式加法

三、時間和長度的四則運算有什麼特別？

　　因爲時間包括時間量和時刻的問題，因此時間的加法精確的說可以有時刻＋時間＝時刻；時間＋時間＝時間；沒有時刻＋時刻。減法有時刻－時間＝時刻；時間－時間＝時間；時刻－時刻＝時間；沒有時間－時刻。乘法則有時間的倍數，沒有時刻的倍數。除法有時間除以時間，時間除以純數，沒有時刻的除法。

　　因爲長度也有點（尺上的 2 公分，或者公路上的標誌 5 公里）和長度量（長 2 公分的紙，或者長 5 公里的道路）的概念，因此它的四則運算也和時間相同，請老師自行推導。

四、什麼時候速度可以直接平均？

　　對於兩個或多個外延量，我們大概都可以直接求它們的平均。例如：兩個人的身高分別是 170 公分和 180 公分，則他們的平均身高是 $\frac{170+180}{2}=175$ 公分。但是兩個內涵量，例如：速度就不一定可以直接平均。例如：山路有 4 公里，小明上山的速度是 2 公里／時，下山的速度是 4 公里／時，則小明上山和下山的平均速度不是 3 公里／時。正確的算法是：

　　上山花了 $4 \div 2 = 2$ 小時，下山花了 $4 \div 4 = 1$ 小時，

　　因此平均速度 $= \dfrac{總距離}{總時間} = \dfrac{4+4}{2+1} = \dfrac{8}{3}$（公里／時）

　　那什麼時候可以直接平均呢？老師只要從平均的公式中去推敲即可以了解。因爲速度 $= \dfrac{距離}{時間}$，所以若要可以直接平均，即 $\dfrac{\frac{第一個距離}{第一個時間}+\frac{第二個距離}{第二個時間}}{2} = \dfrac{第一個距離＋第二個距離}{第一個時間＋第二個時間}$，發現此時兩個時間只要相同，就可以直接平均。例如：小明前半段用 2 公里／時走了 5 小時，再用 4 公里／時走了 5 小時，則小明平均速度是 $\dfrac{2+4}{2} = 3$ 公里／時，它和 $\dfrac{總距離}{總時間} = \dfrac{2 \times 5 + 4 \times 5}{5+5} = \dfrac{2+4}{2} = 3$ 的結果相同。

五、作者爲什麼會想到上述問題呢？

　　作者之所以會想到上述問題，主要是因爲作者「有規律」的思考，「察覺」概念（時間和時刻）的差異，再類化思考每個概念（長度、速度、溫度……）。

第4節　量的計算教學

至於單位的換算，因為公斤、公克、公分、公尺、公里……等單位，學生無法從名詞中了解彼此間的關係，因此建議教師，在教學時讓學生能從生活中的量了解哪個單位較大，哪個單位較小；再利用較小單位的十倍、百倍、千倍的量來感受兩個單位間的關係。或者教師讓學生能從生活中的量了解哪個單位較大，哪個單位較小之後，將先前所學的單位與現在所學的單位互換，相互比較，讓學生了解大多是千進位，但有一些特例則要特別留意，例如：公尺和公分是百進位，公分和毫米是十進位。使學生更容易記憶，以及產生量感。

因為時間是唯一非十的冪次方的進位制，它是學生學習其他進位制的基礎，因此要學生特別注意。

作者發現量的加、減法中，有時間、時刻；長度、長度點……等兩種不同的概念在其中，一個是有一定範圍的量，一個是測量的特定點，但它們仍然可以相加減，因此，教師需要特別留意學生是否注意到這兩者的異同，因此，可以進行運算。

為了培養教師能真正了解學生的學習狀況，建議老師在進行教學觀摩或小考時，能事先預估一下有多少學生已達成教學目標或者各題的答對率，並在事後說明預估的理由，或者驗證老師預估的答對率差異有多少。

第5節　107 年課綱分年學習內容 —— 量

本書將 107 年課程綱要（教育部，2018）有關 1-6 年級量與測量（編碼 N-1-1，分別代表數與量－年級－流水號）的學習內容羅列如下，作為要進行教與學的內容檢核。

編碼	學習內容條目及說明
N-1-5	長度（同 S-1-1）：以操作活動為主。初步認識、直接比較、間接比較（含個別單位）。
N-1-6	日常時間用語：以操作活動為主。簡單日期報讀「幾月幾日」；「明天」、「今天」、「昨天」；「上午」、「中午」、「下午」、「晚上」。簡單時刻報讀「整點」與「半點」。
N-2-11	長度：「公分」、「公尺」。實測、量感、估測與計算。單位換算。
N-2-12	容量、重量、面積：以操作活動為主。此階段量的教學應包含初步認識、直接比較、間接比較（含個別單位）。不同的量應分不同的單元學習。
N-2-13	鐘面的時刻：以操作活動為主。以鐘面時針與分針之位置認識「幾時幾分」。含兩整時時刻之間的整時點數（時間加減的前置經驗）。

編碼	學習內容條目及說明
N-2-14	時間：「年」、「月」、「星期」、「日」。理解所列時間單位之關係與約定。
N-3-12	長度：「毫米」。實測、量感、估測與計算。單位換算。
N-3-13	角與角度（同 S-3-1）：以具體操作為主。初步認識角和角度。角度的直接比較與間接比較。認識直角。
N-3-14	面積：「平方公分」。實測、量感、估測與計算。
N-3-15	容量：「公升」、「毫升」。實測、量感、估測與計算。單位換算。
N-3-16	重量：「公斤」、「公克」。實測、量感、估測與計算。單位換算。
N-3-17	時間：「日」、「時」、「分」、「秒」。實測、量感、估測與計算。時間單位的換算。認識時間加減問題的類型。
N-4-9	長度：「公里」。生活實例之應用。含其他長度單位的換算與計算。
N-4-10	角度：「度」（同 S-4-1）。量角器的操作。實測、估測與計算。以角的合成認識 180 度到 360 度之間的角度。「平角」、「周角」。指定角度作圖。
N-4-11	面積：「平方公尺」。實測、量感、估測與計算。
N-4-12	體積與「立方公分」：以具體操作為主。體積認識基於 1 立方公分之正方體。
N-4-13	解題：日常生活的時間加減問題。跨時、跨午、跨日、24 小時制。含時間單位換算。
N-5-12	面積：「公畝」、「公頃」、「平方公里」。生活實例之應用。含與「平方公尺」的換算與計算。使用概數。
N-5-13	重量：「公噸」。生活實例之應用。含與「公斤」的換算與計算。使用概數。
N-5-14	體積：「立方公尺」。簡單實測、量感、估測與計算。
N-5-15	解題：容積。容量、容積和體積間的關係。知道液體體積的意義。
N-5-16	解題：時間的乘除問題。在分數和小數學習的範圍內，解決與時間相關的乘除問題。
N-6-7	解題：速度。比和比值的應用。速度的意義。能做單位換算（大單位到小單位）。含不同時間區段的平均速度。含「距離=速度×時間」公式。用比例思考協助解題。

參考文獻

中文部分

高敬文（1989）。我國國小學生測量概念發展之研究。**省立屏東師範學院初等教育研究，1**，183-219。

英文資訊交流網（2013）。**12:00 a.m. 和 12:00 p.m. 哪一個指中午 12 時，哪一個指午夜 12 時呢？** http://blog.cybertranslator.idv.tw/archives/4261。

教育部（2003）。**92 年國民中小學九年一貫課程綱要：數學領域**。臺北市：教育部。

教育部（2008）。**97 年國民中小學九年一貫課程綱要：數學領域**。臺北市：教育部。

教育部（2018）。**十二年國民基本教育課程綱要國民中小學暨普通型高級中等學校－數學領域**。臺北市：教育部。

英文部分

Schwartz, J. T. (1988). Intensive quantity and referent transforming arithmetic operations. In M. Behr & J. Hiebert (eds.). *Number concepts and operations in the middle grades* (pp. 41-52). Reston, VA: NCTM; NJ: Lawerence Erlbaum.

第 **7** 章　幾何（Geometric）

第 1 節　幾何的相關概念

　　幾何學簡稱幾何（維基百科，2018）是數學的一個基礎分支，主要研究形狀、大小、圖形的相對位置等空間區域關係以及空間形式的度量。在小學，可以分為平面幾何以及空間幾何。因為空間的形狀是具體的、可以看到的，因此幾何的學習，只要學生能夠想像、有心像，了解幾何的學習進程（視覺了解、了解性質、了解性質間的關係、進行邏輯論證），幾何的學習就不難。

壹　平面幾何

　　平面幾何指的是二維平面上的幾何，它是由點、線構成；主要的平面圖形包括三角形、四邊形、圓形及其相關構成要素。

一、構成要素：點、線

　　在小學，點是不加以定義的，直接從視覺感官內化而來。在生活中或者教學上，我們時常會用筆點一個點（甚至稍微畫個小圈），就稱它為「點」；在數學上，點是只占位置卻沒有長度、面積的抽象概念。因為學生很難了解點的概念，因此在教學時，老師最好不要在點的形狀、大小做文章（例如：不要用大小不同的點問學生這兩個點有什麼不同），也不用特意去談點的定義。當老師發現學生因為點而產生迷思概念時，再適時澄清了解數學與生活中的異同，以便建立學生的正確數學概念。

　　平面上的線可以分成直線、曲線（非直線）、直線段和曲線段（非直線段）。直直的、可以無窮延伸的線，稱為直線，如下圖；可以無窮延伸但不是直線的線，在小學統稱為曲線（顧名思義：彎曲的線）；直線的一部分，有兩端點（或者長度有限）稱為直線段；曲線的一部分且有兩端點（或者長度有限）的非直線段稱為曲線段。在小學也不去區分直線與直線段、曲線與曲線段，且通常都以直線、曲線稱呼它，甚至有時候我們只簡單的用「線」（例如：兩條線互相平行）來表示直線（例如：用尺畫一條線）或直線段。因此教師在教學時要很小心，當學生有誤解時，建議精確的使用直線或者直線段的專有名詞讓學生區分。例如：我們有時候會說正方形的邊是直線，事實上正方形的邊是直線段。至於線段、直線段的專有名詞，雖然在小學沒有出現，但到了國中，學生還是要學，作者認為這些專有名詞對小學生而言不難了解，因此可以介紹（不是要學生背下來，而是從中文字義去會意）。況且愈精準的專有名詞，對學生概念的學習愈有幫助，所用的名詞不精準，某些學生就有可能產生迷思概念[1]。例如：小學講的小數其實只是有限小數，假如學生沒有分清楚，會以為所有的小數都可以化成分數、分數不一定可以化成小數，但這個概念在數學上反而是相反的。

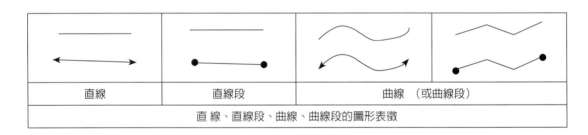

直線	直線段	曲線　（或曲線段）

直線、直線段、曲線、曲線段的圖形表徵

　　同樣的（和「點」一樣有類似的概念），（直）線或者（直）線段在數學上也是被抽象化成只有長度、沒有面積（也就是寬度為 0）的概念。在生活或者教學上，我們會用緞帶、繩子或者用筆來畫，這時候老師也要留意學生是否會產生迷思概念，以為線是有寬度、有面積的，必要時老師要加以澄清。同時，在用筆表徵線時，也不要在線的寬度上做文章（周界畫得粗一點、細一點的正方形，問學生哪些是正方形），以免產生數學概念的迷思。

　　當我們把直線段給量化就是線段的長度，這個長度也就是此直線段兩端點的距離。因此學生要知道兩點的距離，就是把兩點連起來，再用直尺度量它的長度，當然也

----

[1] 在小學把國中的專有名詞教出來，雖然概念上更清楚，但相信有些老師會擔心低成就學生反而弄亂。作者認同老師的考慮是對的，因此教學是一種藝術，請老師自行思考教不教的理由，再決定是否要教以後要學的專有名詞。

可以直接用直尺來度量。

二、角、角度和相關命名

在數學上，角的定義是由共同端點的兩射線所形成，因爲在小學不會使用射線的名詞，因此會說「角的構成要素爲頂點與兩邊（直線）」。把角的大小量化就是角的角度。至於角的一些命名，例如：直角、銳角、鈍角、平角、周角；圖形角、張開角、旋轉角，在前一章已加以說明，因此在此加以省略。

老師要讓學生了解的地方是，我們想要知道一個角的角度，最原始的方法就是使用量角器去測量，後來我們才會利用一些性質去計算而得知一個角的角度。

三、周界、周長

一條封閉曲線（或者兩端點重合的曲線段）將平面分成內部與外部，此封閉曲線稱爲周界，它的長度稱爲周長。同樣的，任何一條封閉曲線的周長，我們可以用和量曲線長度的方法一樣，先用綿線複製它再拉直用直尺量出它的大概長度。對於任何多邊形的周長，我們可以直接使用直尺（理想上）來測量它；對於特殊平面圖形的周長，我們可以用性質、公式來計算它，不用每邊都測量。例如：想知道正方形的周長，只要量一邊，再利用四邊等長的性質來計算它。

四、水平、鉛直、平行、垂直

水平和鉛直是生活概念。我們習慣將靜止的水面稱爲水平面，把眼睛移到玻璃杯側面，看到水平面變成一直線時，稱此線爲水平線。我們要了解一直線是不是水平線時，就是使用剛才的方法來檢驗（第五個核心內涵）。也就是說，我們拿靜止水面的玻璃杯去檢查所畫的直線或者物件上的直線，是否和杯子的水平線重疊，以了解該直線是否水平。要注意的是假如我們把水面靜止的玻璃杯畫出它的水平線之後，再把玻璃杯傾斜後，那一條做記號的直線就不再是水平線了。

當我們將一條線綁上重物讓它自然下垂時，這一條直線便稱爲鉛垂線。同樣的，我們也可以用此方法去檢查所畫的直線或者物件上的直線，是否和鉛垂線重疊，以了解該直線是否鉛垂。

平行和垂直的引入有兩種方式。一種是定義兩條水平線或者兩條鉛垂線爲互相平行；相交的水平線和鉛垂線稱兩直線互相垂直。之後把互相平行或互相垂直的兩直線描下來，轉一個角度，概念推廣爲一般兩直線的平行和垂直。另一種是不藉助水平和鉛直的概念，從直觀的角度，在生活中發現窗戶的相交直線都是正正方方的（其實隱含水平

和鉛直的概念），而定義此兩相交直線互相垂直，和一直線都互相垂直的兩直線則稱為平行（需在同一平面上）。

　　之後把兩直線互相垂直時所形成的角與直角相連結（觀念間的關係），再把同時和一直線成直角（90°）的兩直線連結為兩直線互相平行（需在同一平面上）。因此當我們要了解二直線是否平行或者垂直，有一種方法就是利用上面的概念把二直線旋轉到成水平或鉛直的樣子來直觀的了解；另一種方法也是數學上有效的驗證方法，就是利用直角的概念，拿出已經知道是直角的物件，例如：直角三角板的直角，來檢驗兩相交直線是否垂直，以及兩直線是否同時與一條直線都垂直來檢驗兩直線是否平行。

　　當兩直線互相平行時，有一個直觀的說法叫作兩直線一樣寬或者距離處處相等。至於兩直線的寬度或距離，在小學並沒有特別定義，因為在小學我們只教兩點的距離，不教一個點到直線的距離和兩直線的距離。假如學生養成有規律思考兩概念間的關係（觀念間的關係），學生應該會想到、會問點到直線的距離和兩平行直線的距離的問題。假如有學生問到，建議老師可以使用直觀的方法讓學生知道任何一條直線同時和兩平行線垂直時，這些直線和兩平行線交點的距離都會一樣，也就是兩直線一樣寬的直觀感覺；同時這個距離就是這兩條平行線的寬度，這就是兩平行直線間的距離的定義。作者相信，使用直觀的方法，學生是可以接受的。

　　雖然我們講的是兩直線的垂直、平行，可是我們在表徵時都是線段的樣子。因此下圖的兩直線，到底有沒有平行和垂直？我們發現對於左圖，學生很容易利用上面的方法找到一條直線和兩直線同時垂直，或者兩直線的寬度相等，因此這兩直線平行；另兩直線有交點，且成 90°，因此這兩直線互相垂直。相對的，學生就不容易辨別右圖的兩直線是否平行或者垂直。教師在教學時，應該讓學生了解我們可以把直線無限延長，再來辨別是否平行和垂直。這類型的問題是日後學生畫很特殊的三角形或者平行四邊形的高的基礎。

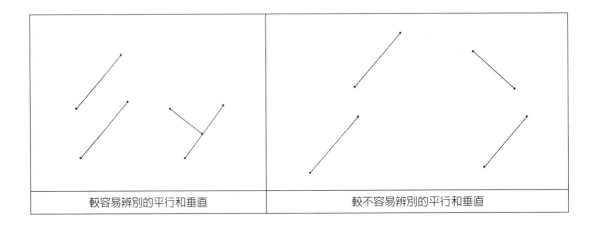

| 較容易辨別的平行和垂直 | 較不容易辨別的平行和垂直 |

五、三角形和其命名

（一）概念

生活中的幾何形體（例如：各種物體的曲線、曲面）非常複雜，我們難以了解或者精確描述。因此數學上會先將它<u>簡化到最簡單的情形</u>（第二個核心內涵），先了解其構成要素與性質，之後再將它複雜化，以便了解更複雜圖形的構成要素與性質。除了點和線之外，最簡單的平面圖形就是三角形了，它有一個特性就是給了可以圍成三角形的三邊，這個三角形便被固定下來，三角形不會亂動（即國中的 SSS 全等性質），因此<u>生活中常看到用三角形做支架</u>的例子。因為三角形是最基本的平面圖形，因此了解它的性質非常最重要，同時它也是中學幾何證明最重要的內容。在了解三角形的性質之後，再將它推廣去了解其他的平面圖形。

三角形[2]的定義（或者構成要素）是（恰）有三個邊（直線段）、三個角、三個頂點的平面圖形，它是一個封閉圖形，且很容易從名詞的中文語意了解其定義。因為三角形有邊和角，因此三角形的分類是**從邊和角來分類**。第一類：從邊來區分三角形（如下圖），三個邊都相等的三角形定義為<u>正三角形（或者等邊三角形）</u>。有兩邊相等的三角形，定義為<u>等腰三角形</u>；此時，相等的兩邊稱為<u>腰</u>，兩腰所夾的角稱為<u>頂角</u>，另外兩個角稱為<u>底角</u>。另外有三個邊都不相等的一般三角形，稱為不等邊三角形。

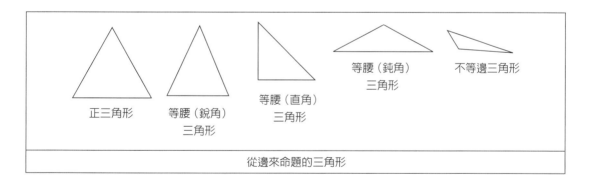

正三角形　等腰（銳角）三角形　等腰（直角）三角形　等腰（鈍角）三角形　不等邊三角形

從邊來命題的三角形

第二類：從角來區分三角形（如下圖），有一個內角為直角的三角形，稱為直角三角形；三個內角都是銳角的三角形，稱為銳角三角形；有一個內角為鈍角的三角形，稱為鈍角三角形。

---

[2]　三角形也可以稱為三邊形，只是在數學和生活上習慣稱它為三角形。

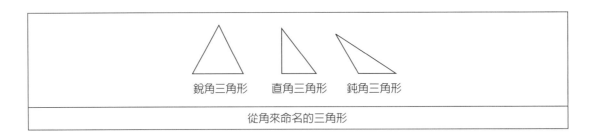

銳角三角形　　直角三角形　　鈍角三角形

從角來命名的三角形

另外，由邊和角來命名的三角形是等腰直角三角形，也就是兩邊相等，且夾角為直角的三角形。從邏輯的角度，我們可以定義等腰銳角三角形、等腰鈍角三角形，但可能它在數學解題過程中沒有那麼重要或者數學性質不多，因此數學家不加以定義。

因為三角形恰有三個邊和三個角，我們很容易發現，每兩個邊都會相鄰；每個邊都會和它唯一不相鄰的角相對，因此，我們把兩者稱為邊的對角，或者角的對邊。

（二）問題：三角形的命名怎麼教？

在教三角形的名稱之前，學生應已學過直角，甚至使用過量角器量角度，了解直角的角度是 90°。有些教科書會先教直角、鈍角和銳角的名稱，之後馬上進行三角形的命名活動。在這個前提下，可以先從角來命名，再教從邊來命名；若教科書不是這樣安排，老師可以反過來先教從邊來命名，再教從角來命名。

1. 角的分類

在學習「角」的分類方面，作者建議老師教學時，最好能夠從學生的先備知識（直角）入手，也就是拿出直角的圖卡，問學生這是不是直角？再問學生怎麼知道它是直角？主要是讓學生了解判斷它是不是直角的方法，除了（必要時旋轉一下）看看角的一邊水平時，另一邊是不是鉛直的直觀判斷之外，還可以用直角三角板的直角來比比看是不是直角，或者量角器來量看看是不是 90°。因為這三種方法是將來利用角來判斷三角形名稱的重要工具。

當學生了解上述三種方法之後。老師可以拿出各式各樣的角（最好邊長有長也有短），問學生哪些角是直角，哪些角比直角大，哪些角比直角小？（老師也可以更開放一點，拿出各式各樣的角讓學生分類，並說明他分類的理由，只要理由與分類一致便可以接受，再設法引導到下面的分類）再讓學生去分類。必要時，老師應再次檢驗學習成就差的學生是否記得可以使用上述三種方法之一來判斷。讓學生了解對於明顯比 90° 小或者明顯比 90° 大的角，可以直觀看即可；當它看起來差不多是 90° 時，便要用三角板或者量角器來判斷。同時老師也可以考慮問學生三種方法的差異，直觀看兩邊是水平和鉛直的方法可能會有誤差；用直角三角板的方法只能判斷比直角大或者小；而用量角器

的方法，不僅可以知道比直角大或者小，還可以知道這個角是幾度。

　　等學生將所有的角分成三堆以後，再問學生其中一堆的角比直角小，可以怎麼稱呼它？作者的經驗學生會說是銳角。必要時作者建議老師可以再問，爲什麼要稱爲銳角呢？讓學生感受到小於 90° 的角會尖尖的，或者比較尖銳，所以稱爲銳角，也就是讓學生能從中文語意中去會意便能了解角的意義。之後再問比直角大的那一堆又可以怎麼稱呼它？用意主要是讓學生感受到大於 90° 的角看起來鈍鈍的，所以可以稱爲鈍角。

　　當然老師也應該把圖形表徵和文字表徵同時呈現在黑板上，讓學生能將它們連結在一起。最好也能呈現「等於 90° 的角稱爲直角」、「小於 90°（大於 0）的角稱爲銳角」、「（比平角小、小於 180 度）大於 90° 的角稱爲鈍角」[3] 的標準語句，甚至老師可以看看教科書的呈現方式，考慮呈現「等於 90° 的角稱爲直角」、「小於 90° 的角，也就是大於 0，而且小於 90°，稱爲銳角」、「大於 90°，而且小於 180° 的角，稱爲鈍角」。

　　假如老師有較多的時間，也可以再利用一些問題評量學生是否了解直角、銳角、鈍角的定義，並且與圖形表徵連結，必要時可以考慮說、讀、聽、寫、做的轉換，尤其是「做」，讓學生畫出不同方向的直角、銳角或者鈍角。

2. 三角形的分類（從角）

　　聚焦在角的命名之後，老師可以提問三角形有什麼構成要素？讓學生主動回答有三個邊、三個角。之後，老師再提問，既然三角形有三個邊和三個角，我們剛剛又學過角的名稱，我們可以用它來看看三角形可以怎樣分類。這樣教的主要用意是希望引導學生將學過的東西運用到沒學過的事物上。作者相信，假如老師時常做這樣的連結或者鋪陳，學生會主動將學到的概念運用到新學的或者將來要學的物件上（第五核心內涵），學生的能力、數學感便可以展現出來。

　　老師可以拿出（學習單和大型圖卡）各式各樣的三角形（最好也有大小不同的三角形），要學生標幟哪一個角是直角、銳角或者鈍角（或者更開放一點，只要求學生對三角形做分類，再命名。同樣的只要學生的命名有道理，都要加以贊揚）。等學生全部把角標示之後，要學生看看一個三角形內的三個角有幾種不同的情形。目的是希望學生能主動分類，**讓學生發現所有的三角形，只有三種情形**：三個都是銳角，一個直角、二個銳角，以及一個鈍角、二個銳角。此時，老師可以再問，除了這三種情形之外，可不可以有二個直角、一個銳角，或者二個鈍角、一個銳角的情形？

　　一般而言，此時學生還沒學過三角形三內角和等於 180° 的性質，因此不能用它來

---

[3] 比平角小、小於 180 度的隱性知識，老師可以在學生有迷思概念產生時再強調。

說明原因。建議老師可以從直觀的面向來解釋：假如有兩個直角，一邊水平時，另外兩邊就會都是鉛直的，就會平行，就不會相交；假如有兩個鈍角，當一邊水平時，另外兩邊會往外擴，也不會相交。老師也可以考慮是否再提問：還有沒有其他可能情形（一個直角、一個鈍角、一個銳角）。

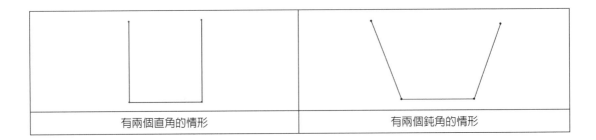

有兩個直角的情形	有兩個鈍角的情形

　　最後再請學生針對三種情形進行命題。因為一個三角形至少有二個銳角，因此，可以用剩下的那個角來命名為銳角三角形、直角三角形、鈍角三角形。命名之後，老師可以運用說、讀、聽、寫、做的轉換，鞏固學生的學習經驗。

　　當然老師也可以適時的連結生活經驗，讓學生說出生活中的三角形是哪一種三角形，也可以事先準備想得到的圖片讓學生觀看。

3. 三角形的分類（從邊、邊和角）

　　當學生對三角形的命名（從角的方向）概念鞏固之後，老師可以提問，那我們還可以從什麼角度來幫三角形命名？作者希望學生能從三角形的構成要素去想，三角形有三個邊、三個角，因此也可以從三角形的三個邊長的關係，以及邊和角的關係來命題。

　　在教學時老師可以先開放地提問如何從邊來分類，讓學生想到可以用以前的方法先用直尺測量各式各樣的三角形的邊長，然後依據三邊一樣長、有兩邊一樣長和三邊都不一樣長的方向，分別稱為正三角形、等腰三角形，以及不等邊三角形。同時也讓學生可以顧名思義，將名稱和定義有意義的結合。

　　因為在三角形的命名前學生已經學過角度，因此老師也可以讓學生觀看邊和角的關係，讓學生主動發現三邊都相等的正三角形的角度都是銳角，而且是 60°。等腰三角形的頂角可能大於 90°，也就是鈍角三角形；等腰三角形的頂角可能等於 90°，我們稱它為等腰直角三角形；等腰三角形的頂角可能小於 90°，也就是銳角三角形。如此可以避免學生產生等腰三角形只是銳角三角形的迷思。必要時，老師可以連結生活經驗，以及運用說、讀、聽、寫、做的轉換，鞏固學生的學習經驗。

六、四邊形和其命名

（一）概念

　　除了三角形之外，生活中最常見且簡單的圖形就是四邊形，但它和三角形不同的地方是，給了可以圍成四邊形的四個邊，組合之後的四邊形會亂動、無法固定。例如：四邊一樣長的菱形，它的角度可以隨意變動。

　　同樣的，它也很容易從名詞的中文語意了解其定義：（恰）有四個邊、四個角、四個頂點的平面圖形稱為四邊形 [4]。因此我們也試著**從邊、角來進行分類（數學結構）**，如下圖：(1) 從邊 [5] 來定義的是四邊等長的四邊形，稱為菱形；兩雙對邊互相平行的四邊形，稱為平行四邊形；只有一組對邊平行的四邊形，稱為梯形。此平行的對邊分別稱為上底和下底，不是上底和下底的兩邊稱為梯形的腰。兩腰等長的梯形稱為等腰梯形；另外，還有兩組鄰邊分別等長的四邊形稱鳶形或者箏形（取其像風箏之意）。(2) 從角來定義的有四個角均為直角的四邊形，稱為長方形，又稱為矩形。(3) 從邊和角來定義的是四個角均為直角且四邊等長的四邊形，稱為正方形。

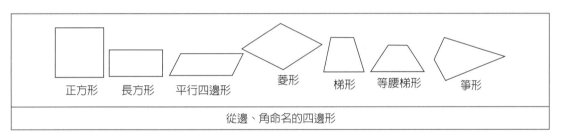

| | | | | | | |
正方形　　長方形　　平行四邊形　　菱形　　梯形　　等腰梯形　　箏形

從邊、角命名的四邊形

　　在小學教學上（學生認知順序），通常先直觀、整體的從圖形中區辨正方形和長方形，再了解其邊長和角的關係；其他圖形則先有了長度、平行、垂直的概念之後，再從定義了解此圖形。至於平行四邊形、梯形、菱形……等四邊形的命名，則利用相等、平行、垂直等概念定義之。

　　四邊形中相鄰的邊、角稱為鄰邊、鄰角；每一邊、角相對的邊、角就稱為對邊、對角 [6]；同時每一個邊沒有相對的角，反之亦然。當我們將一組對角的頂點連來起，就稱為

---

[4] 四邊形也可以稱為四角形，只是數學和生活上習慣稱它為四邊形。在生活或數學上有凹四邊形，但小學只談凸四邊形。

[5] 兩邊不是看相等，就是看平行、垂直，這些都是先前學過的概念。

[6] 三角形是看角的對邊、邊的對角；四邊形是邊的對邊、角的對角。

對角線（很容易顧名思義）；一對角線把四邊形分割成兩個三角形。因此，我們也可以說它是第二簡單的平面圖形。

（二）問題

1. 正方形有沒有包括內部？

生活上的正方形，不管它是不是只有框、框有多粗、是不是有內部、內部不管什麼顏色，都稱它為正方形。

數學上，正方形的定義是四邊等長且四個角是直角的四邊形，它只有邊、角、頂點，它不包括內部，也不管顏色（數學上沒有顏色之分）。因此正方形有周長，正方形的面積則是正方形所包圍區域面積的簡說。同樣的，三角形也一樣，三角形的面積指的是三角形所包圍區域的大小。老師在教學時，不需要特別去講，但是當學生有迷思概念時，老師要即時澄清。

2. 為什麼長方形定義是四個直角的四邊形？

研究者問大學生，長方形的定義是什麼？許多學生都說平面上兩雙對邊等長（甚至再說兩雙對邊平行），且有四個直角的四邊形。之後，有學生說只要平面上有四個直角的四邊形即可，但他們仍然有一些疑問，為什麼不需要兩雙對邊等長？

在數學上，所謂的定義，有一個不成文的規定就是用最少的性質來作為定義。因此當圖形當中的兩個性質有充分、必要（或者包含）的關係存在時，定義就不能納入可以被推得的性質。例如：平面上的四邊形，當它的四個角是直角時，一定可以推得兩雙對邊等長，此時，兩雙對邊等長就不納入定義之中。因此，長方形的定義只需要說平面上有四個直角的四邊形即可。

因此，有些人就會說長方形只要定義平面上有三個直角的四邊形即可。因為平面上的四邊形，只要有三個直角就可以推得四個直角。這種說法沒錯，只是四個直角和三個直角等價（四個直角 ⇔ 三個直角）。因此，我們習慣上使用四個直角來當作定義。

3. 正方形是不是（包含於）長方形？

依據學生的生活經驗，一開始他所學到的正方形和長方形是分開的，也就是正方形不是長方形。我們問學生一個正方形桌子是什麼形時，會要求學生說正方形，若他說長方形，我們通常會糾正他。

可是到了國中，我們會把長方形定義成「有四個直角的四邊形」，此時因為正方形也是有四個直角的四邊形，因此正方形也是長方形。事實上這完全是數學家的定義問題，不同的定義，就會導致不同的結果。例如：在數學上，我們把梯形定義成「只有一雙對邊平行的四邊形」，此時平行四邊形就不是梯形。假如我們把梯形定義成「有一雙

對邊平行的四邊形」，此時平行四邊形就是梯形。

　　爲什麼數學家要把正方形定義成也是長方形呢？從視覺的角度，因爲人的視覺對於鉛直和水平直線的感官認知不一樣長，因此視覺上有時很難區分正方形和很像正方形的長方形。也就是說，有時候我們認爲它是正方形，但事實上它是長方形。

　　從數學證明的角度，對於比較大的集合所具有的性質，對於它的子集合也具有同樣的性質，但是子集合所具有的性質，原來的集合不一定有。假如我們把正方形的集合定義成長方形集合的子集合，此時我們對長方形所具有的性質，正方形也同樣具有。例如：長方形的性質有兩對角線等長且互相平分，當我們利用證明的方法證明出來以後，因爲正方形是長方形的一種，因此正方形的兩對角線自然也等長且互相平分，就可以不用再證明了。假如我們沒有把正方形包含於長方形，此時不同的集合所具有的性質不一定一樣，因此長方形所具有的性質，正方形要再證明一遍。

　　或許我們也可以這樣說，因爲所有長方形具有的性質，正方形都具有，因此數學家就把正方形定義包含於長方形。作者也發現有些人還是會說正方形和長方形沒有關係，而把正方形或者長方形統稱爲矩形。但是在我們的課程綱要中，長方形就是矩形，它們的英文字都是 rectangle。

　　相同的道理，所有幾何形體的包含關係，也如同上述理由。

　　此外，臺灣把梯形定義成「只有」一雙對邊平行，而不是「有」一雙對邊平行；在大陸，他們是把梯形定義成「有」一雙對邊平行的四邊形。作者發現這兩個不同的定義各有優缺點。只有一雙對邊平行的定義對於下圖的梯形——很接近平行四邊形的梯形——我們很難用眼睛直接區辨；但它的優點是大家對等腰梯形的認知會一致。有一雙對邊平行的定義對於下圖的梯形——很接近平行四邊形的梯形——即使變成平行四邊形說成梯形也不會錯；可是當我們說到等腰梯形時，它就有兩種情況，一個是大家熟知的等腰梯形，另一個是平行四邊形也等腰。此外，作者發現不管是哪一種梯形的定義，可以得到的性質都太少了，因此定義只有或者有一雙對邊平行，對數學證明的影響好像沒有那麼大。

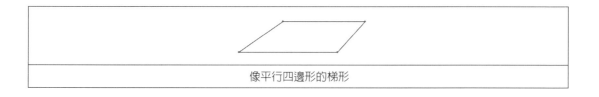

像平行四邊形的梯形

七、多邊形

　　若一個平面圖形為（恰）有 N 個邊、N 個角、N 個頂點的圖形，稱為 N 邊形。因為中文的語意，大於等於三（三以上）稱為多，因此，三角形、四邊形……都可以稱為多邊形[7]。

　　大於三邊以上的 N 邊形，可以分成凸多邊形和凹多邊形，如下圖。凸多邊形是邊上任何兩點的連線段都在多邊形內部；凹多邊形則至少有一組邊的兩點的連線段不是全部都在多邊形內部。在小學只談凸多邊形。作者建議老師留意是否有學生發現凹多邊形，假如學生有發現，老師一定要好好嘉獎學生，因為學生的觀察力很敏銳。

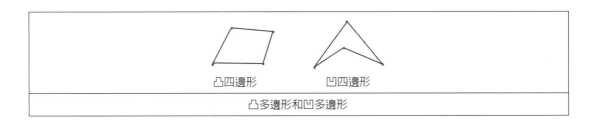

凸四邊形　　　凹四邊形

凸多邊形和凹多邊形

　　多邊形對角線的意思是指，多邊形中一個頂點和另一個不相鄰頂點的連線段，如下圖。多邊形內角的意思是指，多邊形中由一個頂點和兩夾邊所連成的角。若一內角小於 180° 時，由此角一邊向頂點另一邊延長作為一邊，再和此角的另一邊所形成的角，就稱為它的外角。當內角大於 180° 時，在此我們不討論它的外角。

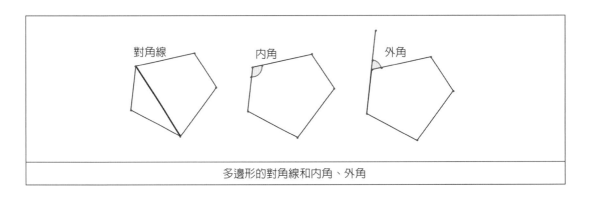

對角線　　　　內角　　　　外角

多邊形的對角線和內角、外角

　　因為多邊形（邊數大於 4）可以切割成三角形或者四邊形，它也和四邊形一樣，給了 N 個邊仍無法固定，且變異太大，因此 N 邊形的性質我們很少去研究它；或者不用

---

[7] N 邊形也可以稱為 N 角形，只是數學上和生活中常稱為 N 邊形。

去研究它。假如我們想要了解它，只要把它切成三角形再來研究即可。所以 N 邊形的名稱，我們只定義正多邊形，即邊都一樣長而且角都一樣大的多邊形。

八、圓和扇形

（一）概念

曲線是複雜平面圖形，想要真正了解曲線需要有微積分的概念。所有曲線中，圓形則是最有規律的圖形，而且在日常生活中非常容易看到，因此在小學只學習圓形和它的部分——扇形，如下圖。它的形式定義是，在平面上與一固定點等距離的所有點所成的集合，稱為圓。此一固定點，稱為圓心；此固定距離，稱為半徑；圓的周界稱為圓周。圓周上相異兩點的連（直）線段稱為弦，通過圓心的弦稱為直徑；圓上相異兩點間的曲線段稱為（圓）弧；弦和兩端點連的（圓）弧稱為弓形。

在教學上，大都先讓學生從日常的圖形中直觀、整體的看到圓形後，便定義圓形的名稱。當要進行構成要素的教學時，再讓學生觀察竹蜻蜓等旋轉成圓的物品，並從其發現位處中心、不動的點稱為圓心，竹蜻蜓的直線段稱為直徑，竹蜻蜓兩端點旋轉成的周界稱為圓周；直徑通過圓心，且圓心到竹蜻蜓端點稱為半徑。圓上所有的直徑都一樣長，半徑也都一樣長。同時利用直觀或者實測的方法得知直徑是最長的弦。

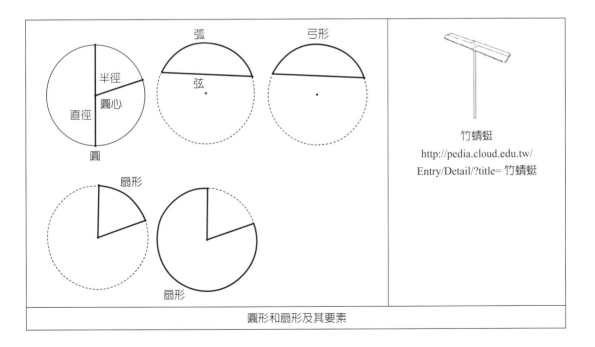

圓形和扇形及其要素

　　有關圓形構成要素間的關係，那就是直徑是半徑的兩倍，圓周長和直徑的比值固定，比值稱為圓周率。

　　一個圓之中，兩個半徑以及兩半徑所截之弧稱為扇形；扇形兩半徑所夾的角稱為圓心角；扇形的圓心角界於 0° 到 360° 之間 [8]。老師可以讓學生顧名思義一下，像扇子可以打開、收起的形狀，就是扇形。因此扇形中，弧上任一點到頂點（中心點）的距離都是半徑，都等長。

　　在下面的圖形中，有些學生沒看過扇子打開超過 180° 的情形，因此會以為第二個圖不是扇形；有些學生會以為只要是兩邊一樣長、弧是圓的一部分就是扇形（扇形的兩邊和弧可以分屬不同的圓），因此以為第三個圖也是扇形。建議老師教學時，除了說像扇子打開的形狀叫扇形之外，也要做圓心角大於 180 度的扇形，同時要強調數學上的扇形一定是由「同一個圓」的兩個半徑，以及兩半徑端點所夾的弧所構成，同時用下圖的正例、反例讓學生判斷是否為扇形，以建構完整的數學概念。下圖中第一、二個圖形是扇形；第三、四、五、六個圖形都不是扇形。雖然第三個圖的兩個直線段等長，但是它不是弧的半徑，因此不是扇形。

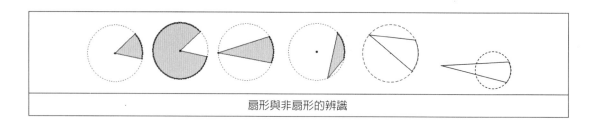

扇形與非扇形的辨識

（二）問題：扇形的弧可不可能是另一扇形的弧？

　　下圖扇形中的弧，可不可能是另一個扇形的弧？也就是說，有沒有可能兩個不同的圓同時有同一段的弧？

---

[8]　扇形圓心角是否包括 0 度或 360 度，目前尚無定論（或者其精確的定義在數學上不重要）。

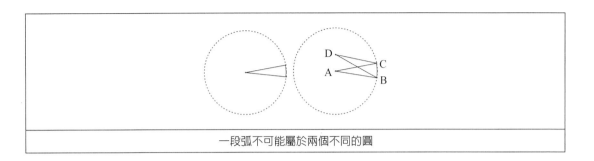

一段弧不可能屬於兩個不同的圓

答案當然不可能。我們或許可以簡單的非形式推理一下：因為三點可以決定唯一個圓，而弧上至少有三個共同點（有無窮多個共同點），因此畫出來的圓只能唯一。

貳　立體幾何

立體形體是由點、線、面所構成。常見的立體形體有正方體、長方體、柱體、錐體與球體。

一、面

在空間中，我們會先談面的概念。面可以區分成平面和曲面，它是藉由生活中的直觀感覺而區分，例如：像桌面一樣平平的面稱為平面。和上一節所談直線和曲線一樣，在小學只要不是平面的面統稱曲面。同樣的，面只有面積，沒有體積。有時候我們講的面指的是平面，在必要時老師需加以澄清。

在空間中，最簡單的立體形體是四面體，但它是錐體的概念，不容易了解。因此，我們大都先從生活中常見的柱體的特例——正方體、長方體——來了解立體形體，之後再學習其他柱體、錐體以及球體。

作者曾在教學現場聽到學生說鋁門下方的面是平面。作者建議老師在教學時要稍微小心一點，因為下圖的鋁門下方，其實是由許多凹凸不平的細長平面所組成，因此教師應再清楚的問學生，他講的平面在哪裡？最好能實際去比一比，同時用手掌比出平面的感覺出來。

鋁門是不是平面？

二、正方體和長方體

（一）概念

　　正方體是六面均為正方形的正四角柱；長方體是六面均為長方形的直四角柱。它們都是柱體的特例，而且當它的六個面都是長方形（正方形）時，就保證側面一定和上、下底面垂直，也就是一定是直角柱。

　　在小學，正方體和長方體都是先從日常生活中的物體視覺、整體的認知，並加以命名。等學過正方形、長方形之後，再了解正方體有六個全等的正方形，長方體有三組對面相等的長方形（其中兩組也可能相等），再了解其構成要素分別有 8 個頂點、12 個邊、6 個面。建議老師在讓學生了解它的構成要素時，不要讓學生用背的，而是學生在心中有正方體、長方體的**心像**，如此頂點、邊、面的個數就可以依據心像得知。因此建議老師除了讓學生觀察正方體、長方體之外，也要讓學生有機會畫出正方體、長方體，

甚至觀察平面化的正方體、長方體的視圖或者透視圖的角和面看起來不是直角、不是正（長）方形，但要把它想像成直角、正（長）方形。

（二）問題

1. 先教平面幾何還是先教立體幾何？

這是一個數學知識結構與學生知識結構的問題。從數學的知識結構來說，先有點，才有線，才有面，才有體。因此應該先教生活中的點，再教線與長度，再教平面上的正方形、長方形、三角形等等，再教正方體、長方體、球等等。

可是從學生的生活經驗來說，學生較常看到的是立體的形體，平面形狀是大人教他的，或者是依附在立體形體之上。因此教科書在進行平面形狀或者立體形體的教學，都是先從立體形體開始，讓學生推疊、滾動、觸摸，再去分類整體、直觀的辨識正立方體、長方體、圓柱、球體之類常見的立體形體。之後再讓學生整體、直觀的辨識生活中常見的正方形、長方形、三角形、圓形，再利用立體形體的拓印，或者描邊與塗色，來感受正方形、長方形、三角形、圓形等平面圖形；或者反過來進行教學。

2. 立體個物的推疊、滾動、觸摸的意義是什麼？

學生剛始學習立體幾何形體時，因為生活經驗使然，通常會聚焦在顏色、大小……等等不是數學屬性的問題。因此剛開始學習立體幾何形體時，會讓學生利用立體物件或者積木（長方體、立方體、球、圓柱）進行推疊、滾動、觸摸，主要的目的是使學生聚焦、說出數學的屬性。例如：是否有平平的面（可以推疊），是否有彎曲的面（會滾動），再利用觸摸讓學生感受平面和曲面，以利抽取數學屬性。

讓學生在進行推疊、滾動、觸摸之前，對立體個物進行分類，主要是看學生的生活經驗會怎樣分類。例如：學生可能依據顏色來分類，依據大小來分類，這時候只要學生說得有合理，教師都應該接受。讓學生在進行推疊、滾動、觸摸之後，對立體個物進行分類，主要目的應該是希望學生能利用剛才發現到的性質來分類。例如：都是平面（長方體、立方體、角柱），有些是平面、有些曲面（圓柱、圓錐），以及只有曲面（球）的數學屬性。我們相信有些學生會因為剛才的推疊、滾動、觸摸而依據數學屬性來分類。

3. 大家看到的立體形體是一樣的嗎？

在教室中上課，由於學生是分散在左右、前後，所以教師拿一個具體的立體形體給學生看時，學生看到的情況其實不太一樣。因此，建議老師可以用 webcam 或者實物投影機，將立體形體投影到螢幕上，如此可以確保每位同學所看到的立體形體是一樣的。同時也可以用這種教學脈絡，讓學生了解立體形體平面化以後看到的影像，進一步產生

平面化立體形體的心像。

　　此外，就作者的了解，有些學生有空間辨識的學習障礙。對於這類學生，他看到的幾何形體可能和我們看到的不一樣。因此，老師在進行平面化立體形體的教學時，一定要特別注意到學生看到的是否和老師看到的一樣。例如：學生看到的長方體  是「從上往下看」或者「從下往上看」？再如，學生看到的立體形體 到底是一個大長方體裁掉一個小的長方體？或者一個大長方體多出一個小的長方體？因此當學生看到的形體和老師不一樣時，學生得到的答案可能會和老師的答案不一樣。

4. 平面化的正方體是什麼樣子？

　　下面圖形中，兩個平面化的立體形體都是正方體嗎？還是圖一是、圖二不是？圖一不是、圖二是？

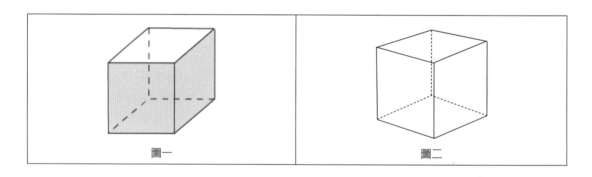

　　這個問題是作者在談數學感教育後才發現到的問題。在教科書大部分都畫成圖一的形狀，後來作者發現到一個問題：我們什麼時候會看到正方體的一個面是正方形？它一定是從正方體的正前方看，才會看到正方形，假如我們側面一點看，它再也不是正方形了。因此，我們雖然習慣用圖一來表徵正方體，從真正立體形體視覺化的角度看，圖一一定不是正方體。作者為了確認，利用 Cabri 3D 做了一個像上圖圖一的立體形體，再轉一個角度，發現它的側面和平面一定要形成某個角度才可以看成這個樣子。因此像上圖二的樣子才是真正正方體平面化的圖形；每個角都不是直角，每個面都是平行四邊形。

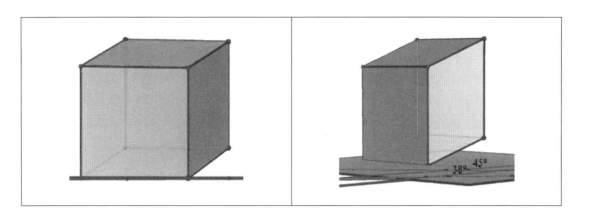

這個意思是說，教科書已經這樣畫很久了，因此我們需要時間把所有人的觀念都糾正過來。在此之前，作者建議老師還是先把圖一當作正方體或者直接宣告它是正方體，再留意是否有學生發現它不是正方體，再讓他說明爲什麼不是正方體。此時老師一定要大力誇讚這位學生，他的幾何能力非常的強，非常有數學感。

三、柱體

（一）概念

空間中兩個全等且互相平行的封閉平面區域，以及在全等關係下，連接這兩個平面區域周界對應點的所有直線段，它們所成的集合稱爲柱體（黃敏晃、朱建正、謝堅、廖淑麗、魯炳寰，2003），如下圖。其中這兩個全等且平行的封閉平面區域，稱爲柱體的底，一般依擺放位置區分爲上底與下底；底以外的其餘表面，稱爲柱體的側面。同時垂直於兩個底面的線段（或者其長度），稱爲柱體的高，也就是說上、下兩個底面的距離就是柱體的高。

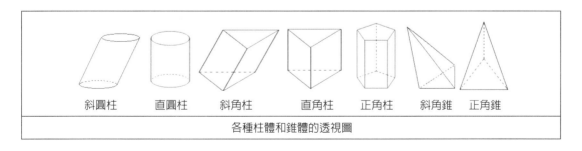

各種柱體和錐體的透視圖

柱體是以其兩個底面的形狀來命名，當柱體的上、下底面是 N 多邊形時，稱爲 N 角柱；當上、下底面是圓形時，稱爲圓柱。一般 N 角柱的側面是由平行四邊形組成。

當上、下兩個多邊形與側面垂直時，稱為<u>直角柱</u>；直角柱的側面是由長方形組成。當上、下底面是正多邊形，且與側面垂直時，稱為<u>正角柱</u>；正角柱的側面是由全等的長方形組成。當上、下兩個底面是圓形且與側面[9]垂直時，稱為<u>直圓柱</u>（或正圓柱）[10]。在小學，大都只談直角柱或直圓柱，同時以角柱或圓柱簡稱之。若學生對角柱或圓柱有迷思概念時，老師需要加以澄清。

　　角柱是由頂點、邊、面組成，因此可以討論頂點、邊、面的個數關係。N 角柱的頂點個數為 2N（上、下 N 邊形的頂點）；邊的個數為 3N（上、下 N 邊形的邊加上 N 個側邊）；面的個數為 N + 2（上、下兩個面加上 N 個側面）。在教學時，應**讓學生有角柱的心像**，此時頂點、邊、面的個數自然而然的知道，而<u>不用強記</u>。此外，老師可以讓學生把特定的柱體畫出來，以培養或者了解學生的心像。

　　因為圓柱的邊不是直線段，因此一般我們不去談圓柱有幾點頂點、幾個邊、幾個面。若要談時，要先溝通清楚所談是否為直線邊還是曲線邊，是平面還是曲面。

　　在小學，我們使用柱體的名字，但教科書出現的都是正角柱、直角柱、直圓柱，並不出現斜角柱、斜圓柱。若學生因此而產生迷思概念時，老師需要加以澄清。

（二）問題

1. 如何記憶立體形體的構成要素及逆概念？

　　作者看到有些學生在點數正方體的頂點、邊、面的個數時，學生一邊點數一邊轉正方體，結果頂點、邊、面的個數重複數了或者漏數了。建議老師在教學時，正方體不要轉動，而是有規律的計數頂點、邊、面的個數。例如：先數上面的邊的個數，再數下面的邊的個數，再數中間垂直的邊的個數。有規律的計數，學生就不容易重複計數或者漏數了。同時，計數頂點、邊、面的個數時，頂點、邊和面都要用手指頭指在數的頂點，畫出邊的直線段，以及用手擺動在數面，讓學生有在計數點、線、面的感覺。

　　因為立體形體非常的多，若要學生機械性的記憶，難度相當高。作者建議要想辦法讓學生在心中產生立體形體的心像，再利用不動的心像有規律的去計數頂點、邊和面的個數。例如：六角柱的上、下底面都有 6 個頂點，共有 12 個頂點；上、下底面都有 6 個邊，側面也有 6 個邊（由上、下 6 個頂點連成），共有 18 個邊；有上、下兩個面，以及 6 個側面（由上、下 6 個邊形成），共有 8 個面。如此學生才能關係性的了解立體

---

[9] 圓錐的側面是曲面，我們不能用展開後的平面來說圓錐的側面是平面。

[10] 我們只是直觀的、用看的說圓錐的側面（曲面）和底面垂直。其實在小學我們並沒有教曲線和平面是否垂直的概念，因此建議老師不要評量。

形體的頂點、邊和面的個數，學生的學習才有感覺。

　　此外，有些試題會評量逆概念的問題，例如：「有 12 個邊的錐體是幾角錐？」假如學生是用記憶而沒有心像，他便很難回答此一問題，假如學生有心像，他可以想像錐體的邊是由底面的邊和側面的邊（由上頂點和下底面頂點形成）的和，因此要除以 2，就知道是 6 角錐。

2. 圓柱有幾個邊？有幾個面？正方形有幾個邊？

　　有人問作者圓柱有幾個邊？有幾個面？有人覺得圓柱應該有兩個邊、三個面。其實在這邊要先確認的是我們談的是生活的邊、面，還是數學上的邊、面；也就是所講的邊是直線邊，還是曲線邊？是平面，還是包括曲面？在數學上，有時候我們把幾何形體的直線段簡稱為邊，幾何形體的平面區域，簡稱為面，例如：正方體有 12 個邊，6 個面。假如允許邊是曲線、面是曲面，那麼上面的答案就不一定了。例如：正方形的四個邊也可以看成一條曲線邊；正方體的四個側面可以看成一個曲面，那數學的構成要素就會亂了套。因此從數學上幾何形體邊和面的意思來說，圓柱沒有（直線）邊，有二個（平）面是沒有問題的。但是為了避免和直觀的認知產生衝突，當老師要問此一問題時，最好明確的問「圓柱有幾個直線邊？有幾個平面？」比較好。

　　當老師發現有人問的問題好像有一些疑問時，最好先確認一下，讓我們在有共識的情形下（共同假設條件，或者共同基底）來討論問題。因為在不同的基底下所談的事物可能不相同。例如：我們談兩直線的關係，就要先確認是在平面上，或者在空間中。在平面上，兩直線的關係是平行、相交或重合；在空間中，兩直線的關係除了平行、相交或重合之外，還多了一個歪斜。

四、錐體

　　在空間中，給定一個封閉的平面區域以及不在此平面區域上的一個點，則連接此給定的點與平面區域周界上任意點的所有直線段所成的集合，稱為錐體（黃敏晃等人，2003）。決定此錐體的平面圖形稱為錐體的底面，底面外的那一個給定點，稱為錐體的頂點；底面以外的錐體表面，稱為錐體的側面。錐體頂點垂直於底面的線段（或者頂點到底面的距離），稱為錐體的高。錐體的底面是多邊形區域，則稱之為角錐；當此一平面圖形是 N 多邊形時，稱為 N 角錐；當此一平面圖形是正 N 多邊形且頂點與正 N 邊形重心的連線段是角錐的高時，稱為正 N 角錐 [11]。如果底面是圓形區域，則稱之為圓

---

[11] 或者我們也可以問，有沒有直角錐呢？它的定義又是什麼？作者在網路上找到一種定義是每個側面都是等腰三角形的角錐，稱為直角錐。這樣的定義不是表示側邊都等長嗎？作者覺得

錐；當頂點和圓心的連線段是圓錐的高時，此圓錐稱為<u>直圓錐</u>（或正圓錐）。

　　角錐和角柱一樣是由頂點、邊、面組成，因此可以討論頂點、邊、面的個數關係。N角錐的頂點個數為 N＋1（底面的 N 個頂點，加上錐頂點）；邊的個數為 2N（底面的 N 個邊加上 N 個側邊）；面的個數為 N＋1（底面加上 N 個側面）。在教學時角錐和角柱的頂點、邊、面的個數不是用背的，而是在學生心中有心像，再依上述概念計算而得。和柱體一樣，老師可以讓學生把特定的錐體畫出來，以培養或者了解學生的心像。

　　三角錐是最簡單的立體形體，又稱為四面體。正四面體是四面均為正三角形的四面體，它是正三角錐的特例。

　　同樣的，在小學出現的錐體幾乎都是正角錐或者直圓錐，我們幾乎不談斜角錐、圓錐。若學生因此而產生迷思概念時，老師需要加以澄清。

五、球體

　　<u>球體</u>是空間中由與一固定點等距離的所有點所形成的曲面，如下圖。此一固定點，稱為球心；此固定距離，稱為半徑。一平面和球體可能不相交，也可能相交，相交的圖形可能為一個點（有時稱點圓）或一個圓。最大的圓稱大圓，大圓的直徑即為球體的直徑。同樣的，球體的直徑一定是半徑的兩倍。若也定義球體上的兩連線為弦，直徑也是最大的弦。

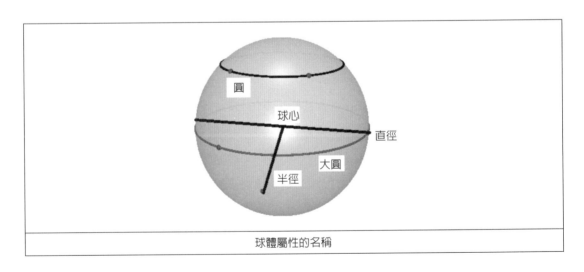

球體屬性的名稱

　　若有直角錐，應定義為從角錐的頂點對底面做垂直線，它的垂足是底面的重心，比較合理。原因是假如底面是平行四邊形時，垂足在對角線交點（中心、重心）的錐體應是直角錐。

六、視圖、透視圖和骨架圖

　　立體形體平面化，也就是在平面畫立體形體時，可以分成視圖、透視圖和骨架圖，如下圖。

　　視圖就是我們看立體形體的樣子，直接把它平面化。因爲視圖無法看到立體形體中我們看不到的部分，因此不能眞正確定看不到的部分是什麼樣子。作者建議老師留意，假如教科書上畫了視圖，又沒有說它是什麼形體，學生若說它不一定是什麼體時，老師應繼續追問爲什麼，因爲這表示學生是很有數學感的。平面化的立體形體看不到的地方什麼情況都有可能，老師可以利用 Cabri 3D 等軟體進行這類的探究。透視圖就是用虛線把我們看不到的邊畫出來。一般而言，透視圖利用虛線把視圖看不到的地方給畫出來，因此學生再也不能說他不知道看不到的地方長成什麼樣子，這時候學生就要能夠想像立體形體的樣子，以便解答問題。骨架圖是利用珠子和塑膠管把立體形體給架構起來，讓我們可以很清楚的看到頂點（珠子）和邊（塑膠管）以及它們的關係。但是畫在平面上的立體骨架圖，若沒有塗上灰色，有時候學生會分不清是平面圖形或者立體形體。

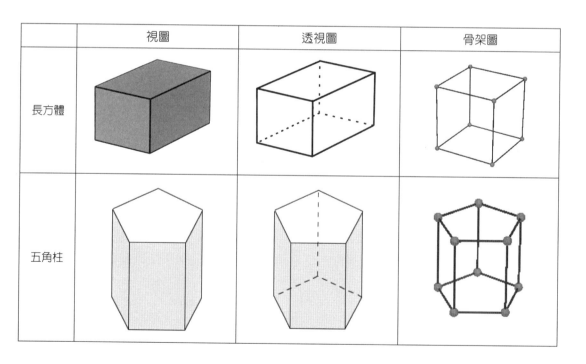

	視圖	透視圖	骨架圖
長方體			
五角柱			

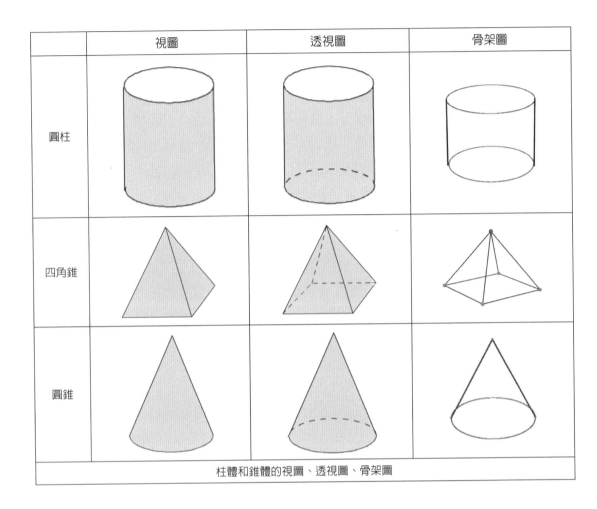

	視圖	透視圖	骨架圖
圓柱			
四角錐			
圓錐			

柱體和錐體的視圖、透視圖、骨架圖

第2節　幾何的關係與性質

　　幾何概念（例如：線、三角形、四邊形）量化以後便能了解其構成要素間的關係（例如：正方形四邊一樣長、四個角都是直角），同時也能利用四則運算探討概念間的關係或者性質。例如：直線段間的關係、圖形放大或縮小，以及圖形內的性質。

壹　平面幾何

一、兩條直線的關係及對頂角

　　在平面上，兩條直線只會出現三種情形之一（三一律）：兩直線平行（也就是沒

有交點）、兩直線相交（也就是交於一點），以及兩直線疊合（也就是有二個以上的交點）。但這個關係，在小學似乎不特別進行教學。若老師覺得重要，有時間可以問一問學生是否知道，只要學生從兩直線的交點有規律的討論，就不會有困難。老師要注意的是因為平行和垂直是同時進行教學，所以當學生談到平行時，馬上會聯想到垂直，因此有些學生會回答有四種情形，除了上面三種再加上垂直的情形。

在兩直線相交的情形中，會出現四個角，其中不相鄰的兩個角，稱為對頂角。兩個對頂角的角度一定相等，但是有些學生可能會因為對頂點兩邊的長度不一樣或者畫的弧（表示角的符號）不同而以為對頂角不一樣大。例如：下面兩個圖中，學生會認為角 B 比角 A 大。

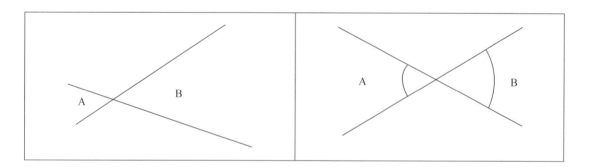

二、三角形

三角形的構成要素有邊、角、頂點，因此可以從邊、角、邊和角來分類、命名，也可以**從邊、角，甚至邊和角來看它的性質**。作者建議，老師應該讓學生聽到、了解、發現可以有規律的察覺這種規律。這種規律的察覺，有助於學生了解未來所學的概念與性質。意思是，假如老師之前都沒有進行有規律的教學，老師可以先問學生「三角形有什麼構成的要素？」[12] 讓學生主動想起構成的要素有三個邊、三個角和三個頂點。之後，老師可以再問「我們要探討三角形的性質 [13]，可以從哪些方面來探討呢？」若學生無法有規律的回答，老師可以明白的說明「既然三角形的構成要素有三個邊、三個角和三個頂點，我們要探討它的性質，可以考慮三個邊有什麼關係？三個角有什麼關係？邊和角

---

[12] 假如學生比較聽不懂「構成的要素」的用語，老師可以換成「三角形是由什麼所構成的」。作者認為「要素」一語，高年級生應該要能夠會意。

[13] 幾何的構成要素加以量化：邊量長度，角量度數，可以用數的四則運算或性質來談幾何的性質。

又有什麼關係？」至於三個頂點的關係，大概只能看它們的距離（長度）的關係。

（一）任意一個三角形的邊之關係

從邊來看，對任何一個三角形而言，任兩邊之和大於第三邊，它可以很直觀的從生活中了解到此性質。因為從甲地到乙地，直線距離最短，假如從甲地經丙地（不在甲到乙的直線段內）再到乙地，就是繞遠路；它也可以利用多個不同三角形實測三邊長度，然後歸納出此一性質（要看三角形邊的關係，老師應設法讓學生想到可以用尺測量長度，再利用長度的四則運算——應先想到利用加、減思考有什麼關係）。老師要留意的地方是，學生可能得到三角形兩短邊的和大於最長邊，但是教科書寫的是任兩邊之和大於第三邊。

作者覺得高年級學生正要從具體運思過渡到形式運思，從歸納的學習過渡到推理的學習，從具體過渡到抽象。若教師能隨時進行有規律的教學，學生對數學的學習會更有感覺。例如：要看三角形之中任兩邊的和和第三邊的關係，有幾種情形呢？可以的話，老師傾聽學生回答為什麼只有三種情形，若學生無法清楚的回答，老師應適時的向學生說明：一個三角形只有三個邊，三邊中的任何一個邊與另外兩個邊的和的關係只有三種情形。同時要學生了解上面兩句話（任兩邊之和大於第三邊與兩短邊之和大於最長邊）是等價的。

老師知道下面五個敘述是等價的：

「若三個線段可以形成一個三角形 ⇔ 任兩邊之和大於第三邊 ⇔ 兩短邊 [14] 之和大於最長邊 ⇔ 任兩邊之差小於第三邊 ⇔ 兩長邊之差小於最短邊」。也就是說：

假設 $\overline{AB}$、$\overline{BC}$、$\overline{CA}$ 是三個線段，且 $\overline{AB} \geq \overline{BC} \geq \overline{CA}$，則：

(1) ABC 形成一個三角形 ⇔ (2) $\begin{cases} \overline{BC} + \overline{CA} > \overline{AB} \\ \overline{AB} + \overline{BC} > \overline{AC} \ (\text{一定成立}) \\ \overline{CA} + \overline{AB} > \overline{BC} \ (\text{一定成立}) \end{cases}$

⇔ (3) $\overline{BC} + \overline{CA} > \overline{AB}$ ⇔ (4) $\begin{cases} \overline{BC} - \overline{CA} < \overline{AB} \ (\text{一定成立}) \\ \overline{AB} - \overline{BC} < \overline{AC} \\ \overline{AB} - \overline{CA} < \overline{BC} \end{cases}$

⇔ (5) $\overline{AB} - \overline{BC} < \overline{AC}$ 或者 $\overline{AB} - \overline{AC} < \overline{BC}$

---

[14] 老師要留意是否學生問到，邊長一樣時怎麼辦？此時老師要好好鼓勵學生，再跟學生說明，在數學上最長的兩個邊相等，其中一個還是可以稱為最長邊，因為最長的邊不一定只有一個。

上面這些關係，作者建議老師可以使用非形式推理的方式來教導（也就是只用說的，不用正式的寫下來），以利學生到了國中學習較形式化的推理、證明。它的非形式推理，例如：(2)⇒(3) 因為 (2) 其中下面兩個式子左邊都有最長邊，最長邊再加上一邊一定比短邊長，所以一定會對（不管是能不能成為一個三角形，都會對），所以不用看。(4)⇒(5) 因為 (4) 上面式子的右邊是最長邊，所以一定比另一邊減最短邊還長，所以一定會對，可以不用看。剩下兩個式子都是從 (3) 得到的，所以同義，只是我們常用兩長邊之差小於最短邊來記。

(3)⇒(5) 我們利用實作的方式三個邊可以形成一個三角形時，「把較短的兩條加起來，比最長的長」，以及「把較長的兩條減一減，比最短的短」是一樣的意思；或者非形式演繹的推理「較短的兩條加起來比最長邊的長」，兩邊同時拿掉第二長邊後，不就是「把較長的兩條減一減比最短的短」嗎？

老師要留意的是，教科書上寫的是三角形中任兩邊之和大於第三邊，可是有些教科書是拿出許多數棒或者扣條，要學生拿出其中三條看能不能形成一個三角形。教科書的做法其實是用逆概念（相反的方向）在教，只不過，因為它同時處理了能形成三角形的情形（若兩短邊的和大於最長邊 ⇒ 形成三角形 (p⇒q)），以及不能形成三角形的情形（「若兩短邊的和不大於最長邊 ⇒ 不能形成三角形（〜p⇒〜q）」等同於「三個線段是三角形的三邊 ⇒ 兩短邊的和大於最長邊 (q⇒p)」），因此也算是教了正概念。

作者發現，有時候學生會有迷思概念，認為任兩邊之和大於第三邊只要其中一個邊長的關係是對的，三個邊就可以形成一個三角形，也就是可能以為小邊加長邊大於中邊或者中邊減小邊大於長邊，就一定可以形成一個三角形（或者一定不能形成三角形）。此時，老師一定要讓學生清楚的明白，它其實是有時候對，有時候錯。最簡單的方法就是舉正例和反例說明即可。當然老師也可以適時的進行非形式推理。

（二）任意一個三角形的角之關係

從角來看，對任何一個三角形而言，它的三個內角和是 180°。因為學生對角度的判斷很容易受邊長長短所影響，所以所有三角形三內角和都是等於 180° 的概念，學生是需要一點時間學習的，老師需要提供大小不同、形狀不同、擺法不同的三角形讓學生充分的內化此一關係。

在小學，我們讓學生了解三角形三內角有什麼關係就是用量角器去量一個三角形的角度，再相加起來 15（老師應該讓學生思考用什麼方法找角度的關係──在小學不是

---

15 在數學上，想要發現某些性質，還有一種方法叫作從特例找性質再一般化。例如從正三角形

用加法就是用減法），或者把一個三角形的三個內角做記號，再剪下來拼看看。因為測量或者拼角都會有誤差的問題，因此有些學生會說三個內角和是170°、175°、180°、185°、190°；有些學生拼起來不像一個平角，有些比較像一個平角。無論學生量的結果或者拼的結果如何，最後老師都會歸納說：「三角形三內角和等於180°」或者「三角形三內角拼起來變成一平角」。建議老師好好跟學生討論為什麼有些同學的測量不是180°或者不是拼成平角的原因，它的原因可能出現在學生測量時方法不夠正確的測量誤差，或者有些量角器不夠精準的工具誤差。

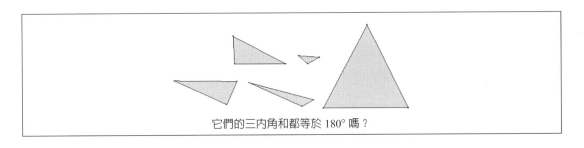

它們的三內角和都等於180°嗎？

　　假如有學生不相信三內角和一定等於180°，老師要好好肯定學生求真的態度。利用測量或者拼圖的方式，讓我們了解一個形體具有某些性質的方式，即使我們用了很多個（大小不同、形狀不同、方向不同）形體來驗證，在數學上，它不算是一個嚴格證明方式，只能說是說明而已。因為，在數學上，「它只是用幾個形體歸納出來」的性質而已。

　　因此小學學到的一些性質，例如：三角形三內角和等於180°、等腰三角形兩底角相等……等等的性質，到國中還要再證明一遍。證明的方法，原則上是利用歐氏幾何的體系來證明，也就是我們會先假設某些性質不用證明，再從這些性質開始證明其他的性質。例如：我們先假設平行公設「通過不在一已給直線上的任何一點，能作而且僅能作一條直線平行於該已給直線」，再由它證明「兩平行線被一線所截，它的同位角相等，內錯角互補」，之後再利用它來證明「對所有的三角形而言，三內角和都會等於180°」。

　　因為三角形有無窮多個，我們怎麼證明？還記得嗎？國中的幾何教材中，一開始會說一句話：「給任一三角形」，意思是你隨便給我一個三角形，我都可以用下圖的方法

的角都是60度，等腰直角三角形的角度是90、45、45度，發現兩個加起來是180度，再用其他的三角形驗證。因此老師也要留意是否有學生從特例來想問題，老師要好好鼓勵這些學生。

來證明它的三內角和都是 180°。因為我已證明出來「所有三角形的三內角和都會等於
180°」了，因此只要你給我任何一個三角形，我都可以用相同的方法來證明。

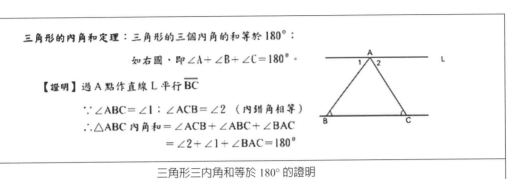

三角形三內角和等於 180° 的證明

資料來源：九年一貫教科書網站，http://mathtext.project.edu.tw/

（三）任意一個三角形的邊和角之關係

假如學生的學習是有系統性的，學生就應思考邊和角可不可能有性質呢？（假如老
師沒有教，而學生提問，老師要好好表揚這位學生的思考邏輯）在小學，還是利用實測
各式各樣的三角形發現「同一個三角形之中，最長的邊會對最大的角，最短的邊會對最
小的角」，也就是所謂的大邊對大角。

（四）特定三角形的性質與關係

對於特定的三角形，我們也可以看它的邊和角的關係。例如：從邊命名的正三角
形，它的三個角都是 60°；等腰三角形的兩個底角相等。在小學，這些性質都是利用實
測的方式歸納出來的，到了國中才用邏輯演繹的方式去證明。

老師要注意的是，等腰三角形的定義是兩邊等長，兩底角相等則是它的性質。因為
三角形中兩邊等長和兩底角相等是若且唯若的關係（請老師自行證明）。因此，也可以
定義兩個角相等的三角形為等腰三角形（只是比較沒有等腰的感覺，同時也不考慮歐氏
幾何的定義），此時兩邊等長就是它的性質。正三角形也一樣，它的定義是三邊等長，
同時三邊等長和三角相等是若且唯若的關係（請老師自行證明）。因此，正三角形也可
以定義為三角相等的三角形，此時它也可以推得三邊等長。

至於從角命名的直角、銳角、鈍角三角形，它的邊的關係在小學都不談（假如有學
生問，作者相信老師已經把數學教得非常有數學感，學生才會想到這個問題）。同時在
國中只教直角三角形兩股的平方和等於斜邊的平方，也就是我們所熟知的畢氏定理。

（五）三角形的包含關係

從邊和角來命名的各種三角形，它們之間的關係在小學都不談，但是老師應該知道。

一般三角形 ⊃ 等腰三角形 ⊃ 正三角形。一般三角形又分成銳角三角形、直角三角形、鈍角三角形。直角三角形和等腰三角形的交集就是等腰直角三角形。用圖形表示，如下圖：

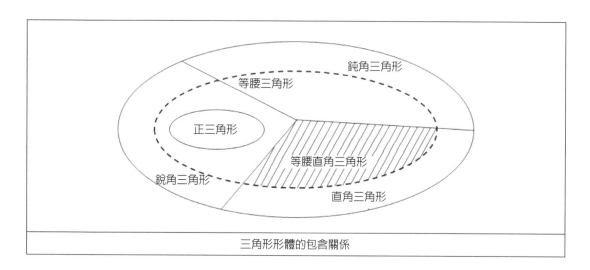

三角形形體的包含關係

三、四邊形

四邊形有四個邊、四個角，因此和三角形一樣也可以思考一般四邊形的邊的關係、角的關係，但是在小學大概只談角的關係，不談邊的關係。

（一）任意一個四邊形的角之關係

在小學要了解四邊形四個角的關係，可以思考最簡單圖形三角形的角的關係，因此可以把任意一個四邊形從其中一雙對頂點（對角線）切割成兩個三角形，所以四邊形的四個內角和是 $2 \times 180° = 360°$。

四邊形內角和的處理方式

（二）任意一個四邊形的邊之關係

我們的數學教與學很少有規律的思考問題，因此學生很少去想四個邊有什麼關係。作者發現，任意一個四邊形四個邊的關係和三角形三個邊的關係很像，也就是任三邊之和大於第四邊，或者三短邊的和大於最長邊。和三角形一樣，我們可以很直觀的思考這個問題；從甲地到乙地直線走最短，假如繞到丙地和丁地，走的路會更遠。反之，假如三個短邊的和小於最長邊，那麼把三個短邊連接拉直都不能和最長邊的兩個端點連在一起；當它等於最長邊，這時候三個短邊連接拉直只和最長邊一樣長，因此還是不能形成四邊形。如下圖：

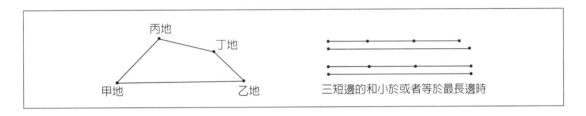

至於四邊形中邊和角的關係，因為圖形無法固定，同時一個邊只有相對的邊（稱為對邊）、沒有相對的角，一個角只有相對的角、沒有相對的邊，因此邊和角無法談關係。

（三）特定的四邊形性質與關係

在小學，學生可以用直觀、實測的方式發現邊、角的性質，但不談性質間的關係，到了國中才去證明，但老師要知道，同時也要注意充分、必要條件[16]問題。假如學生知道從邊的等長、垂直、平行，角的相等、互補（加起來 180°）、直角來看，就可以發現許多性質。

正方形是由邊和角來定義的：四個邊都等長、四個角是直角，我們可以看邊的性質，它的兩雙對邊互相平行，兩鄰邊互相垂直。假如學生想到曾經教過對角線，他就可以發現小學沒有教的性質：它的兩對角線等長且互相垂直、平分。同時正方形性質間的關係有：四個直角且四邊等長 ⇒ 兩對角線等長，四個直角且四邊等長 ⇒ 兩對角線互相平分，四個直角且四邊等長 ⇒ 兩對角線互相垂直，四個直角且四邊等長 ⇔ 兩對角線等長且互相垂直平分。

---

[16] 若 p⇒q 成立，則稱 p 是 q 的充分條件，q 是 p 的必要條件。若 p⇔q 成立，則稱 p 和 q 互為充分必要條件。

　　長方形是從角來定義的，長方形是四個直角（四個角都相等）的四邊形，因此可以看邊的性質：兩雙邊對邊等長、兩雙對邊平行；兩對角線等長、互相平分且垂直，甚至一對角線切成兩個全等的直角三角形。長方形性質間的關係有：四個直角 ⇒ 兩雙對邊等長，四個直角 ⇒ 兩雙對邊平行，四個直角 ⇒ 兩對角線等長，四個直角 ⇒ 兩對角線互相平分。但是，四個直角 ⇎ 兩雙對邊等長，四個直角 ⇎ 兩雙對邊平行，四個直角 ⇎ 兩對角線等長，四個直角 ⇎ 兩對角線互相平分。四個直角 ⇔ 兩對角線等長且互相平分

　　菱形是從邊來定義的，四邊等長的四邊形稱為菱形，我們同時也發現兩組對邊都互相平行，同時它的對角都相等，因此鄰角的和是 180 度（這些在小學沒有教，若有學生談到，老師要好好嘉獎學生）。菱形的對角線則會垂直且互相平分。同時菱形的性質間的關係，則是四邊等長 ⇒ 兩對角相等，四邊等長 ⇒ 兩對邊互相平行，四邊等長 ⇔ 兩對角線垂直且互相平分。

　　平行四邊形的定義是兩對邊互相平行的四邊形，也是從邊來定義的四邊形。它的邊的性質有兩對邊等長，角的性質有兩對角相等且兩鄰角互補（和為 180 度），兩對角線只互相平分。同時，性質之間的關係有：兩對邊互相平行 ⇔ 兩對邊等長，兩對邊互相平行 ⇔ 兩對角相等，兩對邊互相平行 ⇔ 兩對角線互相平分。因此，兩對邊等長，兩對角相等，兩對角線互相平分也可以當作平行四邊形的定義，只是比較沒有感覺而已。

　　梯形是只有一對邊互相平行的四邊形，它是依據邊來定義的。此時，邊、角和對角線都沒有其他特定的性質。

　　等腰梯形也是由邊來定義，它是有一雙對邊平行且兩腰等長的四邊形。它的性質是兩對角線等長。同時，等腰梯形 ⇒ 兩對角線等長。

　　鳶形是兩鄰邊等長的四邊形，也是由邊來定義的。它的性質是兩對角線互相垂直且一對角線被平分。同時，兩鄰邊等長 ⇔ 兩對角線互相垂直且一對角線被平分。

（四）四邊形的包含關係

　　在四邊形中，四邊形 ⊃ 平行四邊形 ⊃ 長方形 ⊃ 正方形。其中平行四邊形 ⊃ 菱形 ⊃ 正方形；四邊形 ⊃ 鳶形 ⊃ 菱形 ⊃ 正方形；四邊形 ⊃ 梯形 ⊃ 等腰梯形。表徵如下圖：

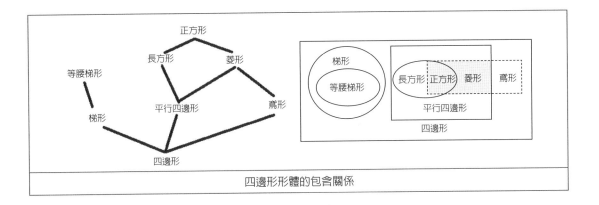

四邊形形體的包含關係

四、多邊形

在小學有時候會去問一般 N 邊形的角的關係，同時它是回到三角形的做法——把它切成 N – 2 個三角形，如下圖，就發現 N 邊形的內角和是 (N – 2)×180°。但我們不會去問一般 N 邊形的邊的關係，事實上它和四邊形的概念相同，即任意 N – 1 個邊的和大於第 N 邊。

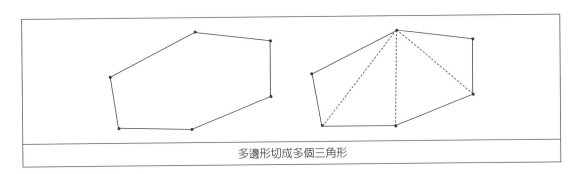

多邊形切成多個三角形

至於正 N 邊形則可以算出一個內角的度數是：$\dfrac{N-2}{N} \times 180°$。

五、對稱圖形

（一）線對稱圖形

線對稱圖形的操作形定義（operational definition）是「一個圖形」以一直線鏡射以後，仍然形成該圖形；或者一個圖形經過對摺以後，直線兩邊的圖形可以完全重疊，此圖形稱為線對稱圖形。線對稱圖形的數學定義為圖形上任一點都可以找到另一點，使得此兩點的連線段，都被一固定直線所垂直平分；此一直線稱為對稱軸。線對稱圖形

中，相對應的點（鏡射的點；重疊的點）稱爲對稱點。對稱點的概念，可以從線對稱圖形對摺後找到任一點的對稱點，將兩對稱點連成一直線段，並發現與對稱軸垂直且被平分的性質。

　　若「一個圖形」以一直線鏡射以後，形成「另外一個圖形」；或者一個圖形經過對摺以後，形成另外一個圖形；或者圖形上任一點對一固定直線另一邊，做垂直且等距的點而形成另外一個圖形，新的圖形稱爲原圖形的線對稱圖形，稱「兩圖形」互爲線對稱圖形。此一直線也稱爲兩互爲對稱圖的對稱軸。

　　當我們把圖形簡化成只有直線邊的折線圖形時，就會產生相對應的邊，稱爲對稱線，或對稱邊。相對應的角，稱爲對稱角。在數學上，對稱線或對稱邊指的是直線段邊，而非曲線邊。當然從語意上，線或邊不一定是直線段，老師要留意。

　　在小學教學時，大多從生活情境直覺的觀察許多對稱圖形，其中有一些圖形把它對摺後會完全重疊，而定義此圖形爲線對稱圖形，摺線爲對稱軸。此時老師可以從疊合的圖形中定義對稱點，再問學生對稱點有什麼特性，學生直觀的發現任何兩個對稱點和對稱軸的距離一樣長，之後老師可以提問怎麼檢驗？以引導學生可以把兩點連成線段再用直尺量長度、量角器量此線段與對稱軸的夾角，歸納出此線段被對稱軸平分且垂直的性質。之後再把圖形簡化成只有直線段的線對稱圖形，讓學生發現此時有對稱邊和對稱角，且對稱邊一樣長、對稱角相等。同時線對稱圖形的對稱軸可能有水平、斜、鉛直情形，可能有一條、二條……的情形，並發現正 N 邊形有 N 條對稱軸。

　　給學生畫了一半的線對稱圖形，讓學生畫另一半圖形時，對稱軸是水平、鉛直且有方格紙的，學生很容易作答正確，只要利用視覺或者點算長度的方式便可以畫出來；此時老師可以讓學生歸納、發現，在畫時只要先把對稱圖形的頂點（各個線段的端點），利用對稱點被對稱軸垂直平分的概念畫出它的對稱點，再把對應的線段連起來，就可以畫出整個線對稱軸圖。之後老師可以讓學生畫對稱軸是水平、鉛直但是沒有方格紙的半個線對稱圖形，讓學生發現還是運用對稱點被對稱軸垂直平分的概念來畫圖形。至於讓學生畫對稱軸是斜 45° 角、不是斜 45° 角；沒有方格、有方格的半個線對稱圖形比較難，教科書比較少教。尤其是畫對稱軸不是斜 45° 角、有方格的半個線對稱圖形最難，因爲方格有引誘性。因此老師可以不用進行教學，但是老師可以依據學生的學習狀況，讓學生發現還是運用對稱點被對稱軸垂直平分的概念來畫圖形。

（二）點對稱圖形

　　若一個圖形以一固定點旋轉 180° 以後，仍然是原圖形，此時，此圖形稱爲點對稱圖形；此一固定點稱爲對稱點。點對稱圖形的另一個定義是圖形中任一點都可以找到一

點，使得兩點連線段的中點為一固定點。此一固定點即為對稱點。

若一個圖形的所有點都以某一固定點為中點做出另一個圖形，則稱此圖形為原圖形的點對稱圖形。此時稱此兩圖形互為點對稱圖形。

在小學，我們不教點對稱圖形，但是它在生活中常見，且學生將兩者混淆，因此作者認為老師可以利用生活情形的圖形讓學生了解，以便區別出它和線對稱圖形的不同，讓學生有正例、反例的了解，以建構完整的線對稱圖形概念，但是不要評量即可。

（三）旋轉對稱圖形

在生活中也有旋轉對稱圖形，如下圖，老師是否介紹請自行決定，但不管如何都不要進行評量。旋轉對稱圖形的定義是當圖形以某固定點旋轉某個角度時，會和原圖形相同，此固定點稱為中心。我們發現點對稱圖形就是旋轉 180° 的旋轉對稱圖形。

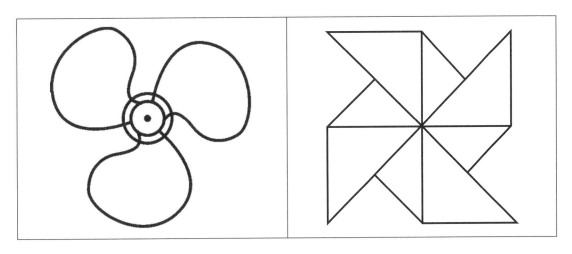

（四）問題

1. 黑白臉是不是（屬於）線對稱圖形？

有老師曾問作者，下圖中，圖形內部的黑白臉是不是線對稱圖形？

生活中的線對稱圖形

資料來源：http://trinityinfinite.blog.fc2.com/blog-entry-117.html (2013.08.01)

作者的回答是，在生活中，每一個人對線對稱圖形的定義不見得相同。有人認爲不管顏色，只要圖形的邊是線對稱，它就是線對稱圖形，因此黑白臉是線對稱圖形。有人認爲顏色既然不一樣，對稱軸兩邊的圖就不相同，因此，黑白臉不是線對稱圖形。

在數學上，幾何形體就是點、線、面，數學上的幾何是沒有顏色的。因此，上面的問題可以說是生活的問題，不是數學的問題。作者建議，在數學的試卷上不要考這類的問題，以免突增困擾。若有人說黑白臉是數學上的問題，黑的部分代表是面的一部分，白的部分代表這個部分是沒有面的，那麼黑白臉在數學上就不是線對稱圖形。

2. 全等圖形、線對稱圖形、點對稱圖形有什麼關係？

在一般的情形下，線對稱圖形不一定是點對稱圖形，例如：等腰三角形；點對稱圖形不一定是線對稱圖形，例如：太極圖的外形。若圖形既是線對稱又是點對稱，則此圖形至少有兩條互相垂直的對稱軸，例如：長方形。

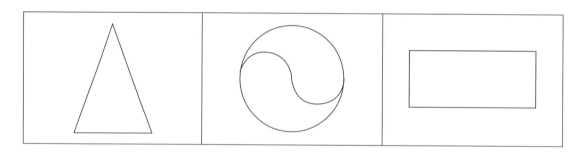

一般而言，全等圖形是對兩個圖形來說的，對稱圖形和點對稱圖形是對一個圖形來說的，因此全等圖形和線對稱圖形、點對稱圖形是沒有關係的。若互爲線對稱圖形的兩個圖形一定是全等圖形，因爲一個圖形鏡射（翻轉）以後會和另一個圖形重疊；互爲點對稱圖形的兩個圖形一定是全等圖形，因爲一個圖形旋轉180°以後會和另一個圖形重疊。但是兩個全等圖形不一定是互爲線對稱圖形或互爲點對稱圖形，因爲其中一個圖形對任何一條固定直線翻轉以後，不一定會和另一個圖形重疊，或者其中一個圖形對任何一個固定點旋轉180°以後，不一定會和另一個圖形重疊。

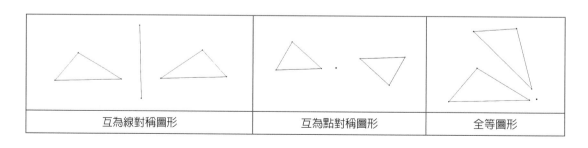

| 互爲線對稱圖形 | 互爲點對稱圖形 | 全等圖形 |

3. 線對稱圖形的對稱軸有什麼關係？

一個有趣的問題，恰有兩條對稱軸的線對稱圖形，兩條對稱軸一定互相垂直嗎？恰有 N 條對稱軸的線對稱圖形，這 N 條對稱軸一定同時交於一點嗎？若交於一點一定平分 360° 嗎？從我們所舉的例子發現都是如此，但是有限個例子仍然不能說這兩個問題永遠成立。它的證明必須到大學，運用一些數學性質才能解答。

4. 生活上與數學上的線對稱圖形問題

在生活上，我們時常利用將圖形對摺以後是否完全重疊來檢查圖形是否為線對稱圖形。在數學上，我們則定義：找到一固定直線（對稱軸），使得任何一點都可以找到另一點，同時這兩點被對稱軸垂直平分。

在生活中，任何圖形都可以用摺疊的方式來檢驗圖形是否對稱。在數學上，有曲線邊的圖形（圓形除外），因為有無窮多點，要利用垂直平分的概念來檢驗是否為對稱圖形非常的耗時，也無法全部檢驗。所以數學上對於對稱圖形的處理，除了圓形之外，時常「簡化」到只有直線段邊的折線圖形。因為它變成有限的直線段，我們只要檢驗每一直線段的端點是否對稱；若兩個端點都有對稱點，兩個端點的連線段也會對稱（此問題，在小學只會利用非形式的說明來讓學生了解，不會加以證明；要證明，可以國中再證明）。因此，對於只有折線邊的對稱圖形，我們只要檢驗有限個端點即可。

因此當我們要學生畫半個線對稱圖形的另一半圖形時，我們時常將圖形簡化到只有折線邊的圖形。在生活上，我們可以用摺疊的方式來畫圖。此時，作者建議先確認學生是否了解「完全」重合的線對稱概念，同時設法讓學生發現只要先找到端點的對稱點，再連線以後，相對的線段就是對稱邊。至於是否很精準的要求每一個點對得很準，則是實作能力的問題，老師適度提醒時即可，不要太過在乎，因為當老師聚焦在點是否對準時，會產生更多教學實務上的問題。例如：學生是否很精確的把對稱軸對摺了，每一個點或直線都有粗細，學生畫的另一邊是否也一樣粗？等等的問題。

在數學上，我們則希望學生利用兩對稱點被對稱軸垂直平分的概念來畫圖形。此時，老師可以留意，學生是否能利用垂直平分的概念來說明或者表徵。至於是否要求學生畫得很精準則是學生實作上的問題，老師適度提醒即可。在數學上，當我們加上非原圖形的輔助線時，通常會使用虛線來表徵。作者建議老師讓學生聽到、了解、發現利用垂直平分畫出另一半的線對稱圖形時，可以用虛線、等長、垂直的記號來表徵兩對稱點。如下圖右：

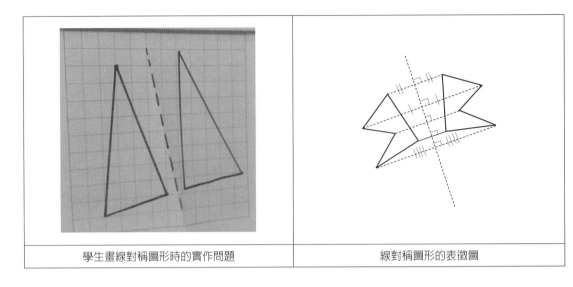

| 學生畫線對稱圖形時的實作問題 | 線對稱圖形的表徵圖 |

5. 判斷線對稱圖形時要不要判斷紙的外框？

有老師曾問到，我們要學生在方格紙上判斷一個圖形是否為線對稱圖形，或者要學生在方格上畫線對稱圖形的一半時，學生會問，方格最外圍的框線要不要看？或者問一張紙最外沿的框線要不要看？

假如老師和學生聚焦在方格的最外框或者紙張的最外沿，那麼學生可能不知道數學的教學脈絡（或者是共識、隱性知識），那就是，數學上平面是可以無窮延伸的，我們只是拿一張紙當作平面。因此，一般而言，我們不會去看紙的最外沿。同時，我們畫方格是為了學生容易判斷或者畫線對稱圖形，但我們不會把方格全部畫滿。因此，我們不去看方格的框線。除非老師明白表示紙的框線也是圖形的一部分，那就另當別論。

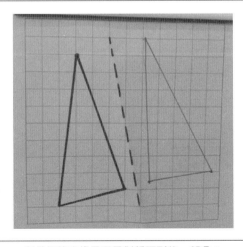

| 有外框的方格是不是對稱圖形的一部分？ |

6. 畫另一半的線對稱圖形的微觀認知如何？

我們在教學時，時常會一次增加一個新概念，或者替換成一個較難的概念，這些概念間的變化就是學生的微觀認知概念。因為所學的概念慢慢的變難了，但又不是需要長時間才能建構的概念。

作者認為要學生畫線對稱圖形時，較簡單的是有方格且對稱軸是水平或垂直的情形；再來是沒有方格且對稱軸是水平或垂直的情形，或者是有方格且對稱軸是斜 45° 角的情形；再來是沒有方格且對稱軸不是水平或垂直也不是斜 45° 角的情形；最難的應該是有方格且對稱軸不是水平或垂直也不是斜 45° 角的情形，因為方格會誤導學生畫在方格上。至於實際上是不是如此，老師可以做研究加以檢驗或者修正。

一個既簡單又容易引出學生迷思概念的問題，老師可以參考：平常我們要學生判斷長方形有幾條對稱軸，大部分學生都不會有問題。但是若我們畫長方形（對角線非 45°）的一半，然後要學生以對角線為對稱軸畫出另一半圖形。此時，老師就會發現學生有困難，尤其是給方格的時候，更會誤導學生。

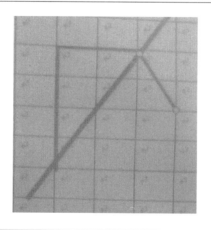

有方格要畫長方形的斜對稱軸的另一半圖形的迷思

7. 學生說圓形沒有對稱邊和對稱角怎麼辦？

作者發現有些老師的教學，學生很敢提問，這是很好的現象，因為老師所教的知識學生不是全然的接受。例如：老師在複習線對稱軸圖形的概念時，有學生說線對稱圖形都會有對稱角、對稱邊和對稱點，但偏偏有學生說圓形沒有對稱角、對稱邊。怎麼辦？

> SN：只要是線對稱圖形，它們都會有對稱角、對稱邊跟點。
> T ：大家同意嗎？
> SN：那圓形呢？
> SN：圓形沒有對稱角和對稱邊。
> T ：有人反問你了，那圓形呢？
> SN：圓形它是有無限條的線對稱。
> SN：可是它沒有對稱角，也沒有對稱邊。
>
> 老師的教學實錄

作者認為是學生沒有察覺到下面的問題所致：線對稱圖形的定義是每一個點都有對稱點而已。但是當我們把圖形簡化到只有折線時，才會出現對稱邊（注意：是直線段）和對稱角。

六、全等、放大、縮小、比例尺

（一）概念

平面圖形的全等，是對兩個圖形而言，若兩個圖形狀相同、大小一樣，也就是經過平移、旋轉、翻轉以後會完全重疊在一起，則稱這兩個圖形全等（操作形定義）。

在數學上，不規則的兩平面圖形或者空間形體的全等很難了解，因此要了解兩個全等圖形大都從三角形甚至從多邊形來了解。兩個全等的多邊形中，相對應的邊稱為對應邊，相對應的角稱為對應角。因此全等多邊形的數學定義是對應邊等長且對應角相等。

在平面圖形的放大、縮小，指的是相似圖形，它的操作型定義則是「形狀相同」。因為不規則平面圖形或者立體形體的放大、縮小很難了解，因此我們在談它們的數學定義時，大多先把它簡化為由直線段所形成的圖形，再談其放大、縮小。多邊形的放大圖、縮小圖，它的性質是所有的對應邊都成固定比例，所有的對應角都相等。比例尺則是表示實際圖形畫在紙上或者投影在平面的縮小比例。

（二）問題

1. 10 公分縮小 2 倍是幾公分？

在生活上有時候我們會說 10 公分縮小 2 倍是 5 公分。那縮小 0.5 倍呢？可以縮小 2 倍，縮小 0.5 倍，那應該也可以放大 2 倍，放大 0.5 倍了。10 公分放大 2 倍，在生活上有時候代表是 20 公分，但是數學上是變成 30 公分（數學上還可以說放大一倍）。照這個講法，縮小 2 倍是不是變成 -10 公分了。

因此建議老師儘量使用放大為 2 倍，縮小為 0.5 倍的用語，學生才不容易產生誤

解。當然，必要時老師也可以問 10 公分放大 0.5 倍是幾公分的問題，只要學生了解它是加上 5 公分即可。

2. 為什麼學生對放大、縮小圖的角和面積關係有迷思概念？

一個圖形放大、縮小時，因爲邊長已被放大、縮小，同時部分學生有角的大小受邊長影響的迷思概念，因此以爲對應角也會被放大或者縮小。事實上對應角還是一樣大，沒有放大或者縮小，學生只要拿出量角器量一量就可以了解。

雖然面積是二維的，當邊長大放爲 N 倍時，面積要放大爲 N^2 倍，但是有些學生還是直覺的會以爲面積也只放大爲 N 倍。

建議老師在進行放大爲 2 倍、3 倍的教學時，就對圖形中所有的性質 —— 頂點、邊、角、面積進行有規律的教學，一一讓學生思考過，必要時讓學生用量角器量一量對應角，把面積做一些切割，讓學生產生數學感，再讓學生進行計算並做檢核。例如：下圖中的切割方式，可以讓學生很直觀的感覺邊長放大爲 2 倍的三角形面積變成 4 倍；圓形半徑放大爲 2 倍時，面積感覺起來就是放大爲 4 倍。

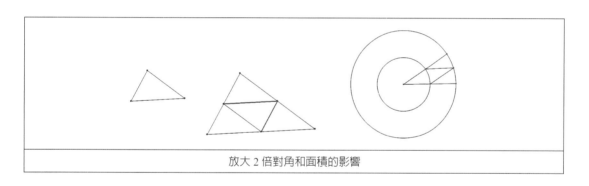

放大 2 倍對角和面積的影響

3. 幾何證明的問題很難嗎？

有些學生在國中學習幾何證明時有很大的困擾，作者認爲假如學生了解下面的關係，就會發現幾何的證明其實不難。因爲所有幾何形體中三角形是最簡單的圖形，因此，幾何的證明大部分都是用三角形的全等或者相似來做證明。因爲三角形只有三個邊、三個角和三個頂點，因此只要學生有規律的了解或者統整概念，他就會發現下列情形都可以確定一個三角形，即知道三個邊（S）、知道二個邊和夾角（A）、知道一個邊和二個角（邊包括兩個角的夾邊，和只是某個角的鄰邊）。這就是我們在證明兩個三角形全等的 SSS、SAS、ASA、AAS（請老師自行證明）。只有兩種情形不能唯一確定三角形。第一種是知道兩邊和一鄰角，並不能確定唯一一個三角形，而是有兩種情形產生，如下圖，也就是 SSA 不能證明三角形的全等；可是當此相等的角是 90 度時，三角形還是可以確定，這就是所謂的 RHS 三角形。另一種情形是知道三個角也不能確認唯

一一個三角形。

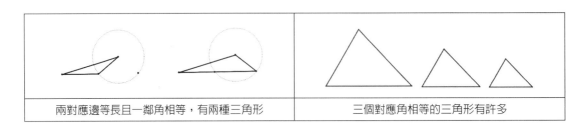

| 兩對應邊等長且一鄰角相等，有兩種三角形 | 三個對應角相等的三角形有許多 |

至於相似三角形的證明，它和上面的全等很像，一樣三個對應邊成比例（SSS）、二個對應邊成比例和對應夾角相等（SAS）、二個對應角相等和一對應邊成比例（ASA、AAS），以及三個對應角相等（AAA）以證明相似。因此不能確定三角形的邊和角，只有非直角的兩對應邊成比例和一相等鄰角，不能證明相似。因為二對應角相等（AA）時，三個對應角（AAA）一定相等，因此我們時常用 AA 來證明相似，事實上 SSS、SAS 也可以拿來作為三角形相似證明的性質。

貳 平面圖形的周長與面積

平面圖形量化以後，除了可以看角的關係、邊的關係之外，因為有長度和面積的量的問題，因此還可以看特定圖形的周長和面積。

一、周長

在計算一般的三角形和四邊形的周長時，只能用直尺去實測的方式得到，或者一個邊一個邊慢慢加就可以得到。當它是特定的幾何形體時，我們又多了一個更快速的方法，也就是利用公式來計算。建議老師要讓學生了解即使公式沒有記憶起來，也可以一個邊一個邊慢慢的加起來，就可以將任何多邊形的周長給算出來。可是當它是下面特定的三角形或者四邊形時，又多了一種快速（公式）的計算方法。這些計算方法不用特別去記憶，只要有平面圖形的心像，了解它們的性質就可以很快速的推出來。

同時在學習下列特定圖形的周長公式時（正三角形或正方形、長方形、菱形的周長），其實沒有學習的先後問題，因為難度大致相同。

（一）簡單平面圖形的周長

1. 概念

在三角形方面，因為實測知道正三角形的三個邊長都一樣長，因此它的周長就是一

個邊長 ×3。一般而言，我們不去記憶等腰三角形、直角三角形、銳角三角形、鈍角三角形的邊長公式，只要把三個邊加起來即可。

在四邊形方面，從實測也可以發現正方形的四個邊一樣長，因此正方形的周長公式是邊長 ×4；同樣的菱形的四邊也等長，因此菱形的周長公式也是邊長 ×4。長方形的周長則有二個公式：長方形的周長 ＝ 長 ×2 ＋ 寬 ×2 ＝ 2（長 ＋ 寬）。一般而言我們希望學生能特別注意第二個公式，因為它在逆問題的計算上比較好用，同時它也很容易了解，只要拿出扣條扣出長方形，再把長方形壓成一條線，就會發現有兩條的長＋寬；或者稍微推理解釋一下就可以從長 ×2 ＋ 寬 ×2 推得。至於長和寬的定義，在學生要了解周長公式而有學習需求時才去定義它。在數學上定義為長方形的一邊稱為長，另一邊稱為寬。

雖然平行四邊形的兩對邊會等長，但我們不為平行四邊形的邊命名，因此我們不去記憶平行四邊形的周長公式。其他四邊形的周長亦相同，都不去記憶。

當學生在進行邊長和周長的計算時，老師應該讓學生聽到、了解、發現正逆概念的問題，意思是可以給正方形的邊長算周長，也可以給正方形的周長算邊長。當它是長方形就是給長、寬、周長之中的二個數據才能算出第三個數據。

因為任何圖形的放大、縮小，其周長都會成相同倍數的放大縮小，因此正方形、長方形……的邊長變為原來的 N 倍，周長也變為原來的 N 倍。

2. 長方形的長和寬的定義是什麼？

有人時常在問長方形的長和寬的定義是什麼？作者發現有人認為較長的是長，較短的是寬（從語意的觀點）；有人認為縱的是長，橫的是寬（從看馬路的觀點）。上述第一種觀點當它是正方形（長和寬相等）時，又該如何？第二種觀點，當它轉個 90° 時，長和寬又變了。因此都有它的問題。

作者發現它在數學上沒有被明確定義，只說長方形的一邊為長，另一邊為寬。可能的原因是到了中學，我們在解答長方形相關的問題時，例如：「周長為 20 公分的長方形，長方形面積大於等於 20 平方公分，求長（和寬）的範圍。」的問題，我們會設長為 x，寬為 $10 - x$，然後繼續求解，此時，有可能 $x > 10 - x$，也有可能 $x < 10 - x$。我們不去定義長（和寬）的範圍時，對解答可以不去檢驗是否符合定義。此時，求解比較有彈性。

若真的要定義，個人喜歡用語意的觀點來定義長方形的長和寬，不過要跟學生說清楚，長不見得比寬長。此外，作者發現在問題之中長和寬幾乎會同時出現，因此只要問題的長和寬不會造成學生的困擾，保持一點彈性也無妨。

3. 點與線段的長度問題，學生知道嗎？

作者不知道有多少學生知道線段是由點所組成的？又有多少學生想過點的長度是0，但它卻可以累積出有長度的線段（好像用 0 加出一個不是 0 的數一樣）。或許老師不要主動告訴學生，但是對於資優的學生，老師可以考慮是否問他此一問題。假如老師沒有主動告訴學生，反而是學生主動問，老師一定要好好嘉獎學生，因為這個問題的答案要利用微積分才能解釋。

（二）圓周長、圓周率

在生活中圓形非常常見而且有用，因此在小學也會學習。作者建議老師讓學生了解圓形的構成要素之後，也讓學生了解所有的平面圖形都可以試著去了解它的周長和面積，圓形也不例外。老師可以更開放的問學生，我們想要了解圓形的周長，有哪些方法？讓學生發現要量圓周的長度和其他的形體一樣都是先用實測的方式。因為圓形的圓周是曲線，不能直接用直尺來量，所以有一些可行的方法，例如：

1. 用緞帶來複製圓周再測量，此時先用沒有彈性的緞帶……等等複製它的圓周，再拉直用直尺來量。在實作方面，假如老師想讓學生量得準一點，可以教導學生一些方法。例如：用來量的緞帶儘量不要有彈性、拉的時候用力一致、繞圓圈時要繞著邊緣（若量光碟片等高很小的物品時要注意不好繞圓圈的問題；若量牛奶罐等高長的圓柱時，則繞邊緣，或者量的高度要一致）。

2. 在物品（例如：腳踏車輪胎）的圓周上一點做記號，然後在一直線上滾動一圈，但要注意的是滾動時圓形物品不能滑動。警察在處理交通事故時用的滾尺就是用這種方法。老師要讓學生了解這樣的測量方式是有誤差的，誤差的來源和先前使用量角器、直尺一樣有工具誤差、測量誤差。

當學生測量許多物品的圓周長之後，我們也想要了解圓周長和圓的構成要素 —— 直徑或者半徑有沒有關係時（觀念間的關係），要怎麼辦？因為圓周長和直徑都是長度的概念，在數學上最先思考的方法就是利用四則運算試看看（建議老師不要直接告訴學生除看看，讓學生有嘗試發現的機會，同時允許學生使用計算器來計算）。此時學生會發現利用加法、減法、乘法得出來的多個數據差異都很大，只有除法（學生通常會用長的圓周長除短的直徑）得出來的數據「比較接近」。老師也可以和學生討論，從數據或者直觀發現直徑愈長、圓周也愈長，因此要找兩者的關係用減法和除法最有可能得到固定的數值（相加和相乘是定值時表示一數增加另一數就會減小），再發現圓周長除以直徑的數據「比較接近」。

因為學生得出來的數值都不太一樣，因此建議老師可以加入數學史的教學，讓學生

發現，歷史上也是和學生一樣用測量的方式發現圓周長除以直徑會接近某個固定的數據（近似值），這個固定的數值稱爲圓周率（圓周和直徑的比率），在小學通常用 3 或者 3.14 來表示。假如有學生仍然不相信它會是定值，老師應該好好鼓勵他，因爲他有求眞的精神，再告訴它，到了大學的微積分就會去證明它是定值。至此，學生已經發現到圓周長和直徑的關係，也就是：

圓周長 = 直徑 × 圓周率，或者圓周長 = 直徑 ×3.14

圓周長 = 2× 半徑 × 圓周率（因爲到了國中會使用 $2\pi r$ 的公式，建議老師也讓學生知道，以免小學學的公式和國中不太一樣）

當學生在進行直徑（或者半徑）和圓周長的計算時，老師應讓學生發現正逆概念的問題，意思是給直徑、半徑、圓周長三者之一時，都可以算出其中兩者。

在測量實際直徑時，學生則要利用直徑的性質來測量。例如：直徑是所有的弦中最長的，因此將繩子一端固定在圓周上一點，再拉直繩子繞著圓的其他圓周上的點來回移動（就是量弦的長度），發現在固定點的另一端的長度最長，這就是它的直徑；或者先將圓形描繪或者拓印邊緣在紙上，再對摺找出直徑；或者用兩隻直角三角板的一股夾著圓形，另一股緊貼另一隻直尺，如下圖左。

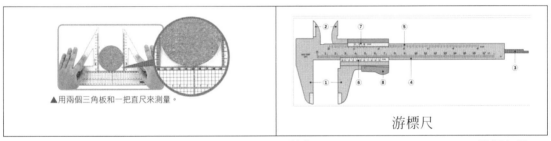

▲用兩個三角板和一把直尺來測量。

游標尺

資料來源：南一書局（2016）。數學六上，p.62。　　資料來源：https://zh.wikipedia.org/wiki/ 游標卡尺

因爲任何圖形放大、縮小，周長都會成相同倍數的放大縮小，因此圓形的半徑（或者直徑）變爲原來的 N 倍，圓周長也變爲原來的 N 倍。

（三）扇形周長

因爲扇形是圓形兩個半徑加一段的弧長，而弧長：圓周長 = 圓心角：360 度，即弧長與圓心角成正比。因此扇形的周長也可以利用它求得。

二、平面圖形的面積

在學習面積公式時，通常會考量學生學習的難易度，而從正方形或長方形先引

入，再學習平行四邊形、三角形、梯形的公式。圓的周長和面積則另外學習。至於是否一定是這樣的順序，其實不一定。

（一）正方形和長方形面積

1. 概念

從人類歷史發展的脈絡來看，原先面積單位和長度單位是無關的。例如：我國《立成算經》一卷談到長度單位：「度之所起，起於忽，忽從蠶口吐絲爲一忽，忽者，專心之拔也，十忽爲一絲，十絲爲一毫，十毫爲一釐，十釐爲一分，十分爲一寸，十寸爲一尺，十尺爲一丈，四丈爲一疋，五丈爲一端，十丈爲引，方丈曰堵，五尺曰步，六尺爲尋，七尺爲常，八尺爲仞。」《立成算經》一卷談到面積單位：「二百卅步爲一畝，一百畝爲一頃。」（洪萬生，2008）歐美的長度用英尺、英寸做單位，面積用英畝（acre）做單位，定義爲一浪（660 英尺）乘以一鏈（66 英尺）的面積（維基百科，2018）。這個意思是說，假如人們定義邊長 1 公尺的正方形面積是 1 坊；則長 4 公尺和寬 3 公尺的長方形面積便是 12 坊，不再是 12 平方公尺。

現今之所以把面積單位定義成平方公分、平方公尺，主要因爲微積分的發明所致──面積可以由長度去「積」出來，但學生無法了解微積分的概念，因此學生只要了解正方形、長方形的面積公式是經由點算面積而來的簡記法。

在小學，邊長一公分的正方形面積定義爲一平方公分。因此學生初學正方形或長方形的面積時，是用面積的點算方式來學習。也就是對於長和寬分別爲 4 公分和 3 公分的長方形面積，一開始是用百格板來舖蓋或者用小白積木來舖蓋，之後一個一個點算，發現有 12 格，或者 12 個小白色積木。因此長方形有 12 個一平方公分，也就是 12 平方公分。

因爲在學習正方形或長方形面積的點算時，學生應該都已學過乘法。因此有些學生已可以說：因爲一排可以排 4 個一平方公分，共有 3 排，所以有 4×3 = 12 個一平方公分，所以有 12 平方公分。

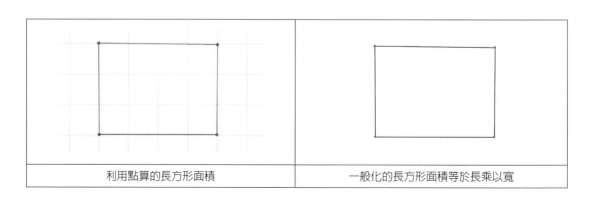

| 利用點算的長方形面積 | 一般化的長方形面積等於長乘以寬 |

　　幾何認知思考層次在視覺期階段的學生，可以利用一個一個點算或者能用乘法點算的方式來求長方形或正方形的面積。

　　最後，當學生已到達分析期時，他已有一般化的能力，此時他會發現，不管長方形怎麼變化，它的面積永遠是長的數值（公分）乘以寬的數值（公分）的平方公分，也就是了解長方形面積等於長乘以寬的公式，或者正方形的面積等於邊長乘以邊長。

2. 為什麼學生把面積和長度的概念混淆

　　面積是乘法概念的推廣，假如學生沒有概念性的了解而使用記憶的方式學習，便會產生迷思概念。例如：乘法的啓蒙「一部汽車 4 個輪子，5 部汽車有個輪子？」學生爲了記住被乘數要放單位量（4 個輪子），所以記憶當我們要算「幾個輪子」時，被乘數要放「4 個輪子」，也就是認爲積的單位要和被乘數的單位相同。面積概念的問題「長和寬是 4 公分和 5 公分的長方形面積是多少？」假如學生過度一般化之前的記憶，就會以爲它的答案是 4×5 = 20 公分，因爲 4 的單位是公分。

　　因此老師要留意學生對上面的面積問題的算法和答案，也就是學生是算成 4×5 = 20（公分），或者 4×2 + 5×2 = 18（公分）。若是前者，表示學生沒有注意到面積概念是乘法概念的推廣，而產生迷思；若是後者，表示學生眞的把面積看成周長了。因此老師在布題時，只要小心不要布一個周長的數值等於面積的數值的問題即可。（請老師自己留意哪些長方形的長和寬會使周長的數值和面積的數值相等？）

　　作者發現學生會把面積算成周長的，還有一種可能，就是老師不管在講邊、角、頂點和面積時，都用手指頭指著「特定的點」。角和頂點都指著頂點；邊都指著邊的中點；面積就指著長方形的內部。導致學生在算面積時，是算格子點的個數。爲了避免此一問題，我們建議老師教學時，要把角、邊、周長、面積的「動態手勢」做出來，以便讓學生正確的接受到角（把完整的角 ╱ 動態的描出來）、邊（把完整的邊 ─── 動態的描出來）、周長（把完整的周長 ▭ 動態的描出來）、面積（把完整的面積 ▦ 動態的描出來）的訊息。

　　此外，老師要學生計算紙條（或者細長的物件）的面積，可是學生卻算出紙條的長度出來，很有可能的原因是在教學上，我們常用紙條來表示一維的量，因此學生可能認爲紙條只有長度沒有面積，要計算面積變成計算長度。

3. 公分乘以公分等於平方公分，對嗎？

　　它有兩種意義。一種意義是「只有（生活的）單位」的東西是不能相乘的。另一種意義是許多人記憶 1 公分乘以 1 公分是一平方公分，它是因爲微積分的概念而來。因此

雖然這樣講沒有錯，只是學生不太可能了解微積分的概念，所以建議老師教學時，最好不要這麼說。否則 1 平方公分乘以 1 公分是 1 立方公分；1 立方公分乘以 1 公分又是什麼單位？還有，公斤可不可以相乘？1 公斤乘以 1 公斤等於什麼？

（二）平行四邊形面積

在學過正方形、長方形面積之後，教師可以提問學生，若我們想計算學過的平面圖形：（正方形、長方形、）平行四邊形、三角形、梯形……等等的面積，你覺得哪一個和長方形比較像，我們可以先探究它的面積？引導學生先看平行四邊形。

了解平行四邊形面積的方法，可以使用和學習長方形面積一樣的方法，先用百格板進行點算來求面積。學生會發現它不像長方形面積可以直接點算，而是要經過拼湊才能得到完整的面積。此時有些學生可能會把兩小塊拼成一個一平方公分；有些學生會發現可以把一整塊直角三角形拼到另一邊變成一個長方形（尤其面積是奇數平方公分的平行四邊形）。此時，好像是學生自己發現到新的方法一般，就是把它做切割再拼成長方形。老師再讓學生注意到搬過去的是一整塊直角三角形，同時切成直角三角形的那一邊會和一邊（底邊）垂直，而這個性質就是連結到學生畫「高」的關鍵概念。因此，我們定義平行四邊形切出直角三角形的那個長或長度稱為高，和高垂直的那一邊就叫做底，發現平行四邊形的底和高 [17]，與長方形的長和寬一樣長，因而形成一般化的概念：平行四邊形面積＝底 × 高。

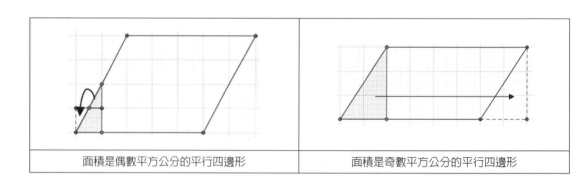

| 面積是偶數平方公分的平行四邊形 | 面積是奇數平方公分的平行四邊形 |

因為相同的底和高的平行四邊形有很多，它們在視覺上看起來面積不一樣，因此讓學生相信等底同高的平行四邊形面積都相同，非常重要。作者建議老師可以利用百格板

---

[17] 有人問為什麼長方形和平行四邊形的面積公式不要取一樣的名字。因為長方形的長和寬的用語在日常生活中常見，因此把它改為底和高會和生活不一致。把平行四邊形的底和高改成長和寬，很容易讓學生把平行四邊形的一邊當底，另一邊當高而產生迷思概念。

的切割拼湊（如下圖）或者 GeoGeBra 繪圖讓學生「看到」它們真的相等，再度印證平行四邊形面積真的是底 × 高，同時也讓學生發現它的切割方式其實就是對較斜的平行四邊形做與另一個平行四邊形一邊平行的切割，就可以移動組合成相同面積的平行四邊形。

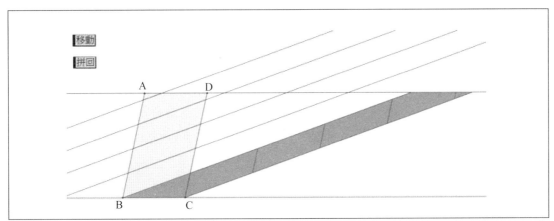

資料來源：http://mtedu.utaipei.edu.tw/forum.php?mod=viewthread&tid=454&extra=page%3D1（2014.06.30）

建議老師也可以連結日常生活常見的事物。例如：把千層糕、披薩切成平行四邊形（或菱形）就會讓人在視覺上感覺很大，但事實上它的面積和長 = 高、寬 = 底的長方形面積一樣。之後老師也可以和學生討論當底一樣把高變成兩倍時，面積也變成兩倍的性質。

此外，在教學上大家都可以很直觀的相信平行四邊形 ABCD 經過切割平移以後四邊形 CEFD 就是一個長方形（如下圖）。假如老師想要培養學生能夠慢慢學會如何進行邏輯推理，把學生的幾何認知層次推向非形式演繹期，以利學生國中的學習，這時候建議老師可以問一下學生「為什麼它一定是長方形？（三角形移過去會不會像 ⟋▱ ，側邊不一樣長、底不在同一直線上、右下角不是直角）。」此時老師可以引導學生了解：因為 $\overline{BC} = \overline{AD}$，所以移過去時兩側邊會完全疊合；∠ CBA + ∠ EAD=180°，∠ DAF = ∠ CBA，所以搬過去以後∠ DAF + ∠ EAD = 180°，所以 $\overline{EA}$ 和 $\overline{AF}$ 會在同一直線上，又∠ DCE = ∠ CEA = ∠ AFD = 90°，所以四邊形 CEFD 是一個長方形。

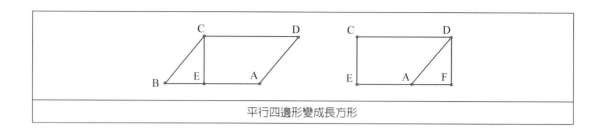

平行四邊形變成長方形

（三）三角形和梯形面積

　　有些教科書會讓學生用兩個全等三角形去拼出平行四邊形。假如學生有這樣的學習經驗，老師可以直接提問，要學生猜猜看三角形的面積應該會是什麼樣？希望學生能想到先前的學習經驗，知道可以利用平行四邊形算出三角形面積，即三角形面積等於底 × 高 ÷ 2。

　　若沒有這樣的學習經驗或者已經忘了，可以提問學生要怎樣算出三角形的面積。希望學生了解和先前求平行四邊形面積一樣，可以利用百格板來點算，再發現可以看成平行四邊形的一半的問題。

　　在探討三角形等底同高或者倍數變化的性質時，假如學生了解平行四邊形的性質（等底同高；同高等底；或者等底時，面積與高成正比的性質），相信很快就可以了解。假如學生不相信或者沒有發現時，老師最簡單的方法就是再一次讓學生相信平行四邊形的性質，再邏輯推理因為兩個全等的三角形可以拼成平行四邊形，既然平行四邊形對，它的一半──三角形也會對。至於真正要把一個三角形切割拼補成另一個三角形則有些難度。

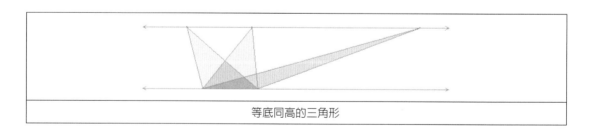

等底同高的三角形

　　梯形面積的教學，看學生能不能想到既然兩個全等的三角形可以拼成一個平行四邊形，他也可以去試試看兩個全等的梯形可以拼成什麼樣的形狀，進而發現兩個全等的梯形也可以拼成平行四邊形，而發現梯形面積 =（上底 + 下底）× 高 ÷ 2。假如學生不相信時，還是可以用百格板來算看看。

假如學生的後設認知已經被引發出來，學生應該會想到，菱形或者鳶形的面積有沒有公式？一般的四邊形有沒有公式？老師可以和學生共同探討。發現它們都可以切成兩個三角形，再想辦法找出它的底和高（關鍵概念——底和高垂直），就可以算它們的面積。其中菱形和鳶形都可以用一條對角線切成兩個全等的三角形，發現高是另一條對角線的一半，因此面積都是兩對角線相乘再除以 2。

（四）問題

1. 學生要怎麼想到三角形的面積是平行四邊形面積的一半呢？

學生在學習三角形面積公式時，若沒有相關的經驗，是沒有辦法想到要利用把兩個全等的三角形拼成平行四邊形來求面積，此時，只能老師告訴他這個方法。

但是作者建議，在教三角形的面積公式時，找個機會和學生玩一玩拼拼看的遊戲。拿出兩個全等的銳角三角形，問學生能拼出什麼樣的四邊形？一般而言，學生在具體操作的過程中會發現，可以拼出平行四邊形，可以拼出箏形。當學生有了拼排的經驗之後，再試試看，學生能不能主動連結這樣的經驗，想到可以把兩個全等的三角形拼成平行四邊形來求面積。

當作者和大人或者學生玩這樣的拼排遊戲時，等學生或大人說可以拼出平行四邊形和箏形之後，作者都會故意再問「還有沒有？」

作者發現即使是大人，也很難回答這個問題。有些大人會想，可不可以拼出正方形？可不可以拼出長方形？梯形？菱形？作者想要說的是，大人其實想錯了（邏輯錯誤），他們只是利用已知的四邊形名稱來檢查可不可以拼出它。大人沒有回答「還有沒有其他可能的情形」，因為他只是用有限的四邊形來檢查，而無法回答能不能拼出一般的四邊形。

其實要回答這個問題很簡單，只要學生學會有系統（有規律）的思考問題就夠了。因為三角形只有三個邊和三個角，要把兩個全等的三角形拼成四邊形，一定要相等的邊拼在一起才行，因此只有三種拼去，以及在拼時可以翻轉和不翻轉，因此總共有 $3 \times 2 = 6$ 種拼法而已。我們只要把這 6 種拼法全部做過一遍，就可以回答可以拼成哪些形狀而已。

在這邊也要留意一個數學上重要的問題，假如對兩個特定的全等銳角三角形而言，沒有問題，它只能拼成平行四邊形或者箏形。可是對「兩個全等的銳角三角形可以拼出什樣的四邊形呢？」它提的是一般的情形。我們發現，大人的回答變多元的，有人認為也可以拼出菱形，當它是等腰三角形時；有人甚至會忘了前提而說長方形、正方形（等腰直角三角形可以拼出來，但他忘了我們是說銳角三角形），甚至等腰三角形都出

來（等腰直角三角形可以拼出來，但他忘了我們只要拼四邊形）。

作者認為當我們說一般性的「兩個全等的銳角三角形可以拼出什樣的四邊形」時，是要對所有的銳角三角形都要成立，不可以拿特例來說，也就是不可以拿等腰三角形的特例來回答可以拼出菱形。假如我們把特例拿出來，那菱形其實也是平行四邊形，所以它還是平行四邊形，作者認為這是一個非常重要的概念。因此最好的是拿一般性的銳角三角形來拼，不要拿銳角三角形的特例來拼。

作者建議老師也想一想，兩個全等的「鈍角三角形」、「直角三角形」、「等腰三角形」可以拼出什麼樣的四邊形？

2. 面積公式對分數的邊也對嗎？

作者發現教科書對於長方形、正方形面積公式導出的教學，都是使用自然數的邊長。然後不做任何說明，就直接用到分數、小數的邊長上，也就是直接讓學生算長和寬為 2.5 公分和 3.2 公分的長方形面積。

作者建議從概念推廣以後，需要檢查性質是否仍成立的觀點，對於邊長是分數和小數的長方形、正方形面積，也應該再重新檢查一遍。

例如：邊長 $\frac{2}{3}$ 公尺的正方形，面積為什麼會等於 $\frac{4}{9}$ 平方公尺呢？原因是一平方公尺的每邊都被平分成 3 等分，因此一平方公尺被切成 9 等分，邊長 $\frac{2}{3}$ 公尺的正方形只是其中的 4 等分，因此面積是 $\frac{4}{9}$ 平方公尺。

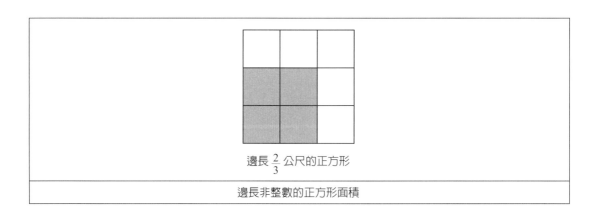

邊長 $\frac{2}{3}$ 公尺的正方形

邊長非整數的正方形面積

3. 小學生會算哪些面積？

在小學，學生會算的面積只有三角形、正方形、長方形、菱形、梯形、平行四邊形、圓形或者扇形。因此不是上述的圖形，便需要把它變成上述圖形的加減組合。對於無法利用上述形體進行加減得到的不規則圖形，只能利用百格板來進行估計。

4. 邊長、周長、面積之間的關係

作者希望老師的教學能夠讓學生聽到、了解、發現我們學了正方形的邊長、周長、面積（知其一可以求其二）之後，一開始都會給正方形的邊長，再求周長和面積。後來就會運用逆概念，給定周長再求邊長或面積，甚至給定面積再求邊長或周長。

希望學生發現到給定正方形的周長一定可以算出邊長，因此也可以算出面積。給定正方形的面積，有些問題可以利用因式分解的方法找到邊長，再求周長。若學生發現為什麼有些正方形的面積無法求得它的邊長時，老師應該好好獎勵學生的細心。老師可以告訴他到了國中就會學到如何求邊長，讓學生有繼續升學的憧憬，或者主動去找國中教材學習。

至於長方形則有長、寬、周長和面積（雖然好像有四個變數，但事實上只有二個變數）。因此只知道長（即長邊固定），並無法求得寬、周長、面積（會變動），但是可以知道寬愈長，周長、面積愈大，反之亦同。只知道長方形周長，無法求得長、寬、面積（會變動），但是我們知道愈接近正方形的面積愈大，愈狹長的長方形面積愈小（學生只要舉幾個例子即可歸納出這個結果）。反之，只知道長方形面積，無法求得長、寬、周長（會變動），但是我們知道愈接近正方形的周長愈小，愈狹長的周長愈長（學生只要舉幾個例子即可歸納出這個結果）。

因此長方形需要知道長、寬、周長和面積其中的二者，便可以求出另外二者。即知道長和寬才可以求得周長和面積；除了知道周長也要知道其中一個長或寬才可以求得另一個寬或長與面積；除了知道面積也要知道其中一個長或寬才可以求得另一個寬或長與周長。作者希望學生會想到，假如知道長方形的周長和面積，可不可以求得長和寬？在小學只能利用嘗試錯誤的方法（先用周長找到可能的長和寬，再代入公式看面積是否相同）求得，到了國中就可以使用代數的方法求得答案。

因為三角形、平行四邊形等比較少求它們的周長，因此大部分的逆概念是給定面積和底（高），再讓學生求高（底）。梯形則除了給定面積之外，還要給定上底、下底、高的三者之二，才可以求出另一個。

5. same A same B 或者 more A more B 的迷思

有些學生有面積相同周長就相同（或者逆概念──周長相同面積就相同），或者面積愈大周長就愈長的迷思概念（或者逆概念──周長愈長面積就愈大）。例如：他們可能會認為下圖三個圖形左邊的周長比中間和右邊的周長長，因為左邊的面積比右邊大。事實上下圖右方的周長最長，左方和中間的周長一樣。

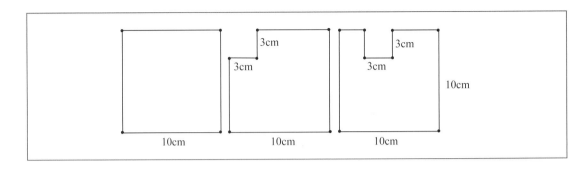

　　要破除學生的迷思概念很容易，除了利用實測的方式來說明之外，也可以利用邏輯演繹的方式來證明一般化的情形都對。例如：上面中間的圖形因為是剪去一個正方形後，原來的正方形少了二個邊又多了兩個邊，所以雖然面積變小了，但周長一樣長；右邊的圖形則是少了一邊但多了三個邊，所以雖然面積變小了，但周長變長了。下圖則是因為底一樣，但是它們的高變短了，所以雖然周長沒變，但面積變小了。

　　作者也建議老師可以讓學生感覺到長方形的周長固定時，愈接近正方形的面積愈大，當它是正方形時會最大；長方形的面積固定時，愈接近正方形的周長愈小，當它是正方形時會最小 [18]。要了解這種情形，只要學生利用幾個數據去檢查、歸納，便可以發現這樣的事實。

　　有些學生也會認為周長相同的平行四邊形面積都相同，要破除學生的迷思概念，只要利用扣條做成平行四邊形，再把它壓扁一點，學生就會發現它的高愈來愈小，面積愈來愈小，因此周長一樣的平行四邊形，愈接近長方形時面積愈大；或者面積一樣的平行四邊形，愈接近長方形時周長愈小。

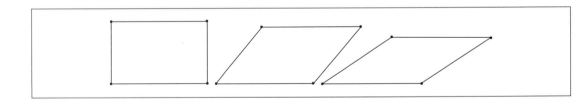

6. 線段的面積是 0，面是由線段累積來的

　　和點的長度是 0 的概念相同，線段有長度，但它的面積是 0，作者不知道有多少學生知道。建議老師可以考慮問一問資優生，讓他知道線段的面積是 0，同時長方形是

---

[18] 作者希望學生能有規律的思考，因此提問長方形的周長固定時，面積最小是多少；長方形的面積固定時，周長最長是多少的問題。因為問了最大、最小，當然也要思考最小、最大。

由一樣長的線段累積出來的。再看學生是否會進一步提問：0 怎麼會加出一個不是 0 的數？這個問題突顯微積分的重要性。

（五）高、畫高

因為平行四邊形、三角形、梯形的形狀、方向差異很大，因此有些學生在找高、畫高時有困難。其實畫平行四邊形、三角形、梯形的高的方法，和確定兩直線是否平行時，做垂直線的方法都一樣，都是拿出有直角的物件（例如：直角三角板），利用直角來畫直角、畫高。方法是先利用直角的一邊對齊底邊，再移動直角三角板使三角形的頂點，以及平行四邊形、梯形的一個端點在直角的另一邊之上，此時，便可以順利畫出和底垂直的高，必要時再延長底邊。同時不管底邊是水平、垂直或者傾斜，方法都一樣。

對於低成就學生，當平行四邊形、三角形、梯形的底邊是水平時，比較容易畫出它的高，假如他畫底邊是傾斜的高有困難時，也可以提醒學生先把紙張旋轉到指定的底邊變成水平再來畫出它的高。

我們定義過平行四邊形邊上一點做垂直線，且與對邊垂直的直線交點稱為垂足。該點與垂足的連線段稱為平行四邊形的高。定義過梯形的上底上的一點做垂直線，且與下底垂直的直線交點稱為垂足，該點與垂足的連線段稱為梯形的高。定義過三角形的頂點與對邊垂直的直線交點稱為垂足，頂點與垂足的連線段稱為三角形的高。以「⌐」記號表示兩直線互相垂直。依此定義，平行四邊形或梯形的高有無限多條，三角形的高只有三條。

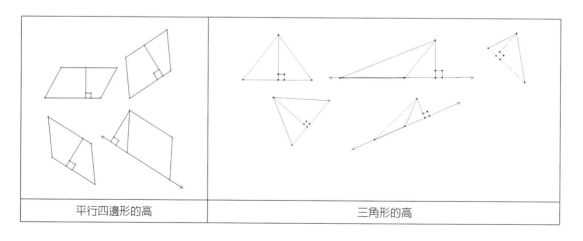

| 平行四邊形的高 | 三角形的高 |

另一種是利用沒有刻度的直尺和圓規來畫高，這是數學上真正畫高的方法，它是一種理想化畫高的方法，是利用幾何性質畫高的方法。不過我們在國小並不進行教學。

至於不用直尺、直角三角板來畫高，只用筆直觀、直接的畫高，老師可以視情況讓學生練習畫。因為學生到了國中或高中，有時候在畫圖時，只需要畫一個簡圖來做答，因此這樣的經驗，作者認為學生也應該要有。

有人曾問作者三角形的高到底是只有三條，還是無限多條？若是只有三條，那平行四邊形為什麼有無限多條呢？那下圖的垂直線段，算不算高？

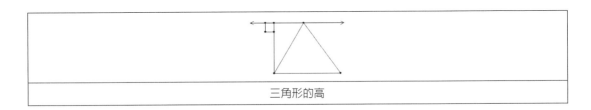

三角形的高

作者發現高的意義有兩種，一種是從頂點做垂直線段的高，一種是高的長度。因此若說上圖的垂直線段不是高，那指的不是線段的高。若說上圖的垂直線段是高，可以指的是高的長度。

其實，問三角形的高有幾條意義不大，只是有些人會擔心回答三角形的高有無限多條，會和國中學垂心時的三個高交於一點產生衝突。

（六）圓面積和扇形面積

我們希望學生學過多種四邊形的面積、圓形的周長都有公式之後，會聯想到圓形的面積應該有公式。圓形面積的教學，有一種方法是把圓形切割成許多大小相同的扇形。例如：平分成 8 等份、16 等份、32 等份……，再拼成下面圖形，讓學生感受到它愈來愈像長方形，最後會變成長方形，此時長方形的寬是圓的半徑，長是圓周一半，所以圓形的面積 = 半徑 × 周長 × $\frac{1}{2}$ = 半徑 ×2× 半徑 ×3.14× $\frac{1}{2}$ = 半徑 × 半徑 ×3.14。

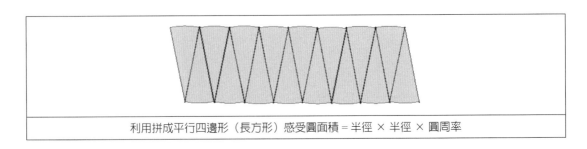

利用拼成平行四邊形（長方形）感受圓面積 = 半徑 × 半徑 × 圓周率

假如教師把圓形等分成許多扇形以後，要學生自行拼排，有些學生會拼出三角形的形狀，同時它也可以導出圓形面積。例如：下圖三角形的底是四分之一的圓周，高是四

個半徑，但拼成三角形的方式不好，因為切得愈細時，底會愈小、高會愈大。

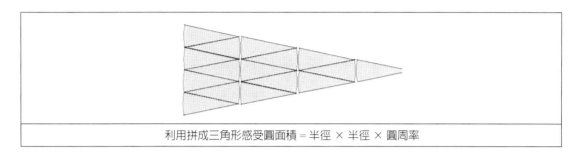

利用拼成三角形感受圓面積 = 半徑 × 半徑 × 圓周率

老師要注意的是，無論是切成多少個扇形再拼成上面的形狀，它都只是像長方形、三角形而已，並不是眞正的長方形、三角形，只是扇形切得愈小愈接近，所以直接使用長方形、三角形公式仍然有一些差距。因此，假如有學生仍然不相信這個公式，老師應該好好鼓勵這些學生，因爲他有求眞的精神。老師仍然可以訴諸數學史，或者告訴他到了大學微積分才會正式去證明它。

此外，學生會主動聯想到上面的方法有一些難度，假如學生聯想到平行四邊形可以切成兩個全等三角形，或許學生比較容易聯想到可以把圓形切看看，這時候比較容易想到的就是切成扇形了。

有些老師會先用下列圖形讓學生感覺到圓形面積比 4 個半徑 × 半徑的正方形面積小，比 2 個半徑 × 半徑的正方形面積大，所以感覺大約是 3 個半徑 × 半徑的正方形面積。

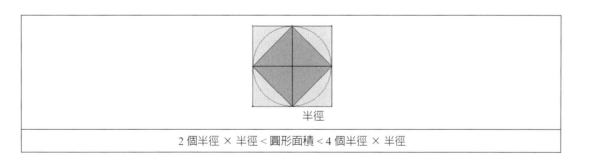

半徑

2 個半徑 × 半徑 < 圓形面積 < 4 個半徑 × 半徑

至於扇形的面積是看扇形的圓心角是幾度（θ 度），然後以一個圓的比例來計算：

扇形面積 = 半徑 × 半徑 $\times 3.14 \times \dfrac{\theta}{360}$

作者希望學生能主動思考：給定**圓形的半徑可以算出圓周長和圓面積；給定圓周長**

時，也可以算出半徑和圓面積；給定圓形的面積，有些問題可以利用因式分解的方法找到半徑，再求圓周長。對於扇形則比較複雜，但原則上需要知道半徑、圓心角、弧長、面積其中的兩個才能算出另外兩個，尤其是知道半徑、圓心角兩者最容易算出其他的長度或面積。

（七）複合圖形的面積

因為我們在小學只學過正方形、長方形、平行四邊形、三角形、梯形的面積公式，再加上扇形或者圓形的面積公式；因此，任何複合圖形的面積都可以想辦法切割、拼補成上面的圖形，便可以算出它的面積。假如一個複合圖形無法切成或者拼成上面的圖形，那麼我們就要用到國中或者高中的知識了。

例如：下面左圖的圖形面積，可以想像成一個長方形減去左下和右上兩個三角形，也可以把它切成三個三角形，如下圖中間，再算出它的面積。下圖右方則可以用兩個90°的扇形減去一個正方形面積而得到灰底面積。因為複合圖形的面積做法不是只有一種，因此老師可以將多元解法呈現給所有學生，增進學生的多元解題策略。

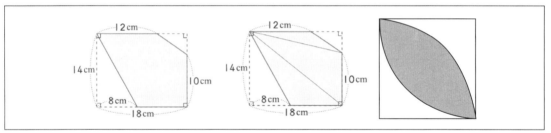

資料來源：南一書局（2010）。數學五上，p.112。

我們也希望學生能有規律的思考問題。例如：下圖左邊的正方形邊長是 12 公尺，道路寬都是 2 公尺，那麼陰影部分的面積是多少平方公尺？老師可以先給其中一塊長方形的邊長（例如：左上的長和寬分別為 7 公尺和 2 公尺），請學生算出陰影的面積（特定的圖形）。學生可以分別算出四塊長方形的長和寬，再算出面積和；學生也發現可以把它拼成一個 10×10 的正方形。

老師可以再問學生，假如四塊長方形的長和寬都不知道（一般化的圖形，或者上面圖形的推廣），還是可以算出陰影的面積嗎？此時，在數學上，我們只能利用把它拼成一個 10×10 的正方形的方法來算它的面積。

老師可以再問學生，或者學生能想到，那我把一邊變斜了以後，面積會變怎樣？（如下圖右邊）我們發現它還是可以拼成一個 10×10 的正方形。

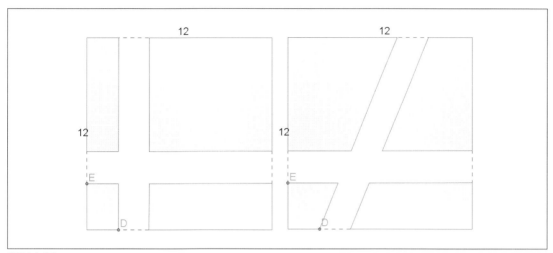

資料來源：http://mtedu.utaipei.edu.tw/forum.php?mod=viewthread&tid=1149&extra=page%3D1(2014.06.30)

假如我們再把另一邊也變斜了以後（如下圖左方），面積又會怎樣？它還是可以拼成一個 10×10 的正方形嗎？我們可以利用電腦來模擬一下，發現不能拼成 10×10 的正方形，發現它的面積比 10×10 的正方形還大（如下圖中間）。為什麼會這樣呢？請老師思考一下。此時，小學生無法求出它的面積。目前我們只能問原來陰影的面積比 100 平方公尺大或者小，因為斜的角度不一樣，面積也會不相同。

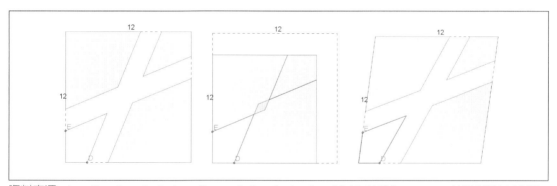

資料來源：http://mtedu.utaipei.edu.tw/forum.php?mod=viewthread&tid=1149&extra=page%3D1(2014.06.30)

老師有興趣，也可以把正方形變成平行四邊形（如上圖右方）。此時，我們可以問，在什麼時候它也可以拼成平行四邊形？什麼時候它不可以拼成平行四邊形？

參　立體幾何

　　在國小談的立體幾何的性質是邊和面的平行和垂直，而且大多利用觀察、測量發現到它們的個數及性質。至於旋轉、對稱、立體形體被一平面所截的平面圖形……等內容，大多不進行教學，但偶爾在測驗中也會出現。

一、平行和垂直

　　在平面只談兩直線的平行垂直；在空間中也可以定義兩直線的平行和垂直，同時此概念推廣到兩平面的平行和垂直，甚至一直線與一平面的平行和垂直，且其概念都是回到線的平行、垂直。

　　在空間中，兩直線的關係可以是重疊、平行、相交於一點，此外，還有所謂的歪斜，也就是兩直線既不重疊，也不平行，也不相交。

　　在空間中，兩直線的平行、垂直是和平面上兩直線平行、垂直的概念相同。若兩直線相交於一點且夾角為 90°（保證在同一平面上），則稱此兩直線垂直。若兩直線距離處處相等（保證在同一平面上），則稱此兩直線平行。我們也可以定義在同一平面上的兩直線同時垂直某一直線，則此兩直線平行。要注意的是歪斜的兩直線會同時垂直一直線，但此兩直線不平行，因此在同一平面上的前提是必要的。

　　在空間中，若一直線與一平面永遠不相交，則稱此直線與平面平行。若一直線相交平面於一點，且此直線與平面上過交點的所有直線之夾角均為 90°，則稱此一直線與平面垂直。要注意的是，若一直線相交平面於一點，且此直線與平面上某一直線的夾角為 90°，並不能保證此一直線與平面垂直。

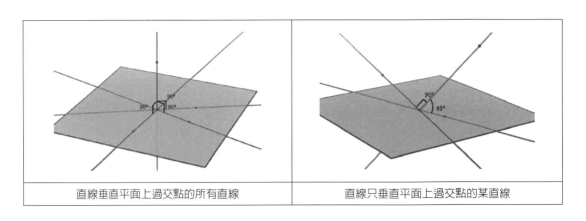

| 直線垂直平面上過交點的所有直線 | 直線只垂直平面上過交點的某直線 |

　　在空間中，若兩平面永遠不相交，或者有一條直線同時與兩平面互相垂直，則稱此

兩平面互相平行。若兩平面相交於一直線，且過直線上某一點在兩平面做垂直相交的直線，若此兩直線的夾角為 90 度，則稱此兩平面互相垂直。

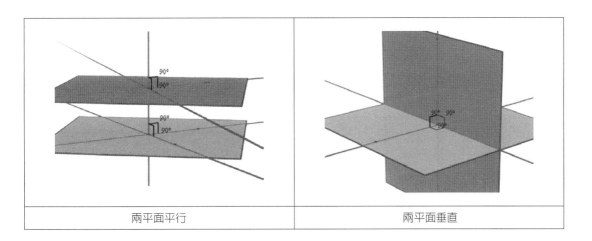

| 兩平面平行 | 兩平面垂直 |

在小學，若要用直角三角板來檢查兩平面是否垂直，不能把直角三角板的直角兩邊緊靠在兩平面上「來回移動」，而是要緊靠兩平面後，以其中一邊當固定軸旋轉直角三角板看是否另一邊都在另一平面上。

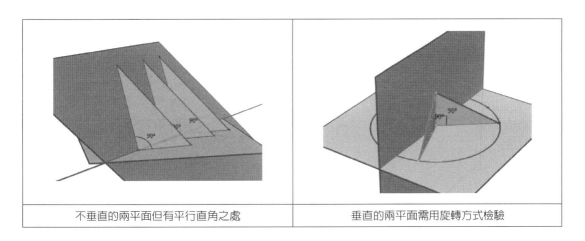

| 不垂直的兩平面但有平行直角之處 | 垂直的兩平面需用旋轉方式檢驗 |

二、兩平面的夾角

兩相交平面的夾角之定義是兩平面的法線（和平面垂直的直線）的夾角，也就是過兩平面交線任一點，在平面上做垂直直線後，兩直線的夾角，即為兩平面的夾角。但此概念在小學沒有進行教學。

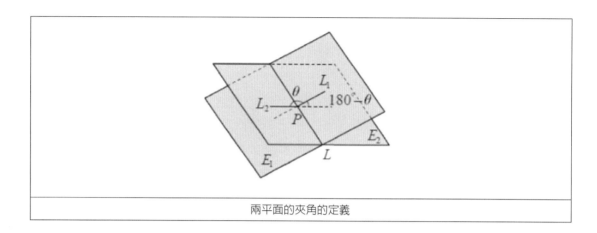

兩平面的夾角的定義

三、長方體、正方體

（一）性質

在小學要利用上述概念去檢驗空間中線與面、面與面的平行、垂直不是一件容易的事情，因此有一種方式，就是直觀的去觀察正方體、長方體，發現它們有同一頂點的兩個邊（也是同一正方形或長方形的兩個鄰邊）是互相垂直（線和線的垂直可以拿直角三角板或者量角器來檢驗），同一個平面（正方形或是長方形）的對邊互相平行。有共同邊的相鄰兩平面，從視覺的直觀感覺上，是互相垂直；相對的兩個面，直觀感覺（即使一直延長）永遠不會相交，或者它們有共同垂直的平面——兩平面的共同相鄰的面，因此他們互相平行。垂直兩平面中，不共線但有共頂點的邊和平面，直觀感覺互相垂直，因此說此邊與平面互相垂直；兩平行平面中，其中一平面的邊，直觀感覺和另一平面平行，因此說上邊與平面平行。

當了解正方體、長方體的線與線、面與面、線與面的平行、垂直之後，就利用它們去檢驗其他未知的立體形體的面與面、線與面的平行、垂直。

（二）問題

1. 長方體的側面是什麼形？

在空間中的立體形體，因為擺放位置的問題，以及視覺上的關係，會將原來是長方形側面畫成是平行四邊形。因此有些學生會說長方體的側面是平行四邊形。

在數學上，長方形就是平行四邊形的一種，沒有錯；但是國小學生還沒學過圖形間的包含關係，還沒學過性質與性質間的關係。此時教師應讓學生了解立體形體平面化的側面，實際上是長方形，因此仍然應被稱為長方形。

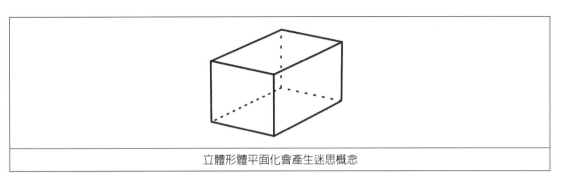

立體形體平面化會產生迷思概念

2. 有沒有平行和垂直？

有關直線和直線的平行和垂直，若兩直線都在同一平面上，那它的辨別就比較簡單，就如同平面上兩直線的平行和垂直一樣。對於看起來不在同一平面上的兩直線，學生就明顯會出現困難；尤其是空間中的兩直線還增加了歪斜的情形，因此辨別上更加困難。例如：下面的左圖就比較容易辨識平行和垂直，但右圖，學生就會產生困難。左圖的辨別方法，可以先讓學生了解兩直線是否可以形成一平面？可以形成一平面以後，再利用平面上兩直線的平行和垂直來辨別即可。假如老師想讓學生了解右邊兩個圖是否平行、垂直，作者建議老師使用具體教具或者 Cabri 3D 讓學生了解右二圖的兩線是在同一平面上，它們同時垂直側面的對角線，因此是平行；而右一圖的兩線不在同一平面且不會相交，因此不垂直，叫歪斜。

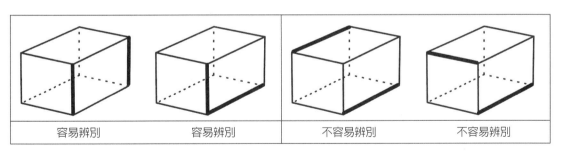

| 容易辨別 | 容易辨別 | 不容易辨別 | 不容易辨別 |

3. same A same B 或者 more A more B 的迷思

有些學生有體積相同表面積就相同（或者逆概念——表面積相同體積就相同），或者體積愈大表面積就愈大的迷思概念（或者逆概念——表面積愈大體積就愈大）。例如：他們可能會認為下圖三個圖形的左邊比中間和右邊的表面積大，因為左邊的體積比中間和右邊大（都是大正方體剪去一個小正方體）。

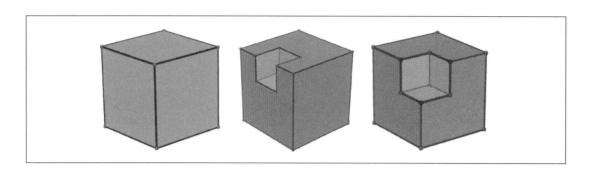

要破除學生的迷思概念很容易，除了利用實測的方式來說明之外，也可以利用邏輯演繹的方式來證明一般化的情形都對。例如：上面中間的圖形因為是剪去一個正方體後，原來的正方體少了二個正方形的面又多了四個正方形的面，所以雖然體積變小了，但表面積變大了；右邊的圖形則是少了三個面但多了三個面，所以雖然體積變小了，但表面積不變。

四、柱體和錐體

在小學，柱體和錐體的教學，大概只到頂點、邊、面的個數的教學，很少談及它們的性質。假如老師有系統性的教學，學生了解我們會探討每一個立體形體的性質，就會想到去了解柱體和錐體有什麼性質。假如學生有這樣問老師，作者相信老師的教學是非常棒的，老師已經把學生的思維教活了，建議老師也要好好讚賞學生。此時老師不一定要進行教學，可以請學生自己直觀的去了解邊、面、角有什麼性質。

正角柱，它的側面都是全等的長方形，一般的直角柱的側面只是長方形，但不一定全等。不管是正角柱或直角柱，上、下底面都是與側面垂直。

正角錐，它的側面都是全等的等腰三角形。

五、凸多面體

只要是由多邊形的面所形成的凸多面體，它們的面（F）、邊（E）和頂點（V）的關係是 $V - E + F = 2$（尤拉公式），也就是頂點的個數加上面的個數等於邊的個數加2。

雖然小學教科書比較少進行凸多面體的面、邊和頂點關係的教學，但有些參考書或者老師會利用舉例的方式讓學生發現這樣的規律。作者希望學生因為有了數學感的理論系統，會去想到 N 角柱的頂點、邊、面的個數是否有公式可以思考？頂點、邊、面的個數之間是否也存在某個關係？

六、柱體和錐體的展開圖

當我們稱柱體和錐體的展開圖時，必須滿足剪開後相連的面保留有一共同的邊，也就是每一個面至少保留有一個邊和其他的面相連，所有的面要連結成一整塊，而且可以攤平成一個平面區域。角柱和角錐可以有很多的展開方式，有興趣的老師可以參閱下面的網頁：http://www.mtedu.utaipei.edu.tw/forum.php?mod=forumdisplay &fid=49。

相信所有的老師都知道圓柱的展開圖是兩個相同半徑的圓和一個長為圓周長、寬為高的長方形。一個圓錐的展開圖是一個圓和一個扇形。

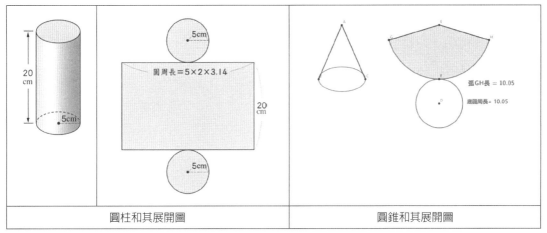

| 圓柱和其展開圖 | 圓錐和其展開圖 |

資料來源：南一書局（2016）。數學六上，p.117。　　資料來源：https://www.geogebra.org/m/dKzyeR5n

有些老師可能會問兩個全等的圓加一個底為圓周長、高為柱高的平行四邊形摺合起來是直圓柱還是斜圓柱？各位老師不妨親自實驗看看，它的答案是直圓柱。至於斜圓柱，它的側面展開圖是正弦函數的邊。

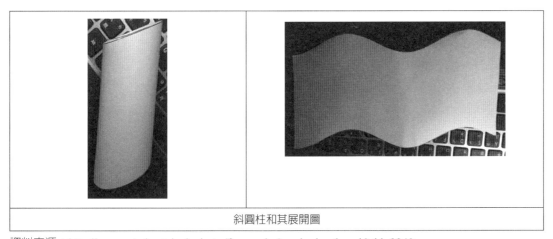

| 斜圓柱和其展開圖 |

資料來源：http://www.mtedu.utaipei.edu.tw/forum.php?mod=viewthread&tid=2340

七、球體

在小學幾乎不談球體的性質。因爲地球是接近球體的立體形體，因此我們時常將地球理想化爲球體。若了解球體的性質，對學生數學素養的增能是有幫助的。

從前文球體的構成要素，我們知道以球體半徑畫出的圓就是球體上最大的圓，或者一平面與球體相交所形成的最大的圓形。**球面上任意兩個相異點的最短距離，就是通過這兩點的最大圓上的弧長**，因此飛機若要飛行短距離，就是以地球上最大圓的方向來飛行。這個意思是說北緯 24 度上的相異兩點，它們的最短距離不是兩點在相同緯度的弧長，如下圖。有時候我們也可以直觀的來了解，意思是我們可能認同赤道上任意兩點的最短距離就是通過赤道的弧長，這時候球面上任意兩點，我們也可以把它旋轉，使得這兩點都在赤道上，這時候這兩點的最短距離就是在赤道上的弧長，而這個弧就是最大圓的圓周的一部分。

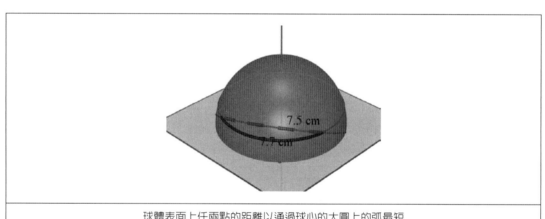

球體表面上任兩點的距離以通過球心的大圓上的弧最短

肆　立體幾何的總邊長、表面積與體積

所有的立體形體都可以考慮它的總邊長、表面積和體積的問題。

一、總邊長

立體形體也有邊長總和的問題（不能稱爲立體形體的周長），只是我們很少進行教學。但是作者建議老師也要提醒學生，像以前一樣，可以把所有的邊長加總。當它是特定的形體時，可能有公式可以快速計算（學生只要有心像即可以導出公式，不需要去記憶它）。例如：立方體有 12 條等長的邊，所以正方體邊長總和＝邊長 ×12；長方體有

長、寬、高共 12 條，所以的長方體邊長總和 =（長 + 寬 + 高）×4。至於其他柱體、錐體的總邊長，一般不去記憶公式，而是直接利用題目給的心像來求總邊長。

在生活中也有類以立體形體的邊長總和的問題，例如：我們拿一條緞帶來綁一個長方形的禮盒需要多長的緞帶？如下圖：

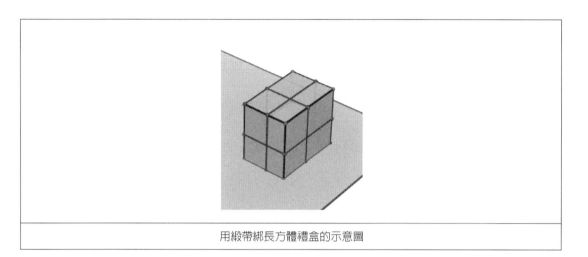

用緞帶綁長方體禮盒的示意圖

二、表面積

在教學時，老師可以先提問長方體或者正方體有什麼構成要素，讓學生回想先前學過的 8 個頂點、12 個邊、6 個面。老師再提問，長方體或者正方體的「表面」在哪裡？讓學生了解那 6 個面就是長方體或者正方體的表面。此時表面積這個專有名詞就好像是一個普通名詞一樣，學生就了解所有表面的面積就是表面積。

之後老師再提問，**任何一個表面是多邊形的立體形體，可不可以算它的表面積**？學生了解，只要把所有表面的面積加總就可以算出來（也讓學生回想它和計算平面上的多邊形周長一樣）。對於**特定的立體形體表面積則有公式可以快速求得**（學生只要有心像即可以導出公式，不需要去記憶它，也讓學生回想它和計算平面上的特定的多邊形周長一樣）。例如：立方體有六個全等的方形，因此正方體表面積 = 6× 邊長 × 邊長。長方體的六個面是由長、寬、高兩兩組合而成，因此長方體表面積 = 2×（長 × 寬 + 寬 × 高 + 高 × 長）。同樣的，其他柱體、錐體的表面積一般不去記憶公式，而是直接利用題目給的心像來求表面積。有些教科書會進行展開圖的教學，然後利用展開圖更快速的計算長方體的表面積；但是長方體的展開圖需要學生有動態幾何的心像，這對低成就的學生而言是困難的。因此，教師可以藉高成就的學生提出展開圖的方法來擴展學生的解題方法，但不一定要要求所有的學生都會使用這方法；畢竟這個方法對長方體、直角

柱、圓錐的表面積比較好用，對於一般的立體形體，它就不能使用，也就是它有一些侷限性。如下圖：

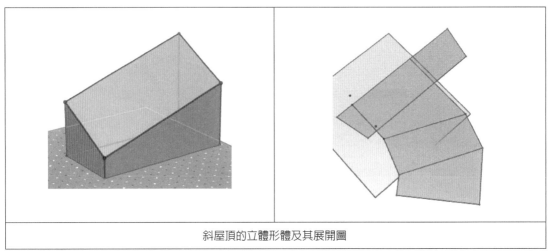

斜屋頂的立體形體及其展開圖

資料來源：http://www.mtedu.utaipei.edu.tw/forum.php?mod=viewthread&tid=2540

　　作者希望老師的教學是有系統性的，因為系統的教學會使學生去思考，除了長方體、正方體、角柱、角錐等表面都是平面的立體形體之外，我們還學過哪些立體形體？發現還有圓柱、圓錐，那它的表面積呢？因為圓柱的側面把它展開以後是一長方形，因此圓柱的表面積是兩個全等的圓的面積 + 圓周長 × 柱高。圓錐的表面積則是一個（下底）圓的面積 + 側面展開的扇形面積，也就是圓的面積 + 圓周率 × 圓的半徑 × 斜邊長。

　　比較特別的是球體的表面積，因為它是曲面，以高中之前學到的數學知識很難學到，但作者希望老師也能了解，球體的表面積是要利用微積分的概念去求出，它的公式是 4× 圓周率 × 半徑 × 半徑。

三、體積

　　體積的測量與公式概念可以看成是平面面積的測量與公式的推廣。在小學它的概念來源是定義一個邊長一公分的正立方體體積為 1 立方公分，再利用 1 立方公分去點算立體圖形的體積。例如：長、寬、高分別為 5 公分、4 公分、3 公分的長方體，它的體積可以先用小白積木拼成以後，再一個一個點算，發現可有 60 個一立方公分，所以它的體積是 60 立方公分。因為在計算立體圖形的體積時，學生已是高年級，所以至少要讓學生用乘法來證明，不要一個一個點算。也就是說因為一排可以排 5 個一立方公分的積木，一層排了 4 排，所以一層有 5×4 = 20 個一立方公分。總共可以排 3 層，所以有 20×3 = 5×4×3 = 60 個一立方公分，所以有 60 立方公分。

　　當學生到達分析期時，可以將所學的方法一般化爲長方體的體積公式，也就是長方體體積 ＝ 長 × 寬 × 高。正立方體體積 ＝ 邊長 × 邊長 × 邊長。同樣的老師也可以考慮問學生，我們雖然用整數邊長得到公式，分數、小數邊長的長方體公式也對嗎？

　　至於長方體體積爲什麼可以看成底面積乘以高？一般而言，學生不會產生疑問。因爲長 × 寬，學生已知道它是長方形的面積，因此把它稱爲底面積，學生很容易接受。其實底面積 × 高的公式，真正要從微積分的概念來說明，就和我們在導出真正的圓面積公式的方法相同。在小學，大都用許多一樣大的長方形紙張，將它推疊成長方體，讓學生感覺到底面積乘以高是對的。假如老師在教學時，學生向老師說長方形是沒有體積的，可是長方形紙張其實有厚度，老師一定要好好誇獎學生。老師試想一下，利用體積爲 0 的長方形，從微積分的角度居然可以積出不爲 0 的長方體體積，這是爲什麼？

　　當學生可以接受長方體體積 ＝ 底面積 × 高以後，柱體（角柱或者圓柱）學生也很容易接受它的體積也是底面積 × 高。至於教科書上的處理方式，除了利用相同大小、形狀的紙張把它堆疊起來，讓學生感受到柱體體積的公式之外，另一個處理方式是和平面圖形的概念相同，是利用切割拼湊的方式讓學生了解。例如：底面是平行四邊形的柱體是把底面從一頂點做一邊的高，將它切出一個直角三角柱移到另一邊變成長方形柱體；三角柱則由兩個全等的三角柱拼成一個平行四邊形的柱體；梯形柱也是一樣使用兩個全等的梯形柱拼成一個平行四邊形柱。

　　至於錐體體積 ＝ $\frac{1}{3}$ × 底面積 × 高的公式理解蠻困難的，所以小學是不會教的。作者發現國外有些教科書會利用實作的方式，把三個相同的錐體容器裝滿水，再倒入底面和錐體相同的柱體之中，讓學生發現剛好可以裝滿，也就是三個相同錐體的體積等於一個底面相同的柱體體積；反之亦同。

　　球體的體積我們也不教，但作者希望老師能教得有系統性，再看學生是否會提問球體的體積（甚至一般生活上常見的圓臺的體積的問題）。球體的體積也是需要微積分的概念才能算得出來，但是它在生活中常見，因此也可以讓學生知道公式是 $\frac{4}{3}\pi r^3$（它的微分剛好是球體的表面積）。有興趣的老師，請自行證明圓臺的體積，甚至表面積。

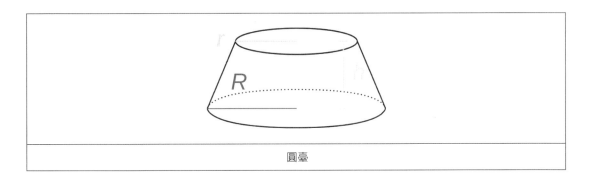

圓臺

伍 van Hiele 幾何認知層次

荷蘭數學教育家 van Hiele（Crowley, 1987）夫婦，將一個人的幾何思考模式分成 0 到 4 的五個發展層次，有些教材描述如同下述一～五的五個層次：

一、第 0 層次──視覺期（Visualization）

在這個階段的學生可以分辨、稱呼、比較以及操弄常見的幾何形體。到了階段後期，學生可以利用測量的方式學習幾何形體的性質，但是他們了解到的幾何性質可能是那一個特定的幾何形體的性質，他們沒有辦法將少數幾個特定形體的性質一般化為該類形體的性質。也是說，學生沒有辦法用某一形體的性質來刻劃該類形體，因此他們對形體的分類是依據形體的外觀，而非形體的性質。例如：在這個階段的學生能正確辨識「長方形」、「正方形」、「三角形」等物件的形狀，也可以用數學上的名稱（例如：正方形、長方形）或者生活上用語（例如：正正方方的，像盒子）來稱呼這些幾何形體；學生可以用測量的方式了解一個特定的長方形它的兩組對邊都一樣長，但是對於細長且歪斜的長方形，他可能還需要去測量才能確定是否兩組對邊都一樣長。也就是他們還不能把測量到的性質，一般化到所有的長方形都有的性質，因此學生不算真正的了解物件的幾何性質與定義。

這個階段的學生只能利用視覺的方式來畫長方形等幾何形體，而不是利用幾何的性質來畫。例如：用尺畫直時，是用目測兩線段是否垂直的方式來畫直角，而不是拿出兩個直角三角板做出垂直的角的方式來畫直角。

因為學生不能一般化幾何性質，所以這個階段的學生可以點算特定長方形的面積，但是不能形成長方形的面積公式。因為長方形面積公式是一般化的公式，是對所有的長方形都對的公式；點算只是對特定的長方形可以用而已。

二、第一層次──分析期（Analysis）

在這個階段的學生可以將所學的性質一般化為該類形體的性質，也可以利用形體的構成要素以及構成要素間的關係來分析幾何形體，並且可以利用實際操作（例如：摺疊、用尺量、用縱橫格子或特別設計的圖樣）的方式發現形體間共有的性質，因此學生可以用某類形體的性質畫該類形體，並依據形體的性質進行分類。但是這個階段的學生還沒有辦法利用邏輯演繹了解某形體內性質和性質之間的關係，也沒有辦法利用邏輯演繹了解形體和形體之間的關係。例如：在這個階段的學生可以察覺到「所有的」長方形有四個邊、四個角，而且四個角都是直角，兩雙對邊等長，兩雙對邊都平行；甚至會告

訴你對角線等長且平分。因此問他是不是所有的長方形兩雙對邊都等長，他不用再拿尺來確認，便可以直接答是。因爲學生可以一般化，因此他了解長方形的面積是長乘以寬。這個階段的學生也可以了解有四個直角，兩雙對邊等長且平行的四邊形是長方形；可以將具有四邊等長的正方形與菱形放在同一類，將兩雙對邊分別等長的長方形、平行四邊形放在另一類，只有一雙對邊等長的梯形放在第三類。

因爲長久以來學生就把正方形和長方形分別稱呼，因此這個階段的學生沒辦法眞正了解爲什麼長方形包含正方形，不了解四個直角和兩對邊等長之間的關係，因此不了解數學上爲什麼把長方形定義爲四個直角的四邊形。

三、第二層次 —— 非形式演繹期（Informal Deduction）

在這個階段的學生可以透過非正式的論證把先前發現的性質作邏輯的連結，因此可以理解形體內性質和性質之間的關係，形體和形體之間的關係。此時，形體的定義對學生而言才有意義。但是學生沒有辦法理解公設、公理、定義、定理之間的差異。例如：在這個階段的學生可以認知四邊形中有四個直角可以推得兩雙對邊等長，也可以推得兩雙對邊平行，因此了解長方形的定義（用最少的性質來描述幾何形體）只要說是四個直角的四邊形即可。也因爲了解長方形和平行四邊形的定義和性質，因此可以了解長方形是平行四邊形的一種。

四、第三層次 —— 形式演繹期（Formal Deduction）

在這個階段的學生已經可以理解公設、公理、定義、定理之間的差異，因此能夠利用演繹邏輯證明定理，並且建立相關定理間的網路結構。也就是說學生可以在一個公設系統中建立幾何理論。大學數學系的學生就有可能在這個階段。

大家都知道假如我們想用英文字典去找一個字 A 的英文解釋，其中會用語句 B 來解釋，再用字典去找 B 的解釋……，後來我們會發現，字典裡用了 A 去解釋 D。也就是字典裡會用 A 解釋 D，用 D 解釋……B，用 B 解釋 A。其中就是犯了一個在數學上所謂的循環謬誤。在傳統的邏輯中，當不斷要求使用到的性質要先被證明時，由於因果關係，我們無法無限地追溯，而會出現循環論證的問題（也就是用「被證明的性質」來證明「要證明它的性質」）。例如：有人要證明「三角形三內角和等於 180°」時，會用「一外角等於兩遠內角和」來證明，可是「一外角等於兩遠內角和」的性質又是利用「三角形三內角和等於 180°」來證明）。數學上爲避免犯了上述的邏輯謬誤，因此需要有一些不用證明的基本原理（不證自明）。這些不證自明的基本原理，假如在任何體系裡面都適用的的話，就稱爲公理。例如：等量公理就是一個自證自明的基本原理。公設則

是在某一體系內不需要證明的基本原理，但是它在另一個體系就不見得適用。例如：在歐氏幾何內最著名的「第五公設 **19**：同平面內一條直線和另外兩條直線相交，若在某一側的兩個內角的和小於二直角和，則這二直線經無限延長後在這側相交。」就是其中一個，此一公設在非歐幾何內就不適用。在「黎曼幾何」（橢圓幾何）中就有一個不同的公設「過直線外一點不能作直線與它平行。」在「羅巴切夫斯基幾何」（雙曲幾何）的公設是「過直線外一點能作兩條直線與它平行。」因為公設的不同，得出來的結果就有可能不同。例如：歐氏幾何中證明出來的三角形三內角和等於 180°；在橢圓幾何中證明出來的三角形三內角和大於 180°；在雙曲幾何中證明出來的三角形三內角和小於 180°。

在數學上所謂的定義（definition）是利用一個詞或一個概念來描述一個事件或者一個物件所具有的基本屬性。例如：我們把具有四邊等長的四邊形定義為菱形。有了定義，我們可以很有效率、有共識的談論相關的事情。例如：我們可以說菱形的對角線互相垂直，就不需要說四邊等長的四邊形，它們的對角線互相垂直。

定理是經過受邏輯限制證明為真的語句，這個語句通常是在某些條件下具有特定的性質，也就是若 p 則 q 的意義。例如：我們一般時常說的三角形三內角和等於 180 度，事實上是「若∠A，∠B，∠C 是一個三角形的三個內角，則∠A + ∠B + ∠C = 180°」的定理。

五、第四層次 —— 嚴密性（rigor）或公理性（axiomatic）

在這個階段的人可以在不同公理系統中建立定理，並且分析比較這些系統的特性。例如：在這個階段的人可以區分歐幾里德和非歐幾何之間的差異，可以區分橢圓幾何與雙曲幾何之間的差異，同時能夠在其中進行論證。大學數學系或者碩士班的學生若用功一點，應該能了解歐幾里德和非歐幾何之間的差異，也就是能到達這個層次。

六、問題

（一）視覺期到分析期要注意什麼事？

因為學生一開始學習幾何形體是使用視覺的方式，「整體」的看幾何形體是什麼形？同時，到了後期，學生要能夠將學的性質「一般化」到所有的幾何形體，因此許多各式各樣的幾何形體，就應該盡可能的呈現給學生認識，否則有些生活經驗比較少的學生就會出現迷思概念。例如：我們發現有些學生認為 ▽ 不是三角形，他說

---

19 第五公設可以證明出「過直線外一點只能作一條直線與它平行。」

「因爲上面沒有尖尖的（像山一樣）」，有些學生認爲 ⟍⟍ 不是三角形，因爲「不像三明治」。有些學生認爲 ◇ 不是正方形，因爲「它是菱形」。有些學生認爲 ▭ 不是長方形，因爲「它像緞帶」。

因此作者建議，在適當時機，應該呈現大小不同、形狀不同、方向不同的幾何形體讓學生認識，以強化學生幾何形體的概念。例如：在認識三角形時，要呈現很大、很小、頂點向上、頂點向下、三邊不是水平和鉛直，以及直角三角形、正三角形、鈍角三角形、銳角三角形等等，讓學生辨識。

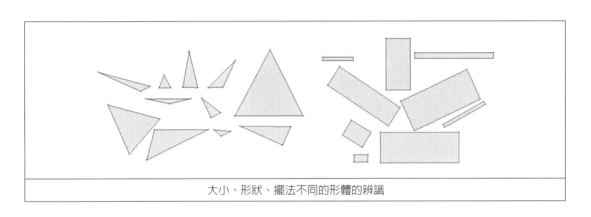

大小、形狀、擺法不同的形體的辨識

至於正方形也是一樣，不能因爲學生容易把 ◇ 說成菱形，而說他們又沒有錯。因爲在低年級，我們不教菱形，爲了避免困擾，老師可以用正方形的具體表徵，先問 ▢ 「是不是正方形？」等到學生知道它是正方形時，再將一個頂點轉一個小角度 ◇，再問學生它是什麼形？讓學生知道它是由正方形旋轉而來的。再轉大一點的角度，利用此一方式讓學生了解它仍然是正方形。在低年級，作者不建議直接擺成菱形的樣子讓學生區辨，主要原因是有些學生早已經有菱形的概念。此時，若學生說出菱形，老師說是菱形，也是正方形，可能會造成學生對兩者關係的誤解。因此使用具體物旋轉來避開學生說它是菱形的困擾。

若老師要用資訊科技融入教學，把電腦上的正方形旋轉一個角度，請老師要留意學生是否眞的相信老師沒有把角度或者長度變了的問題。若學生發現老師在電腦上轉了一個角度，以爲圖形不再是原來的圖形，此時的教學對學生而言是沒有任何意義的。

因爲學生到了視覺期的後期是可以學習幾何形體的性質，同時要把它所學到的性質一般化到所有的幾何形體。因此老師盡可能不要讓學生量一個正方形的邊長，發現四邊

相等，就說所有正方形的四邊都相等。建議老師應該拿出其他的正方形，再問學生這些「正方形的四邊是否也相等？」主要的目的是要學生一般化到所有的正方形四邊都相等的性質。

在這邊，要注意的是「正方形的四邊都相等」這句話，作者不曉得有沒有學生誤以為「所有的正方形邊長都相等」。正確的說法應該是「每個正方形的四邊都分別相等」。

（二）從分析期到非形式演繹期要注意什麼？

分析期的學生了解所有相同的幾何形體都具有該性質。例如：所有的長方形，它的兩雙對邊都等長，它的兩雙對邊都平行，它的四個角都是直角……等等的性質。

學生要到非形式演繹期，就是要能了解某一形體的性質之間的關係，要了解圖形之間的包含關係。因此「能用其性質描述某一類圖形（如：平行四邊形）。」「能說出合於所給予性質的圖形是什麼？從某一類圖形的特性中，指出哪些性質也適用於另一類圖形。」並「就其性質比較兩類圖形。」是學生在過渡時期要注意的事。

當我們問學生學生正方形有什麼性質時，有時候我們會要每一位學生說一個性質，這樣做有時候會讓學生以為有此性質的就是該幾何形體。例如：我們只讓學生說正方形有四個邊等長的性質，有些學生會以為有四邊等長的四邊形就是正方形。因此，作者建議要讓一個學生有機會把有的性質都講出來。例如：正方形有四邊等長、四個直角、兩雙對邊平行……等等。因此，我們建議老師，當學生說出一個性質以後，還要問：「還有沒有（其他性質）？」不管是不是所有的性質都講完了。因為如此做可以讓學生去記住所有的性質。同時，老師也應該教導學生，可以先看邊有什麼性質，再看角有什麼性質，再看邊和角有什麼性質。如此有規律的找尋或者記憶性質，所有的性質就易被記住（假如學生有形體的心像，再利用心像說出規則會更好）。

我們發現，當學生在說長方形的性質有四個直角、兩邊對邊平行、兩雙對邊等長時，時常會再說出「兩鄰邊不一樣長」。這是因為學生從小學習幾何形體時，大人就要求他把長方形和正方形分開來。所以學生說的並沒有錯，只是到了後來學習幾何形體的包含關係時會產生迷思概念，不知道為什麼正方形也是長方形。那是因為數學上對幾何形體的定義和學生的學習不一致所導致。作者建議，當老師要教導學生幾何形體間的包含關係時，好好處理或者說明這個問題。

幾何形體的性質之間的關係，以及幾何形體間的包含關係，應該到國中才學習。但是有時候國小高年級，老師也會教導幾何形體間的包含關係。因此當老師要教時，建議用較好的範例來製造學生的認知衝突。也就是先讓學生了解正方形和菱形之間的關係。

因為當正方形轉 45° 時，學生很容易說成是菱形（因為視覺的緣故），此時學生應該可以感受到他以前沒有注意到正方形也可以說成菱形。這時候老師再把多個菱形、多個正方形都轉 45° 讓學生看看。學生就會了解所有的正方形都會變成菱形，但菱形不一定會變成正方形，然後歸納出正方形是菱形的性質。

當老師運用視覺讓學生了解之後，再來就要談它的定義，要讓學生了解菱形的定義是四邊等長就好了。有些學生還會附加一句：「一個頂角不是 90°。」對於這些學生，只要將正方形轉 45°，他應該就會說：「哦！頂角不一定要 90°。」正方形則除了四邊等長之外，還要四個角是直角。「因為正方形多了一個條件，它的限制比較多，所以正方形是菱形一部分。」

當學生了解正方形是菱形的一部分後，要再讓學生了解菱形是平行四邊形的一部分，長方形是平行四邊形的一部分，甚至正方形是長方形的一部分的性質，就比較簡單了。但是此時，一定要學生了解長方形有的性質（兩雙對邊平行、兩雙對邊等長、四個直角），正方形也都有，只是正方形又多了一個性質，那就是四邊等長，長方形「不一定」。同時要讓學生了解，以前會說兩鄰邊不一樣長，這句話是不要的。為了讓學生了解這句話，老師可以利用人類對縱和橫的長度的感覺不相同的問題，讓學生發現看起來是正方形的東西，其實還是長方形（有些老師會拿出長條的紙遮住一部分，再問學生它是什麼形；再慢慢拉長，讓更多的部分顯示出來，一直問學生是什麼形，學生會發現他說的正方形其實是長方形），所以數學家才會把正方形定義為長方形的一種。

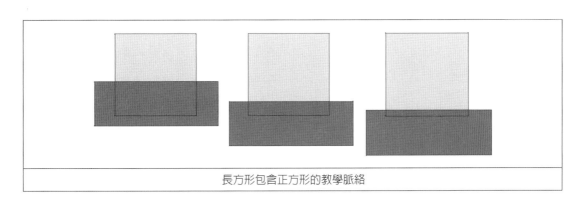

長方形包含正方形的教學脈絡

（三）國中幾何問題的證明為什麼那麼難？

在所有幾何問題中，最簡單的圖形就是三角形，其他的圖形或許可以由多個三角形構成，同時四邊形全等或相似的證明已經非常複雜。因此幾何問題的證明，許多都是以三角形的全等和相似的證明為基礎。但三角形只有三個邊、三個角，因此它的證明其實

難度不高，只要了解三邊確定、二個邊和夾角確定、一個邊和二個角確定，三角形就被確定，便可以證明三角形全等。只要確定二個角相等，或者兩邊成比例且夾角相等，便可以證明三角形相似。因此想辦法先看哪兩個三角形看起來全等或者相似，再去找它需要的條件，如此幾何問題的證明會變得比較簡單一點，不會那麼難了。例如：下圖的問題，就是以三角形相似為基礎。

如右圖，有一梯形 $ABCD$，其中 $\overline{AD}//\overline{BC}$。

求 $\triangle APD$ 面積：$\triangle BPC$ 面積。

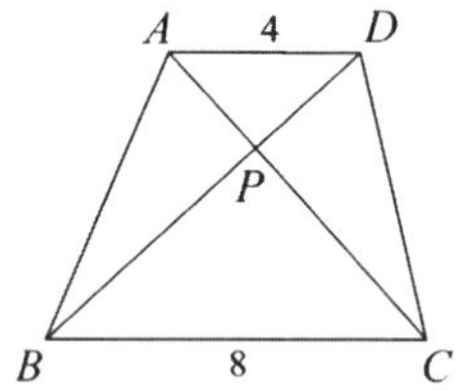

解題說明

由於　$\angle APD = \angle CPB$　　對頂角相等

　　　$\angle ADP = \angle CBP$　　內錯角相等

所以　$\triangle APD \sim \triangle CPB$　　AA相似性質

因為　$\overline{AD} : \overline{BC} = 4 : 8 = 1 : 2$

所以　$\triangle APD$ 面積：$\triangle CPB$ 面積 $= 1^2 : 2^2 = 1 : 4$

利用三角形相似的證明問題

資料來源：九年一貫教科書網站，http://mathtext.project.edu.tw/

（四）非形式演繹期以上

由於要到達非形式演繹期，學生至少要是大學數學系的學生，已離我們談的小學太遠，因此，在這邊不去談它。

（五）幾何形體的說、讀、聽、寫、做

幾何形體的教學，也可以考慮說、讀、聽、寫、做。其中的做，可以說是畫圖形。要學生把圖形畫出來，可以依據學生所在的層次，使用不同的方式來畫幾何形體。

第 3 節　幾何的教學

壹 平面幾何

一、總說

　　基本上，van Hiele（Crowley, 1987）的幾何認知思考層次，就是學生學習平面幾何的教學順序。也就是說：(1) 先對常見的生活物件進行推疊、觸摸、滾動的教學活動，期望讓學生聚焦在幾何的平面、曲面、直線邊、曲線邊、角、頂點的屬性上，以利去除顏色等與數學性質無關的屬性。(2) 再將立體物件經由拓印或者描邊，形成學生在日常生活中能看見的平面圖形。(3)（教師利用開放性或者封閉性問話）讓學生將平面圖形進行分類，利用視覺的方式整體的認知幾何形體的名稱。(4) 經由視覺了解不同幾何性質的構成要素，也就是有幾個邊、幾個頂點、幾個角。(5) 對構成要素進行實測之後，了解不同平面圖形的構成要素具有的特性或者性質。例如：測量「這些」正方形的四個邊，發現都一樣長，測量四個角發現都是 90°，也就是直角。例如：了解「這些」三邊等長的三角形稱為正三角形，再經由實測發現「這些」正三角形的三個角都等於 60°。「這些」三角形的兩邊之和大於第三邊……等等。(6)「同時」把測量到的性質（利用歸納的方式）一般化到此一幾何形體的性質，也就是「所有」的正方形，四個邊都一樣長，四個角都是直角。

　　在小學階段，學生還會學到利用性質找尋形體。例如：四個角是直角的形體有正方形和長方形。也會學到一個形體具有的性質，哪一個形體也具有此一性質。例如：正方形的四個邊一樣長，還有菱形的四個邊也一樣長。

　　利用性質找尋幾何形體，是為了讓學生為學習幾何性質間的關係做準備，進而學習形體間的包含關係。但是真正的幾何性質間的關係，以及形體間的包含關係，是中學的教學內容。

　　在教學過程中，作者也建議老師和學生時常利用一個起動機制、五個核心內涵進行教與學：碰到重要的概念，設法讓學生自己說出來；時常請學生畫出平面圖形，同時留意是否拿出適當的工具來畫；時常問學生為什麼，以培養學生的邏輯推理能力；時常讓學生進行課程統整，了解概念間的關係。

　　為了培養教師能真正了解學生的學習狀況，建議老師在進行教學觀摩或小考時，能事先預估一下有多少學生已達成教學目標或者各題的答對率，並在事後說明預估的理由，或者驗證老師預估的答對率差異有多少。

二、示例：三角形的性質

　　為了讓老師更清楚的了解作者的理念，在此以三角形性質的教學為例，向老師說明。

（一）教學目標

了解三角形邊的性質以及角的性質

（二）設計理念

從生活情境、實測、邏輯推理了解邊的性質以及角的性質

（三）教材分析

三角形構成要素→三角形的命名→三角形的性質→相關應用

（四）學生先備知識

　　學生已了解三角形是由三個邊、三個角、三個頂點所構成（構成要素），也了解特殊的三角形，可以從邊來命名為等邊（正）、等腰、一般三角形，從角來命名為直角、銳角、鈍角三角形，以及從邊和角命名為等腰直角三角形。

（五）主要活動

1. 準備活動

教學活動	期望學生反應	評量
T：還記得嗎，三角形是由什麼所構成的？	S：三角形是由三個邊、三個角、三個頂點所構成的	安置性評量
T：三角形的分類可以依據什麼要素來分類？有哪些？	S：依據邊分類的有正、等腰、一般三角形；依據角分類的有直角、銳角、鈍角三角形；依據邊和角分類的有等腰直角三角形	安置性評量（回想）

2. 發展活動

教學活動：三邊的關係	期望學生反應	評量
T：假如我們要來看三角形有什麼特別的關係（或者稱作性質），可以從哪邊來看？	S：是不是和以前三角形的命名一樣，也可以從邊來看三個邊的關係？可以從角來看三個角的關係？	發展性評量（連結）

教學活動：三邊的關係	期望學生反應	評量
T：非常好。那麼大家猜猜三角形的三個邊會有什麼關係？或者可以用什麼方法來了解三個邊的關係？	S：**和以前用尺量長度一樣**，可以用尺來量長度，再看三個邊的關係	發展性評量（連結）
T：非常好。大家分組拿出附件的（多個）三角形，用尺量一量，再討論三個邊的可能關係	學生分組具體操作，用尺量長度，並討論三個邊的關係 教師巡堂，必要時可以提醒學生長度可以**相加或相減**	
T：請大家報告一下你們討論的結果	學生拿出分組討論的數據上臺報告 S：我們想到用加法試試看，發現最小的二個邊相加都會比較長的邊長	
T：其他組呢？	SS：一樣	
T：很好。我們看一下課本，課本寫「任二邊之和大於第三邊」，假設三角形的三個邊長分別是甲、乙、丙，且甲最長，那麼這句話有幾種情形？和大家的發現有什麼關係？	S：任二邊之和大於第三邊，可以表示：甲＋乙＞丙，甲＋丙＞乙，乙＋丙＞甲 　（若學生無法說出，老師可以提示──甲、乙、丙都可以當作第三邊──或者講述） S：因為甲最長，所以甲＋乙＞丙，甲＋丙＞乙永遠都會對，因此剩下我們的發現最小的二個邊相加都會比較長的邊長一樣。 　（若學生無法說出，老師可以提示──請學生看量出來的實例說明──或者講述）	評量學生的邏輯推理能力
T：非常好。但是課本為什麼要寫這句話呢？	S：我想到了，**假如問題反過來，也就是知道三角形的二個邊長**，例如：6cm、10cm，問第三個邊可能是多少整公分時，因為不知道哪一邊最長，所以會用到。 　（假如學生無法說出，老師可以出這個問題讓學生解答，發現 10cm 不一定是最長）	逆概念 主動舉例

教學活動：三邊的關係	期望學生反應	評量
T：請大家算一算這個題目	S：設第三邊長是甲，6 + 10 > 甲，6 + 甲 > 10，10 + 甲 > 6（一定對） 　甲可能是5, 6 ,7, 8, 9…15	形成性評量
T：現在我反過來問，假如給三條線段，任二條之和大於第三條，或者二短條之和小於最長條，一定可以形成三角形嗎？	S：可以 S：不知道	逆概念
T：有人說不知道，那麼可以怎麼試？	S：用扣條來試看看 　（學生拿出扣條進行試驗） S：我發現一定會，因為二條短的扣在一起比最長的還長，這時候這二條扣在一起的扣條，其中一端扣上最長的，就可以彎起來，把另一端扣在最長條的另一端。	實作
T：非常好。 T：假如二條短的和比最長條短，或者一樣長時，又會怎樣？	S　：就不能形成三角形。 SN：為什麼？ S　：二條短的和比最長的還短，怎麼拉另一端都不可能扣到最長條的另一端。假如一樣長時，要拉成一直線才可以扣在一起。	p and ~p 生生互動
T：現在拿出課本，試一下哪三個邊可以形成一個三角形，哪些不會？	（學生進行練習）	形成性評量
T：請問大家，在生活上會不會有用到任三角形兩邊和大於第三邊的例子？	S：我想到了，假如我要從臺灣搭飛機到美國，直飛比從臺灣搭到日本再到美國來得近。 　（假如學生無法回答，老師可以提示從臺灣搭飛機到美國，你會怎麼做比較近？）	

教學活動：三內角的關係	期望學生反應	評量
T：現在我們可以用什麼方法來了解三角形的三個角可能有什麼關係？	S：三個角都有角度，因此可以和三邊的關係用尺量一樣，用量角器來量角度，再看有什麼關係？	和以前一樣
T：非常好，請分組拿出附件的（多個）三角形量看看，再討論它們的關係 T：在測量時，要記得以前測量的方法，儘量量得準確，不要有誤差。	學生分組測量，再觀察、討論三個角的關係 老師巡堂，必要時提示學生角度可以相加或者相減	

教學活動：三內角的關係	期望學生反應	評量
T：現在同學上來報告你們的發現	S：我們發現和三邊的關係不一樣，不一定會兩個角的和大於最大角。後來我們發現兩個角的和和第三個角加起來剛好或者大約是180度，所以三個角的和是180度。 S：可是我們把三個角加起來不是剛好都是180度	
T：為麼會這樣呢？	S：可能是在測量時有誤差產生	
T：非常好，的確是測量時有誤差所產生的	S：老師，我發現 180 度是平角，所以把三個角拼起來會是平角哦！	
T：非常好，大家把三個角剪下來，再拼看看是不是平角？ T：在拼三個角時，有什麼要注意的地方？	S：剪下來之前把三個角先做記號，以免在剪時，忘了是哪三個角 S：還有要三個頂點對在同一點，邊要靠邊 學生實作發現可以拼成平角	

　　我們希望老師有系統的教學生，學生可以學到有系統的思考問題，甚至問老師，角的命名可以從邊和角，那麼三角形的邊和角有什麼關係嗎？此時，我們相信老師的教學是非常成功的。

3. 綜合活動

教學活動	期望學生反應	評量
T：這一節課，我們學到什麼內容？	S：三角形的邊和角的關係(性質) S：任三角形兩邊和大於第三邊，它與兩短邊和大於最長邊的意思是一樣的 S：三個(內)角加起來等於 180 度	
T：用什麼方法得到這些性質？	S：用尺量長度或者用量角器量角度，再看觀察它們的關係	

三、平行四邊形面積

（一）教學目標

　　了解平行四邊形的面積，必要時進行非形式的證明。

（二）設計理念

　　從生活情境、連結舊經驗、實測、邏輯推理了解平行四邊形的面積公式。

（三）教材分析

長方形面積點算→一般化長方形面積公式→平行四邊形面積公式→相關應用。

（四）學生先備知識

利用面積定義推得長方形面積公式。

主要布題與教學流程 （包含教師布題、提問及學生的解題、發表）	素養要素
準備活動： 【複習先備知識】 T：**大家還記得嗎**？我們學過長方形的面積公式是什麼？ S：長乘以寬 T：知道**怎麼得到**長乘以寬的公式嗎？例如：長 5cm，寬 4cm 的長方形面積為什麼是 20平方公分 S：用一平方公分的格子去點算，也就是長5cm所以一排可以排 5 個 $1cm^2$，寬 4cm 所以可以排 4 排，共 $5 \times 4 = 20cm^2$	回想（第五核心） 舉例（第一核心） 為什麼（第四核心） 溝通或畫圖
發展活動 【學習任務 1】準備投影機或透明平方公分板（形成公式） T：我們也學過平行四邊形，對不對？我們可不可以也像長方形一樣，得到平行四邊形的面積公式？怎麼做呢？ （拿出一張**沒有**方格的平行四邊形問學生） 5cm 7cm S：**和以前算長方形面積的方法一樣**，用平方公分板來點算 T：很好（用投影機把平方公分板投影上去或透明的貼上去），大家來點算看看 （可以分組討論，也可以全班溝通，請多位同學上來發表） ＊若有學生把一個非一平方公分的三角形也稱為一平方公分，要製造認知衝突。 （　的面積一樣大嗎？） ＊A. 有學生把二個三角形拼成一平方公分 ＊B. 有學生用長方形一半算三角形的面積	異同（第五核心） 使用以前的方法（第五核心）以前都是整格，現在有半格 溝通

主要布題與教學流程 （包含教師布題、提問及學生的解題、發表）	素養要素
＊C. 有同學把一整塊三角形或梯形移到另一邊，形成長方形 T：每一種方法都可以算出面積是 28 平方公分 T：這些方法都可以算出平行四邊形的面積，哪一個方法可以形成公式？ S：C 的方法 　（這邊若要加入「為什麼把左邊的三角形移到右邊會變成長方形」的問話，老師要 　　先複習平行四邊形邊和角的性質——平行、等長；對角相等、鄰角和 180 度。斜 　　的邊等長，所以可重疊；鄰角和 180 度，所以成一直線……） T：同學們發現什麼了？ S：可以把平行四邊形切割、再拼成長方形 **T：是不是每一個平行四邊形都可以把它切割、再拼成長方形？（可以再給幾個一般** **　　平行四邊形，讓學生相信）** T：新的長方形的長和原來的平行四邊形的哪邊一樣長？為什麼？ T：新的長方形的寬和原來的平行四邊形的哪邊一樣長？為什麼？ T：我們把平行四邊形中和新的長方形的長一樣長的邊稱為底 T：把平行四邊形切開和新的長方形的寬一樣長的邊稱為高 T：為什麼要叫作底和高？為什麼不用長和寬？ **T：高有什麼特別的地方？** S：高的兩端點在兩個底上面、高和底邊垂直 **T：那麼右邊垂直底邊的虛線，可不可以稱作高？** 做一、二個例子的練習（可以有多餘資訊——兩邊和高）	……一樣……不一樣 （第五核心） 形成一般化的公式 專有名詞的會意 注意高的特性，用來畫 高
【學習任務2】準備直角三角板（畫高） T：要算出平行四邊形的面積，找到高很重要。那要如何畫高？ **T：以前學什麼和畫高的方法很像？** S：判斷兩直線是不是平行的時候，要找一條都垂直它們的直線 T：所以要找垂直線和畫高的方法都一樣，都要怎麼做？	連結（第五核心）

主要布題與教學流程 （包含教師布題、提問及學生的解題、發表）	素養要素
S：用有直角的物品（例如：直角三角板）作直角 S：把直角的一邊對齊底邊（一條平行線），沿底邊移動到直角的另一邊碰到另一個底邊或者頂點，畫直線，作高的記號 　（教學生用虛線畫高和延長線，主要是要區分原來的圖與加入新的線） 　　http://www.mtedu.utaipei.edu.tw/forum.php？mod=viewthread&tid=2235	
【學習任務 3】直角三角板（畫出底邊不是水平、鉛直的高） T：如何畫出底邊不是水平、鉛直的高？ S：(1) 把紙轉成底邊是水平，再來畫 S：(2) 和底邊是水平的方法一樣。用有直角的物品，把直角的一邊對齊底邊（一條平行線），移動直角的另一邊碰到另一個底邊或者頂點，畫直線，作高的記號 T：下圖的水平底邊的高，要怎麼畫？ 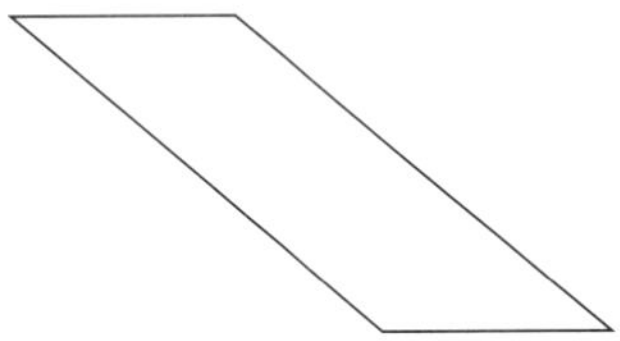 做一、二題底不是水平的面積問題（有多餘資訊）	和……一樣（第五核心）
【學習任務3】直角三角板（性質） 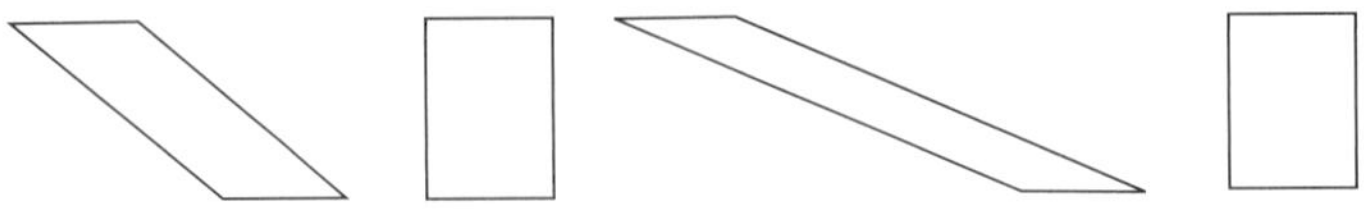 T：這一個平行四邊形底和高與和長方形的長和寬一樣長。它們的面積相同？你相信嗎？為什麼？ 　　http://www.mtedu.utaipei.edu.tw/forum.php？mod=viewthread&tid=1078 T：等底和同高的平行四邊形面積都一樣嗎？ T：底一樣，但高變成二倍的平行四邊形面積變成幾倍？ T：平行四邊形的周長一樣時，面積會一樣嗎？反過來呢？	為什麼（第四核心）
【學習任務 4】數學素養 鍾情大自然 Carlo Pessina 出色的設計師總是擁有令人意想不到的能耐，包括善用不同材質來優化設計。正如義大利家具設計師 Carlo Pessina，自旅居峇里後，即被印尼的風土人情吸引，更把當地的天然物料如椰子殼、珍珠母、貝殼等注入其設計，衍生出一系列富自然氣息的作品。 http://orientaldaily.on.cc/cnt/lifestyle/20150917/00321_003.html http://www.carloshowroom.com/product-category/coffee-tables/ T：這是一張 Carlo Pessina 的咖啡桌，它的桌面是平行四邊形。你會想到什麼問題？ S：它的桌面的面積是多少？它的周長是多少？……	數學素養

主要布題與教學流程 （包含教師布題、提問及學生的解題、發表）	素養要素
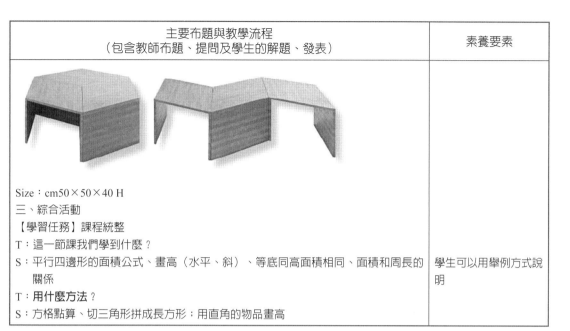 Size：cm50×50×40 H 三、綜合活動 【學習任務】課程統整 T：這一節課我們學到什麼？ S：平行四邊形的面積公式、畫高（水平、斜）、等底同高面積相同、面積和周長的關係 T：**用什麼方法？** S：方格點算、切三角形拼成長方形；用直角的物品畫高	學生可以用舉例方式說明

貳　立體幾何

　　立體幾何的教學，大多從生活中常見的立體形體中視覺的認識正方體、長方體、球體、圓柱……等。再從視覺的命名，了解這些立體形體的構成要素。例如：立方體和長方體有幾個面、幾個邊、幾個頂點；立方體的六個面都是正方形；長方體的六個面都是三對全等的長方形，或者其中一對是正方形，另外四個面是全等的長方形。

　　教學上，我們時常在平面上畫立體形體，因此立體形體平面化的心像，對學生而言非常重要，教師要設法建立學生立體形體的心像。同時視覺上看起來不是 90° 的角，在立體形體上是 90°，教師要特別留意學生是否了解。

　　立體形體的平行和垂直，對有些學生而言是困難的，因此教師在教學時，可以使用大家看起來都一樣的單槍投影圖來進行教學，必要時應拿出具體物，讓學生與平面化的形體比對，以建立正確的心像。也請老師有機會讓學生在平面上把簡單的立體形體畫出來，以了解學生的立體形體心像；也時常幫學生進行課程統整，了解立體形體間的關係、平面與立體形體間的關係；時常問學生為什麼，以培養學生的邏輯推理能力。

第 4 節　107 年課綱分年學習內容 ── 幾何

本書將 107 年課程綱要（教育部，2018）有關 1-6 年級幾何（編碼 S-1-1，分別代表空間與形狀－年級－流水號）的學習內容羅列如下，作為要進行教與學的內容檢核。

編碼	學習內容條目及說明
S-1-1	長度（同 N-1-5）：以操作活動為主。初步認識、直接比較、間接比較（含個別單位）。
S-1-2	形體的操作：以操作活動為主。描繪、複製、拼貼、堆疊。
S-2-1	物體之幾何特徵：以操作活動為主。進行辨認與描述之活動。藉由實際物體認識簡單幾何形體（包含平面圖形與立體形體），並連結幾何概念（如長、短、大、小等）。
S-2-2	簡單幾何形體：以操作活動為主。包含平面圖形與立體形體。辨認與描述平面圖形與立體形體的幾何特徵並做分類。
S-2-3	直尺操作：測量長度。報讀公分數。指定長度之線段作圖。
S-2-4	平面圖形的邊長：以操作活動與直尺實測為主。認識特殊幾何圖形的邊長關係。含周長的計算活動。
S-2-5	面積：以具體操作為主。初步認識、直接比較、間接比較（含個別單位）。
S-3-1	角與角度（同 N-3-13）：以具體操作為主。初步認識角和角度。角度的直接比較與間接比較。認識直角。
S-3-2	正方形和長方形：以邊與角的特徵來定義正方形和長方形。
S-3-3	圓：「圓心」、「圓周」、「半徑」與「直徑」。能使用圓規畫指定半徑的圓。
S-3-4	幾何形體之操作：以操作活動為主。平面圖形的分割與重組。初步體驗展開圖如何黏合成立體形體。知道不同之展開圖可能黏合成同一形狀之立體形體。
S-4-1	角度：「度」（同 N-4-10）。量角器的操作。實測、估測與計算。以角的合成認識 180 度到 360 度之間的角度。「平角」、「周角」。指定角度作圖。
S-4-2	解題：旋轉角。以具體操作為主，並結合計算。以鐘面為模型討論從始邊轉到終邊所轉的角度。旋轉有兩個方向：「順時針」、「逆時針」。「平角」、「周角」。
S-4-3	正方形與長方形的面積與周長：理解邊長與周長或面積的關係，並能理解其公式與應用。簡單複合圖形。
S-4-4	體積：以具體操作為主。在活動中認識體積的意義與比較。認識 1 立方公分之正方體，能理解並計數正方體堆疊的體積。
S-4-5	垂直與平行：以具體操作為主。直角是 90 度。直角常用記號。垂直於一線的兩線相互平行。平行線間距離處處相等。作垂直線；作平行線。
S-4-6	平面圖形的全等：以具體操作為主。形狀大小一樣的兩圖形全等。能用平移、旋轉、翻轉做全等疊合。全等圖形之對應角相等、對應邊相等。
S-4-7	三角形：以邊與角的特徵認識特殊三角形並能作圖。如正三角形、等腰三角形、直角三角形、銳角三角形、鈍角三角形。
S-4-8	四邊形：以邊與角的特徵（含平行）認識特殊四邊形並能作圖。如正方形、長方形、平行四邊形、菱形、梯形。

編碼	學習內容條目及說明
S-5-1	三角形與四邊形的性質：操作活動與簡單推理。含三角形三內角和為 180 度。三角形任意兩邊和大於第三邊。平行四邊形的對邊相等、對角相等。
S-5-2	三角形與四邊形的面積：操作活動與推理。利用切割重組，建立面積公式，並能應用。
S-5-3	扇形：扇形的定義。「圓心角」。扇形可視為圓的一部分。將扇形與分數結合（幾分之幾圓）。能畫出指定扇形。
S-5-4	線對稱：線對稱的意義。「對稱軸」、「對稱點」、「對稱邊」、「對稱角」。由操作活動知道特殊平面圖形的線對稱性質。利用線對稱做簡單幾何推理。製作或繪製線對稱圖形。
S-5-5	正方體和長方體：計算正方體和長方體的體積與表面積。正方體與長方體的體積公式。
S-5-6	空間中面與面的關係：以操作活動為主。生活中面與面平行或垂直的現象。正方體（長方體）中面與面的平行或垂直關係。用正方體（長方體）檢查面與面的平行與垂直。
S-5-7	球、柱體與錐體：以操作活動為主。認識球、（直）圓柱、（直）角柱、（直）角錐、（直）圓錐。認識柱體和錐體之構成要素與展開圖。檢查柱體兩底面平行；檢查柱體側面和底面垂直，錐體側面和底面不垂直。
S-6-1	放大與縮小：比例思考的應用。「幾倍放大圖」、「幾倍縮小圖」。知道縮放時，對應角相等，對應邊成比例。
S-6-2	解題：地圖比例尺。地圖比例尺之意義、記號與應用。地圖上兩邊長的比和實際兩邊長的比相等。
S-6-3	圓周率、圓周長、圓面積、扇形面積：用分割說明圓面積公式。求扇形弧長與面積。知道以下三個比相等：(1) 圓心角：360；(2) 扇形弧長：圓周長；(3) 扇形面積：圓面積，但應用問題只處理用(1)求弧長或面積。
S-6-4	柱體體積與表面積：含角柱和圓柱。利用簡單柱體，理解「柱體體積＝底面積×高」的公式。簡單複合形體體積。

參考文獻

中文部分

教育部（2008）。**97 年國民中小學九年一貫課程綱要：數學領域**。臺北市：教育部。

教育部（2018）。**十二年國民基本教育課程綱要國民中小學暨普通型高級中等學校－數學領域**。臺北市：教育部。

維基百科（2018）。**幾何學**。2018.04.06 引自 https：//zh.wikipedia.org/wiki/ 几何學。

維基百科（2018）。**英畝**。2018.04.06 引自 https：//zh.wikipedia.org/wiki/ 英畝。

英文部分

Crowley, M. L. (1987). The van Hiele Model of the Development of Geometric Thought. In Mary Montgomery Lindquist, M. M., *Learning and Teaching Geometry, K-12, 1987 Yearbook of the National Council of Teachers of Mathematics.* pp.1-16. Reston, Va.: National Council of Teachers of Mathematics, 1987.

第 **8** 章　統計 (Statistic)

統計可以分成統計的概念、統計的相關問題，以及統計概念的教學來探討。

第 1 節　統計的概念

壹　描述統計和推論統計

對於資料的統計分析，可以分成描述統計（descriptive statistics）和推論統計（inferential statistics）兩個統計目的。

描述統計的意思是將蒐集到的資料加以記錄、整理和分析，並以統計圖或統計表的方式來解釋這些資料所具有的特性。例如：描述甲班在 101 學年度第一次數學段考的成績有多少人及格、最高分幾分、有幾個人……。

推論統計的意思是想將部分樣本中所獲得的資料、資訊或者特性，利用統計方法來對母群體進行推論，推論該母群體具有哪些特性。例如：蒐集歷年每個月的下雨量，然後進一步推論明年某月份的下雨量。

貳　統計圖與統計表

用來表現統計資料的表格稱為統計表，用來表現統計資料的圖形稱為統計圖。標準的統計圖或者統計表都應包括統計圖或者統計表的標題名稱（例如：臺灣主要宗教信徒

人數統計表）、各個項目的名稱（例如：宗教別、信徒人數），以及數量。

臺灣主要宗教信徒人數統計表						
宗教別	道教	佛教	回教	天理教	一貫道	基督教
信徒人數　（千人）	4505	4863	52	22	942	421

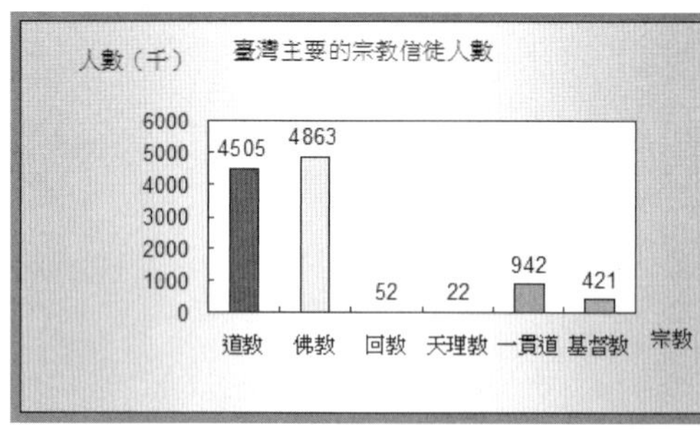

統計圖：長條圖

資料來源：教育部（2003）。92 年國民中小學九年一貫課程綱要：數學領域。pp.134-135。

統計圖中，水平的軸線稱爲橫軸，鉛直方向的軸線稱爲縱軸。

一、統計圖表的名稱

一個統計表，若是一個名稱對應一個數值，稱爲一維統計表。例如：

一維統計表：小勇國小六年級學生喜好統計表

活動別	打籃球	跳繩	閱讀	聊天	畫圖
人數	15	7	8	12	8

資料來源：教育部（2003）。92 年國民中小學九年一貫課程綱要：數學領域。p.145。

一個統計表，若是有二個名稱對應一個數值或內容，稱爲二維統計表。例如：班級的課表是由星期和節次二個名稱對應一個科目；高鐵時刻表是由車次和站名二個名稱對應一個時間；下面的統計表是由年級和學生喜好的項目兩個名稱對應一個人數。

二維統計表：小勇國小學生喜好統計表

活動別	打籃球	跳繩	閱讀	聊天	畫圖
一年級	5	20	5	10	9
二年級	8	23	9	8	12

活動別	打籃球	跳繩	閱讀	聊天	畫圖
三年級	10	20	8	11	12
四年級	12	15	9	9	7
五年級	16	6	12	5	6
六年級	15	7	8	12	8

資料來源：教育部（2003）。92 年國民中小學九年一貫課程綱要：數學領域。

以長條狀圖形的高度或長度代表資料量，其中各長條間並不相連接的統計圖形，稱為長條圖（bar chart）（參見上頁統計圖）。長條圖主要用來表示離散數量的統計資料。

以長條狀圖形高度代表資料量，其中各相鄰長條間彼此相連接的統計圖形，稱為直方圖（histogram）。直方圖主要用來表示連續數量的統計資料。

以直線連接相鄰兩資料點的圖形，稱為折線圖（line chart）。折線圖主要用來表示統計數量的趨勢，例如：每月的下雨量，或者學生成績的趨勢情形。

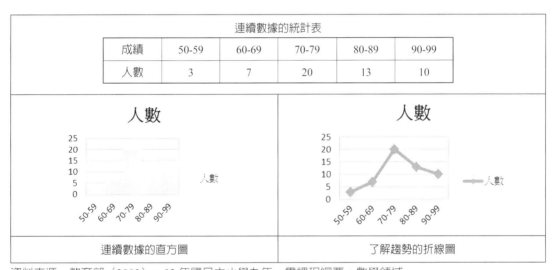

連續數據的統計表					
成績	50-59	60-69	70-79	80-89	90-99
人數	3	7	20	13	10

連續數據的直方圖　　　　　　了解趨勢的折線圖

資料來源：教育部（2003）。92 年國民中小學九年一貫課程綱要：數學領域。

以圓內各扇形面積代表資料統計量的圖形，稱為圓形圖或者圓餅圖（pie chart）。圓形圖主要用來表現統計資料間的百分關係。

從四分位距和全距間的差異性，利用圖形來描述整組資料的分散程度，此一圖形稱為盒狀圖。例如：三年一班數學成績，最大數與最小數分別為 89 與 5，所以全距為 84，第 1、第 2、第 3 四分位數，Q_1、Q_2、Q_3 分別為 45、64.5、78，四分位距為 33，則可以畫出盒狀圖。

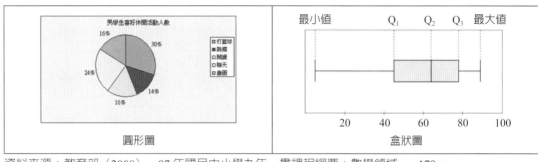

資料來源：教育部（2008）。97 年國民中小學九年一貫課程綱要：數學領域。p.179。

統計表可以看出正確數據，但是有時候較難一下子看出數據間的比例關係。沒有數據的統計圖，可以很容易看出數據間的比例關係與大小，但是較難看出正確的數據。

二、次數、相對次數、累積次數、累積相對次數

將資料發生的次數或人數，視需要加以排序或分組整理而成的表格，統稱為次數分配表。相對次數是將各筆或各組資料的次數除以總次數所得的比值；累積次數則為經排序或分組整理後，依序累加至各筆或各組資料的次數；累積相對次數則為依序累加至各筆或各組的相對次數。累積次數或累積相對次數可以讓人知道資料在整體中所占的相對位置。例如：中山國中三年一班的數學科第一次段考成績總表，如下表：

三年一班段考成績總表

座號	1	2	3	4	5	6	7	8
成績	5	64	35	78	36	43	44	82
座號	9	10	11	12	13	14	15	16
成績	83	48	52	55	58	64	65	68
座號	17	18	19	20	21	22	23	24
成績	69	70	74	35	79	80	78	45
座號	25	26	27	28	29	30		
成績	47	33	84	75	85	89		

老師若想了解成績分布情形，可以把成績整理成如下的次數統計表。

三年一班段考成績次數統計表

分數	0-20	20-40	40-60	60-80	80-100
人數	1	4	8	11	6

習慣上，0-20 這一組是指成績大於或等於 0 分且小於 20 分的學生；20-40 這一組是指成績大於或等於 20 分且小於 40 分的學生；40-60 這一組是指成績大於或等於 40 分且小於 60 分的學生；60-80 這一組是指成績大於或等於 60 分且小於 80 分的學生；80-100 這一組是指成績大於或等於 80 分且小於或等於 100 分的學生。

我們也可以進一步把次數統計表中的人數除以總人數，變成相對次數統計表。如下表：

三年一班段考成績相對次數統計表

分數	0-20	20-40	40-60	60-80	80-100
人數　（百分比）	0.03	0.13	0.27	0.37	0.20

可以進一步把次數統計表中的人數往上累積，變成累積次數統計表。如下表：

三年一班段考成績累積次數統計表

分數	0-20	20-40	40-60	60-80	80-100
人數	1	5	13	24	30

三年一班段考成績累積相對次數統計表

分數	0-20	20-40	40-60	60-80	80-100
人數　（百分比）	0.03	0.16	0.43	0.80	1.00

雖然上面的統計表已經說明是累積（相對）次數統計表，但是分數的第二欄卻使用 20-40 的區間，這樣很容易讓學生產生迷思概念。因此作者建議，若要這樣表示一定要把次數和累積次數同時列出來，如下表：

三年一班段考成績次數與累積次數統計表

分數	0-20	20-40	40-60	60-80	80-100
人數	1	4	8	11	6
累積人數	1	5	13	24	30

要不然，要將分數的區間改寫為 0-20、0-40……，如下表：

三年一班段考成績累積次數統計表

分數	0-20	0-40	0-60	0-80	0-100
人數	1	5	13	24	30

　　不管是長條圖、直方圖或者折線圖，我們都可以使用次數、相對次數（所占的百分比）、累積次數、累積相對次數來畫圖。

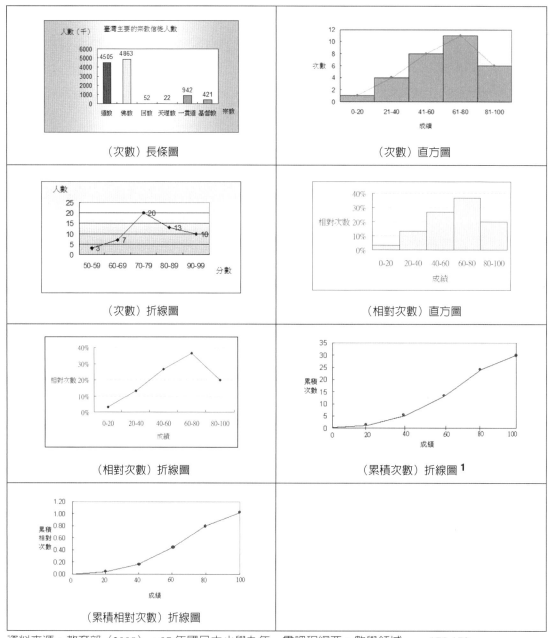

資料來源：教育部（2008）。97 年國民中小學九年一貫課程綱要：數學領域。pp.175-178 。

1（相對）累積次數的折線圖之橫軸已改成一個數，而非一個區間。

　　上述所談的都是簡單的統計圖，還有稱為複雜的統計圖，它其實是由二維以上的統計表所畫出來的。例如：下面二維統計表。

二維統計表：小勇國小學生喜好統計表

活動別	打籃球	跳繩	閱讀	聊天	畫圖
一年級	5	20	5	10	9
二年級	8	23	9	8	12
三年級	10	20	8	11	12
四年級	12	15	9	9	7
五年級	16	6	12	5	6
六年級	15	7	8	12	8

資料來源：教育部（2008）。97 年國民中小學九年一貫課程綱要：數學領域。

　　所畫出來的長條圖是複雜的長條圖，如下：

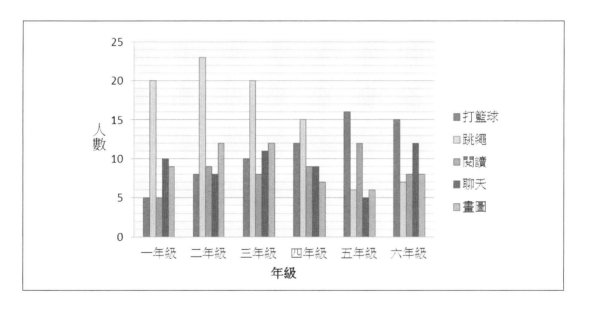

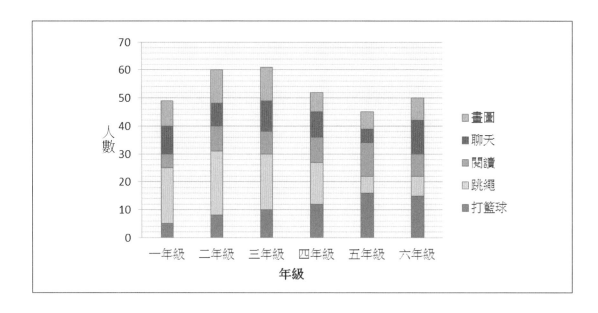

參 集中數量

　　集中數量就是以一個數值來代表所要描述的資料的樣貌，它就是五個核心內涵——簡化——的真實生活實例，也就是用一個數量來代表一堆數量。常見的集中數量有（算術）平均數（mean）、中位數（median）和眾數（mode）。平均數是量的平衡，中位數則是個數的平衡，而眾數是落在出現次數最高的位置。

一、算術平均數（mean）

　　將所有的 N 筆資料相加，再除以 N，即為算術平均數。算數平均數是最常用的集中數量。它的意義就是把所有的數量利用多移、少補的方式，讓每一個數量變成相同的數量。

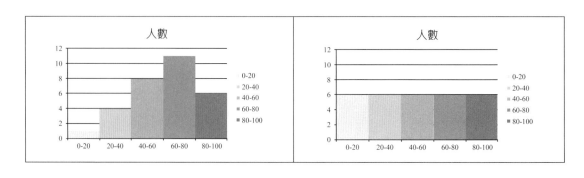

若 X_i, i = 1, 2, 3, $\cdots N$ 為 N 筆資料，則算術平均數為 $\overline{X} = \dfrac{\sum_{i=1}^{N} X_i}{N}$

算術平均數的性質如下：

1. $\sum_{i=1}^{N} (X_i - \overline{X}) = 0$，也就是資料中每一數值與平均數之差的總和是 0。

2. $\sum_{i=1}^{N} (X_i - \overline{X})^2 = \text{minimum} \sum_{i=1}^{N} (X_i - X)^2$，也就是說離差平方（每一數值與平均數之差，再平方）之總和。平均數的離差平方之和相對於每一個數與其他數值之差的平方之和，是最小的；也就是說，資料中所有數值與平均數之距離和最小。這說明了算數平均數相對於其他集中數量來說，是最接近資料中所有的數值。

3. 平均數容易受資料中一、兩個極大或極小數值之影響。當資料中有一、兩個極端數值時，分數分配會有偏態（skew）。當資料是無偏態或對稱之情形下，平均數和中位數會是同一數值。當資料中有一些極高的數值時，平均數的值會較中位數的值為大，這時候稱為正偏（a positive skew）；反之，稱為負偏。當資料出現極端值時，中位數會比平均值更合適作為中央位置數量。

二、中位數（median）或者中數

當我們將資料中所有的數值依大小順序排列之後，在最中間的數值，即為中位數。例如：10, 20, 20, 20, 20, 30, 30, 30, 40, 40, 40, 50, 50, 50, 60, 60, 60, 70, 70, 70, 80, 80, 80 的 23 筆資料中，最中間的數值是 50，因此 50 是中位數。

中位數的意義是全部資料中有 50% 的數值高於或等於此數，也有 50% 的數值低於或等於此數。

因為一筆資料中可能有偶數和奇數，因此，中位數便依偶數或者奇數筆資料而有所不同。若資料數目 N 是奇數時，則先將 $N+1$ 再除以 2，則資料從大到小，或者從小到大，第 $\dfrac{N+1}{2}$ 筆資料即為中位數。上例因為有 23 個資料，所以第 $\dfrac{23+1}{2}$ = 12 筆資料的數值 50，即為中位數。

若資料數目 N 是偶數時，則資料從大到小，或者從小到大以後，最中間的兩個分數的平均數即為中數。也就是將第 $\dfrac{N}{2}$ 筆和第 $\dfrac{N}{2}$ + 1 筆資料的數值相加，再除以 2。例如：10, 20, 20, 20, 20, 30, 30, 30, 40, 40, 40, 50, 50, 50, 60, 60, 60, 70, 70, 70, 80, 80 的 22 筆資料中，第 11 和 12 筆資料分別為 40 和 50，所以中位數為 $\dfrac{40+50}{2}$ = 45。

三、眾數（mode）

眾數指的是資料中出現最多的數值。有時候出現最多的數值，不一定代表最接近整體中心的數值，亦即可能不是最具代表性之數值。例如：10, 20, 20, 20, 20, 30, 30, 30,

40, 40, 40, 50, 50, 50, 60, 60, 60, 70, 70, 70, 80, 80, 80 的資料中，20 出現最多次，所以 20 是眾數，但是它和整體中心（50）的數值有一段差距。

教科書上曾經出現過一個問題：班長調查班上同學中午要訂什麼樣的便當，結果統計如下表：

雞排	豬排	鱈魚	牛肉	素食
5	5	5	10	8

那眾數是什麼呢？有人說是 5，因為 5 出現最多次；有人說是 10，因為最多有 10 人訂；有人說是牛肉。

依據眾數的定義，我們要把全班所訂的午餐排列出來，可能是雞排、雞排、雞排……、豬排、豬排、豬排……、雪魚、雪魚、雪魚……、牛肉、牛肉、牛肉……、素食、素食、素食……。因此出現最多的是牛肉，也就是眾數是牛肉。問題是牛肉怎麼會是「數」呢？它已經沒有眾「數」的感覺了。

依據眾數的定義，名目尺度是可以找眾數的，因此上述是沒有問題的。可是作者認為，無論是眾數、中位數、平均數都是為了找一組數值的代表數，因此，正常而言，應運用在數值的資料上；在非數值的資料上，眾數可以稱為眾數概念的推廣。

四、百分位數（percentile）

將所有數值從小到大排列後，再一百等分，其中會有 99 個等分點，這 99 個等分點的數值稱為百分位數。p- 百分位數（滄海書局，2006）表示至少有 p- 百分比（百分之 p）的觀察值小於或等於它，而至少有（$100 - p$）百分比的觀察值大於或等於它。將資料遞增排列，即由小到大排序。計算指標 $i = n \times \dfrac{p}{100}$，其中 p 為百分位，n 為觀察值的個數。若 i 不是整數，無條件進位後的整數，即 p- 百分位數的位置。若 i 是整數，則 p- 百分位數為資料排序後的第 i 個與第 $i + 1$ 個觀察值之平均數。請注意，它的算法和中位數的算法相同。

依據 97 年（教育部，2008）九年一貫能力指標的說法，第 10 百分位數與第 90 百分位數可以作為與大部分資料偏離的指標。例如：九十年度臺閩地區 15 歲男生身高之第 10 百分位數約為 158 公分，第 90 百分位數約為 176 公分。這表示約有 10% 的 15 歲男生，身高矮於 158 公分，另外約有 10% 的學生身高高於 176 公分。

五、百分等級（percentile rank，簡稱 PR 值）

　　將原始分數低於某個分數的人數百分比，且只取整數值，稱爲百分等級。百分等級是應用最廣的測驗分數表示方法。百分等級即爲排名序列之間的一範圍，旨在比較該範圍相對於全體資料的大小。例如：「某次考試（新竹市數學輔導團），參與該考試的考生共 30000 人，今要將全部考生分成 100 組，則一組需要有多少人？」（要強調此概念）

　　$30000 \div 100 = 300$

　　因此，每一組有 300 人。

　　將 30000 位考生依照分數由高至低排列所得的名次，依次分成 100 組，則可得一分組表。將此 100 組，按名次由低至高分別標上 99、98、97……2、1、0，則每組相對應的數字即爲該組的 PR 值。

名次	1-300	301-600	601-900	…	29101-29400	29401-29700	29701-30000
PR 值	99	98	97	…	2	1	0

　　若某次考試有 30000 位考生，其中某一考生得到的 PR 值 = 53，則該考生的名次又應爲何呢？因爲 PR = 53，表示在全部的考生當中，該分數贏過全部的 53% 的人數，所以 $30000 \times \dfrac{53}{100} = 15900$，表示贏過了 15900 人。

　　若換算成名次，在此一區間的最後一名是：

　　$30000 - 15900 = 14100$（名），所以 PR = 53 中最後一名考生的名次爲 14100 名。

　　在此區間的第一名是：

　　$14100 - 300 + 1 = 13801$（名），所以 PR = 53 中第一名考生的名次是 13801 名。因此 PR = 53 的排名在 13801-14100 名之間。

六、四分位數（quartiles）

　　是將 N 筆資料從小到大排序以後，再分成四等份（有三個等分點），稱爲四分位數。因此，第一個四分位之數值是指有 25% 的數值低於此數值；第二個四分位數也就是中位數；第三個四分位之數值是指有 75% 的數值低於此數值。

　　依據維基百科（2012）的說法，關於四分位數值的選擇尙存爭議，因此很多處理資料的統計軟體所用的四分位數定義也不一樣。因此學生應先確切學習取四分位數的原理，再學習可能的算則。有一做法，則是設四分位的百分比值爲 y，樣本總量爲 n，則：

$$L_y = n \times \frac{y}{100}$$

如果是 L_y 一個整數，則取第 L_y 和第 $L_y + 1$ 的數值的平均值。如果 L_y 不是一個整數，則取最近 L_y 的數值。

七、性質：資料的平移或放大

當資料值平移或者乘以某一個不為 0 之定數時，集中數量中無論是眾數、中位數、平均數、百分位數、百分等級、四分位數都會相對應的變化，也就是平移或者乘以此一定數。

肆　離散數量

統計上用來描述整體資料的異質性或是變化、變異的程度，稱為差量或離散數量。通常是差量愈大時，資料所呈現的異質性或變異程度愈大。兩個樣本的分配可能有同樣的集中數量，但卻有不同的差量。

一、全距（range, R）

全距是最簡單的離散數量，即將資料中之最大數減去最小數。全距表示資料分配中最大數與最小數間的距離。全距僅用到資料中的兩個值，因此深受極端值的影響。

二、四分位距（interquartile range, IQR）

所謂四分位距即將資料依數值大小排列後，找出第一個四分位數及第三個四分位數之數值後，計算出兩個四分位之差距。IQR 就是中間 50% 資料的全距。

三、變異數（variance）與標準差（standard deviation）

變異數（variance）是利用到全部資料的離散數量，變異數是根據每一個觀察值與平均數之差而求得。每一個觀察值 X 與平均數（$\overline{X}$ 為樣本平均數，μ 為母體平均數）之差稱為離差（deviation about the mean）。因為 $\sum (X_i - \overline{X}) = 0$，所以我們可以取各數值與平均數差距的絕對值，然後求其總和後，再將總和除以資料的件數。也就是計算 $\frac{\sum_{i=1}^{N} |X_i - \overline{X}|}{N}$。這種方法得出的差量叫作平均差（average deviation, AD）。不過，統計上很少利用此種差量。

　　另一種做法是先得到各差距的平方，然後將所有的平方加起來，再除以資料的件數。以此方法得到的差量叫變異數（variance）。當我們是計算母群體的變異量時，其公式是：

$$\sigma^2 = \frac{\sum_{i=1}^{N}(X_i - \mu)^2}{N}$$

如果是計算樣本的變異量時，則公式為：

$$s^2 = \frac{\sum_{i=1}^{N}(X_i - \overline{X})^2}{N-1}$$

標準差（standard deviation）就是取變異量的平方根。因此，母群體之標準差的公式是：

$$\sigma = \sqrt{\frac{\sum_{i=1}^{N}(X_i - \mu)^2}{N}}$$

樣本的標準差，則是以：

$$s = \sqrt{\frac{\sum_{i=1}^{N}(X_i - \overline{X})^2}{N-1}}$$

來求得。由樣本數據求得之 standard deviation，我們是以小寫 s 來代表，母群體之標準差我們以 σ 來代表。

　　標準差的意義有三個（關秉寅，2012）：

　　1. 最重要的意義是它與常態曲線（normal curve）有關。在實際應用上，若一組數據具有常態分布時，則約 68% 的數值分布在距離平均數（正、負）1 個標準差之內的範圍；約 95% 的數值分布在距離平均值（正、負）2 個標準差之內的範圍，以及約 99.7% 的數值分布在距離平均值（正、負）3 個標準差之內的範圍，稱為「68-95-99.7 法則」。

　　2. 我們可以將標準差看成是變異性的指標，當其數值大時，則資料的變異程度就大。

　　3. 我們可以用標準差來比較不同群體之分配的變異程度。例如：我們比較兩個樣本的同一個變項如家庭收入時，若此變項在兩個不同樣本的平均數相同，但標準差相當不同，則我們可以清楚的看出兩個樣本在此變項上的變異程度不同。

四、性質：資料的平移或放大

當資料值平移某一個不爲 0 之定數時，離散量數中無論是全距、標準差、四分位距都不會相對應的變化，也就是仍然相同。

當資料值乘以某一個不爲 0 之定數時，離散量數中無論是全距、標準差、四分位距也會相對應的變化，也就是乘以此一定數。

第 2 節　統計的相關問題

壹　學生初學資料分類、統計的學習需求

學生初學統計概念時，通常會依據老師的指示進行統計分類。當老師利用類似摸彩的方式，將不同顏色（紅、藍、黃）的形體（三角形、正方形、圓形）一次一個從紙箱中拿出，此時老師要求學生「記下老師拿的結果」時。因爲老師使用開放性的問話，同時是一次一個的拿出來，所以學生可以依據自己的觀點來做記錄。例如：依據老師拿的順序來做記錄，如下圖。此時他做的記錄表示了第幾次拿什麼顏色的形體，它較難馬上看出什麼顏色的有幾個，或者什麼形體有幾個。

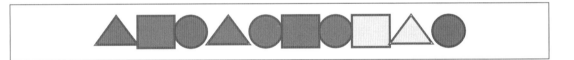

學生也可能依據顏色來記錄，如下圖左。此時他做的記錄表示了拿出什麼顏色的有幾個，它較難馬上看出什麼形體有幾個，同時已經無法看出第幾次拿出什麼顏色的形體。學生也可能依據形體來記錄，如下圖中及圖右。此時他做的記錄表示了拿出什麼形體的有幾個，它較難馬上看出什麼顏色有幾個，同時已經無法看出第幾次拿什麼顏色的形體。老師可以在事後請學生統計相關的數量，並加以記錄在相關位置。

資料來源：南一書局（2010）。數學一下。

　　若老師將不同顏色（紅、藍、黃）的形體（三角形、正方形、圓形）全部放在黑板上，請學生分類並且記下他分類的結果。因為所有的顏色、形體一次呈現在所有學生前面，學生已經沒有一個一個記錄的學習需求，這時候學生會一次性把相關的圖形（顏色或者形狀）點算（或者先分類再點算），並記錄他的統計結果。

資料來源：南一書局（2010）。數學一下。

貳 統計表可以畫出什麼樣的統計圖？

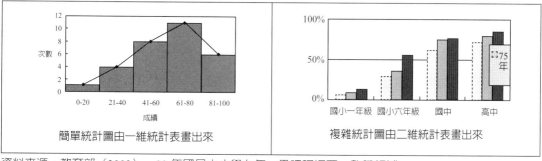

資料來源：教育部（2003）。92 年國民中小學九年一貫課程綱要：數學領域。

　　左邊的簡單統計圖是由一維統計表畫出來的。右邊的複雜統計圖或者變形的統計圖，是由二維統計表畫出來的。

　　由於紙張的大小有限，因此，對於數量較小的統計圖可以每一格代表一個數量；對

於數量較大的統計圖則會用每一格代表 2, 5, 10, 100, 1000，使統計圖的報讀變得稍微複雜。有時候統計圖也會從任何一個數值開始，而不是從 0（或者 1）開始。

參 統計圖表的說、讀、聽、寫、做是什麼？

作者很喜歡用簡單的理論來思考教學與學習的問題。說、讀、聽、寫、做，在統計圖表中也可以拿來作為學生學習的理論。說、讀是讓學生對統計圖表進行報讀和解讀；學生也要聽得懂他人對統計圖表的報讀和解讀；也要能夠把報讀和解讀的結果寫下來；最後也要能夠製作統計圖表。

其中統計圖表的製作比較難。較制式的統計圖表的製作要有統計內容的名稱，以告訴人家統計表中表示的內容。同時統計表兩列的第一項是內容的名稱，統計圖要有橫軸和縱軸的名稱。

肆 閃亮之星是幾點到幾點播出？

下面的公用頻道節目表中，9 月 8 日的「幸福 101 閃亮之星就是你」播出時間是從什麼時候到什麼時候？

101 年 09/06～101 年 09/09 CH3 公用頻道節目表			
時間／區段／ 日期	9 月 6 日 星期四	9 月 7 日 星期五	9 月 8 日 星期六	9 月 9 日 星期日
12:30	凱擘臺北新聞	凱擘臺北新聞	和平的話語	和平的話語
13:00	中嘉臺北新聞重播	中嘉臺北新聞重播	幸福 101 閃亮之星就是你 （信義社大）	幸福 101 閃亮之星就是你 （信義社大）
13:30	聯維新聞重播	聯維新聞重播		
14:00	世界一家親	世界一家親		
14:30				
15:00	市政宣導二	市政宣導二	市政宣導二	市政宣導二
15:30	教育心希望	教育心希望	快樂志工 有你真好	頭家看臺北
16:00				

資料來源：http：//www.pac.org.tw/filesPath/listing/10109 臺北公用頻道節目表 50.xls

作者的經驗發現，有些人的回答是從 13：00 播到 14：30。事實上，節目是從

13：00 播到 15：00。當我們在看節目表時，一定要從節目的起始點看到「下一個節目」的起始點，才是節目的播出時段。有人會誤解，主要是因爲統計表呈現的方式出了問題。14：30 只是時刻，它不是一個時距，難怪有人誤解。作者認爲應該用時距的方式來呈現較爲貼切。如下表：

101 年 09/06～101 年 09/09 CH3 公用頻道節目表			
時間／區段／日期	9 月 6 日	9 月 7 日	9 月 8 日	9 月 9 日
	星期四	星期五	星期六	星期日
12:30-13:00	凱擘臺北新聞	凱擘臺北新聞	和平的話語	和平的話語
13:00-13:30	中嘉臺北新聞重播	中嘉臺北新聞重播	幸福 101 閃亮之星就是你（信義社大）	幸福 101 閃亮之星就是你（信義社大）
13:30-14:00	聯維新聞重播	聯維新聞重播		
14:00-14:30	世界一家親	世界一家親		
14:30-15:00				
15:00-15:30	市政宣導二	市政宣導二	市政宣導二	市政宣導二
15:30-16:00	教育心希望	教育心希望	快樂志工 有你真好	頭家看臺北
16:00-16:30				

或者把時刻打在換節目的時間點上，如下表：

101 年 09/06～101 年 09/09 CH3 公用頻道節目表			
時間／區段／日期	9 月 6 日	9 月 7 日	9 月 8 日	9 月 9 日
12:30	星期四	星期五	星期六	星期日
	凱擘臺北新聞	凱擘臺北新聞	和平的話語	和平的話語
13:00				
13:30	中嘉臺北新聞重播	中嘉臺北新聞重播	幸福 101 閃亮之星就是你（信義社大）	幸福 101 閃亮之星就是你（信義社大）
	聯維新聞重播	聯維新聞重播		
14:00				
14:30	世界一家親	世界一家親		
15:00				
15:30	市政宣導二	市政宣導二	市政宣導二	市政宣導二
	教育心希望	教育心希望	快樂志工 有你真好	頭家看臺北

當然，在數學上，我們不考慮中間的廣告時間或者換檔（節目）時間。但是生活上，可能是早一點結束，例如：14：55 結束，之後中間有約 5 分鐘的廣告或者政令宣導短片。

伍　什麼是統計圖表的報讀和解讀？

其實統計圖表的報讀和解讀並沒有明確的定義，但是作者認為它主要的概念有：(1) 把統計圖表看到的數字或感覺，沒有經過運算，就直接說出來。例如：看到上面的統計圖（頁 514），就說道教的信徒 4505 千人，或者佛教的信徒比道教的信徒多。我們姑且稱它為報讀。(2) 看到統計圖表上的數字，再經過運算而得到的數據或者感覺。例如：從統計圖表知道信佛教的信徒比道教的信徒多 358 千人，或者一貫道的信徒大約是基督教信徒的 2 倍。我們姑且稱它為解讀。(3) 看到統計圖表做一些合理的推論。例如：從統計圖表，我們說臺灣的主要宗教信仰是佛教或者道教，但若是對全臺 2,300 萬人則可能有最多的人沒有宗教傾向。對統計圖表進行合理、有根據的推論，是我們應該培養學生的能力。

陸　為什麼統計圖會騙人？

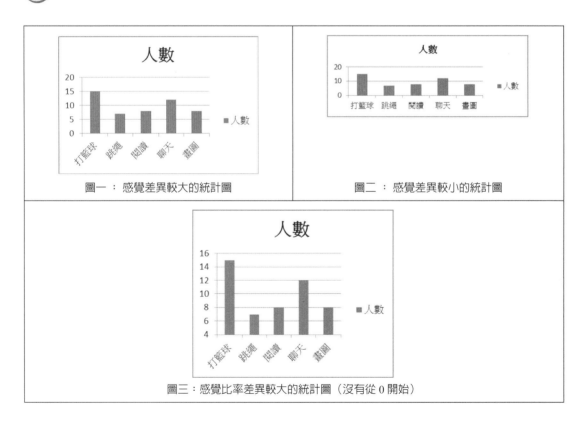

圖一：感覺差異較大的統計圖　　　圖二：感覺差異較小的統計圖

圖三：感覺比率差異較大的統計圖（沒有從 0 開始）

因為統計圖表的長條圖的高度不同，會給人產生不同數值差異的感覺，所以上圖一

會給人差距較多的感覺，而上圖二的差距比較小。

還有，有些統計圖表不從 0 開始，此時也會給人誤判倍數的差異。例如：PISA（臺南大學 PISA 中心，2013）所公布的試題中，有一題搶劫（M179）問題，如下圖，就是圖表沒有從 0 開始，然後解讀成搶劫案數量有巨幅的上升，再要求作答者評論合不合理，以及給予評論的理由。

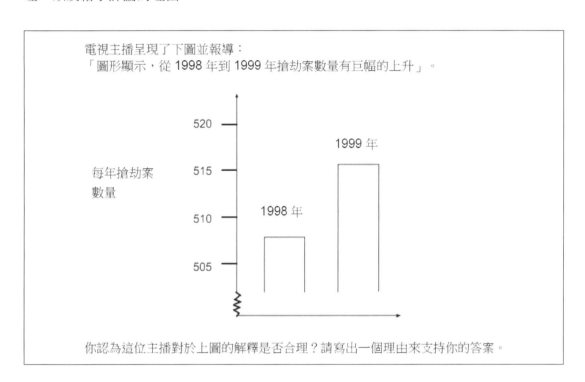

第 3 節 統計概念的教學

因為統計表的報讀與製作，比統計圖的報讀和製作相對容易。因此，一般教學上：

1. 通常先用生活上的情境讓學生經由記錄、整理、歸納、分類的分析之後，再製作成簡單的一維統計表。

2. 對生活中常見的一維、二維統計表進行報讀。

3. 認識生活中常見的簡單長條圖與折線圖的組成要素（名稱、橫軸和縱軸代表的意義，以及代表數量的軸上，每一格代表的數量是 1 或者其他；代表數量的軸上是否從 1 或者其他數值開始），同時進行報讀。

4. 報讀複雜的統計長條圖與折線圖（或者只有數值的圓形圖），必要時對簡單和

複雜（由二維統計圖形成）的長條圖與折線圖進行解讀與推論。

　　5. 製作簡單的長條圖與折線圖，必要時可以製作稍微複雜的長條圖和折線圖。

　　6. 因為圓形圖主要目的是報讀百分率，而百分率的教學在高年級，因此含有百分率的圓形圖的報讀，大都在高年級，之後再進行製作圓形圖。

　　由於生活中存在許多統計圖表，它其實就是一種簡化的概念，將日常生活中複雜的事物利用一些數據讓大家對它有感覺。同時統計圖表有時也會騙人，例如：不會從 0 開始的統計圖。因此建議老師可以多找一些生活中的統計圖表和學生討論，讓學生知道生活中非正規的統計圖表，同時豐富學生的數學素養。

　　為了培養教師能真正了解學生的學習狀況，建議老師在進行教學觀摩或小考時，能事先預估一下有多少學生已達成教學目標或者各題的答對率，並在事後說明預估的理由，或者驗證老師預估的答對率差異有多少。

第 4 節　107 年課綱分年學習內容 —— 統計

　　本書將 107 年課程綱要（教育部，2018）有關 1-6 年級統計（編碼 D-1-1，分別代表資料與不確定性－年級－流水號）的學習內容羅列如下，作為要進行教與學的內容檢核。

編碼	學習內容條目及說明
D-1-1	簡單分類：以操作活動為主。能蒐集、分類、記錄、呈現日常生活物品，報讀、說明已處理好之分類。觀察分類的模式，知道同一組資料可有不同的分類方式。
D-2-1	分類與呈現：以操作活動為主。能蒐集、分類、記錄、呈現資料、生活物件或幾何形體。討論分類之中還可以再分類的情況。
D-3-1	一維表格與二維表格：以操作活動為主。報讀、說明與製作生活中的表格。二維表格含列聯表。
D-4-1	報讀長條圖與折線圖以及製作長條圖：報讀與說明生活中的長條圖與折線圖。配合其他領域課程，學習製作長條圖。
D-5-1	製作折線圖：製作生活中的折線圖。
D-6-1	圓形圖：報讀、說明與製作生活中的圓形圖。包含以百分率分配之圓形圖（製作時應提供學生已分成百格的圓形圖。）
D-6-2	解題：可能性。從統計圖表資料，回答可能性問題。機率前置經驗。「很有可能」、「很不可能」、「A 比 B 可能」。

參考文獻

臺北市公用頻道（2012）。九月份節目表。20120914 取自 http：//www.pac.org.tw/filesPath/list-
　　ing/10109 臺北公用頻道節目表 50.xls。

臺南大學 PISA 中心（2013）。**數學樣本試題**（中文版）。2013 年 3 月 29 日取自 http：//pisa.nutn.
　　edu.tw/download/sample_papers/2009/2011_1223_mathematics.pdf。

南一書局（2010）。**數學一下**。新北市：南一書局。

教育部（2003）。**92 年國民中小學九年一貫課程綱要：數學領域**。臺北市：教育部。

教育部（2008）。**97 年國民中小學九年一貫課程綱要：數學領域**。臺北市：教育部。

教育部（2018）。**十二年國民基本教育課程綱要國民中小學暨普通型高級中等學校－數學領域**。臺北
　　市：教育部。

新竹市數學輔導團（2012）。**百分位數與百分等級教學疑義之解析**。20120830 取自 http：//www.
　　google.com.tw/url？sa=t&rct=j&q=&esrc=s&source=web&cd=2&cad=rja&ved=0CCcQFjAB&url
　　=http%3A%2F%2F163.19.110.2%2F09%2Fmath%2F9math%2Fresult%2F%25E7%2599%25BE%2
　　5E5%2588%2586%25E4%25BD%258D%25E6%2595%25B8%25E8%2588%2587%25E7%2599%25
　　BE%25E5%2588%2586%25E7%25AD%2589%25E7%25B4%259A%25E6%2595%2599%25E5%25
　　AD%25B8%25E7%2596%2591%25E7%25BE%25A9%25E4%25B9%258B%25E8%25A7%25A3%2
　　5E6%259E%2590.doc&ei=5d4-UJrcELGfmQWq-oCgCA&usg=AFQjCNGDzxtZiQC6jfh6HsLeBZID
　　YFoIKA。

滄海書局（2006）。**第三章資料與統計 II：數值方法 Part A (3.1~3.2)**。20120830 取自 http：//www.
　　google.com.tw/url？sa=t&rct=j&q=&esrc=s&source=web&cd=4 &cad=rja&ved=0CDgQFjAD&
　　url=http%3A%2F%2Fwww2.thu.edu.tw%2F~stat%2Fweb%2Fstat-member%2Fteacher%2Fchlin-
　　file%2Fstatistics-file%2Fsummer%2F97statistic%2F97PPT%2FCh03A(3.1-3.2).PPT&ei=Jug-UICLL
　　cGemQWRrYDgBw&usg=AFQjCNGuFTZTyZMrBqEt3bXntFK2p9RNOA。

維基百科（2012）。**四分位數**。20120830 取自 http：//zh.wikipedia.org/wiki/%E5%9B%9B%E5%88%
　　86%E4%BD%8D%E6%95%B0。

關秉寅（2012）。**第四章差量或離散數量（Measures of Dispersion）**。20120830 取自 http：//www.
　　google.com.tw/url？sa=t&rct=j&q=&esrc=s&source=web&cd=1&cad=rja&ved=0CB8QFjAA&url=ht
　　tp%3A%2F%2Fwww3.nccu.edu.tw%2F~soci1005%2FCH4.DOC&ei=Jug-UICLLcGemQWRrYDgBw
　　&usg=AFQjCNEBMPQsCXEjx6AM65X_xBQiP6-q0w。

第 **9** 章　關係與代數（Algebric）

　　12 年數學課程綱要中小學階段的表現類別將小學的「關係」到國中轉換為「代數」，同時以怎樣解題為關係（包含數量關係）的學習表現內容。因為數量關係是一種類似一般化的概念，怎樣解題則要培養學生抽象思考、邏輯推理能力，與代數概念息息相關，因此本章先談小學的（數量）關係、怎樣解題，再談代數。

第 1 節　關係與解題

　　關係包含數量關係，以及交換律、結合律……等代數關係，因此本節只談數量關係，交換律等代數關係則在代數性質中說明。

壹　數量關係

　　因為四則運算是小學重要的運算，因此數量關係主要談的就是和不變、差不變、積不變、商不變，以及它們的組合。

一、和差積商不變

　　數量關係的學習是希望能整合國小階段所學到之數、量、運算、性質，以及解未知數等式之經驗，進行應用問題之解題，包含說明題意、列式表述問題、發展策略解題。傳統之應用問題：雞兔問題、年齡問題、龜兔賽跑等，甚至數形規律問題，都屬於數量

關係的問題。常見的數量關係包括：和不變、差不變、積不變（反比例）、商不變（正比例）等。當然也有其他的數量關係。例如：（年齡問題）「小麗今年 12 歲，爸爸與小麗的年齡相差 24 歲，再過幾年爸爸的年齡是小麗的兩倍？」本質上是差不變的問題，因為爸爸與小麗每年的年齡都差 24 歲。（平均問題）「小明的國語、社會、自然三科平均為 90 分，問小明的數學要考多少分才會讓四科平均達到 88 分？」本質是和不變的問題，因為四科的總分 352 分不變。（追趕問題）「小英跑步的速度是每秒 5 公尺，小麗跑步的速度是每秒 4 公尺，兩人賽跑，如果小麗在小英前方 40 公尺，請問小英何時可以趕上小麗？」本質是商不變的問題，因為小英的速度與小麗的速度都是定值。（雞兔問題）「倉庫中有一種輪胎 100 個，可以裝在六輪小貨車上，也可以裝在四輪汽車上，今天裝配了 22 輛車子，剛好將輪胎都用光，請問這些車子中，有幾輛是六輪小貨車，有幾輛是四輪汽車？」本質是積不變的問題，因為輪胎總數 100 個不變。

二、數形規律

對於數形規律問題：2, 4, 6, 8, …，128, 126, 124, 122...，它的特性是後一項與此項的差，或前一項與此項的差都不變。例如：2, 4, 8, 16, 32, 64...，128, 64, 32, 16...，它的特性是後一項與此項，或者前一項與此項的商都不變。2, 5, 11, 20, 32...，它的特性是此項的後項減前項是 3 的倍數（1 倍、2 倍、3 倍……）。

在小學，有關數形規律問題，會要求學生找出第 50 項，甚至 100 項的數；對於資優生，也會要求他寫出第 n 項的值。

三、數量關係的學習

學習數量關係的主要用意是希望學生能整合以前所學到之概念、運算、性質，進行未知問題的解題，以培養學生對數量關係的敏銳性。

因為數量關係運用的就是四則運算或者它們的組合，因此學生在學習數量關係時，要有系統的思考它是和不變、差不變、積不變、商不變，或者它們的組合。當學生了解這個規律，自然會發現一階規律、二階規律、三階規律……。

例如：2, 5, 8, 11, 14...，我們可以先把後一項減去前一項，變成 3, 3, 3, 3...，發現它們都是 3，這就是所謂的一階規律。2, 5, 11, 20, 32...，我們可以先把後一項減去前一項，變成 3, 6, 9, 12...，發現它們都是 3 的倍數關係，這就是所謂的二階規律。因此，我們可以發現它們的規律是，2, 2 + 3, 2 + 3 + 6, 2 + 3 + 6 + 9...，也就是 2, 2 + 3×1, 2 + 3×(1 + 2), 2 + 3×(1 + 2 + 3)...。此時，學生就會發現第 50 項是 2 + 3×(1 + 2 + 3 + ... + 49)。

當我們要學生找出第 50 項、100 項，或者第 n 項時，要讓學生了解，儘量不要把它簡化（如 2, 2＋3, 2＋3＋6, 2＋3＋6＋9...），而要把它保持原來倍數關係的樣子（如 2, 2＋3, 2＋3＋3×2, 2＋3＋3×2＋3×3，或者 2, 2＋3×1, 2＋3×(1＋2), 2＋3×(1＋2＋3)...），這樣才容易看出非常後面的項數，或者一般化的項數。

貳 怎樣解題

因為我們可以創造出來的數學問題有無窮的多，學生不可能每一題都做過，因此在小學，怎樣解題單元的教學，主要是希望培養學生的解題能力，而嘗試錯誤或者列表、畫圖找規律、察覺數量關係、邏輯推理則是希望培養的解題策略。作者在此以幾個例子說明如何培養學生的解題能力。

一、雞兔同籠問題

作者在此以雞兔同籠問題，向老師和學生說明如何進行數學解題的教學。有些人可能會認為數學家為什麼那麼無聊，怎麼會把雞和兔關在同一個籠子裡面？作者認為數學家是想藉由正、逆概念的問題，培養學生的邏輯推理能力。假如雞兔同籠的問題在生活中不常出現，老師可以改變情境讓問題變得更合理一點。例如：老師買紅茶和珍珠奶茶請同學的數量與價錢問題。

在第 1 章的數學感理論中，正、逆概念是作者所提出的數學感重要內容理論之一。例如：減法就是加法的逆概念、除法是乘法的逆概念；「小明有 5 張卡片，小英有 3 張卡片，兩人共有多少張卡片？」是正向的問題，「小明有 5 張卡片，小英有一些卡片，兩人共有 8 張卡片，問小英有多少張卡片？」就是逆向的問題；「一個長方形的對角線等長且互相平分」是正命題，「對角線等長且互相平分的四邊形是長方形」就是它的逆命題。類似上面的問題，作者都將它統稱為正、逆概念。

（一）正向問題與解答

對於雞兔同籠的問題，在生活中較常碰到的正概念、正向問題是「一杯紅茶 20 元，一杯珍珠奶茶 30 元，老師買了 5 杯紅茶，11 杯珍珠奶茶請班上同學，共需付多少錢？」

面對這類的問題，學生很容易把答案算出來，因為我們知道一杯紅茶、珍珠奶茶的價錢，也知道買了多少杯紅茶、珍珠奶茶，因此可以算出所有的紅茶要付多少錢、所有的珍珠奶茶要付多少錢，因此答案只要再加總即可，也就是它的答案是共要付 20×5 ＋

$30 \times 11 = 430$ 元。

（二）逆向問題與解答

在數學的學習上，我們會用逆概念、逆向的問題來培養學生的邏輯推理能力。新北市某小學的公開教學問題「一杯紅茶 20 元，一杯珍珠奶茶 30 元，某老師用 430 元買 16 杯的紅茶或珍珠奶茶，問老師買了幾杯紅茶？幾杯珍珠奶茶？」則是上面問題的逆概念。作者以此問題來說明可能的解法以及之間的連結，之後再闡述教師如何進行有數學感的教學，以及如何培養學生帶得走的能力。

老師的教學是先讓學生個別解題，發現各組有不同的解法。因此老師讓學生討論各種不同的解題策略。

1. 嘗試錯誤

我們發現到圖一學生的做法中，雖然最後答案是對的，但他列的二元一次方程式沒有意義；$20 + 30 = 50$，$430 \div 50 = 8...30$ 的意義則是算出 8 杯紅茶和奶茶還剩 30 元；之後學生是用用嘗試錯誤（try and error）的方法找到答案。圖二學生的做法是先利用畫表格嘗試錯誤的方式，找到總共有 5 杯紅茶和 11 杯奶茶；右邊的算式 $30 \times 13 - 30 \times 2 = 330$，似乎在說明他先找 13 杯奶茶，再扣掉 2 杯之後用掉的錢數；$430 - 330 = 100$，是在算剩下的錢數；$100 \div 20 = 5$，是在算有 5 杯紅茶。

下圖一、二學生的做法是一種嘗試錯誤的方法找到答案。**嘗試錯誤找答案的方法在數學解題上也是一種非常重要的方法。**作者認為每位老師、學生都應該知道有這種解題**方法**，因為當我們碰到不會的問題，毫無頭緒去思考的問題，至少可以使用嘗試錯誤的方法來找答案。同時學生也應該知道**嘗試錯誤的方法就是原來正向思考的方法**，先假設知道紅茶有多少杯，剩下的就是珍珠奶茶有多少杯，然後把所需的費用算出來，看是否符合原來的問題；若不符合就再試另外一種情形。

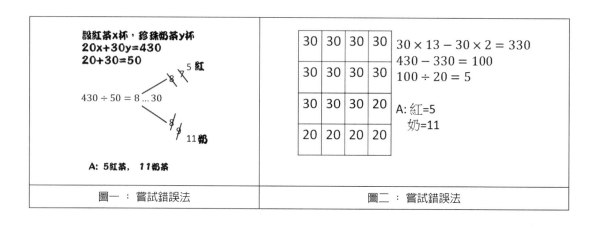

| 圖一：嘗試錯誤法 | 圖二：嘗試錯誤法 |

2. 有規律的嘗試錯誤

作者希望所有的老師、學生都要知道，當我們在嘗試錯誤找答案的過程中，也要有**規律的嘗試錯誤，來找答案**。圖三左半邊列表找答案的方法就是一種有規律找答案的方法，學生是先固定總杯數，再用正向解題的方法試驗所付的錢是否相同。也就是假設有 0 杯紅茶、16 杯奶茶，要 480 元，不對；因此把紅茶杯數加一（有 1 杯），奶茶杯數減一（有 15 杯），要 470 元……依此下去，便發現 5 杯紅茶、11 杯奶茶剛好要 430 元。

有規律嘗試錯誤的方法不是只有上述一種方法，學生也可以先假設所有的杯數都是紅茶，先算出 16 杯紅茶要 320 元，再紅茶杯數減一，奶茶杯數加一，來找答案。學生也可以用對半的方法，先假設紅茶和奶茶各有 8 杯要 400 元，發現還有多餘的錢，因此把奶茶杯數再加一、紅茶杯數減一，來找答案。

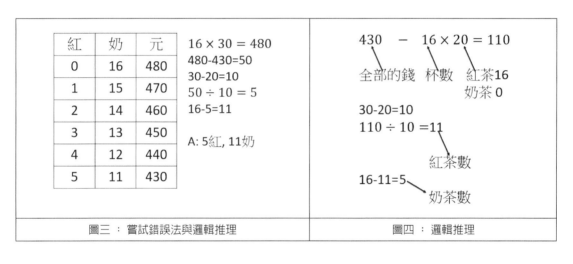

| 圖三 ： 嘗試錯誤法與邏輯推理 | 圖四 ： 邏輯推理 |

3. 從有規律的嘗試錯誤中找到推理方法

我們希望所有老師、學生都要知道，**邏輯推理的方法就是從有規律的嘗試錯誤過程而推得**。例如：圖三右半邊 $16 \times 30 = 480$，就是左半邊先假設所有的杯數都是奶茶的杯數，$480 - 430 = 50$，就是假如所有的杯數都是奶茶要多付 50 元；$30 - 20 = 10$，就是把一杯奶茶換成一杯紅茶可以省 10 元（這個規律可以從列表找規律的錢數那一行發現）；$50 \div 10 = 5$，表示少 5 杯奶茶，即多 5 杯紅茶就是少付 50 元；因此共有 5 杯紅茶，$16 - 5 = 11$ 杯奶茶。圖四的學生則是先假設所有的杯數都是紅茶，發現少付 $430 - 16 \times 20 = 110$ 元；$30 - 20 = 10$，就是把一杯紅茶換成一杯奶茶要多付 10 元（這個規律可以從列表找規律的錢數那一行發現）；$110 \div 10 = 11$，則是把多的 110 元，改成每換一杯多 10 元的 11 杯奶茶數。

4. 連結代數方法

因為六年級學生已學習利用未知數列式，有些安親班也會教學生利用代數方法解題。因此所有老師和學生也應該知道代數方法和推理方法之間的關聯。

圖五中假設紅茶有 x 杯，方程式 $20x + 30(16 - x) = 430$，就是 x 杯紅茶、$16 - x$ 杯奶茶需付 430 元；下一列中的 480（即 $30 \times 16 = 480$）就是假設所有的杯數都是奶茶所需的錢；$20x - 30x$ 就是 x 杯紅茶比 x 杯奶茶要少掉 $10x$ 元；因此 $480 - 10x = 430$，就是 480 元扣掉 x 杯紅茶比 x 杯奶茶少 $10x$ 元剛好要等於 430 元的意思。圖六則是另一種的代數解法，先假設奶茶 x 杯、$16 - x$ 杯紅茶；方程式 $30x + 20(16 - x) = 430$，就是 x 杯奶茶、$16 - x$ 杯紅茶需付 430 元；下一列中的 320（即 $20 \times 16 = 320$）就是假設所有的杯數都是紅茶所需的錢；$30x - 20x$（即 $10x$）就是 x 杯奶茶比 x 杯紅茶多 $10x$ 元；也就是 320 元再多 x 杯奶茶比 x 杯紅茶多 $10x$ 元剛好要 430 元。算出來的結果是買 11 杯奶茶，5 杯紅茶。

設 紅 x 杯 $20x + 30(16-x) = 430$ $20x + 480 - 30x = 430$ $X = 5$ A：紅 5　　奶 11	設 買奶茶 x 杯 16-x杯紅茶 $30x + 20(16-x) = 430$ $30x + 320 - 20x = 430$ $X = 11$　　　$16-11 = 5$ A：奶 11　　　紅 5
圖五：代數法（一元一次方程式）	圖六：代數法（一元一次方程式）

（三）有數學感的教與學

數學感的理論希望學生在數學解題的過程中，不僅知道問題的答案，還希望學生會解題的方法，**培養他面對新的問題、沒有看過的問題時，有方法可以思考、求得解答，甚至發現新的解題方法**。這種新的解題方法不是別人告訴他，而是**他可以從舊的解題方法中發現、找到**。

作者希望老師能讓所有的學生了解：

1. 雞兔同籠的問題就是一般正向問題的逆向問題而已，同時數學上也時常出現類似的正、逆概念問題。對於雞兔同籠問題或者面對他們沒有碰過的問題，老師應讓所有學生了解嘗試錯誤的方法也是一種重要的解題方法，也是一種可以使用的解題方法，只

是它可能比較沒有效率。作者建議若碰到學生用這種方法解題，老師也應加以肯定，讓學生可以站在他會的基礎上去學習新的方法。

2. 同時讓沒有規律嘗試錯誤的學生，發現規律嘗試錯誤方法的重要性。

3. 讓有規律嘗試錯誤找答案的學生，發現邏輯推理的方法就是從有規律的嘗試錯誤的過程中找到推理解題的方法。此時老師可以回頭問那些使用嘗試錯誤方法的學生是否了解、發現邏輯推理的方法和他的方法只是一線之隔而已。作者相信這樣的教學方法可以提升原來使用嘗試錯誤法的學生學到推理的方法。

4. 從邏輯推理的方法連結到代數解題的方法，讓使用邏輯推理方法的學生了解代數解題[1]的方法和他使用的方法的相同之處，有助於這些學生從算術思維過渡到代數思維。

老師們試想一下，我們的學生應不應該學到這些不同的解題思維方法？這樣的教學應不應該提升不同程度學生往更高層次的解題方法走？這樣的教與學，是不是更有數學的感覺？

因為教學方法有很多，作者認為只要老師能說明清楚他的教學意圖就可以了。因此當老師碰到不會解答的學生時要如何處理，例如：先將錯誤的方法公開給全班同學看，或者不公開而私下進行教學，只要老師有想法，我都同意。例如：想製造學生的認知衝突、不想讓學生的自尊心受到傷害。但是更重要的是，要讓學生明白他自己在算什麼，而不是看到數字就拿來亂湊。例如：讓圖七的學生解釋：(1) 他為什麼要把 20 和 30 加起來？加起來意思是什麼？讓學生了解加起來的意思是在算一杯紅茶和一杯奶茶的錢數。(2) 問學生為什麼要 $430 \div 50 = 8...30$ ？這樣算的意思是什麼？讓學生了解這樣算的意思是在算 430 元可以買 8 杯紅茶和 8 杯奶茶，還剩 30 元。(3) 問學生 8 杯紅茶和 9 杯奶茶的答案為什麼不對？學生了解他的答案是不符合題目給的條件：紅茶和奶茶的杯數是 16 杯，可是他的答案合起來是 17 杯。

也就是**解答錯誤的學生，有一種可能原因是他沒有把所有的條件都用上，或者沒有符合所有的條件。**

---

[1] 目前小學階段只教解一步驟的代數問題，而學生所用的方法已超過 3 步驟，因此若沒有學習過此方法，老師不需特別教；若學生已使用代數方法，老師在有時間的情形下，應了解學生是否知道每個步驟的意義。

$$20+30=50$$
$$430 \div 50 = 8 \dots 30$$
A: 8紅茶，　9奶茶

圖七：解題錯誤

（四）逆概念的再延伸

假如我們的學生了解原來數學問題可以分成正向問題和逆向問題，學生的思維會活了起來。面對這樣的問題他可能會想：(1) 知道紅茶價錢和數量、珍珠奶茶價錢和數量，可以算出總共要付多少元。(2) 知道紅茶價錢、珍珠奶茶價錢、紅茶與珍珠奶茶的總數量，以及總共付出的錢數，便可以算出紅茶與珍珠奶茶分別的數量。

學生便有可能思考：(3) 假如知道紅茶數量、珍珠奶茶數量，以及總共付出的錢數，可不可以算出紅茶與珍珠奶茶分別的價錢？例如：「老師買了 5 杯紅茶，11 杯珍珠奶茶請班上同學，共付了 430 元。問一杯紅茶、一杯珍珠奶茶多少元？」假如老師的學生會這樣問，老師要好好獎勵學生，作者也要好好獎勵老師，老師已把我們的學生教活了，學生已會主動思考了。

因為這個問題的答案有很多可能，例如：珍珠奶茶一杯 20 元，紅茶一杯 42 元；珍珠奶茶一杯 30 元，紅茶一杯 20 元……。這類的問題正好可以讓學生知道有一些問題的答案不是只有唯一一個。

當然老師也可以讓學生想一想再多什麼條件，它的答案便會唯一？

（五）結論

雞兔同籠問題是一個逆概念的問題，作者希望所有老師和學生都了解它的解題策略有（有規律）嘗試錯誤、邏輯推理、代數，以及這些方法之間的關聯，都能因此而找到數學教與學的感覺，甚至拓展我們的思維，創造新的問題。

二、植樹問題

在怎樣解題的單元，有些問題也是一種正逆概念的問題。例如：植樹問題，它的正概念問題可以分成「兩端都種、一端種另一端不種，以及兩端都不種」三者之一，再加上「已知種了多少棵樹，相鄰兩棵樹間隔多少，求全長是多少？」的問題。它的逆概念問題，可以分成「兩端都種、一端種另一端不種，以及兩端都不種」三者之一，再加

上「已知路的全長，以及種了多少棵樹，求相鄰兩棵樹間隔多少？」或者「已知路的全長，以及相鄰兩棵樹間隔多少，求種了多少棵樹？」面對這麼多的變化問題，作者建議老師**要讓學生學會使用「簡化」數字，加上「畫圖」來了解題意，便可以解題**；建議老師不要讓學生去記憶一些規則，以降低學生的學習負荷。

現在以類似植樹問題的雪山隧道設置的人行逃生出口問題，來說明正概念的問題。例如：「雪山隧道在防災設計上每隔 350 公尺設有一個人行逃生出口連接導坑（隧道兩端不設置人行逃生出口），總共設置了 36 個人行逃生出口。問雪山隧道全長大約是多少公尺？」

學生只要將前面幾個人行逃生出口畫圖，便可以了解怎麼計算。如下圖，發現 1 個人行逃生出口有 2 個間距[2]，2 個人行逃生出口有 3 個間距，3 個人行逃生出口有 4 個間距，因此 36 個人行逃生出口有 37 個間距，又每個間距是 350 公尺，因此雪山隧道全長約 350×37 = 12950 公尺。

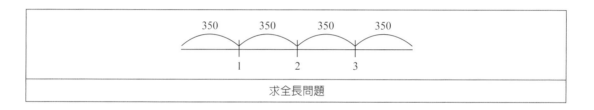

求全長問題

雪山隧道的逆概念的問題。例如：「全長 12950 公尺的雪山隧道在相同的間距上總共設置了 36 個人行逃生出口（隧道兩端不設置人行逃生出口）。問相鄰兩個人行逃生出口的間距是多少公尺？」或者「全長 12950 公尺的雪山隧道每隔 350 公尺設置一個人行逃生出口（隧道兩端不設置人行逃生出口）。問總共設置多少個人行逃生出口？」至於它的解法也是一樣，學生只要利用簡化數字、畫圖便可以解答。

三、數形規律問題

數形規律問題，主要是讓學生從前面的幾個例子中，找到歸納出其中的規律，然後找到更後面的圖形或者個數，到了國中，甚至會用第 N 個圖有多少個的代數來表徵答案。在找數形規律的問題中，有時候不要把它計算為最後的數值，而**保留原來的運算**

---

2 請老師和學生記得：我們的解題思維是從想要求得的答案需要什麼條件和已知條件在中間碰面，但是在寫的時候是從頭寫到尾。例如本題的想法是：因為我們要全部的長度，又已知每個間隔的長 350 公尺，所以我們還要知道全長有幾個間隔，再從已知條件知道有 37 個間隔。後面不再贅述。

比較容易看出它的規律，同時**它可能有多元的解法**，因此老師應該讓學生自行思考、解題，然後討論不同做法間的異同。

　　例如：下面的圖形，問第 50 個圖有多少個小正方形？我們希望學生能自行歸納出它的結果。例如：(1) 學生所有的個數都加起來，可能發現圖一有 2 個，圖二有 5 個，圖三有 10 個，圖四有 17 個，圖五有 26 個。從 2, 5, 10, 17, 26 的數中，雖然學生可能發現它是加 3，加 5，加 7，加 9，但還是比較難找到第 50 個圖的個數。假如學生是把它的運算放著，此時學生比較容易發現第幾個圖和兩個數的乘法間之關係。(2) 學生可能發現圖一有 2 個，圖二有 3 + 2 個，圖三有 4×2 + 2 個，圖四有 5×3 + 2 個，圖五有 6×4 + 2 個（把中間的長方形用乘法表示），發現第 50 個圖形有 51×49 + 2 個小正方形，甚至一般化爲第 N 個圖形有 $(N + 1)×(N - 1) + 2$ 個小正方形。(3) 學生也可能橫著看，發現圖一有 1 + 1 個，圖二有 2 + 1 + 2 個，圖三有 3 + 2×2 + 3 個，圖四有 4 + 3×3 + 4 個，圖五有 5 + 4×4 + 5 個，發現第 50 個圖形有 50 + 49×49 + 50 個小正方形。(4) 學生也可能用先補再扣的方法，發現圖一有 2×2 - 1×2 個，圖二有 3×3 - 2×2 個，圖三有 4×4 - 2×3 個，圖四有 5×5 - 2×4 個，圖五有 6×6 - 2×5 個，發現第 50 個圖形有 51×51 - 2×50 個小正方形。

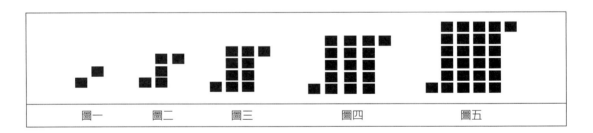

圖一　　圖二　　圖三　　圖四　　圖五

四、年齡問題

　　年齡問題主要是差不變、商會變（爸爸的年齡是兒子的倍數會愈來愈小，但永遠大於 1）的問題。正向的問題，例如：「今年爸爸 40 歲，小明 10 歲，問今年爸爸的年齡是小明的幾倍？2 年後爸爸的年齡是小明的幾倍？」這兩個問題，學生只要按照題目的意思去解題即可。即今年是 40÷10 = 4 倍，2 年後是 42÷12 = 3.5 倍。當然題目也可以問小明的年齡是爸爸的幾倍？只是試題好像很少這樣問。它的逆問題則是給定倍數，問是幾年後或那時候爸爸或者小明的年齡。老師要讓學生注意到「**問是幾年後**」和「**那時候爸爸或者小明的年齡**」兩個問題幾乎相同，因爲知道幾年後就知道那時候的年齡，知道那時候的年齡就知道是幾年後。例如：「今年爸爸 40 歲，小明 10 歲，問幾年後爸爸

的年齡是小明的 3 倍？」學生面對這樣的問題，他可以使用列表、嘗試錯誤的方法把答案找出來。如下表，發現爸爸 45 歲時，也就是 45 – 40 = 5 年後，是兒子的 3 倍。

爸爸年齡	40	41	42	43	44	45	
兒子年齡	10	11	12	13	14	15	
倍數	4	3.7	3.5	3.3	3.1	3	

學生除了用列表、嘗試錯誤的方法之外，畫圖也是非常好用的方法。如下圖，發現**年齡差的年距不變是解題的關鍵，什麼時候的年齡反而不重要（請老師留意，學生會畫出什麼樣的圖？是他自己想的？還是安親班教的？假如老師假裝你不知道怎麼畫時，你會怎麼畫？）**。爸爸的年齡是兒子的 3 倍時，表示爸爸的年齡與兒子差 30 歲，剛好是 2 倍。因此表示兒子 30 ÷ 2 = 15 歲時，爸爸的年齡是兒子的 3 倍，此時爸爸是 45 歲；也就是 5 年後。

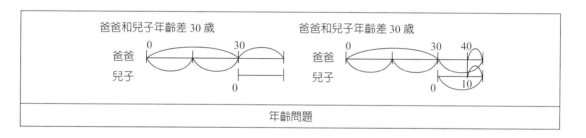

年齡問題

一個比較難的問題：「師父說：我在你這年紀時，你才 5 歲。但你到我這年紀時，我就 71 歲了。問現在徒弟幾歲？師父幾歲？」這個問題的解題關鍵還是在年齡距離，從下圖左邊上面和下面的弧線發現 $y - x = 71 - y$，且 $x - 5 = y - x$，所以 $71 - x$ 是 $x - 5$ 的 2 倍，也就是 $71 - 5$ 剛好是 $x - 5$ 的 3 倍（此時若用代數方法解題較爲容易；若無法用代數方法解題，把它看成下圖右邊的情形便可以使用算術方法解題），所以 $x - 5 = 22$，x 是 27，也就是現在徒弟是 27 歲，師父是 44 + 5 = 49 歲。

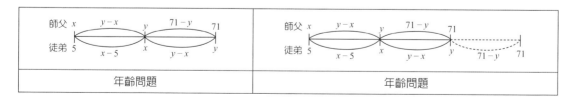

年齡問題　　　　　　　　年齡問題

第2節 代數的概念

代數可以分成代數的概念、代數的相關問題、代數的四則運算、四則運算的相關問題、性質以及性質的相關問題來討論。因為數量關係也是學生學習代數的一個良好概念，因此我們也將它放入代數概念之中。

壹 以文字符號代表數

在低年級或者中年級，我們通常會用( )或者□來代表數，尤其是算式填充題時。例如：我們問學生哪兩個數相加等於10時，會用( ) + ( ) = 10，或者□ + □ =10來表示。此時，在同一個式子中，相同的( )或者□代表的是可以一樣，也可以不一樣的數。例如：前面的□是4，後面的□是6。

資料來源：南一書局（2010）。數學一上。

到了高年級，我們會教學生用甲、乙來代表數，最後用數學上常用的英文字母 $x, y, z...$ 等來代表數。此時，x 也和( )或者□一樣都是代表未知的數，但是 x 和( )或者□不一樣的地方是，同一個式子中的 x，僅能表示相同的數，同一個式子中的( )或者□卻可以表示不相同的數。假如學生沒有弄清楚這個數學上的規約，就會以為兩個 x 的數可以不一樣（以前的兩個□或者括號可以不一樣）。因此老師教學時需要留意學生是否有這樣的困擾，必要時要跟學生澄清，以前□ + □ = 10 當中的□可以是不一樣的數，現在 $x + x = 10$ 指的是同樣的數。當然，老師也要留意 $x + y = 10$ 的問題，學生會不會以為 x 和 y 一定不一樣。老師要讓學生了解，同一個式子中，x, y 不同的符號，有可能是同一個數。

貳 變數和未知數

　　我們通常會用 $x, y, z...$ 表示不是固定的值，表示可以任意改變的數（維基百科，2013a），此時 $x, y, z...$ 稱為變數。例如：早餐店的早餐，客人買漢堡 x 元，若要加一個蛋，要加 10 元，則客人買漢堡加蛋的費用就是 $x + 10$ 元。因為漢堡加蛋的價錢是因為客人點的漢堡不同而不同，所以 x 是一個變數。

　　維基百科（2013b）的說明，方程式常用來表示一些已知的量和未知的量之間的關係，前者稱為已知數，後者稱為未知數。也就是說，若 $x, y, z...$ 表示一個數或量，只是那個數或量目前是未知的情況，此時 $x, y, z...$ 稱為未知數。因此以文字符號列成方程式時，符號即具有未知數的意義。例如：客人拿 100 元買早餐，找回 20 元，則 $100 - x = 20$，此時 x 表示客人所買早餐的錢，x 表示一個未知數。

　　變數和未知數的概念不太一樣，有些人會以為方程式中的 x 代表未知數，多項式或者函數中的 x 代表變數，但是它仍沒有明確的界定。例如：國中的等式會出現恆等式（相容方程式）或者無解的等式（矛盾方程式），此時恆等式的 x 到底代表未知數或是變數呢？本來有限解的等式中，x 代表未知數；可是在恆等式中的 x，有變數的概念在裡面；在無解的等式中的 x 又不是變數或未知數。因此，變數或是未知數很難加以區分。建議老師不用要求學生特別去區分什麼是變數，什麼是未知數，而統一稱為未知數即可，因為變數也是一種未知的數，也是未知數。

　　相對於未知數 x，10、80 等數就是所謂的常數。但是到了國中，我們也會相對於未知數或變數 x，而以 $a, b...$ 等符號表示固定的數，稱為常數。例如：$ax + b = 0$，此時的 a, b 稱為常數，x 稱為未知數，代表在 $ax + b = 0$ 的式子中，要把 a, b 看成固定的數，僅把 x 看成未知數。

　　雖然在數學上，習慣使用 x, y, z 等符號代表未知數或者變數，使用 a, b, c 等符號代表常數。老師一定要讓學生知道，這只是數學上的習慣，有時候是可以不按照這種方式的。例如：學生也可以使用 x, y, z 代表常數，使用 a, b, c 等符號代表未知數。例如：$y = ax^2 + bx + c$ 的式子中，x, y 是變數，a, b, c 則要看成常數；$\frac{dy}{dx}(y^2+z)$ 的式子中，y 是變數，z 則要看成常數。

參 如何給予學生代數的感覺？

代數與數概念不太一樣，數概念給學生的感覺是確定、絕對的概念，例如：5 比 3 大 2，其中的 5, 3, 2 都是確定、絕對的數；而代數是不確定、相對的概念，例如：$5x$ 比 $3x$ 大 $2x$，其中的 $5x, 3x, 2x$ 是不確定、相對的數（當 $x = 1, 2, 3...$ 時，$5x$ 和 $3x$ 分別相差 2, 4, 6...）。

其實在低年級，有時候學生可能也會碰到相對的數概念，例如：小玉西瓜比鳳梨重，鳳梨比香瓜重，則小玉西瓜比香瓜重。其中，小玉西瓜、鳳梨、香瓜的重量都不知道，但是我們可以藉由大小的遞移關係，了解小玉西瓜比香瓜重。甚至可以了解，若鳳梨比香瓜重 200 公克，小玉西瓜比鳳梨重 300 公克，則小玉西瓜比香瓜重 500 公克。只是這種相對概念的問題，在學生學習代數之前，較少出現。

因此，如何讓學生有正確的代數的相對概念非常重要。作者認為應藉由上述的例子，讓學生感覺到代數是一種相對的數概念，或者是一種一般化的數概念。所以**應該讓學生了解，不管香瓜的重量是 2500 公克、2600 公克、3000 公克……**，鳳梨的重量會跟著變成 2700 公克、2800 公克、3200 公克……，小玉西瓜的重量也跟著變成 3000 公克、3100 公克、3500 公克……，但是小玉西瓜和香瓜的相對重量，永遠是小玉西瓜比香瓜重 500 公克。我們為了表示這種相對關係，可以設香瓜的重量是 x 公克，則鳳梨的重量是 $x + 200$ 公克，小玉西瓜的重量是 $x + 200 + 300 = x + 500$ 公克，因此小玉西瓜比香瓜重 $x + 500 - x = 500$ 公克。

第 3 節 代數的四則運算

代數是數的一般化表示法，它仍然是數的概念，因此它和數一樣也會有四則運算。

壹 代數與數

一、概念

最簡單的就是代數和數的四則運算，例如：$x + 5, x - 5, x \times 5, x \div 5$ 或者 $5 + x, 5 - x, 5 \times x, 5 \div x$。此時因為代數與數的運算尚無法明確知道它的結果，因此只能以代數的形式來表示，但是我們仍然可以利用數的性質對它做運算。同時，因為 x 和 $\times$ 又非常

的像，因此，在代數上的乘法運算的符號表徵就和數的乘法表徵方式不同，我們會用「·」或者空白來表示數乘以代數或者代數乘以代數。例如：

$x \times 5 = 5 \times x = 5 \cdot x = 5x$（利用交換律，以及引入不同的表示法）

因為兩數相除的概念和分數概念相連結，因此，在代數的表示法上，除法通常也會用分數的方式來表示它。例如：

$x \div 5 = \dfrac{x}{5}$（兩數相除以及分數概念的連結）

二、問題

（一）為什麼學生會誤解 $3\dfrac{4}{5}x$ 的意思？

作者曾經看過有些測驗卷中出現 $3\dfrac{4}{5}x$ 的符號。作者第一次看到時，都要特別想一下 $3\dfrac{4}{5}$ 當中的省略符號是代表加，$\dfrac{4}{5}x$ 當中的省略符號是代表乘，難怪學生會誤解。在數學上，同一個符號只能代表一種意義，不能用同一個符號代表兩個不同意義（這就是函數的意義）。因此，作者建議當國小教材中第一次出現用「·」或者空白來表示數乘以代數，或者代數乘以代數時，就應該跟學生說明清楚，從此時此刻起，所有的帶分數一律化成假分數，以免造成困擾。當然教師教學或者評量時，也應該避免出現 $3\dfrac{4}{5}x$ 這樣的符號，而應改用 $\dfrac{19}{5}x$ 來書寫。

作者有上面主張的另一個原因是，若我們假設學生看得懂 $3\dfrac{4}{5}$ 當中的省略符號是代表加，$\dfrac{4}{5}x$ 當中的省略符號是代表乘，那請問，是先乘再加（$3 + \dfrac{4}{5}x$），或者先加再乘（$\left(3 + \dfrac{4}{5}\right)x$）呢？若是先乘再加（規約），好像不是 $3\dfrac{4}{5}x$ 的原意；若是先加再乘，又和併式規約矛盾。

（二）為什麼學生會認為 $2+3x=5x$？

學生在學習代數之前，已經學習很多算術的計算，同時「＝」的意義對某些學生而言，是一個「得到」的意思，是一個計算的過程，因此「＝」的右邊通常是一個數，不會有運算元，也就是以前 $2 + 3$ 一定寫成 5，不會把 $2 + 3$ 留在等號右邊。所以當學生不完全了解代數的意義時，也就是不了解 $2 + 3x = 2 + x + x + x$ 的意義，就會把 $2 + 3x$ 寫成 $5x$。

要讓學生不把 $2 + 3x$ 寫成 $5x$，教師在教學時，應讓學生了解：

1. 代數與數的運算符號已經改變了。以前數的乘法符號是「×」，現在代數的乘法符號是「·」，甚至省略乘法符號，也就是 $2 + 3x = 2 + 3 \cdot x = 2 + 3 \times x$。

2. $2 + 3x$ 的意思是 2 加上某一個數的 3 倍。例如：某數是 $1, 2, 3, \frac{1}{5}, 0.03$ 時，$2 + 3x$ 變成 $5, 8, 11, \frac{13}{5}, 2.009$。也就是讓學生了解 $2 + 3x$ 不是固定的數，同時是 3 先乘以 x 之後再加 2。

3. 以前數概念運算的時候，會把兩個數加起來。例如：$2 + 3$ 會寫成 5；現在代數的運算不一定能算出來，只能把它直接放著。例如：$2x + 3x$ 可以等於 $5x$，但是 $2 + 3x$ 就只放著，不能再運算。

4. 只有當兩個數或代數永遠相等時，才能寫「＝」。例如：$2 + 3 = 5$，$2x + 3x = 5x$，因為 $2 + 3x$ 和 $5x$ 不相等，因此不能寫等號。

（三）$6 \div 2(1+2) = ?$

作者曾在網路上看到一個問題，它問「$6 \div 2(1 + 2) = ?$」[3] 作者發現這是一個有關數學運算符號的使用、先後順序問題。我的看法是它的答案是 9 或者 1 都可以。作者所持的理由是代數的運算省略符號，不能隨便拿到數的運算來用。也就是在數的運算中，$2\frac{1}{3}$ 的省略符號是 ＋ 號。帶分數的省略號，也不能用到整數中或者分數中，也就是 2 3 不能說是 $2 + 3$；$\frac{2}{3}\frac{4}{5}$ 不能解釋成 $\frac{2}{3} + \frac{4}{5}$。同樣的，代數 $2y$ 的省略符號是乘號，不能隨便用到數的運算。這也就是我在數學感教育中所提的問題的「先決條件（宇集、基集、定義域）」的問題。因此我們可以這樣說：$6 \div 2(1 + 2)$ 的省略符號，在整數的運算中沒有定義。這樣子，在邏輯上這個問題的命題就是錯誤；在錯誤的前提下所得的任何結果，在推論上都對。所以，若 $6 \div 2(1 + 2)$ —錯→ $6 \div 2(1 + 2) = 3*3 = 9$ —推論對；或者，若 $6 \div 2(1 + 2)$ —錯→ $6 \div 2(1 + 2) = 6 \div 6 = 1$ —推論也對。

貳 代數與代數

由於 x, y, z 等代數符號的出現，同時為了避免混淆，我們清楚的定義，在同一個算式中，同一個 x 一定表示相同的數，因此為了表示另一個數（可能相同，可能不同），

---

3 資料來源：https://www.youtube.com/watch?v=URcUvFIUIhQ。

我們會用另一個符號（例如：y）來表示。因此兩個相同的代數也可以進行四則運算。例如：$x + x, x - x, x \times x, x \div x$。但是它可以簡化，或者用另一個方式表示：

$x + x = 2 \times x = 2 \cdot x = 2x$

$x - x = 0$

$x \times x = x \cdot x = x^2$

$x \div x = \dfrac{x}{x} = 1$

兩個不同的代數也可以進行四則運算。例如：$x + y, x - y, x \times y, x \div y$。同時也有它的特別表示法：

$x \times y = x \cdot y = xy$

$x \div y = \dfrac{x}{y}$ （$y \neq 0$）

我們又可以把多個代數與數或者代數與代數的（多元）運算形成另一個概念，例如：多項式、多元一次式、函數……。這個概念又可以定義它的加減乘除四則運算。例如：

多項式：$2x^3 + 4x^2 - 5x + 9$

二元一次多項式：$xy + 3x + 4y + 7$

函數：$f(x) = 5x + 8$

在此我們不再討論它。

參　算術思維與代數思維

算術思維（謝佳叡，2003）著重的是利用數量的計算求出答案的過程，這個過程是含情境的、具有特殊性的、計算性的，甚而建立在直觀上。相對的，代數思維倚重關係的符號化及其運算，這個運算是去情境的、具有一般性的、形式化的，並且在某種程度上是無法依賴直觀的。

例如：「一枝鉛筆 8 元，拿 100 元去買，找回 4 元，請問總共買了幾枝鉛筆？」的問題。若我們是這樣解題：把原來的 100 元減去找回的 4 元，所以買鉛筆的錢總共花掉 96 元；再把 96 元除以 8 元，就知道總共買了 12 枝鉛筆。這種思維方式是在這個情境下、具殊特性的。因為它相對於問題「你有 100 元，你的錢比我的錢的 8 倍還多 4 元，我有多少錢？」此時解題的情境脈絡不一樣了，我們的解題思維要變成把你的 100 元先扣掉 4 元，剛好是我的 8 倍，因此我的錢有 $96 \div 8 = 12$ 元。

但是上面的兩個問題，我們都可以把它列成 $100 - 8x = 4$，再利用等量公理：

$100 - 8x + 8x = 4 + 8x$

$100 - 4 = 4 + 8x - 4$

$96 \div 8 = 8x \div 8$

$12 = x$

$x = 12$

此時，當問題情境被轉成一元一次方程式後，再來的做法是去情境的、具一般性的，不管是等組的改變型問題或者倍數的比較型問題，都是用同樣的解法來算出答案。

在算術思維中，運算式的功用是一種思考的紀錄，是直接連結題目與答案的橋梁；在代數思維中，運算式的功用，不再只是直接連結問題與答案之間的過程紀錄，而是一個問題轉譯的角色。因此，從代數思維的角度來看，解具體情境題被區分成兩個部分：列式與求式子的解。兩部分的特徵與算術思維是不同的。當問題被轉譯成代數式子後，接下來所做的求解運算並不是針對原問題的答案，而是針對這個代數式子（或方程式）運用具有結構性與抽象性的運算法則來求解。因此這個求解的過程與原問題、情境無關，最後再對求出的解進行意義上的還原。

這種始於問題轉譯、對消還原的代數思維，擴展到符號化、一般化、抽象化及結構化的代數概念，許多學者認為中間需通過算術思維，尤其是對數量關係的操作與觀察。也因為如此，一般認為代數思維的養成在算術思維之後，且必須奠基於算術思維之上。因此 Usiskin（1999）認為代數思維關係到四個不同的概念：算術的一般化、解特定問題的過程、數量關係的探索和結構的探索。

在小學，代數結構的探索只侷限在等量公理，到了國中，學生還會用到不同的代數結構。例如：利用加減消去法或者代入消去法求聯立方程組、利用配方法解一元二次方程式……等等。

肆 算術思維到代數思維的過渡

從算術思維要過渡到代數思維（謝佳叡，2003），在教材的安排上需注重代數思維的符號化、一般化（抽象化）與結構化三個特徵。

一、從具體的數字到抽象的代數符號

數學算式是數學溝通及思考最重要的媒介，符號表徵式的理解與使用是代數學習不可或缺的工具，因此要過渡到代數思維，首要進行的是符號的理解與使用。代數符號則

包含 = 、×、+……□、甲、乙、x、y……等等。

從字面上來看，「代數」帶有「以符號代表數」的意味，然則爲何需要有運用文字符號來代替數字的思維？在代數發展史之初，以符號代表數（待解的已定數）只是一個手段，主要的還是藉由一些方法來求得「符號所代之數」的目的。將待求之數以代數（文字）符號「暫表」之，引出四個不同的功用：

（一）改變解題思維動向，亦即能對「待解的已定數」作運算

例如：「某數加 5 得到 8，求該數。」用算術思維求解時，無論解題思維是「因爲某數加 5 得到 8，所以某數比 8 小 5，所以某數是 8 − 5」或「什麼數加 5 得到 8？3 加 5 是 8，所以某數是 3」，都是以「某數」爲解題焦點，所有的運作只能以它爲中心。當它被文字符號暫代時（如：$x + 5 = 8$），焦點已經轉移到這個方程式及其解法了，此時已把 x 也視同已經知道的數來看待，並利用四則運算的方法來解題。

（二）解法跳脫題目所給的情境或數字，而聚焦在一般性的解題方法

當我們把代數當作一般的數來處理時，我們就可以去思考利用一些方法（等量公理、配方法……）來解題。此時解題的方法只要是相同的方程式，就不會因爲題目所給的情境不同或者數字不同而改變做法，這時候已經在建立代數的一般性與結構性了。

（三）保留運算的程序或結構

例如：「邊長爲 2 的正方形，得到其面積爲 4。」但是得出 4 之後，就無法得知 4 究竟是 2^2、2×2、$2 + 2$，還是其他方式而來。符號的一個功用就是能保留這些程序或結構。例如：「邊長爲 x 的正方形面積爲 x^2」，它保留了邊長乘以邊長的結構。

（四）擴展了運算的客體範疇

學生的運算客體由原本的數字擴充到代數符號，以及符號所表徵的概念，如進行函數、多項式等之運算。

二、從特殊化到一般化（抽象化、去情境化）

符號的使用只是進入代數思維的第一步，真正進入代數思維，憑藉的是支撐在符號背後的代數想法，也就是一般化的想法。如果只是借用代數的符號，實際運作的卻是算術的想法，則仍稱不上運用代數思維；相對的，如進行的是一般化的想法，卻不使用代數符號，他其實已運用代數思維了。因此是否運用代數思維，必須看腦中的想法，而非

表示出來的算式。

例如：「一個定價 100 元的杯子，打 85 折出售，問便宜了多少錢？」學生解題時，如假設便宜了 x 元，並列出方程式：

$x = 100 - 100 \times 0.85$

因此 $x = 15$

此時，雖然學生使用了文字符號，他腦中實際進行的是算術的想法，符號在此並未發揮功用，因此學生的思維仍屬算術思維。

但如果學生的思考方式是：打 85 折就是 85% 也就是便宜了 15% = 0.15，而定價是 100 元，因此便宜了 $100 \times 0.15 = 15$ 元。其中，就算完全沒有未知數符號，我們仍可說學生運用了代數思維。因為學生使用了一般化的運算思維，他的想法不但解決了這一個問題，同時也可以解決不同類型但相同結構的問題。

三、從程序性到結構性

Sfard（1991）建議可以用程序性和結構性兩種不同的方式形成抽象的數學概念；Kieran（1992）從歷史性的分析將代數的發展看作一種程序性到結構性的週期。學校代數的學習可以理解為一系列的過程－客體（即程序性－結構性）的調整，並指出所謂程序性指的是作用在「數」上的運算，而結構性可以泛指實施在「代數式」上的運算。例如：代數式 $2x + y + 3x$ 被化簡為 $5x + y$。$5x + 3 = 2x + 5$ 可從等號兩邊同減 $2x$ 得到 $3x + 3 = 5$，這都是將代數式視為運算的客體。

第 4 節 ▶ 代數的性質

壹 反身性、對稱性、遞移性

在數學上，我們可以對等於、大於、小於等運算符號討論其反身性、對稱性和遞移性。對等於而言，$a = a$，稱為反身性。若 $a = b$ 則 $b = a$，稱為對稱性。若 $a = b$ 且 $b = c$，則 $a = c$ 稱為遞移性。

對大於而言，就沒有反身性，也沒有對稱性。因為 $a > a$ 是錯的，若 $a > b$，則 $b > a$ 也是錯的；但是它有遞移性，也就是若 $a > b$ 且 $b > c$，則 $a > c$ 稱為遞移性。

對小於而言，也沒有反身性，也沒有對稱性。因為 $a < a$ 是錯的，若 $a < b$，則 $b < a$ 也是錯的；但是它有遞移性，也就是若 $a < b$ 且 $b < c$，則 $a < c$ 稱為遞移性。

貳 結合律、交換律、分配律

結合律、交換律和分配律，只在等式時談論，不等式時不談論。它的相關內容，請參見本書第 2 章第 5 節。

參 等量公理的相關概念

一、等量公理與移項法則

當等號左右兩邊相等時，於等號兩邊各加、減、乘或除以同一個數（不可同時除以 0），等號兩邊仍會維持相等，稱為等量公理。也就是：

若 $a = b$，則 $a + c = b + c$

若 $a = b$，則 $a - c = b - c$

若 $a = b$，則 $a \times c = b \times c$

若 $a = b$，且 $c \neq 0$，則 $a \div c = b \div c$

在等式或不等式中，將一個加數（或減數、乘數、除數）從等號或不等號的一邊移到另一邊，應該並且遵守：(1) 移加作減；(2) 移減作加；(3) 移乘作除；(4) 移除作乘等規則，稱為移項法則。也就是：

若 $a + c = b$，則 $a = b - c$

若 $a - c = b$，則 $a = b + c$

若 $a \times c = b$，且 $c \neq 0$，則 $a = b \div c$

若 $a \div c = b$，則 $a = b \times c$（請留意，當前提可以寫成 $a \div c$ 時，c 自然就不為 0。因為 $c = 0$ 式子本身就無意義）

當移項法則運用到不等式時，要注意乘數和除數的正、負問題。也就是：

當 $c > 0$ 時，若 $a \times c > b$，則 $a > b \div c$

當 $c < 0$ 時，若 $a \times c > b$，則 $a < b \div c$

當 $c > 0$ 時，若 $a \div c > b$，則 $a > b \times c$

當 $c < 0$ 時，若 $a \div c > b$，則 $a < b \times c$

其實移項法則就是前面所說的加減互逆或者乘除互逆的概念。

二、加減互逆和乘除互逆

當學生在學習被加（減、乘、除）數未知的文字題時，學生需要做語意的轉換才能解答問題。例如：「我有一些糖果，吃掉 5 顆以後，剩下 3 顆，問原來有幾顆糖果？」

學生需要把語意轉換成把剩下的 3 顆糖果，加上吃掉的 5 顆糖果，就是原來的糖果。

當我們把這樣的語意變成較為抽象的數概念時，就是加減互逆的概念。例如：把一個數（8）減掉另一個數 5 以後，得到 3。若我們把 3 加上減掉的那個數 5，就是原來的數（8）。用括號的方式說，也就是：

若（　）－ 5 = 3，則（　）= 3 + 5

同樣的，對於被乘（除）數未知的問題進行語意轉換，就是乘除互逆的概念。例如：「一包有若干塊餅乾，6 包總共有 48 塊餅乾，問一包有幾塊餅乾？」的問題，用語意轉換就是把所有的 48 塊餅乾平分到 6 包，就知道一包有幾塊餅乾。

當我們把它抽象化變成數的概念：某數（8）乘以一個數 6，得到 48，則把 48 除以那個數 6，就是原來的數（8）。

用括號的方式來說，也就是：

若（　）× 6 = 48，則（　）= 48 ÷ 6

從加減互逆、乘除互逆的結構來講，它其實就是移項法則，只是學生在學習加減互逆、乘除互逆之時，沒有代數的概念，因此學生的學習是依附在當時的情形下來了解的。若老師太快讓學生去掉情境而直接告知加減互逆、乘除互逆，學生很容易會誤用此一抽象概念。

三、問題

（一）$x \times \dfrac{2}{3} = x \times \dfrac{4}{6}$ 有沒有符合等量公理？

有人曾經提出五個問題：$x - 0.1 = x - 1$，$x \times \dfrac{2}{3} = x \times \dfrac{4}{6}$，$x \div \dfrac{1}{3} = x \times \dfrac{1}{3}$，$x \div \dfrac{1}{3} = x \times 3$，$5x + 1 = x + 1$，問其中哪些式子符合等量公理？他認為第一、三、四、五個式子不符合等量公理；第二個式子符合等量公理。

作者認為等量公理是「若 p 則 q」的形式。因此，全部都不是等量公理的問題，而是一個解的等式（第三、五個式子）、無限多解的等式（第二、四個式子），以及無解的等式（第一個式子）問題。

他的想法是前面四個式子因為 $x = x$ 是必然的，因此可以不用寫。這個想法不是很正確。因為我們也可以說「若 $5x = x$，則 $5x + 1 = x + 1$」也是符合等量公理。只是我們在解答等式過程中，不會隨便去加上一個數，而是加（減、乘、除）特定的數。例如：$5x = x$，我們會兩邊減去 x，使得右邊為 0，變成 $4x = 0$，再把兩邊同時除以 4，以求出解答。但是等量公理是可以兩邊同時加（減、乘、除）任意數的。

（二）若 $x = x$，則 $x \div \frac{1}{3} = x \times 3$ 是不是運用等量公理？

有老師問，若 $x = x$，則 $x \div \frac{1}{3} = x \times 3$ 是不是運用等量公理。原則上，它沒有錯。但是正確的講，它除了運用等量公理之外，還加上運用除以一個數等於乘以它的倒數的性質。

若 $x = x$，則 $x \div \frac{1}{3} = x \times \frac{3}{1} = x \times 3$

（三）加減（乘除）互逆是對加（減、乘、除）數來運算

原則上加減互逆、乘除互逆，或等量公理都是對加（減、乘、除）數來運算的（也就是被加數未知的問題），因此，對於被加（減、乘、除）數來運算的問題（也就是加數未知的問題）就要小心。例如：

$5 + (\quad) = 12$

我們利用加減互逆，把 5 的加變減，雖然沒有問題：

$(\quad) = 12 - 5$

但是，正確的說，它除了利用加減互逆之外，還用了加（乘）法交換律，也就是：

$5 + (\quad) = 12$
$(\quad) + 5 = 12$
$(\quad) = 12 - 5$

因此：

$12 - (\quad) = 8$

就需要用加減互逆和加（乘）法交換律，就要變成：

$12 - (\quad) = 8$
$12 = 8 + (\quad)$（加減互逆）
$8 + (\quad) = 12$
$(\quad) + 8 = 12$（加法交換律）
$(\quad) = 12 - 8$

當學生學習等量公理時，對於加（減、乘、除）數未知，尤其是減數和除數未知的問題，教學時也要特別小心。

（四）國小學生沒學過負數

例如：問題 $31 - x = 8$

由於小學學生沒有學過負數，因此，不可以兩邊同減 31，變成：

$-x = 8 - 31$

此時，學生需要利用加法等量公理、加法交換律、減法等量公理來運算。

$31 - x = 8$

$31 - x + x = 8 + x$（加法等量公理）

$31 = 8 + x$

$31 = x + 8$（加法交換律）

$31 - 8 = x + 8 - 8$（減法等量公理）

$23 = x$

$x = 23$

第 5 節　代數的教學

壹　代數的學習動機

　　當然，整數的運算對學生而言比較具體（他已學到很久），因此有時候上述的問題，學生會直接做語意轉換。31 減去一個數是 8，也就是把 31 減去 8 會是那個數。

　　因此，整數的單步驟問題，對學生學習等量公理的動機不強，但是重點在老師要幫學生從語意轉換（或者加減互逆、乘除互逆）過渡到等量公理的使用，以利國中的學習。

　　若老師想引動學生的學習需求，可以使用分數的單步驟問題來布題。有時候，老師也可以布兩步驟問題（或者兩個未知數的問題，但可列成一個方程式）來幫助學習算術思維與代數思維的過渡。如下：

$$\frac{3}{8} - 5x = \frac{2}{5}$$

貳 兩步驟算術式和代數式的差異

對於沒有括號的加（減）和乘（除）混合的兩步驟算術式，是<u>先乘（除）後加（減）</u>。例如：23 + 77×5 是先算 77×5，之後再加 23。

對於沒有括號的加（減）和乘（除）混合的兩步驟代數式問題，我們利用等量公理或者移項法則來解答時，是<u>先做加（減），再做乘（除）</u>。例如：23 + 77x = 408，是兩邊先減 23（或者先把 23 移項），再兩邊除 77（或者再把 77 移項）。

參 如何從算術思維過渡到代數思維？

作者發現，對於算術思維的啟蒙情境是改變型問題，改變型問題的等號兩邊是同一個量。例如：「我有 100 元用掉 26 元，剩下多少元？」算式 100 − 26 = 74 等號兩邊都是我的錢。因此先前的學生學習是把改變型的問題推廣到比較型、平衡型的問題。對於代數思維的啟蒙情境因為是要利用等量公理來解題，因此它的啟蒙情境是平衡型（等化型）或者改變型的問題，因為這兩個類型的問題算式的左右兩邊代表兩物的量，適合用等量公理來了解。因此，建議老師教學時可以先使用平衡型（等化型）問題，讓學生進行算術思維到代數思維的過渡。

以問題「你有 26 元，我有 100 元，你再多幾元就和我一樣多？」為例，當學生列出 26 + x = 100 之後，教師可以用下列對比的方式，讓學生了解以前的算術思維與剛學的代數思維的異同。

式　子	算術思維	過　渡	代數思維
26 + x = 100	代表你有 26 + x 元，和我的 100 元一樣多	想像成天秤，左邊有 26 + x 元，右邊有 100 元，兩邊的錢相等	天秤兩邊 26 + x 和 100 的量是相等的
26 + x − 26 = 100 − 26	把你和我的錢，都減去 26 元，你和我的錢還是一樣多	想像成天秤，左右兩邊都減去 26 元，左右兩邊的錢相等	兩邊減去 26，左右兩邊的量仍然相等
x = 74	你要再多的錢是 74 元	想像成天秤，左邊是你要再多的 x 元，右邊是我剩下的 74 元，兩邊相等	左邊的量 x 等於右邊的 74，仍然相等

對於兩步驟問題，以問題「126 顆的青蘋果跟一些紅蘋果，每 8 顆蘋果裝成一盒，剛好全部裝完，共裝了 27 盒，問總共有幾顆紅蘋果？」（合併型、包含除問題）為例，當學生列出 (126 + y)÷8 = 27 之後，教師可以用下列對比的方式讓學生了解以前的算術思維與代數思維的過渡。

式　子	算術思維	過　渡	式　子	代數思維
$(126 + y) \div 8 = 27$	代表所有的蘋果 126 + y，每 8 顆裝一盒，共裝 27 盒	想像成天秤，左邊有 $(126 + y) \div 8$ 盒（也就是所有的蘋果每 8 顆裝一盒），右邊有 27 盒，且兩邊的量相等	$(126 + y) \div 8 = 27$	天秤兩邊（126 + y）÷ 8 和 27 的量是相等的
		左右兩邊是有多少盒，乘以 8 顆，左邊就是所有蘋果的量，右邊也是所有蘋果的量	$(126 + y) \div 8 \times 8 = 27 \times 8$	兩邊乘以 8，左右兩邊的量仍然相等
$126 + y = 8 \times 27$ $126 + y = 216$	所有的蘋果 126 + y，就是一盒 8 顆，有 27 盒，共有 $8 \times 27 = 216$ 顆	左邊變成全部的蘋果 126 + y，右邊也是所有的蘋果，一盒 8 顆，有 27 盒，即 216 顆	$126 + y = 8 \times 27$ $126 + y = 216$	左邊變成 126 + y 和右邊 8×27 的量（即 216）仍然相等
$y = 216 - 126$	所有的蘋果是青蘋果和紅蘋果組成的，所以，紅蘋果 y 就是所有的蘋果扣去青蘋果的量，即 216 − 126 顆	左右兩邊的蘋果各減去青蘋果的數量 126 顆	$126 + y - 126 =$ $216 - 126$	左右兩邊各減去 126 的量仍然相等
$y = 90$		左邊是紅蘋果的量，右邊也是紅蘋果的量 90 個，仍然相等	$y = 90$	左右兩邊的量仍然相等，所以，$y = 90$

　　以上面的問題為例，當學生列出 $(126 + y) \div 8 = 27$ 之後，若學生利用原來的情境（算術思維）進行解題，則左右兩邊的量代表的是同一個量。若學生利用等量公理（代數思維）進行解題，則左右兩邊的量代表的是不同的量（我們會用天秤來進行等量公理意義的教學）。因此在算術思維過渡到代數思維時，教師要注意到這個差異點。

肆　小學代數的教學範圍到哪裡？

　　從現行的 97 年課程綱要（教育部，2008），除了了解「數」的加法交換律、乘法交換律、結合律、分配律等一般化的性質之外，教學目標尚有列等量公理、單步驟的情境問題、求解、驗算，以及用符號表示面積與體積的常見公式。

　　因此，在小學只學到能利用加減互逆、乘除互逆，或等量公理等方法來解答單步驟的等式問題。所謂單步驟的具體情境問題，指學生列式以後，只需利用一次的加減互逆、乘除互逆，或等量公理，便能把答案解答出來。例如：「小明早上賣出 $\frac{53}{10}$ 公升的

油，下午再賣出多少公升的油以後，就剛好賣出 10 公升的油？」學生只要列出：

$$\frac{53}{10} + x = 10$$

再利用一次的加減互逆、乘除互逆，或等量公理就可以把答案解答出來。必要時，學生能進行答案的驗算。

其實單步驟的文字題，學生在學以符號代表數之前，早就學過相關的問題，只不過通常是利用語意轉換的方式解答，或者利用加減互逆、乘除互逆來解答問題。因此，這類型的問題對學生的難度不高，如要加上一點難度的話，就是把數字改成較大的全數或者分數（甚至是小數）。所以這邊的重點應擺在語意轉換（或者加減互逆、乘除互逆）以及等量公理的過渡上面。

至於「能用符號表示常用的公式」的意思是利用未知數符號表示周長、面積、體積等公式。例如：若長方形的長是 a 公分，寬是 b 公分，則長方形的周長是 $2(a + b)$ 公分，面積是 ab 平方公方。

第 6 節 ▶ 107 年課綱分年學習內容 —— 代數

本書將 107 年課程綱要（教育部，2018）有關 1-6 年級代數（編碼 R-1-1，分別代表關係─年級─流水號）的學習內容羅列如下，作為要進行教與學的內容檢核。

編碼	學習內容條目及說明
R-1-1	算式與符號：含加減算式中的數、加號、減號、等號。以說、讀、聽、寫、做檢驗學生的理解。適用於後續階段。
R-1-2	兩數相加的順序不影響其和：加法交換律。可併入其他教學活動。
R-2-1	大小關係與遞移律：「>」與「<」符號在算式中的意義，大小的遞移關係。
R-2-2	三數相加，順序改變不影響其和：加法交換律和結合律的綜合。可併入其他教學活動。
R-2-3	兩數相乘的順序不影響其積：乘法交換律。可併入其他教學活動。
R-2-4	加法與減法的關係：加減互逆。應用於驗算與解題。
R-3-1	乘法與除法的關係：乘除互逆。應用於驗算與解題。
R-3-2	數量模式與推理（I）：以操作活動為主。一維變化模式之觀察與推理，例如數列、一維圖表等。
R-4-1	兩步驟問題併式：併式是代數學習的重要基礎。含四則混合計算的約定（由左往右算、先乘除後加減、括號先算）。學習逐次減項計算。

編碼	學習內容條目及說明
R-4-2	四則計算規律（I）：兩步驟計算規則。加減混合計算、乘除混合計算。在四則混合計算中運用數的運算性質。
R-4-3	以文字表示數學公式：理解以文字和運算符號聯合表示的數學公式，並能應用公式。可併入其他教學活動（如 S-4-3）。
R-4-4	數量模式與推理（II）：以操作活動為主。二維變化模式之觀察與推理，如二維數字圖之推理。奇數與偶數，及其加、減、乘模式。
R-5-1	三步驟問題併式：建立將計算步驟併式的習慣，以三步驟為主。介紹「平均」。與分配律連結。
R-5-2	四則計算規律（II）：乘除混合計算。「乘法對加法或減法的分配律」。將計算規律應用於簡化混合計算。熟練整數四則混合計算。
R-5-3	以符號表示數學公式：國中代數的前置經驗。初步體驗符號之使用，隱含「符號代表數」、「符號與運算符號的結合」的經驗。應併入其他教學活動。
R-6-1	數的計算規律：小學最後應認識 (1) 整數、小數、分數都是數，享有一樣的計算規律。(2) 整數乘除計算及規律，因分數運算更容易理解。(3) 逐漸體會乘法和除法的計算實為一體。併入其他教學活動。
R-6-2	數量關係：代數與函數的前置經驗。從具體情境或數量模式之活動出發，做觀察、推理、說明。
R-6-3	數量關係的表示：代數與函數的前置經驗。將具體情境或模式中的數量關係，學習以文字或符號列出數量關係的關係式。
R-6-4	解題：由問題中的數量關係，列出恰當的算式解題（同 N-6-9）。可包含 (1) 較複雜的模式（如座位排列模式）；(2) 較複雜的計數：乘法原理、加法原理或其混合；(3) 較複雜之情境：如年齡問題、流水問題、和差問題、雞兔問題。連結 R-6-2、R-6-3。

參考文獻

中文部分

南一書局（2010）。**數學一上**。新北市：南一書局。

維基百科（2013a）。**維基百科，自由的百科全書**。2013.01.18 取自 http：//zh.wikipedia.org/zh-hant/%E8%AE%8A%E6%95%B8。

維基百科（2013b）。**維基百科，自由的百科全書**。2013.01.18 取自 http：//zh.wikipedia.org/zh-hant/%E6%96%B9%E7%A8%8B。

教育部（2008）。**97 年國民中小學九年一貫課程綱要：數學領域**。臺北市：教育部。

教育部（2018）。**十二年國民基本教育課程綱要國民中小學暨普通型高級中等學校一數學領域**。臺北市：教育部。

謝佳叡（2003，未發表）。**從算術思維過渡到代數思維**。92.08【諮詢意見小組】對【數學領域綱要修訂小組】的版本所做的建議。

英文部分

Kieran, C. (1992). The learning and teaching of school algebra. In Grouws, D. A. (Eds), *Handbook of Research on Mathematics Teaching and Learningg: A project of the NCTM.* New York: Macmillan Publishing Company.

Sfard, A. (1991). On the Dual Nature of Mathematical Conceptions: Reflections on Processes and Objects as Different Sides of the Same Coin. *Educational Studies in Mathematics, 22(1)*, 1-36.

Usiskin, Z. (1999). *Conceptions of School Algebra and Uses of Variable.* Algebra Thinking, grades K~12. NCTM: Reston, Virginia.

國家圖書館出版品預行編目資料

數學這樣教：國小數學感教育／李源順著. --
四版. -- 臺北市：五南圖書出版股份有限
公司, 2022.09
　　面；　公分
　　ISBN 978-626-343-228-4（平裝）

1.CST: 數學教育　2.CST: 小學教育

523.32　　　　　　　　　　　111012865

1IXR

數學這樣教 國小數學感教育

作　　　者 ― 李源順（115.4）

發 行 人 ― 楊榮川

總 經 理 ― 楊士清

總 編 輯 ― 楊秀麗

副總編輯 ― 黃文瓊

責任編輯 ― 李敏華

封面設計 ― 姚孝慈

出 版 者 ― 五南圖書出版股份有限公司

地　　　址：106臺北市大安區和平東路二段339號4樓

電　　　話：(02)2705-5066　　傳　真：(02)2706-6100

網　　　址：https://www.wunan.com.tw

電子郵件：wunan@wunan.com.tw

劃撥帳號：01068953

戶　　　名：五南圖書出版股份有限公司

法律顧問　林勝安律師事務所　林勝安律師

出版日期　2013年 9 月初版一刷
　　　　　2014年 9 月二版一刷（共五刷）
　　　　　2018年10月三版一刷（共三刷）
　　　　　2022年 9 月四版一刷

定　　　價　新臺幣750元

經典永恆・名著常在

五十週年的獻禮 —— 經典名著文庫

五南，五十年了，半個世紀，人生旅程的一大半，走過來了。

思索著，邁向百年的未來歷程，能為知識界、文化學術界作些什麼？

在速食文化的生態下，有什麼值得讓人雋永品味的？

歷代經典・當今名著，經過時間的洗禮，千錘百鍊，流傳至今，光芒耀人；

不僅使我們能領悟前人的智慧，同時也增深加廣我們思考的深度與視野。

我們決心投入巨資，有計畫的系統梳選，成立「經典名著文庫」，

希望收入古今中外思想性的、充滿睿智與獨見的經典、名著。

這是一項理想性的、永續性的巨大出版工程。

不在意讀者的眾寡，只考慮它的學術價值，力求完整展現先哲思想的軌跡；

為知識界開啟一片智慧之窗，營造一座百花綻放的世界文明公園，

任君遨遊、取菁吸蜜、嘉惠學子！